KB068956

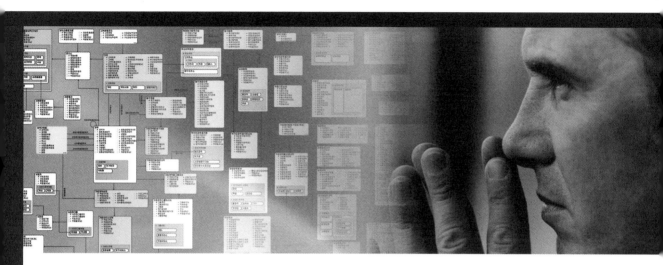

The Guide for
Data Architecture Professional

데이터아키텍처 전문가 가이드

2020 개정판

Kdata 한국데이터산업진흥원

목차

데이터아키텍처 전문가 자격검정 안내

데이터아키텍처 전문가란 ··· 2

데이터아키텍처 전문가 자격검정 필요성 ································· 2

데이터아키텍처 전문가 직무 ··· 3

자격검정시험 과목 안내 ·· 4

자격검정시험 응시자격 및 증빙서류 ······································ 5

자격 취득 절차 ·· 6

자격검정시험 합격 기준 ·· 8

자격검정시험 수험자 유의 사항 ··· 8

자격검정시험 수수료 안내 ··· 9

데이터아키텍처 준전문가 자격검정 안내

자격검정시험 과목 안내 ··· 12

자격검정시험 응시자격 ··· 12

자격 취득 절차 ·· 13

자격검정시험 합격 기준 ·· 14

자격검정시험 수험자 유의 사항 ··· 14

자격검정시험 수수료 안내 ··· 15

과목 I 전사아키텍처 이해

제1장 전사아키텍처와 데이터아키텍처 ···································· 21

　제1절 아키텍처 개요 ··· 23

　제2절 아키텍처 프레임워크 ··· 41

　제3절 데이터아키텍처 참조모델 ··· 53

　제4절 데이터아키텍처 프로세스 ··· 66

　제5절 데이터아키텍트 ·· 70

　장 요약 ·· 76

　연습문제 ··· 78

제2장 데이터아키텍처 구축 ·· 81
　제1절 데이터아키텍처 방향 수립 ······························· 82
　제2절 데이터아키텍처 정보 구성 정의 ····················· 86
　제3절 데이터아키텍처 구축 프로세스 ······················· 97
　장 요약 ··· 109
　연습문제 ··· 110

제3장 데이터 거버넌스 ·· 113
　제1절 데이터 거버넌스 개요 ···································· 114
　제2절 데이터 거버넌스 구성 ···································· 123
　제3절 데이터 거버넌스 운영 ···································· 140
　제4절 데이터 거버넌스 확장 ···································· 144
　장 요약 ··· 149
　연습문제 ··· 151

과목 Ⅱ 데이터 요건 분석

제1장 정보 요구 사항 개요 ·· 155
　제1절 정보 요구 사항 ·· 163
　제2절 정보 요구 사항 관리 ······································ 161
　장 요약 ··· 166
　연습문제 ··· 167

제2장 정보 요구 사항 조사 ·· 169
　제1절 정보 요구 사항 수집 ······································ 170
　제2절 정보 요구 사항 정리 ······································ 184
　제3절 정보 요구 사항 통합 ······································ 189
　장 요약 ··· 191
　연습문제 ··· 192

제3장 정보 요구 사항 분석 ·· 195
　제1절 분석 대상 정의 ·· 196
　제2절 정보 요구 사항 상세화 ·································· 200
　제3절 정보 요구 사항 확인 ······································ 208
　장 요약 ··· 212
　연습문제 ··· 213

제4장 정보 요구 사항 명세화 ·· 215
　제1절 정보 요구 사항 명세 정의 ··· 216
　제2절 정보 요구 사항 명세 상세화 ··· 218
　장 요약 ·· 221
　연습문제 ·· 222

제5장 정보 요구 사항 검증 및 변경 관리 ·· 225
　제1절 정보 요구 사항 검증 정의 ·· 226
　제2절 정보 요구 사항 상관분석 기법 ·· 227
　제3절 추가 및 삭제 정보 요구 사항 도출 ···································· 231
　제4절 정보 요구 사항 변경 관리 ·· 234
　장 요약 ·· 237
　연습문제 ·· 238

과목 Ⅲ 데이터 표준화

제1장 데이터 표준화 개요 ··· 241
　제1절 데이터 표준화 필요성 ·· 244
　제2절 데이터 표준화 개념 ··· 247
　제3절 데이터 표준 관리 도구 ·· 254
　장 요약 ·· 258
　연습문제 ·· 259

제2장 데이터 표준 수립 ··· 261
　제1절 데이터 표준화 원칙 정의 ··· 262
　제2절 데이터 표준 정의 ··· 268
　제3절 데이터 표준 확정 ··· 282
　장 요약 ·· 285
　연습문제 ·· 287

제3장 데이터 표준 관리 ··· 289
　제1절 데이터 표준 관리 ··· 290
　제2절 데이터 표준 관리 프로세스 ·· 291
　장 요약 ·· 294
　연습문제 ·· 295

과목 Ⅳ 데이터 모델링

제1장 데이터 모델링 이해 ·· 299
　　제1절 데이터 모델링 개요 ·· 300
　　제2절 데이터 모델링 기법 이해 ·· 310
　　제3절 데이터 모델링 표기법 이해 ·· 318
　　제4절 관계형 모델 이론 ·· 327
　　장 요약 ·· 355
　　연습문제 ·· 356

제2장 데이터 모델링 ··· 359
　　제1절 논리 데이터 모델링 이해 ··· 360
　　제2절 주제 영역 정의 ··· 365
　　제3절 엔터티 정의 ·· 372
　　제4절 관계 정의 ·· 398
　　제5절 속성 정의 ·· 410
　　제6절 식별자 확정 ·· 424
　　제7절 정규화 ·· 432
　　제8절 이력 관리 ·· 441
　　제9절 논리 데이터 모델 품질 검토 ······································ 449
　　장 요약 ·· 454
　　연습문제 ·· 456

제3장 물리 데이터 모델링 ·· 459
　　제1절 물리 데이터 모델링 이해 ··· 460
　　제2절 물리 요소 조사 및 분석 ·· 462
　　제3절 논리-물리모델 변환 ··· 464
　　제4절 반정규화 ··· 489
　　제5절 물리 데이터 모델 품질 검토 ······································ 498
　　장 요약 ·· 503
　　연습문제 ·· 504

과목 Ⅴ 데이터베이스 설계와 이용

제1장 데이터베이스 설계 ·· 511
　　제1절 저장 공간 설계 ··· 512
　　제2절 무결성 설계 ·· 524
　　제3절 인덱스 설계 ·· 530

제4절 분산 설계 ···································· 540

제5절 보안 설계 ···································· 545

장 요약 ·· 551

연습문제 ··· 552

제2장 데이터베이스 이용 ······························ 555

제1절 데이터베이스 관리 시스템(DBMS) ·············· 556

제2절 데이터베이스 관리 시스템 활용 ················ 567

제3절 트랜잭션 ···································· 574

제4절 성능 개선 방법론 ···························· 583

제5절 애플리케이션 성능 개선 ······················ 589

제6절 서버 성능 개선 ······························ 608

장 요약 ·· 610

연습문제 ··· 612

과목 Ⅵ 데이터 품질 관리 이해

제1장 데이터 품질 관리 이해 ·························· 617

제1절 데이터 품질 관리 프레임워크 ·················· 618

제2절 표준 관점 데이터 품질 관리 ··················· 620

제3절 모델 관점 데이터 품질 관리 ··················· 626

제4절 값 관점 데이터 품질 관리 ····················· 628

제5절 활용 관점 데이터 품질 관리 ··················· 632

장 요약 ·· 633

연습 문제 ··· 634

제2장 데이터 품질 관리 프로세스 이해 ················· 637

제1절 데이터 품질 관리 정책 ······················· 638

제2절 데이터 표준 품질 관리 프로세스 ··············· 643

제3절 데이터 모델 품질 관리 프로세스 ··············· 651

제4절 데이터 값 품질 관리 프로세스 ················· 658

제5절 데이터 활용 관리 프로세스 ··················· 667

장 요약 ·· 672

연습 문제 ··· 673

부록A 과목 연습문제 정답 및 해설

과목 Ⅰ 전사아키텍처 이해 ··· 678

과목 Ⅱ 데이터 요건 분석 ··· 680

과목 Ⅲ 데이터 표준화 ··· 684

과목 Ⅳ 데이터 모델링 ··· 686

과목 Ⅴ 데이터베이스 설계와 이용 ·· 693

과목 Ⅵ 데이터 품질 관리 이해 ·· 696

부록B 실기 연습문제 정답 및 해설

연습문제 ·· 702

정답 및 해설 ··· 705

부록C 용어해설

··· 725

부록D 찾아보기

··· 737

참고문헌

··· 748

편찬위원 · 감수위원 · 집필진

··· 751

표 목차

과목 Ⅰ 전사아키텍처 이해

[표 Ⅰ-1-1] 전사아키텍처 관련 범정부 기준 ·· 28
[표 Ⅰ-1-2] 아키텍처 매트릭스 예 ··· 43
[표 Ⅰ-1-3] 전사아키텍처 프레임워크 예 ·· 47
[표 Ⅰ-1-4] 데이터아키텍처 매트릭스 사례 ·· 50
[표 Ⅰ-1-5] 데이터아키텍처 프로세스 단계 및 공정 ·· 68

[표 Ⅰ-2-1] 데이터아키텍처 매트릭스 구성 사례 ·· 89
[표 Ⅰ-2-2] 데이터아키텍처 정보 유형(관리 대상) 분류 정의 사례 ·· 89
[표 Ⅰ-2-3] 데이터아키텍처 의사결정 유형(관점) 분류 정의 사례 ··· 90
[표 Ⅰ-2-4] 관리 대상 데이터 표준 정보 정의 사례 ··· 90
[표 Ⅰ-2-5] 관리 대상 데이터 구조 정보 정의 사례 ··· 91
[표 Ⅰ-2-6] 관리 대상 데이터 흐름 정보 정의 사례 ··· 91
[표 Ⅰ-2-7] 관리 대상 데이터 관리 정보 정의 사례 ··· 92
[표 Ⅰ-2-8] 전사아키텍처 기본 원칙 예 ··· 95
[표 Ⅰ-2-9] 데이터아키텍처 원칙 예 ··· 95
[표 Ⅰ-2-10] 데이터아키텍처 정보 구축을 위한 수집 자료 사례 ··· 97

[표 Ⅰ-3-1] 데이터 거버넌스 부재 데이터 상태 및 유발 문제점 ··· 118
[표 Ⅰ-3-2] 데이터 거버넌스 운영 체계 도출 접근 관점 예시 ··· 131

과목 Ⅱ 데이터 요건 분석

[표 Ⅱ-1-1] 프로젝트 실패 원인 요인별 설명 ·· 158
[표 Ⅱ-1-2] 소프트웨어 사업 요구 사항 분류별 설명 ·· 159
[표 Ⅱ-1-3] 정보 요구 사항 유형 ··· 162
[표 Ⅱ-1-4] 역할별 담당 업무 ··· 165

[표 Ⅱ-2-1] 문서 수집 대상 문서 ··· 171
[표 Ⅱ-2-2] 면담조사 종류 ·· 173
[표 Ⅱ-2-3] 역할별 담당 업무 ··· 174
[표 Ⅱ-2-4] 업무 조사서에 포함되는 유형 ·· 185

[표 Ⅱ-3-1] 프로세스 관점의 정보 요구 상세화 ··· 200

[표 II-3-2] 정보 요구 사항 확인 수행 작업 ·· 208

[표 II-4-1] 세부 수행활동 – 데이터 요구 사항 분석 및 도출 ············· 218
[표 II-4-2] 요구 사항 분류별 번호부여 예시 ································· 218

[표 II-5-1] 매트릭스 점검 내용 ··· 231
[표 II-5-2] 요구 사항 추적 매트릭스 양식 ·································· 234
[표 II-5-3] 요구 사항 변경요청서 작성 항목 ······························· 235
[표 II-5-4] 요구 사항 변경유형 ··· 236
[표 II-5-5] 요구 사항 변경 영향분석 ·· 236

과목 III 데이터 표준화

[표 III-1-1] 데이터 관리자 세부 역할 ·· 252
[표 III-1-2] 데이터 관리자와 데이터베이스 관리자 역할 비교 ··········· 252
[표 III-1-3] 데이터 표준화 절차별 활동 ···································· 253
[표 III-1-4] 데이터 표준 관리 기능 ··· 255
[표 III-1-5] 데이터 구조 관리 기능 ··· 256
[표 III-1-6] 프로세스 관리 기능 ··· 256

[표 III-2-1] 데이터 표준 대상별 명명규칙 ································· 266

[표 III-3-1] 역할별 담당 업무 ·· 292

과목 IV 데이터 모델링

[표 IV-1-1] 정보시스템 개발 방법론 ·· 304
[표 IV-1-2] 표준 용어 정의 ··· 314

[표 IV-2-1] 정보 요구 범주 ··· 380
[표 IV-2-2] 엔터티 정의 사항 ··· 388
[표 IV-2-3] 일반화 장단점 ·· 397
[표 IV-2-4] 관계 정의 사항 ··· 403
[표 IV-2-5] 속성 정의 사항 ··· 412
[표 IV-2-6] 제1정규형 정의 ··· 436
[표 IV-2-7] 제2정규형 정의 ··· 437
[표 IV-2-8] 제3정규형 정의 ··· 439

[표 IV-2-9] 논리 데이터 모델의 품질 기준 ································ 449

[표 IV-2-10] 논리 데이터 모델 품질 검토 체크리스트 사례 ················ 450

[표 IV-3-1] 물리 데이터 모델 품질 기준 ······························· 498

[표 IV-3-2] 물리 데이터 모델 품질 검토 체크리스트 사례 ················ 500

과목 V 데이터베이스 설계와 이용

[표 V-1-1] DBMS 데이터 타입 ·· 520

[표 V-1-2] 데이터 무결성 분류 ··· 524

[표 V-1-3] 무결성 강화 방법 ··· 525

[표 V-1-4] 무결성 강화 방법에 따른 장단점 ····························· 525

[표 V-1-5] 입력 참조무결성 ·· 528

[표 V-1-6] 수정·삭제 참조무결성 ······································· 528

[표 V-1-7] B-tree와 Bitmap 구조 비교 ································· 533

[표 V-1-8] 접근 통제 행렬 ··· 547

[표 V-2-1] DBMS 주요 백그라운드 프로세스 ····························· 566

[표 V-2-2] 트랜잭션 제어어 ·· 568

과목 VI 데이터 품질 관리 이해

[표 VI-1-1] 데이터 프로파일링 분석기법 ································· 628

[표 VI-2-1] 데이터 표준 품질 관리 조직 역할 ··························· 642

[표 VI-2-2] 데이터 모델 품질 관리 조직 역할 ··························· 650

[표 VI-2-3] 데이터 값 품질 관리 조직 역할 ····························· 657

[표 VI-2-4] 데이터 활용 관리 조직 역할 ································· 666

[표 VI-2-5] 데이터 활용 저하 원인 분석서 예시 ························· 668

부록B

[표 부록B-1] 데이터 표준화 기본원칙 ···································· 708

[표 부록B-2] 표준 용어 ·· 709

[표 부록B-3] 표준 코드 ·· 710

[표 부록B-4] 표준 도메인 ·· 711

그림 목차

과목 Ⅰ 전사아키텍처 이해

[그림 Ⅰ-1-1] 아키텍처 구성요소 ·· 23
[그림 Ⅰ-1-2] 범정부 아키텍처 추진 방향 ··· 27
[그림 Ⅰ-1-3] 전사 개념 ··· 30
[그림 Ⅰ-1-4] 아키텍처 도메인 구성 예 ··· 31
[그림 Ⅰ-1-5] 비즈니스 아키텍처 도메인 산출물 예 ··························· 31
[그림 Ⅰ-1-6] 애플리케이션 아키텍처 도메인 산출물 예 ······················ 32
[그림 Ⅰ-1-7] 데이터아키텍처 도메인 산출물 예 ······························· 33
[그림 Ⅰ-1-8] 기술 아키텍처 도메인 산출물 예 ································· 34
[그림 Ⅰ-1-9] 범정부 전사아키텍처 프레임워크 구성 사례 ··················· 42
[그림 Ⅰ-1-10] 전사아키텍처 정보 구성 예 ······································ 45
[그림 Ⅰ-1-11] 데이터아키텍처 프레임워크 구성 사례 ························· 49
[그림 Ⅰ-1-12] 데이터아키텍처 정보 구성 예 ···································· 51
[그림 Ⅰ-1-13] 범정부 EA 참조모델 개념 구조 ································· 54
[그림 Ⅰ-1-14] 데이터아키텍처와 데이터 참조모델 관계 ······················ 56
[그림 Ⅰ-1-15] 현행 데이터 구조로부터 데이터 참조모델 정의 ·············· 58
[그림 Ⅰ-1-16] 데이터 참조모델 구축 방법 ······································ 59
[그림 Ⅰ-1-17] 범정부 DRM 프레임워크와 개별기관 데이터아키텍처의 관계 ······ 60
[그림 Ⅰ-1-18] 범정부 DRM의 목표와 특징 ···································· 61
[그림 Ⅰ-1-19] 범정부 데이터 참조모델 구조 및 활용 예(v2.1까지) ········ 62
[그림 Ⅰ-1-20] 범정부 DRM 2.1에서의 데이터 분류체계 ···················· 63
[그림 Ⅰ-1-21] 범정부 DRM 변천사 ··· 64
[그림 Ⅰ-1-22] DRM 활용 시 고려사항 ·· 65
[그림 Ⅰ-1-23] 데이터아키텍처 프로세스 구성 체계 ··························· 67

[그림 Ⅰ-2-1] 데이터아키텍처 환경 분석 내용 ·································· 83
[그림 Ⅰ-2-2] 데이터아키텍처 비전, 핵심 목적 및 가치 정의 사례 ·········· 84
[그림 Ⅰ-2-3] 다양한 데이터아키텍처 프레임워크 사례 ······················ 85
[그림 Ⅰ-2-4] 데이터아키텍처 매트릭스 구성 정의 예 ························· 87
[그림 Ⅰ-2-5] 관점과 대상 도출 절차 ·· 88
[그림 Ⅰ-2-6] DA 원칙 정의 절차 ·· 94
[그림 Ⅰ-2-7] 데이터아키텍처 원칙 수립 예 ···································· 96

[그림 Ⅰ-3-1] 데이터 거버넌스의 세 가지 관점 ··· 115
[그림 Ⅰ-3-2] 데이터 거버넌스와 데이터아키텍처 관계 표현 사례 ················· 117
[그림 Ⅰ-3-3] 데이터 거버넌스와 데이터아키텍처의 시너지 효과 사례 ············ 118
[그림 Ⅰ-3-4] 데이터 거버넌스 기대 효과 ··· 122
[그림 Ⅰ-3-5] 데이터 거버넌스 수립 관점 ··· 123
[그림 Ⅰ-3-6] 데이터 거버넌스 조직 구성 사례 ·· 125
[그림 Ⅰ-3-7] 데이터 거버넌스 관리 프로세스 흐름 예시 ··························· 127
[그림 Ⅰ-3-8] 데이터 거버넌스 프로세스 구성 예시 ··································· 128
[그림 Ⅰ-3-9] 데이터 거버넌스 원칙에 포함할 주요 항목 예시 ··················· 130
[그림 Ⅰ-3-10] 데이터 거버넌스 프로세스 구성 사례 ································· 130
[그림 Ⅰ-3-11] 데이터 거버넌스 직무·역량 분류 매트릭스 예시 ················· 134
[그림 Ⅰ-3-12] 데이터 거버넌스 직무 구성 예 ·· 135
[그림 Ⅰ-3-13] 데이터아키텍처 관리 시스템 구성도 예시 ·························· 136
[그림 Ⅰ-3-14] 메타 데이터 관리 시스템 및 DA 관리 프로세스 연계 사례 ············ 138
[그림 Ⅰ-3-15] 데이터 거버넌스 운영 체계 개념 예시 ······························· 140
[그림 Ⅰ-3-16] 데이터 거버넌스 프로세스 상세화 개념 ······························ 141
[그림 Ⅰ-3-17] 데이터 거버넌스 상세 프로세스 도출 결과 예시 ··················· 141
[그림 Ⅰ-3-18] 데이터 거버넌스 프로세스 상세화 및 통제 구성 예시 ············ 142
[그림 Ⅰ-3-19] 빅데이터 기반 데이터 레이크와 기존 정형 데이터 기반 DW/DM
             혼합 구성 예시 ··· 145
[그림 Ⅰ-3-20] 다양한 데이터 유형 및 빅데이터 환경을 고려한 데이터 거버넌스 확장 사례 ····· 148

과목 Ⅱ 데이터 요건 분석

[그림 Ⅱ-1-1] 프로젝트 수행 결과 ··· 157
[그림 Ⅱ-1-2] 정보 요구 사항 생명주기 ·· 158
[그림 Ⅱ-1-3] 데이터 요구 사항 도출관점 ··· 161
[그림 Ⅱ-1-4] 정보 요구 사항 업무 흐름 프로세스 ···································· 163
[그림 Ⅱ-1-5] 정보 요구 사항 정의서 예 ··· 164

[그림 Ⅱ-2-1] 면담 절차 ··· 173
[그림 Ⅱ-2-2] 면담 기록지 예 ··· 184
[그림 Ⅱ-2-3] 수행 중인 프로세스 목록 예 ·· 185
[그림 Ⅱ-2-4] 타 부서·외부기관 문서 목록 예 ··· 185
[그림 Ⅱ-2-5] 사용중인 시스템 목록 예 ·· 185
[그림 Ⅱ-2-6] 워크숍 정리 예 ··· 186
[그림 Ⅱ-2-7] 화폐가치 산출 방법 예 ··· 187

[그림 Ⅱ-2-8] 정보 요구 사항 목록 검토 예 ·· 189
[그림 Ⅱ-2-9] 정보 요구 사항 목록 통합/분할 예 ································ 190

[그림 Ⅱ-3-1] 분석 대상 업무 목록표 예 ·· 196
[그림 Ⅱ-3-2] 업무 영역·현행 시스템 매트릭스 예 ···························· 197
[그림 Ⅱ-3-3] 분석 대상 시스템 목록 예 ·· 198
[그림 Ⅱ-3-4] 현행 시스템 수집 문서 목록 예 ·································· 198
[그림 Ⅱ-3-5] 프로세스 계층도 예 ·· 202
[그림 Ⅱ-3-6] 프로세스 정의서 예 ·· 203
[그림 Ⅱ-3-7] 정보 항목 도출 예 ·· 204
[그림 Ⅱ-3-8] 정보 항목 목록 예 ·· 204
[그림 Ⅱ-3-9] 최종 정보 항목 목록 예 ·· 205
[그림 Ⅱ-3-10] 유스케이스 다이어그램 ·· 206
[그림 Ⅱ-3-11] 재검토 결과서 예 ·· 210
[그림 Ⅱ-3-12] 보완 목록 예 ·· 210

[그림 Ⅱ-4-1] 상세 요구 사항 세부내용 작성표 예시 ······················ 219
[그림 Ⅱ-4-2] 소프트웨어 개발사업의 데이터 요구 사항 작성 사례 ········ 220

[그림 Ⅱ-5-1] 정보 요구·애플리케이션 상관분석 매트릭스 예 ············ 228
[그림 Ⅱ-5-2] 정보 요구 대 업무 기능 매트릭스 예 ························ 229
[그림 Ⅱ-5-3] 정보 요구 대 조직 기능 상관분석 매트릭스 예 ············ 230

과목 Ⅲ 데이터 표준화

[그림 Ⅲ-1-1] 데이터 표준화 의미 ·· 247
[그림 Ⅲ-1-2] 데이터 표준화 구성요소 ·· 249
[그림 Ⅲ-1-3] 데이터 표준 관리 시스템 구성 ···································· 255

[그림 Ⅲ-2-1] 표준화 요구 사항 정의서 예 ······································ 262
[그림 Ⅲ-2-2] 현행 데이터 표준 사용 현황 명세서 예 ···················· 263
[그림 Ⅲ-2-3] 데이터 표준 개선 방안 정의서 예 ····························· 264
[그림 Ⅲ-2-4] 표준화 원칙 정의서 예 ·· 265
[그림 Ⅲ-2-5] 표준 단어 사전 예 ·· 269
[그림 Ⅲ-2-6] 표준 단어 도출 ··· 269
[그림 Ⅲ-2-7] 단어 분할 예 ·· 270
[그림 Ⅲ-2-8] 이음동의어 처리 ·· 270

[그림 Ⅲ-2-9] 동음이의어 처리 ··· 271

[그림 Ⅲ-2-10] 접두어/접미어 개별 단어 방식 ··· 271

[그림 Ⅲ-2-11] 접두어/접미어 합성 단어 방식 ··· 272

[그림 Ⅲ-2-12] 표준 도메인 사전 예 ··· 273

[그림 Ⅲ-2-13] 표준 도메인 도출 ··· 273

[그림 Ⅲ-2-14] 표준 코드 사전 예 ·· 275

[그림 Ⅲ-2-15] 표준 코드와 파생 코드의 정의 및 활용 ······························· 278

[그림 Ⅲ-2-16] 표준 용어와 기타 표준과 관계 ··· 278

[그림 Ⅲ-2-17] 표준 용어 사전 예 ·· 279

[그림 Ⅲ-2-18] 표준 용어 도출 ··· 280

[그림 Ⅲ-2-19] 검토 결과서 예 ··· 283

[그림 Ⅲ-2-20] 보완 목록 예 ·· 283

[그림 Ⅲ-3-1] 데이터 변경 관리 프로세스 예시 ·· 291

[그림 Ⅲ-3-2] 표준 용어에 대한 신규 및 변경 사항 발생시 처리하는 프로세스 예시 ······· 293

[그림 Ⅲ-3-3] 데이터 표준에 근거하여 데이터 모델의 정의와 변경을 통제하는
프로세스 예시 ··· 293

과목 Ⅳ 데이터 모델링

[그림 Ⅳ-1-1] 데이터 모델링 ·· 300

[그림 Ⅳ-1-2] 정보시스템 변천 과정 ··· 301

[그림 Ⅳ-1-3] 파일 시스템과 데이터베이스 시스템 ····································· 302

[그림 Ⅳ-1-4] 정보의 고립화 ·· 303

[그림 Ⅳ-1-5] 구조적 방법론 ·· 305

[그림 Ⅳ-1-6] 데이터 흐름도 ·· 305

[그림 Ⅳ-1-7] 정보공학 방법론 절차 ··· 306

[그림 Ⅳ-1-8] 추상화 ·· 310

[그림 Ⅳ-1-9] 타입과 인스턴스 ··· 312

[그림 Ⅳ-1-10] 엔터티-관계 데이터 모델 구성요소 ····································· 314

[그림 Ⅳ-1-11] 정보공학(IE) 표기법 엔터티 ·· 319

[그림 Ⅳ-1-12] CASE*Method 표기법 엔터티 ·· 320

[그림 Ⅳ-1-13] 속성 표기법 ··· 321

[그림 Ⅳ-1-14] 관계 표기법 ··· 322

[그림 Ⅳ-1-15] 관계 선택성 결정 방법 ·· 323

[그림 Ⅳ-1-16] 관계 선택성 ··· 323

[그림 Ⅳ-1-17] 식별 관계 ·· 324

[그림 Ⅳ-1-18] 비식별 관계 ·· 325

[그림 Ⅳ-1-19] 고객 테이블 ··· 327

[그림 Ⅳ-1-20] 용어 비교 ·· 328

[그림 Ⅳ-1-21] 릴레이션 정의 ··· 328

[그림 Ⅳ-1-22] 릴레이션 개념 ··· 329

[그림 Ⅳ-1-23] 관계형 모델 이론 ·· 332

[그림 Ⅳ-1-24] 데이터 구조 6가지 특성 ·· 334

[그림 Ⅳ-1-25] 반복 그룹 형태 ·· 335

[그림 Ⅳ-1-26] 관계형 모델 데이터 조작 ·· 339

[그림 Ⅳ-1-27] 데이터 처리 사례 데이터 모델 ·· 340

[그림 Ⅳ-1-28] 데이터 무결성 ·· 341

[그림 Ⅳ-1-29] 엔터티 무결성 규칙 ··· 342

[그림 Ⅳ-1-30] 엔터티 무결성 규칙 – 널(NULL) 값 허용 ························· 342

[그림 Ⅳ-1-31] 인스턴스 무결성 규칙 – 유일성 ·· 343

[그림 Ⅳ-1-32] 엔터티 무결성 규칙 – 최소한의 속성 집합 ························ 344

[그림 Ⅳ-1-33] 참조무결성 ··· 345

[그림 Ⅳ-1-34] 주문 데이터 모델 ·· 346

[그림 Ⅳ-1-35] 연쇄 작용 ··· 351

[그림 Ⅳ-1-36] 연쇄 작용 유형 ·· 352

[그림 Ⅳ-1-37] 연쇄 작용 사례 데이터 ··· 352

[그림 Ⅳ-1-38] 연쇄 작용 정의 사례 ··· 353

[그림 Ⅳ-1-39] 관계형과 비관계형 비교 ··· 354

[그림 Ⅳ-2-1] 논리 데이터 모델링의 핵심 ··· 360

[그림 Ⅳ-2-2] 논리 데이터 모델링 절차 ·· 363

[그림 Ⅳ-2-3] 가치 사슬 분석 ··· 366

[그림 Ⅳ-2-4] 기능과 주제영역 병행 모델링 ··· 366

[그림 Ⅳ-2-5] 주제 영역 정의서 예 ··· 368

[그림 Ⅳ-2-6] 여신 업무 가치 사슬 ·· 370

[그림 Ⅳ-2-7] 여신 업무 병행 분석 ·· 371

[그림 Ⅳ-2-8] 엔터티 '사원' ··· 372

[그림 Ⅳ-2-9] 모델 관점 엔터티 분류 ··· 374

[그림 Ⅳ-2-10] 엔터티 도출 ·· 377

[그림 Ⅳ-2-11] 역 공학 절차 ··· 378

[그림 Ⅳ-2-12] 다양한 조직의 고객 엔터티 ··· 383

[그림 Ⅳ-2-13] 특정 사례가 아닌 유사한 사물들을 대표 ···························· 384

[그림 IV-2-14] Party vs. Non-Party ··· 385

[그림 IV-2-15] 사원·고객 엔터티 ··· 386

[그림 IV-2-16] 일반화 ·· 391

[그림 IV-2-17] 일반화 특성 ··· 392

[그림 IV-2-18] CASE*Method 일반화 특성 ·· 393

[그림 IV-2-19] 정보공학(IE) 일반화 유형 ·· 393

[그림 IV-2-20] 인스턴스가 공통적인 속성 집합을 가지고 있을 때 일반화 ············ 394

[그림 IV-2-21] 인스턴스가 공통적인 관계 집합을 가지고 있을 때 일반화 ············ 395

[그림 IV-2-22] 인스턴스가 공통적인 관계 집합을 가지고 있을 때 일반화(양쪽 선택 관계)396

[그림 IV-2-23] 관계 ·· 398

[그림 IV-2-24] 부모 자식 엔터티 ·· 399

[그림 IV-2-25] 관계 선택성 결정 방법 ·· 400

[그림 IV-2-26] 관계 설정 연습 ·· 401

[그림 IV-2-27] 관계 형태 - CASE*Method 표기법 ·· 402

[그림 IV-2-28] 관계 형태 - 정보공학(IE) 표기법 ··· 404

[그림 IV-2-29] 계층 구조 모델 ·· 404

[그림 IV-2-30] 계층 구조 순환 전개 모델 ·· 405

[그림 IV-2-31] 계층 구조 모델 방안 ··· 405

[그림 IV-2-32] 다대다 관계 해소 ··· 406

[그림 IV-2-33] 배타적 관계 - 인스턴스 차트 ·· 407

[그림 IV-2-34] 배타적 관계 데이터 모델 ·· 407

[그림 IV-2-35] 배타적 관계 표현 ··· 408

[그림 IV-2-36] 배타적 관계 vs. 일반 관계 참여 수 ··· 408

[그림 IV-2-37] 단일 값 사례 - CASE*Method 표기법 ···································· 419

[그림 IV-2-38] 단일 값 사례 - 정보공학(IE) 표기법 ······································· 419

[그림 IV-2-39] 유도 속성 사례 - CASE*Method 표기법 ·································· 421

[그림 IV-2-40] 유도 속성 사례 - 정보공학(IE) 표기법 ····································· 422

[그림 IV-2-41] 본질 식별자 예 ·· 425

[그림 IV-2-42] 식별 관계 ··· 429

[그림 IV-2-43] 식별자 상속 예 ·· 430

[그림 IV-2-44] 정규화 과정 ·· 433

[그림 IV-2-45] 정규화 사례 데이터 ·· 433

[그림 IV-2-46] 구매주문 엔터티 ·· 434

[그림 IV-2-47] 구매주문 발생 데이터 ·· 434

[그림 IV-2-48] 표기법에 따른 제1정규형 ·· 436

[그림 IV-2-49] 제1정규형 사례 데이터 ··· 437

[그림 Ⅳ-2-50] 표기법에 따른 제2정규형 예 ·· 438

[그림 Ⅳ-2-51] 제2정규형 사례 데이터 ·· 438

[그림 Ⅳ-2-52] 표기법에 따른 제3정규형 예 ·· 439

[그림 Ⅳ-2-53] 제3정규형 사례 데이터 ·· 440

[그림 Ⅳ-2-54] 환율 이력 예 ··· 441

[그림 Ⅳ-2-55] 선분 이력 예 ··· 442

[그림 Ⅳ-2-56] 발생 이력 예 ··· 443

[그림 Ⅳ-2-57] 시점 이력 예 ··· 444

[그림 Ⅳ-2-58] 선분 이력 예 ··· 444

[그림 Ⅳ-2-59] 선분 이력의 의미 ·· 445

[그림 Ⅳ-2-60] 인스턴스 이력 관리 예 ·· 445

[그림 Ⅳ-2-61] 속성 레벨 이력 관리 예 ··· 446

[그림 Ⅳ-2-62] 주제 레벨 이력 관리 예 ··· 447

[그림 Ⅳ-2-63] 선분 이력의 UID ·· 448

[그림 Ⅳ-3-1] 논리모델 – 물리모델 변환 용어 ·· 464

[그림 Ⅳ-3-2] 바커 표기법(앞)과 IE 표기법(위)에 따른 테이블 레이아웃 ······················ 465

[그림 Ⅳ-3-3] 바커 표기법(위)과 IE 표기법(아래)에 따른 서브타입 예 ························· 466

[그림 Ⅳ-3-4] 바커 표기법(좌)과 IE 표기법(우)에 따른 슈퍼타입 기준 테이블 변환 예 ···· 466

[그림 Ⅳ-3-5] 테이블 사례 예 ··· 467

[그림 Ⅳ-3-6] 바커 표기법(좌)과 IE 표기법(우)에 따른 서브타입 기준 테이블 변환 예 ···· 468

[그림 Ⅳ-3-7] 테이블 예 : 정규직 사원 ·· 469

[그림 Ⅳ-3-8] 테이블 예 : 임시직 사원 ·· 469

[그림 Ⅳ-3-9] 바커 표기법(좌)과 IE 표기법(우)에 따른 개별타입 기준 테이블 변환 예 ···· 470

[그림 Ⅳ-3-10] 바커 표기법(위)과 IE 표기법(아래)에 따른 서브타입 변환 대상 예 ··········· 471

[그림 Ⅳ-3-11] 바커 표기법(위)과 IE 표기법(아래)에 따른 물리모델 예제 1 ················ 472

[그림 Ⅳ-3-12] 바커 표기법(위)과 IE 표기법(아래)에 따른 물리모델 예제 2 ················ 473

[그림 Ⅳ-3-13] 테이블 목록 정의서 예 ··· 475

[그림 Ⅳ-3-14] 기본키 변환 ·· 476

[그림 Ⅳ-3-15] 바커 표기법(좌)과 IE 표기법(우)에 따른 기본키 변환 예:외래키에 의한 ··· 477

[그림 Ⅳ-3-16] 테이블 정의서 예 ·· 477

[그림 Ⅳ-3-17] 바커 표기법(위)과 IE 표기법(아래)에 따른 1:M 관계 변환 예 ················ 478

[그림 Ⅳ-3-18] 바커 표기법(좌)과 IE 표기법(우)에 따른 1:M Mandatory 관계 ·············· 479

[그림 Ⅳ-3-19] 바커 표기법(위)과 IE 표기법(아래)에 따른 1:1 Mandatory 관계 변환 예 · 479

[그림 Ⅳ-3-20] 바커 표기법(위)과 IE 표기법(아래)에 따른 1:1 Optional 관계 변환 예 ···· 480

[그림 Ⅳ-3-21] 바커 표기법(좌)과 IE 표기법(우)에 따른 1:M 순환 관계 예 ······················ 481

[그림 Ⅳ-3-22] 바커 표기법(위)과 IE 표기법(아래)에 따른 배타적 관계 : 논리모델 예 ···· 482

[그림 Ⅳ-3-23] 배타적 관계 변환 : 외래키 분리 예 ··· 482

[그림 Ⅳ-3-24] 배타적 관계 변환 : 외래키 결합 예 ··· 483

[그림 Ⅳ-3-25] 시스템 칼럼 추가 예 ··· 484

[그림 Ⅳ-3-26] 문자 타입 지정 예 ·· 485

[그림 Ⅳ-3-27] 숫자 타입 지정 예 ·· 486

[그림 Ⅳ-3-28] 날짜 타입 선택 예 ·· 487

[그림 Ⅳ-3-29] 테이블 명명 규칙 예 ··· 488

[그림 Ⅳ-3-30] 수평 분할의 개념 예 ··· 489

[그림 Ⅳ-3-31] 바커 표기법(좌)과 IE 표기법(우)에 따른 수직 분할 대상 예 : 회원 정보 · 490

[그림 Ⅳ-3-32] 바커 표기법(위)과 IE 표기법(아래)에 따른 갱신 위주의 칼럼 수직
　　　　　　　　분할 예 ··· 491

[그림 Ⅳ-3-33] 바커 표기법(위)과 IE 표기법(아래)에 따른 자주 조회되는 칼럼의
　　　　　　　　분할 예 ··· 492

[그림 Ⅳ-3-34] 특정 칼럼이 아주 큰 경우 바커 표기법(위)과 IE 표기법(아래)에 따른
　　　　　　　　분할 예 ··· 493

[그림 Ⅳ-3-35] 특정 칼럼에 보안을 적용해야 하는 경우 바커 표기법(위)과 IE 표기법에
　　　　　　　　따른 분할 예 ··· 494

과목 Ⅴ 데이터베이스 설계와 이용

[그림 Ⅴ-1-1] 힙 테이블과 클러스터형 인덱스 구조 ··· 513

[그림 Ⅴ-1-2] 주문 ERD ··· 515

[그림 Ⅴ-1-3] 범위 파티셔닝 적용 ·· 515

[그림 Ⅴ-1-4] 목록 파티셔닝 적용 ·· 516

[그림 Ⅴ-1-5] 해시 파티셔닝 적용 ·· 517

[그림 Ⅴ-1-6] 범위+목록 파티셔닝 적용 ··· 518

[그림 Ⅴ-1-7] B*tree 구조 ·· 531

[그림 Ⅴ-1-8] 비트맵 인덱스 구조 ·· 533

[그림 Ⅴ-1-9] 비 파티션 인덱스 구조 ··· 534

[그림 Ⅴ-1-10] 로컬 파티션 인덱스 구조 ··· 535

[그림 Ⅴ-1-11] 글로벌 파티션 인덱스 구조 ··· 535

[그림 Ⅴ-1-12] 테이블 접근 경로 조사표 ··· 537

[그림 Ⅴ-1-13] 분산 데이터베이스 구조 ·· 540

[그림 Ⅴ-2-1] 데이터베이스 단계 사상 ·· 557

[그림 Ⅴ-2-2] 데이터베이스 관리 시스템 구성요소 ·· 558

[그림 V-2-3] 물리/논리 저장 구조 계층 ································· 561
[그림 V-2-4] 블록 구조 ·· 562
[그림 V-2-5] DBMS 메모리 구조 ·· 564
[그림 V-2-6] Role의 개념 ·· 571
[그림 V-2-7] 교착 상태 - 대기 그래프 ································· 579
[그림 V-2-8] 잠금 지속 시간 ··· 582
[그림 V-2-9] 성능 저하 요인 ··· 585
[그림 V-2-10] 성능 개선 접근 방법 ······································· 586
[그림 V-2-11] 사용자와 데이터베이스 인터페이스 ··················· 589
[그림 V-2-12] 조인 설명 ·· 591
[그림 V-2-13] 조인 결과 ·· 592
[그림 V-2-14] Nested-Loop 조인 알고리즘 ···························· 593
[그림 V-2-15] Indexed Nested-Loop 조인 ······························ 594
[그림 V-2-16] Sort-Merge 조인 ·· 596
[그림 V-2-17] Hash 조인 ··· 598
[그림 V-2-18] 저장 SQL 구조 ·· 601
[그림 V-2-19] 절차적 처리 vs 집합적 처리 ···························· 602

과목 VI 데이터 품질 관리 이해

[그림 VI-1-1] 데이터 품질 관리 프레임워크 ··························· 619
[그림 VI-1-2] 데이터 표준화 개요 ·· 620
[그림 VI-1-3] 표준 데이터 상관도 ·· 624
[그림 VI-1-4] 프로파일링 설명 ·· 629

[그림 VI-2-1] 데이터 품질 관리 원칙 및 관리 조직 프로세스 간 상관관계 ······················· 638
[그림 VI-2-2] 데이터 품질 관리 전체 프로세스 ······················ 640
[그림 VI-2-3] 데이터 품질 관리 조직 구성 예시 ····················· 641
[그림 VI-2-4] 데이터 관리 정책 수립 프로세스 ······················ 641
[그림 VI-2-5] 데이터 표준 품질 관리 조직 구성 예시 ··············· 643
[그림 VI-2-6] 데이터 표준 품질 관리 전체 프로세스 ················ 644
[그림 VI-2-7] 데이터 표준 수립 프로세스 ······························ 645
[그림 VI-2-8] 데이터 표준 변경 프로세스(단어, 용어, 도메인) ····· 647
[그림 VI-2-9] 데이터 표준 변경 프로세스(표준 코드) ··············· 648
[그림 VI-2-10] 데이터 표준 점검 프로세스 ···························· 649
[그림 VI-2-11] 데이터 모델 품질 관리 조직 구성 예시 ·············· 652
[그림 VI-2-12] 데이터 모델 관리 전체 프로세스 ····················· 652

[그림 VI-2-13] 주제영역 관리 프로세스 ··· 653
[그림 VI-2-14] 개념 데이터 모델 관리 프로세스 ································· 654
[그림 VI-2-15] 논리/물리 데이터 모델 관리 프로세스 ······················ 655
[그림 VI-2-16] 데이터 모델 점검 프로세스 ··· 656
[그림 VI-2-17] 데이터 값 품질 관리 조직 구성 예시 ························· 658
[그림 VI-2-18] 데이터 값 품질 관리 프로세스 ··································· 659
[그림 VI-2-19] 데이터 값 품질 진단 계획 수립 프로세스 ················· 660
[그림 VI-2-20] 데이터 값 품질 진단 실시 프로세스 ························· 661
[그림 VI-2-21] 업무규칙 도출 프로세스 ··· 663
[그림 VI-2-22] 업무규칙 변경 프로세스 ··· 664
[그림 VI-2-23] 데이터 값 품질 개선 프로세스 ··································· 665
[그림 VI-2-24] 데이터 활용 관리 조직 구성 예시 ···························· 668
[그림 VI-2-25] 데이터 활용 관리 프로세스 ··· 669
[그림 VI-2-26] 데이터 활용도 측정 결과서 예시 ······························· 670

부록B 실기 연습문제 정답 및 해설

[그림 부록B-1] 논리 데이터 모델 표기법 예시 ································· 704
[그림 부록B-2] BARKER 표기법 ··· 713
[그림 부록B-3] IE 표기법 ··· 715
[그림 부록B-4] 개념 데이터 모델 ·· 717
[그림 부록B-5] 과제수행주체와 지역의 M:M 관계 해소 ·················· 718
[그림 부록B-6] 과제수행주체와 과제의 M:M 관계 해소 ·················· 719
[그림 부록B-7] 과제수행주체 M:M 재귀관계 해소 ·························· 720
[그림 부록B-8] 중요 M:M 관계가 해소된 후의 데이터 모델 ············ 721
[그림 부록B-9] 과제수행계획 ·· 722
[그림 부록B-10] 사업비 편성내역 ·· 722
[그림 부록B-11] 과제이력 모델 ·· 723
[그림 부록B-12] 완성된 논리 데이터 모델 ··· 723

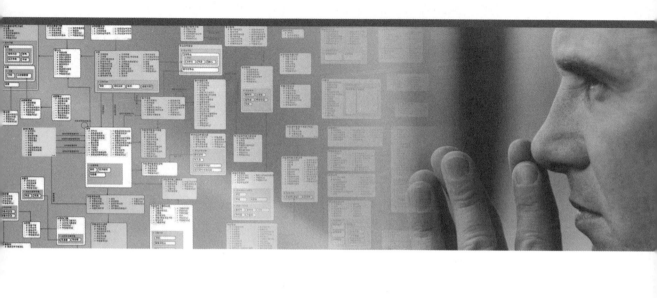

데이터아키텍처 전문가
자격검정 안내

데이터아키텍처 전문가란
데이터아키텍처 전문가 자격검정 필요성
데이터아키텍처 전문가 직무
자격검정시험 과목 안내
자격검정시험 응시자격 및 증빙서류
자격 취득 절차
자격검정시험 합격 기준
자격검정시험 수험자 유의 사항
자격검정시험 수수료 안내

데이터아키텍처 전문가란

1 데이터아키텍처 정의

데이터아키텍처(DA, Data Architecture)란 기업의 모든 업무를 데이터 측면에서 처음부터 끝까지 체계화하는 것이다.

2 데이터아키텍처 전문가 정의

데이터아키텍처 전문가(DAP, Data Architecture Professional)란 효과적인 데이터아키텍처 구축을 위해 전사아키텍처와 데이터 품질 관리에 대한 지식을 바탕으로 데이터 요건 분석, 데이터 표준화, 데이터 모델링, 데이터베이스 설계와 이용 등의 직무를 수행하는 전문가를 말한다.

데이터아키텍처 전문가 자격검정 필요성

최근 기업의 정보화 전략을 둘러싼 화두는 단연 전사아키텍처(EA, Enterprise Architecture)이다. 이를 대변하듯 국내 대기업 CIO의 IT 전략에 전사아키텍처가 빠짐없이 등장하고 있다. 특히 전사아키텍처의 구성요소 중 데이터아키텍처가 가장 중요하게 인식되고 있다. 그 이유는 데이터아키텍처가 정보시스템을 구성하는 기본 요소인 데이터와 연관된 모든 계층을 총망라한 체계적인 방법이기 때문이다. 다시말해 정보시스템의 근간을 체계화하는 것이 데이터아키텍처이다.

그러나 이러한 데이터아키텍처의 중요성에 비해 이에 대한 전문적 지식을 갖춘 인재는 상대적으로 매우 적다. 이에 한국데이터산업진흥원은 전문인력의 실질적 수요자인 사업주를 대변하여 데이터아키텍처 전문가 자격검정을 실시하고자 한다. 이를 통해 산업현장에 부응하는 민간자격을 부여하고, 자격취득자에게 직업 기회 제공 및 사회적 지위(취업, 승진, 보수 등) 향상은 물론 기업의 국제 경쟁력 제고에도 기여할 것이다.

데이터아키텍처 전문가 직무

데이터아키텍처 전문가는 전사아키텍처 및 데이터 품질 관리에 대한 지식을 바탕으로 데이터 요건 분석, 데이터 표준화, 데이터 모델링, 데이터베이스 설계와 이용에 대한 전문 지식 및 실무적 수행 능력을 그 필수로 한다.

직 무	수 행 내 용
데이터 요건 분석	목표 시스템 구축에 있어서 가장 비중을 두고 진행해야 할 일 중 하나는 사용자가 원하는 요구 사항이 무엇인지 정확하게 파악하고, 이를 효과적으로 달성하기 위해 필요한 요건을 분석하는 것이다. 이를 위해 전체적으로 사용자가 어떤 정보를 어떻게 가공해야 하는지 파악하는 것이 중요하다. 본 직무에서는 데이터 요구 사항에 대한 분석과 이에 대한 검증 방법 등에 필요한 작업을 수행한다.
데이터 표준화	데이터 표준화를 실시하기 위해 필요한 구성요소에 대한 개념 파악 및 각 구성요소의 표준화 원칙을 어떻게 수립하고, 표준을 어떻게 정의하는지 이해한다. 표준이 정의 되면 지속적인 품질 관리를 위해 수행되는 사후관리 활동에 필요한 작업을 수행한다.
데이터 모델링	기업 내에 흩어져 있는 수많은 정보들을 사용자 관점에서 설계하는 방법을 다루는 과목이다. 개념 데이터 모델링, 논리 데이터 모델링, 물리 데이터 모델링이라는 세부 단계를 수행한다. 본 직무 담당자는 앞선 세부 단계를 통해 효과적이고 유연한 데이터 베이스를 구축하는 데 필요한 작업을 수행한다.
데이터베이스 설계와 이용	상용화한 DBMS 기술에 종속된 내용을 배제하고 범용적인 관계형 데이터베이스 관점 에서 데이터베이스 설계, 데이터베이스 이용, 데이터베이스 성능 개선에 필요한 작업 을 수행한다

자격검정시험 과목 안내

과목명	세부내용
전사아키텍처 이해	**전사아키텍처 개요** 　전사아키텍처 정의, 전사아키텍처 프레임워크, 전사아키텍처 참조모델, 전사아키텍처 프로세스 **전사아키텍처 구축** 　전사아키텍처 방향 수립, 전사아키텍처 정보 구성 정의, 전사아키텍처 정보 구축 **전사아키텍처 관리 및 활용** 　전사아키텍처 관리 체계, 전사아키텍처 관리 시스템, 전사아키텍처 활용
데이터 요건 분석	**정보 요구 사항 개요** 　정보 요구 사항, 정보 요구 사항 관리 **정보 요구 사항 조사** 　정보 요구 사항 수집, 정보 요구 사항 정리, 정보 요구 사항 통합 **정보 요구 사항 분석** 　분석 대상 정의, 정보 요구 사항 상세화, 정보 요구 사항 확인 **정보 요구 검증** 　정보 요구 사항 상관분석 기법, 추가 및 삭제 정보 요구 사항 도출, 정보 요구 보완 및 확정
데이터 표준화	**데이터 표준화 개요** 　데이터 표준화 필요성, 데이터 표준화 개념, 데이터 표준 관리 도구 **데이터 표준 수립** 　데이터 표준화 원칙 정의, 데이터 표준 정의, 데이터 표준 확정 **데이터 표준 관리** 　데이터 표준 관리 개요, 데이터 표준 관리 프로세스
데이터 모델링	**데이터 모델링 이해** 　데이터 모델링 개요, 데이터 모델링 기법 이해, 데이터 모델링 구성요소, 데이터 모델링 표기법 이해 **개념 데이터 모델링** 　개념 데이터 모델링 이해, 주제 영역 정의, 후보 엔터티 선정, 핵심 엔터티 정의, 관계 정의 **논리 데이터 모델링** 　논리 데이터 모델링 이해, 속성 정의, 엔터티 상세화, 이력 관리 정의 **물리 데이터 모델링** 　물리 데이터 모델링 이해, 물리 요소 조사 및 분석, 논리-물리모델 변환, 반정규화
데이터베이스 설계와 이용	**데이터베이스 설계** 　저장 공간 설계, 무결성 설계, 인덱스 설계, 분산 설계, 보안 설계 **데이터베이스 이용** 　데이터베이스 관리 시스템(DBMS), 데이터 액세스, 트랜잭션, 백업 및 복구 **데이터베이스 성능 개선** 　성능 개선 방법론, 조인(Join), 애플리케이션 성능 개선, 서버 성능 개선
데이터 품질 관리 이해	**데이터 이해** 　데이터 품질 관리 프레임워크, 표준 데이터, 모델 데이터, 관리 데이터, 업무 데이터 **데이터 구조 이해** 　개념 데이터 모델, 데이터 참조모델, 논리 데이터 모델, 물리 데이터 모델, 데이터베이스, 사용자 뷰 **데이터 관리 프로세스 이해** 　데이터 관리 정책, 데이터 표준 관리, 요구 사항 관리, 데이터 모델 관리, 데이터 흐름 관리, 데이터베이스 관리, 데이터 활용 관리

자격검정시험 응시자격 및 증빙서류

1 응시자격

※ 아래 응시자격 요건 중 1개 이상의 요건이 충족될 경우 응시자격이 부여된다.

학력+경력기준	• 박사학위 취득 자 • 석사학위 취득 후 정보처리분야의 실무경력 1년 이상인 자 • 학사학위 취득 후 정보처리분야의 실무경력 3년 이상인 자 • 전문대학 졸업 후 정보처리분야의 실무경력 6년 이상인 자 • 고등학교 졸업 후 정보처리분야의 실무경력 9년 이상인 자
자격기준	• 국가기술자격 중 기술사 자격을 취득한 자 • 국가기술자격 중 기사 자격을 취득한 후 정보처리분야의 실무경력 1년 이상인 자 • 국가기술자격 중 산업기사 자격을 취득한 후 정보처리분야의 실무경력 4년 이상인 자 • 학사학위 취득자 중 데이터베이스관련 자격을 취득한 자 • 데이터아키텍처 준전문가(DAsP), SQL전문가(SQLP), SQL개발자(SQLD) 자격을 취득한 자

2 증빙서류

가. 경력 또는 재직증명서 1부
나. 최종학력증명서 사본 1부(해당자에 한함)
다. 자격증 사본 1부(해당자에 한함)

※ 상기 증빙서류는 시험결과확인 후 합격예정자에 한해 제출한다.

자격 취득 절차

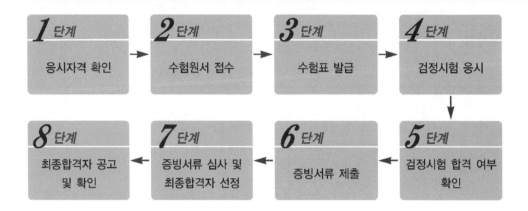

1단계	**2**단계	**3**단계	**4**단계
응시자격 확인	수험원서 접수	수험표 발급	검정시험 응시

8단계	**7**단계	**6**단계	**5**단계
최종합격자 공고 및 확인	증빙서류 심사 및 최종합격자 선정	증빙서류 제출	검정시험 합격 여부 확인

1단계. 응시자격 확인

데이터아키텍처 전문가 응시자격을 확인한다.

2단계. 수험원서 접수

1. 수험원서의 작성 및 제출

검정센터 홈페이지의 '원서접수신청'에서 작성·제출하면 된다. 우편 및 전화로는 수험원서 접수가 불가하다.

2. 검정수수료 납부

신용카드로 결제하거나 계좌이체로 검정수수료를 납부한다.

3단계. 수험표 발급

수험표는 검정센터에서 공시한 날짜부터 검정센터 홈페이지에서 확인·출력할 수 있다.

4단계. 검정시험 응시

1· 2· 3단계가 완료된 자격검정시험 응시자는 검정센터가 공고하는 일정 및 장소에서 데이터아키텍처 전문가 자격검정시험을 치르게 된다.

5단계. 검정시험 합격 여부 확인

검정센터 홈페이지에서 당회차 검정시험에 대한 합격 및 불합격 여부를 확인할 수 있다. 자격검정시험 합격자는 검정센터에서 합격예정자로 분류된다.

6단계. 증빙서류 제출

증빙서류는 시험을 통과한 합격예정자에 한해 제출하는 것을 원칙으로 한다. 따라서 '5단계. 검정시험 합격 여부 확인'의 결과로 불합격처리된 응시자는 이 단계 이후로는 해당되지 않는다.

1. 증빙서류 작성

증빙서류는 검정센터에서 지정한 양식 및 증빙서류 발행처의 양식으로 작성하여야 한다.

2. 증빙서류 제출

검정센터 홈페이지에 온라인 제출한다.

7단계. 증빙서류 심사 및 최종합격자 선정

검정센터의 관련 담당자가 접수 서류 누락 및 사실 진위 여부를 판별하며, 이를 통과한 합격예정자는 최종합격자로 분류된다.

8단계. 최종합격자 공고 및 확인

최종합격자는 검정센터가 공시한 최종합격자 발표일에 검정센터 홈페이지를 통해 발표되며, '데이터아키텍처전문가 자격증서'가 발급된다.

자격검정시험 합격 기준

구 분	합격기준	과락기준
필기합격	100점 만점 기준 75점 이상	과목별 100점 만점 기준 40점 미만
최종합격	응시자격심의 서류 통과자	

자격검정시험 수험자 유의 사항

1. 수험원서 접수 전 유의 사항

데이터아키텍처 전문가 응시자격에 준하는 자에 한해 자격검정시험에 응시할 수 있다.
※ 더 자세한 응시자격은 검정센터 홈페이지의 [응시자격 및 합격기준]에서 확인할 수 있다.

2. 검정시험 전 유의 사항

가. 수험표

검정센터 홈페이지에서 본 자격검정 수험원서를 접수하고 수수료를 납입한 응시자는 검정센터 홈페이지에서 발급받을 수 있다.

나. 신분증

수험자의 신분을 확인할 수 있는 주민등록증, 여권, 운전면허증 중에 하나를 반드시 지참해야 한다.

다. 필기도구 준비(컴퓨터용 수성 사인펜, 볼펜, 연필)

필기답안지(OMR 카드)는 반드시 컴퓨터용 수성 사인펜으로 작성한다. 실기답안지(논리 데이터 모델 답안지, 표준화정의서 답안지)는 볼펜으로 최종 작성해 제출한다.

3. 검정시험 중 유의 사항

가. 고사실 입실 시간 준수

시험 시작 30분 전에 수험표에 나온 지정 좌석에 착석한다.

나. 시험 중 화장실 출입

고사실 감독위원에게 생리적 문제를 전달하고 감독위원의 신분 확인 절차를 거쳐 다녀올 수 있다. 단 다수의 수험자가 동시에 의사를 전달할 시에는 전달 순서대로 다녀올 수 있다.

다. 시험 종료 전 퇴실

수험자는 시험 시작 후 30분 후부터 퇴실 의사를 고사실 감독위원에게 전달하고 문제지와 답안지 제출 후 퇴실할 수 있다.

자격검정시험 수수료 안내

1. 검정수수료 금액

- 데이터아키텍처 전문가(DAP) : 10만원
- 데이터아키텍처 준전문가(DAsP) : 5만원

2. 검정수수료 환불

- 접수기간 마감일 18:00 까지 : 전액 환불
- 접수기간 종료부터 시행 5일전 18:00 까지 : 50% 환불
- 시행 5일전 18:00 이후 : 환불 불가

데이터아키텍처 준전문가
자격검정 안내

자격검정시험 과목 안내
자격검정시험 응시자격
자격 취득 절차
자격검정시험 합격 기준
자격검정시험 수험자 유의 사항
자격검정시험 수수료 안내

자격검정시험 과목 안내

기본과목	
전사아키텍처 이해	**전사아키텍처 개요** 전사아키텍처 정의, 전사아키텍처 프레임워크, 전사아키텍처 참조모델, 전사아키텍처 프로세스 **전사아키텍처 구축** 전사아키텍처 방향 수립, 전사아키텍처 정보 구성 정의, 전사아키텍처 정보 구축 **전사아키텍처 관리 및 활용** 전사아키텍처 관리 체계, 전사아키텍처 관리 시스템, 전사아키텍처 활용
데이터 요건 분석	**정보 요구 사항 개요** 정보 요구 사항, 정보 요구 사항 관리 **정보 요구 사항 조사** 정보 요구 사항 수집, 정보 요구 사항 정리, 정보 요구 사항 통합 **정보 요구 사항 분석** 분석 대상 정의, 정보 요구 사항 상세화, 정보 요구 사항 확인 **정보 요구 검증** 정보 요구 사항 상관분석 기법, 추가 및 삭제 정보 요구 사항 도출, 정보 요구 보완 및 확정
데이터 표준화	**데이터 표준화 개요** 데이터 표준화 필요성, 데이터 표준화 개념, 데이터 표준 관리 도구 **데이터 표준 수립** 데이터 표준화 원칙 정의, 데이터 표준 정의, 데이터 표준 확정 **데이터 표준 관리** 데이터 표준 관리 개요, 데이터 표준 관리 프로세스
데이터 모델링	**데이터 모델링 이해** 데이터 모델링 개요, 데이터 모델링 기법 이해, 데이터 모델링 구성요소, 데이터 모델링 표기법 이해 **개념 데이터 모델링** 개념 데이터 모델링 이해, 주제 영역 정의, 후보 엔터티 선정, 핵심 엔터티 정의, 관계 정의 **논리 데이터 모델링** 논리 데이터 모델링 이해, 속성 정의, 엔터티 상세화, 이력 관리 정의 **물리 데이터 모델링** 물리 데이터 모델링 이해, 물리 요소 조사 및 분석, 논리-물리모델 변환, 반정규화

자격검정시험 응시자격

1. 응시자격

※ 응시제한 없음

자격 취득 절차

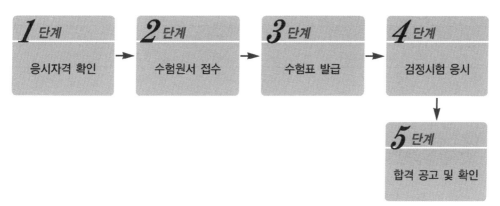

1단계. 응시자격 확인

데이터아키텍처 준전문가 응시자격을 확인한다.

2단계. 수험원서 접수

1. **수험 원서 작성 및 제출**

   검정센터 홈페이지 '원서접수신청'에서 작성·제출하면 된다. 우편 및 전화를 통해서는 수험원서 접수가 불가하다.

2. **검정수수료 납부**

   신용카드로 결제하거나 계좌이체로 검정수수료를 납부한다.

3단계. 수험표 발표

수험표는 검정센터에서 공시한 날짜부터 검정센터 홈페이지에서 확인·출력할 수 있다.

4단계. 검정시험 응시

1· 2· 3단계가 완료된 자격검정시험 응시자는 검정센터가 공고하는 일정 및 장소에서 데이터아키텍처 준전문가 자격검정시험을 치르게 된다.

5단계. 합격 공고 및 확인

검정센터 홈페이지에서 당회차 검정시험에 대한 합격 및 불합격 여부를 확인할 수 있다.

자격검정시험 합격 기준

합격기준	과락기준
100점 만점 기준 60점 이상	과목별 100점 만점 기준 40점 미만

자격검정시험 수험자 유의 사항

1. 수험원서 접수 전 유의 사항

데이터아키텍처 준전문가 응시자격에 준하는 자에 한해 자격 검정시험을 응시할 수 있다.

※ 보다 더 자세한 응시자격은 검정센터 홈페이지의 '응시자격 및 합격기준'에서 확인할 수 있다.

2. 검정시험 전 유의 사항

가. 수험표

검정센터 홈페이지에서 본 자격검정 수험원서를 접수하고 수수료를 납입한 응시자는 수험표를 검정센터 홈페이지에서 발급받을 수 있다.

나. 필기도구 준비(컴퓨터용 수성 사인펜, 볼펜, 연필)

필기답안지(OMR 카드)는 반드시 컴퓨터용 수성 사인펜으로 최종 작성하여 제출한다.

3. 검정시험 중 유의 사항

가. 고사실 입실 시간 준수

시험 시작 30분 전에 수험표에 나온 지정 좌석에 착석한다.

나. 시험 종료 전 퇴실

수험자는 시험 시작 후 30분 후부터 퇴실 의사를 고사실 감독위원에게 전달하고 문제지와 답안지 제출 후 퇴실할 수 있다.

자격검정시험 수수료 안내

1. 검정수수료 금액
- 데이터아키텍처 전문가(DAP) : 10만원
- 데이터아키텍처 준전문가(DAsP) : 5만원

2. 검정수수료 환불
- 접수기간 마감일 18:00 까지 : 전액 환불
- 접수기간 종료부터 시행 5일전 18:00 까지 : 50% 환불
- 시행 5일전 18:00 이후 : 환불 불가

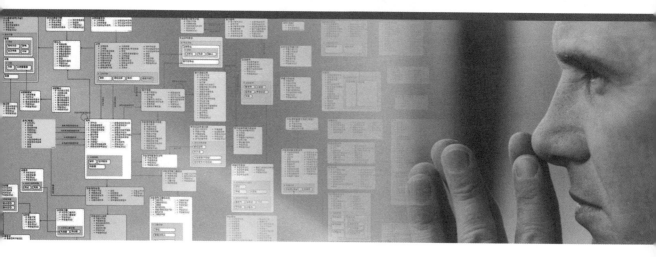

과목 소개

전사아키텍처는 그 범위가 매우 넓이 전체를 균형 있게 아우르면서 각 구성요소를 체계적으로 구축하고 구성요소간의 원활한 연계를 이끌어 내어야만 소기의 목적을 달성할 수 있다. 무엇보다 이를 수행할 수 있는 전문성과 경험, 기반 지식 등을 갖추고 있는 인력이 절대적으로 필요하다. 이를 통해 명확한 목표와 수행 체계를 갖추어 기업이나 조직이 목표한 만큼의 기대 효과를 거둘 수 있도록 체계적으로 잘 구축하여 실질적인 도움이 되도록 하는 것이 쉽지만은 않다. 이에 반해 데이터아키텍처는 전사아키텍처를 구성하는 하나의 구성요소이면서 전사아키텍처의 뼈대에 해당하는 중요한 축을 담당하고 있다. 구체적이고 현실에 맞닿아 있는 데이터를 다루는 영역이다 보니 명확한 목표를 수립하고, 수행 프로세스를 체계화하여 공유하고 기업이나 조직의 목표에 부합하도록 데이터아키텍처를 구축하는 것이 상대적으로 더 용이하다. 또한 지난 십수 년간 양성하고 배출한 검증된 데이터아키텍처 전문 인력들은 이와 같은 데이터아키텍처 수립에 있어서 핵심 역량을 갖춘 전문가로서 역할을 수행하여 기업이나 조직이 추구하는 데이터아키텍처 목표를 달성하는 데 매우 긍정적이고 실질적인 성공 요인의 하나로 평가되기에 충분하다.

이 책은 이와 같은 데이터아키텍처에 대한 핵심적인 지식과 체계적인 접근방법을 익힐 수 있는 가이드로서 데이터아키텍처에 관심이 있거나 이를 공부하여 데이터 전문가로 나아가고자 하는 사람들에게 실질적인 도움이 되도록 구성하였다. 또한 데이터 분야에서 실무를 수행하는 인력들이 가이드로서도 충분히 활용 가능하도록 구성하였다.

이를 위해 1과목에서는 전사아키텍처와 데이터아키텍처의 개념을 이해하고 데이터아키텍처를 구축하는 방법 및 프로세스에 대해 소개한다. 2과목부터는 데이터아키텍처 구축에 필요한 각론에 해당하는 내용이다. 2과목에서는 요구 사항의 도출과 분석 방법을 소개한다. 특히 데이터 관련 요구 사항은 데이터아키텍처를 구축하는 데 있어서 필수불가결한 요소로 데이터 관련 요구 사항을 정의하고 분석하는 방법에 대해 설명한다. 3과목에서는 데이터아키텍처를 구축하는 데 있어서 핵심 기반이 되는 데이터 표준에 대한 개념과 데이터 표준 수립 방법을 소개한다. 4과목은 데이터아키텍처를 구축하기 위한 핵심 기술에 해당하는 데이터 모델링의 개념과 기법, 데이터 모델링 방법 등에 대해 소개한다. 데이터아키텍처 전문가는 이러한 내용을 토대로 데이터 요구 사항을 식별하고 데이터 표준화를 주도하며, 데이터 표준이 적용된 데이터 모델을 구축·운영할 수 있어야 한다. 5과목에서는 잘 설계된 데이터 모델을 기반으로 응용시스템이 최상의 성능을 발휘할 수 있도록 데이터베이스 생성 및 운영에 대해 고려해야 할 성능 관련 설계 요소들을 소개한다. 데이터베이스 관리자와 긴밀한 협업을 하려면 데이터베이스 성능에 대한 개념을 이해하고 있어야 한다. 6과목에서는 데이터 품질에 대한 개념과 데이터 품질 확보 및 유지에 필요한 지식과 프로세스를 소개한다. 이 책은 데이터아키텍처 전문가가 핵심적인 기반 지식과 기법들을 잘 이해하고 숙지함으로써 최적의 데이터아키텍처를 구축·운영·활용할 수 있도록 함을 목적으로 한다.

과목 I

전사아키텍처 이해

과목 구성

데이터아키텍처 전문가에게 필요한 체계적인 기반 시식의 하나로 본 과목은 전사아키텍처의 개념과 전사아키텍처의 구성요소 중 데이터아키텍처에 대한 개념 및 수행 체계의 구성, 수행 프로세스 등을 소개하여 다른 과목에서 다루는 더 세부적인 전문 지식을 쌓는 데 필요한 기반을 다질 수 있도록 한다. 이러한 목표를 달성할 수 있도록 하기 위해 본 과목은 3개의 장으로 구성했다.

1장은 전사아키텍처 개요에 대한 내용이다. 전사아키텍처의 개념과 구성, 데이터아키텍처에 대한 개념과 프레임워크, 데이터아키텍처 참조모델, 데이터아키텍처 프로세스 등 전사아키텍처와 데이터아키텍처를 비교하고 데이터아키텍처가 어떤 것인가를 살펴본다.

2장에서는 데이터아키텍처 구축을 위한 방향 수립과 데이터아키텍처의 구성요소를 정의하고, 데이터아키텍처를 구축하는 과정을 살펴본다.

3장에서는 데이터아키텍처 관리 및 활용이 전사적 관점에서 다루어지고 지속적으로 실효성을 유지하고 발전할 수 있는 방안을 제시한다. 데이터 거버넌스에 대한 개념과 구성, 운영 방법 등을 살펴본다.

제1장 전사아키텍처와 데이터아키텍처
　제1절 아키텍처 개요
　제2절 아키텍처 프레임워크
　제3절 데이터아키텍처 참조모델
　제4절 데이터아키텍처 프로세스
　제5절 데이터아키텍트

제2장 데이터아키텍처 구축
　제1절 데이터아키텍처 방향 수립
　제2절 데이터아키텍처 정보 구성 정의
　제3절 데이터아키텍처 구축 프로세스

제3장 데이터 거버넌스
　제1절 데이터 거버넌스 개요
　제2절 데이터 거버넌스 구성
　제3절 데이터 거버넌스 운영
　제4절 데이터 거버넌스 확장

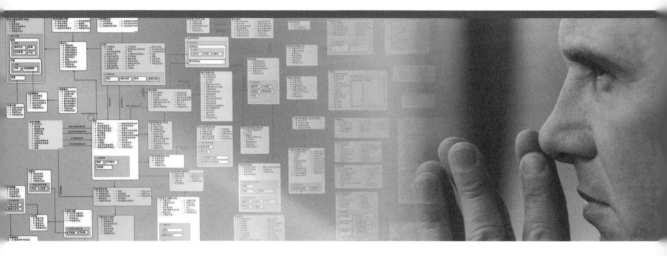

학습목표

제1장에서는 다음과 같은 내용을 학습한다.
- 아키텍처와 전사아키텍처, 데이터아키텍처의 개념을 정확하게 이해한다.
- 데이터아키텍처가 어떻게 구성되는지 프레임워크를 이해한다.
- 전사아키텍처 추진 현황과 데이터아키텍처 참조모델을 이해한다.
- 데이터아키텍처 프로세스에 대한 전반적인 흐름을 이해한다.
- 데이터아키텍트의 위상과 역할을 이해한다.

제1장

전사아키텍처와 데이터아키텍처

장 소개

기업의 비즈니스 환경이 점점 더 복잡해지고 정보기술 분야에 대한 요구 수준도 높아지면서, 기업의 IT 인프라를 최적의 상태로 구성하고 이를 효과적으로 관리·통제하는 것이 매우 중요하게 되었다. 더욱이 기업이나 조직이 활용할 수 있는 데이터의 범위와 규모가 크게 확장되면서 IT는 비즈니스 환경 변화에 더욱 신속하게 대응할 것을 요구받고 있는 상황이다. 이에 대한 하나의 해답으로 전사아키텍처(EA, Enterprise Architecture)가 대두되고 주목받아 왔다. 전사아키텍처는 복잡한 기업의 업무와 IT의 모습을 다양한 관점에서 체계적으로 분석하고 표현하여 사람들이 이해하기 쉽도록 정보 체계를 구축함으로써 IT 투자 효과를 높이는 것을 목표로 하고 있다.

데이터아키텍처는 전사아키텍처의 한 구성요소로서 출발하였으나 기업이나 조직의 정보 체계에 있어서 뼈대에 해당하는 중요성과 자산적 가치, 그리고 데이터가 갖고 있는 독립적 성격으로 인해 전사아키텍처의 다른 구성요소에 비해 더욱 주목받고 독자적인 아키텍처 구축 및 운영도 활발하게 이루어지고 있다. 특히 데이터가 오늘날의 우리 사회를 관통하는 핵심 키워드로 떠오르면서 기존의 업무 데이터 외에 빅데이터 영역으로까지 활용 범위가 확장되었다. 이에 따라 그 어느 때보다도 데이터의 체계적인 구축과 관리, 긴밀하고 유기적인 연계와 활용이 기업이나 조직의 성장을 좌우하는 핵심적인 요소로 평가되고 있다.

본 장은 데이터가 IT 환경 변화의 핵심 키워드로 떠오르면서 데이터아키텍처의 중요성이 더욱 커짐에 따라 데이터아키텍처 관련 업무를 수행하는 실무자에게 도움이 될 수 있도록 전사아키텍처와 데이터아키텍처의 개념을 비롯하여, 전사아키텍처가 무엇이고, 어떻게 구성되며, 데이터아키텍처는 전사아키텍처와 어떤 차이가 있는지, 또한 데이터아키텍처 구축은 어떻게 수행되는지 등에 대해 소개한다.

장 구성

본 장은 5개의 절로 구성되어 있다. 1절에서는 전사아키텍처와 데이터아키텍처의 개념과 개요 내용을 살펴보고, 2절에서는 아키텍처 프레임워크의 개념과 데이터아키텍처의 프레임워크 구성을 살펴본다. 3절에서는 데이터아키텍처 참조모델의 개념과 사례를 살펴보고, 4절에서는 데이터아키텍처 구축의 전반적인 프로세스를 살펴본다. 5절에서는 데이터아키텍처 구성에 있어서 핵심적인 역할을 수행하는 데이터아키텍트의 위상과 책임 및 수행 업무 등을 살펴본다. 데이터아키텍트의 원활한 업무 수행을 위해 유기적인 협조 체계가 요구되는데 관련 역할들 및 이들과의 관계도 살펴본다.

제1절 아키텍처 개요
제2절 아키텍처 프레임워크
제3절 데이터아키텍처 참조모델
제4절 데이터아키텍처 프로세스
제5절 데이터아키텍트

제1절 아키텍처 개요

1. 아키텍처 정의

가. 아키텍처 개념

아키텍처(Architecture)는 고대 그리스어에서 건축 혹은 석공명인(Master)을 의미하는 'Archetecton'이라는 용어에서 유래되었다. Archetecton은 존재의 근원적 이해를 바탕으로 자연을 있는 그대로 바라볼 수 있고, 그 원리 안에서 필요한 부분들을 드러낼 수 있는 능력을 가진 주체로 정의될 수 있다. 이러한 맥락에서 아키텍처는 본래의 존재성, 즉 자연에 대한 이해를 바탕으로 세상을 바라보고 의도한 만큼 드러내는 과정 혹은 드러내어진 상태를 의미하여 주로 건축 분야에서 사용되어 왔으나 시대와 기술의 변천에 따라 여러 분야에서 해당 분야의 특성을 반영하여 활용하게 되었다. 당시의 아키텍처는 건축물의 골격을 제공하는 설계도 역할을 했다. 좋은 아키텍처는 훌륭한 건축물을 탄생시켰고, 이들은 아직까지 인류의 유산으로 남겨지고 있다. 고대의 아키텍처 개념이 화강암과 대리석으로 건축물을 짓는 데 적용되었다면, 산업 시대에는 건축뿐만 아니라 첨단 과학기술을 이용하여 항공기, 자동차, 선박 등을 개발하는 데 적용되어 왔다. 또한 오늘날 디지털 정보화 시대에는 첨단 정보기술을 이용하여 정보 체계, 소프트웨어 내장형 체계, 지휘 통제 통신 체계 등을 구축하는 데 적용되고 있다.

IEEE Std. 1471(ISO/IEC/IEEE 42010)에서는 아키텍처를 '구성요소의 구조, 구성요소 사이의 관계, 구성요소의 설계, 시간 경과에 따른 구성요소의 발전을 위한 원리와 지침'으로 정의하고 있다.

이를 다시 해석하면 아키텍처는 대상에 대한 구조뿐만 아니라 대상 구조의 유지 관리를 위한 원칙과 지침, 향후 목표 아키텍처로 가기 위한 계획을 포함하고 있다고 할 수 있다.

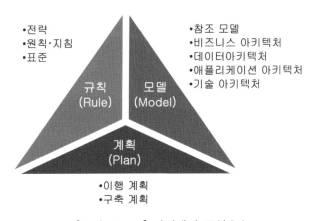

[그림 Ⅰ-1-1] 아키텍처 구성요소

이와 같은 정의에 따르면 아키텍처는 [그림 Ⅰ-1-1]에 제시한 바와 같이 다음과 같은 세 가지 관점으로 이루어진다.

■ **규칙(Rule) 관점**

아키텍처를 설계하고 정의하는 모든 활동의 기준을 확립하는 것으로, 헌법과 같은 역할을 한다. 이것은 최적의 아키텍처 수립을 위한 기본 전략·방침·목표 등 조직의 방침과 전략에 관한 사항으로, 기업 또는 기관에서 아키텍처의 일관성이 흔들리는 이유는 기술적 문제 이전에 이와 같은 관리적 문제 때문일 수 있다. 의사결정 단계에서 상호운용이나 일관성이 유지되도록 준수하여야 하는 원칙을 수립하고 적용함으로써 아키텍처의 연속성을 유지할 수 있다.

■ **모델(Model) 관점**

아키텍처는 구체적인 모델이나 기법에 의하여 분석된 후 그 결과가 사전에 약속된 표기법에 의하여 표현된다. 아키텍처의 모델은 각 아키텍처 도메인에 대한 분석 결과가 아키텍처와 관련이 있는 이해관계자 간에 공유되어야 하는 매우 중요한 정보로, 정확한 의사소통과 신속한 의사결정을 위해 반드시 확보되어야 한다. 모델은 아키텍처를 정의하는 것 외에도 향후의 변경을 고려한 절차나 기법을 표준화하는 것까지 중요시 한다.

■ **계획(Plan) 관점**

아키텍처는 현재 상태 그대로의 아키텍처와 궁극적으로 지향해야 하는 목표 아키텍처를 정의한다. 현재 상태에서 목표 상태로 가기 위한 적절한 이행 전략과 구축 계획이 필요하다. 계획이란 이와 같은 목표 아키텍치로의 이행 전략과 이행 계획을 의미한다.

지금까지 설명한 내용을 요약해 보면, 아키텍처란 구축하고자 하는 목적에 따라 복잡한 대상을 단순하게 표현하고, 구성요소의 변화에 대한 요구를 수용할 수 있게 한 청사진(Blueprint)이라고 할 수 있다.

나. 아키텍처의 중요성

아키텍처는 다양한 영역에서 사용되지만, 기업이나 조직의 IT 환경이나 정보시스템 관점에서 본다면 기업이나 조직의 비즈니스 목표에 부합하면서 다양한 이해관계자의 요구가 조화롭게 충족될 수 있는지를 확인할 수 있는 가시화한 산출물을 제시한다는 점에서 큰 의미를 갖는다. 아키텍처의 중요성을 조금 더 구체적으로 요약해 보면 다음과 같다.

• 아키텍처는 기업이나 조직의 경영 전략 내지 비즈니스 목표를 달성하기 위한 방향을 제시한다.
• 정보시스템이나 정보기술체계의 나아갈 방향을 알려주고, 모든 구성원이 동일한 모습으로 그 내용을 인식할 수 있도록 하여 의사소통의 매개체가 될 수 있다.
• 정보시스템이 갖추어야할 품질 속성을 정의하고 실현하는 데 도움을 준다.
• 정보시스템이나 정보기술체계의 최적화를 위한 제반 의사결정과 대안 제시, 복잡도 감소 등에 도움을 준다.

아키텍처는 무엇보다도 기업이나 조직의 목표에 부합하면서 수준에 맞게 적용해야 하며, 필요한 모든 내용을 담아 효용성을 확보할 수 있다.

다. 아키텍처 활용과 기대효과

아키텍처는 구축 목적에 따라 복잡한 대상을 단순하게 표현하고, 구성요소의 변화에 대한 요구를 적절하게 수용할 수 있어야 한다. 이로써 정확한 의사소통을 통해 이해관계자들이 아키텍처의 형상을 공유할 수 있고, 정보시스템의 품질 제고와 정보관리 역량 강화, 의사결정의 신속성 향상 및 직간접적 비용 절감 등의 효과를 얻을 수 있다. 아키텍처 활용에 따른 기대효과를 요약해 보면 다음과 같다.

- **정보관리 역량 강화**
  - 약속된 표현과 표기를 통해 효율적인 의사소통 체계를 수립할 수 있고, 여러 이해 관계자의 다양한 관점을 충족시키는 일관된 내용을 제공할 수 있다.
  - 일관된 형태로 관리되는 아키텍처 정보는 신속하고 정확한 현황 분석과 변경 영향 파악을 가능하게 하여, 정보 관리의 일관성 및 품질 수준 유지에 도움을 준다.
  - 다양한 관점의 모델과 얼라인먼트(Alignment) 관리, 표준화 적용 등을 통해 사전 품질 특성 파악 및 일정 수준의 품질 관리 체계를 구현할 수 있다.

- **의사결정의 정확성과 신속성 제고**
  - 여러 이해관계자의 다양한 관점을 충족시키는 일관된 내용을 제공하여 정확한 의사소통을 가능하게 하고, 최적의 산출물을 제공하여 시의적절한 의사결정을 지원한다.
  - 현행화한 아키텍처의 관리는 새로운 서비스나 기능 도입에 대해 최적의 대응을 가능하게 한다.

- **변화에 대한 유연한 대응과 비용 절감**
  - 기술, 플랫폼에 독립적인 모형에 기반하여 IT 환경 변화와 시스템 내·외부 요건 변경 등과 같은 기술변화에 유연하게 대처할 수 있다.
  - ISP나 구축 관련 신규 프로젝트 수행 시 현황 파악을 위한 중복적 요소를 제거할 수 있고, 목표 아키텍처로 이행하기 위한 최적의 전략을 수립할 수 있도록 하여 비용을 절감할 수 있다.
  - 기업이나 조직의 비전과 목표에 부합하는 설계 결과를 확보할 수 있고, 아키텍처 도메인 간의 연관관계 분석을 통해 IT 자원의 효율적인 배치와 사용을 가능하게 하여 비용을 절감할 수 있다.

2. 전사아키텍처 개요

가. 전사아키텍처 도입 배경 및 추진 현황

기업의 가치 창출 활동에서 다양한 환경 변화에 민첩하게 대응할 수 있는 정보기술의 역할이 중요시되고 있다. 기업의 비즈니스 복잡도는 더욱 증대되고 있고, 업무와 IT 기능의 분리는 더 이상 무의미해졌다. 또한 기업이 환경 변화에 대응하기 위해 시스템을 개선하고자 할 때, 시스템이 너무 복잡하여 어디를 어떻게 변경해야 할지 모르는 상황에 이르렀다. 따라서 건축물의 설계도처럼 기업의 전체 시스템을 쉽게 파악할 수 있는 결과물이 필요하게 되었다. 전사아키텍처는 기업의 이런 복잡한 시스템을 파악하기 쉽게 정리함으로써, 복잡한 기업 시스템을 필요한 형태로 개선할 수 있도록 돕는다.

전사아키텍처의 도입 배경을 요약해 보면 다음과 같다.

- 정보시스템의 상호운용성 및 통합성 결여
- 조직의 경영계획과 목표를 효과적으로 달성하기 위한 정보시스템의 비전과 구축 전략 수립의 필요성 증대
- 비즈니스 환경 변화에 대한 IT 대응 체계 미흡
- 기업 활동의 정보기술에 대한 의존도 심화
- 정보시스템을 쉽게 파악할 수 있는 체계적 아키텍처 구축 미흡

2000년도에 들어오면서 IT 혁신이 세계적으로 정부기관과 민간기업의 주된 관심사로 떠올랐다. 이를 위한 다양한 시도가 이루어져 전사아키텍처(EA, Enterprise Architecture)와 정보기술 아키텍처(ITA, Information Technology Architecture)에 대한 개념이 자리 잡게 되었으며, 다양한 산업에 걸쳐 전사아키텍처 프로젝트가 추진되었다. 국내외를 막론하고 전사아키텍처를 도입하기 위한 노력은 대체로 공공부문에서 선도적으로 이루어졌다. 국내의 경우 2000년대 초반에 범정부 차원에서 체계적으로 전자정부를 추진하고, 정보화 및 정보자원을 효율적으로 관리하기 위하여 도입·활용하게 되었다. 이러한 노력의 일환으로 2005년 12월에 '정보시스템의 효율적 도입 및 운영 등에 관한 법률'(속칭 ITA/EA법)이 제정돼 2006년 7월부터 시행에 들어갔다. 이에 따라 공공 부문의 정보 자원을 최적으로 관리하고 정보화 투자 효과를 제고하기 위하여 2007년부터 단계적으로 공공 부문의 전사아키텍처 도입이 추진되었다. 2010년 5월에 이 법률은 폐지되고 범정부 차원에서 정보기술 아키텍처를 체계적으로 도입·확산하기 위한 기본방향을 정립하여 추진하도록 '전자정부법'에 흡수되어 시행되고 있다 (정보기술 아키텍처 도입에 대한 법적 근거 : 전자정부법 제45~47조 정보기술 아키텍처의 도입 및 활용).

■ Tip

전사아키텍처(EA)와 정보기술 아키텍처(ITA)

ITA는 정보기술 아키텍처를 의미한다. 1996년 미국 정보기술관리혁신법에서 ITA(Information Technology Architecture)라는 용어를 사용했으나, 2000년 OMB A-130 회람에서 아키텍처 관련 개념을 전사아키텍처(Enterprise Architecture)라 명명하였고, 이때부터 미국 연방정부는 전사아키텍처라는 용어를 일반적으로 사용하게 되었다.

전사아키텍처는 광의의 아키텍처 개념으로, 정보기술 아키텍처는 정보기술 중심의 아키텍처 개념으로 볼 수 있다. 국내의 경우 정보기술 아키텍처라는 용어를 먼저 사용하였으나 이후 전사아키텍처로 통합해 사용하였으며, 이 책에서도 전사아키텍처와 정보기술 아키텍처를 특별히 구분하지 않고 유사한 의미로서 전사아키텍처로 사용하기로 한다. 참고로 전자정부법에서는 정보기술 아키텍처를 EA에 대응하는 용어로 정의하여 표기하고 있으며, 정부기관의 보도자료에서도 정보기술 아키텍처를 EA에 대한 명칭 으로 사용하고 있다.

EA/ITA법의 주요 내용을 살펴보자. 전사아키텍처 의무 도입 기관을 지정하고, 이들 의무 도입 기관은 범정부의 아키텍처 목표를 지원하고 각 기관의 목표에 맞는 도입 계획을 수립해 제출하여야 한다. 아키텍처 추진 조직을 구성하고 추진 인력의 아키텍처 역량 강화를 위해 교육 등을 중점 추진하며, 전사아키텍처 도입 계획에 따라 아키텍처를 도입·운영하고 지속적으로 유지·발전시켜야 한다. 또한 범정부 차원의 전사아키텍처 관련 정보의 공동 활용 등을 위해 전사아키텍처 관련 정보를 제공할 수 있어야 한다. 아키텍처 성숙도 모델을 활용하여 전사아키텍처 도입·운영 실태 및 추진 성과를 분석하고 정보화 사업 추진 시 정보시스템 구축 운영 기술 지침 및 상호 운용성 확보 등을 위한 기술 평가를 수행해야 한다.

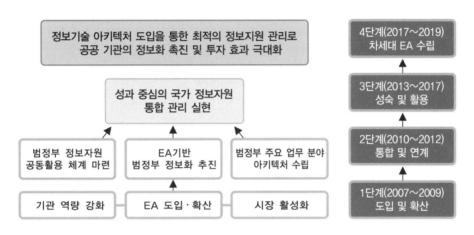

[그림 I-1-2] 범정부 아키텍처 추진 방향

• 추진 경과 요약
  - 2005.12 : 공공기관 EA 도입 의무화(「정보시스템의 효율적 도입 및 운영 등에 관한 법률」 제정)
  - 2006.12 : 공공부문 EA 기본 계획 수립 및 시행. EA 지침, EA 도입 실무가이드 등 제정·배포
  - 2007.10 : EA 기본계획에 따라 개별기관 EA 도입계획 수립
  - 2008.11~2009.12 : 범정부 EA 수립 추진
  - 2008.12~2009.06 : 시도 EA 모델 개발 및 시범 적용 추진
  - 2009.06 : 범정부 EA 활성화 방안 마련
  - 2009.12 : 전자정부법으로 관련법 통합
  - 2011.05 : 범정부 EA 포털(GEAP, www.geap.go.kr) 구축
  - 2012.12 : 정보시스템 운영성과관리지침 제정
  - 2015.02 : 범정부 EA 포털 및 사전협의 시스템 통합 운영
  - 2016~2017 : 개별기관 EAMS 통폐합(범정부 EA 포털의 통합EAMS)
  - 2017.02 : 공공부문 정보기술 아키텍처(EA) 기본계획 4단계(2017~2019) 수립
  - 2017.03 : 범정부 EA 포털 고도화 및 통합 EAMS 서비스

행정안전부와 한국정보화진흥원은 공공 기관 전사아키텍처 추진의 주관 부처로서 범정부 전사아키텍처 구현을 위한 단계별 계획에 따라 전사아키텍처의 도입 및 운영을 추진하고 있다. 범정부 차원에서 전사아키텍처 구성의 일관성을 확보하고 공공 기관 아키텍처 정보의 종합적인 분석 및 활용을 위하여 공통의 기준을 적용할 수 있도록 참조모델, 산출물 메타 모델, 지침 등을 개발·보급하고 있다.

[표 I-1-1] 전사아키텍처 관련 범정부 기준

구분	설명
범정부 전사아키텍처 참조모델	■ 아키텍처 구성요소의 표준화 및 부품화를 위한 참조모델 BRM(업무 기능 분류), SRM(서비스 컴포넌트 참조모델), DRM(데이터 참조모델), TRM(기술 참조모델), PRM(성과 참조모델) ■ 각 기관에서 범정부 참조모델을 그대로 활용하거나 각 기관의 자체 참조모델을 수립할 때는 범정부 참조모델에 매핑하여야 함
범정부 전사아키텍처 산출물 메타 모델	■ 아키텍처를 구성하는 데 필요한 정보들과 그들 간의 관계를 정의한 모델(산출물 종류와 구성을 정의) ■ 전사아키텍처 필수 산출물과 보조 산출물로 구성되며, 각 기관은 필수 산출물과 필수 요소를 반드시 정의해야 함
범정부 전사아키텍처 성숙도 모델	■ 아키텍처 수준 및 향후 발전 방향을 수립할 수 있도록 1~5단계의 아키텍처 수준과 측정 항목을 정의한 모델 ■ 매년 전사아키텍처 추진 실태와 함께 성숙도를 측정해야 함
범정부 전사아키텍처 지원시스템 (GITAMS)	■ 아키텍처 관련 표준과 기준 등을 제공하고, 각 기관의 아키텍처 정보를 공유·활용할 수 있도록 지원하는 시스템 ■ 각 기관은 필수 산출물에 해당하는 정보를 매년 GITAMS에 등록해야 함

나. 전사아키텍처 정의

전사아키텍처는 기업의 목표와 요구를 잘 지원하기 위해 IT 인프라의 각 부분들이 어떻게 구성되고 작동되어야 하는가를 체계적으로 기술하는 것이다. 전사아키텍처는 복잡한 기업의 모습을 다양한 측면(비즈니스, 데이터, 애플리케이션, 기술 등)에서 분석하고 표현하여 이해하기 쉽도록 정보 체계를 구축하고 이를 활용하는 것이다. 전사아키텍처 도입의 목적은 IT 투자 대비 효과를 최대화하고, 기업의 목적을 가장 잘 달성할 수 있는 방식으로 IT 인프라를 구성하는 것이다. 기업은 전사아키텍처 도입을 통하여 비즈니스와 IT를 더 유기적으로 연결시킬 수 있다. 또한 비즈니스 환경 변화에 대해 신속하게 대응할 수 있으며, IT 자체의 효율성도 증대시킬 수 있다.

전사아키텍처 개념에 대한 정의를 살펴보면 다음과 같다.

■ 미국 예산관리국(OMB, Office of Management and Budget)의 전사아키텍처 정의

"전사아키텍처는 조직 및 업무 활동과 정보기술 간의 관계를 현재 모습과 향후 추구할 모습을 별도로 정의한

청사진"   − OMB 회람 A−130

이 정의에서는 정보화의 목표인 IT와 업무 간의 연계, 현재 모습과 미래 모습을 포함하고 있다. 또한 전사아
키텍처란 업무 프로세스(Business Processes), 정보 흐름 및 관계(Information Flow and Relationships),
애플리케이션(Applications), 데이터 명세 및 관계(Data Descriptions and Relationships), 기술 하부
구조(Technology Infrastructure)로 구성된다고 정의하였다. 이후 실무적 차원에서 구성요소에 대한 내용
을 정리하여 네 가지 영역, 즉 비즈니스 아키텍처(위의 업무 프로세스와 정보 흐름 및 관계가 여기에 해당
됨), 애플리케이션 아키텍처, 데이터아키텍처(위의 데이터 명세 및 관계가 여기에 해당됨), 기술 아키텍처로
구분하였다.

■ 미국 전자정부법의 전사아키텍처 정의
"전사아키텍처는 조직의 임무가 정의한 전략적 정보 자산, 그 임무 수행에 필요한 정보, 그 임무 수행에
필요한 기술, 변화하는 요구에 대응하기 위해 신기술의 구현을 위한 전환 과정으로 구성된다. 전사아키텍처
각 구성요소는 현행 아키텍처, 목표 아키텍처, 전환을 위한 계획을 포함한다."   − 미국 전자정부법

이 법에서는 전사아키텍처를 업무와 IT 간 관계에 포함될 내용으로 조직의 임무, 임무에 필요한 정보와
정보기술, 전환 계획을 명시하고 있다. 현행과 목표 아키텍처까지 포함하고 있다.

■ 대한민국 EA/ITA법의 EA 정의
"일정한 기준과 절차에 따라 업무, 응용, 데이터, 기술, 보안 등 조직 전체의 구성요소들을 통합적으로
분석한 뒤 이들 간의 관계를 구조적으로 정리한 체제 및 이를 바탕으로 정보화 등을 통하여 구성요소들을
최적화하기 위한 방법"   − 전자정부법 제2조(정보기술 아키텍처에 대한 정의)

이 법에서는 지식정보화 사회로의 발전에 따라 다양한 정보시스템이 도입·운영되고 있으나 이를 체계적으로
관리할 수 있는 체제가 마련되지 못하여 중복 투자 및 시스템 간 연계 미흡 등 문제점이 나타나고 있음을
지적하고 있다. 따라서 정보시스템을 효율적으로 구성하기 위한 체제 및 방법인 전사아키텍처의 활용을
촉진하고, 공공 기관 등에 정보시스템을 효율적으로 도입·운영할 수 있는 기반을 마련하기 위해 전사아키텍
처(정보기술 아키텍처)를 정의하도록 하고 있다.

　전사아키텍처는 다양한 정보기술의 혁신 활동과 관리 통제를 포함하며, 시스템의 도입과 구축뿐만 아니라
운영과 평가까지 통합적으로 관리하는 것을 의미한다. 기업이나 조직은 전사아키텍처를 통해 IT 자산을 평가하
고 전사 관점에서 재설계하고 좀 더 합리적인 구조로 재배치하며, IT의 효율성과 투자 효과를 측정하는 기준으로
활용할 수 있다.
　전사아키텍처를 정확히 이해하기 위해서는 전사(Enterprise)의 개념과 아키텍처(Architecture)의 개념을
명확히 이해할 필요가 있다.

다. 전사 개념

전사(Enterprise)란 일반적으로 기업 또는 기관을 지칭한다. 보다 더 구체적으로 정의하면, '공동의 목표를 추구하기 위해 고객과 상품 또는 서비스가 존재하고, 이를 지원하기 위한 조직·자원·기술을 보유하며, 필요한 업무 프로세스를 수행하는 조직의 집합체'라 할 수 있다. 전사는 비즈니스의 변화 동인을 확인하고 전략을 정의할 수 있는 조직 단위이며, 비즈니스 활동 정보를 공유하는 조직 단위라고 할 수 있다.

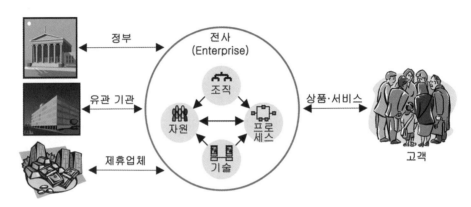

[그림 Ⅰ-1-3] 전사 개념

전사의 유형은 다양하다. 전사가 하나의 기업이나 기관과 정확히 일치하지 않을 수 있다. 기업의 규모가 큰 경우 하나의 기업이 여러 개의 전사로 구성될 수 있다. 그 경우 각각의 전사는 독립적인 운영 주체로 구성된다. 또한 전사는 구분 가능한 다수의 사업 영역으로 구성된다.

전사아키텍처 수립을 위해서는 전사의 범위를 초기에 명확히 정의해야 하며, 이를 이해 당사자들이 충분이 공감할 수 있어야 한다. 전사의 정의는 전사아키텍처 수립 과정에서 중요한 판단 기준이 된다. 전사아키텍처를 수립하는 모든 활동은 정의된 전사의 성과와 목표에 초점을 두고 아키텍처를 도출해야 한다.

전사와 앞서 설명한 아키텍처의 개념을 기반으로 전사아키텍처를 다시 정의하면, 전사아키텍처란 전사에 대한 아키텍처를 정의·관리하여 전사의 비즈니스 목표를 위해 아키텍처 정보를 활용하여 IT 인프라를 최적으로 구성하는 것이라고 할 수 있다.

라. 아키텍처 도메인 구성

아키텍처 정보의 영역을 구분한 것을 아키텍처 도메인이라 한다. 아키텍처 도메인의 구성은 기업이나 조직이 전사아키텍처의 정보를 체계적으로 분류한 아키텍처 매트릭스를 어떻게 정의하느냐에 따라 다르다. 국내외 대부분의 기업 및 기관이 일반적으로 활용하고 있는 아키텍처 도메인의 구성은 [그림 Ⅰ-1-4]와 같다. 각 도메인에서의 상세 구성은 각자의 상황과 여건을 반영하여 구성하고 있다.

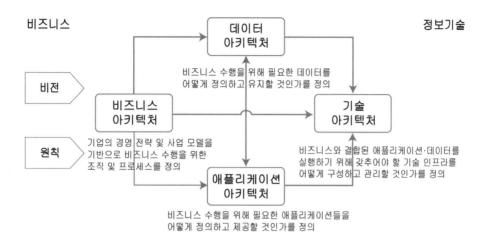

[그림 Ⅰ-1-4] 아키텍처 도메인 구성 예

1) 비즈니스 아키텍처

비즈니스 아키텍처는 기업이나 조직의 경영 목표를 달성하기 위한 업무 구조를 정의한 아키텍처 영역으로, 기업의 업무와 서비스의 실체를 명확히 하는 것이다. 비즈니스 아키텍처는 타 아키텍처(데이터, 애플리케이션, 기술)의 방향을 정의하고 검증하는 시발점이 된다.

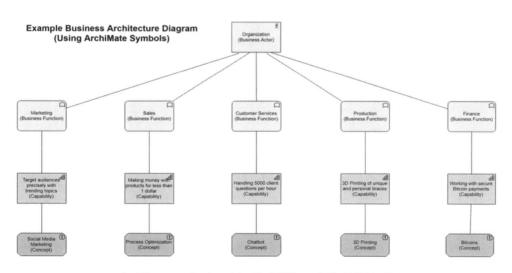

[그림 Ⅰ-1-5] 비즈니스 아키텍처 도메인 산출물 예

급변하는 비즈니스 환경에 대한 적응성을 높이기 위해서는 정보기술이 철저하게 비즈니스 전략과 연계되어야 한다. 데이터아키텍처는 비즈니스 아키텍처에서 정의한 업무를 지원하기 위해 필요한 데이터를 정의해야 하고,

애플리케이션 아키텍처는 비즈니스 업무를 수행하기 위해서 필요한 애플리케이션을 정의해야 한다. 기술 아키텍처 역시 이러한 비즈니스를 지원하는 데이터 및 애플리케이션 아키텍처를 잘 지원하기 위한 기술적 특성을 감안하여 정의해야 한다.

2) 애플리케이션 아키텍처

애플리케이션 아키텍처는 기업의 업무를 지원하는 전체 애플리케이션을 식별하고 연관성을 정의하며, 업무와 IT 특성을 고려하여 그룹화하고 범주화함으로써 전체 애플리케이션 구조를 체계화하는 것이다. 애플리케이션 서비스는 애플리케이션이 지원하는 업무와 데이터의 특성을 고려하여 정의되며, 서비스 간의 상호 연관관계를 분석·정의한다. 이는 향후 애플리케이션에 대한 배치, 통합, 포트폴리오 관리를 위한 시각을 제공한다.

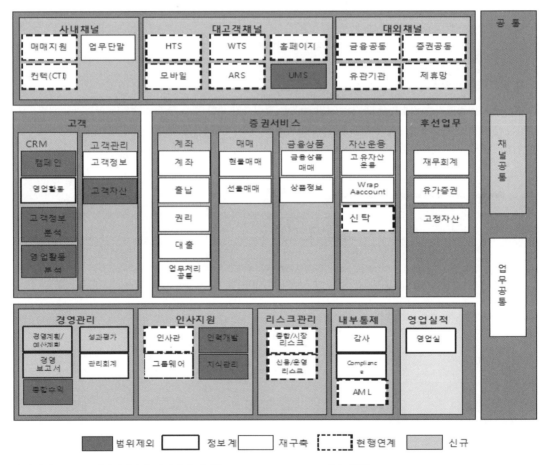

* 차세대 TO-BE 애플리케이션 아키텍처 사례(BIKOREA 2011.05.05. 기사 발췌)

[그림 Ⅰ-1-6] 애플리케이션 아키텍처 도메인 산출물 예

3) 데이터아키텍처

데이터아키텍처는 기업의 업무 수행에 필요한 데이터의 구조를 체계적으로 정의하는 것이다. 데이터아키텍처는 전사의 데이터 영역을 분류하는데, 업무 데이터와 메타 데이터를 구분하거나 업무 데이터를 운영계 데이터, 정보계 데이터 등으로 구분한다. 이를 기준으로 전사 수준의 주제 영역 모델과 개념 데이터 모델을 정의하고, 다시 주제 영역별로 논리 데이터 모델과 물리 데이터 모델을 정의한다.

참고로 데이터아키텍처 전문가가 다루는 데이터아키텍처의 범위는 데이터 구조뿐만 아니라 데이터 표준, 데이터 관리 체계 등을 포함하는 광의의 데이터아키텍처다. 아키텍처의 의미에 대해서는 앞의 아키텍처 정의를 참조하기 바라며, 데이터아키텍처 전문가의 영역에 대해서는 1장 5절의 내용을 참조하기 바란다.

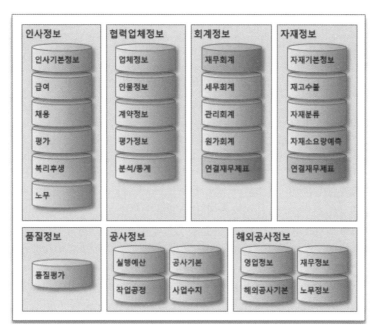

[그림 I-1-7] 데이터아키텍처 도메인 산출물 예

4) 기술 아키텍처

기술 아키텍처는 비즈니스, 데이터, 애플리케이션 아키텍처에서 정의된 요건을 지원하는 전사의 기술 인프라 체계를 정의하는 것이다. 기술 인프라는 하드웨어, 시스템 소프트웨어, 통신 네트워크, 시스템 개발도구, 시스템 관리도구, 최종 사용자 소프트웨어 등을 포함한다. 기술 참조모델과 표준 프로파일 구축을 통해 애플리케이션의 이식성과 확장성을 강화하고, 벤더로부터의 독립성을 확보하며, 시스템 간의 상호운용성을 강화하는 등의 효과를 기대할 수 있다. 기술 아키텍처의 경우 다른 아키텍처와 달리 개별 기업이나 조직 단위에서도 기술 참조모델을 정의하는 것이 일반적이다. 1장 2절의 [표 I-1-2] 아키텍처 매트릭스에서 기술 참조모델을 계획자 수준의 산출물로 포함한 것도 그런 의미라고 보면 된다.

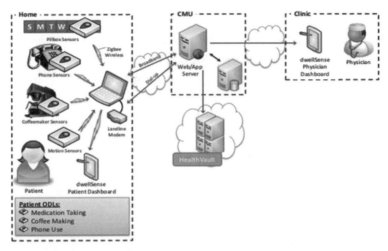

[그림 Ⅰ-1-8] 기술 아키텍처 도메인 산출물 예

3. 데이터아키텍처 개요

가. 데이터아키텍처 개념

기업이나 조직의 업무 활동은 데이터로 나타난다. 데이터는 업무 활동을 수행한 결과에 대한 기록물인 동시에 업무 활동이나 의사결정을 위한 소스로서 가치를 지닌다. 또한 업무 활동을 통해 수집한 데이터는 연관된 여러 분야에서 조직의 기능적 연계가 유기적으로 이루어질 수 있도록 매개 역할을 하여 조직의 비전과 목표를 달성할 수 있도록 지원한다. 장기간에 걸쳐 축적된 데이터는 다양한 분석과 함께 업무적 영감과 새로운 비즈니스를 창출하는 데 도움을 줄 수도 있다. 이 때문에 데이터는 아주 논리적이고 구체적으로 정의되어야 한다. 개괄적이고 모호하며 전사적 관점에서 통합적으로 활용될 수 없는 데이터는 업무에 도움이 되지 못할 뿐 아니라 혼선과 잘못된 판단을 유발할 수도 있다. 다시 말하면 체계적으로 잘 정의된 데이터는 기업이나 조직에 크게 도움이 되고 비즈니스에 핵심적인 역할을 할 수 있지만, 그렇지 못할 경우는 오히려 비즈니스에 악영향을 줄 수 있다. 데이터가 기업의 진정한 자산으로서 가치를 가지려면 체계적으로 잘 정의되고 우수한 품질의 데이터를 유지할 수 있어야 한다.

정보시스템의 기능 구성이나 서비스 구현, 화면의 동작 등은 시각적으로 쉽게 인지된다. 이에 따라 비즈니스 지원을 위한 대응력을 강화하거나 정보시스템의 기능을 개선하고자 할 때 대체로 정보시스템의 기능 혹은 서비스 구성을 재편하거나 응용프로그램 재구축 또는 IT 인프라 교체 등의 투자로 접근하는 경우가 많다. 그러나 눈에 잘 보이지 않는 데이터가 재편되지 않은 상태로는 투자 효과를 제대로 얻기 어렵다. 데이터가 시각적으로 쉽게 인지되지 않는 영역이다 보니 전문가의 참여 없이는 데이터 구조를 체계적으로 정의하는 것이 매우 어려울 수밖에 없다. 이를 간과하면 오랜 시간을 들인 노력과 투자에도 불구하고 좋은 결과를 얻을 수 없는 경우가 다반사이다. 이러한 점에서 데이터는 정보시스템의 근간이라고 할 수 있고, 데이터 구조에 대한 체계적인 정의를 토대로 다른 아키텍처 도메인들이 정의되어야만 전사아키텍처가 제대로 효과를 거둘 수 있다.

이와 같이 기업이나 조직의 업무 수행에 필요한 데이터의 구조를 체계적으로 정의하여 구축하고 관리하기 위한 방법이 데이터아키텍처이다. 전사아키텍처를 구성하는 아키텍처 도메인 중에서도 데이터아키텍처는 다른 아키텍처 도메인에 비해 독립적으로 구축할 수 있는 특징을 갖고 있다. 다시 말해서 전사아키텍처가 구축되어 있지 않더라도 개별적으로 데이터아키텍처를 구축하여 운영할 수 있다는 것이다.

DAMA(Data Management Association, www.dama.org)에서 발행하는 DMBOK(Data Management Body of Knowledge)는 데이터아키텍처에 대해 다음과 같이 정의하고 있다.

> "데이터아키텍처는 전략적 데이터 요구 사항으로 나타나는 조직의 전략 및 이러한 요구 사항을 충족하기 위한 설계와 연계하여 데이터 자산을 관리하기 위한 청사진을 정의한다."
> – DMBOK(Data Management Body of Knowledge) Ver.2

데이터아키텍처는 전사의 데이터 영역을 분류하는데, 업무 데이터와 메타 데이터를 구분하거나 업무 데이터를 다시 운영계 데이터, 정보계 데이터 등으로 구분한다. 이를 토대로 전사 수준의 주제 영역을 정의하고, 개념 데이터 모델을 정의하며, 주제 영역별로 논리 데이터 모델/물리 데이터 모델로 상세화 수준을 달리하여 계층적으로 정의한다. 이와 같이 업무 수행에 필요한 데이터의 구조를 체계적으로 정의하여 다양한 계층의 이해 관계자들이 그들의 관점에서 데이터를 이해하고 활용할 수 있도록 한다.

■ **효과적인 데이터아키텍처의 주요 특징**

• **비즈니스를 효과적으로 지원하는 데이터 전략(Aligned)**

데이터아키텍처는 광범위한 데이터 전략의 일부로 볼 수 있으며, 비즈니스 목표를 달성하기 위한 데이터에 대한 전략적 접근과 데이터를 효과적으로 비즈니스에 활용할 수 있는 기술 솔루션을 뒷받침함으로써 비즈니스 목표를 기술 솔루션과 연계하는 역할을 담당한다. 비즈니스 우선순위에 따라 데이터 전략과 데이터아키텍처 범위는 조정될 수 있다. 이러한 조정 과정과 데이터 관련 인력, 정책 등을 데이터아키텍처 범위 내에서 관리함으로써 데이터아키텍처가 비즈니스를 적절하게 지원할 수 있어야 한다. 데이터아키텍처를 구성하는 데이터와 데이터 구조는 단순히 응용프로그램의 사용을 위한 데이터 저장소가 아니라, 현행의 비즈니스를 충분히 지원하면서 미래의 비즈니스 변화를 유연하게 수용할 수 있는 유연성과 확장성을 갖도록 해야 한다. 또한 데이터를 매개로 비즈니스가 효율화할 수 있도록 전략적으로 접근해야 한다.

• **필수·핵심 데이터에 집중(Targeted)**

기업이나 조직에서 발생하는 모든 데이터를 관리하기 위해 데이터아키텍처의 범위를 과도하게 확장하는 것은 현실적으로 매우 비효율적이다. 기업이나 조직의 비즈니스에 대해 우선순위를 부여하고 이에 따른 필수·핵심 데이터를 선정하여 이를 중심으로 체계적인 데이터아키텍처를 구축하는 것이 데이터아키텍처의 성공 가능성을 높이는 데 유리하다. 기업이나 조직의 필수·핵심 데이터에 집중하여 데이터아키텍처를 구성하는 것은 그만큼 기술적·관리적 역량을 집중하게 함으로써 데이터아키텍처의 성공 가능성을 높이고, 데이터아키텍처에 대한 기술력을 내재화하는 데 용이하다. 향후에 이를 기반으로 점차적으로 적용 범위를 확대하도록 하는 것이 바람직하다.

- **명확한 활동과 마일스톤(Actionable)**

  데이터아키텍처를 구축하고, 데이터아키텍처를 유지·관리하기 위해 필요한 활동들을 정의하고, 이러한 활동을 통해 어떤 결과물을 작성하여야 하며, 수행 과정을 단계별로 체크할 수 있는 마일스톤을 명확하게 정의하여야 한다. 이것은 데이터아키텍처의 구축 및 유지·관리를 위한 수행 과정이 성공적으로 완수되었는지를 확인할 수 있도록 할 뿐 아니라, 수행 인력들이 데이터아키텍처에 대해 무엇을 해야 하는지를 알려 줌으로써 절차를 체계화하고 관련 기술력을 내재화하는 데도 도움을 준다.

- **변화하는 비즈니스 요구와 새로운 기술을 충족하기 위한 유연성(Evolutionary)**

  데이터아키텍처는 기업이나 조직의 업무 수행에 필요한 데이터의 구조를 체계적으로 정의하는 것이다. 데이터 구조를 정의할 때 가장 중요한 것은 기업이나 조직의 데이터에 대해 논리적이고 구체적인 모습을 정의하는 것이라 할 수 있다. 이와 같은 조건을 충족하는 초기 데이터 모델을 정의했다 하더라도 지속적으로 변화하는 비즈니스 요구 사항을 최소한의 변경으로 용이하게 수용할 수 있도록 유연성 및 확장성을 확보해야 한다. 이를 확보하지 못하면 데이터아키텍처를 유지하기 어렵게 된다. 비즈니스 요구 사항에는 단순한 업무 범위나 프로세스의 변화 외에도 새로운 기술이나 IT 환경의 변화에 따른 적응까지 포함될 수 있다. 이러한 변화를 유연하게 수용할 수 있도록 데이터 구조뿐만 아니라 데이터 표준과 데이터 관리 체계 등이 데이터아키텍처 범위 내에서 체계적으로 다루어져야 한다.

데이터아키텍처를 구축하는 데 있어서 과욕이나 기술력 부재에 대한 인식 결여는 데이터아키텍처를 실패하게 만드는 중요한 요인의 하나이다. 이와 같은 데이터아키텍처의 실패 요인을 정리해 보면 다음과 같다.

- **데이터아키텍처의 실패 요인**
  - **기업이나 조직의 모든 데이터 및 정보 포함 시도**

    기업이나 조직의 업무 활동으로 발생하는 데이터들은 정형, 비정형, 반정형 등의 다양한 형태와 함께, 목적이나 용도, 저장 매체 등에 따라서도 매우 다양하게 존재한다. 그러한 데이터들을 모두 데이터아키텍처 범위에 끌어들여 체계화하고 통제하고자 하는 시도는 진정으로 중요한 데이터들에 대한 통제력을 약화시킬 수 있어 데이터아키텍처를 부실하게 만드는 원인이 될 수 있다.

  - **전문성 결여와 내재 기술력에 대한 오해**

    데이터와 데이터 구조 설계에 대한 전문적 지식과 경험이 없이는 논리적이고 구체적인 데이터 구조를 정의하기 어렵다. 이와 같은 전문성은 기업이나 조직의 내부에 보유하고 있을 수도 있지만, 그렇지 않다면 과감하게 외부 전문가의 도움이나 가이드, 컨설팅을 수용하는 것이 바람직할 수 있다. 이에 대한 적절한 판단을 하기 위해서는 기업이나 조직에 내재된 기술력에 대한 객관적인 평가나 성찰이 필요하다. 내부 기술 수준에 대한 오해와 이에 따른 독자적 수행은 데이터아키텍처를 부실하게 만드는 원인이 될 수 있다.

- **IT 부서의 독점적 소유 및 조치**

  데이터아키텍처를 구축하고 운영하는 데 있어서 전사적 관심과 협조가 필요하다. 다양한 영역 및 계층의 이해 관계자가 참여하지 않고 IT 부서가 독자적으로 수행하여 구축하고 운영하는 것은 제대로 된 데이터아키텍처 구축을 어렵게 할 수 있다.

- **외부 구매에 의존하는 기술적 해결 시도**

  내재된 기술력이나 보유하고 있는 솔루션만으로 모든 문제를 해결하는 것이 어렵기 때문에 때로는 외부 전문가나 전문 솔루션 도입이 필요할 수 있다. 그러나 외부 전문가나 전문 솔루션을 투입하기만 하면 데이터아키텍처와 관련된 모든 기술적 문제가 해결된다고 생각하는 것은 매우 바람직하지 않다. 외부 전문가나 전문 솔루션은 문제를 풀어가는 열쇠나 방향 또는 방안을 제시하는 역할로 받아들이고 문제를 풀어가는 주체는 항상 내부여야 함을 인지해야 한다.

- **이해 당사자에 의한 독자적 개발 진행 및 통제 부재**

  기업이나 조직의 정보시스템과 데이터에 대해 전사적·통합적 모습을 고려하고 이에 따른 적절한 통제가 전제되지 않은 상태에서 필요한 부서나 조직마다 독자적으로 시스템을 구축하면 중복 투자에 따른 비용 낭비는 물론이고 난개발로 인한 전사적 관점에서의 데이터 연계 및 활용도 저하와 지속적인 유지보수 비용의 증가 등의 문제로 이어지게 된다. 뿐만 아니라 전사적 데이터아키텍처 수립이 불가능해질 수 있다.

- **학술적 접근과 과도한 복잡성**

  데이터아키텍처를 구축하는 데 있어서 지나치게 이론에 치우치거나 학술적으로 접근하는 것은 실용성을 저하시키고 현실에 적용할 수 없거나 문제를 더 어렵고 복잡하게 만들 수 있다. 이에 더하여 비용 절감이나 기술적 호기심에 치우쳐 아키텍처를 복잡하게 만드는 것 또한 실용성이나 현실성을 저하시켜 데이터아키텍처를 부실하게 만드는 원인이 될 수 있다.

- **이상에 치우친 원칙과 정책**

  기업이나 조직이 처한 현실이나 여건, 내재된 기술 수준 등 내외부의 여건을 충분히 고려하지 않고 모범 사례나 이상적인 원칙과 정책 등만을 고집하는 것 또한 데이터아키텍처를 부실하게 만드는 원인이 될 수 있다.

- **단계적 성과를 고려하지 않은 장기 수행 전략**

  일반적으로 데이터아키텍처를 구축하는 것이 단기간에 이루지는 것은 아니다. 그렇다 하더라도 데이터아키텍처를 구축하는 과정에서 단계적으로 성과를 확인하고 이후의 진행 방향을 가늠해 볼 수 있는 단계적 성과 관리는 필요하다. 이를 고려하지 않고 데이터아키텍처 구축이 완료된 이후에 모든 성과를 확인하려 하면 발견된 문제를 쉽게 바로 잡을 수 있는 시기가 지나버려서 이를 바로 잡는 데 많은 비용과 시간이 필요하거나 불가능하게 될 수 있다. 이는 데이터아키텍처를 부실하게 만드는 원인이 될 수도 있다.

• 변화 수용에 대한 배척

데이터아키텍처를 잘 구축했다 하더라도 시간이 지나면 기업이나 조직의 내외부 여건이 바뀌고, 이에 따른 비즈니스 요건에도 변화가 발생할 수 있다. 이와 같은 변경 요인은 수시로 발생할 수 있기 때문에 적절한 시점에 변경사항을 평가하고 반영하는 관리가 필요하다. 이러한 변경 요구를 무시하고 구축된 데이터아키텍처를 유지하는 데에만 노력을 기울이거나, 변경 요구를 체계적으로 수용할 수 있도록 관리하지 않는다면 시간이 흐를수록 비즈니스와 괴리가 발생하거나 데이터 품질이 저하되어 그 데이터아키텍처는 신뢰를 잃을 수 있다.

나. 데이터아키텍처의 중요성

정보 자원은 하드웨어, 소프트웨어, 데이터 자원 등으로 분류될 수 있다. 초기에는 비싼 하드웨어 자원의 효율적 활용에 많은 관심을 가졌다. 그러나 시간이 지나면서 실제로 업무를 자동화시키는 소프트웨어 자원에 관심이 집중되기 시작했고, 최근에는 거의 모든 업무가 정보화됨에 따라 정보시스템을 통해 생성되는 데이터 자원으로 관심을 옮겨가고 있다. 데이터 자원을 연계하고 융합하면서 새로운 가치 창출이 가능하다는 것을 알게 되었고, 데이터 자원 분석을 통해 빠르고 올바른 의사결정이 가능하게 되었다.

데이터아키텍처는 기업이나 조직이 데이터를 효율적으로 처리하는 방법에 대해 전략적 접근과 기술, 이를 통해 축적한 효율적인 데이터 구조를 제공하기 때문에 기업이나 조직의 업무 활동을 직접적으로 지원하고 데이터를 통해 중요한 의사결정과 비즈니스 방향 결정에 영향을 미칠 수 있어 기업이나 조직에게 중요한 역할을 하고 자산적 가치를 지닌다. 기업이나 조직은 데이터아키텍처를 통해 다음과 같은 효과를 얻을 수 있다.

- 전사의 데이터 구성을 용이하게 파악 가능
- 데이터 품질 확보 용이
- 명확한 의사소통 향상
- 신속하고 적절한 의사결정 가능
- 데이터 연계 및 상호운용성 향상에 따른 업무 정확성·효율성 향상

다. 데이터아키텍처 구성

데이터아키텍처는 기업이나 조직의 업무 수행에 필요한 데이터의 구조를 체계적으로 정의하여 구축하고 관리하기 위한 방법이다. 전사아키텍처를 구성하는 아키텍처 도메인 중에서도 다른 아키텍처 도메인에 비해 독립적으로 구축할 수 있는 특징을 갖고 있다. 다시 말해서 전사아키텍처가 구축되어 있지 않더라도 개별적으로 데이터아키텍처를 구축하여 운영할 수 있다.

앞에서도 언급했지만 데이터아키텍처는 전사의 데이터 영역을 분류한다. 업무 데이터와 메타 데이터를 구분하거나 업무 데이터를 다시 운영계 데이터와 정보계 데이터 등으로 구분하고, 이를 토대로 전사 수준의 주제 영역을 정의하고, 개념 데이터 모델을 정의하며, 주제 영역별로 논리 데이터 모델/물리 데이터 모델을 정의하여 계층적으로 상세화 수준을 달리하는 데이터 구조를 정의한다.

그림을 그릴 때 표현하려는 전체 모습의 구도를 잡는 것부터 시작하여 점차 그 상세화 수준을 높여 가면서

전체 그림을 완성해 가는 것처럼, 데이터아키텍처는 전사의 데이터 영역을 가장 높은 추상화 수준에서 개괄적으로 표현한 모델로부터 시작하여 이를 단계적으로 상세화해 나가면서 계층적 구성을 갖추게 된다. 각각의 계층은 아키텍처와 연관된 여러 역할들이 바라보는 관점과 매핑된다. 이를 요약해 보면 다음과 같다.

■ 전사 데이터 영역 모델(계획자 관점)

전사 데이터 영역 모델은 개괄 데이터 모델이라고도 하며 상위 수준의 전사 데이터 영역을 분류하여 표현한 것이다. 상위 주제 영역 수준의 데이터 구성도가 이에 해당된다. 주제 영역은 업무 기능과 대응되는 개념으로 그 목적과 용도가 유사하거나 공통된 사안을 내포하고 있는 데이터를 그룹화한 것으로, '전사'의 범위 또는 규모에 따라 계층적으로 구성하기도 한다.

■ 개념 데이터 모델(책임자 관점)

개념 데이터 모델은 전사 수준의 데이터 모델로 단위 주제 영역 또는 핵심 엔터티 정도를 표현한 데이터 모델이다. 개념 데이터 모델은 전사 수준에서 사용하는 데이터를 전체적으로 표현할 수 있는 기본 틀로서, 전사 데이터아키텍처를 관리하는 데 있어 매우 유용하다. 개념 데이터 모델은 표현하고자 하는 범위 내의 데이터에 대한 윤곽 또는 구도를 쉽게 파악할 수 있는 용도로 사용되기 때문에 아주 적은 수의 엔터티로 표현되는 것이 일반적이다. 보통 한두 개에서 수 개의 핵심 엔터티가 단위 주제 영역별로 도출된다. 개념 데이터 모델은 '전사'의 범위 또는 규모에 따라, 혹은 활용 목적이나 여러 여건에 따라 데이터아키텍처의 필수 구성 대상으로 보거나 생략할 수 있다.

■ 논리 데이터 모델(설계자 관점)

논리 데이터 모델은 개념 데이터 모델에서 정의한 주제 영역과 핵심 엔터티를 기본 정보로 하여 업무 요건을 충족시키기 위한 데이터의 상세한 구조를 논리적으로 구체화한 것이다. 논리 데이터 모델링은 논리 데이터 모델을 정의해 가는 과정을 의미한다. 수집된 업무 관련 데이터 정보 및 사전에 작성된 산출물을 기반으로 필요한 모든 엔터티를 도출하고, 식별자·속성·관계와 서브타입 등을 정의한다. 논리 데이터 모델은 개념 데이터 모델의 내용을 상세하게 풀어 놓았다는 의미로 그치지 않고, 엔터티·속성·식별자·관계 등의 구성요소를 사용하여 데이터에 관련된 업무 규칙을 구체적으로 명확하게 표현하면서 데이터의 무결성을 보장하기 위한 논리적 모습을 정의하는 것이 중요하다. 예를 들면 엔터티의 무결성을 보장하기 위한 유일 식별자를 정의하거나 엔터티 간의 업무적 연관성을 정확하게 관계로 표현하여 참조무결성을 정의하는 등 데이터무결성을 보장하기 위한 설계가 논리 데이터 모델에서 명확하게 정의되어야 한다. 논리 데이터 모델의 엔터티와 속성에 대한 명칭, 정의, 형식, 규칙, 코드 등은 전사적인 차원의 표준으로 정의하여 관리해야 한다.

■ 물리 데이터 모델(개발자 관점)

물리 데이터 모델은 기술적 환경과 특성을 고려하여 특정 데이터베이스 관리 시스템(DBMS, Database Management System)이나 분산 서버 환경 등에 적합한 물리적 데이터 구조를 설계하고, 데이터베이스 객체를 정의한 것이다. 모델러는 논리 데이터 모델을 물리적인 데이터 구조로 전환하고 논리 데이터 모델에 정의된 무결성 요소들을 보장하기 위한 물리 데이터 요소를 정의한다. 필요시 데이터 분산 설계에 따른 추가적인 설계를 반영한다. 물리 데이터 모델은 반드시 논리 데이터 모델을 근거로 하기 때문에 물리 데이터 모델에 대한 보완은 항상 논리 데이터 모델의 보완을 거쳐 이루어져야 한다. 이 과정에서 개념 데이터 모델의 보완까지 고려되어야 한다. 물리 데이터 모델은 특정 DBMS에 적합한 물리적 데이터 구조를 정의하는 것 외에 데이터베이스의 성능을 고려한 추가적인 설계가 반영되어야 한다. 이를 위해 이미 설계된 데이터 구조에 추가적으로 데이터의 접근 성능 향상을 위해 PK의 칼럼 순서를 조정하거나 인덱스 설계, 데이터 구조에 대한 비정규화 과정 등을 수행한다. 필요하다면 데이터베이스 관리자(Database Administrator)와의 협업을 통해 데이터의 접근 성능 및 관리 편의성 향상을 위해 파티셔닝을 고려할 수도 있다.

제 2 절 아키텍처 프레임워크

1. 아키텍처 프레임워크 개요

프레임워크를 간단하게 표현한다면 '뼈대에 해당하는 기본 구조'라고 할 수 있다. 뼈대에 해당하는 기본 구조를 보면 전체의 윤곽과 기본적인 골격 구성을 알 수 있다. 무엇을 만들고자 하는지의 목적에 따라 다양한 아키텍처가 정의될 수 있다. 이러한 아키텍처를 빠르게 구현하여 실체화할 수 있도록 하기 위해 프레임워크가 사용된다. 다시 말하면 아키텍처 프레임워크는 원하는 목적물을 일정 수준 이상의 품질을 유지하면서 빠르게 만들어 낼 수 있도록 체계화한 설계와 구현을 하는 데 도움을 주는 전반적인 구조와 틀을 정의한 것으로 이해할 수 있다. 즉 아키텍처를 구성하기 위한 기본 뼈대 혹은 틀이라고 할 수 있다. 소프트웨어 개발 프레임워크를 예로 들면, 원하는 기능 구현에만 집중하여 빠르게 개발할 수 있도록 기본적으로 필요한 기능을 갖추고 있는 템플릿과 같은 프로그램 구성 체계로 이해할 수 있으며, 보통은 소프트웨어 개발에 도움을 주는 라이브러리가 포함되어 있다.

이와 같은 개념의 연장선에서 데이터아키텍처 프레임워크를 살펴보기 전에 먼저 전사아키텍처 프레임워크의 개념을 설명하고 이를 토대로 데이터아키텍처 프레임워크의 개념에 대해 설명한다.

가. 전사아키텍처 프레임워크

기업이나 조직이 전사아키텍처를 정의하여 관리하기 위해서는 우선 전사아키텍처를 어떻게 표현하고 운영할 것인가에 대한 전체적인 사고의 틀을 결정해야 한다. 전사아키텍처 프레임워크는 전사아키텍처 활동에서 얻어지는 산출물을 분류하여 조직화하고 이를 유지 관리하기 위한 전체적인 틀을 정의하는 것이다.

전사아키텍처 수립을 위해서는 먼저 이러한 전사아키텍처 프레임워크를 정의해야 하는데, 이미 여러 선진 모델이 나와 있고 정부에서도 가이드를 제시하고 있어, 기관이나 기업은 이를 참조할 수 있다. 하지만 무조건적인 적용보다는 기관이나 기업의 특성에 따라 적합한 형태로 정의할 필요가 있다.

전사아키텍처 프레임워크는 크게 전사아키텍처 정책과 전사아키텍처 정보, 전사아키텍처 관리 체계 등으로 구성되며, 일반적으로 기업이나 조직에 적합한 아키텍처 프레임워크를 정의하기 위해서 참조모델이라는 것이 사용된다.

나. 데이터아키텍처 프레임워크

데이터아키텍처는 전사아키텍처를 구성하는 도메인의 하나로서 전사아키텍처 프레임워크 구성의 틀에서 데이터 영역에 집중하여 상세화한 형태로 구성한다. 이러한 확장 방식은 데이터아키텍처가 전사아키텍처와 얼라인먼트(Alignment)를 유지할 수 있도록 하여 전사아키텍처와 데이터아키텍처가 유기적으로 연계될 수 있도록 한다. 다만 데이터아키텍처는 그 성격상 전사아키텍처와 독립적으로 전사아키텍처 수립 없이도 구축할 수 있다. 그러나 이러한 경우에도 데이터아키텍처 프레임워크를 구성할 때 전사아키텍처와의 얼라인먼트(Alignment)를 고려하여 구성하는 것이 좋다. 다시 말해서 기업이나 조직이 데이터아키텍처를 정의하여 관리하기 위해서는 우선 전사아키텍처와 관련한 혹은 전사아키텍처를 고려한 전체적인 사고의 틀을 결정하고, 그 범위 내에서 전사 데이터아키텍처에 대한 틀을 결정한 후, 데이터아키텍처 활동과 이를 통해 얻어지는 산출물을 분류하여 조직화하고 이를 유지 관리하기 위한 전체적인 틀을 정의한다.

데이터아키텍처 수립을 위해서는 이러한 데이터아키텍처 프레임워크를 먼저 정의해야 한다. 데이터아키텍처 프레임워크의 기본적은 구성은 유사해도 그 구체적인 내용에 있어서는 기업이나 조직의 특성에 따라 프레임워크의 형태와 구성이 달라질 수 있으므로 적용하고자 하는 기업이나 조직의 특성에 적합한 형태로 정의할 필요가 있다.

전사아키텍처 프레임워크와의 얼라인먼트를 고려하여 데이터아키텍처 프레임워크는 크게 데이터아키텍처 정책과 데이터아키텍처 정보, 데이터아키텍처 관리 체계 등으로 구성된다. 일반적으로 기업이나 조직에 적합한 데이터아키텍처 프레임워크를 정의하기 위해서 데이터아키텍처 참조모델을 사용할 수 있다.

2. 전사아키텍처 프레임워크 구성

전사아키텍처 프레임워크에 사용될 수 있는 참조모델은 여러 가지가 있다. 국내에서는 범정부 전사아키텍처 프레임워크가 비교적 많이 참조되고 있으며, 전사아키텍처 프레임워크를 좀 더 명확히 이해하기 위해서 이를 사례로 삼아 전사아키텍처 프레임워크의 구성을 살펴본다.

[그림 Ⅰ-1-9]에서 보면 전사아키텍처 프레임워크는 전사아키텍처 정책, 전사아키텍처 정보, 전사아키텍처 관리 등 3가지 영역으로 구분된다. 전사아키텍처 정책은 기업이나 조직이 전사아키텍처 수립을 어떻게 할 것인가의 방향을 정익한 것으로, 아키텍처 매트릭스·전사아키텍처 비전·전사아키텍처 원칙 등으로 구성된다. 전사아키텍처 정보는 기업이나 조직이 구축하는 전사아키텍처 정보의 구체적인 모습으로, 현행 아키텍저·목표 아기텍처·이행 계획으로 구성된다. 전사아키텍처 관리는 구축된 전사아키텍처를 어떻게 관리하고 활용할 것인가를 정의한 것으로, 전사아키텍처 관리 체계·전사아키텍처 관리 시스템·전사아키텍처 평가 모형 등으로 구성된다.

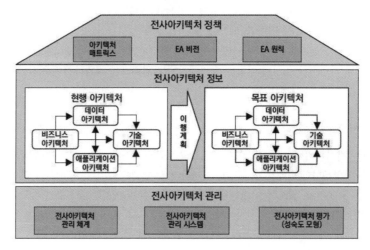

[그림 Ⅰ-1-9] 범정부 전사아키텍처 프레임워크 구성 사례

가. 전사아키텍처 정책

전사아키텍처를 구축하기 위해서는 먼저 기업이나 조직의 전사아키텍처 구축 목적과 방향을 정의해야 한다. 전사아키텍처 정책은 전사아키텍처의 정보를 어떻게 구성할 것이고(아키텍처 매트릭스), 전사아키텍처 수립을 통하여 기업이나 조직이 달성하고자 하는 궁극적인 모습은 무엇이며(전사아키텍처 비전), 전사아키텍처를 효과적으로 관리하고 활용하기 위한 원칙은 어떤 것인지(전사아키텍처 원칙) 등을 정의하는 것이다.

■ 아키텍처 매트릭스

아키텍처 매트릭스는 전사아키텍처의 정보를 체계적으로 분류한 틀로서, 기업이나 조직이 관리하려고 하는 전사아키텍처 정보의 수준과 활용 계층을 결정하는 수단이다.

[표 I-1-2] 아키텍처 매트릭스 예

뷰(View) 관점 (Perspective)	비즈니스 아키텍처	애플리케이션 아키텍처	데이터 아키텍처	기술 아키텍처
계획자 (개괄적)	전체 업무, 조직의 구성 정보	전체 차원의 응용 시스템 구성 정보	전체 차원의 데이터 베이스 구성 정보	기술 요소의 구성을 전체 차원에서 정리한 정보
	• 전사 사업 모델 • 조직 모델 • 비즈니스 전략	• 전사 애플리케이션 영역 모델 • 애플리케이션 원칙	• 전사 데이터 영역 모델 • 데이터 원칙	• 전사 기술 영역 모델 • 기술 참조모델
책임자·분석자 (개념적)	업무의 세부·구성 정보와 업무·조직 간 관계 정보	상위 수준의 기능 구성 정보와 응용 시스템 간 관계 정보	데이터베이스에서 관리되는 주요 데이터 엔터티와 엔터티 간 관계	정보 기술 기반 자원의 유형별 구성과 인터페이스 정보
	• 업무 기능 모델	• 애플리케이션 모델 • 애플리케이션 표준	• 개념 데이터 모델 • 데이터 표준	• 표준 프로파일
설계자 (논리적)	업무의 연계성, 흐름 정보	응용 시스템의 상세한 기능 정보와 물리적 분산 정보	데이터베이스의 논리적 데이터 구조	기술 기반 자원의 도입과 운영을 위한 유형별 구조 및 관리 체계 정보
	• 프로세스 모델	• 컴포넌트 모델	• 논리 데이터 모델	• 기술 아키텍처 모델
DBA·개발자 (물리적)	업무 수행을 위한 구체적 절차, 양식, 업무 관계 정보	프로그램의 물리적인 구성 체계와 각 프로그램 구현 정보	데이터베이스의 물리적 구조 정보	도입된 기술 기반 자원의 도입, 운영, 관리에 관한 구체적 정보
	• 업무 매뉴얼	• 프로그램 목록	• 물리 데이터 모델 • 데이터베이스 객체	• 기술 자원 목록 • 제품 목록

아키텍처 매트릭스는 일반적으로 뷰(View)와 관점(Perspective)의 두 가지 차원으로 전사아키텍처 정보를 구분하고, 뷰와 관점이 교차하는 각 셀에는 전사아키텍처 정보의 실체가 되는 산출물을 정의하는 구조이다.

아키텍처 매트릭스에서 좌우로 바라보는 것을 뷰라 하고, 위에서 아래로 바라보는 것을 관점이라 한다. 일반적으로 뷰는 아키텍처 도메인에 따라 비즈니스, 애플리케이션, 데이터, 기술 등으로 분류한다. 관점은 각 아키텍처 도메인에 관련된 이해관계자 계층(활용 계층) 구분에 따라 계획자, 책임자(또는 분석자), 설계자, 개발자 등으로 분류하거나 각 아키텍처 도메인을 구성하는 정보의 상세화 수준에 따라 개괄적, 개념적, 논리적, 물리적 단계로 분류한다. 각 셀은 상하 좌우의 셀과 연관성을 가지며, 셀 간의 추적성이 확보되어야 한다.

- **전사아키텍처 비전**

  전사아키텍처 비전은 전사아키텍처 수립을 통하여 기업이나 조직이 궁극적으로 달성하고자 하는 모습이다. 전사아키텍처 비전에는 전사아키텍처 구축 목표와 그 목표를 효과적으로 달성하기 위한 전략 및 방향 등을 포함한다.

- **전사아키텍처 원칙**

  전사아키텍처 원칙은 전사아키텍처 정보를 효율적으로 구축하고, 기업이나 조직의 목적에 맞게 전사아키텍처 정보를 효과적으로 활용하기 위해서 조직 구성원이 공유해야 할 규범을 말한다. 전사아키텍처 원칙은 전사아키텍처 대원칙, 아키텍처 원칙, 표준 등을 포함한다.

나. 전사아키텍처 정보

전사아키텍처 구축을 위해서는 아키텍처 매트릭스에서 정의한 각 아키텍처 산출물에 대하여 현재 상태와 목표 상태의 정보를 구축해야 한다. 목표 아키텍처를 달성하기 위한 이행 계획도 수립한다.

아키텍처 정보를 구축하기 위해서는 먼저 아키텍처 정보의 영역을 구분해야 하는데, 이런 아키텍처 영역을 구분한 것을 아키텍처 도메인(Architecture Domain)이라 한다. 정확히 말하면 아키텍처 도메인이란 아키텍처 매트릭스 상에서 뷰의 관점으로 아키텍처 영역을 구분한 것이다. 이와 같이 구분한 아키텍처 도메인별로 현재 상태의 정보를 정의한 현행 아키텍처와 목표 상태의 정보를 정의한 목표 아키텍처, 그리고 목표 아키텍처를 달성하기 위한 이행 계획을 작성하여 아키텍처 정보를 구축한다.

[그림 Ⅰ-1-10] 전사아키텍처 정보 구성 예

■ **현행 아키텍처**

아키텍처 도메인별로 정의된 산출물에 대하여 기업이나 조직의 현재 상태를 아키텍처 정보로 정의한 것을 말한다.

■ **목표 아키텍처**

아키텍처 도메인별로 정의된 산출물에 대하여 기업이나 조직이 궁극적으로 달성하고자 하는 목표 아키텍처의 상태를 아키텍처 정보로 정의한 것을 말한다.

■ **전사아키텍처 이행 계획**

아키텍처 도메인별로 현재 모습에서 바람직한 목표 모습으로 이행하기 위한 이행 전략과 이행 계획을 정의한 것을 말한다.

■ Tip

비즈니스, 업무, 사업

'비즈니스'란 용어는 우리나라 말로 하면 '사업' 또는 '업무'로 표현할 수 있다. 사업이란 용어는 전사 차원의 경영과 관련된 어감이 강하고, 업무란 실무적 차원의 업무 활동에 관련된 어감이 강하다. 비즈니스는 사업과 업무를 포함하는 포괄적인 의미를 가진다고 할 수 있다. 하지만 이 책에서는 비즈니스와 업무를 특별히 구분하지는 않는다. 주로 비즈니스라는 용어를 사용하겠지만, 정부의 참조모델 관련 내용에서는 업무라는 용어를 그대로 사용한다.

애플리케이션, 응용

'애플리케이션'이란 용어는 원어로 'Application'이다. 우리나라 말로 번역하면 응용이라고 표현할 수 있다. 애플리케이션과 응용은 같은 의미라고 할 수 있다. 이 책에서는 업계에서 많이 사용하고 있는 애플리케이션을 주로 사용하겠지만, 정부의 참조모델 관련 내용에서는 응용이라는 용어를 그대로 사용한다.

일반적으로 아키텍처 도메인은 비즈니스 아키텍처, 애플리케이션 아키텍처, 데이터아키텍처, 기술 아키텍처 등으로 구분한다. 먼저 비즈니스 아키텍처는 조직의 목적 및 임무를 지원하기 위해 수행하는 업무를 분석하고, 이를 업무 활동 단위로 분할하여 표현한 아키텍처이다. 둘째, 데이터아키텍처는 효과적인 업무 처리 및 의사결정을 위해 어떤 정보가 사용되고 전달되어야 하는지를 표현한 아키텍처로서, 전사 데이터 구성을 분류하고 데이터 모델을 정의하는 것이다. 셋째, 애플리케이션 아키텍처는 조직의 임무를 수행하는 데 필요한 애플리케이션의 기능 및 이들 간의 관계 등을 정의한 것으로, 기업의 애플리케이션 단위를 분류하고 애플리케이션 간의 인터페이스를 정의한 아키텍처이다. 마지막으로 기술 아키텍처는 비즈니스 아키텍처, 데이터아키텍처, 애플리케이션 아키텍처를 지원하는 데 필요한 정보 기술 인프라 요소 및 구조, 이들 간의 관계를 표현한 아키텍처이다. 전사의 기술 영역을 분류하고 표준 프로파일과 기술 아키텍처 모델을 정의한 것이다.

다. 전사아키텍처 관리

정의된 전사아키텍처 정보를 지속적으로 유지 관리하고 효과적으로 활용하기 위해서는 전사아키텍처 관리 체계의 정립과 전사아키텍처 관리 시스템의 구축이 필요하다. 또한 전사아키텍처 관리 수준을 제고하기 위해서는 지속적으로 평가하고 개선할 필요가 있다.

■ 전사아키텍처 관리 체계

전사아키텍처 관리 체계는 흔히 '전사아키텍처 거버넌스'라고 말하기도 한다. 이것은 구축된 전사아키텍처를 유지하고 개선하기 위한 제도적 기반을 수립하는 것이며, 정의된 전사아키텍처 원칙을 준수하도록 확인하고 통세하기 위한 조직과 프로세스를 정의하는 것을 포함한다. 전사아키텍처 관리 체계는 전사아키텍처 활동을 관리하며, 전사아키텍처의 정보 변경을 통제하고, IT 프로젝트가 전사아키텍처의 기본적인 원칙과 정책을 준수하도록 하기 위한 것이다.

■ 전사아키텍처 관리 시스템

전사아키텍처 관리 시스템은 전사아키텍처의 정보 관리 효율성을 제고하고 전사아키텍처 정보의 공유를 활성화하기 위해 구축하는 정보시스템이다. 전사아키텍처 관리 시스템은 도입하는 기업의 요건에 따라 다양한 형태로 구성될 수 있다. 일반적으로 전사아키텍처 정보를 정의하는 모델링 도구와 전사아키텍처 정보를 저장하는 전사아키텍처 리포지터리(Repository), 전사아키텍처 정보를 사용자에게 배포하는 전사아키텍처 포털 등으로 구성된다.

■ 전사아키텍처 평가

전사아키텍처의 관리와 활용 수준의 제고를 위해서는 전사아키텍처에 대해 주기적으로 평가하고 개선점을 도출하여 반영해야 한다. 이를 위해서는 전사아키텍처의 수준을 객관적이고 정확하게 평가할 수 있는 전사아키텍처 성숙 모형이 필요하다.

3. 전사아키텍처 프레임워크 사례

전사아키텍처 프레임워크로 참조할 수 있는 모델은 다양하다. 자크만 프레임워크(ZEAF)를 비롯하여, 미국 연방정부 프레임워크(FEAF), 미국 재무부 프레임워크(TEAF), 미국 국방부 프레임워크(DoDAF), 오픈그룹 프레임워크(TOGAF), 한국 범정부 프레임워크 등이 대표적인 사례이다.

자크만 프레임워크는 다섯 가지 관점(Planner, Owner, Designer, Builder, Sub-contractor) 또는 상세화 수준(Contextual, Conceptual, Logical, Physical, Out-Of-Context)과 각 관점에 따르는 아키텍처의 다양한 측면 혹은 아키텍처 뷰를 6하원칙에 근거하여 여섯 가지 묘사 방법(Data, Function, Network, People, Time, Motivation)으로 정의하고 있다. 자크만 프레임워크는 1987년에 존자크만이 「IBM 시스템 저널」에 발표한 전사아키텍처 프레임워크로, 이후에 발표된 많은 전사아키텍처 프레임워크에 영향을 미쳤다. 많은 다른 프레임워크와 기업·기관들에서 참조되고 있는 전사아키텍처 프레임워크의 대표적인 예로 볼 수 있다.

[표 I-1-3] 전사아키텍처 프레임워크 예

	ZEAF	FEAF	TEAF	DoDAF	TOGAF	공공부문EAF
구성도						
특징	• 1980년대 말 기업 활동을 공학적 관점에서 파악하는 아키텍처 개념 최초 소개 • 기업 활동을 5W1H의 관점에서 모델링 관점 제공	• 2003년에 최신 버전 발표, 미국 연방정부 프레임워크 가이드라인 제공 • 참조모델 기반의 EAF	• 미국 재무부 EAF • FEAF, DoDAF와 함께 대표적 EAF	• 효과적 작전 수행을 위해 무기 체계 간 상호운용성 보장을 위해 도입된 EAF • 상호운용성 분석과 향상을 위해 LIBI 분석	• 민간 표준 연합인 오픈그룹 EAF	• 정부, 공공기관에 전사아키텍처 도입시 참조할 수 있도록 표준, 가이드 목적으로 추진
장점	• 5W1H에 따라 기업 활동을 상세하게 모델링할 수 있는 관점 제공 • Planner, Owner, Designer, Builder, Sub-contractor 관점에서 기업 활동 관심 영역을 구체화	• 모델링 관점뿐만 아니라 구체적 이행 계획을 프레임워크에 포함 • BRM, DRM, SCRM, TRM, PRM 등 다양한 참조모델 활용	• How-Where-When을 표현하는 기능, What-How much-How Freq.를 표현하는 정보, Who-Why를 표현하는 조직, Enable를 표현하는 인프라 관점 중시	• 산출물에 대한 템플릿을 상세하게 정의하여 통일되고 검증된 방식으로 모델링 가능 • 운영 모델에 대한 상세 정의 및 표현 양식 제공	• 구체적 아키텍처 개발 프로세스 제안 • 각종 참조모델의 활용 관계를 잘 정의함	• 전사아키텍처 관련된 거의 모든 항목을 프레임워크에 포함하여 기본 프레임워크로 활용하기 용이
단점	• 정보화 측면에서 활용도 떨어지는 부문까지 정의 • 모델링 표현에 지나치게 집중, 실제 아키텍처 활동 계획 및 기반 정의 부족	• 아키텍처 모델의 이해 및 진화에 대해 잘 정의되어 있으나, 조직 및 관련 규정 등 제반 요소의 진화적 관점 부족	• 전사아키텍처 산출물 중심의 프레임워크로서 활용에 대한 접근이 부족 • 기업의 계속적인 활동에 대한 관점이 부족	• 일반 기업 현장에서는 과도한 산출물과 정확도를 요구하고 있어 과잉 투자 가능성 있음	• 메타 모델에 근거한 연속체 개념을 도입하여 아키텍처를 파악함으로써 조직의 특수성이 프레임워크에 반영되기 어려움	• 표준 프레임워크만 제시하여 구체적인 내용들은 참조한 기관에서 작성하도록 권고

미국 재무부 프레임워크(TEAF)는 8개 구성요소로 이루어져 있고, 4단계에 걸쳐 점차적으로 진행하여 마지막 단계에 자크만 프레임워크의 모델 내용을 모두 관리한다. 프레임워크에는 세그먼트별 접근법을 채택하여 현행과

목표의 갭 분석을 통한 이행 계획과 프로세스를 포함하고 있다.

오픈그룹 프레임워크(TOGAF)는 아키텍처를 정의하기 위하여 오픈그룹에서 개발한 아키텍처 개발에 대한 지침인 아키텍처 개발 방법(ADM, Architecture Development Method), 정보기술을 체계적으로 분류한 기술 참조모델, 표준 요약 정보를 모아놓은 데이터베이스인 표준정보기반(SIB, Standard Information Base)으로 구성되어 있다. 빌딩 블록 정의에 의한 접근 방식으로 구성 단위의 문제 해결 방식을 제안하고 있다.

각각의 전사아키텍처 프레임워크들은 다른 점도 있지만, 공통점 또한 많다. 프레임워크를 정의할 때 이러한 선진 모델을 참조하되 기업의 특성에 맞는 것을 만들어야 하며, 경직된 사고보다는 유연성을 갖는 것이 중요하다.

4. 데이터아키텍처 프레임워크 구성

데이터아키텍처 프레임워크는 전사아키텍처 프레임워크와 마찬가지로 데이터아키텍처를 구축하기 위한 기본 틀로 활용된다. 국내에서는 자크만 프레임워크에 기반을 둔 데이터아키텍처 프레임워크가 많이 참조·활용되고 있다. 많이 참조되는 데이터아키텍처 프레임워크 사례의 하나로 범정부 데이터아키텍처 프레임워크를 들 수 있다. 범정부 데이터아키텍처 프레임워크는 범정부 전사아키텍처 프레임워크에 기반을 두고 있으며, 전사아키텍처 프레임워크 구성과 얼라인먼트(Alignment)를 고려하여 데이터아키텍처 정책, 데이터아키텍처 정보, 데이터아키텍처 관리 등의 3가지 영역으로 구성된다. 데이터아키텍처 프레임워크를 구성하는 데 있어서 전사아키텍처 프레임워크와의 얼라인먼트를 고려하는 이유는 전사아키텍처를 구성하는 하나의 아키텍처 도메인으로서 다른 전사아키텍처 구성요소들과 유기적으로 연계될 수 있도록 하기 위함이다. 또한 전사아키텍처 구축 여부와 상관 없이 데이터아키텍처를 독립적으로 구축하는 경우라 하더라도 향후 전사아키텍처 구축 시 무리 없이 연계가 가능하도록 하기 위함이다.

[그림 I-1-11]은 데이터아키텍처 프레임워크의 사례를 보여준다. 데이터아키텍처 정책은 기업이나 조직이 데이터아키텍처 수립을 어떻게 할 것인가의 방향을 정의한 것으로, 데이터아키텍처 매트릭스, 데이터아키텍처 비전, 데이터아키텍처 원칙 등으로 구성된다. 데이터아키텍처 정보는 기업이나 조직이 구축하는 데이터아키텍처 정보의 구체적인 모습으로, 현행 데이터아키텍처·목표 데이터아키텍처·이행 계획으로 구성된다. 데이터아키텍처 관리는 구축된 데이터아키텍처를 어떻게 관리하고 활용할 것인가를 정의한 것으로, 데이터아키텍처 관리 체계·데이터아키텍처 관리 시스템·데이터아키텍처 평가 모형 등으로 구성된다.

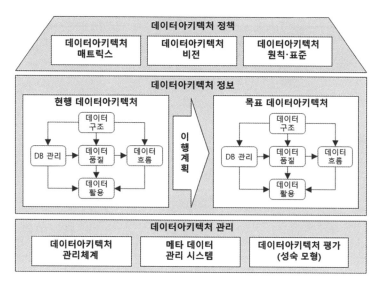

[그림 Ⅰ-1-11] 데이터아키텍처 프레임워크 구성 사례

가. 데이터아키텍처 정책

데이터아키텍처를 구축하기 위해서는 먼저 기업이나 조직의 데이터아키텍처 구축 목적과 방향을 정의해야 한다. 데이터아키텍처의 목적과 방향은 기본적으로 전사아키텍처의 목적 및 방향과 얼라인먼트(Alignment)를 유지해야 한다. 전사아키텍처 없이 독립적으로 데이터아키텍처를 구축하는 경우라도 향후의 전사아키텍처 수립을 고려하여 전사아키텍처의 목적 및 방향을 고려하는 것이 바람직하다. 데이터아키텍처 정책은 데이터아키텍처의 정보를 어떻게 구성할 것이고(데이터아키텍처 매트릭스), 데이터아키텍처 수립을 통하여 기업이나 조직이 달성하고자 하는 궁극적인 모습은 무엇이며(데이터아키텍처 비전), 데이터아키텍처를 효과적으로 구축·관리·활용하기 위한 원칙은 어떤 것인지(데이터아키텍처 원칙) 등을 정의하는 것이다.

■ 데이터아키텍처 매트릭스

데이터아키텍처 매트릭스는 데이터아키텍처의 정보를 체계적으로 분류한 틀로서, 기업이나 조직이 관리하려는 데이터아키텍처 정보의 수준과 활용 계층을 결정하는 수단이다. 데이터아키텍처 매트릭스는 일반적으로 자크만 프레임워크의 6가지 아키텍처 뷰 구분 중 Data 영역에 대해 상세화 수준 구분에 따라 분류한 계층적 결과물을 상세하게 정의하는 방식으로 구성한다. [표 Ⅰ-1-4]는 데이터아키텍처를 통해 관리하고자 하는 대상을 데이터 구조, 데이터 소싱 및 분석으로의 연계를 위한 데이터 흐름, 데이터아키텍처와 관련한 관리 활동으로 구분하고, 이들을 데이터 관리 조직의 역할(Role) 및 상세화 관점에 따라 분류한 매트릭스의 사례이다.

[표 Ⅰ-1-4] 데이터아키텍처 매트릭스 사례

DA관리대상 데이터관리조직 (Perspectives)	데이터 구조	데이터 흐름	데이터관리
CDA (개괄적 관점)	주제영역	데이터 통합 구조도	데이터 관리 정책
DA (개념적 관점)	개념모델	데이터 흐름도	데이터 표준 관리
모델러 (논리적 관점)	논리모델	-	데이터 모델 관리
DBA (물리적 관점)	물리모델 데이터베이스	-	데이터베이스 관리
유저 (운용적 관점)	사용자 뷰	-	-

*CDA : Chief Data Architect, DA : Data Architect

전사아키텍처 매트릭스에서와 마찬가지로 데이터아키텍처 매트릭스의 각 셀은 전후 좌우의 셀과 연관성을 가지며, 셀 간의 추적성이 확보되어야 한다.

■ 데이터아키텍처 비전

데이터아키텍처 비전은 데이터아키덱처 수립을 통하여 기업이나 조직이 궁극적으로 달성하고자 하는 모습이다. 데이터아키텍처 비전에는 데이터아키텍처 구축 목표와 그 목표를 효과적으로 달성하기 위한 전략 및 방향 등을 포함한다.

■ 데이터아키텍처 원칙

데이터아키텍처 원칙은 데이터아키텍처 정보를 효율적으로 구축하고, 기업이나 조직의 목적에 맞게 데이터 아키텍처 정보를 효과적으로 활용하기 위해서 조직 구성원이 공유해야 할 규범을 말한다. 데이터아키텍처 원칙은 데이터아키텍처 대원칙, 데이터아키텍처 원칙, 표준 등을 포함한다.

나. 데이터아키텍처 정보

데이터아키텍처 구축을 위해서는 데이터아키텍처 매트릭스에서 정의한 각 셀의 산출물에 대하여 현재 상태와 목표 상태의 정보를 구축한다. 그리고 목표 아키텍처를 달성하기 위한 이행 계획을 수립한다.

데이터아키텍처 매트릭스의 각 셀에 정의한 산출물에 대하여 현재 상태의 정보를 정의한 것을 현행 데이터아키텍처라 하고, 각 셀에 정의한 산출물에 대하여 목표 상태의 정보를 정의한 것을 목표 데이터아키텍처라 한다. 데이터아키텍처 정보는 현행 데이터아키텍처와 목표 데이터아키텍처, 목표 데이터아키텍처를 달성하기 위한 이행 계획을 작성하여 데이터아키텍처 정보를 구축한다. 현행 및 목표 데이터아키텍처에서 데이터아키텍처 매트릭스의 각 셀에 정의된 산출물 간에는 추적성이 유지되어야 한다.

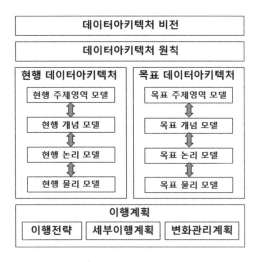

[그림 Ⅰ-1-12] 데이터아키텍처 정보 구성 예

■ **현행 데이터아키텍처**

데이터아키텍처 매트릭스의 각 셀별로 정의된 산출물에 대하여 기업이나 조직의 현재 상태를 아키텍처 정보로 정의한 것을 말한다. 일반적으로 데이터 구조에 대한 상세화 계층 구성에 따라 최상위의 추상화 수준에서 데이터 분류를 정의한 현행 주제영역 모델, 주제영역별로 핵심 데이터에 대한 구성을 정의한 현행 개념 모델(현행 개념 데이터 모델), 주제영역별로 현행 개념 모델을 상세화하여 데이터 구조에 대한 논리적인 모습을 구체적으로 정의한 현행 논리모델(현행 논리 데이터 모델), 현행 논리모델이 데이터베이스 시스템에 구현될 수 있도록 테이블로 전환된 현행 물리모델(현행 물리 데이터 모델)로 구성된다. 현행 물리모델은 현행 데이터베이스 시스템에 구축된 테이블 구성과 일치해야 하며, 현행 물리모델로부터 현행 주제영역 모델에 이르기까지 현행 데이터아키텍처를 구성하는 계층별 모델 간에는 상호 추적성이 유지되어야 한다. 예를 들어 개념 모델의 어떤 핵심 데이터가 논리모델의 어떤 엔터티로 상세화되었는지, 그리고 논리모델의 해당 엔터티는 물리모델의 어떤 테이블로 전환되었는지 등 계층별 모델 구성요소 간의 매핑 정보가 관리되어야 한다.

■ **목표 데이터아키텍처**

이는 데이터아키텍처 매트릭스의 셀별로 정의된 산출물에 대하여 기업이나 조직이 궁극적으로 달성하고자 하는 목표 데이터아키텍처의 상태를 아키텍처 정보로 정의한 것을 말한다. 현행 데이터아키텍처에서와 같이 일반적으로 데이터 구조에 대한 상세화 계층 구성에 따라 최상위의 추상화 수준에서 데이터 분류를 정의한 목표 주제영역 모델, 주제영역별로 핵심 데이터에 대한 구성을 정의한 목표 개념 모델(목표 개념 데이터 모델), 주제영역별로 목표 개념 모델을 상세화하여 데이터 구조에 대한 논리적인 모습을 구체적으로 정의한 목표 논리모델(목표 논리 데이터 모델), 목표 논리모델이 데이터베이스 시스템에 구현될 수 있도록 테이블로 전환된 목표 물리모델(목표 물리 데이터 모델)로 구성된다. 목표 데이터아키텍처는 미래의 모습이 므로 목표 물리모델이 데이터베이스 시스템에 실제로 구현되지는 않는다. 기업이나 조직의 여건에 따라 목표 데이터아키텍처의 상세화 수준은 목표 논리모델까지가 될 수도 있다. 현행 데이터아키텍처와 마찬가지로 목표 주제영역 모델로부터 목표 물리모델에 이르기까지 목표 데이터아키텍처를 구성하는 계층별 모델 간에는 상호 추적성이 유지되어야 한다.

■ 데이터아키텍처 이행 계획

현행 데이터아키텍처에 정의한 현재 모습으로부터 바람직한 목표 모습으로 이행하기 위한 이행 전략과 세부 이행 계획, 변화 관리 계획 등을 정의한 것을 말한다.

다. 데이터아키텍처 관리

정의된 데이터아키텍처 정보를 지속적으로 유지 관리하고 효과적으로 활용하기 위해서는 데이터아키텍처 관리 체계의 정립과 데이터아키텍처 관리 시스템 구축이 필요하다. 또한 데이터아키텍처 관리 수준을 제고하기 위해서는 지속적으로 데이터아키텍처 관리 및 활용 상태를 평가하고 개선할 필요가 있다.

■ 데이터아키텍처 관리 체계

데이터아키텍처 관리 체계는 흔히 '데이터아키텍처 거버넌스'라고 말하기도 하며, 좀 더 확장된 개념으로 '데이터 거버넌스'라고 하기도 한다. 이것은 구축된 데이터아키텍처를 유지하고 개선하기 위한 제도적 기반을 수립하는 것이다. 정의된 데이터아키텍처 원칙을 준수하도록 확인하고 통제하기 위한 조직과 프로세스를 정의하는 것도 포함한다. 데이터아키텍처 관리 체계는 데이터아키텍처 활동을 관리하며, 데이터아키텍처의 정보 변경을 통제하고, IT 프로젝트가 데이터아키텍처의 기본적인 원칙과 정책을 준수하도록 하기 위한 목적이 있다.

■ 데이터아키텍처 관리 시스템

데이터아키텍처 관리 시스템은 데이터아키텍처의 정보 관리 효율성을 제고하고 데이터아키텍처 정보의 공유를 활성화하고, 데이터아키텍처 원칙의 지속성을 담보하기 위해 구축하는 정보시스템이다. 데이터아키텍처 관리 시스템은 도입하는 기업이나 조직의 요건에 따라 다양한 형태로 구성될 수 있다. 일반적으로 데이터아키텍처 정보를 정의하는 데이터 모델링 도구와 연동하고, 데이터아키텍처 정보를 저장하는 데이터아키텍처 리포지터리(Repository), 데이터아키텍처 정보를 사용자에게 배포하는 데이터아키텍처 포털 등으로 구성된다.

■ 데이터아키텍처 평가

데이터아키텍처의 관리와 활용 수준의 제고를 위해서는 데이터아키텍처에 대해 주기적으로 평가하고 개선점을 도출하여 반영해야 한다. 이를 위해서는 데이터아키텍처의 관리 및 활용 수준을 객관적이고 정확하게 평가할 수 있는 데이터아키텍처 성숙 모형이 필요하다.

데이터아키텍처 성숙 모형은 기업이나 조직의 요건에 따라 다양한 형태로 구성하고 활용할 수 있다. 일반적으로 성숙 모형을 매트릭스 형태로 정의하여 각 셀에 정의한 산출물을 검토하고 평가하는 매트릭스 방식이나, 체크리스트에 의한 평가 결과에 따라 성숙도를 평가하는 스코어카드 기법 등이 많이 사용된다.

제 3 절 데이터아키텍처 참조모델

1. 참조모델 정의

가. 참조모델 개념

참조모델(Reference Model)이라는 말은 다양한 분야에서 다양한 용도로 사용된다. 스마트팩토리 참조모델, 홈네트워크 참조모델, 센서네트워크 참조모델, 공공 빅데이터 플랫폼 참조모델, 클라우드 기반 빅데이터 서비스 참조모델, 빅데이터 분석 참조모델 등 수많은 다양한 목적의 참조모델들이 있다. 여기서는 전사아키텍처에 대한 참조모델을 대상으로 참조모델의 개념과 사례를 설명한다.

전사아키텍처에서 얘기하는 참조모델은 아키텍처 구성요소를 식별하여 표준화한 것으로, 기관이나 기업의 전사아키텍처를 수립할 때 필요한 정보화 구성요소의 표준화한 분류체계와 형식에 대한 모범적 사례를 비롯하여 양질의 전사아키텍처를 구축할 수 있도록 참조 가능한 기업이나 조직 내외부의 사례 및 표준 문서, 방법 등을 정의하고 있다. 간단히 말하면 참조모델은 다양한 관점을 충족시킬 수 있도록 시스템에 대한 개념적인 모델을 추상화하고, 구성요소를 재사용 가능한 방식으로 생성하여 여러 기업이나 조직이 사용할 수 있도록 한 것이다.

참조모델을 활용함으로써 전사아키텍처 구축 및 활용에 따른 개선사항을 도출하고, 이를 반영하여 전사아키텍처의 도입, 운영 및 협업의 기회를 촉진할 수 있다. 이를 조직간 또는 정보시스템간의 공통적인 프로토콜로 활용함으로써, 호환성 및 상호 운용성을 높일 수 있다.

참조모델은 정보자원을 구성하는 업무, 시스템, 데이터 등 보이지 않는 무형의 정보자원을 측정·관리하기 위해 이를 가시화하고 구조화하는 데 활용할 수 있으며, 다음과 같은 이점을 얻을 수 있다.

- 전체 정보자원에 대한 구조적 관점 제공
- 조직의 정보자원에 대한 중복요소 파악
- 관련 기관 간 아키텍처 비교·분석
- 정보 공동 활용을 위한 상호 운용성 확보
- 조직의 정보 자원 관리 표준화
- 조직 간 공통 서비스 발견

참조모델은 미 연방정부 전사아키텍처에서 처음 제시된 개념이다. 미국의 예산관리국은 2002년부터 정부 기관 간의 업무 프로세스를 단순화하고 통합하기 위해 연방정부의 아키텍처 정보화(FEA, Federal Enterprise Architecture) 개발을 시작했다. 미 연방정부 전체 최적화 관점에서 각 기관의 전사아키텍처 구축을 위한 '기준'을 제시하기 위해 아키텍처 영역별로 참조모델을 정의했으며, 성과 참조모델·업무 참조모델·데이터 참조모델·서비스 요소 참조모델·기술 참조모델 등을 정의하였다.

나. 범정부 EA 참조모델

전사아키텍처에서는 비슷한 특성이 존재하는 산업군마다 정의된 참조모델을 활용하도록 추천한다. 각 기업은 동종의 참조모델을 토대로 하여 고유의 아키텍처를 도출할 수 있다. 이러한 참조모델 중 국내에서 많이 참조하고 있는 것은 범정부 EA 참조모델로, 행정안전부에서 운영하는 범정부 EA 포털을 통해 확인할 수 있다. 범정부 참조모델은 전사아키텍처의 일관성, 재사용성, 상호 운용성 등을 확보하기 위하여 전사아키텍처의 구성에 필요한 정보화 구성요소의 표준화한 분류체계와 형식을 정의한 것으로서, 공공 기관에서 공동으로 활용할 수 있는 전사아키텍처의 참조모델로 개발·보급되고 있다. 범정부 전사아키텍처 추진의 특징은 일반 기업의 전사아키텍처 프로젝트와 달리 범정부의 정보화 사업을 체계적으로 추진할 수 있는 참조모델과 지침을 만들어서 보급하는 데 역점을 두고 있다는 점이다.

범정부 EA 참조모델에서는 아키텍처별로 참조모델을 제시하고 있다. 아키텍처별 참조모델에는 업무 참조모델(BRM, Business Reference Model), 데이터 참조모델(DRM, Data Reference Model), 서비스 참조모델(SRM, Service Reference Model), 기술 참조모델(TRM, Technical Reference Model), 성과 참조모델(PRM, Performance Reference Model) 등이 있다. [그림 Ⅰ-1-13]은 범정부 EA 참조모델의 5가지 참조모델 및 상호 연관성을 정의하고 있다.

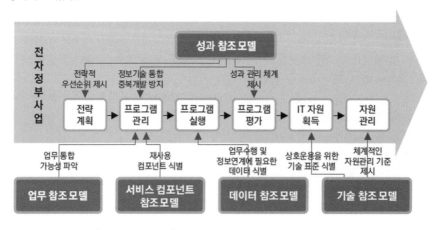

[그림 Ⅰ-1-13] 범정부 EA 참조모델 개념 구조

- 성과 참조모델 : 정보화 성과 측정을 위한 항목과 지표 및 방법을 제시
- 업무 참조모델 : 업무 아키텍처의 기준이 되며, 아키텍처 대상 기관의 사업 또는 업무 등을 전체적으로 분류하고 정의
- 서비스 참조모델 : 응용 아키텍처의 기준이 되며, 응용 서비스의 기능을 분류하고 정의
- 데이터 참조모델 : 데이터아키텍처의 기준이 되며, 기관 간에 교환되는 주요 데이터 요소를 분석하여 이를 정의하고 표준화
- 기술 참조모델 : 기술 아키텍처의 기준이 되며, 정보기술을 분류 및 식별

다. 참조모델 구축 방법

참조모델은 두 가지 방법으로 구축된다. 하나는 공통적인 특성을 추출하여 그 산업군에 맞게 범용적으로 만드는 것이고, 또 하나는 복잡하고 대표적인 기업을 선정하여 그 기업의 아키텍처를 표본으로 삼아 비슷한 타 기업에서 재활용할 수 있도록 만드는 것이다. 먼저 공통적인 특징을 추출하여 만들어진 참조모델은 요소 간 경계가 불명확하고 하위 수준의 정의가 명확하지 않은 데 비해 이해하기 쉽고 많은 산출물이 필요하지 않은 장점이 있다. 대표적인 기업의 아키텍처를 재활용하는 방법은 각 산출물의 관계가 정확하고 하위 수준까지 참조할 수 있다는 장점이 있는 반면, 기업의 보안상 대부분 공개가 되지 않는다는 단점이 있다.

이와 같은 상황을 고려할 때, 범정부 EA 참조모델은 참조모델을 구축하고자 하는 기업이나 조직에 대해 의미 있는 본보기가 될 수 있다. 아키텍처별 참조모델의 구성 프레임을 그대로 인용하거나, 기업이나 조직의 요건이나 비전·전략 등을 고려하여 아키텍처별 참조모델의 구성 프레임을 수정·보완해서 참조모델의 기본 프레임을 도출할 수 있다. 참조모델의 기본 프레임이 도출되면, 각 구성요소에 대한 콘텐츠를 발굴하여 검토·보완 후 참조모델을 완성하는 방식으로 범정부 EA 참조모델이 활용될 수 있다. 참조모델의 기본 프레임이나 콘텐츠를 정의할 때, 동일 또는 유사 업종에서의 대표적인 기업의 아키텍처를 직접적으로 재활용하는 것은 보안상 매우 어려우므로 많은 경험과 전문 지식을 갖춘 외부 전문 인력을 활용하는 것도 좋은 방법이 될 수 있다. 참조모델을 구축할 때 다음과 같은 사항들이 고려되어야 한다.

- 기업이나 조직의 아키텍처를 수립하는 데 있어서 기준이나 표준 역할을 할 수 있고, 콘텐츠를 참조 또는 재활용할 수 있어야 한다.
- 참조모델은 기업이나 조직 내부에 축적된 아키텍처 지식과 콘텐츠·내부 역량의 결집체여야 하지만, 필요하다면 외부에서 구입하여 커스터마이즈하거나 외부의 전문가가 참여할 수도 있다.
- 참조모델은 관련 지식의 전달을 위한 수단으로 활용될 수 있어야 한다. 참조모델을 통해 관련 이해관계자 및 IT 관련 구성원들이 필요한 지식을 확보하거나 방향을 이해할 수 있어야 한다.
- 이해관계자 간의 의사소통을 향상시킬 수 있어야 한다. 참조모델의 구성과 내용을 이해관계자들이 정확히 이해할 수 있어야 하고, 이를 참조하는 아키텍처의 모습과 방향이 이해될 수 있어야 한다.
- 아키텍처를 수립하고 운영하기 위한 역할 및 책임이 제시되어야 한다. 참조모델을 통해 아키텍처를 수립하고 운영하는 데 어떤 역할이 필요하고, 그들이 어떤 책임을 수행해야 하는지가 명확하게 이해될 수 있어야 한다. 역할과 책임에는 참조모델을 유지·관리하기 위한 부분이 포함된다.
- 유사한 다른 솔루션이나 타 기업 또는 조직의 아키텍처와 비교하여 이해할 수 있는 기준이 되어야 한다.
- 아키텍처 수립 결과에 대해 평가할 수 있는 기준을 제시해야 한다.
- 기업이나 조직이 처해 있는 환경과 각자의 요건에 맞아야 하며, 환경 및 요건 변화에 적절히 대응하여 아키텍처의 변화를 제어할 수 있도록 유지·관리되어야 한다.

2. 데이터 참조모델

데이터 참조모델(Data Reference Model)은 데이터아키텍처 구축 시 참조 및 재사용할 수 있도록 업무 수행에 필요한 데이터를 유형별로 분류하여 표준화하고 업무와 서비스 컴포넌트를 지원하는 데이터의 분류와 의미, 주요 데이터 요소, 관리체계 등을 정의한 것이라 할 수 있다.

　데이터 참조모델은 업무와 서비스 컴포넌트를 지원하는 표준화한 데이터 구조 및 규칙, 데이터 모델을 위한 템플릿과 사례 등을 제공할 수 있다.

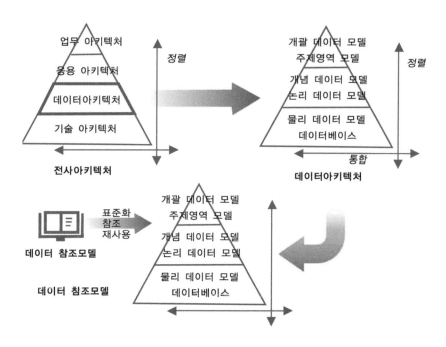

● **전사아키텍처(EA)**
　업무와 정보기술 간의 관계 정립

● **데이터아키텍처(DA)**
　최상위의 개괄적인 수준부터 데이터베이스 수준까지 데이터에 관한 모든 구조를
　통합하여 연계하고, 업무 및 기술 등 타 아키텍처와의 전체적인 관계를 정립

● **데이터참조모델(DRM)**
　데이터 아키텍처의 수립 및 관리에 참조할 수 있는 데이터 요소, 구성 및 관리의 표준

[그림 Ⅰ-1-14] 데이터아키텍처와 데이터 참조모델 관계

미국 연방정부 전사아키텍처에서 정의한 데이터 참조모델에 대한 정의를 살펴보면 다음과 같다.

• 전체 조직 차원의 표준화된 데이터 모델로서 기능 및 데이터 요구 사항을 정의하기 위한 개념 데이터 모델, 논리 데이터 모델
• 정보 요구 사항을 정의하고 구조화하는 기반으로서 데이터 참조모델을 이용하여, 정보체계 내에서 데이터 구조의 표준화 및 재사용을 보장

- 데이터 참조모델은 조직의 비즈니스를 해석하고 표현하기 위한 구조와 규칙을 종합적이고 표준화한 방법으로 표현한 것으로, 이해 당사자 간의 모델 이해도를 증진시키고 일정 수준 이상의 품질이 보장되는 데이터 구조 및 내용을 공유하여 재사용성과 생산성·상호 운용성을 높여줌

데이터 구조 설계 관점에서 데이터 참조모델(DRM, Data Reference Model)은 업무 영역별, 주제 영역별로 표준 데이터 집합과 관리 항목들을 분류하고 표준화하여 재사용이 가능한 데이터 모델을 말한다고 할 수 있다. 전사적 업무 혹은 범용적 데이터 모델 정의 시 기존에 검증된 데이터 모델을 참조함으로써 데이터 모델의 정확성과 재사용성을 높이고 새로운 데이터 모델 정의에 따른 시간과 비용을 절감할 수 있다. 또한 새로운 데이터 모델 작성 시 참조모델을 활용함으로써 정보의 누락을 예방할 수 있으며, 기존에 검증된 데이터 참조모델을 이용하여 자사 데이터 모델의 오류를 확인하거나 보완할 수 있다.

중앙 기관이나 상위 조직에서는 양질의 데이터 참조모델을 채택·활용함으로써 단기간에 하부 기관이나 하위 조직 데이터 모델의 품질을 개선할 수 있다. 하지만 기업을 대상으로 한 데이터 참조모델과 공공 기관을 대상으로 한 데이터 참조모델은 관리 및 활용 측면에서 서로 상이할 수 있다. 예컨대 기업 데이터 참조모델은 개별 기업의 정보 유출 및 보안 문제로 활성화되기 어려울 수 있다. 그러나 공공 기관의 경우 상위 기관이 하위 기관에게 데이터 참조모델의 공유와 활용을 제도화할 수 있으며, 이에 따라 데이터 참조모델을 활용한 공공 기관 데이터 모델의 품질 표준화 및 데이터 품질 개선을 신속하게 추진할 수 있다. 국내에서 많이 참조되는 데이터 참조모델은 범정부 데이터 참조모델을 예로 들 수 있다.

데이터 참조모델은 재사용이 가능한 형태의 데이터 모델을 포함하며, 속성 단위·엔터티·엔터티-관계 다이어그램뿐만 아니라, 전체 업무 영역 분류 등도 데이터 참조모델이 될 수 있다. 또한 개념 데이터 모델, 논리 데이터 모델, 물리 데이터 모델도 데이터 참조모델의 범위가 될 수 있다. 기업이나 조직이 데이터 참조모델을 구축하는 방법은 다음과 같이 요약해 볼 수 있다.

■ 동종 또는 유사 업종의 선진 데이터 참조모델을 활용

동종 또는 유사 업종의 선진 사례를 데이터 참조모델로 활용하는 방법은 단시간에 데이터 참조모델의 모범 사례를 적용할 수 있는 장점이 있다. 하지만 데이터 참조모델이 거의 모든 기업이나 조직에서 기밀로 다루어지고 있기 때문에 확보하기에 어렵다는 문제가 있다. 이에 대해 합당한 대가를 지불하고 구입할 수도 있겠으나 기업이나 조직이 갖고 있는 저마다의 문화와 요건들이 다를 수 있기 때문에 데이터 전문 인력을 통해 커스터마이즈 과정을 거쳐야 할 수 있다.

■ 상위 또는 연계 대상 기업이나 기관, 조직의 데이터 참조모델을 활용

상위-하위의 계층적 구조를 갖고 있는 기업이나 기관, 조직의 경우 전체 조직 내에서 데이터의 통합성이나 연계성을 확보하기 위해 상위 조직의 데이터아키텍처를 하위 조직에 적용하도록 할 수 있다. 상위 조직은 데이터 참조모델을 정의할 때 하위 조직이 준수해야 할 부분을 명확히 정의하고, 하위 조직은 상위 조직이 정의한 참조 대상에 대해 적극적으로 준수하는 것이 바람직하다. 또한 기업이나 기관, 조직 간에 데이터 연계나 상호운용이 필요한 경우 대상 조직 간에 데이터 참조모델을 공유하거나 공동으로 구축하여 활용하는 것도 좋은 방법이 될 수 있다.

■ 외부의 표준을 활용

데이터 연계나 상호운용이 필요한 기업이나 기관, 조직 간에 공동으로 활용할 수 있는 외부의 표준을 활용하는 것도 좋은 방법이 될 수 있다. IBM이나 오라클과 같은 데이터베이스 관련 글로벌 기업들이 보유하고 있는 표준화한 데이터 참조모델을 활용하거나 데이터 전문 기업이 구축하여 제공하고 있는 데이터 참조모델을 활용할 수도 있다. 미국 연방정부의 전사아키텍처 모델(FEAM)에 포함된 데이터 참조모델을 활용할 수도 있다. omg.org에서 제공하는 DRM 표준안이나 오픈 데이터의 상호운용성을 위한 데이터 카탈로그 표준으로 W3C 주도 하에 2014년에 표준으로 채택되어 많이 참조되고 있는 DCAT(Data Catalog Vocabulary) 등도 좋은 참조 대상이 될 수 있다.

■ 현행 데이터 구조로부터 데이터 참조모델을 정의

기업이나 조직이 이미 보유하고 있는 현행 데이터 구조는 향후 신규 혹은 차세대 정보시스템을 구축할 때 기초가 되기 때문에 참조하거나 재사용이 가능한 데이터 참조모델을 구축하기 위한 훌륭한 자원이 된다. 이미 현행화한 현행 데이터 모델을 보유하고 있거나 리버스 데이터 모델링을 통해 현행 데이터 모델을 확보했다면, 데이터 전문 인력과 관련 이해관계자가 참여하여 참조 또는 재사용을 위해 표준화할 데이터 요소를 선정하거나 전사적 일관성 유지를 위해 필요한 추가 데이터 요소 등을 정의하고, 데이터 요건을 반영하여 이를 보완 및 표준화하고 데이터 참조모델로 정의할 수 있다.

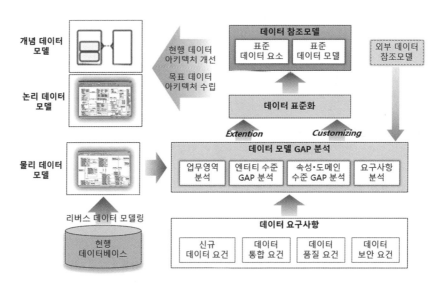

[그림 Ⅰ-1-15] 현행 데이터 구조로부터 데이터 참조모델 정의

■ 외부 데이터 전문가를 통해 데이터 참조모델을 정의

앞서 제시한 방법들을 통해 데이터 참조모델을 정의할 때 기업이나 조직 내부에 충분한 역량이 축적되어 있지 못하거나, 내부에 데이터 전문 인력을 확보하고 있지 못하다면 외부의 데이터 전문 기업이나 데이터 전문가를 투입하여 데이터 참조모델을 정의하는 것도 좋은 방법이 될 수 있다.

동종 또는 유사 업종의
선진 데이터 참조모델 활용

상위 또는 연계 대상 기업이나
기관, 조직의 데이터 참조모델
활용

데이터
참조모델

외부의 표준을 활용

외부 데이터 전문가를 통해
데이터 참조모델을 정의

현행 데이터 구조로부터
데이터 참조모델을 정의

[그림 Ⅰ-1-16] 데이터 참조모델 구축 방법

데이터 참조모델은 전사적으로 참조 및 활용되고 지속적으로 활용 가능도록 유지·관리하기 위해서 다음과 같은 기준에 따라 관리해야 한다.

- **범용성**

  데이터 참조모델은 특정 업무의 특정 데이터에 대한 정보로 범용적으로 다양한 업무 영역에서 참조할 수 있을 만한 것을 정의하여 관리한다.

- **단순성**

  비즈니스의 복잡성을 나타낸 데이터 모델은 특정 업무에 국한될 가능성이 높으므로 데이터 참조모델로의 효용은 떨어진다.

- **표준성**

  데이터 참조모델에서 표현되는 데이터 용어는 상식적이고 일반적인 수준에서 이해될 수 있는 것을 사용하여 데이터 모델의 참조 활용성을 높이도록 한다.

- **정확성**

  참조의 성격을 가지므로 무엇보다 관리되는 정보가 정확해야 한다.

- **정보 이용성**

  데이터 참조모델은 단순히 엔터티 간의 관계뿐만 아니라 엔터티의 정의, 엔터티의 데이터 관리 규칙, 속성 정의 등도 함께 저장하여 참조될 수 있도록 해야 한다.

- **분류성**

  데이터 참조모델은 업무 영역과 업종은 물론이고 데이터 구조를 정의하는 각 단계와 데이터 참조모델의 범위 내에서도 분류될 수 있어야 한다.

데이터 참조모델을 사용함으로써 얻을 수 있는 기대 효과는 다음과 같다.

- 데이터 표준화 및 데이터를 재사용 가능한 공유 환경 구축
- 데이터 구조의 표준화를 통한 이식성과 확장성의 향상
- 조직 및 여러 시스템 간 데이터 상호 운용성 향상
- 데이터 품질 향상 및 생산성 증대
- 중복 투자 방지 및 수명 주기 비용 절감

3. 데이터아키텍처 참조모델 사례

가. 범정부 데이터 참조모델 개요

국내에서 많이 활용되는 데이터 참조모델의 대표적인 사례는 범정부 데이터 참조모델(범정부 DRM)을 들 수 있다. 기업은 각자의 요건에 맞게 데이터아키텍처 구축에 다양한 데이터 참조모델을 활용할 수 있겠지만, 공공기관을 중심으로 많은 활용 사례와 함께 지속적 관리·개선이 이루어지고 있는 범정부 DRM은 공공기관을 비롯하여 많은 기업들에게 모범 사례가 되고 있다.

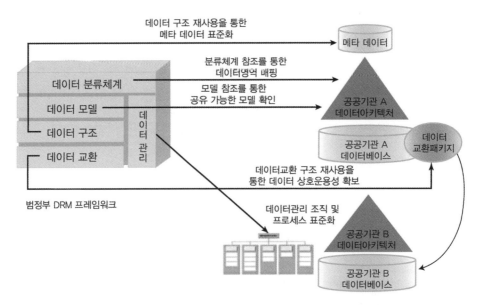

[그림 Ⅰ-1-17] 범정부 DRM 프레임워크와 개별기관 데이터아키텍처의 관계

범정부 데이터 참조모델은 기관 간의 공통 정보 파악과 활용을 지원하기 위한 모델이다. 기관 간의 정보 공유 및 데이터의 표준화, 재사용을 지원하기 위한 범정부 데이터 분류 및 데이터 표준화와 관리를 위한 기준과 체계를 정의한 것이다.

표준화	참조	재사용
• 데이터 표준화를 위한 가이드 제시 • 표준화한 참조 가능한 데이터 모델 제공	• 데이터아키텍처 구축에 필요한 표준 데이터 모델 사례들의 식별 및 참조 지원	• 식별 및 참조된 표준 데이터 모델 및 데이터의 재사용과 공유 촉진, 지원

[그림 I-1-18] 범정부 DRM의 목표와 특징

범정부 데이터 참조모델 프레임워크는 데이터의 표준화, 참조, 재사용을 위하여 필요한 구성요소와 구성요소 간의 관계를 정의한 것으로서, 범정부 데이터 분류·데이터 모델·데이터 구조·데이터 교환·데이터 관리의 5개 요소로 구성된다(v2.1까지).

■ 데이터 분류체계

범정부 차원의 데이터 주제영역을 정의한 것으로 범정부 데이터에 대한 분류기준을 보여준다. 분류체계는 데이터영역을 계층화하여 도식화 한 것으로, 범정부 데이터 및 데이터 모델은 데이터 분류체계에 따라 그루핑된다. 또한 데이터 구조의 데이터 요소는 데이터 분류체계에 매핑된다. 개별기관은 데이터 분류체계를 참조함으로써 주제영역 모델 또는 데이터 개괄 모델을 쉽게 도출해낼 수 있고 연관시킬 수 있으며, 데이터 분류체계를 활용함으로써 좀 더 용이한 데이터 관리 및 검색이 가능해진다.

■ 범정부 데이터 모델

이는 범정부 차원에서 구축 및 활용하고 있다. 공유가 가능하거나 공유를 필요로 하는 데이터를 식별하고 논리적 수준에서 구조화하여 데이터 영역 간의 관계를 표현한 것으로, 데이터 분류체계와 연결된 개별 범정부 데이터 단위로 데이터 모델을 엔터티관계도(ERD, Entity Relationship Diagram)로 도식화하여 제시한다. 개별 기관은 범정부 데이터 모델을 참조함으로써 범정부에서 구축 및 운영되고 있는 데이터에 어떤 것이 있는지를 확인하고 재사용할 수 있다. 범정부 차원에서는 기관 간에 공유될 수 있는 데이터를 확인하고 기관 간의 시스템 중복성과 연계성을 파악할 수 있다.

■ 데이터 구조

이는 논리모델 수준에서 정의된 데이터 모델의 구성요소별로 표준화하고 구조화한 세부 정보를 정의한 것으로, 범정부 차원에서 데이터아키텍처와 관련된 메타 모델을 보여준다. 데이터 구조는 주로 엔터티관계도(ERD)의 구성요소인 엔터티(Entity), 관계(Relationship), 속성(Attribute) 등의 표준화 방안 및 실제 참조, 재사용 가능한 데이터를 제시한다. 개별기관은 제시된 범정부 데이터 구조를 재사용하여 표준화한 데이터아키텍처를 구축할 수 있고, 범정부 차원에서는 개별기관이 작성한 데이터아키텍처 산출물을 쉽게 이해할 수 있다.

■ 데이터 교환

DRM 내 데이터 요소의 교환을 위하여 사전에 정의되어야 할 메시지 구조를 제시하고 필요에 따라서 교환 내역을 관리할 수 있다. 즉 기관 간의 데이터 값 교환을 위한 사전 정의 대상, 교환 구조, 메시지 방식 정의, 교환 내역 관리 등을 포함한다. 데이터 교환 메시지의 참조·재사용 목적을 충족시키기 위한 데이터 스키마에 대한 관련 파일 제공으로 재사용할 수 있다. 기관 간 공유 가능한 데이터 교환 내역을 확인할 수 있도록 보유기관 정보, 수요기관, 활용 업무, 데이터 교환 정보를 정의할 수 있다.

■ **데이터 관리**

범정부에서 제시하는 데이터 관리 원칙, 조직, 및 절차 등을 제시한 것으로, 범정부 차원에서 데이터 거버넌스(Data Governance) 체계를 보여준다. 주로 데이터 관리에 관련된 조직 및 프로세스를 보여주며, 이를 통한 데이터 관리 조직의 역할과 책임(R&R, Role & Responsibility) 사례도 제공한다. 또한 데이터 품질, 표준화, 보안 등의 유지를 위한 가이드도 제시한다. 개별기관은 제시된 범정부 데이터 관리 내용을 활용하여 표준화한 데이터 거버넌스 체계를 구축할 수 있다. 범정부 차원에서는 범정부 차원의 데이터 거버넌스 체계와 개별기관의 데이터 거버넌스 체계를 일관성 있게 추진할 수 있다.

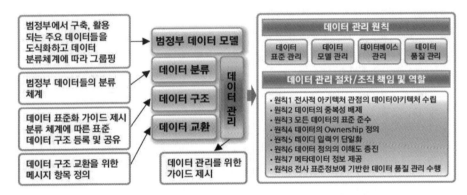

[그림 Ⅰ-1-19] 범정부 데이터 참조모델 구조 및 활용 예(v2.1까지)

나. 범정부 데이터 참조모델 변천사

범정부 데이터 참조모델은 2005년에 처음 드래프트 버전이 소개된 이후 2006년 6월에 1.0버전이 제시되었다. 범정부 DRM 1.0은 범정부 데이터 참조모델의 프레임워크를 정의하고, 프레임워크의 5가지 구성요소인 데이터 모델·데이터 분류·데이터 구조·데이터 교환·데이터 관리에 대한 내용을 기술하였다. 특히 데이터 분류체계를 주제영역과 데이터 그룹으로 상세화하여 범정부 DRM 체계 도입의 기반을 구축하는 역할을 했다.

2009년에 발표된 범정부 DRM 2.0은 범정부 DRM 1.0의 활용 과정과 범정부 EA 프로젝트 수행 과정에서 축적된 개선 사항을 바탕으로 데이터 분류체계를 재정립하였다. 또한 범정부 DRM 2.0은 분류체계에 범정부 데이터를 추가함으로써 개별기관이 공유 가능한 주요 엔터티를 참조하거나 재사용할 수 있게 되었다. 더불어 사용자들의 이해와 범정부 DRM의 올바른 참조를 위하여 범정부 DRM 2.0을 활용한 공공기관 및 공기업의 데이터아키텍처 실제 구축 사례를 보여주었다.

2012년에 발표된 범정부 DRM 2.1은 범정부 DRM 2.0의 운영 및 범정부 DRM 발전 로드맵 추진 일정에 따라 범정부 DRM 프레임워크 구성요소별로 실제 데이터의 공유 및 재사용이 가능하도록 오류 개선 및 구성항목 정제, 구체화 등을 추진하였다. 이를 통해 범정부 차원의 데이터에 대한 실질적인 공유 및 참조, 재사용이 가능하도록 하였고, 1619개의 범정부 데이터 중 1종 데이터 모델에 대한 범정부 목표를 제시하였다. 범정부 DRM 2.1은 2013년에 TTA 표준으로 등재되었다.

범정부 DRM 버전 2.1까지는 기본적으로 범정부 DRM 프레임워크를 유지한 상태로 분류체계 개선 및 현행화, 데이터 모델 표준화 방안 제시, 데이터 구조화 체계 개선, 데이터 교환 메시지 구조 재정의 등을 진행하였다. 특히 데이터 분류체계는 범정부 DRM 2.0의 대분류·중분류·소분류·하위분류 등 4단계 분류체계를 유지하되, 일부 분류체계 불일치 항목 현행화, 분류체계와 범정부데이터 매핑 오류 개선을 추진하였다.

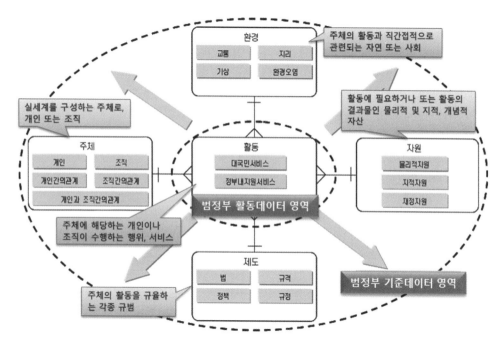

[그림 Ⅰ-1-20] 범정부 DRM 2.1에서의 데이터 분류체계

우선 공공기관에서 관리하는 데이터를 변경 정도에 따라 크게 코드데이터(Code Data), 기준데이터(Master Data), 활동데이터(Event Data or Transaction Data), 임시데이터(Temporary Data)의 4가지로 구분하고, 코드데이터에 대해서는 행정표준코드를 사용하도록 하였다. 기준데이터와 활동데이터에 대해서는 대분류(5개), 중분류(18개), 소분류(65개), 하위분류(141개)로 계층화하였다. 실질적으로 공공부문은 사람, 조직과 같은 주체가 환경과 제도 하에서 자원을 이용하여 특정한 활동을 한다. 이러한 개념을 기초로 하여 실세계를 구성하는 데이터를 크게 주체, 자원, 활동, 제도, 환경의 총 5개 영역으로 분류하고 이를 '데이터 분류' 체계의 주제영역 중 대분류로 정의하였다.

개념적 수준에 머물던 데이터 모델은 참조·재사용을 위한 데이터 모델에 대한 명확한 개념 정립 및 표준 관리 항목을 신규로 정의하였다.

데이터 구조는 DRM 2.0에서 데이터 요소와 부가 정보로 구분하던 것을 하위 구성요소 간 통합, 보완 등을 통해 DRM 2.1에서는 4개 요소(엔터티, 속성, 도메인, 관계)로 단순화하고 표준 관리항목을 재정의하였다. 용어 사전은 행정안전부에서 관리하는 '행정표준 용어사전'을 참조·활용토록 일원화하였다.

데이터 교환은 데이터 교환의 목적인 참조·재사용 및 실제 인스턴스 교환을 충족시키는 데이터 교환 메시지 구조가 정의되도록 표준 관리항목을 개선하였다.

2019년도에 새롭게 발표한 범정부 DRM 3.0은 그동안 지속적으로 변경되던 분류체계의 중요성, 정확성, 활용성, 실용성을 향상시키기 위해 범정부 DRM 2.1에서 서비스 참조모형(SRM) 기준으로 분류하던 체계를 업무 중심의(BRM) 데이터 분류체계로 대폭 개정하였다. 즉 분류체계의 대·중·소·하위 4단계 계층은 유지하되 5개 대분류 중 활동 영역 이외에 활용이 저조하고 복잡하며, 이해하기 어려운 주체·환경·자원·제도 대분류는 모두 삭제했다. 활동 영역에 정부업무기능분류체계(BRM) 최신 내용을 반영하여 공공부문 정보화 담당자 입장에서 이해하기 쉽고 일관된 업무 관점의 분류체계로 현행화하였다. 범정부 DRM 3.0의 데이터 분류체계 각 계층은 정책 분야, 정책 영역, 업무 분야, 업무대기능을 가리킨다. 이는 데이터를 업무 단위로 분류하기 위한 기준으로 활용할 수 있다. 데이터 분류체계는 대분류(19개)·중분류(75개)·소분류(235개)·하위분류(556개) 총 4개 레벨로 계층화되어 있으며, 최종 하위분류 레벨이 업무대기능 분류명을 가리킨다.

또한 데이터 분류체계 외의 데이터 모델, 데이터 구조, 데이터 교환, 데이터 관리 등의 요소는 DRM에 정의하지 않고 「전자정부법」 제50조 및 같은 법 시행령 제59조, 「공공데이터의 제공 및 이용활성화에 관한 법률」 제23조 등에 따른 「공공기관의 데이터베이스 표준화 지침」을 준수하여 적용하도록 하였다.

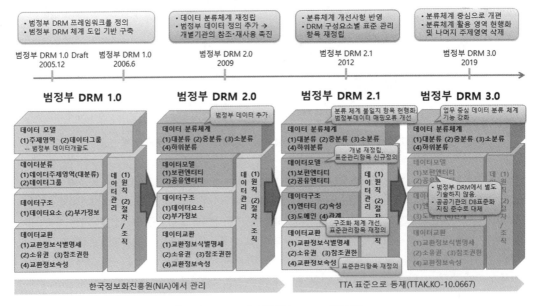

[그림 Ⅰ-1-21] 범정부 DRM 변천사

4. 데이터 참조모델의 활용

참조모델은 다양한 용도로 활용될 수 있으며, 용도에 따라 효과도 달라진다. 참조모델은 정부기관과 같이 중앙 부처가 산하기관에 참조모델을 적용하거나, 기업군의 성격을 가지는 기업의 지주회사나 계열사가 하위 기업에 적용하는 것을 제외하고는 일반 기업의 업무에 적용되는 것은 아직 흔하지 않다.

특히 데이터아키텍처는 전사아키텍처와 별개로 독립적인 추진이 가능한 만큼 데이터 참조모델을 활용하는 것은 데이터아키텍처의 수립과 데이터 품질 확보에 크게 영향을 미칠 수 있다. 데이터 참조모델은 데이터아키텍처의 계층별로 생성되거나 제공될 수 있으며, 이를 통해 얼라인먼트(Alignment) 확보 및 생산성 증대와 품질 향상을 도모할 수 있다.

데이터 참조모델의 활용 방안은 다음과 같이 요약할 수 있다.

• 개선 대상이 되는 관련 데이터를 데이터 참조모델을 참조하여 파악
• 데이터 참조모델을 참조하여 일관성 있는 데이터아키텍처를 정의
• 데이터 표준 준수에 대한 검증 기준의 하나로 활용
• 주요 데이터 전략과 데이터 관련 조직 운영 방향 결정
• 정보의 상호운용성과 교환 촉진을 위한 근거

기업이나 조직의 데이터아키텍처 담당자는 데이터아키텍처를 수립할 때 전사아키텍처와의 통합성 및 연계성은 물론이고, 상위 기관 또는 산업별 데이터 참조모델을 참조하거나 독자적인 데이터 참조모델을 준비하여 적극 활용함으로써 기업·기관 간 또는 기업이나 조직 내부에서 정보의 상호운용성과 교환을 촉진하도록 하고, 데이터 중복 배제 및 재사용 증대 등의 데이터아키텍처 구축 효과를 얻도록 해야 한다. 다시 말하자면 데이터 참조모델을 구축할 때부터 가장 중요하게 고려해야 할 것은 기업이나 조직이 각자의 상황에 맞게 다양한 접근을 시도해야 한다는 것이다. 데이터 참조모델을 통하여 얻고자 하는 것이 무엇인지 명확하게 정의하고 접근해야 한다. 데이터 참조모델 활용에 따른 고려사항을 요약해 보면 다음과 같다.

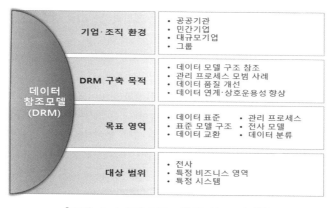

[그림 I-1-22] DRM 활용 시 고려사항

제 4 절 데이터아키텍처 프로세스

1. 데이터아키텍처 프로세스 개요

가. 프로세스의 중요성

프로세스란 일반적으로 일을 처리하는 과정 또는 순서, 업무 활동, 실제로 업무가 수행되는 행위 등을 의미한다. 공장에서 어떠한 부품들이 조립 과정을 거쳐 완제품이 되는 과정도 프로세스라 할 수 있고, 요리사가 맛있는 음식을 요리하는 과정도 프로세스라 할 수 있다. 아키텍처 관점에서의 프로세스는 목표하는 아키텍처를 최종 결과물로 하여 최종 결과물이 산출되기까지의 일련의 과정을 식별하기에 용이한 활동 단위로 분해한 것이다. 프로세스는 업무를 어떻게 수행하는가 보다는 어떤 업무가 수행되는지를 구분하는 것이 중요하다. 따라서 입력 (Input)과 출력(Output)이 있으며 입력을 출력으로 바꾸는 변환과정을 포함한다.

프로세스를 정의한다는 것은 활동의 내용과 그 책임 소재를 규명하는 것이며, 책임을 수행할 담당자는 특정 개개인을 직접 지목하기 보다는 '역할(Role)'이라는 수행 주체를 설정하고, 이 수행 주체가 '어떤 일'을 책임지고 수행해야 하는지를 표준화하는 것이다. 이렇게 프로세스를 표준화해 놓으면 구성원 개개인을 각 역할에 할당함으로써 구성원들의 임무가 설정되고, 구성원이 대체되더라도 계속해서 해당 역할을 수행할 수 있도록 함으로써 프로세스의 지속성을 확보할 수 있다.

프로세스가 확립되어 있다는 것은 결국 확립된 결과를 기대할 수 있다는 의미이며, 표준화한 프로세스를 수행함으로써 최종 결과물의 납기나 품질 등에 있어 항상 일정한 결과를 보장할 수 있게 된다.

표준화한 프로세스가 가져다주는 이점은 매우 많지만 신뢰, 효율성, 리스크 방지, 소통과 공유, 투명성 등 크게 다섯 가지로 요약할 수 있다.

나. EA 프로세스 및 DA 프로세스 개념과 차이점

전사아키텍처 프로세스는 전사아키텍처를 구축하고 관리하는 전체 절차에 관한 것으로, 작업의 단계와 공정·작업 내용 등을 정의하는 것이다. 전사아키텍처 프로세스는 일반화되어 있는 방법론이 있지만 전사아키텍처를 도입하고자 하는 기업의 목적에 맞게 프로세스를 조정할 수 있다.

전사아키텍처 프로세스는 전사아키텍처 프레임워크 구성요소이기도 하며, 전사아키텍처 프레임워크 내의 다른 구성요소를 정의하기 위한 모든 절차와 작업을 포함한다.

데이터아키텍처 프로세스는 전사아키텍처 프로세스와 유사하게 데이터아키텍처를 구축하고 관리하는 전체 절차에 대해 작업의 단계와 공정, 작업 내용 등을 정의한 것이다. 즉 전사아키텍처를 구성하는 아키텍처 도메인 중 데이터에 집중하여 상세 프로세스를 정의한 것이라 할 수 있다. 데이터아키텍처 프레임워크에 정의된 구성요소를 작성하기 위한 모든 절차와 작업을 비롯하며, 작성된 구성요소를 유지하고 관리하는 절차와 작업까지 포함한다.

데이터아키텍처가 전사아키텍처와 무관하게 독립적으로 구축될 수 있다 하더라도 데이터아키텍처가 전사아키텍처를 구성하는 도메인의 하나이기 때문에, 데이터아키텍처 프로세스는 전사아키텍처 프로세스와 얼라인먼트를 유지해야 한다. 따라서 프로세스 구성 관점에서 보면 전사아키텍처 프로세스의 구성과 유사한 면을 갖고 있으나 실제로 수행하는 내용은 데이터에 집중하여 한다. 예를 들면 전사아키텍처 정책 수립 프로세스와 유사하게 데이터아키텍처 정책 수립 프로세스가 존재할 때, 데이터아키텍처 정책 수립은 전사아키텍처 정책 중 데이터에 관한 정책을 수립하는 것으로 볼 수 있다. 따라서 데이터아키텍처 정책의 방향은 전사아키텍처 정책의 방향과 상이할 수 없고, 전사아키텍처가 없는 상황에서 데이터아키텍처 정책을 수립하더라도 향후의 전사아키텍처 정책의 방향을 가늠하면서 정의하는 것이 바람직하다.

2. 데이터아키텍처 프로세스 구성

데이터아키텍처 프로세스는 데이터아키텍처 정책 수립, 데이터아키텍처 정보 구축, 데이터아키텍처 관리체계 수립, 데이터아키텍처 활용 단계로 구분할 수 있다. 여기서는 데이터아키텍처에 대한 전체 프로세스를 개괄적으로 설명한다. 데이터아키텍처 구축에 대한 상세 프로세스 설명은 이 과목의 2장에서, 데이터아키텍처의 관리 프로세스에 대해서는 3장에서 상세히 설명한다.

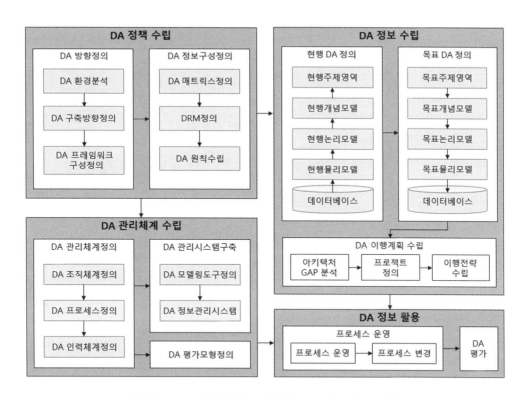

[그림 I-1-23] 데이터아키텍처 프로세스 구성 체계

데이터아키텍처 정책 수립 단계에서는 기업이나 조직의 데이터아키텍처 환경을 분석하고, 이를 바탕으로 기업이나 조직이 추구해야 할 데이터아키텍처의 방향을 수립한다. 이를 토대로 데이터아키텍처 프레임워크를 정의하고, 데이터아키텍처 정보를 어떻게 구성할 것인가를 매트릭스로 정의하며, 데이터 참조모델과 데이터 표준 등을 포함한 데이터 원칙을 정의한다.

데이터아키텍처 정보 구축 단계에서는 데이터아키텍처 매트릭스에 따라 현행 데이터아키텍처와 목표 데이터아키텍처 정보를 구축한다.

데이터아키텍처 관리 체계 수립 단계에서는 데이터아키텍처를 효과적으로 관리 및 활용하기 위한 조직·인력·프로세스 체계를 정립하고, 데이터아키텍처 관리 시스템을 구축하며, 데이터아키텍처에 대한 평가모형을 구축한다.

데이터아키텍처 활용 정의 단계에서는 목표 데이터아키텍처 달성을 위한 중장기 계획을 수립한다.

[표 I-1-5] 데이터아키텍처 프로세스 단계 및 공정

단계	공정	내용
DA 정책수립	DA 방향 정의	• 내외부 DA 환경 분석 • DA 목적 및 방향 정의 • DA 프레임워크 정의
	DA 정보 구성 정의	• DA 매트릭스 및 DA 정보 구성요소 정의 • DA 참조모델 정의 • DA 원칙 수립
DA 정보수립	현행 DA 정의	• 데이터 현황 분석 • 현행 물리모델 정의 • 현행 논리모델 정의 • 현행 개념모델 정의 • 현행 주제영역 정의
	목표 DA 정의	• 현행 문제점 도출 및 개선방안 정의 • 목표 주제영역 정의 • 목표 개념모델 정의 • 목표 논리모델 정의 • 목표 물리모델 정의
	DA 이행 계획 수립	• 목표 DA를 달성하기 위한 중장기 계획 수립
DA 관리체계 수립	DA 관리 체계 정의	• DA 정보 운영·활용을 위한 조직, 프로세스, 인력 체계 정의 • DA 변화관리 계획 수립
	DA 관리 시스템 구축	• DA 정보 정의 및 관리를 위한 도구 선정 • DA 정보를 관리하기 위한 시스템 구축

단계	공정	내용
DA 정보활용	DA 평가 모형 정의	• DA 정보 평가 모형 정의 • DA 관리 평가 모형 정의
	DA 관리 프로세스 운영	• DA 관리 프로세스에 따른 관리 활동 수행
	DA 평가	• DA 정보 및 프로세스 평가, 개선사항 도출

모든 아키텍처 도메인에 대한 구축 수행 시 동일하게 적용할 사안이지만, 데이터아키텍처 구축 시 단계별로 보고회 및 워크숍 형태의 행사를 통해 이해 관계자의 지속적인 참여를 유도한다.

제 5 절 데이터 아키텍트

1. 아키텍트의 개념

아키텍트(Architect)는 한마디로 아키텍처를 다루는 사람, 즉 아키텍처를 설계하고 유지·관리하는 사람 또는 그에 준하는 전문가를 의미한다.

아키텍트는 비즈니스 언어를 기술 언어로 표현하여 정보기술 또는 정보시스템의 방향 혹은 청사진을 제시한다. 이와 관련하여 아키텍트는 기업이나 조직의 목표를 이해하고, 그 목표를 달성하기 위한 방향과 전략을 도출하여 아키텍처를 수립하는 데 있어 이상에 치우치지 않고 기업이나 조직의 역량과 수준에 맞도록 해야 한다.

아키텍트는 아키텍처 도메인에 따라 각각의 영역에서 아키텍처를 설계하고 목표 아키텍처로의 이행을 주도해 가는 전문가로서, 해당 아키텍처 도메인의 명칭을 붙여 전사 아키텍트(EA, Enterprise Architect), 비즈니스 아키텍트(BA, Business Architect), 애플리케이션 아키텍트(AA, Application Architect), 데이터 아키텍트 (DA, Data Architect), 기술 아키텍트(TA, Technical Architect) 등과 같이 불린다. 이 외에도 소프트웨어 아키텍트(Software Architect), 솔루션 아키텍트(SA, Solution Architect), 시스템 아키텍트(System Architect)와 같이 보다 세분화된 영역의 전문가를 구분하기도 한다.

■ 전사 아키텍트(EA, Enterprise Architect)

비즈니스 아키텍처를 포함하여 전사아키텍처 전체의 설계를 담당하는 개인 또는 조직을 의미한다. 전사 아키텍트는 각 아키텍처 도메인의 아키텍트를 포괄하고 있다고 볼 수 있으며, 전체적인 전략을 수립하고 수행하는 전문가로 이해할 수 있다. 즉 비즈니스의 이해를 바탕으로 전체 시스템에 대한 큰 그림을 설계하며, 장기적인 IT 전략 수립을 담당한다. 그렇기 때문에 전사 아키텍트는 단기 프로젝트뿐만 아니라, 조직의 비즈니스 전략에 맞춰서 모든 시스템과 프로젝트에 대한 아키텍처를 총괄하기도 한다. 이러한 업무 수행을 위해 높은 비즈니스 이해도와 기술적 전문성이 요구된다. 전사 아키텍트는 전사아키텍처의 전체적인 구조를 설계하는 역할을 담당하기 때문에 아키텍처 도메인의 각 아키텍트에 대한 통제와 조율 권한을 갖기도 한다.

■ 비즈니스 아키텍트(BA, Business Architect)

비즈니스 아키텍트는 비즈니스 아키텍처의 설계를 담당하는 전문가로, 기업이나 조직의 전략에 따라 비즈니스 역량을 개발하고 유지하는 것뿐만 아니라 비즈니스 전략과 계획에 관여하기도 한다. 때로는 고위 경영진과 함께 비즈니스 혁신 계획을 수립하고 추진하기도 한다. 비즈니스 아키텍처는 일반적으로 전사아키텍처의 기반이 된다는 점에서 전사아키텍처와 밀접하게 관련되어 있기 때문에 비즈니스 아키텍트의 역할은 전사 아키텍트에 의해 수행되기도 한다.

■ 애플리케이션 아키텍트(AA, Application Architect)

애플리케이션 아키텍트는 애플리케이션 기술에 특화한 전문가로, 애플리케이션 구축에 대한 표준 가이드

및 아키텍처 구조 설계를 담당한다. 일반적으로 애플리케이션 개발팀의 리더 역할을 하는 사람이 주로
애플리케이션 아키텍트 역할을 수행한다.

- **데이터 아키텍트(DA, Data Architect)**

데이터 아키텍트는 전사의 데이터 구조와 데이터 관리 체계를 위한 아키텍처를 설계하는 전문가이다. 기본
적으로는 비즈니스 요구 사항에 맞춰 데이터 구조 최적화를 수행하며, 가용성과 성능·보안 등의 영역에
관여하기도 한다. 데이터 구조 설계는 향후 확장성 등을 고려하여 설계해야 하며, 데이터 관련 정책과
데이터 표준을 작성하고 관리해야 한다.

- **기술 아키텍트(TA, Technical Architect)**

기술 아키텍트는 인프라 설계, 하드웨어 및 네트워크 아키텍처 설계를 담당하는 전문가이다. 때로는 기술적
능력 수준에 따라 아키텍처 설계 구축 과정에서 기술지원을 수행하기도 하지만 일반적인 것은 아니다.

2. 데이터 아키텍트의 위상과 역할

데이터 아키텍트(DA, Data Architect)는 전사의 데이터 구조와 데이터 관리 체계를 위한 아키텍처를 설계하
는 전문가로, 데이터를 기반으로 한 데이터 관련 정책·표준화·데이터 구조 설계 및 이행 등을 담당한다.

데이터 아키텍트는 기업이나 조직이 원하는 고품질의 데이터 모델 또는 데이터아키텍처를 수립하기 위해
데이터아키텍처에 대한 상세 내용뿐만 아니라 전사아키텍처의 개념에 대해서도 충분히 이해하고 있어야 한다.

데이터 아키텍트는 데이터아키텍처 수립의 세부 공정을 직접 수행하기도 하지만 데이터아키텍처의 범위가
전사로 확장되고 기업이나 조직의 규모 혹은 대상 시스템의 규모가 커질수록 데이터 아키텍트는 아키텍처 설계
역량에서 전략과 방향 정의·검증 및 모니터링의 역량이 더 중요해지고, 이를 통해 기업이나 조직이 목표하는
바를 달성할 수 있도록 가이드하는 역할이 필요하게 된다.

최근 들어 개발 방식이나 방법론이 다양해지면서 빠른 대응을 위해 아키텍처 설계가 개발 조직이나 개별
IT 조직을 중심으로 수행되는 경향이 많아지고 기존과 같이 소수의 데이터 아키텍트가 직접 데이터아키텍처를
설계하고 시스템 구축 과정에 관여하기에 효율성이 떨어지는 상황이 자주 나타남에 따라, 데이터 아키텍트는
원칙과 방향을 정의하고 전체적인 목표에 부합하도록 세부 공정이 수행되고 있는지, 전사적 통합 원칙이 유지되
고 있는지 등을 검증 및 모니터링하는 것이 더 중요시 되고 있다. 부분적인 최적이 전체의 최적이 될 수 없기
때문에 데이터 아키텍트는 항상 전사적 관점에서 데이터의 통합성과 일관성을 바라보며 최적화가 이루어질
수 있도록 이끌어 가야 한다. 이러한 경향을 반영하여 데이터 아키텍트를 전사 데이터 아키텍트, 도메인 또는
로컬 데이터 아키텍트와 같이 계층적으로 구분하거나 전사 관점에서 데이터아키텍처를 관리하는 전사 데이터
아키텍트를 두는 경향이 늘어나고 있다. 즉 규모에 따라 데이터 아키텍트를 조직화하여 업무를 수행하는 경향이다.

기본적으로 데이터 아키텍트는 소속 기업이나 조직이 추구하고 있는 전사아키텍처 방향에 대해 정확히 이해하
고 있어야 하며, 소속 기업이나 조직의 전사아키텍처 추진 내역 파악과 함께 구축된 전사아키텍처 정보를 적극
활용할 수 있어야 한다. 이를 통해 데이터아키텍처가 전사아키텍처와 얼라인먼트(Alignment)를 유지하도록
지속적으로 관리해야 한다. 만약 소속 기업이나 조직에서 전사아키텍처를 구축하지 않았다면, 데이터 아키텍트

가 전사아키텍처의 방향을 가늠하면서 독립적으로 데이터아키텍처 수립을 주도할 수도 있다. 한마디로 데이터아키텍트는 데이터 분야에서 가장 상위의 전문가로서 기업이나 조직이 원하는 데이터아키텍처를 수립하는 데있어서 가장 핵심적인 역할을 수행하는 전문가라고 할 수 있다.

데이터 아키텍트의 역할을 정리해 보면 다음과 같다.

- **데이터 요구 사항 관리**

  비즈니스 요구 사항으로부터 데이터 요구 사항을 도출하고, 데이터 요구 사항이 데이터베이스 및 데이터 웨어하우스 등의 기술사양으로 구현되도록 한다.

- **데이터아키텍처 수립**

  조직 전체 관점의 데이터 관련 정책, 관리 체계, 개념적 구조 설계 등을 담당한다.

- **레퍼런스 아키텍처 정의**

  조직의 다른 사용자 혹은 설계자가 데이터 구조를 생성하고 개선하기 위해 따를 수 있는 패턴을 정의한다.

- **데이터 모델 관리**

  업무에 따른 개념·논리·물리 데이터 모델 설계 및 데이터 모델 관리를 담당한다.

- **데이터 표준 환경 설정 및 관리**

  표준화 원칙을 정의하고, 조직 전체 또는 업무에 따른 단어·용어, 도메인, 명칭, 코드, 기준정보 등에 대한 표준 정의 등 표준화 설계를 담당한다. 또한 표준에 대한 변경 및 추가에 대한 의사결정 및 최종 승인을 수행하며, 데이터 표준 준수 여부를 주기적으로 체크하여 지속적인 표준 관리 활동을 수행한다.

- **DB 물리설계**

  DB 분산구조, 용량, 가용성, 테스트, 보안, 백업 및 복구, 참조무결성 등 물리적 관점의 데이터베이스 설계에 관여한다.

- **데이터 전환 설계**

  현행 시스템(AS-IS)으로부터 목표 시스템(TO-BE)으로 데이터를 이관하기 위한 데이터 매핑 설계 및 전환 수행을 담당한다.

- **데이터 흐름 정의**

  이 조직의 어떤 부분이 데이터를 발생시키고, 어떤 업무 기능이나 서비스가 어떤 데이터를 요구하며, 어떻게 데이터 흐름이 관리되고, 이동 중에 어떻게 데이터가 변경되는지 등을 정의하고 관리한다.

- **협업 및 조정**

  데이터아키텍처는 종종 비즈니스 파트너와 외부 벤더뿐만 아니라 여러 부서와 이해관계자에 걸쳐 있다. 데이터 아키텍트는 데이터를 중심으로 조직 목표에 관련된 모든 이해관계자를 조정하는 구심점 역할을 수행한다.

데이터 아키텍트는 데이터를 매개로 하는 다수의 유사 역할로 인해 데이터 아키텍트가 담당하는 업무 범위에 대해 종종 혼동하거나 명확히 구분하지 못하는 경우가 빈번하게 발생한다. 데이터 아키텍트와 유사 역할의 차이점을 비교해 보면 다음과 같다.

가. 데이터 아키텍트와 데이터 모델러의 차이

데이터 아키텍트는 데이터 모델러와 명확하게 구분된다. 데이터 모델러는 실무 부서나 현업 담당자 또는 고객으로부터 업무 수행에 필요한 데이터와 데이터 구조를 도출하여 정의하고, 그들의 고민이나 불편사항, 문제점, 요구 사항 등을 수집하여 데이터 구조 개선안을 설계하는 실무 중심의 전문가이다. 반면 데이터 아키텍트는 데이터 모델러 뒤에서 표준에 따라 데이터 정책을 세우고, 데이터 품질관리·마스터 데이터 관리·데이터 정책 등을 수립하는 역할을 한다. 데이터 아키텍트의 업무 범위가 데이터 모델러보다 상대적으로 더 넓다.

데이터 아키텍트가 정보전략계획(ISP)을 수립하면, 데이터 모델러는 이에 대한 상세 데이터 모델을 설계하여 데이터베이스 관리자(DBA)에게 넘긴다. 이 모델링 결과를 토대로 DBA는 성능을 끌어내는 역할을 한다. 데이터 모델러는 담당 업무 분야에 대한 지식과 데이터 모델링에 대한 전문성이 요구된다. 특히 데이터 아키텍트와 데이터 모델러의 기술 프로파일이 상당 부분이 겹치기 때문에 간혹 데이터 모델러까지 데이터 아키텍트로 통합해 부르기도 한다.

나. 데이터 아키텍트와 데이터베이스 관리자의 차이

데이터 아키텍트는 데이터베이스 관리자(DBA)와도 구분된다. DBA는 데이터 관리와 관련된 일상적인 작업 (예, 설치, 업그레이드, 백업 및 복구, 장애관리 등) 및 성능을 위한 조치(예, 데이터 분산, I/O 분산, 성능관리, 파티셔닝, 이중화 등), 보안(데이터 접근권한 관리, 암호화, 보안 패치 등 – 엄밀히 말해서 데이터 보안에 대해 DBA는 실무적 역할을 수행하고 데이터 보안에 대한 정책 및 전략 수립, 모니터링 등은 데이터 보안 관리자의 업무 영역임 –) 등에 집중함으로써 데이터 저장 및 사용에 대한 성능, 효율성, 무결성, 가용성 등을 보장하는 업무를 수행한다. 데이터 모델러까지 데이터 아키텍트에 통합해서 본다면 DB 물리 설계 관점에서 데이터 아키텍트와 DBA의 업무 범위가 중첩되는 것으로 보이지만, 사실상 DBA는 실무적 역할을 담당하고 데이터 아키텍트 (DA)는 개념적·논리적 관점에서의 협업과 가이드 역할을 주로 한다. DBA는 데이터 모델에 대한 해독 능력 및 특정 데이터베이스 제품에 대한 전문 지식, 데이터베이스 서버 및 네트워크 등 인프라에 대한 지식이 요구된다.

다. 데이터 아키텍트와 데이터 관리자의 차이

데이터 관리자(Data Administrator)는 일반적으로 정보 관리에 대한 책임을 지는 경영 분야의 고위직이거나 관련 분야의 중간 관리자를 일컫지만 때로는 관련 실무를 수행하는 담당자까지 포괄하기도 한다. 데이터 관리자 는 특정 데이터베이스의 유지나 보안에 대해서는 책임을 지지 않지만, 정보의 가치와 무결성·데이터 품질 등에 관련된 업무 전반을 총괄한다. 이와 관련하여 전사 관점에서 데이터 모델의 최종 승인자가 되기도 한다. 데이터 관리자는 전사 업무에 대한 폭넓은 이해와 비즈니스 방향에 대한 안목과 함께 데이터 모델 해독 능력 및 데이터 품질 관련 지식이 필요하다. 또한 데이터 아키텍트와 협력하여 데이터가 전사적으로 공유되고 효율적으로 활용 되도록 지속적으로 데이터 활용상의 문제점 등을 체크하여 데이터 활용과 관련된 방안을 수립하여 시행해야 한다.

라. 데이터 아키텍트와 데이터 엔지니어의 차이

데이터 아키텍트와 데이터 엔지니어(Data Engineer)는 개념적으로 유사성이 많고 동일한 기술 집합을 갖고 있지만 업무 프로파일에서는 차이가 있다. 즉 데이터 아키텍트의 업무는 정책 수립과 업무 요건 분석, 데이터 모델 개발 및 관리 체계 정의 등에 더 집중되어 있다. 반면에 데이터 엔지니어는 데이터 관리 시스템을 설계·구현하는 구축 단계에 더 많이 참여하고, 데이터 활용 관점에서 데이터 가공 및 분석에 역점을 두고 있다.

데이터 아키텍트는 데이터를 분석하지 않는 대신 다른 사람들이 데이터를 사용할 수 있도록 한다. 데이터 엔지니어는 데이터를 사용하여 가공 및 분석할 수 있도록 데이터를 수집·관리·유지하기 위한 관련 시스템 또는 기반 환경 구축을 담당하는 전문가이다. 경우에 따라서는 이러한 데이터를 가공, 분석까지 수행하여 데이터 분석가나 데이터 과학자와도 개념이 중첩되기도 한다. 이로 인해 데이터 엔지니어와 데이터 분석가, 데이터 과학자는 종종 혼용되고 있다. 데이터 과학자는 최근에 와서 관심이 집중되고 있지만 아직까지 명확한 구분에 대해서는 의견이 분분하다. 데이터 엔지니어는 데이터베이스 및 데이터 분석에 대한 전문성과 인프라 지식, 데이터 분석 관련 언어나 솔루션 등에 대한 지식이 필요하다.

3. 데이터 아키텍트의 자질과 역량

건축물의 규모가 커질수록 전문적인 건축가의 설계가 반드시 필요한 것처럼 데이터 아키텍트는 기업이나 조직이 원하는 정보시스템을 구축하는 데 있어서 업무 및 요구 사항에 맞는 데이터와 효율적인 데이터 구조를 설계하거나 리드하는 전문가이다.

일반적으로 데이터 아키텍트는 데이터 구조 설계를 비롯한 데이터아키텍처 구축을 위해 필요한 기본 정책을 정의하고, 단어·용어·도메인 및 공통코드와 같은 데이터 표준을 수립하여 표준화된 데이터 구조 설계를 수행한다. 이때 규모나 여건에 따라 데이터 아키텍트가 데이터아키텍처 설계의 모든 과정을 직접 수행할 수도 있으나, 일반적으로 기업이나 조직에서 수행되는 데이터아키텍처 수립 범위는 전사에 해당하는 경우가 대부분이기 때문에 데이터 아키텍트가 단독으로 직접 설계를 수행하기 어렵다. 이러한 경우 데이터 표준화, 데이터 모델링 등 데이터아키텍처 수립의 세부 공정은 해당하는 전문 인력이 수행하고, 데이터 아키텍트는 이들의 업무 수행을 리드하여 원하는 데이터아키텍처를 수립할 수 있도록 해야 한다. 이 때문에 데이터 아키텍트는 데이터아키텍처 를 수립하는 모든 세부 사항에 대해 잘 알고 있어야 하며, 세부 공정을 직접 수행할 수 있을 정도의 전문성을 갖추고 있어야 한다. 또한 직접 세부 공정을 수행하는 해당 분야의 전문 인력이 문제없이 업무를 수행할 수 있도록 관리하는 리더십도 필요하다.

또한 기술적 전문성 외에도 현업 비즈니스 부서와 소통을 하면서 전사 차원의 데이터 정책을 수립하고 결정하는 역할을 해야하고, BA(Business Architect), TA(Technical Architect), AA(Application Architect) 등 타 아키텍처 도메인 영역의 아키텍트들과도 밀접하게 소통해야 하기 때문에 의사소통 능력과 친화력도 매우 중요하다.

날이 갈수록 데이터의 가치에 주목하고 데이터를 적극적으로 활용하려는 기업이나 조직이 늘어나고 있기 때문에 향후 데이터 아키텍트의 역할은 더욱 중요시되고 확대될 것이다.

좋은 데이터 아키텍트가 되기 위해 필요한 역량을 요약해 보면 다음과 같다.

- 의사소통 능력
- 비즈니스에 대한 이해
- 데이터아키텍처 도메인의 기술에 대한 깊은 이해와 구현 능력
- 문서화 능력
- 유연한 사고와 친화력
- 데이터베이스 지식 및 기술력
- 시스템 개발 방법론 지식
- 전사아키텍처에 대한 이해

장 요약

제1절 아키텍처 개요

- 아키텍처는 구성요소의 구조, 구성요소 사이의 관계, 구성요소의 설계, 시간 경과에 따른 구성요소의 발전을 위한 원리와 지침이며, 대상에 대한 구조뿐만 아니라 대상 구조의 유지 관리를 위한 원칙과 지침, 향후 목표 아키텍처로 가기 위한 계획을 포함하고 있다.
- 전사아키텍처는 기업의 경영 목표를 지원하기 위해 IT 인프라가 어떻게 구성되고 작동되어야 하는가를 체계화하는 것으로, 복잡한 기업의 모습을 다양한 관점에서 표현하여 정보를 구축하고 활용하는 것이다. 전사아키텍처의 목적은 IT 투자 대비 효과를 최대화하고, 기업의 목적을 가장 잘 달성할 수 있는 방식으로 IT 인프라를 구성하는 것이다.
- 데이터아키텍처는 기업이나 조직의 업무 수행에 필요한 데이터의 구조를 체계적으로 정의하여 구축하고 관리하기 위한 방법이며, 전략적 데이터 요구 사항으로 나타나는 조직의 전략 및 이러한 요구 사항을 충족하기 위한 설계와 연계하여 데이터 자산을 관리하기 위한 청사진을 정의한다. 전사아키텍처를 구성하는 아키텍처 도메인 중에서도 데이터아키텍처는 다른 아키텍처 도메인에 비해 독립적으로 구축할 수 있는 특징을 갖고 있다.

제2절 아키텍처 프레임워크

- 아키텍처 프레임워크는 원하는 목적물을 일정 수준 이상의 품질을 유지하면서 빠르게 만들어 낼 수 있도록 체계화한 설계와 구현을 하는 데 도움을 주는 전반적인 구조와 틀을 정의한 것으로 이해할 수 있다.
- 전사아키텍처 프레임워크는 전사아키텍처를 어떻게 표현하고 운영할 것인가에 대한 전체적인 사고의 틀로서, 전사아키텍처 프로젝트 수행 시 이해 당사자 간의 의사소통 수단이 된다.
- 데이터아키텍처 프레임워크는 전사아키텍처 프레임워크 구성과 얼라인먼트(Alignment)를 고려하여 데이터아키텍처 정책, 데이터아키텍처 정보, 데이터아키텍처 관리 등 3가지 영역으로 구성된다.

제3절 데이터아키텍처 참조모델

- 전사아키텍처 참조모델에는 국방과 공공 참조모델이 활성화되어 있다. 업무 참조모델, 데이터 참조모델, 서비스 참조모델, 기술 참조모델, 성과 참조모델 등으로 구성된다.
- 데이터 참조모델은 데이터아키텍처 구축 시 참조 및 재사용할 수 있도록 업무 수행에 필요한 데이터를 유형별로 분류하여 표준화한 것이자 업무와 서비스 컴포넌트를 지원하는 데이터의 분류와 의미, 주요 데이터 요소, 관리체계 등을 정의한 것이라 할 수 있다.
- 데이터 참조모델은 업무와 서비스 컴포넌트를 지원하는 데이터의 표준화한 데이터 구조 및 규칙, 데이터 모델을 위한 템플릿과 사례 등을 제공할 수 있다.
- 데이터아키텍처 수립 담당자는 기업이나 조직의 데이터아키텍처를 정의할 때, 상위 기업·기관의 데이터 참조모델이나 산업별 데이터 참조모델의 모범 사례 등을 참조하여 데이터 연계 및 상호운용성을 촉진할 수 있고, 중복을 배제하고 재사용을 증대시킬 수 있는 아키텍처를 정의할 수 있다.

제4절 데이터아키텍처 프로세스

- 프로세스란 일반적으로 일을 처리하는 과정 또는 순서, 업무 활동, 실제로 업무가 수행되는 행위 등을 의미한다. 프로세스를 정의한다는 것은 활동의 내용과 그 책임 소재를 규명하는 것이며, 책임을 수행할 담당자는 특정 개개인을 직접 지목하기 보다는 '역할(Role)'이라는 수행 주체를 설정하고, 이 수행 주체가 '어떤 일'을 책임지고 수행해야 하는지를 표준화하는 일이다.
- 데이터아키텍처 프로세스는 전사아키텍처 프로세스와 유사하게 데이터아키텍처를 구축하고 관리하는 전체 절차에 대해 작업의 단계와 공정, 작업 내용 등을 정의한 것이다. 또한 전사아키텍처 도메인 중 데이터에 집중하여 상세 프로세스를 정의한 것으로 이해할 수 있다.
- 데이터아키텍처 프로세스는 데이터아키텍처 정책 수립, 데이터아키텍처 정보 구축, 데이터아키텍처 관리 체계 수립, 데이터아키텍처 활용 단계로 구분할 수 있다. 데이터아키텍처 정책 수립 단계에서는 기업이나 조직의 데이터아키텍처 환경을 분석하고, 이를 바탕으로 기업이나 조직이 추구해야 할 데이터아키텍처의 방향을 수립한다. 데이터아키텍처 정보 구축 단계에서는 데이터아키텍처 매트릭스에 따라 현행 데이터아키텍처와 목표 데이터아키텍처 정보를 구축하고 목표 데이터아키텍처 달성을 위한 중장기 계획을 수립한다. 데이터아키텍처 관리 체계 수립 단계에서는 데이터아키텍처를 효과적으로 관리 및 활용하기 위한 조직·인력·프로세스 체계를 정립하고, 데이터아키텍처 관리 시스템을 구축하며, 데이터아키텍처에 대한 평가모형을 구축한다. 데이터아키텍처 활용 단계에서는 데이터아키텍처 관리 프로세스에 따라 관리 시스템을 활용하여 프로세스를 운영하고, 필요 시 프로세스 변경 절차에 따라 프로세스를 변경하여 데이터아키텍처 운영 및 활용을 지원한다.

제5절 데이터 아키텍트

- 아키텍트(Architect)는 한마디로 아키텍처를 다루는 사람, 즉 아키텍처를 설계하고 유지·관리하는 사람 또는 그에 준하는 전문가를 의미한다.
- 데이터 아키텍트는 전사의 데이터 구조와 데이터 관리 체계를 위한 아키텍처를 설계하는 전문가이다. 기본 적으로는 비즈니스 요구 사항에 맞춰 데이터 구조 최적화를 수행하며, 가용성과 성능·보안 등의 영역에 관여하기도 한다. 데이터 구조 설계는 향후 확장성 등을 고려하여 설계를 해야 하며, 데이터 관련 정책과 데이터 표준을 작성하고 관리해야 한다.
- 데이터 아키텍트는 데이터아키텍처 전문가로서 기업이 필요로 하는 데이터아키텍처를 정의하기 위해서 데이터아키텍처의 개념을 이해하고 활용할 수 있어야 한다.

연습문제

문제 1. 아키텍처의 핵심 구성요소로 거리가 가장 먼 것은?
① 규칙(Rule)
② 모델(Model)
③ 사람(Human)
④ 계획(Plan)

문제 2. 아키텍처의 중요성에 대한 설명 중 가장 적절치 않은 것은?
① 아키텍처는 기업이나 조직의 경영 전략 내지 비즈니스 목표를 달성하기 위한 방향을 제시한다.
② 정보시스템이나 정보기술체계의 나아갈 방향을 알려주고, 모든 구성원이 동일한 모습으로 그 내용을 인식할 수 있도록 하여 의사소통의 매개체가 될 수 있다.
③ 정보시스템이 갖추어야할 품질 속성을 정의하고 실현하는 데 도움을 준다.
④ 정보시스템이나 정보기술체계의 복잡도를 잘 표현하여 이해관계자의 이해에 도움을 준다.

문제 3. 아키텍처 활용에 따른 기대효과로 보기에 가장 적절치 않은 것은?
① 정보관리 역량 강화
② 의사결정의 정확성과 신속성 제고
③ 현행 아키텍처의 유연성 증대
④ 변화에 대한 유현한 대응과 비용 절감

문제 4. 데이터 참조모델의 활용 효과와 가장 거리가 먼 것은?
① 정보의 상호운용성과 교환 촉진
② 정부나 기업군 또는 산업 차원의 통합된 데이터 활용
③ 데이터 조회 성능의 개선
④ 데이터 중복 배제 및 재사용 증대

문제 5. 데이터아키텍처 프로세스의 공정과 수행 내용의 연결 중 가장 잘못된 것은?
① 데이터아키텍처 정보 구성 정의 - 데이터아키텍처 매트릭스 정의
② 데이터아키텍처 정보 수립 - 현행 및 목표 데이터아키텍처 정보 구축
③ 데이터아키텍처 관리 체계 구축 - 데이터아키텍처 정보를 운영 및 활용하기 위한 조직 및 프로세스 정의
④ 데이터아키텍처 이행 계획 수립 - 데이터아키텍처 프레임워크 구성 정의

학습목표

제2장에서는 다음과 같은 내용을 학습한다.
- 데이터아키텍처 구축 방향을 정의하는 방법을 이해한다.
- 데이터아키텍처 정보를 구성하는 방법을 이해한다.
- 데이터아키텍처 정보를 구축하는 상세 과정을 이해한다.

데이터아키텍처 구축

장 소개

데이터아키텍처(DA, Data Architecture)를 구축하기 위해 가장 먼저 할 일은 기업이나 조직이 당면한 내외부의 환경 분석을 바탕으로 기업이나 조직이 추구해야 하는 데이터아키텍처 비전과 방향성을 정립하는 것이다. 이를 위한 데이터 전략을 검토하고, 비전 달성을 위한 데이터아키텍처의 정보를 어떻게 분류하고 구성할 것인지를 정의하여, 이를 바탕으로 실제 데이터아키텍처 정보를 구축한다. 데이터아키텍처 정보는 현행 데이터아키텍처와 목표 데이터아키텍처를 각각 정의하는 것이다. 이 장에서는 이러한 데이터아키텍처 구축 과정을 살펴본다.

장 구성

본 장은 3개의 절로 구성되어 있다. 1절에서는 기업이나 조직에 맞는 데이터아키텍처 방향 수립에 대해 살펴보고, 2절에서는 데이터아키텍처 정보를 어떻게 구성하는 것이 바람직한 것인지를 살펴본다. 3절에서는 실제로 데이터아키텍처 정보를 구축하는 과정과 방법에 대해 살펴본다.

제1절 데이터아키텍처 방향 수립
제2절 데이터아키텍처 정보 구성 정의
제3절 데이터아키텍처 구축 프로세스

제1절 데이터아키텍처 방향 수립

1. 데이터아키텍처 방향 수립 개요

데이터아키텍처 방향 수립은 데이터아키텍처를 구축하는 데 있어 어떠한 목표와 목적을 가지고 기업이나 조직에게 어떠한 목표 이미지를 지향할 것인가, 이를 달성하기 위한 프레임워크는 어떠한 모습으로 정의해야 하는가, 그리고 목표 달성을 위해 어떠한 원칙을 적용할 것인가를 정의하는 것이다.

초기에 방향성을 정립하여 다수의 이해 관계자에게 공동의 목표와 목적을 제공함으로써 추진 과정에서 발생할 수 있는 의견 충돌을 사전에 방지하고, 범위를 명확히 공유할 수 있다. 이견 발생 시, 정의된 목표와 지향점을 상기하며 타협 지점을 쉽게 찾을 수 있다.

데이터아키텍처 방향 수립은, 경영 환경과 경영 전략에 대해 데이터아키텍처가 능동적으로 대응하며 발전하기 위하여 데이터아키텍처의 변화 요인을 분석하는 과정이다. 비즈니스 환경 변화 요인을 아키텍처 변화 요인의 시사점으로 도출하여 반영하는 것이다.

전사아키텍처가 수립되어 있다면 전사아키텍처의 방향을 참조하여 데이터아키텍처의 방향이 전사아키텍처 방향과 얼라인먼트(Alignment)를 유지할 수 있도록 해야 한다. 전사 차원의 데이터 전략이 수립되어 있다면 데이터아키텍처가 전사 데이터 전략의 테두리를 벗어나지 않도록 해야 한다.

데이터아키텍처 방향 수립은 데이터아키텍처 환경 분석, 데이터아키텍처 구축 방향 정의, 데이터아키텍처 프레임워크 정의 등으로 구성된다.

2. 데이터아키텍처 환경 분석

데이터아키텍처 환경 분석은 기업이나 조직의 내부 및 외부 환경에서 데이터 관련 변화 추이를 파악하고, 향후의 비즈니스에 미칠 수 있는 영향을 분석하는 일이다. 전사아키텍처가 수립되어 있다면 기업이나 조직의 경영 환경과 사회적 이슈, 기술 변화 등에 기반한 전사아키텍처 환경 분석 결과를 토대로 중복 부분을 배제하고 데이터 관련 사안에 대한 분석 내용을 추가할 수 있다. 또한 데이터아키텍처 환경 분석 시 전사아키텍처 환경 분석에 포함되는 거시적 분석을 반복할 필요 없이 데이터 관련 이슈에 집중할 수도 있다.

또한 데이터에 관련된 이해 관계자의 범위를 분석하고, 이들로부터 데이터아키텍처 수립을 위한 요건을 도출한다. 데이터아키텍처 환경 분석은 데이터 관련 이해관계자, 데이터 관련 기술 이슈 및 트렌드, 법제도 변화 등 외부 환경, 외부 환경에 대응하는 내부의 동향과 변화 계획 같은 내부 현황 등 데이터아키텍처 구축에 관련될 수 있는 환경 요인을 분석하는 일이다. 여기에 더하여 여러 계층 사용자들의 불만, 요구, 기대 사항 등을 도출하여 데이터아키텍처 구축을 위한 요건으로 정리한다. 이밖에 현행 데이터 현황을 개괄적 수준에서 파악하고, 상위 수준에서 문제점 및 개선하여야 할 사항들을 정리한다. 데이터아키텍처 수립을 위한 전사의 범위를 명확히 설정하는 것도 이 단계에 포함된다.

■ 데이터아키텍처 환경 분석 수행 과제
  • 비즈니스 내외부 환경 분석
  • 데이터 관련 내외부 환경 분석
  • 전사 범위 정의

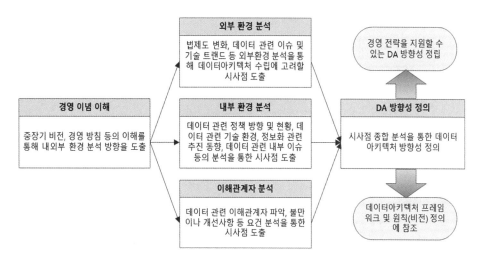

[그림 I-2-1] 데이터아키텍처 환경 분석 내용

3. 데이터아키텍처 구축 방향 정의

가. 목적 및 범위 정의

데이터아키텍처 목적 및 범위 정의는 데이터아키텍처의 일반적 목적과 데이터아키텍처 환경 분석 결과를 기반으로 기업이나 조직의 데이터아키텍처 구축 목적, 기업이나 조직의 데이터아키텍처에 대한 이해와 관리 역량을 고려하여 구축 범위를 지정하는 것이다. 전사아키텍처의 도입 목적 및 범위 정의에 기반하여 데이터 관점에서 정의할 수 있다. 이때 목표하는 데이터아키텍처가 지향하는 가치·도입 목적의 근거·목적 달성 시 추구하는 효과 등의 정의를 포함한다.

데이터아키텍처 목적의 예를 들면 다음과 같다.

■ 데이터 연계 및 상호운용성 증대
■ 데이터 품질 제고
■ 비즈니스 변화에 대한 신속한 대응 체계 구축
■ 전사적 데이터 표준 체계 정립
■ 마스터 데이터 기반 데이터 일관 체계 구축

데이터아키텍처 구축 대상이 되는 전사의 범위와 기업 또는 조직의 현실적 제약 사항을 반영한 데이터아키텍처의 대상 범위를 정의한다. 데이터아키텍처 대상 범위를 정의하는 절차는 다음과 같이 요약할 수 있다.

- 먼저 기업 또는 조직의 미션과 업무 범위를 확인한다.
- 이후 이에 필요한 정보화 영역이나 핵심적인 데이터 구성을 식별한다.
- 해당 업무에 대한 반영 또는 지원 정도를 분석한다.
- 이러한 분석을 바탕으로 데이터아키텍처 대상 영역을 정의한다.

나. 데이터아키텍처 비전 수립

데이터아키텍처 비전은 기업이나 조직이 데이터아키텍처를 통해 실현하고자 하는 미래의 모습과 이를 확보하기 위해 기업이나 조직이 공유해야 할 가치로 표현된다. 데이터아키텍처 비전은 전사아키텍처의 비전을 공유하거나 그 기반에서 데이터 관점으로 정의할 수 있다. 데이터아키텍처 비전은 데이터아키텍처 도입과 관련된 다양한 이해 관계자에게 명확한 도입 방향성을 제공하여 데이터아키텍처 도입의 궁극적 목표를 달성하도록 한다. 기업이나 조직의 목표에 대해 데이터아키텍처가 제공해야 할 가치를 정확히 일치시킴으로써 비즈니스의 방향에 부합하는 데이터 구성을 견인하고, 경영전략과 전사아키텍처 방향·데이터아키텍처 방향 사이에 일관성 유지 및 연결 고리를 구축할 수 있다.

데이터아키텍처 비전의 구성요소는 다음과 같다.

- 핵심 목표 : 데이터아키텍처를 도입하여 궁극적으로 달성하고자 하는 기업이나 조직의 목표 또는 실현하고자 하는 모습
- 핵심 가치 : 데이터아키텍처의 핵심 목표 달성을 위해 구성원들이 추구하거나 지켜야 하는 신념

다음은 데이터아키텍처 비전에 대한 사례이다.

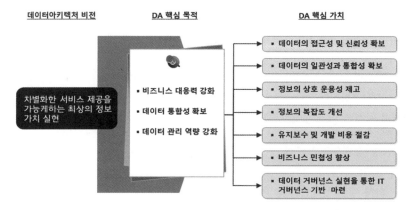

[그림 Ⅰ-2-2] 데이터아키텍처 비전, 핵심 목적 및 가치 정의 사례

데이터아키텍처 비전을 수립할 때에는, 관련 이해 관계자가 명확하게 이해할 수 있고 즉각적으로 비전의 의미를 파악할 수 있도록 기업이나 조직에서 익숙한 용어로 정의하여야 한다. 따라서 모든 데이터아키텍처 이해 관계자의 합의와 홍보를 바탕으로 수립하여야 한다. 데이터아키텍처 비전은 데이터아키텍처의 목적, 원칙, 프레임워크의 방향성에 영향을 주는 가장 중요한 방향성 항목이다. 데이터아키텍처를 비롯한 각 아키텍처 영역은 전사아키텍처 비전과 방향성을 일치시켜야 하며, 조직 내에서 직접적으로 활용할 수 있도록 목표와도 연계하여야 한다.

4. 데이터아키텍처 프레임워크 정의

데이터아키텍처 수립을 위해서는 먼저 데이터아키텍처 프레임워크가 정립되어야 한다. 데이터아키텍처 프레임워크는 전사아키텍처 프레임워크가 수립되어 있는 경우 이를 참조할 수 있다. 그렇지 않은 경우 외부의 많은 선진 프레임워크를 참조하거나, 국내의 경우 정부에서 가이드로 제시하고 있는 범정부 전사아키텍처에 정의된 데이터아키텍처 프레임워크를 참조할 수도 있다. 하지만 무조건적인 적용보다는 기업이나 조직의 특성에 따라 적합한 형태로 정의하여 적용하는 것이 바람직하다.

보통은 전사아키텍처나 데이터아키텍처 프로젝트를 기획하는 단계에서 어느 정도의 전사아키텍처 프레임워크 또는 데이터아키텍처 프레임워크가 도출되기도 한다. 데이터아키텍처 프레임워크의 구성요소 중 아키텍처 매트릭스는 데이터아키텍처 정보 구성 단계에서 별도로 정의한다. 따라서 이 단계에서의 데이터아키텍처 프레임워크 정의는 먼저 정의된 대략적인 수준의 데이터아키텍처 프레임워크를 다듬어 상세화하거나, 참조하려는 외부 또는 내부의 데이터아키텍처 프레임워크를 적합하게 다듬고 조정한다. 기업이나 조직의 특별한 변경 요구가 있을 경우 이를 반영한다. 또한 데이터아키텍처 프레임워크에 대하여 관련자들이 공감대를 형성하고 이를 확인하는 과정이 반드시 필요하다. 데이터아키텍처 프레임워크에 대한 자세한 사항은 이 과목의 1장 2절 내용을 참고하기 바란다.

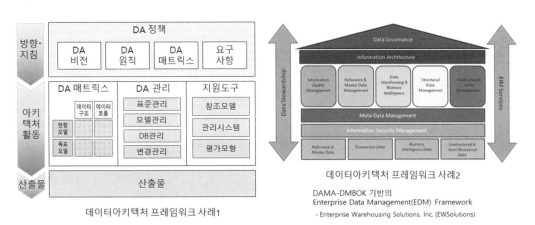

[그림 I-2-3] 다양한 데이터아키텍처 프레임워크 사례

제2절 데이터아키텍처 정보 구성 정의

1. 데이터아키텍처 정보 구성 개요

데이터아키텍처 정보는 기업이나 조직의 경영 전략과 비즈니스를 지원하기 위한 데이터를 구조와 흐름 관점에서 체계화한 정보로서 활용할 만한 가치와 관리 용이성을 갖고 있어야 하며, 전사 데이터에 대한 통합적 모습을 쉽게 이해할 수 있어야 한다. 데이터아키텍처 정보는 대상 데이터를 최상위의 개괄적 모습에서부터 단계적으로 상세화하여 전사의 데이터를 해석하고 이해하기 쉽게 체계화한 것이다. 데이터아키텍처 정보는 주로 데이터 구조와 데이터 흐름을 대상으로 정의하며, 전사의 모든 데이터가 정합성을 유지하도록 데이터 요소를 정의하고 데이터 요소 간의 관계를 포함해야 한다.

기업이나 조직이 수행하고자 하는 비즈니스의 본질이 변하지 않는 한 데이터의 본질은 변하지 않기 때문에 데이터아키텍처 정보는 비즈니스 프로세스가 변하더라도 가능한 한 변화하지 않도록 데이터 구조를 도출하여 정의하는 것이 이상적이다. 데이터아키텍처 정보는 관리 비용 대비 효과를 고려해야 한다. 궁극적으로 데이터아키텍처 정보를 활용하여 얻을 수 있는 이익보다 관리하는 데 비용이 더 많이 소요된다면, 데이터아키텍처 정보로 관리하는 의미가 없다고 할 수 있다. 데이터아키텍처 정보가 현실적으로 관리할 만한 가치가 있고, 관리가 가능한지는 기업이나 조직의 상황을 고려하여 판단한다. 관리 가능한 데이터와 반드시 관리해야 하는 데이터를 식별한 후 이들을 데이터아키텍처 정보로 구축하여야 한다.

데이터아키텍서 징보를 표현하기 위해서는 우선 데이터아키텍처 산출물과 이를 구성하는 요소를 분류하는 것이 필요하다. 흔히 매트릭스 형태로 작성하는데, 이를 아키텍처 매트릭스라고 한다. 아키텍처 매트릭스는 아키텍처 도메인마다 정의할 수 있으며, 데이터 관점에서 상세화한 아키텍처 매트릭스를 정의하기 때문에 데이터아키텍처 매트릭스라고 하는 것이 더 구체적인 표현이라 할 수 있다. 데이터아키텍처 매트릭스는 기업이나 조직의 전사적 데이터에 대해 좀 더 통합적으로 볼 수 있고, 전체를 이해할 수 있게 한다.

2. 데이터아키텍처 매트릭스 정의

가. 데이터아키텍처 매트릭스 개념

데이터아키텍처 매트릭스는 데이터아키텍처 프레임워크의 핵심 구성요소로, 전사적 데이터를 설명하는 모델과 원칙 정보를 통일된 시각으로 볼 수 있는 논리적 틀이다. 데이터아키텍처 프레임워크가 데이터아키텍처 구축·운영에 필요한 모든 구성요소와 구성요소 간의 관계를 포함하는 것이라면, 데이터아키텍처 매트릭스는 협의의 프레임워크로 데이터아키텍처 도메인의 산출물을 식별하고 정의하기 위한 논리적 체계를 정의하는 것이다.

나. 데이터아키텍처 매트릭스 구성

데이터아키텍처 매트릭스는 일반적으로 의사결정 유형(관점) 또는 상세화 계층과 아키텍처 정보 유형(대상)의 두 축을 기준으로 2차원의 매트릭스 형태로 구성한다.

의사결정 유형은 데이터 관리와 관련된 조직이나 역할을 파악하여 조직이나 역할 간 이해 관점이나 책임 범위에 따라 계층적으로 구분한 것이며, 아키텍처 정보 유형은 데이터아키텍처 정보로 관리할 대상을 활용 목적이나 성격의 유사성에 따라 그룹화하여 구분한 것이다. 의사결정 유형 구분은 필요에 따라 관리 대상 정보의 상세화 계층 구분으로 표현하기도 한다.

의사결정 계층별로 어떠한 데이터아키텍처 구성 정보가 필요할 것인지에 대한 아키텍처 정보의 활용 방안을 토대로 의사결정 유형과 아키텍처 정보 유형으로 구분한 각 항목에 필요한 산출물을 도출하여 배치함으로써 데이터아키텍처 매트릭스를 정의한다.

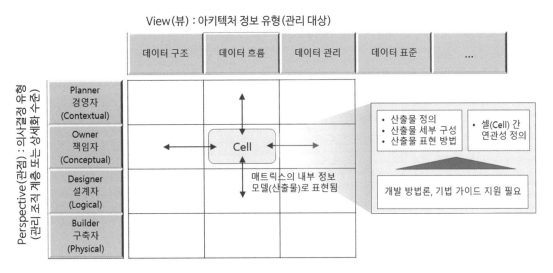

[그림 I-2-4] 데이터아키텍처 매트릭스 구성 정의 예

■ 의사결정 유형

의사결정 유형은 조직의 의사결정 유형을 계층적으로 구분한 것으로, 조직이 수행하는 업무의 의사결정 특성에 따라 단계를 정의한다. 업무와 IT 조직의 이해 관계자를 식별하거나 데이터를 활용하는 유형에 따라 이해 관계자를 식별한다. 이를 바탕으로 데이터 또는 데이터 관리 관점에서 의사결정 계층의 구조를 분석하여 의사결정 유형을 정의한다. 데이터아키텍처를 구축하는 목적에 따라 3~5단계로 나눌 수 있는데, 이는 데이터아키텍처 정보의 관리 수준과 범위에 영향을 준다.

의사결정 유형은 필요에 따라 데이터아키텍처 정보의 상세화 수준을 바탕으로 계층을 구성할 수도 있다. 최상위의 가장 추상화 수준이 높은 개괄적 단계에서부터 단계적으로 상세화 정도를 구분하여 최하위의 상세화 수준이 가장 높은 단계까지 계층화한다.

의사결정 단계가 많을수록 좀 더 상세한 데이터아키텍처 정보가 관리되며, 이는 데이터아키텍처 정보 구축과 관리 비용에도 영향을 준다.

■ **아키텍처 정보 유형**

아키텍처 정보 유형은 데이터아키텍처 정보를 구성하려는 대상에 대해 특성이 비슷한 것들을 그룹화한 것으로, 기업이나 조직이 관리하는 모든 데이터 관련 정보를 수집하여 분류한다. 일반적으로 데이터아키텍처를 구성하는 대상은 데이터 구조·데이터 흐름·데이터 관리에 관련된 정보로 분류하며, 데이터 표준에 관련된 정보를 추가적으로 분류하기도 한다.

의사결정 유형의 구성요소는 기업의 정보화 관련 의사결정 계층 구조를 업무 분장이나 전결 규정, 면담 등을 통하여 파악한다. 의사결정 범위, 주기, 간격에 따라서 또는 의사결정을 위해 어떤 수준의 데이터를 필요로 하는지, 어떠한 수준의 데이터에 대해 의사결정을 하는지 등을 파악해 이해 관계자별로 계층 구조를 정의한다.

아키텍처 정보 유형의 구성요소는 선진 사례의 관리 대상 구성을 참조하거나, 자신이 속한 기업이나 조직에서 관리하고 있고, 관리해야 하는 데이터 유형에 대한 구분을 바탕으로 데이터 관리 요건을 반영하여 조직 간 조정과 합의를 거쳐 결정한다.

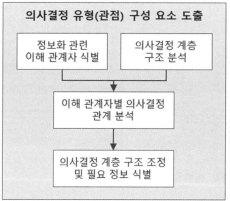
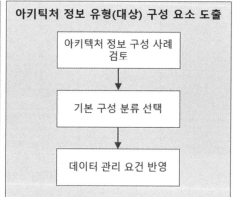

[그림 Ⅰ-2-5] 관점과 대상 도출 절차

아키텍처 매트릭스 정의 시 선진 사례의 무조건적인 도입보다는 선진 사례에서 프레임워크를 참조하되 기업이나 조직의 현황을 고려하여 데이터아키텍처 목표 달성에 필요한 구조로 아키텍처 매트릭스를 정의하는 것이 바람직하다.

다. 산출물 정의

의사결정 유형과 아키텍처 정보 유형으로 구성된 매트릭스의 각 셀에 필요한 산출물을 정의한다. 산출물 정의는 어떤 방법론을 사용하는가와 기업이나 조직의 업무 특성 또는 문화에 의하여 달라질 수 있다. 일반적으로 많이 사용하는 데이터아키텍처 정보에 대한 산출물 구성은 아래 표와 같다. 자신이 속한 기업이나 조직의 데이터 아키텍처 매트릭스 정의 시 가이드로 참고할 수 있다.

[표 I-2-1] 데이터아키텍처 매트릭스 구성 사례

아키텍처정보 유형(대상) / 의사결정 유형(관점)	데이터 표준	데이터 구조	데이터 흐름	데이터 관리
CDA (개괄적 관점)	데이터 표준화 원칙	개괄모델 주제영역	데이터 통합 구조도	데이터 관리 정책
DA (개념적 관점)	데이터 모델링 원칙 DB 명명규칙	개념모델	데이터 흐름도	데이터 표준 관리 요구 사항 관리
Modeler (논리적 관점)	표준 단어 표준 용어	논리모델	아웃바운드/ 인바운드 데이터 정의서	데이터 모델 관리 데이터 흐름 관리
DBA (물리적 관점)	표준 도메인 표준코드	물리모델 데이터베이스	—	데이터베이스 관리
User (운용적 관점)	—	사용자 뷰	—	—

* CDA : Chief Data Architect, DA : Data Architect

[표 I-2-2] 데이터아키텍처 정보 유형(관리 대상) 분류 정의 사례

아키텍처 정보유형 (관리 대상)	데이터 표준	데이터 구조	데이터 흐름	데이터 관리
정 의	데이터 정보 요소에 대한 전사적 일관성을 유지하기 위해 명칭, 정의, 형식, 규칙 등에 대한 원칙을 수립한 것을 의미하며, 이를 위해 의사결정유형(관점)의 계층별로 필요한 산출물이 정의됨	데이터가 담겨져 있는 모양·틀로서 데이터를 취급하는 관점(view)에 따라 데이터 구조의 상세화 수준이 달라지는데, 데이터 구조는 사용자 View(양식,보고서, 화면, 장표 등), 모델(개괄, 개념, 참조, 논리, 물리),데이터베이스 파일의 형태로 보여짐	전사적 데이터 통합 관점에서 업무별 데이터의 Master/Replication/ Reference 관계를 정의하고, 시스템 기능 구현을 위한 데이터 이동에 대해 아웃바운드/ 인바운드 데이터를 정의함	데이터아키텍처 정보의 유지 관리를 위한 관리 대상과 활동을 정의한 것으로 절차, 조직(역할), 인력 등을 포함

[표 I-2-3] 데이터아키텍처 의사결정 유형(관점) 분류 정의 사례

의사결정 유형 (관점 또는 조직)	정의 (설명 및 책임 범위)
CDA (개괄적 관점)	• 데이터 관리 총괄 • 데이터 관리 정책 및 지침 마련 • 데이터 관리자 간 이슈 사항 조정
DA (개념적 관점)	• 표준 개발 및 형상 관리, 검증·표준화 절차 수립, 운영 • 전사 데이터 모델 통합 • 데이터 요구 사항에 대한 정리 및 Modeler 지원
Modeler (논리적 관점)	• 해당 기능 영역의 데이터 요구 사항 및 이슈 사항 조정과 통합 • 해당 기능 영역의 비즈니스 요건을 토대로 데이터 모델링 수행 • 표준 확인 및 적용
DBA (물리적 관점)	• 데이터베이스 디자인 • 데이터베이스와 데이터의 형상 관리 수행 • 데이터베이스의 모니터링 및 튜닝, 보안 관리
User (운용적 관점)	• 서비스되는 데이터 및 운영·분석 데이터에 대한 활용 • 데이터에 대한 추가 요건 요청

[표 I-2-4] 관리 대상 데이터 표준 정보 정의 사례

의사결정 유형 (관점 또는 조직)	대상	
	데이터 표준	정의
CDA (개괄적 관점)	데이터 표준화 원칙	데이터 정보 요소에 대한 전사적 일관성을 유지하기 위해 명칭, 정의, 형식, 규칙 등에 대한 원칙을 정의한 것
DA (개념적 관점)	데이터 모델링 원칙	일관성을 유지하고 고품질의 데이터 구조 설계를 위해 데이터 모델 정의 시 준수해야 하는 원칙을 정의한 것
	DB 명명규칙	데이터 요소의 명칭에 대한 일관성 유지와 정확한 의사소통을 위해 논리적, 물리적 데이터 요소에 대한 명명규칙을 정의한 것
Modeler (논리적 관점)	표준 단어	논리적, 물리적 데이터 요소의 명명에 사용되는 구성 단어를 표준화하여 사전으로 구축한 것
	표준 용어	표준 단어를 조합하여 논리적, 물리적 데이터 요소의 명칭으로 사용되는 조합 결과를 표준화하여 사전으로 구축한 것
DBA (물리적 관점)	표준 도메인	물리적 데이터 요소에 대해 적용하는 도메인 정보를 표준화하여 사전으로 구축한 것
	표준 코드	데이터 분류를 위해 반복적으로 사용되는 코드를 전사적 관점에서 일원화·표준화하여 사전으로 구축한 것

[표 I-2-5] 관리 대상 데이터 구조 정보 정의 사례

의사결정 유형 (관점 또는 조직)	대상	
	데이터 구조	정의
CDA (개괄적 관점)	개괄모델	전사적 차원에서 데이터 정보를 쉽게 파악할 수 있는 데이터 구조상의 청사진을 정의한 모델
DA (개념적 관점)	주제 영역	업무에서 관리하고자 하는 데이터 집합들의 그룹으로 친밀도가 높은 데이터들로 이루어짐
	개념모델	업무 요건을 충족하기 위해서 데이터의 주제 영역별로 핵심 데이터 집합을 정의하고 관계를 정의한 모델
Modeler (논리적 관점)	논리모델	개념 데이터 모델을 상세화 하여 논리적인 데이터 집합, 관리 항목, 관계를 정의한 모델
DBA (물리적 관점)	물리모델	논리 데이터 모델을 DBMS의 특성 및 성능을 고려하여 구체화시킨 모델
	데이터베이스	물리 데이터 모델을 적용하여 구축된 실제 데이터가 저장되어지는 데이터 저장소
User (운용적 관점)	사용자 뷰	사용자가 사용하는 데이터 활용 화면 및 출력물

[표 I-2-6] 관리 대상 데이터 흐름 정보 정의 사례

의사결정 유형 (관점 또는 조직)	대상	
	데이터 흐름	정의
CDA (개괄적 관점)	데이터 통합 구조도	• TA에서 정의한 시스템 구분을 기준으로 데이터 소주제 영역 수준에서의 배치 구조(Location)를 정의한 것 • 일반적으로 기업·조직 내부에서의 시스템간 통합 구조를 정의하나, 필요 시 외부와의 교환 정보까지 포함할 수 있음
DA (개념적 관점)	데이터 흐름도	시스템 기능 구현을 위해 요구되는 데이터에 대한 Source/Target Location과 Source-Target 간의 데이터 이동 메소드에 대해 정의
Modeler (논리적 관점)	아웃바운드/인바운드 데이터 정의서	아웃바운드 데이터 및 인바운드 데이터에 대한 상세 구조를 정의

[표 I-2-7] 관리 대상 데이터 관리 정보 정의 사례

의사결정 유형 (관점 또는 조직)	대상	
	관리 프로세스	정의
CDA (개괄적 관점)	데이터 관리 정책	기업이나 조직의 비전과 목표를 달성하기 위해 필요한 데이터 확보 계획과 확보된 데이터를 효과적으로 관리,유지하기 위한 체계 및 이를 관리하는 작업을 말함
DA (개념적 관점)	데이터 표준 관리	데이터 및 데이터 관련 요소의 명칭, 정의, 도메인, 코드(코드 분류기준 및 코드값 포함) 표준을 정의하고 관리하는 작업을 말함
	요구 사항 관리	데이터와 관련된 사용자의 요구를 수집하고 분류하여 데이터 및 데이터 구조, 프로세스에 반영하는 작업
Modeler (논리적 관점)	데이터 모델 관리	데이터 모델링을 통해 설계된 모델을 표준 및 DB 구조에 맞게 배포, 유지, 관리하는 작업으로 데이터 모델 형상 관리를 포함함
	데이터 흐름 관리	데이터 흐름도에 따라 소주제 영역 단위로 발생하는 데이터의 흐름을 실시간, 지연 및 배치 등으로 분류하여 관리하는 작업을 말함
DBA (물리적 관점)	데이터베이스 관리	원활한 데이터 서비스를 위해 안정적으로 데이터베이스를 유지하는 작업으로 백업, 보안, 튜닝, 재구성, 모니터링 등의 작업을 포함함

매트릭스를 통해 데이터아키텍처 정보를 구성하는 산출물을 정의했지만, 실질적으로 매트릭스의 활용도를 높이고 체계적으로 데이터아키텍처 정보를 구축하려면 매트릭스의 각 셀에 정의된 산출물에 대해 구체적인 산출물 작성 방법이나 가이드와 산출물 구성 내역을 정의해야 한다. 이를 위한 필요 사항의 예시는 다음과 같다.

- 산출물 표현 방법 및 세부 구성 정의
- 현행 데이터아키텍처 정보에 대한 산출물 정의
- 목표 데이터아키텍처 정보에 대한 산출물 정의
- 산출물 간 연관성 정의

라. 데이터아키텍처 매트릭스 정의 시 고려 사항

첫째, 데이터아키텍처 매트릭스에 정의되는 산출물은 업무와 IT, 관리자와 실무자 사이의 중요한 커뮤니케이션 수단이다. 매트릭스를 정의할 때는 일반적인 데이터아키텍처 개념을 포함하면서 매트릭스에 포함되는 산출물이 범위와 목적에 적합하게 정의되었음을 조직 내 모든 계층의 구성원들이 확신할 수 있어야 한다.

둘째, 아무리 잘 정의된 모범사례가 있더라도 무조건적인 도입과 적용은 좋지 않다. 조직적·정치적·지리적 특성, 조직의 편견, 구성원 성향 등 다양한 조직 문화와 의사결정 구조가 반영되어야 한다. 같은 데이터아키텍처 정보라고 하더라도 기업이나 조직의 조직 문화, 의사결정 구조 혹은 의사결정 결과 등에 따라 산출물의 구성과 산출물이 정의되는 셀이 달라질 수 있다. 모범사례가 있다면 최대한 참조하되 조직 문화와 의사결정 구조를 고려해서 테일러링(tailoring)을 해야 하며, 무엇보다도 이해관계자들의 이해와 공감대 형성이 필요하다.

셋째, 데이터아키텍처 매트릭스는 대상이 되는 전사 데이터에 대해 데이터아키텍처 원칙 및 표준에 대한 준수성을 높이고 조직별로 통일된 접근이 가능하도록 정의되어야 한다. 이는 IT 조직의 역량이나 성숙도를 충분히 고려해야 하며, 하위 기업이나 조직에 대한 통일되고 일관성 있는 적용 가능성까지 고려해서 정의해야 한다. 매트릭스는 추상화 수준에 따른 계층적 구성이 포함된 구조이기 때문에 서로 다른 개발 환경과 요건을 반영하는 동시에 통일성과 일관성을 유지할 수 있어야 한다.

넷째, 데이터아키텍처 외에 다른 아키텍처 도메인과의 상호 연계성을 고려해야 한다. 데이터는 비즈니스 아키텍처 및 애플리케이션 아키텍처, 기술 아키텍처 등과도 상호연관성을 갖기 때문에 매트릭스에 정의된 산출물이 다른 아키텍처 도메인과의 상호연관성을 반영할 수 있도록 한다. 이를 통해 어떠한 업무 기능에서의 변경이 어떠한 애플리케이션과 데이터 등에 영향을 미치는지, 또 어떠한 데이터에 대한 변경이 어떠한 애플리케이션과 업무 기능에 영향을 주게 되는지 등을 쉽게 파악할 수 있도록 비즈니스-데이터-애플리케이션-기술 아키텍처 등에 반영하고 전사 차원에서 통합적인 아키텍처 관리가 이루어지도록 한다.

3. 데이터 참조모델 정의

데이터 참조모델 정의 단계에서는 기업이나 조직이 참조하거나 재사용하기 위해 기준 모델로 정의할 데이터 참조모델의 체계와 구조를 정의하고 콘텐츠를 구축한다.

이 공정은 다수의 전사(Enterprise)를 가지고 있는 기업이나 조직이 데이터 참조모델을 정의하고, 개별 기업은 정의된 참조모델을 확인하는 과정이라고 할 수 있다. 즉 이 단계에서 정부나 지주회사 또는 다수의 전사를 가지고 있는 기관은 하위의 전사 또는 소속 기업에서 참고할 참조모델을 정의하게 된다. 개별 기업은 이러한 참조모델을 참고하여 데이터아키텍처 구성요소의 타당성을 확인하게 된다.

데이터 참조모델은 전사 데이터에 대한 체계적인 분류와 표준화를 통하여 전사 데이터의 통합성, 중복 정의 방지, 공유 데이터의 발견, 상호운용성 향상 등의 목적으로 설계되어 있다. 따라서 개별 기업은 상위기관이나 산업별 데이터 참조모델의 모범사례를 참고하여 데이터아키텍처 정보 구성요소를 정의하는 것이 바람직하다.

데이터 참조모델 정의와 콘텐츠 구성은 기업이나 조직이 속한 산업군이나 가치 사슬 네트워크에 따라 그 범위가 달라질 수 있다. 기업이나 조직의 미션과 비전, 서비스의 특성, 기업이나 조직 간 이해관계 등을 고려해야 한다. 또한 기업이나 조직이 보유한 데이터를 분석하여 전사적으로 참조·재활용성이 필요한 데이터를 식별하고 이를 표준화하여 데이터 참조모델에 반영하는 프로세스를 지속적으로 수행해야 한다. 데이터 참조모델에 대한 설명은 이 과목의 1장 3절을 참고하기 바란다.

4. 데이터아키텍처 원칙 수립

데이터아키텍처 원칙 수립은 데이터아키텍처 비전 달성을 위해 구성원들이 공통적으로 지켜야 하는 규범을 정의하는 것이다. 데이터아키텍처 원칙은 데이터아키텍처 목표 달성을 위한 의사결정의 객관적 기준을 제시함으로써 의사결정을 효과적으로 지원해 주고, 업무 협조와 조정을 위한 의사소통 과정의 투명성을 제공한다. 이는 비즈니스 전략과 정보화·데이터 전략의 연결성을 강화하는 것이며, 구성원들의 개별적인 의사결정이 조직의 목표에 쉽게 정렬될 수 있도록 한다. 다시 말해서 데이터아키텍처를 구축하는 데 있어서 구성원들이 준수해야 하는 업무 지침이나 기준을 제시하여 전사적으로 통일성과 일관성을 유지할 수 있게 하는 것이다.

　데이터아키텍처 원칙은 데이터아키텍처 전체에 적용되는 원칙으로, 전사 데이터의 품질 수준을 가늠할 수 있는 기준을 도출하여 데이터아키텍처 목표에 부합하는 품질 기준을 파악한 후 이를 토대로 데이터아키텍처 원칙을 도출하고, 여기에 전사아키텍처를 추진하는 전사적 차원의 대원칙에 해당하는 전사아키텍처 기본 원칙을 근거로 하여 데이터아키텍처 원칙을 정의한다.

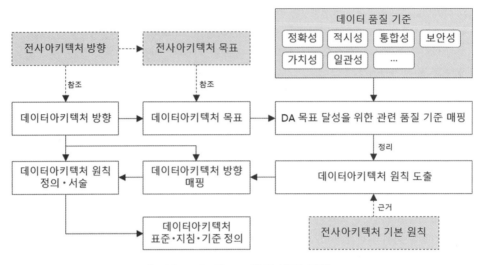

[그림 Ⅰ-2-6] DA 원칙 정의 절차

데이터아키텍처 원칙의 구성요소는 다음과 같다.

- 원칙 : 원칙의 내용을 간략하게 기술
- 의미 : 원칙이 가지는 의미를 설명
- 근거 : 원칙으로 채택된 원인 또는 배경
- 기대 효과 : 원칙이 데이터아키텍처 수립에 미치는 영향 또는 준수 시의 기대 효과

　전사아키텍처 기본 원칙은 전사아키텍처 방향 수립 단계에서 정의될 수 있고, 데이터아키텍처 원칙은 전사아키텍처 정보 구성 정의 단계가 수행되어 아키텍처 매트릭스가 결정된 후 이를 참조하여 정의될 수 있다.

[표 Ⅰ-2-8] 전사아키텍처 기본 원칙 예

원 칙	의 미
업무 지향	기업의 정보화는 업무 개선과 상품 및 서비스 품질 개선에 기여할 수 있는 방향으로 추진되어야 한다.
성과 지향	기업의 정보화는 객관적인 성과 지표에 의해 관리되고 평가되어야 한다.
고객 지향	기업의 정보화는 고객의 만족도를 개선하는 방향으로 추진되어야 한다.
상호운용	기업의 정보화는 전사아키텍처에 정의된 원칙과 아키텍처를 준수하여 시스템 간의 연계성과 운영의 지속성을 확보할 수 있는 방향으로 추진되어야 한다.

데이터아키텍처 원칙은 데이터아키텍처 정보를 정의하고 관리하는 기준이 되는 원칙으로, 데이터아키텍처 정보 구축 시 준수되어야 한다.

[표 Ⅰ-2-9] 데이터아키텍처 원칙 예

원 칙	의 미	근 거
데이터 표준 준수	정의된 표준에 따라 생성·수정·활용되도록 한다.	EA 기본원칙
아키텍처 모델 관리	전사 차원의 아키텍처 데이터 모델을 관리하여 전사적 데이터 통합성을 유지한다.	EA 기본원칙

데이터아키텍처 방향으로부터 데이터아키텍처 목표를 도출하여 데이터 품질 기준 관점에서 데이터아키텍처 원칙을 도출한 것을 다시 데이터아키텍처 방향과 매핑하여 정리한 데이터아키텍처 원칙 수립 결과의 예시는 다음 그림과 같다.

비즈니스 전략과 연계성 확보	DAP 01	비즈니스 전략 수행을 위한 데이터 요건에 대응할 수 있어야 한다.
	DAP 02	데이터 비즈니스 지원을 위하여 일관성과 정합성을 유지하여야 한다.
	DAP 03	전사차원의 통합적인 정보를 제공한다.
데이터 연속성 확보	DAP 04	업무 변화에 따른 데이터 통합/분리에 대비해야 한다.
	DAP 05	어플리케이션·기술 변화와 독립적인 데이터 자산을 유지한다.
전사적 데이터 관리	DAP 06	전사적 공유를 위한 데이터 표준을 설정하고 준수해야 한다.
	DAP 07	전사 데이터를 일목요연하게 파악할 수 있는 개념모델이 유지되어야 한다.
	DAP 08	전사 차원의 데이터 효율성을 향상시키기 위한 조직·프로세스가 유지되어야 한다.

[그림 Ⅰ-2-7] 데이터아키텍처 원칙 수립 예

데이터아키텍처 원칙을 수립할 때에는 다음과 같은 사항을 고려하도록 한다.

- 원칙의 의도가 명확하게 제시되어 원칙 적용 시 혼돈의 발생을 최소화할 수 있어야 한다.
- 아키텍처 및 계획 수립과 관련된 의사결정을 효율적으로 할 수 있도록 가이드할 수 있어야 한다.
- 중대한 데이터 관련 의사결정 시 규범으로써 활용될 수 있어야 한다.
- 데이터아키텍처 조직의 모든 정보 관리 및 기술과 관련된 의사결정은 데이터아키텍처 원칙을 기반으로 수행하여야 한다.
- 원칙 간에 서로 상반되는 지향점을 갖지 않도록 원칙 수립 시 사용되는 용어는 주의하여 선택하여야 한다.

제 3 절 데이터아키텍처 구축 프로세스

1. 데이터아키텍처 정보 구축 준비

가. 자료 수집

데이터아키텍처 정보를 구축하기 위해서는 먼저 기존에 작성된 자료를 수집해야 한다. 수집해야 할 자료는 데이터아키텍처 매트릭스 정의 결과에 따라 달라진다.

데이터아키텍처 정보를 구축하기 위해 수집할 것은 정보시스템 구축 시 작성한 산출물이나 완료 보고서 등으로, 특히 데이터에 관련된 분석 및 설계 단계의 산출물을 확인해야 한다. 필요한 자료가 매트릭스에서 정의한 산출물의 형식 그대로 존재하지 않을 경우가 있는데, 이런 경우에 유사한 산출물을 활용하거나 필요시 생성 또는 보완 작업을 수행할 수 있다.

[표 Ⅰ-2-10] 데이터아키텍처 정보 구축을 위한 수집 자료 사례

아키텍처 정보 유형 (관리 대상)	매트릭스 정의 산출물	수집 자료 목록	비고
데이터 표준	데이터 표준화 원칙 데이터 모델링 원칙 DB 명명규칙 표준 단어·용어·도메인·코드	• 데이터 표준화 원칙·지침, 데이터 모델링· 　DB 설계 원칙·지침·가이드, DB 명명 규칙 등 　DB 설계 관련 제반 지침·표준·가이드 문서 　자료 • 데이터 표준 구축 내역(문서 또는 DB)	데이터 표준 구축 내역을 확인할 수 있는 메타 데 이터 관리 시스템과 같은 지원도구가 있다면 이에 대해서도 파악해야 함
데이터 구조	개괄모델 주제영역 개념모델 논리모델 물리모델 데이터베이스 사용자 뷰	• 현재 관리하고 있는 ERD(현행화 여부가 중요) • 엔터티 정의서, 테이블 정의서 등 DB 설계 　산출물 • 데이터베이스 현황 • DB 개체 목록, DB에서 실제 수집한 테이블· 　컬럼 구성 내역 등	ERD를 관리하고 있지 않거나 ERD가 현행화 되어 있지 않은 경우 리 버스 데이터 모델링을 통해 현행 데이터 구조 에 대한 ERD 확보
데이터 흐름	데이터통합 구조도 데이터 흐름도 아웃바운드/인바운드 데이터 정의서	• 논리/물리 시스템 구성도 • 데이터 인터페이스 정의서, 데이터 흐름 정의 　서 등 내외부 시스템 인터페이스 관련 내역에 　대한 정의 자료	데이터를 주고 받는 내 외부 시스템들의 구성과 해당 데이터 내역을 파 악할 수 있는 자료 확보
데이터 관리	데이터 관리 정책 데이터 표준 관리 요구사항 관리 데이터 모델 관리 데이터 흐름 관리 데이터베이스 관리	• 데이터·DB 관리와 관련된 제반 정책, 기준, 　표준 지침, 가이드 등 자료 • 사용자 요구사항, 데이터 요구사항 등 요구 　사항 수집·정리 자료 • 데이터·DB 관리 활동에 따른 제반 결과물 자료	관리 정책·기준·표준· 지침·가이드 등의 자료와 해당 자료에서 명시한 활동 사항이 있는 경우 활동 결과 산출물까지 확 보 필요

나. 데이터아키텍처 정보 구축 방식

데이터아키텍처 정보를 구축하는 방법에는 상향식과 하향식이 있다. 상향식 구축 방법은 최하위에 있는 구성요소를 조사 분석하여 구성요소들의 공통점을 파악하여 공통적인 구성요소들을 모아 상위 구성요소를 정의해

나가는 방식이다. 상향식 방식은 조직의 모든 데이터가 포함되는 것을 보장할 수 있는 장점이 있는 반면, 논리화·추상화를 거치면서 상위 계층의 데이터 구조 수준이 서로 다르게 나타날 수 있는 단점이 있다.

하향식 구축 방법은 최상위의 구성요소로부터 시작하여 분류 기준에 따라 하위 구성요소를 도출해 내는 방식이다. 하향식 방식은 일반적인 분류 기준이나 목적에 따른 분류 기준을 따르기 때문에 관점이 명확하다는 장점이 있다. 그러나 일부 업무가 누락될 가능성이 있으며 어디에도 포함되지 않는 구성요소가 발생할 수 있다는 것이 단점이다.

데이터아키텍처 매트릭스는 상세화 수준에 따른 상위-하위 산출물과 계층별 연관 산출물 등이 정의되어 있기 때문에 데이터아키텍처 매트릭스를 토대로 필요한 자료를 수집하고, 매트릭스 구성에 따라 상위/하위 자료의 존재 여부 또는 누락 자료의 재작성 필요 여부 등을 확인하여 상향식이나 하향식의 접근을 하거나 두 방법을 적절하게 혼용하는 등의 접근을 시도하기에 적합하다.

2. 현행 데이터아키텍처 정보 구축

현행 데이터아키텍처 정보의 구축은 현재 업무나 정보시스템, 데이터 주제영역 구성에 대해 기존의 데이터 관련 자료를 분석하여 데이터의 현재 모습에 해당하는 데이터아키텍처 정보를 구축하는 것을 말한다. 상위 수준의 업무 기능과 시스템 또는 데이터 주제영역에 대한 분류를 우선 수행한 후 그 기준에 따라 나머지 데이터아키텍처 정보를 구축하는 것이 효율적이다. 상위 수준의 분류 기준이 정리되면 나머지 정보 구축은 병렬적으로 수행해도 된다. 기존의 데이터 관련 산출물이 데이터의 현재 모습과 일치하면 하향식으로 구축해 나갈 수 있겠으나, 그렇지 않다면 상향식으로 접근하여 현재의 데이터베이스로부터 각 시스템에서 사용하는 데이터 정보를 분석하여 현행 물리 데이터 모델을 정의하고, 이를 논리화하여 현행 논리 데이터 모델을 작성한다. 이후 추상화 수준을 높여서 현행 개념 데이터 모델을 도출하고, 현행 데이터 주제영역을 정의한다. 현행 데이터아키텍처를 구축할 때 일반적으로 많이 사용하는 방법은 상향식 접근 방법이지만, 계획자 수준의 상위 정보만을 구축할 경우에는 하향식 방식이 적합하며, 실무자 수준의 정보를 구축할 경우에는 상향식 방식이 더 적합하다고 할 수 있다.

현행 데이터아키텍처는 아키텍처 매트릭스의 전 범위에 걸쳐 수행하는 것이 바람직하며, 각 셀에서 정의하고 있는 산출물을 기준으로 현재 관리되고 있는 모델 및 문서를 정리·보완하여 현행화하는 작업을 수행한다.

데이터아키텍처 정보가 구축되면 업무 기능과 애플리케이션과의 연계성 분석을 통하여 정확성을 검증한다.

- ■ 현행 데이터아키텍처 정의 내역
  - • 전사 데이터 영역 식별
  - • 데이터베이스 개체 파악 및 분석
  - • 현행 데이터 구조 정보 정의
    - – 현행 데이터 주제영역 정의
    - – 현행 물리 데이터 모델 정의
    - – 현행 논리 데이터 모델 정의
    - – 현행 개념 데이터 모델 정의

- 현행 데이터 표준 정보 정의
  - 현행 데이터 원칙, 표준, 관리 프로세스 파악
- 현행 데이터 흐름 정보 정의
- 현행 데이터 관리 정보 정의

가. 현행 데이터 분석

현행 데이터아키텍처 정보를 구축할 때 가장 먼저 할 일은 전사 데이터 영역의 범위를 파악하는 것과 필요한 자료를 수집하는 것이다. 이를 토대로 현행 데이터베이스 개체를 파악하고 데이터 현황을 분석한다. 현행 데이터 분석은 데이터와 데이터 구조의 현재 상황을 파악하여 문제점·원인·개선 방향을 도출하고, 현재 사용 중인 데이터와 데이터 구조의 의미를 파악하여 현행 물리 데이터 모델 및 현행 논리 데이터 모델을 현행화하기 위한 기초 자료를 확보하는 것이다. 현행 데이터 분석을 통해 파악한 문제점은 현행 데이터 구조의 문제점과 밀접하게 연관되며, 현행 데이터 구조의 개선 방향을 도출하는 기초 자료로 활용된다.

- ■ 현행 데이터 분석 내역
  - 데이터 현황 분석
    - 데이터베이스 개체 및 스토리지 사용 현황 파악
    - 데이터의 완전성 분석 : 미사용 테이블·칼럼 파악, 임시 데이터 파악, 논리적 필수 칼럼 및 데이터 결여 등
    - 데이터 우선순위 분석 : 키(핵심)·메인 엔터티 파악
    - 데이터 정합성 분석 : 데이터의 우선순위 및 관련 데이터 간 정합성 파악
    - 데이터 유효성 분석 : 데이터 형식, 유효 범위, 선후관계 유효성(예, 시작일 〈= 종료일) 등 파악
  - 데이터 표준화 현황 분석 : 데이터베이스 개체의 명칭 일관성, 도메인 일관성, 코드 사용의 일관성 등 파악
  - 문서화 현황 및 정합성 분석 : 현행 데이터에 대한 설계 문서 확인, 설계 문서와 실물 개체의 일치 여부 확인 등
  - 설계 및 관리 현황 분석 : 전사 데이터 영역에 대한 데이터 구조 설계 자료 보유 여부 및 현행화 상태 파악, 현행의 데이터 관리 체계 파악 등

나. 현행 데이터 표준 분석

전사 데이터 영역으로 파악한 범위에 대해 현재 적용하고 있는 데이터 표준의 존재 여부 및 데이터 표준 구성 현황·적용 범위 및 준수도 등을 파악하고, 현행 데이터 표준이 존재하는 경우 현행 데이터 및 데이터 구조에 대해 적용되고 있는 비율이나 현황을 파악한다. 현행 데이터 표준이 없는 경우 현행 데이터 구조 및 데이터베이스 개체명에서 일관된 규칙이 반영되어 있는지 여부와 그 현황을 파악한다. 이렇게 파악한 결과는 현행 데이터 표준에 대한 개선 방향을 도출하고, 현행 데이터베이스 개체에 적용하고 있는 개체명의 구성 규칙과 구성 단어·용어, 도메인 등을 추출하여 데이터 표준을 수립하는 데 활용된다.

- 현행 데이터 표준 분석 내역
  - 현행 데이터 표준 구성·활용 현황 분석
  - 현행 데이터의 표준 준수도 분석

다. 데이터 요구 사항 분석

현행 및 목표 시스템에 대한 데이터 요구를 수집하여 현행 데이터에 대한 이해 증진 및 목표 데이터 구조 설계 시 방향 도출의 근거로 활용한다. 데이터 요구 사항을 수집하고 분석하는 데에 대한 상세 내용은 2과목을 참고하기 바란다.

- 데이터 요구 사항 분석 내역
  - 현행 데이터에 대한 데이터 요구 사항 파악
  - 현행 데이터 요구 사항에 대한 반영 현황 파악
  - 목표 데이터아키텍처에 대한 데이터 요구 사항 정리 및 파악
  - 목표 데이터아키텍처에 대한 방향성 수립 시사점 도출

라. 현행 물리 데이터 모델 도출

현행 물리 데이터 모델 도출은 테이블, 칼럼 등 데이터베이스 개체 정보로부터 물리 데이터 모델을 생성하는 작업으로, 생성한 물리 데이터 모델은 ER 다이어그램으로 표현된다. 이 과정은 일반적으로 역공학 혹은 리버스 데이터 모델링 기능을 지원하는 전용 데이터 모델링 도구를 사용하여 수행한다. 데이터 모델링 도구를 사용하여 물리 데이터 모델을 생성하게 되면 테이블 정의서와 같은 물리 데이터 모델에 대해 요구되는 산출물 생성을 자동화할 수 있는 장점이 있다. 이 때문에 규모가 크고 데이터베이스 개체수가 많을수록 데이터 모델링 도구의 사용은 필수적이라 할 수 있다. 대부분의 데이터베이스 개체는 영문으로 명칭을 사용하고 있기 때문에 역공학 기능으로 현행 물리 데이터 모델을 생성하면 테이블 및 칼럼의 명칭이 영문인 상태로 된다. 데이터 모델링 도구에 따라서는 데이터베이스 내에 메타 데이터로 저장된 한글 코멘트 정보가 있을 경우 이를 함께 읽어 물리 데이터 모델 구성 개체인 테이블, 칼럼 등에 대한 논리명으로 사용할 수 있다. 하지만 필수 기능은 아니므로 현행 물리 데이터 모델을 생성한 후 한글 논리명이 생성되었는지 확인할 필요가 있다.

현행 물리 데이터 모델이 생성되면 관련 테이블 간에 외부키 정보에 의한 관계가 생성되었는지 확인해 보아야 한다. 데이터 모델링 도구에 따라 현행 데이터베이스에서 외부키 정보를 추출하여 물리 데이터 모델에 관계선으로 표현해 주기도 한다. 그렇더라도 개발 시의 불편 감소를 이유로 데이터베이스에 외부키를 설정하지 않고 운영되고 있는 경우에는 관계선이 없는 상태로 테이블과 칼럼만 나타나게 된다. 데이터 구조를 분석하기 위해서는 데이터 집합 간의 연관성 정보를 알아야 하고 이 정보가 관계선으로 표현되어야 하기 때문에, 데이터 모델링 도구가 물리 데이터 모델 상태에서 관계 설정을 지원한다면 이 단계에서부터, 그렇지 않다면 논리 데이터 모델을 생성하여 엔터티간 관계 파악 및 관계 정의를 진행해야 한다. 관계 파악은 테이블이나 칼럼의 명칭으로 어느 정도 유추할 수도 있지만, 보다 더 정확하게 파악하려면 최소한 한글 논리명을 알아야 한다. 칼럼의

의미를 정확하게 알려면 실제 저장된 데이터 확인 및 현행 데이터 구조에 대해 상세히 파악하고 있는 인력의 참여나 도움이 필요하다.

- ■ 현행 물리 데이터 모델 도출 내역
  - 현행 물리 데이터 모델 생성 대상 범위 파악
  - 현행 물리 데이터 모델 생성 대상 범위 내의 임시 테이블 파악 및 정리
  - 현행 물리 데이터 모델 생성
  - 관계 복원 및 한글 논리명 사용 가능 여부 파악

마. 현행 논리 데이터 모델 도출

현행 논리 데이터 모델 도출은 데이터베이스의 테이블 구조를 그대로 표현한 현행 물리 데이터 모델로부터 데이터 집합의 논리적 형태로 전환하여 현행 논리 데이터 모델을 생성하는 작업이다. 현행 논리 데이터 모델은 테이블 구조가 아니라 대상 데이터의 논리적 형태를 표현하기 위한 것이기 때문에 이해를 위해 한글화가 필수적이며, 이에 따라 데이터 집합을 표현한 엔터티와 데이터 집합의 구체적인 특성을 표현한 속성·관계명 등에 대해 한글 명칭으로 표현하게 된다. 한글화하지 않더라도 이해 증진을 위해 구성원들이 이해할 수 있는 자연어로 최대한 표현해야 한다.

데이터 구조에 대한 정확한 이해를 위해 명칭은 매우 중요한 요소이며, 가능한 한 구체적으로 상세한 표현을 하지 않으면 보는 사람마다 자의적 해석에 의해 의사소통에 문제가 발생할 수 있다. 명칭으로 충분히 의미 전달이 되기 어려운 경우에는 정확한 의미 전달을 위해 상세한 설명 내용을 추가해 주어야 한다. 엔터티나 속성에 대한 구체적인 명칭에 더해서 상세한 설명은 매우 중요한 요소이므로 현행 논리 데이터 모델을 정의하는 과정에서 중요하게 처리되어야 한다.

현행 논리 데이터 모델은 엔터티나 속성의 명칭 외에도 정확한 관계 파악과 표현, 데이터 집합에 대한 통합적 형태 정의 등 데이터 모델링 기법에서 다루어지는 모든 사항에 대해 정확하고 구체적으로 표현하는 것이 매우 중요하다. 데이터 모델링 기법에 대한 상세한 내용은 이 책의 4과목을 참조하기 바란다. 중요한 것은 영문명으로 표현된 물리 데이터 모델을 단순히 한글명으로 전환했다고 해서 논리 데이터 모델이 되는 것은 아님을 유념해야 한다.

- ■ 현행 논리 데이터 모델 도출 내역
  - 현행 데이터 표준 및 적용 현황 파악
  - 현행 물리 데이터 모델 구성 개체의 명칭에서 명명규칙 파악
  - 명명규칙과 현행 데이터 표준을 토대로 한글명 도출
  - 현행 논리 데이터 모델 생성 및 상세화, 논리화 수행
  - 현행 물리/논리 데이터 모델 개체에 대해 테이블-엔터티, 칼럼-속성 매핑 관계 파악

바. 현행 개념 데이터 모델 도출

현행 개념 데이터 모델 도출은 현행 논리 데이터 모델의 엔터티에 대해 의미나 성격이 유사한 것들을 그루핑하여 추상화 수준을 높여 데이터 모델로 정의하는 작업이다. 개념 데이터 모델은 형태적으로 논리 데이터 모델과 유사하여 엔터티, 속성, 관계 등의 형태로 표현되지만 이들은 논리 데이터 모델의 엔터티, 속성, 관계와는 표현하는 차원이 다르기 때문에 동일시하지 않아야 한다. 개념 데이터 모델은 논리 데이터 모델에 정의된 많은 엔터티와 데이터 구성을 한 눈에 파악할 수 있도록 주요 데이터를 중심으로 요약해서 표현한 것이라 할 수 있다.

개념 데이터 모델로 정의하는 데이터의 범위는 보통 주제영역 단위이며, 규모나 의사결정에 따라 대주제영역이나 중주제영역 또는 소주제영역 단위로 정의할 수도 있다.

개념 데이터 모델에 표현된 엔터티, 속성, 관계 형태의 각 개념 개체에 대해 논리 데이터 모델의 어떠한 엔터티, 속성, 관계로 상세화되었는지에 대한 매핑 관계를 파악하여 정의하는 것도 중요하다.

- ■ 현행 개념 데이터 모델 도출 내역
  - • 현행 개념 데이터 모델 정의 범위 파악
  - • 현행 개념 데이터 모델 생성
  - • 현행 논리·개념 데이터 모델에 대해 각 구성 개체 간 매핑 관계 파악

사. 현행 주제영역 모델 도출

현행 주제영역 모델 도출은 현행 전사 데이터 범위에 대해 데이터 주제영역 구성을 파악하여 분류하는 작업으로, 주제영역의 분류와 구성은 전사 데이터를 한눈에 조망하고, 전사 데이터가 어떠한 체계로 구성되고 관리되는지를 파악할 수 있다. 주제영역은 업무 기능 분류와는 다르며 데이터 관점에서의 명칭으로 분류하는 것이 일반적이지만, 때로는 이해 증진을 위해 업무 기능명이 데이터 분류를 대체하여 사용되기도 한다. 전사 데이터의 범위나 규모에 따라 주제영역은 대·중·소 구분처럼 계층적으로 상세화하기도 한다. 주제영역 계층 분류와 정의 방법 등 주제영역을 정의하는 개념과 방법에 대한 상세 내용은 이 책의 4과목을 참조하기 바란다.

- ■ 현행 주제영역 모델 도출 내역
  - • 현행 데이터 주제영역 분류 파악 및 정의

아. 현행 데이터 구조 문제점 및 개선방안 도출

현행 데이터 구조에 대해 물리·논리·개념 데이터 모델로 추상화 수준을 높여가면서 계층적으로 구성하는 것은 많은 데이터 개체들을 추상화 수준을 높여가면서 주요 데이터 위주로 신속하게 파악할 수 있도록 하기 위함이다. 단순히 데이터 모델 그림을 그려내는 것이 목적이 아니기 때문에 현행 데이터 모델을 구체적이고 정확하게 표현하여 데이터 구조 상의 문제와 원인, 개선방안 등을 도출할 수 있어야 한다.

데이터 구조 상의 문제점이나 오류 사항들은 반드시 일반적으로 저장 데이터에 나타나기 때문에 데이터 모델의 문제와 원인 등을 분석할 때는 현재 저장된 데이터를 함께 보면서 파악하는 것이 유리하다. 데이터 구조

상의 문제와 원인이 분석되면 이를 개선하기 위한 개략적인 방향이 수립되어야 한다. 여기에 데이터 참조모델이나 데이터 요구 사항 등이 더해져서 구체적인 개선방안으로 정의된다.

- ■ 현행 데이터 구조 문제점 및 개선방안 도출 내역
  - 현행 데이터 구조 상의 문제점 파악
  - 현행 데이터 구조 상의 문제로 인한 데이터 오류 사항 근거 수집 및 원인 분석
  - 현행 데이터 구조의 문제에 대한 시사점 도출
  - 현행 데이터 구조 개선 방향 정의

3. 목표 데이터아키텍처 정보 구축

목표 데이터아키텍처 구축은 현행 데이터아키텍처에 대한 문제점 분석 및 개선 방향 도출 결과를 토대로, 데이터 참조모델에서 바람직한 선진 모델 구조를 참조하거나 재사용할 데이터 구조 등을 파악하고, 데이터 요구 사항을 반영하여 이를 목표 데이터아키텍처에 반영하는 과정으로 진행된다. 다시 말하면 목표 비즈니스 아키텍처를 지원하는 데이터를 식별하여 목표 데이터 모델로 표현하는 것이라고 할 수 있다. 일반적으로 목표 업무의 개선 요구나 추가적인 데이터 요구, 데이터 자체의 개선 요구 등을 데이터아키텍처에 반영하는 방식으로 진행한다. 다른 아키텍처 도메인과의 얼라인먼트(Alignment)나 연계를 고려한다면 비즈니스 아키텍처를 먼저 정의하고 이를 참조하여 데이터아키텍처를 정의하는 것이 바람직하다. 도출된 데이터아키텍처 정보는 관련 비즈니스 아키텍처나 애플리케이션 아키텍처와 연관 관계를 비교하여 검증한다. 또한 목표 데이터아키텍처 정의 시 데이터 참조모델과의 연계성을 파악하여 상위 기업이나 유관 기업과의 데이터 인터페이스를 제고할 수 있도록 한다.

목표 데이터아키텍처의 구축 범위는 데이터아키텍처의 구축 목적에 따라 다르지만, 일반적으로 초기 목표 데이터아키텍처 수립 시에는 현행 데이터아키텍처 수립과 달리 데이터아키텍처 매트릭스의 개념적 수준까지 정의한다. 개념적 단계를 넘어서는 상세한 산출물 작업은 실제 시스템 구축 단계에서 수행하는 것이 일반적인 접근이다. 이는 데이터아키텍처 구축 비용 대비 효과를 고려한 의미이자, 목표 데이터아키텍처에 대한 비즈니스와 기술 환경 변화에 대한 유연성을 확보하기 위한 의미이기도 하다.

현행 데이터아키텍처를 구축하는 과정이 상향식으로 접근하게 되는 반면 목표 데이터아키텍처를 구축하는 과정은 하향식으로 접근하는 것이 일반적이다. 또한 이 과정에서 현행 아키텍처와 목표 아키텍처의 계층별로 개선 방안을 적용하여 하위 계층으로 상세화하면서 검증한다.

- ■ 목표 데이터아키텍처 정의 내역
  - 목표 데이터 표준, 관리 프로세스 정의
  - 목표 데이터 주제영역 모델 정의
  - 목표 개념 데이터 모델 정의
  - 목표 논리 데이터 모델 정의

• 목표 물리 데이터 모델 정의
• 목표 데이터베이스 개체 정보 구축
• 목표 데이터 흐름 정의

가. 목표 데이터 표준, 관리 프로세스 정의

현행 데이터아키텍처를 구축하고 현행 데이터 구조의 문제점과 개선방향을 도출한 후, 이 결과에 데이터 관련 요구 사항을 반영하여 목표 데이터아키텍처를 수립하기 위한 목표 데이터 표준과 데이터 관리 프로세스를 정의한다.

목표 데이터 표준 정의는 데이터 정책 수립 단계에서 정의한 데이터 표준화 원칙·지침·가이드 등에 대한 보완과 목표 데이터 표준 정보 구축으로 이루어진다. 현행 데이터에 대한 데이터 표준 적용 현황 파악 결과를 토대로 데이터 표준의 보완점이나 개선방향을 도출하여 목표 데이터 표준으로 구축한다. 목표 데이터아키텍처에 적용할 표준 단어·용어·도메인·코드 등 목표 데이터 표준 정보의 구축은 데이터 표준화 원칙·지침·가이드 등과 일관성을 유지해야 한다. 데이터 표준에 대한 개념과 구축 방법 등에 대한 상세 내용은 이 책의 3과목을 참조하기 바란다.

데이터 표준은 전사적으로 하나의 데이터 표준을 적용하고 관리하는 것이 가장 이상적이지만 비즈니스 요건이나 의사결정 사항, 기타 여러 가지 사정에 의해 복수의 데이터 표준을 관리하게 될 수도 있다. 예를 들면 계정계 데이터와 정보계 데이터가 서로 다른 데이터 표준을 적용하게 되거나, 비즈니스의 일부를 외부 솔루션으로 지원하고 있는 경우 각기 다른 데이터 표준이 공존하게 되는 상황이 발생할 수 있다. 서로 다른 데이터 표준을 적용하고 있는 데이터 간에 데이터 흐름이 발생한다면, 데이터 흐름에 관련된 데이터 요소 간이나 데이터 표준 정보 간에 매핑 정보를 구축하거나 관련 데이터에 대해 동일한 데이터 표준이 적용되도록 하는 것이 바람직하다.

현행 데이터아키텍처에 대한 분석 결과를 토대로 목표 데이터아키텍처에 보완하거나 추가 또는 개선할 데이터 관리 프로세스를 정의한다. 데이터 관리 프로세스는 관련 조직이나 역할의 책임이 명확하게 정의되어야 하며, 절차가 너무 복잡하지 않아야 한다. 또한 프로세스에 따른 산출물이 명확하게 정의되어야 한다. 데이터 관리 프로세스는 목적을 충분히 달성할 수 있도록 구성되어야 한다. 관련 구성원들이 프로세스를 충분히 숙지하고 준수할 수 있도록 공유 방법, 교육, 모니터링, 변경 방법 및 절차 등이 함께 정의되어야 한다.

■ 목표 데이터 표준, 관리 프로세스 정의 내역
• 데이터 정책 관리 프로세스 정의
• 목표 데이터 표준 정의
• 데이터 표준 관리 프로세스 정의
• 데이터 요구 사항 관리 프로세스 정의
• 데이터 모델 관리 프로세스 정의
• 데이터 흐름 관리 프로세스 정의
• 데이터베이스 관리 프로세스 정의
• 데이터 품질 관리 프로세스 정의

나. 목표 데이터 주제영역 정의

목표 데이터 주제영역 정의는 전사 데이터 범위 정의, 데이터아키텍처 원칙, 데이터 요구 사항, 현행 데이터아키텍처 분석 결과 등을 토대로 하여 전사 차원의 데이터를 일관된 뷰로 조망할 수 있도록 데이터를 분류하는 것이다. 데이터 주제영역은 데이터 최상위 집합으로 전사 차원에서 일관되게 관리되어야 하며, 업무별 사일로(Silo) 구조가 되지 않도록 유사한 데이터별로 하나의 통합된 분류 구조로 정의해야 한다. 주제영역은 데이터의 성격이나 의미, 용도 등을 고려하여 유사성이 높은 것들을 그룹화하고 체계적으로 분류함으로써 시스템 간 동일 또는 유사 데이터가 중복 정의되지 않도록 할 수 있다. 주제영역은 규모나 의사결정에 따라 계층적으로 구성할 수 있으며, 이 경우 일반적으로 2~3 레벨의 계층 구성을 많이 사용한다. 데이터 주제영역에 대한 상세 내용은 이 책의 4과목을 참조하기 바란다.

- ■ 목표 데이터 주제영역 정의 내역
  - • 주제영역 분류 원칙 정의
  - • 목표 데이터 주제영역 모델 정의
  - • 목표 개괄모델 정의 : 주제영역 간의 관계를 정의
  - • 목표 주제영역 정의서 작성

다. 목표 개념 데이터 모델 정의

목표 개념 데이터 모델 정의는 목표 데이터 주제영역 정의 결과를 토대로 주제영역별로 주요 데이터와 이들 간의 관계를 도출하여 목표 데이터 구조의 골격을 엔터티-관계 모델 형태로 정의하는 작업이라 할 수 있다. 목표 개념 데이터 모델을 통해 주제영역별로 목표 데이터 구조의 주요 데이터와 그들 간의 관계를 파악하기에 용이하다. 이를 통해 목표 데이터 구조의 방향을 가늠할 수 있고, 목표 논리 데이터 모델로 상세화하기 위한 틀을 제공할 수 있다. 개념 데이터 모델의 추상화 수준에 대한 정의는 명확하게 구분되어 있지 않기 때문에 논리 데이터 모델을 좀 더 상위 수준으로 추상화한 정도를 표현하는 데 있어서 속성까지는 도출하지 않은 주요 엔터티와 그들 간의 관계 정도로 표현하는 경우가 많다. 필요에 따라서는 주요 엔터티 내에 주요 속성을 표기하기도 한다. 그러나 속성 형태로 표시했다는 것일뿐 그것을 속성으로 이해하는 것은 위험하다. 속성을 그룹화 또는 추상화한 표현일 수도 있고, 상세 특성을 정의하기 위한 추가 엔터티들을 속성 형태로 표현한 것일 수도 있다. 간혹 논리 데이터 모델에서 속성 표현을 생략하고 엔터티와 관계 구성만 표시하여 개념 데이터 모델로 사용하는 경우도 있긴 하지만 바람직하다고 보기는 어렵다. 개념 데이터 모델 및 모델링에 대한 상세 내용은 이 책의 4과목을 참고 하기 바란다.

전사아키텍처 수립이나 전사 정보화 전략 수립 등 중장기적인 미래의 정보화나 데이터 전략을 수립하는 초기 데이터아키텍처 수립 시에는 목표 개념 데이터 모델 정의 단계까지 수행하는 것이 일반적이다. 그러나 앞서 언급한 바와 같이 개념 데이터 모델의 형태적 정의가 명확한 것은 아니기 때문에 어떤 수준까지 표현할 것인지에 대해서는 이해관계자 상호 간에 사전 협의가 필요하다.

■ 목표 개념 데이터 모델 정의 내역
- 목표 개념 데이터 모델 정의
- 목표 개념 데이터 모델 정의서 작성 : 목표 개념 데이터 모델에 나타난 주요 데이터와 관계에 대한 설명

라. 목표 논리 데이터 모델 정의

목표 논리 데이터 모델 정의는 목표 개념 데이터 모델을 토대로 개념 데이터 모델에 정의된 주요 데이터와 이들 간의 관계에 대한 세부 내용을 도출하여 데이터 구조의 상세한 논리적 형태를 정의하는 것이다. 엔터티, 속성, 관계 등의 구성요소를 사용하여 비즈니스 규칙이 구체적으로 상세하게 표현되어야 한다. 데이터 구조를 정의한다는 기본적인 행위로 인해 비즈니스 규칙과 데이터에 대한 상세 내용이 대부분 데이터 모델 표기법에 따른 구성과 각 구성요소의 명칭으로 나타나지만, 이들만으로 정확한 의미 전달이 어려울 수 있기 때문에 적절하게 구체적인 설명 내용을 추가해야만 이해관계자들이 명확하게 이해하고 의사소통할 수 있다. 이 때문에 목표 논리 데이터 모델 정의에서는 논리 데이터 모델의 표현뿐만 아니라 각 구성요소별로 상세한 설명이 중요한 관리 항목으로 다루어져야 한다. 또한 개념 데이터 모델의 각 구성요소와 논리 데이터 모델의 각 구성요소 간에 얼라인먼트(Alignment) 정보가 관리되어야 한다. 논리 데이터 모델 및 모델링에 대한 상세 내용은 이 책의 4과목을 참고하기 바란다.

일반적으로 전사아키텍처 수립이나 전사 정보화 전략 수립과 같은 계획 수립 또는 초기 데이터아키텍처 수립 프로젝트에서는 목표 논리 데이터 모델 정의 단계까지 수행하기는 어렵다. 하지만 차세대 정보시스템 구축과 같이 명확한 목적물과 구현 목표가 존재하는 경우는 목표 논리 데이터 모델을 포함한 이후 단계를 모두 수행하여 전체적인 상세 데이터아키텍처 정보를 수립하는 것이 일반적이다.

■ 목표 논리 데이터 모델 정의 내역
- 목표 논리 데이터 모델 정의
- 목표 논리 데이터 모델 정의서 작성 : 엔터티 정의서, 속성 정의서 등

마. 목표 물리 데이터 모델 정의

목표 물리 데이터 모델 정의는 논리 데이터 모델을 특정 DBMS에 최적화한 형태로 정의하는 작업이다. 엔터티-관계 모델의 본래 목적이나 비즈니스를 지원하는 정형 데이터의 저장 및 처리에 대해 관계형 DBMS를 사용하는 것이 일반적이다 보니 거의 대부분의 물리 데이터 모델이 자연스럽게 테이블, 칼럼 등 관계형 DBMS 개체로 정의된다. 하지만 사용하려는 DBMS의 종류나 유형에 따라 물리 데이터 모델의 정의 결과는 달라질 수 있다.

물리 데이터 모델을 정의할 때 데이터 표준을 이용하여 칼럼명, 데이터 타입 및 길이 등 물리 데이터 요소를 일관되게 생성해야 한다. 물리 데이터 모델에 정의되는 대상은 테이블과 칼럼 외에도 Primary Key/Foreign Key/Default/Check 등 각종 제약조건과 인덱스·뷰·파티션 등이 포함될 수 있다. 물리 데이터 모델은 논리 데이터 모델을 토대로 하여 특정 DBMS에 구현할 수 있는 개체를 정의한다는 사실 외에 최적의 성능을 구현할 수 있는 물리적 형태까지 고려한다. 논리 데이터 모델의 엔터티와 속성이 물리 데이터 모델에서 테이블과 칼럼으로 1:1로 전환되지 않을 수 있기 때문에 논리 데이터 요소와 물리 데이터 요소 간에 얼라인먼트 정보를 관리해야

한다. 물리 데이터 모델 및 모델링에 대한 상세 내용은 이 책의 4과목을 참고하기 바란다.

- ■목표 물리 데이터 모델 정의 내역
  - •목표 물리 데이터 모델 정의
  - •목표 물리 데이터 모델 정의서 작성 : 테이블 정의서, 칼럼 정의서 등

바. 목표 데이터베이스 개체 정보 구축

목표 데이터베이스 개체 정보 구축 시 물리 데이터 모델에 정의된 물리 데이터 요소를 생성하려는 DBMS의 구성과 생성되는 개체의 정보, 활용방법 설계 등이 반영된다. 주로 성능과 보안성 확보를 고려한 추가적인 설계에 해당하며, 물리 데이터 모델에 정의된 테이블을 생성하고 관리하기 위한 스토리지 구성과 용량 계획, 스키마 구성 및 DBMS 환경 변수 설정 등과 같은 시스템 저장 공간에 대한 설계를 비롯하여, 핵심 데이터 식별과 이들을 보호하기 위한 접근 권한 및 접근 제어 방법, 암호화 등의 설계, 데이터 분산 설계 등의 내용이 포함된다. 목표 데이터베이스 개체 정보 구축에 대한 상세 내용은 이 책의 5과목을 참고 하기 바란다.

- ■목표 데이터베이스 개체 정보 정의 내역
  - •목표 시스템 저장 공간 설계
  - •목표 시스템 보안성 정의 : 보호 대상 핵심 데이터 정의, 권한관리·접근제어 정책 등
  - •목표 데이터 분산 설계 : 데이터베이스 분산 설계, 데이터 파티셔닝 설계 등

사. 목표 데이터 흐름 정의

목표 데이터 흐름 정의는 별개로 분리되어 구축되는 정보시스템이나 외부의 정보시스템들과 데이터 교환을 통해 목표 시스템이 완전한 기능을 발휘하고 전사적인 통합 시스템 체계를 완성할 수 있도록 시스템 간의 데이터 이동을 정의하는 것이다. 데이터 이동은 기업이나 조직 내부의 시스템 간에 이루어지거나 외부의 연관 시스템에 대해 발생할 수 있다. '외부'의 구분은 목표 데이터아키텍처의 '전사' 범위를 기준으로 한다. 그룹 관계사가 될 수도 있고, 제휴나 계약 관계에 있는 외부 기업이나 기관이 될 수도 있다. 데이터 흐름 정의는 데이터의 출처나 목적지에 해당하는 내외부 시스템들의 구성과 이동 데이터를 정의한 데이터 통합 구조도를 비롯하여 교환 대상 데이터들에 대해 상세한 출처와 목적지, 교환 데이터 내역, 교환 방법 및 주기·시기 등 데이터 교환에 대한 상세 내용을 정의한 데이터 흐름도, 교환 대상 데이터의 상세 속성·칼럼 구성과 출처 또는 목적지에 해당하는 엔티티·테이블 등의 내역과 추출·반영 조건 등 교환 데이터 구성과 처리에 대한 상세 내용을 정의한 아웃바운드/인바운드 데이터 정의서 등으로 상세화 수준에 따라 정의된다.

- ■목표 데이터 흐름 정의 내역
  - •전사 데이터 통합 구조도 정의
  - •데이터 흐름도 정의
  - •아웃바운드/인바운드 데이터 정의서

4. 목표 데이터아키텍처 이행 계획 수립

목표 데이터아키텍처 이행 계획은 현행 데이터아키텍처에서 목표 데이터아키텍처로의 이행을 위한 전략을 수립하고 구체적인 이행 계획을 수립하는 것이다. 현행 데이터아키텍처와 목표 데이터아키텍처의 차이 분석을 통하여 프로젝트를 정의한다. 둘 이상의 프로젝트로 정의되는 경우 정의된 프로젝트 간의 유사성과 상호연관성을 고려하여 우선순위를 결정하고, 이를 고려하여 프로젝트 간 및 프로젝트 내에서의 이행 전략과 세부 이행 계획을 수립한다. 또한 이행 계획을 성공적으로 추진하기 위한 변화 관리 계획 수립도 필요하다. 세부 이행 계획에는 필요한 인력과 자원에 대한 리소스 계획, 추진 일정, 비용 계획 등이 포함된다.

목표 데이터아키텍처 이행 계획의 주요 활동 및 작업은 다음과 같다.

- 데이터아키텍처 차이(Gap) 분석
  - 목표 및 현행 데이터아키텍처 검토
  - 차이 분석
- 프로젝트 정의
  - 프로젝트 목록 정의
  - 개별 프로젝트별 필요 리소스 정의
  - 프로젝트 우선순위 및 연관성 분석
- 이행 전략 수립
  - 프로젝트 이행에 필요한 단계별 이행 전략 대안 수립
  - 이행 전략별 타당성 분석 및 대안 확정
- 이행 계획 수립
  - 프로젝트별 추진 방법 정의
  - 프로젝트별 세부 활동 및 상세 일정 계획 수립
- 변화 관리 계획 수립
  - 변화 관리 대상 및 변화 요인 식별
  - 변화 관리 계획 수립
  - 변화 관리 교육 계획 및 자료 작성

장 요약

제1절 데이터아키텍처 방향 수립

- 데이터아키텍처 방향 수립은 데이터아키텍처를 구축하는 목적과 목표 이미지를 정립하는 것으로, 다수의 이해 관계자가 이를 공유함으로써 데이터아키텍처 추진 과정에서 발생할 수 있는 의견 충돌을 사전에 방지할 수 있다.
- 데이터아키텍처 방향 수립은 기업의 환경 분석을 바탕으로 데이터아키텍처의 목적과 범위를 정하고 궁극적으로 달성하고자 하는 비전을 수립하는 것이다. 이를 달성하기 위한 원칙과 표준·기준·지침·가이드 등을 정의하는 것도 포함한다.

제2절 데이터아키텍처 정보 구성 정의

- 데이터아키텍처 정보는 기업이나 조직의 경영 전략과 비즈니스를 지원하기 위한 데이터에 대해 체계화한 정보로서 활용할 만한 가치가 있고 관리가 용이한 정보라고 할 수 있다. 데이터아키텍처 매트릭스는 기업이나 조직이 데이터아키텍처 정보로 관리할 산출물의 수준을 정의한 틀이다.
- 데이터아키텍처 매트릭스는 일반적으로 의사결정 유형(관점)과 아키텍처 정보 유형(관리 대상)의 두 축을 기준으로 2차원의 매트릭스 형태다. 두 축이 만나는 각 셀에 기업이나 조직이 관리하고자 하는 데이터아키텍처 산출물이 정의된다.
- 의사결정 유형은 조직의 의사결정 계층을 구분한 것으로, 의사결정에 관련된 정보의 상세화 정도로 나타내기도 한다. 아키텍처 정보 유형은 특성이 비슷한 관리 대상의 정보를 그룹화한 것으로 기업이나 조직이 관리해야 할 모든 데이터아키텍처 정보를 구분한 것이다.

제3절 데이터아키텍처 구축 프로세스

- 데이터아키텍처 정보를 구축하기 위해서는 우선 기존에 작성된 자료를 수집해야 한다. 수집해야 할 자료는 정의된 데이터아키텍처 매트릭스에 따라 다르다. 데이터아키텍처 정보를 구축하는 방법에는 상향식과 하향식이 있으며, 장단점을 파악하여 기업이나 조직의 상황에 맞는 방식을 선택하는 것이 바람직하다.
- 현행 데이터아키텍처 정보의 구축은 현재의 업무나 정보시스템에 관련된 데이터에 대하여 기존의 자료를 분석하여 데이터아키텍처 정보를 구축하는 것을 말한다. 일반적으로 상위 수준의 업무 기능과 시스템 또는 데이터에 대한 분류체계를 정의한 후 나머지 하위의 정보 구축은 분류 구분 간에 병렬적으로 수행한다. 하위 정보를 구성할 때는 사용 중인 데이터베이스 개체(테이블, 칼럼 등)와 설계 산출물이 일치하는지를 검토하여 현행화가 필요하다면 역공학 기법 또는 리버스 데이터 모델링을 통해 현행 물리 데이터 모델을 생성한다. 이로부터 현행 논리 데이터 모델, 현행 개념 데이터 모델의 순으로 상위 수준의 정보를 상향식으로 정의한다.
- 목표 데이터아키텍처 정보의 구축은 현행 데이터아키텍처에 대한 문제점과 개선 사항을 도출하고, 데이터 요구 사항 및 데이터 참조모델을 참조하여 이를 목표 아키텍처에 반영하는 방식으로 진행한다. 목표 아키텍처의 구축 범위는 데이터아키텍처 구축의 목적에 따라 다르지만, 초기 데이터아키텍처 수립 시 현행 아키텍처와는 달리 개념적 수준까지 정의하고, 개념적 수준 이하의 상세 산출물 작업은 실제 시스템 구축 단계에서 수행하는 것이 일반적이다.

연습문제

문제 1. 데이터아키텍처 환경 분석 시 수행하는 작업과 가장 거리가 먼 것은?
① 비즈니스 내외부 환경 분석
② 데이터 관련 내외부 환경 분석
③ 데이터아키텍처 매트릭스 정의
④ 전사(Enterprise) 범위 정의

문제 2. 데이터아키텍처 매트릭스에 대한 설명 중 가장 적절한 것은?
① 의사결정 유형은 정보의 상세화 정도와 연관성이 있고, 아키텍처 정보 유형은 아키텍처 관리 대상과 연관성이 있다.
② 아키텍처 매트릭스는 가급적 선진 사례를 그대로 도입하는 것이 바람직하다.
③ 아키텍처 매트릭스에 정의하는 산출물은 모범 사례를 따르는 것이 바람직하다.
④ 데이터 모델러 관점에서 다루어지는 아키텍처 정보 유형은 논리 데이터 모델과 물리 데이터 모델이다.

문제 3. 데이터아키텍처 정보 구성 정의 시 데이터 참조모델 정의와 관련한 설명 중 가장 적합하지 않은 것은?
① 복수의 전사(Enterprise)를 가지고 있는 기업은 이 공정에서 참조모델을 정의하고, 개별 기업은 정의된 참조모델을 확인하는 과정으로 수행한다.
② 개별 기업은 상위 기관이나 산업별 참조모델을 참고하여 아키텍처 정보 구성요소를 정의하는 것이 바람직하다.
③ 데이터 참조모델 정의는 기업이 속한 산업군이나 가치 사슬 네트워크에 상관없이 그 범위가 일정하다.
④ 기업이나 조직이 보유한 데이터 중 전사적으로 참조·재활용성이 필요한 데이터를 식별하여 이를 표준화하고 데이터 참조모델에 반영하는 프로세스를 지속적으로 수행해야 한다.

문제 4. 데이터아키텍처 정보 구축의 대상으로 가장 거리가 먼 것은?
① 일반적인 DBMS 제품 목록
② 데이터베이스 개체 정보
③ 논리 데이터 모델 정의
④ 개념 데이터 모델 정의

문제 5. 데이터아키텍처 수립 목적으로 가장 거리가 먼 것은?
① 데이터 연계 및 상호운용성 증대
② 전사 주제영역 모델 획득
③ 전사 데이터 표준 체계 정립
④ 비즈니스 변화에 대한 신속한 대응 체계 구축

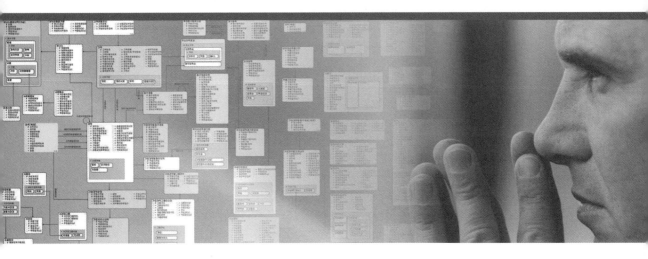

학습목표

제3장에서는 다음과 같은 내용을 학습한다.
- 데이터아키텍처 운영 및 활용 효과의 제고를 위한 관리 체계를 이해한다.
- 데이터아키텍처 관리 효율성 제고를 위한 데이터아키텍처 관리 시스템을 이해한다.
- 데이터아키텍처 활용 영역과 영역별 활용 방안을 이해한다.

제3장

데이터 거버넌스

장 소개

구축된 데이터아키텍처(DA, Data Architecture)를 잘 관리하고 활용하기 위해서는 데이터아키텍처를 체계적으로 관리할 수 있는 조직과 프로세스가 필요하다. 또한 데이터아키텍처 정보를 전사적으로 공유하고 적용하기 위해서는 데이터아키텍처 정보를 효율적으로 관리할 수 있는 관리 시스템도 필요하다. 이 밖에 관리 프로세스를 운영하여 데이터아키텍처 정보를 관리하고 활용하는 방안을 정립할 필요가 있다. 이와 같이 데이터아키텍처의 관리·활용에 대한 종합적인 체계를 데이터 거버넌스(Data Governance)라고 부른다. 본 장에서는 구축한 데이터아키텍처를 잘 관리하고 활용할 수 있는 방안을 살펴본다.

장 구성

본 장은 4개의 절로 구성되어 있다. 1절에서는 데이터 거버넌스의 개념에 대해 살펴본다. 2절에서는 관리 조직과 프로세스 등의 데이터 거버넌스 체계를 살펴보고, 데이터아키텍처 정보의 효율적인 관리 및 공유를 위한 데이터아키텍처 관리 시스템을 살펴본다. 3절에서는 데이터아키텍처를 잘 관리·활용하기 위한 방안을 살펴본다. 4절에서는 최근의 데이터를 인지하는 관점의 변화 추세를 고려하여 데이터아키텍처와 데이터 거버넌스가 어떻게 확장되어야 하는지에 대해 살펴본다.

제1절 데이터 거버넌스 개요
제2절 데이터 거버넌스 구성
제3절 데이터 거버넌스 운영
제4절 데이터 거버넌스 확장

제1절 데이터 거버넌스 개요

1. 데이터 거버넌스 개념

가. 등장 배경

데이터를 근간으로 하는 디지털 비즈니스가 기업의 패러다임으로 자리 잡아가고 있다. 바야흐로 4차산업혁명 시대에서 비즈니스의 중심에는 항상 데이터가 근간으로 자리 잡고 있다. 나날이 증가하는 데이터 양은 모든 산업분야에서 디지털 비즈니스 트랜스포메이션이 당연시 되도록 하고 있으며, 비즈니스 활동을 위한 설계 기반 의 정형/반정형 데이터와 함께 대규모의 비정형 데이터에 이르기까지 활용 범위가 넓어졌다. 이제 사용 빈도가 적은 '콜드(cold)' 데이터는 더 이상 존재하지 않게 되고 항상 이용 가능한 데이터의 시대가 될 것으로 기대되고 있다. 뿐만 아니라 인공지능(AI)과 머신러닝 기술들은 데이터 레이크(Data Lake)와 같은 데이터 집적소에 수집 된 대규모의 다양한 데이터에서 엄청난 가치와 통찰을 뽑아낼 수 있는 기회를 제공할 것이다. 이와 같은 변화의 속도는 갈수록 빨라지고 있고, 기업이나 조직은 이러한 환경으로부터 데이터의 가치를 실현하고, 데이터를 최대한 활용할 수 있도록 체계적인 데이터 관리 기반을 확보하는 것이 시급한 당면 과제가 되었다. '데이터 센터'라는 이름 또한 이제 더 이상 생소하지 않으며, 데이터가 매우 가치 높은 자원이고 자산임을 나타내는 이름으로 각인되고 있다. 기업이나 조직은 자신의 비즈니스를 위해 데이터를 체계적으로 구성하고, 보호하며, 신속하게 공유하고 활용할 수 있는 전략과 아키텍처가 필요하게 되었다. 이러한 필요성에 부응하는 최적의 해법으로서 데이터아키텍처와 데이터 거버넌스는 그 중요성이 날로 커져가고 있다.

거버넌스(Governance)는 공공·행정 분야에서 시작된 용어로, 사회 내 다양한 기관과 행위자가 자율성을 지니면서 함께 통치에 참여·협력하는 변화 통치 방식을 말하며, '협치(協治)'라고도 한다. 오늘날의 행정이 시장화, 분권화, 네트워크화, 기업화, 국제화를 지향하게 되면서 기존의 행정 이외에 민간 부문과 시민 사회를 포함하는 다양한 구성원 사이의 소통과 네트워크를 강조하는 의미로 거버넌스라는 용어가 자주 사용된다. governance는 steer(키를 잡다, 조종하다)를 뜻하는 그리스어 kubernáo에서 나온 말이다. 이를 비유적 의미로 최초로 사용한 이는 고대 그리스 철학자 플라톤(Platon, B.C.427~B.C.347)이다. 오늘날과 비슷한 의미로 이 단어를 영어에서 최초로 사용한 것은 1885년 영국 역사가 찰스 플러머(Charles Plummer, 1851~1927)가 쓴 「영국의 거버넌스(The Governance of England)」이지만, 1990년대에 UN, IMF, 세계은행(World Bank) 등과 같은 국제기구들에 의해 본격적으로 유행했다.

거버넌스는 이제 global governance, regulatory governance, corporate governance, project governance, participatory governance, non-profit governance 등 다양한 분야에서 다양한 의미로 쓰이고 있다. governance에 대한 governance, 즉 governance의 모든 과정에 적용되는 원칙과 규범을 세우는 메타거버 넌스(metagovernance)라는 말까지 등장하였다. 전사아키텍처에서도 전사아키텍처에 대한 관리체계에 거버넌 스라는 용어를 사용하여 IT 거버넌스라고 하기도 한다. 이러한 흐름에 따라 데이터아키텍처 분야에서도 현재는 데이터 관리체계에 대해 데이터 거버넌스라는 용어가 자주 사용된다.

나. 데이터 거버넌스의 정의

'데이터'와 '거버넌스'를 따로 놓고 보면 둘 다 우리 주위에서 아주 보편적으로 사용되는 용어로 이해되지만, 이 둘을 결합한 '데이터 거버넌스'라는 말은 아직까지 보편화된 명확한 정의가 없음에도 이제 데이터 분야에서 자주 사용되고 있다. 데이터 거버넌스라는 용어가 사용되기 시작한 초기에는 데이터 품질 및 관리 영역을 일컫는 용어 정도로 여겨졌다. 이 때문에 데이터아키텍처 프레임워크의 구성요소 중 데이터아키텍처 관리 부문에 대한 대체어 정도로 받아 들여졌으나, 현재는 다양한 의미 부여와 접근 방식을 통해 발전을 거듭하여 데이터아키텍처를 포괄하는 데이터 분야에서의 확장된 아키텍처의 하나처럼 인식되고 있다.

데이터 거버넌스에 대한 정의를 살펴보면 다음과 같다.

"데이터 거버넌스는 데이터 관련 문제에 대한 의사결정 및 권한 사항의 적용 체계이다. 이것은 정보 관련 프로세스에 대한 의사결정권과 책임 사항의 체계로서, 누가 어떤 정보를 가지고 어떤 행동을 취할 수 있는지를 기술하는 합의된 모델에 따라 실행된다." - Data Governance Institute, Gwen Thomas

"특정 데이터 자산에 대한 통제나 조치를 실행하기 위해 일련의 규칙, 도구, 관리 절차를 적용하는 것" - DATA Governance : perspectives and practices, Harkish Sen

"데이터 거버넌스는 모든 데이터 이해당사자의 이익을 위해 데이터를 개선하는 비즈니스 주도형 지속 프로세스이다." - Data Governance & Data Architecture : Alignment & Accountability, Nigel Turner

이 정의에서 주목할 것은 데이터 자체에 대한 것보다 사람들이 데이터에 대해 어떻게 관리하고 결정을 내리는 가에 대한 역할과 책임을 정하는 데 더 집중하고 있다는 점이다. 즉 관련 구성원들이 적절하게 조직되어, 궁극적으로 기업이나 조직의 목적에 적합하면서 높은 품질의 데이터를 사용할 수 있도록 하기 위한 바람직한 활동 체계를 정의하는 것이다. 이와 같이 데이터 거버넌스는 전략, 정책, 운영 요소를 결합하는 역할을 한다. 이러한 데이터 거버넌스의 정의로부터 데이터 거버넌스에 대해 다음과 같은 세 가지 관점을 도출해 낼 수 있다.

[그림 I-3-1] 데이터 거버넌스의 세 가지 관점

- **책임감(Accountability)**

데이터의 활용과 이동에 대한 모든 부분에 대해 오너십(소유권)을 명확하게 정의하여 조직에서 데이터를 처리하는 방식에 대해 투명성을 보장하는 것을 의미한다. 데이터 거버넌스는 조직의 모든 계층에서 실행되는 명확한 책임을 정의하도록 고려되어야 한다.

- **일관성(Consistency)**

일관성은 데이터의 통합성과 활용 효율을 향상시키고, 조직이나 비즈니스별로 데이터가 격리(siloed)됨으로써 발생할 수 있는 비효율을 감소시킨다. 일관성 확립을 위해 데이터 거버넌스는 표준화된 절차를 고려해야 한다. 포괄적이거나 범용의 표준 규칙을 만드는 이점은 동일한 규칙 세트가 조직 전체에 적용될 수 있다는 것을 의미한다. 전체 조직이 하나의 규칙 세트를 따르도록 함으로써, 사용자는 동일한 방법으로 데이터를 처리할 수 있다. 사용자가 합의된 표준 세트를 따르게 되면 이를 통해 조직은 모든 데이터 자산을 바람직한 방향으로 이끌어 갈 수 있다. 여기서의 '바람직한 방향'은 조직의 전략적 방향이나 비전과 일맥상통한다.

- **적응성(Adaptability)**

데이터 거버넌스의 유연한 특성은 데이터 거버넌스를 큰 혼란 없이 기존 프로세스에 동화시키거나 수용할 수 있음을 의미한다. 일단 데이터 거버넌스가 일상적 업무 수행에 적용되면 데이터 거버넌스 도구를 사용하여 기존의 업무 방식이나 조직별 또는 비즈니스별로 수행하던 데이터 관리 방식을 대체하도록 함으로써 조직의 전략적 방향에 맞게 표준과 도구를 신속하게 조정할 수 있으므로 모두가 공통적인 절차를 사용할 수 있다.

다. 데이터아키텍처와 데이터 거버넌스의 관계

광의의 데이터아키텍처는 데이터아키텍처 정책과 데이터아키텍처 정보, 데이터아키텍처 관리 부문으로 구분해 볼 수 있다. 여기서 데이터아키텍처 관리에 대한 부분을 달리 데이터 거버넌스라고 말하기도 하며, 데이터아키텍처 정보를 구축하기 위한 정책과 데이터아키텍처 정보를 관리하는 프로세스를 정의하고 이를 수행하는 것을 의미한다.

그러나 데이터의 자산 가치를 바라보는 시야와 대상·활용 범위의 확대 추세에 따라서 데이터 거버넌스는 좀 더 폭넓은 의미를 담게 되고 데이터 거버넌스라는 이름 하에 데이터에 관련된 여러 가지 사항을 포괄하게 되면서 데이터 거버넌스 정의는 더 일반화되어 데이터아키텍처를 데이터 거버넌스의 구성요소의 하나로 거론하기도 한다. 이때 데이터 거버넌스 구성요소로서의 데이터아키텍처는 협의의 데이터아키텍처로 데이터아키텍처 정보를 의미한다고 볼 수 있다. 이러한 추세에 따른다면 데이터 거버넌스는 데이터아키텍처 정보를 포괄하는 데이터에 대한 전반적인 관리 체계를 구축하는 것이라고 할 수 있다.

데이터아키텍처 관리 체계와 데이터 거버넌스는 같은 의미로 사용되었지만, 최근의 경향은 데이터 관리 체계 대신 데이터 거버넌스라는 용어를 더 자주 사용한다. 이를 통해 광의의 데이터아키텍처 구성요소의 하나로서가 아니라 독립적인 의미를 부여할 수 있는 더 확장된 종합적인 데이터 관리 체계의 의미를 담으려 하고 있다. 다음 그림은 데이터아키텍처 정보와 데이터 거버넌스의 관계를 표현한 사례이다.

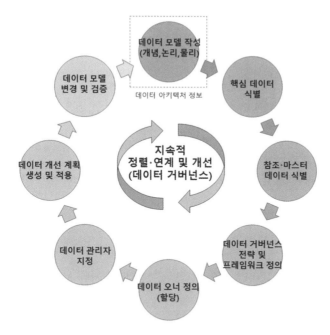

[그림 Ⅰ-3-2] 데이터 거버넌스와 데이터아키텍처 관계 표현 사례

데이터아키텍처는 데이터가 존재하는 위치와 데이터가 조직이나 전사 시스템을 대상으로 이동해야 할 위치와 변환에 대해 정의한다. 이러한 데이터 저장 위치와 데이터 흐름에 대한 정의는 원활한 데이터 이동과 활용상의 정확성을 보장하기 위한 데이터 정책과 표준이 필요함을 뜻한다. 이들을 적절하게 정의하고 적용 및 관리를 하기 위한 수행 체계를 수립할 수 있는 근거가 됨으로써 데이터 거버넌스의 중요한 관리 대상이 된다. 데이터 저장 및 흐름에 대한 정의는 데이터 교환이 정확하게 수행되고 있는지를 측정할 수 있는 항목과 시기, 방법 등을 결정하는 데 도움을 준다. 데이터의 생성 및 변경에 대한 표준 준수 여부와 이에 대한 관리 책임, 데이터 오너십(소유권) 등을 식별하는데 핵심적인 역할을 한다. 데이터 거버넌스는 이를 통해 데이터 품질을 보장할 수 있는 기초를 확립할 수 있다.

또한 데이터아키텍처는 데이터 거버넌스 수행 체계에 따라 업무 담당자가 제기하는 데이터 관련 이슈의 원인을 분석하고 해결하는 데 도움이 된다.

이와 같이 데이터아키텍처와 데이터 거버넌스는 서로에게 긴밀하게 영향을 주고 받고 있으며, 상호간에 유기적으로 조화를 이루어야만 전사적인 시너지를 발휘할 수 있다. 데이터아키텍처와 데이터 거버넌스가 전사적 시너지를 위해 상호간에 주고 받는 영향의 사례를 정리해 보면 다음과 같다.

데이터 거버넌스 (데이터 거버넌스는 데이터아키텍처에 대해 …)	데이터아키텍처 (데이터아키텍처는 데이터 거버넌스에 대해 …)
• 중요한 데이터 및 비즈니스 영향 파악 • 개선을 위한 데이터의 우선순위 파악 • 비즈니스 목표와 데이터아키텍처 개선 사항 연계 • 비즈니스 변화에 따른 데이터아키텍처 결과물 (예, 논리 데이터 모델) 검증 및 개발을 지원 • 주요 데이터아키텍처 요소에 대한 책임 설정 (예, 데이터 표준 소유 및 시행, 비즈니스 규칙 등) • 데이터아키텍처가 비즈니스에 적합하게 적용되도록 지원	• 데이터 전략을 개념·논리·물리 모델로 실현하고 구현 가능하게 함 • 데이터 모델을 통해 엔터티, 속성 등 중요 데이터 요소로 데이터를 정의 • 데이터 거버넌스의 초점이 되어야 하는 데이터 식별 • 데이터 관리 방법 결정에 기여 • 참조 및 마스터 데이터 세트를 식별하고, 이들에 대한 잠재적 소유권·관리 책임 도출 근거를 제공 • 중요 데이터 및 핵심 요소에 대한 비즈니스와 IT의 공감대 형성과 합의 도출을 지원 • 데이터의 중요성에 대한 조직 전반의 커뮤니케이션을 지원

[그림 I-3-3] 데이터 거버넌스와 데이터아키텍처의 시너지 효과 사례

2. 데이터 거버넌스의 필요성

기업의 데이터 양은 매년 크게 증가하고 있고 그에 비례해서 수요도 계속 증가하고 있다. 기업이나 조직들은 데이터 저장 및 유지를 위해 다양한 데이터베이스 시스템과 플랫폼을 갖고 있지만, 일반적으로 데이터를 관리하기 위한 조직 전반의 역량 및 관련 솔루션 구축은 뒤쳐져 있는 편이다. 이는 데이터 유지보수에 대한 중복 노력, 데이터 저장을 위한 불필요한 비용, 조직의 문제 등을 해결하거나 의사결정을 위한 통찰을 제공할 수 있는 데이터 구성이 미흡하기 때문이다. 이에 따라 데이터의 활용도 또한 저하될 수 있다. 데이터 거버넌스가 존재하지 않는 조직의 데이터 관리 상태와 이로 인한 문제점을 살펴보면 아래 표와 같다.

[표 I-3-1] 데이터 거버넌스 부재 데이터 상태 및 유발 문제점

데이터 거버넌스 부재 데이터 상태	유발 문제점
단일 소유권 결여	• 명확하지 않거나 미정의된 데이터 소유권 • 데이터 정리에 장시간 소요(수개월 이상) • 상이한 시스템에서 일관성 없게 처리되는 데이터
비즈니스 프로세스 전반에 대한 불일치	• 단일 버전 데이터 부재 • 전사적 데이터 중복 • 데이터 품질, 데이터 흐름, 액세스 및 처리에 대한 표준이 없음 • 프로젝트 의존적 접근법

데이터 거버넌스 부재 데이터 상태	유발 문제점
데이터 품질 표준의 결여	• 불완전한 데이터와 낮은 품질 수준 • 의미 있는 정보 도출 불가
접근성 부족(접근 편의성 결여)	• 데이터 계획을 IT 조직이 리드 • 기업이나 조직 내 표준 규정 없음
데이터 보안에 대한 위험성	• 데이터 변경 및 읽기 접근에 대한 권한 불명확 • 완전하게 보호되지 않은 개인정보 데이터
과도한 유지보수 또는 유지보수 결여	• 높은 유지 비용
위험성	
• 비즈니스 민첩성에 대한 위험 • 비즈니스 전략 수립에 결함 데이터가 사용될 수 있는 위험 • 보안·비밀 침해 위험 • 비즈니스 연속성 계획 또는 재해 복구 실패 위험	• 규제 준수 위반 위험 • 데이터 조정에 소요되는 추가 시간 • 신규 시스템 구축 지연 및 시스템 신뢰성 상실 • 추가 비용 및 수익 손실 • 고객 불만

이와 같이 관리되지 않는 데이터로 인해 기업이나 조직이 떠안게 되는 부담과 손실, 위험성 등은 사안에 따라 신뢰도 저하·상실 또는 큰 재산적 손해와 경쟁력 저하 등으로까지 이어질 수 있다. 그러므로 기업이나 조직이 사용할 데이터에 대해 업무에 맞는 데이터 설계와 함께 체계적인 관리를 계획하고 구현하는 것이 데이터 거버넌스라고 할 수 있다. 데이터 거버넌스는 시간이 흐를수록 필수 요소로 자리 잡아가고 있다.

3. 데이터 거버넌스 구축 방향

전사아키텍처나 데이터아키텍처를 도입할 때 아키텍처 정보를 정확하게 구축하는 것도 중요하지만, 더욱 중요한 것은 그러한 아키텍처 정보를 관리하고 활용할 수 있는 체계를 정립하는 것이다. 이는 곧 데이터 거버넌스의 핵심 요소로, 데이터아키텍처 정보를 유지·관리하기 위한 조직과 프로세스 측면의 기반을 구축하는 것을 포함한다. 비즈니스 지원과 의사결정의 모든 과정에서 데이터아키텍처 정보가 활용될 수 있도록 함으로써 의사결정의 일관성과 합리성이 증대되는 것을 목표로 데이터아키텍처에 대한 관리 체계가 구축되어야 한다. 또한 데이터아키텍처의 구축 효과를 높이기 위해서는 전사아키텍처와의 통합성이 확보되어야 한다. 전사아키텍처와의 통합성이란 전사아키텍처의 적용 범위 내에 있는 기업이나 조직 내에서 전사아키텍처 영역 간에 통합적으로 아키텍처가 구축되는 것을 의미한다. 즉 전사아키텍처를 구성하는 아키텍처 도메인 간의 유기적인 연계와 일체감이 유지되어야 한다.

■ 통제 부재 상태의 데이터를 통제 상태의 데이터로 이행

데이터 거버넌스의 목적을 단적으로 말한다면 데이터를 통제되지 않은 상태에서 통제된 상태로 전환하는 것이라 할 수 있다. 데이터 관리가 수행되고 있지 않거나 데이터 관리를 수행하기 시작하는 초기 상태에서 나타나는 특징은 다음과 같다.

- 데이터에 대한 관리가 제대로 정의되어 있지 않다.
- 데이터 품질에 대한 개념이 희박하거나 품질 수준을 가늠하기 어렵다.
- 데이터에 대한 비즈니스 규칙이 존재하지 않거나 서로 상충되는 경우가 많다.
- 데이터에 대한 책임 소재가 불분명하거나 정해져 있지 않다.

이에 반해 통제 상태의 데이터, 즉 거버넌스 데이터(governed data)는 신뢰할 수 있고 이해가 쉬우며, 데이터 자체와 데이터에 대한 문제를 해결할 책임이 명확하게 확립되어 있다. 또한 통제가 잘 이루어지고 있는 완전한 거버넌스 데이터는 다음과 같은 사항이 충족하고 있으며, 이러한 내용에 대해 구성원 모두가 잘 알고 있어야 한다.

- **데이터 요소에 대한 표준화된 명칭**

  엔티티, 속성, 테이블, 칼럼 등과 같은 데이터 요소에 대한 명칭이 기업이나 조직 내 어느 곳에서나 표준화가 되어 있고 명확한 업무적 의미를 표현하고 있다. 명칭에 대한 이견이 있을 경우는 이를 조정하거나 반영하기 위한 표준화된 절차가 있고, 이에 따라 조치된다. 특정 조직에서 다르게 명칭을 사용하고자 한다면 그에 대한 사항을 문서화하고, 표준과의 매핑을 관리하여야 한다.

- **데이터 요소에 대한 표준화된 업무적 정의**

  데이터 요소가 하나의 표준화된 업무적 명칭을 갖는 것처럼 데이터 요소는 하나의 표준화한 업무적 정의를 가져야 한다. 즉 데이터 요소에 대한 정의는 구체적이고 상세하며, 업무적 의미가 잘 표현되어 있어야 한다. 데이터 요소의 정의에 대해 이견이 있을 경우 데이터 오너(소유자)는 이를 검토하여 정의를 변경하거나 잘못된 데이터 요소를 명시하고 새로운 이름으로 다시 정의한다.

- **계산·추출 속성에 대한 계산·추출 규칙 정의**

  수량이나 총금액과 같이 계산 값을 도출하는 방법에 대해 혼동이 없도록 구체적인 규칙을 관리한다. 표준화된 업무적 정의와 마찬가지로 이견이 있을 경우 계산·추출 규칙을 변경하거나 새롭게 정의된 계산·추출 규칙을 갖는 새로운 데이터 요소를 정의한다.

- **데이터베이스·시스템에서 업무 데이터 요소의 물리적 위치에 대한 정의**

  어떤 시스템의 데이터베이스 내에 어떤 테이블과 구성 칼럼이 존재하는지와 같이 테이블, 칼럼 등 물리적 데이터 요소의 위치를 관리하고 있다. 엔티티, 속성 등 논리적 데이터 요소와의 매핑 및 그들에 대한 비즈니스 규칙이 함께 관리되어야 한다.

- **조직 여건을 고려한 데이터 품질 규칙**

  형식, 범위, 유효값, 패턴 등과 같이 고품질의 데이터를 확보하기 위해 필요한 규칙의 지정과 함께 각 데이터가 업무에 사용되는데 필요한 적정 품질 수준에 대해서도 고려되어야 한다.

• 데이터 요소 생성 규칙

어떤 엔터티에 인스턴스를 생성할 때 적정 품질 수준을 확보할 수 있도록 필요한 모든 항목이 규칙에 따라 채워져야 한다. 이를 위해 모든 속성은 업무 규칙에 맞도록 필수·선택 옵션을 갖고 있어야 한다. 선택 속성이라도 업무적으로 반드시 채워져야 하는 경우가 있다면 이러한 상황이 반드시 정의되고 준수되어야 한다. 이러한 규칙은 마스터 데이터의 관리를 위해 특히 중요하며, 불완전하고 정돈되지 않은 데이터가 생성되는 것을 방지하는 데 매우 중요하다.

• 데이터 요소 사용 규칙

데이터 요소의 사용 규칙은 데이터를 사용할 수 있거나 사용할 수 없는 경우를 정의하는 것으로, 개인정보의 보호와 관련하여 중요하게 다루어져야 한다. 예를 들면 병원의 처방전 내용을 구성할 때 환자의 이름이 사용될 수 있지만, 리필 알림 메일의 제목에는 사용할 수 없도록 한다거나, 특정 업무를 위한 화면에서는 구성원의 이름과 연락전화번호가 노출되지만 그 외에는 마스킹하도록 하는 등의 규칙을 말한다.

• 데이터 요소에 대한 데이터 통제자·소유자 및 업무 데이터 관리자의 적절한 통제

이들은 업무 데이터에 대한 관리 책임과 의사결정 권한을 갖고 있는 사람들이다. 구성원 중 누구라도 업무 데이터 요소에 대한 변경을 제안하고자 하는 경우 표준화한 관리 절차에 따라 업무 데이터 관리자에 의해 권한을 부여받고 데이터 통제자·소유자의 승인을 받아야 하며, 그러한 절차와 통제 목적에 대해 모든 구성원이 충분히 이해하여 전사적 공감대를 갖고 있어야 한다. 여기서 데이터 통제자는 전사적인 데이터 거버넌스 운영의 책임을 수행하는 자를 말한다. 데이터 소유자는 데이터 관리자에 의해 위임되어 소유권이 정의된 데이터 자산에 대한 접근 및 사용 권한에 대해 승인하고 해당 데이터의 품질과 법적 규제 및 정책 요건 충족의 일차적인 책임을 수행한다. 데이터 관리자는 데이터 품질 및 무결성에 대한 책임과 데이터 관리 구현 및 실행을 담당한다. 데이터 관리자의 업무 범위나 인원 구성은 기업이나 조직의 여건에 맞게 해야 하며, 최소 전사 혹은 대주제 영역 단위에서는 데이터 관리자 선정을 고려할 필요가 있다.

데이터를 통제 상태로 만들기 위해 필요한 것은 조직, 프로세스, 인력, 관리 시스템이다. 즉 데이터 거버넌스는 조직, 프로세스, 인력, 관리 시스템의 관점에서 검토되고 수립된다.

■ 장기적 접근

데이터 거버넌스를 성공적으로 정착시키기 위해서는 프로젝트적인 접근을 지양하고 장기적인 접근이 필요하며, 단기 효과보다는 장기간의 효과를 중시해야 한다. 또한 데이터아키텍처 수립 효과는 IT 관련 조직만의 노력으로 달성될 수 없으며, 전사적인 추진 체계가 구축되어야 한다. 현업 부서도 데이터아키텍처를 이해하고 업무에 아키텍처 정보를 활용할 수 있어야 하며, 혁신에 대한 적극적인 의견 제시와 협조가 필요하다.

효과적인 데이터 거버넌스를 구축하기 위해서는 다음을 고려해야 한다.

- 데이터아키텍처 관리를 위해 정의된 조직 체계, 프로세스 체계 등을 문서화하여 전 조직이 준수할 수 있도록 제도화
- 데이터아키텍처 관련 제반 이해
- 관계자의 데이터아키텍처 이해도 향상 및 업무 수행 시 데이터아키텍처 정보 활용 증진을 위한 적절한 교육 프로그램을 제공
- 목표 아키텍처로의 전환, 데이터 자산 가치 증진 등 데이터아키텍처 도입에 따른 변화 관리를 위한 종합적인 프로그램 운영
- 데이터 거버넌스 수행 체계를 주기적으로 점검하고 개선점을 도출하여 반영할 수 있는 제도적 장치 마련
- 데이터아키텍처 관리 시스템의 활용도와 만족도를 주기적으로 점검하여 시스템의 품질을 지속적으로 개선

■ 데이터 거버넌스 기대 효과

최근의 데이터에 대한 시야와 활용 범위 확대 경향으로 데이터아키텍처 정보를 포함한 데이터 거버넌스의 중요성에 대한 인식은 지속적으로 높아져 가고 있다. 효과적인 데이터 거버넌스는 조직간 협업과 구조화한 정책 입안 등을 촉진함으로써 데이터의 품질, 가용성 및 무결성 등을 높일 수 있다.

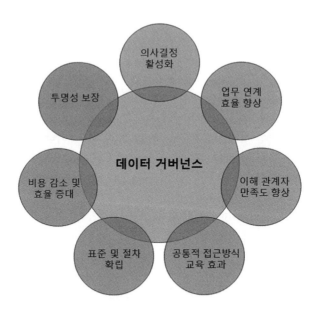

[그림 I-3-4] 데이터 거버넌스 기대 효과

제 2 절 데이터 거버넌스 구성

1. 데이터 거버넌스 구성 개요

TOGAF(The Open Group Architecture Framework)는 구조(Structure), 관리 시스템(Management System), 인력(People) 관점에서 데이터 거버넌스 수립 접근을 고려하도록 제시하고 있으며, 각각의 의미는 다음과 같다.

- **구조** : 기업이나 조직이 데이터아키텍처 정보를 관리하는 데 필요한 조직 체계와 정책, 원칙, 표준 지침 및 적절한 관리 프로세스를 갖추어야 한다.
- **관리 시스템** : 라이프 사이클 관점에서 데이터아키텍처 정보 관리에 필요한 관리 시스템과 데이터 관련 프로그램을 보유해야 한다.
- **인력** : 기업이나 조직이 혁신을 위해 필요로 하는 데이터 관련 기술과 역할을 정의하고 구성하도록 한다. 만약 기업이나 조직에 그러한 자원과 기술이 부족하다면, 필요로 하는 중요한 기술을 습득하거나 잘 정의된 학습 프로그램을 통해 요구 사항을 충족하도록 기존의 내부 인력을 훈련하는 것을 고려해야 한다.

앞에서 데이터 거버넌스는 조직, 프로세스, 인력, 관리 시스템 관점에서 검토되고 수립된다고 설명했다. 이것은 TOGAF에서 제시한 데이터 거버넌스 구성에 대한 고려 관점과 동일하며, 이들을 매핑하여 연결해 보면 다음과 같다.

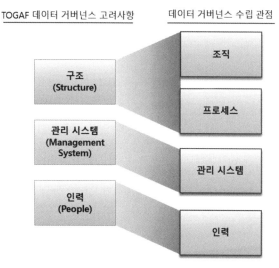

[그림 I-3-5] 데이터 거버넌스 수립 관점

2. 데이터 거버넌스 조직

가. 데이터 거버넌스 조직 개요

데이터 거버넌스 조직 체계는 데이터아키텍처 관리를 위해 필요한 직무와 직무 간의 관계, 업무 분장을 정립하는 것이다. 데이터 거버넌스 조직은 기업 전체 또는 정보 관리 전체 조직과 일관성을 확보해야 한다. 데이터 거버넌스 조직 체계는 계획자 수준에서 실무자 수준까지 다양한 시각에서 책임과 역할이 정의되어야 한다.

데이터 거버넌스 조직의 직무 예로는 다음과 같은 구성을 들 수 있으며, 기업이나 조직의 여건에 맞게 구성하는 것이 바람직하다.

- **데이터아키텍처 담당 임원(CDA, Chief Data Architect)** : 전사 데이터아키텍처 수립 및 데이터 거버넌스 관리에 대한 투자 의사결정과 데이터아키텍처와 데이터 거버넌스의 주요 추진 과정에 대한 승인, 전사적 지원의 확보를 담당. CDO(Chief Data Officer)로 부르기도 한다.
- **데이터 아키텍트(DA, Data Architect)** : 데이터아키텍처에 대한 전체적 원칙 및 방향 정의, 데이터아키텍처 관리의 총괄을 담당. 다수의 DA를 계층적으로 구성 시 전사 DA와 영역별 DA로 구성할 수 있으며, 전사 DA는 영역별 DA 총괄 및 조정 담당
- **데이터 소유자(Data Owner)** : 데이터 관리자에 의해 위임되어 담당 영역의 데이터에 대한 접근 및 사용 권한에 대해 승인하고 해당 데이터의 자산 가치를 확보하기 위한 데이터 구조 승인, 데이터 품질과 법적 규제 및 정책 요건 충족의 일차적인 책임을 수행
- **데이터 관리자(Data Steward)** : 데이터 요소 변경 절차에 따른 권한 승인, 데이터 관련 이해관계자 및 데이터 소유자를 결정, 데이터 품질 및 무결성에 대한 전반적 책임과 데이터 관리 구현 및 실행을 담당. 기업이나 조직 여건에 따라 데이터 소유자로부터 위임받아 특정 데이터의 품질과 법적 규제 및 정책 요건 충족의 일차적인 책임을 수행할 수도 있다.
- **데이터 통제자(Data Governor)** : 데이터 거버넌스 정책 및 표준 프로세스 등의 데이터 거버넌스 기획과 프로세스 운영 및 모니터링 등을 담당
- **데이터아키텍처 관리 시스템 관리자** : 데이터아키텍처 관리 시스템의 구축 및 운영을 담당
- **데이터 거버넌스 위원회(Data Governance Steering Committee)** : 데이터 거버넌스 수립 및 적용에 관련된 전사적인 중요 의사결정에 대한 승인 또는 자문을 수행하는 그룹

나. 데이터 거버넌스 조직의 정의

구축된 데이터아키텍처 정보를 관리하는 전담 조직이 없다면 데이터아키텍처 정보는 하나의 문서에 불과하게 된다. 데이터아키텍처 정보는 계층간 얼라인먼트와 무결성, 전사적 통합성을 유지하며 지속적으로 관리되어야 한다. 이를 위해서는 기업이나 조직의 상황에 맞게 데이터아키텍처를 관리하기 위한 데이터 거버넌스 조직을 정의할 필요가 있다. 데이터 거버넌스 조직은 선진 사례를 참고하고, 전사의 정보 관리 정책 및 체계, 전사아키텍처 관리 조직의 구성 및 연계, 문제점 등을 파악해 구축·개선 방향을 도출하여 이를 기반으로 데이터 거버넌스

조직을 정의한다. 아래 그림은 앞서 예시한 데이터 거버넌스 관련 직무를 토대로 한 데이터 거버넌스 조직 구성의 사례이다. 그림에서 제시된 데이터 거버넌스 조직의 특징은 데이터아키텍처 정보의 관리와 데이터 거버넌스 운영을 위한 위원회 및 전담 조직을 정의하여, 데이터아키텍처와 관련된 이슈가 있을 경우 공론화한 회의를 통해 관련 문제를 해결해 나갈 수 있는 체계를 정의하고 있다는 점이다.

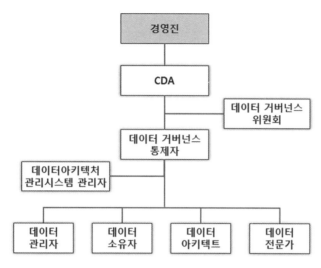

[그림 I-3-6] 데이터 거버넌스 조직 구성 사례

위 데이터 거버넌스 조직 구성 사례에서 데이터 전문가는 데이터 정의 대상이 되는 비즈니스 도메인과 데이터 또는 정보 기술 분야의 전문가로, 데이터 모델러·DBA 등을 통칭한 것이다. 기업이나 조직의 자체 보유 역량으로 부족할 경우 외부의 데이터 전문가를 활용할 수도 있다.

위에 제시한 데이터 거버넌스 조직 구성의 핵심은 전사 데이터아키텍처와 데이터 거버넌스를 책임지는 최종 승인자와 운영 실무자, 데이터 소유자가 명확히 정의되어야 데이터에 대한 관리 책임이 분명해진다는 것이다. 또한 데이터 아키텍트(DA)는 데이터아키텍처 정보 구축과 유지에 대한 총괄 책임을 수행하는 자로서 데이터 거버넌스 조직 구성에 고려되어야 한다는 것이다.

일반적으로 데이터 거버넌스 조직을 정의할 때 고려할 사항은 다음과 같다.

• IT 조직의 규모
  – 데이터 거버넌스 조직을 별도로 구성하기 어려운 중소 규모의 IT 조직은 데이터 거버넌스 위원회(또는 TFT)를 중심으로 데이터 거버넌스 조직을 정의하고 데이터아키텍처 전담 인력을 양성한다.
  – 데이터 거버넌스 조직을 별도 조직으로 구성하기에 충분한 규모의 IT 조직은 데이터 거버넌스 전담 조직을 구성하고, 데이터 거버넌스 위원회를 통해 전사적으로 데이터 관련 의사결정을 공유할 수 있는 조직 체계를 정의한다.

- 전사아키텍처 관리 조직이 구성된 조직의 경우, 데이터 거버넌스 위원회는 전사아키텍처 관리 운영위원회의 일부일 수 있다. 별도의 데이터 거버넌스 위원회를 구성하지 않고 전사아키텍처 운영위원회에서 데이터 거버넌스 위원회 역할을 겸할 수 있으나, 데이터 거버넌스 위원회로서 수행해야 할 책임을 명확하게 정의하고 수행하여야 한다.

- **데이터아키텍처 구축 목적**
  - 데이터아키텍처 구축 목적이 순수하게 데이터아키텍처 정보 관리와 데이터 표준화 등을 위한 것이면 데이터아키텍처 정보와 데이터 표준을 통합 관리할 수 있는 데이터 거버넌스 조직을 정의한다.
  - 데이터아키텍처 구축 목적이 새로운 시스템 구축을 위한 계획 수립이면, 프로젝트 기간 중 데이터아키텍처 정보를 체계적으로 관리할 수 있는 조직이 필요하다. 데이터아키텍처 정보를 중심으로 데이터아키텍처 프로젝트를 관리할 수 있는 PMO(Project Management Office)와 데이터 거버넌스 조직을 정의한다.

- **IT 조직과 현업의 관계**
  - 현업과 IT 조직 간의 의사소통 문제가 있을 경우 데이터 거버넌스 위원회는 현업의 요건을 종합적으로 관리하고 중재 및 해결하는 역할을 추가로 정의한다.

3. 데이터 거버넌스 프로세스

가. 데이터 거버넌스 프로세스 개요

데이터 거버넌스 프로세스는 데이터아키텍처를 관리하기 위한 활동을 정의하는 것이다. 데이터 거버넌스 프로세스는 데이터아키텍처 수립 및 관리와 관련된 모든 활동을 포함하고, 전사아키텍처 관리 및 전체 정보 관리 업무 체계와 일관성이 확보되어야 한다.

데이터 거버넌스 프로세스는 데이터아키텍처를 수립하고 관리하기 위해 수행하는 세부 업무 분류와 내용 정의는 물론, 데이터아키텍처 수립 및 관리를 위해 준수해야 할 규정이나 법적 요건, 구체적이고 표준화한 수행 절차 또는 문서 양식을 정의하는 것을 포함한다.

다음 그림의 예를 보면 데이터 거버넌스 프로세스는 데이터 거버넌스 기획, 전사아키텍처 구축·변경 관리, 데이터아키텍처 준수 통제, 데이터아키텍처 활용 지원, 데이터아키텍처 관리 시스템 관리, 데이터아키텍처 평가 등으로 구분할 수 있다.

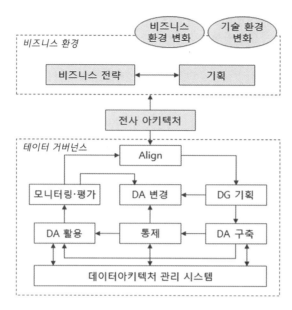

[그림 I-3-7] 데이터 거버넌스 관리 프로세스 흐름 예시

■ **데이터 거버넌스 기획**

데이터아키텍처 관리의 방향을 정의하는 데이터 거버넌스 정책 수립과 데이터아키텍처를 효과적으로 구축 및 활용하기 위한 계획 수립 등의 데이터아키텍처 정보 및 관리 체계 추진의 기획과 관련된 제반 활동이다. 비즈니스 환경 변화에 따른 전사아키텍처 변경과의 얼라인먼트(Alignment)를 유지하기 위해 필요한 사항 을 검토하는 활동을 포함

■ **데이터아키텍처 구축·변경 관리**

데이터아키텍처 정보의 구축에 대한 검토·승인과 데이터아키텍처 정보 변경에 대한 검토·승인·변경 이행 등 데이터아키텍처 정보의 최신성과 품질을 확보하기 위한 제반 활동

■ **데이터아키텍처 준수 통제**

데이터아키텍처 정보를 구축·변경하는 데 있어서 제반 정책 및 원칙이 준수되는지, 관련 현업 부서에서 데이터아키텍처 정보를 참조하고 준수하는지 등을 점검하고 지원하는 등의 데이터아키텍처 준수도 제고를 위한 제반 활동

■ **데이터아키텍처 활용 지원**

데이터아키텍처 관계자를 포함하여 관련 현업 부서에서 데이터아키텍처 정보를 잘 활용하도록 데이터아키 텍처 정보의 공지, 홍보, 교육, 활용 사례 소개 등 데이터아키텍처 활용도를 제고하기 위한 제반 활동

■ **데이터아키텍처 관리 시스템 관리**

데이터아키텍처 관리 및 활용도 제고를 위한 데이터아키텍처 정보 관리 시스템을 구축하고 운영하는 제반 활동이다. 일반적으로 메타 데이터 관리 시스템으로 많이 알려져 있는 지원 시스템에 대해 데이터아키텍처

정보를 관리하기 위한 리포지터리 구성, 데이터 표준 관리, 데이터아키텍처 정보 관리, 변경 승인 관리, 표준 준수도 점검 등의 기능을 구현하고 이에 대한 지속적인 유지보수 및 활용 활성화를 수행

- **데이터아키텍처 평가**
  데이터아키텍처 관리 및 활용 수준의 제고를 위해 데이터아키텍처 관리 프로세스의 수행을 모니터링하고, 데이터아키텍처에 대한 평가 모형을 정의하여 주기적인 평가 및 개선 기회를 식별하는 제반 활동

나. 데이터 거버넌스 프로세스 구성

데이터 거버넌스 프로세스는 일반적으로 데이터아키텍처 구축과 구축 후 이를 활용하고 통제하는 내용으로 구성된다. 비즈니스 환경이나 기술 환경의 변화와 사용자 요구, 데이터아키텍처 활용 상태 등을 평가하여 필요한 변경 조치를 취하며, 이것이 다시 데이터아키텍처 정보로 구축되어 전사적으로 적용되는 흐름을 갖는다.

데이터 거버넌스 프로세스의 정의는 데이터아키텍처 구축을 통해 모든 활동이 데이터아키텍처 중심으로 수행될 수 있도록 하여야 한다. 만일 기존의 IT 프로세스에 데이터아키텍처 변경 및 관리 프로세스만을 신규로 추가하여 정의한다면, 기존의 IT 프로세스에 따라 개발 및 운영이 진행되어 데이터 거버넌스 프로세스가 제대로 수행되지 않을 수 있다. 이는 데이터아키텍처가 제대로 관리되지 않을 문제로 연결된다. 데이터아키텍처 관리를 위한 관련 프로세스가 제대로 수행되지 않을 경우, 데이터아키텍처 정보의 최신성이 유지되기 어려울 수 있다. 데이터아키텍처 원칙 및 데이터 거버넌스 원칙이 IT 프로세스 활동에 제대로 적용되지 않아 데이터아키텍처 정보를 온전하게 유지할 수 없는 문제도 발생할 수 있다.

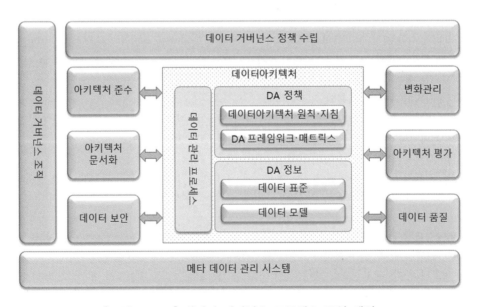

[그림 I-3-8] 데이터 거버넌스 프로세스 구성 예시

따라서 IT 프로세스 수립-활용·통제-평가-변경 등의 흐름을 데이터아키텍처 관점에서 식별하여 데이터아키텍처 정보 중심으로 설계하면, 데이터아키텍처 정보의 완전성을 유지하기에 용이하다. 데이터아키텍처 정보의 변경을 개발 및 운영 프로세스에서 식별하여, 데이터아키텍처 정보 변경의 단절이나 누락 없이 이어질 수 있도록 한다. 이로써 데이터아키텍처 정보의 최신성을 유지할 수 있어야 한다. 예를 들어 사용자 요구에 따라 일부 애플리케이션의 변경이나 추가 등과 같은 유지 보수 프로세스가 발생할 경우, 데이터아키텍처 정보 변경을 위한 데이터 거버넌스 프로세스가 연계 동작하여 개념·논리·물리 데이터 모델의 변경 및 데이터 표준 준수, 데이터 모델 변경에 따른 데이터베이스 개체 변경·생성과 데이터 이행, 문서화 및 검토, 사용자 검증 등의 과정이 애플리케이션 시스템의 유지 보수 프로세스와 맞물려 수행되면서 데이터 거버넌스 정책에 따른 제반 사항 검토 및 반영까지 수행되도록 해야 데이터아키텍처 정보를 항상 최신의 상태로 유지할 수 있게 된다.

데이터 거버넌스의 구성 및 운영에 대한 전반적인 원칙 수립은 데이터 거버넌스 정책 수립 프로세스에서 수행된다. 데이터 거버넌스 조직의 활동과 데이터아키텍처 정보의 유지 관리, 메타 데이터 관리 시스템의 도입 및 활용 등 데이터 거버넌스에 대한 제반 사항들이 데이터 거버넌스 원칙에 정의됨으로써 데이터 거버넌스의 동작이 원활하게 이루어질 수 있게 된다.

데이터 거버넌스 원칙에서 중요하게 고려하여야 할 항목을 들어 보면 다음과 같다.

- **보안성(Security)**
  모든 사용자는 업무 및 의사결정을 위해 필요한 데이터에 대해 적절한 접근 권한을 가져야 한다. 데이터는 사용자의 역할에 따라 부여된 접근 권한에 맞게 사용되도록 해야 한다.
- **무결성(Integrity)**
  데이터는 일관성, 신뢰성, 적시성 및 정확성을 합리적으로 보장하여 수집하고 유지해야 한다. 또한 악의적이거나 우발적인 변경으로부터 보호하여 데이터의 무결성을 유지하도록 해야 한다. 이를 위한 데이터 구조 설계와 대안 적용, 사용자의 데이터 처리 및 활용 등을 위한 원칙을 제시하고, 준수 여부 모니터링과 평가 및 지속적인 교육이 필요하다.
- **프라이버시(Privacy)**
  민감한 데이터를 식별하고 무단 액세스와 부적절한 공개로부터 보호해야 한다. 또한 이에 관련된 법적 요건을 충족해야 한다.
- **윤리 및 규제 준수(Ethics & Compliance)**
  데이터는 윤리 원칙, 허용된 모범 사례 및 법적 요건에 따라 접근 및 사용되어야 한다. 접근 권한에 의해 허용되지 않은 데이터에 접근하지 않아야 한다.
- **데이터 품질(Data Quality)**
  데이터 품질을 유지하기 위한 책임은 모든 사용자에게 있다. 데이터는 설계 의도에 따라 유효한 최신 상태가 정확하게 반영되어야 하고, 의미 있는 업무 기록이 확보되도록 해야 한다.
- **소유권(Ownership)**
  데이터 오너십(소유권)은 데이터의 자산 가치를 확립하기 위한 책임 소재에 대한 사항이다. 필요한 데이터를 정의하고 데이터 구성의 변경에 대해 의사결정을 하며, 데이터 품질과 접근 권한에 대한 책임을 수행하도록 주요 데이터 또는 데이터 그룹을 구분하여 해당 조직에 책임을 할당한다. 데이터의 오너십 외에도 데이터 거버넌스 수행 체계의 관리 책임에 대한 오너십도 고려되어야 한다.

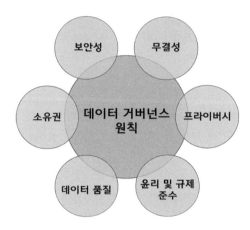

[그림 I-3-9] 데이터 거버넌스 원칙에 포함할 주요 항목 예시

데이터 거버넌스 프로세스의 구성은 각 기업이나 조직의 여건에 따라 달라질 수 있기 때문에 다양한 구성과 운영 방식이 정의될 수 있다. 앞서 제시한 데이터 거버넌스 프로세스 구성 외에도 기업이나 조직의 다른 여건을 고려하여 아래 그림과 같이 구성할 수도 있다.

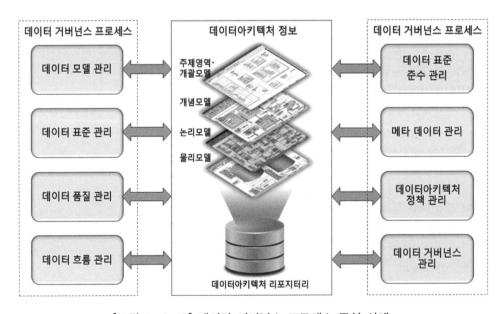

[그림 I-3-10] 데이터 거버넌스 프로세스 구성 사례

다. 데이터 거버넌스 프로세스 도출 방법

데이터아키텍처 정보의 구축 및 유지·관리를 위한 데이터 거버넌스 프로세스 도출은 관리할 대상을 구체적으로 정의하는 것으로부터 시작된다. 실질적인 관리 대상은 데이터아키텍처 매트릭스에 정의된 산출물들로, 개념·논리·물리 데이터 모델과 모델 데이터, 데이터 표준, 데이터 흐름 정보, 그리고 DBMS에 생성된 데이터베이스 개체에 대한 메타 데이터 등이다. 그리고 추가적으로 데이터 품질까지 관리 대상의 범주에 포함시키기도 한다.

다음은 데이터 거버넌스에서 관리할 대상(Objects)에 대해 관리할 내용을 6하원칙에 따라 접근 관점(View)을 구분해 봄으로써 데이터 거버넌스 프로세스를 도출할 수 있다. 데이터 거버넌스 프로세스 도출을 위한 대상과 관점은 기업이나 조직의 여건에 따라 조정하여 각자에 적합한 데이터 거버넌스 프로세스 구성을 도입하는 것이 바람직하다. 데이터 거버넌스 프로세스 도출에 대한 틀을 정리해 보면 아래 표와 같다.

[표 I-3-2] 데이터 거버넌스 운영 체계 도출 접근 관점 예시

수행 관점 (View) / 관리 대상 (Objects)	Who 수행 주체	When 수행 시기	Where 통제 위치	What 관리할 행위	How 행위 완성도	Why 행위 목적
데이터 모델 및 모델 데이터	데이터 아키텍트, 모델러	수시(이벤트 발생시) 또는 주기적	데이터 아키텍처 리포지터리 서버	• 신규 생성 • 변경 • 삭제 • 폐기 • 요청 • 승인	• 행위 근거 • 규정 준수 • 조치 완전성 • 누락 배제 • 얼라인먼트	정확성, 유효성, 최신성 유지
데이터 표준 정보	데이터 아키텍트, 모델러					
데이터 흐름 정보	데이터 아키텍트, 모델러, 설계자, 개발자					
데이터베이스 개체 메타 데이터	데이터 아키텍트, 모델러, DBA					
데이터 거버넌스 정책 및 프로세스	거버넌스 통제자					
데이터 품질	데이터 소유자, 데이터 관리자, 데이터 아키텍트, 모델러, 개발자	주기적	운영 테이터	• 품질 측정 • 원인 분석 • 개선 조치	• 측정 기준 • 분석 결과 • 조치 결과	품질 기준 충족

데이터 거버넌스 프로세스 도출을 위해 집중할 것은 데이터아키텍처 정보를 대상으로 수행되는 행위 또는 활동에 대한 체계적인 관리와 결과물의 품질 확보이다. 데이터 모델이나 데이터 흐름도 등과 같은 관리 대상물에 대해 수행될 수 있는 행위 또는 활동의 유형을 정의하고, 관리 대상물 자체의 정확성이나 요구 충족 정도 등 기술적 차원의 관리 외에 관리 대상물이 거버넌스 목적을 충족하기에 충분한 수준의 완성도를 갖추었는지를 확인할 수 있는 관리 항목을 도출하여 매핑함으로써 필요한 데이터 거버넌스 프로세스를 도출할 수 있다. 이러한 측면에서 볼 때 데이터 거버넌스 프로세스를 효과적으로 정의하기 위해서는 위 표에 제시한 6하원칙 관점 중 관리할 행위(What)와 행위 완성도(How)에 집중하여 데이터 거버넌스 프로세스를 설계하는 것이 유리하다.

■ **관리할 행위(What)**

데이터 거버넌스의 관리 대상에 대해 어떤 행위 또는 활동을 관리(통제)할 것인지를 결정한다. 여기서 기본적으로 거버넌스 조직을 구성하는 역할(Role)에 따라 관리 대상(Objects)에 대한 적절한 접근 권한이 부여되어 있는지가 고려되어야 한다.

일반적으로 관리 대상 정보에 대해 발생할 수 있는 행위 또는 활동은 다음과 같다.

- 신규 생성 : 데이터 모델이나 엔터티, 표준 단어·용어 등과 같은 데이터아키텍처 정보의 신규 추가
- 변경 : 이미 생성된 데이터아키텍처 정보 구성요소에 대한 변경
- 삭제 : 이미 생성된 데이터아키텍처 정보 구성요소에 대한 삭제
- 폐기 : 용도가 완료되었거나 더 이상 사용하지 않는 데이터아키텍처 정보 구성요소에 대한 폐기(라이프 사이클에 따른 보존연한 만료 경우도 고려)

위에 열거한 행위 또는 활동은 데이터아키텍처 정보의 구축이나 변경에 해당하기 때문에 관리(통제) 대상이 되며, 관리(통제)는 크게 '요청'과 '승인'으로 구분한다. 물론 중소규모의 IT 조직에서는 여건상 별도의 관리(통제) 과정을 생략할 수 있지만, 원칙적으로는 관리 대상의 형상에 변경이 발생하는 행위에 대해 이를 승인하는 통제 절차를 운영함으로써 임의적인 변경을 방지해야 한다. 예를 들면 '고객성향'이라는 데이터를 추가로 관리하고자 할 때 해당 데이터를 관리하기 위해 새로운 주제영역과 데이터 모델이 추가되거나 엔터티 추가 또는 변경이 발생할 수 있다. 신규 추가나 변경이 발생한 논리/물리 데이터 모델에 대해 승인 절차를 거침으로써 요청된 신규 추가 또는 변경이 데이터 표준 준수 여부와 필요한 사항을 모두 반영하였는지 등을 재차 확인할 수 있다. 이때 데이터 아키텍트는 데이터 모델에 대한 조치 내용이 업무 목적에 적합하게 설계되었는지, 해당 데이터에 관련된 업무 규칙을 정확하게 반영했는지 등의 기술적 검토를 함께 수행하여 데이터아키텍처 정보의 품질을 유지할 수 있다.

■ **행위 완성도(How)**

신규 생성이나 변경을 처리하는 데 있어서 검토해야 할 사항들을 정의한다. 이를 통해 요청자는 행위 또는 활동의 완성도를 높일 수 있고, 승인자는 관리할 행위가 '승인' 할 수 있는 수준에 이르렀는지를 확인하고 승인 근거로 삼을 수 있다. 데이터 거버넌스의 관리 대상(Objects)에 '데이터'를 포함한다면 규정이나 법규에 따라 프라이버시(Privacy)에 관련된 데이터가 불필요하게 포함되어 있는지, 적절한 보호 수준을 준수하고 있는지 등의 검토와 데이터 품질에 대한 고려가 포함되어야 한다. 기본적으로 관리 대상(Objects)에 대한 '승인' 수준을 검토할 때 표준이나 규정 등에 따른 보안성, 무결성 등과 같은 원칙들이 충분히 고려되었는지를 확인해야 한다.

행위의 완성도를 가늠할 항목의 예를 들어 보면 다음과 같다.

- 행위 근거 : 신규 생성, 변경 등과 같이 요청된 행위가 발생하게 된 근거에 대한 확인(예, 사용자 요구, 이해관계자 협의사항·회의록 등)
- 규정 준수 : 관련 표준이나 규정, 원칙 및 관련 법규 등에 대한 준수 여부 및 준수 수준

- 조치 완전성 : 요청 내용이 필요한 조치 항목을 모두 충족하는지 여부(예, 데이터 요소 설명 작성 여부, 관계명, 관계나 속성의 선택성 정의 등)
- 누락 배제 : 요청 내용이 아키텍처 매트릭스에 정의된 연계 대상을 누락 없이 포함하고 있는지 여부 (예, 신규 추가된 엔터티가 데이터 흐름에 반영되었는지 여부)
- 얼라인먼트 : 요청 내용이 아키텍처 매트릭스에 정의된 얼라인먼트(Alignment) 유지 대상을 누락 없이 포함하고 있는지 여부

위에 설명한 관리할 행위(What)와 행위 완성도(How)를 검토하여 거버넌스 프로세스가 도출되면 수행 주체, 수행 시기 등과 같은 나머지 관점 사항을 추가하여 프로세스 정의를 완성한다.

4. 데이터 거버넌스 인력

가. 데이터 거버넌스 인력 개요

데이터 거버넌스 인력은 데이터아키텍처 관리를 담당하는 직무별 역량을 정의하고 이를 확보하기 위한 방안을 정의하는 것이다. 데이터아키텍처 관리를 위해 필요한 역량 요소를 분류하고 역량 요소를 직무별로 할당한 후, 이러한 역량 요소를 확보하기 위한 교육 계획을 수립하고 역량 수준을 평가할 수 있는 체계도 포함한다. 데이터아키텍처가 제대로 정착되고 성과를 발휘하기 위해서는 관련 인원들의 역량 확보가 매우 중요하다. 데이터아키텍처 관련 역량 강화를 위한 교육 프로그램은 구성원의 특성에 맞게 직무별로 맞춤식 교육이 제공될 수 있도록 해야 한다.

데이터아키텍처 역량 요소는 리더십 역량, 기술적 역량, 활용 역량으로 구분될 수 있다. 데이터아키텍처 리더십 역량은 데이터아키텍처의 사상과 가치가 기업이나 조직에 어떤 의미가 있는지를 정확히 파악하고, 기업이나 조직이 데이터아키텍처를 효율적으로 도입하고 효과적으로 활용할 수 있도록 데이터아키텍처에 대한 전사적 공감대를 형성하고 내재화를 위한 변화 관리를 제대로 이끌 수 있는 관리 능력이다.

데이터아키텍처 기술적 역량은 데이터아키텍처의 구축 및 관리에 대한 절차와 방법론을 이해하고 있고, 데이터아키텍처 정보를 정의할 수 있으며, 데이터아키텍처 관리 시스템을 구축할 수 있는 기술적 능력이다. 단적인 예로 데이터 표준화와 데이터 모델링 능력은 데이터아키텍처 기술적 역량 중 가장 핵심이 된다. 데이터아키텍처 활용 역량은 데이터아키텍처 정보를 활용하여 데이터 품질을 유지하고 데이터의 자산 가치를 실현하며, 현업의 업무 활동 효율성과 효과성을 증대시킬 수 있는 실용적 능력이다. 이러한 능력은 실질적으로 데이터아키텍처 투자에 대한 성과와 직접적으로 연관되어 있다고 할 수 있다.

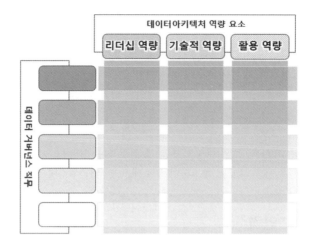

[그림 I-3-11] 데이터 거버넌스 직무·역량 분류 매트릭스 예시

데이터 거버넌스 직무에 대해 요구되는 역량 요소를 파악하기 위해 그림과 같이 매트릭스 형태로 직무와 역량 요소를 나열하여 교차하는 셀에 대해 필요 역량을 검토하는 방법은 직무별 역량 요건을 파악하고 역량 확보를 위한 방법 및 기회를 제공하는 데 도움이 된다. 교차하는 셀에 대해 직무별로 어떠한 역량 요소가 필요한지를 검토하고, 필요한 상세 역량이나 기술을 구체적으로 기입함으로써 데이터 거버넌스를 위한 직무·역량 분류표를 작성하여 관리하고 활용하는 것이 바람직하다.

나. 데이터아키텍처 전문가 육성

데이터아키텍처 구축 완료 후 이를 관리하기 위한 조직을 정의하는 것만으로는 데이터아키텍처 정보를 지속적으로 발전시킬 수 없다. 데이터아키텍처 정보를 지속적으로 발전시킬 수 있는 전문적 능력을 갖춘 데이터 아키텍트가 조직 내부에 있어야 한다. 예를 들어 잘 설계된 데이터아키텍처 정보를 보유하고 있더라도 지속적으로 발생하는 비즈니스 변화로 인한 불가피한 데이터 모델의 변경 상황에서 전문성을 갖춘 데이터 아키텍트가 적절하게 데이터 모델의 변경을 통제하지 않으면 데이터의 전사적 통합성과 유연성, 확장성을 유지하기가 어렵고 데이터 표준화 적용 수준도 저하되기 쉽다.

데이터아키텍처 구축 프로젝트가 완료된 이후에 프로젝트에 참여한 내부 인력을 중심으로 관리 조직을 구성할 수도 있다. 하지만 데이터아키텍처 구축 프로젝트에 참여한 인력을 데이터 거버넌스 조직으로 발령내고 데이터 아키텍트 임무를 부여하는 것만이 전부가 아니다. 이들이 진정한 데이터 거버넌스 인력으로 성장하기 위해서는 데이터 거버넌스 직무에서 필요한 기술 목록과 수준을 정의해야 한다. 이와 함께 부족한 기술이 있을 경우 교육을 통해 관련 기술을 쌓아 내재화할 수 있도록 관리해야 한다.

다음 그림은 데이터 거버넌스 조직의 직무 구성에 대한 사례이다.

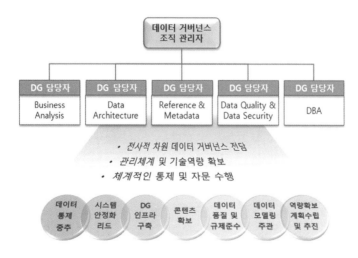

[그림 Ⅰ-3-12] 데이터 거버넌스 직무 구성 예

데이터 거버넌스 및 데이터아키텍처 정보의 유지 관리와 관련하여 현재 조직 내부의 기술 수준을 평가하고 내부의 데이터 아키텍트를 비롯한 데이터 거버넌스 직무 수행 인력이 원활하게 데이터 거버넌스 업무를 수행할 수 있는 기술 수준에 도달할 수 있도록 인력 양성 계획을 수립해야 한다. 인력 양성 계획은 데이터 거버넌스 직무 수행 인력 각자에게 경력 개발 경로를 제시하고 교육 및 평가 과정을 통해 상위의 관련 직무로 성장할 수 있도록 한다.

5. 데이터아키텍처 관리 시스템

가. 데이터아키텍처 관리 시스템 개요

데이터아키텍처 관리 시스템은 데이터아키텍처 정보를 구축하여 관리하고 활용하는 모든 데이터아키텍처 업무 프로세스에 대한 효율성을 제고하기 위한 정보시스템이다. 데이터아키텍처 관리 시스템은 일반적으로 메타 데이터 관리 시스템이라는 명칭으로 많이 사용되고 있다. 최근에는 개념을 좀 더 확장하여 데이터 거버넌스 지원 시스템 혹은 데이터 거버넌스 솔루션이라는 이름으로도 사용된다. 데이터아키텍처 관리 시스템은 데이터 모델링 도구를 포함하는 정보 정의 도구 영역, 데이터아키텍처 리포지터리(Repository)와 데이터아키텍처 관리 포털로 구성된 정보 관리 영역, 데이터아키텍처 정보 활용 영역으로 크게 구분할 수 있다.

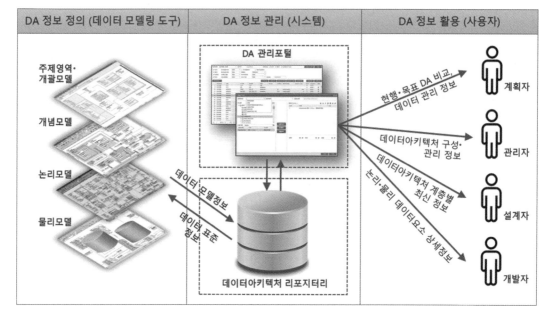

[그림 Ⅰ-3-13] 데이터아키텍처 관리 시스템 구성도 예시

데이터아키텍처 정보 정의 영역은 데이터아키텍처 모델링 도구를 사용하여 데이터아키텍처 정보를 정의한다. 데이터아키텍처 모델링 도구는 데이터아키텍처 정보를 도식화하여 표현할 수 있는 데이터 모델링 도구를 말한다. 즉 데이터아키텍처 계층별 데이터 모델을 정의하는 도구이며, 계층별 데이터 모델을 정의하는 데 있어서 각기 다른 도구로 구성되거나 하나로 통합된 도구일 수 있다.

데이터아키텍처 정보 관리 영역은 데이터아키텍처 리포지터리(Repository)와 데이터아키텍처 관리 포털로 구성된다. 데이터아키텍처 리포지터리는 데이터아키텍처 정보를 저장하기 위한 데이터베이스와 데이터아키텍처 정보 관리 데이터를 포함한다. 데이터아키텍처 관리 포털은 데이터아키텍처 정보를 다양한 사용자가 쉽게 접근할 수 있도록 유저 인터페이스를 제공하고 있다. 경우에 따라서는 데이터아키텍처 정보를 전문적으로 분석하여 활용하는 도구가 포함된다.

데이터아키텍처 관리 포털은 데이터아키텍처 정보를 제공하는 것만이 아니라, 이를 토대로 다양한 계층의 이해 관계자를 지원하기 위해 여러 가지 기능을 추가로 구현할 수 있다. 데이터 품질관리 기능을 연계하거나 추가하기도 하고, 애플리케이션 아키텍처 정보와 연계하여 데이터-애플리케이션 연관 정보 및 변경 영향 분석을 추가하기도 한다. 일반적으로 데이터아키텍처 정보 제공기능을 뼈대로 하여 각 기업이나 조직의 여건에 맞게 다양한 추가 기능을 구현하여 활용하고 있다.

나. 데이터아키텍처 정보 정의 도구

데이터아키텍처 모델링 도구는 데이터아키텍처 정보를 도식화하여 표현할 수 있는 모델링 도구를 말한다.

전용 데이터아키텍처 모델링 도구일 수도 있고, 범용 데이터 모델링 도구일 수도 있다.

데이터아키텍처 정보 정의 도구로서 데이터 모델링 도구는 엔티티-관계 다이어그램 기법을 사용하여 데이터 구조를 표현함은 물론이고, 데이터아키텍처 프레임워크에 정의된 각 개체 간의 관계 표현과 산출물 생성 기능을 제공해야 한다. 나아가 데이터 모델 정보에 대한 질의와 보고서 생성 기능, 데이터아키텍처 리포지터리 및 데이터아키텍처 관리 포털과 정보를 인터페이스할 수 있는 기능도 제공해야 한다. 좀 더 자세히 말하면 데이터 모델링 도구는 데이터아키텍처 계층간 얼라인먼트 유지와 역공학 또는 리버스 데이터 모델링을 지원하고, 데이터 표준 적용 및 준수 검증·물리 데이터 모델 자동 생성 및 물리 데이터 모델로부터 데이터베이스 개체 생성 등을 지원해야 한다. 무엇보다도 정교하고 상세화한 논리 데이터 모델을 정의할 수 있어야 한다. 또한 데이터아키텍처 관리 시스템의 구성요소로서 역할을 하기 위해 데이터아키텍처 리포지터리에 직접 연결하여 데이터 모델을 저장하고 변경할 수 있어야 하며, 리포지터리에 저장된 데이터 표준 정보를 데이터 모델에 적용할 수 있어야 한다. 그리고 리포지터리에 저장된 모델 관련 정보를 데이터아키텍처 관리 포털을 통해 다양한 계층의 이해 관계자에게 제공할 수 있어야 한다.

데이터 모델링 도구를 사용하여 데이터아키텍처 정보를 정의하고 등록하는 이유는 데이터아키텍처 정보의 표준화 및 활용도를 높이기 위한 것인데, 경우에 따라서는 불가피하게 일반 문서화 도구를 사용할 수도 있다. 데이터아키텍처 정보에서 계층별 상세화 수준에 따른 개념·논리·물리 데이터 모델 간의 얼라인먼트와 데이터 표준의 적용, 데이터 흐름으로 정의된 데이터간 연관 관계 정보까지 관리하여 상호운용성과 통합성 효과를 발휘하기 위해서는 데이터 모델링 도구를 사용하는 것이 바람직하다고 할 수 있다.

다. 메타 데이터 관리 시스템

데이터아키텍처 정보 관리 시스템은 메타 데이터 관리 시스템이라는 이름으로 더 널리 알려져 사용되고 있다. 일반적으로 데이터아키텍처 정보를 저장하는 리포지터리와 데이터아키텍처 정보를 사용자에게 배포하는 포털로 구성된다. 여기에 데이터아키텍처 정보를 기반으로 전문적인 분석을 수행할 수 있는 도구가 추가되기도 한다. 다음 그림은 이와 같은 구성을 가진 데이터아키텍처 정보 관리 시스템(메타 데이터 관리 시스템)의 구성 사례이다.

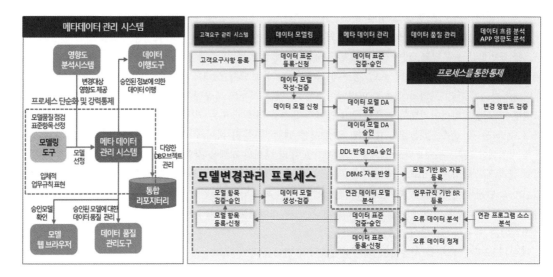

[그림 Ⅰ-3-14] 메타 데이터 관리 시스템 및 DA 관리 프로세스 연계 사례

메타 데이터 관리 시스템은 데이터아키텍처 정보에 대한 버전 관리, 즉 데이터 모델 및 데이터 표준 정보의 변경 관리, 현행 및 목표 데이터아키텍처 정보 간의 비교, 아키텍처 매트릭스나 참조모델과의 연계, 데이터아키텍처 사용자의 권한 관리, 데이터아키텍처 정보에 대한 활용 지원 및 통계, 분석 및 의사결정 지원 기능 등을 포함한다. 메타 데이터 관리 시스템은 패키지 형태로 도입하여 커스터마이징하는 방법과 자체 시스템으로 구축하는 방법이 있다. 장단점은 일반적인 패키지 도입과 자체 개발의 차이 관점에서 보면 된다.

메타 데이터 관리 시스템은 데이터아키텍처 정보의 유지 관리 효율성을 극대화하고 정보 공유와 변경 관리를 수행하는 데 있어 편리한 정보 접근성과 통제 기능을 제공한다. 그리고 메타 데이터 관리 시스템을 활용해 각 업무를 수행하는 사용자들에게 정보를 제공하여 업무 또는 업무 시스템과 데이터 간 연관 관계 분석 및 차이 분석을 쉽게 수행할 수 있게 한다. 또한 아키텍처 매트릭스 기반의 정보 제공으로 IT 담당자를 비롯한 관련 이해관계자 간에 일관되고 일원화한 의사소통을 가능하게 한다. 결국 메타 데이터 관리 시스템은 데이터아키텍처 구축의 목적인 중복 데이터 제거 및 전사적 통합성 확보, 데이터의 재활용성과 데이터 품질 제고 효과를 기대할 수 있게 한다.

메타 데이터 관리 시스템의 도입 효과는 다음과 같다.

- 첫째, 데이터아키텍처 정보를 쉽게 공유할 수 있어 해당 조직의 데이터 구조에 대해 이해 관계자들이 정확하게 파악할 수 있다. 최신의 데이터아키텍처 정보를 이해관계자 계층별 관점에 맞게 제공할 수 있게 된다. 동시에 다수의 사용자에게 동일한 정보를 제공할 수 있고, 메타 데이터 관리 시스템의 다양한 조회 기능을 통해 좀 더 빠르게 데이터아키텍처 정보에 접근할 수 있다.
- 둘째, 의사소통 도구로 메타 데이터 관리 시스템을 활용할 수 있다. 현업과 IT 조직이 공유할 수 있는 데이터 모델을 메타 데이터 관리 시스템을 통해 제공함으로써 현업과의 의사소통 시 오류를 줄일 수 있다.

또한 데이터아키텍처 정보에 정의된 논리/물리 데이터 요소 간의 연관 관계를 파악하여 관련 데이터 오너(소유자) 조직과 사전에 협의하여 문제를 조기에 해소함으로써 현업의 만족도를 높일 수 있게 된다.

- 셋째, 메타 데이터 관리 시스템을 의사결정 도구로 활용할 수 있다. 업무 및 IT 서비스와의 차이를 분석하고 개선점을 파악하는 데 메타 데이터 관리 시스템을 이용할 수 있고, 현행 데이터아키텍처와 목표 데이터아키텍처 간의 차이 분석을 손쉽게 할 수 있어, 시스템 개선 및 목표 데이터아키텍처로의 전환과 관련하여 좀 더 빠른 의사결정을 할 수 있다.

제3절 데이터 거버넌스 운영

1. 데이터 거버넌스 운영 개요

데이터아키텍처 정보를 구축하는 것 못지않게 데이터아키텍처 정보를 효과적으로 활용할 수 있도록 최신 상태를 유지·관리하는 것이 중요하다. 다시 말하면 데이터아키텍처 정보의 구축, 유지·관리, 활용 등 데이터아키텍처 정보에 연관된 모든 과정이 체계적으로 잘 관리되어야 한다는 것이다. 이는 최상의 데이터 수준과 품질을 확보하고 자산으로서의 데이터의 가치를 확고히 하는데 데이터 거버넌스가 반드시 필요하다는 의미이다.

데이터 거버넌스 운영 체계를 갖추기 위해서는 앞서 설명한 바와 같이 각 기업이나 조직에 적합한 데이터 거버넌스 프로세스 정의와 이를 수행할 조직과 적절한 관리 시스템이 뒷받침되어야 한다. 데이터 거버넌스 프로세스를 효과적으로 실효성 있게 수행하기 위해서는 기술적·관리적 역량을 갖춘 데이터 거버넌스 조직이 필요하며, 데이터 거버넌스 조직의 역할이 명확하게 정의되어야 한다. 조직의 역량을 갖추기 위해 필요하다면 외부에서 전문 인력을 소싱하거나 내부 역량 확보를 위한 교육 등 다양한 방법이 사용될 수 있다. 그러나 프로세스와 조직 역량이 갖추어져도 효율적으로 데이터 거버넌스를 수행하기 위해서는 관리 시스템의 지원이 반드시 필요하다. 관리 시스템 없이 조직과 사람만으로 프로세스를 운영하게 되면 인력이나 시간 낭비가 커지고 수행 내용에서도 담당자마다 불일치나 수행 누락 등과 같은 오류가 빈발하여 데이터아키텍처 정보의 품질을 유지하기 어려울 수 있다.

데이터 거버넌스는 조직·프로세스·관리 시스템이 조화로울 때 비로소 제대로 운영될 수 있으며, 데이터 거버넌스 프로세스는 계획(Plan)·조치(Do)·검토(See)의 틀 안에서 수행되어야 한다. 즉 데이터 거버넌스 프로세스를 수행할 때 일정·담당자·조치사항·조치 근거·검증 방법 등과 같은 수행 계획을 수립하고, 이에 따라 적절한 조치가 이루지고 나면 계획에 의거하여 조치 결과를 검증하는 과정으로 프로세스의 틀을 구성하는 것이 바람직하다. 또한 모든 데이터 거버넌스 프로세스에 대해 프로세스의 효과성이나 개선점을 파악할 수 있는 모니터링 및 감사 활동과 이에 대한 수행 주체, 수행 방법 등이 데이터 거버넌스에 추가되어야 한다.

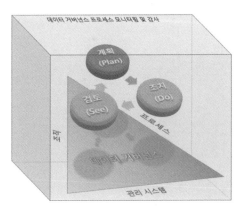

[그림 Ⅰ-3-15] 데이터 거버넌스 운영 체계 개념 예시

2. 데이터 거버넌스 프로세스 운영 및 통제

데이터 거버넌스 프로세스는 [표 Ⅰ-3-2]에 제시한 바와 같이 관리 대상에 대해 관리할 행위와 행위 완성도를 매핑하여 프로세스를 도출하고 정의할 수 있다. 프로세스가 좀 더 실효성을 가지려면 프로세스를 관리 가능한 수준으로 더 분할하고, 분할한 프로세스에 대해 다시 수행 관점과 요청·승인 등 통제 구분을 추가하여 상세 프로세스를 도출하고 정의한다. 이와 같이 통제 가능한 데이터 거버넌스 상세 프로세스를 구성하는 개념을 도식화 해보면 아래 그림과 같다.

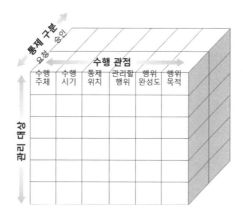

[그림 Ⅰ-3-16] 데이터 거버넌스 프로세스 상세화 개념

위 그림에 나타낸 상세 프로세스 구성 개념에 따라 데이터 모델에 대해 관리할 행위 관점과 통제 구분에 따라 세분화하면 다음과 같다.

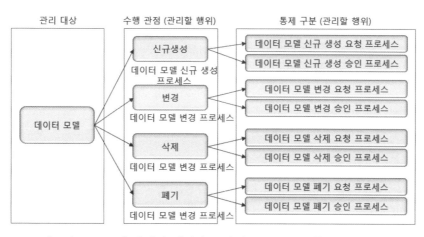

[그림 Ⅰ-3-17] 데이터 거버넌스 상세 프로세스 도출 결과 예시

　　통제가 반영된 데이터 거버넌스 상세 프로세스를 도출한 결과에 대해 나머지 접근 관점을 추가하고 계획·조치·
검토 구성 체계를 적용하면 상세 프로세스를 완성할 수 있다. 즉 관리 대상의 신규 생성이나 변경 등과 같은
상위 프로세스에 대해 요청·승인의 통제 구분을 추가한 상세 프로세스를 도출하고, 여기에 수행 주체·수행 시기·
행위 완성도 등과 같은 내용을 추가하면 데이터 거버넌스 상세 프로세스를 정의할 수 있다.

　　앞 그림에서 제시한 데이터 모델에 대한 데이터 거버넌스 상세 프로세스 중 데이터 모델 신규 생성 요청
프로세스에 대해 나머지 접근 관점과 계획·조치·검토 구성 체계를 적용하여 상세 프로세스를 정의한다고 하자.
데이터 모델의 신규 생성을 수행하고 승인을 요청할 주체와 수행 및 승인 요청 방법, 수행 및 승인 요청 시기,
수행 및 승인 요청 시 신규 생성이라는 행위 또는 활동의 완성도를 평가할 수 있는 방법 등을 명시하여 상세
프로세스로 정의해야 한다. 또한 수행 및 승인 요청 방법에 대해 이를 계획·조치·검토 관점으로 하위 세부 프로세
스를 나열하고 각각의 구체적인 수행 방법과 확보할 근거나 산출물 등을 정의하여 데이터 모델 신규 생성 요청에
대한 상세 프로세스를 정의한다. 아래 그림은 이와 같은 상세화 방법의 개념을 도식화한 것이다.

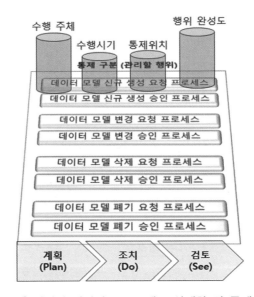

[그림 Ⅰ-3-18] 데이터 거버넌스 프로세스 상세화 및 통제 구성 예시

　　데이터 거버넌스 통제자는 이와 같은 데이터 거버넌스 프로세스의 구성과 운영을 관리하며, 각 프로세스들이
원활하게 수행되고 있는지와 개선할 점이 있는지 등을 파악하기 위해 프로세스 수행 결과를 지속적으로 모니터링
한다.

　　관리 대상에 따라 책임을 담당하는 각 수행 주체들은 자신이 담당하는 관리 대상에 대해 상세 프로세스들을
정의하고, 각 프로세스의 수행 결과에 대한 행위 완성도를 검증할 수 있는 방법과 확인할 수행 근거들을 정의하여
각 프로세스들이 적절한 통제 하에 수행될 수 있도록 해야 한다.

　　이와 같이 데이터 거버넌스 운영 및 통제 활용은 데이터아키텍처의 현행 데이터아키텍처 정보를 바탕으로

시스템을 운영하고, 데이터의 현재 상태를 빠르고 정확하게 파악할 수 있도록 한다. 사용자의 개선 또는 추가 요구 발생 시 데이터아키텍처 정보를 바탕으로 수용 또는 적용 방안을 결정하여 시스템 및 데이터 구조 변경에 반영하는 것이다. 또한 시스템 운영 시 성능 문제나 장애 발생에 대응하여 신속한 파악과 해결에 데이터아키텍처 정보가 매우 유용하게 활용될 수 있다.

데이터아키텍처 정보는 매핑되지 않는 비즈니스 아키텍처 정보 요소나 애플리케이션 아키텍처 정보 요소를 확인하는 데 사용되거나 더 이상 사용되지 않는 데이터를 인지하는 데 사용됨으로써 시스템의 도입 및 폐기의 근거 자료가 될 수 있다. 운영 상에 발생하는 이슈의 경중이나 우선순위를 가릴 수 있는 정보로도 활용할 수 있다. 데이터 품질 지표는 데이터아키텍처 정보 구축 효과를 평가하기 위한 단서로 활용될 수 있으며, 데이터 거버넌스 프로세스에 대한 주기적인 평가와 보완이 이루어져야 한다. 또한 피드백이나 실행을 통해 도출된 보완 내용이 데이터 전략이나 예산 프로세스에 제공될 수 있다.

제 4 절 데이터 거버넌스의 확장

기업의 비즈니스 환경이 갈수록 더 복잡해지고 4차산업혁명의 바람과 함께 정보기술을 이용한 기업 혁신을 추구하는 디지털 트랜스포메이션(Digital Transformation)이 키워드로 떠오르면서 우리가 접하는 정보기술과 데이터 형태는 매우 다양하고 폭넓게 변화하고 있다. 사물 인터넷(IoT)과 클라우드 컴퓨팅, 인공지능(AI), 빅데이터 솔루션 등 새로운 정보통신기술(ICT)을 이용한 플랫폼이 등장하고, 이에 따라 그동안 비즈니스 영역에서 많이 다루지 않았던 비정형, 반정형 데이터 등 다양한 형태의 거대한 규모의 데이터들이 비즈니스 영역으로 진입하고 있다. 이와 함께 사용자의 요구 수준도 높아지고 있고, 그동안 데이터아키텍처가 주로 다루었던 관계형 데이터베이스(RDB)에서 처리되는 정형 데이터 위주의 비즈니스 데이터들에 더하여 다양한 플랫폼에서 생산된 비정형, 반정형 데이터와 외부에서 생산된 데이터까지 업무에 활용하고자 하는 방향으로 사용자의 요구가 변하고 있다. 사용자는 데이터를 새로운 시각으로 바라보기 시작하였다. 이에 따라 다양한 유형의 데이터를 기업이나 조직이 통합적으로 활용하여 새로운 인사이트와 기업의 경쟁력을 확보할 수 있도록 하기 위해서 데이터를 어떻게 관리하고 연계해야 하는지 등과 같은 새로운 형태의 데이터아키텍처와 데이터 거버넌스 체계를 요구하고 있다. 기업이나 조직은 데이터에 기반한 합리적인 의사결정을 하기 위해 점점 더 많고 다양한 유형의 데이터 활용을 필요로 하고 있다. 이에 따라 자연스럽게 데이터 중심적인 비즈니스 패러다임이 기업이나 조직에 자리를 잡아가고 있다.

매일 새롭게 쏟아지는 다양한 유형의 수많은 데이터를 비즈니스에 활용하기 위해 최근에 이르러 주목받고 있는 기술을 든다면 데이터 레이크(Data Lake)를 얘기할 수 있다. 데이터 레이크는 모든 유형의 데이터를 보관할 수 있는 대규모 저장 창고로 이해할 수 있다. 저장에서 끝나는 것이 아니라 데이터를 관리하고 분석해서 새로운 정보를 찾아낼 수도 있어 빅데이터를 활용하는 새로운 플랫폼 기술로 주목받고 있다. 데이터 레이크에 대한 관심이 높아지면서 이제 그동안 축적한 정형의 비즈니스 데이터와 데이터 레이크에 집적된 다양한 유형의 수많은 데이터를 결합하여 업무에 활용할 수 있는 방법과 이러한 환경에서 데이터를 어떻게 관리해야 하는지에 대해 새롭게 관심이 모아지고 있다. 이에 대한 기술적 대안은 아직까지 정형화 또는 안정화하고 있다고 보기 어려우며, 계속해서 새로운 대안과 기술 솔루션들이 등장하여 검증되고 있다.

여기서 생각해 볼 것은 데이터 레이크를 구축하는 방법론이나 기술에 대한 내용보다 빅데이터가 개입되는 기술 환경 변화에서 데이터아키텍처와 데이터 거버넌스는 어떻게 대처해야 할 것인가 대한 문제이다. 다음 그림은 데이터 레이크와 기존의 정보계 데이터를 연계하는 개념적 구성을 표현하고 있는 예이다. 하부의 데이터 레이크는 다양한 유형의 데이터를 수집하여 정형·비정형 분석을 통해 필요한 정보를 추출할 수 있도록 하고 있고, 상위의 정보계 데이터 영역은 기존의 비즈니스 데이터를 저장하고 있는 복수의 데이터베이스로부터 추출한 데이터를 통합·변환·가공하여 데이터 웨어하우스(DW, Data Warehouse) 및 데이터 마트(DM, Data Mart) 정보를 생성하면서 한편으로 데이터 레이크로부터 추출한 요약 또는 분석 결과를 데이터 웨어하우스와 데이터 마트에 병합하여 비즈니스 인텔리전스(BI, Business Intelligence) 솔루션 영역으로 연결함으로써 데이터 분석·활용의 폭을 확장하도록 구성하고 있다.

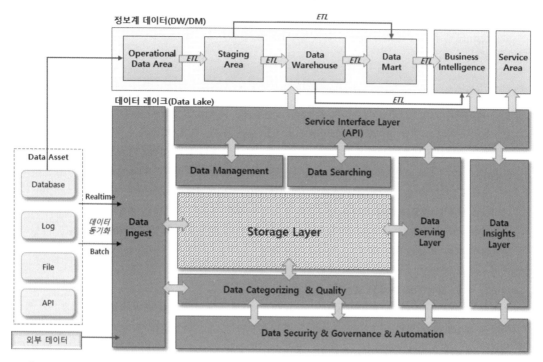

[그림 I-3-19] 빅데이터 기반 데이터 레이크와 기존 정형 데이터 기반 DW/DM 혼합 구성 예시

위 그림에서 보듯이 최근의 데이터 활용 경향은 다양한 데이터를 분석에 활용함으로써 기존에 비즈니스 데이터만으로 수행하던 분석에 더하여 더 넓은 범위와 유형의 결과를 얻을 수 있도록 분석 영역을 확장하고자 하는 시도가 빈번하게 나타나고 있다. 이와 같은 정보기술 환경의 변화는 필연적으로 확장된 데이터의 효율적인 관리 체계 수립으로 나아가게 하고 있다. 이러한 정보기술 환경의 변화를 반영한 데이터 거버넌스 체계 수립을 위해 다음과 같은 사항들이 고려되어야 한다.

■ 전사의 범위와 관리 대상 데이터 유형

기존의 데이터아키텍처에서는 일반적으로 구조화한 정형 데이터 위주로 전사의 범위를 정의하였다. 이에 따라 관리 대상 데이터는 거의 대부분 비즈니스에 밀접하게 연관된 구조화한 정형 데이터였다. 그러나 정보기술 환경의 변화에 따라 다양한 유형의 빅데이터가 관리 범위에 들어오기 시작했기 때문에 이러한 데이터가 생산되는 원천(시스템)까지 전사의 범위로 고려될 필요가 있다. 데이터가 발생되는 원천(시스템)은 기업이나 조직 내부에 있을 수도 있고, 외부에 있을 수도 있기 때문에 전사의 범위를 명확하게 정의하고, 그 외부의 데이터를 안정적으로 수집하는 방안이 함께 검토되어야 한다.

■ 데이터 흐름 관리 범위

관리해야 할 데이터 유형 및 원천이 다양해짐에 따라 원천으로부터 데이터아키텍처 관리 범위 내로, 혹은 데이터아키텍처 관리 범위 내부에서의 데이터 이동까지 포함하여 전체적으로 데이터의 이동 경로가 확장될 수 있다. 그만큼 흐름 관리 대상이 되는 데이터가 늘어나고 데이터 이동을 위한 교환 기술이나 표준이 복잡해질 수 있다.

■ **민감 데이터의 식별 및 처리(비식별화)**

민감 데이터는 개인정보만을 의미하지 않는다. 개인정보는 대표적인 민감 데이터에 해당하지만 기업이나 조직에서 바라보는 민감 데이터에는 개인정보 외에도 경영, 인사, 회계, 영업 등 다양한 비즈니스 영역에서 외부에 유출되거나 내부의 비인가자에게 노출되지 않도록 보호해야 할 데이터들이 포함된다. 이러한 데이터들은 윤리 및 컴플라이언스(Compliance) 차원에서 다루어져야 하는 것이기 때문에 세심한 주의가 필요하다. 그러므로 기업이나 조직에서 보호해야 할 민감 데이터를 식별하는 것은 매우 중요하다. 식별된 민감 데이터를 보호할 방법에 대해서 관련 전문가와의 협력을 통해 적절한 조치를 강구해야 한다. 비식별 처리가 수행된 데이터라 하더라도 다양한 접근 또는 다른 데이터와의 결합에 의해 재식별 가능성이 있을 수 있음을 고려하여 관련 전문가와의 협력이 반드시 필요하다.

■ **다양한 원천 데이터를 고려한 데이터 품질 관리**

기존의 데이터 품질 관리는 일반적으로 비즈니스와 연관된 구조화한 정형 데이터 위주로 이루어져 왔다. 따라서 데이터에 관련된 비즈니스 규칙을 표준화하여 관리 대상 데이터가 이 규칙을 준수하고 있는지, 구조화 개념에 의해 도출된 검증 사항들을 충족하는지 등을 검사하여 데이터 품질을 가늠하는 방식으로 데이터 품질 관리의 패턴이 정의되었다. 그러나 빅데이터 플랫폼 환경에서는 비구조화한 데이터를 다루게 되기 때문에 기존의 방식만으로 데이터 품질을 관리하기 어렵게 되었다. 다양해진 데이터 유형 문제에 더하여 데이터의 생산이 통제 범위 밖에서 이루어지는 경우가 많다는 점 또한 데이터 품질을 관리하는 데 어려움을 주는 요소가 된다. 이러한 점들을 고려하여 다양한 유형에 대해 어떤 방법으로 데이터 품질을 관리할 것인지에 대한 고민이 필요하다. 데이터 유형별로 데이터 품질을 관리하는 방법을 달리 하는 것도 하나의 방법이 될 수 있다. 그리고 데이터 이동 경로 상에서 어느 위치에서, 어떤 시점에 데이터 품질이 검증되어야 하는지에 대한 문제도 함께 고민해 보아야 한다.

■ **데이터 카탈로그 또는 메타 데이터 관리**

데이터 레이크(Data Lake)의 특징은 원시 데이터(Raw Data)를 그대로 저장한다는 점이다. 데이터 웨어하우스에 데이터를 저장하기 위해서는 데이터를 추출-변환-적재(ETL)하는 과정을 거친다. 구조가 다른 각기 다른 데이터베이스에서 가져온 데이터이기 때문에 데이터 웨어하우스에 설계된 하나의 구조로 맞추기 위한 처리 과정이 필요하다. 그러나 데이터 레이크는 원칙적으로 이러한 ETL과 같은 중간 처리 과정을 두지 않는다. 다양한 원시 데이터를 그대로 저장해두고 있다가 분석 시점에 필요한 형태로 데이터를 가공한다. 데이터를 저장하는 시점이 아니라 분석하는 시점에 데이터의 가공 처리가 정의된다. 이러한 처리를 하려면 '카탈로그'라는 기능이 반드시 필요하다. 어떤 데이터가 어디에 저장되어 있는지 카탈로그 정보를 만들어 놓고, 분석이 필요할 때 그것을 보고 필요한 데이터가 있는 곳의 데이터에 접근하는 것이다. 카탈로그는 메타 데이터로 부르기도 하는데, 저장된 데이터에 대해 알 수 있는 내용들을 갖고 있기 때문에 '데이터의 데이터'라는 관점에서 메타 데이터라고 부르기도 한다. 기존의 구조화된 데이터들은 거의 대부분 관계형 데이터베이스에 저장된 데이터이고, 관계형 데이터베이스는 내부적으로 이미 다양한 메타 데이터를 생성하여 사용하고 있기 때문에 이것을 활용하여 데이터를 이해할 수 있었지만 데이터 레이크에 저장된 파일 데이터와 같은 데이터들은 그와 같은 메타 데이터가 제공되지 않아 일반적으로 데이터 레이크를 운영하는 쪽에서 직접 만들어 사용한다. 그러므로 이러한 카탈로그 또는 메타 데이터를 어떻게 구성할 것인지에 대한 설계와 데이터 확보가 매우 중요한 사안이 된다.

■ 적재 파일 및 용량 관리

기존의 구조화한 데이터는 주로 관계형 데이터베이스에 저장되었고, 업무 수행에 따라 주로 텍스트 형태의 데이터로 생성되기 때문에 기계적으로 발생하는 트랜잭션 데이터가 아닌 한은 데이터의 증가가 빠르지 않고 데이터베이스의 저장 용량을 관리하는 것도 상대적으로 수월한 편이었다. 그러나 데이터 레이크에 저장되는 데이터는 보통 파일 형태로 되어 있고, 데이터 유형이나 사이즈·발생 주기 등도 아주 다양하다. 이러한 환경에서 데이터 적재 현황을 관리하기 위해서는 관리할 항목을 미리 선정하여 지속적인 점검과 예측이 수행되어야 한다. 이를 위한 관리 항목의 예를 들어 보면 다음과 같다.

- 데이터 총 사이즈
- 테이블별 파일 사이즈
- 금일 증분 데이터 사이즈

■ 데이터 분류체계

데이터 모델은 정형 데이터를 대상으로 하는 구조화한 환경에서 전통적으로 데이터의 이해 및 관리에 대한 지도 혹은 지침 역할을 해왔다. 데이터 분류체계(Taxonomy)는 구조화하지 않은 환경에서 데이터 모델과 동일한 역할을 한다. 둘이 완전히 같은 개념은 아니지만, 분류체계는 데이터 모델과 거의 동일한 목적으로 사용된다. 가장 간단한 형태의 분류체계는 관련 핵심 단어(키워드) 목록이다. 이 외에도 데이터를 분류하는 방법들은 매우 많으며 실제로 거의 무한한 수의 분류 방법이 존재한다.

분류체계는 적용가능성을 토대로 비정형 데이터에 적용된다. 예를 들어 자동차 회사는 엔지니어링과 제조에 관련된 분류체계를 사용할 수 있다. 또한 회계법인은 세금과 회계규칙에 적용되는 분류체계를 선택할 수 있으며, 소매업자는 제품 및 판매와 관련된 분류체계를 선택할 수 있다. 그러나 엔지니어링 회사가 종교나 법률에 관련된 분류체계를 사용하는 것은 적절하지 않을 것이다. 분류체계와 관련된 것은 온톨로지 (Ontology)이다. 온톨로지는 어떤 일정 범위에서 사용되는 단어들의 개념·특성·연관 관계 등을 표현하여 단어에 대한 일반적 지식이 명시적으로 드러나고, 단어 간 관계 정의를 통해 문장의 의미를 파악할 수 있도록 하는 명세 방법이라고 할 수 있다. 분류체계 안에 포함된 요소들의 상호 관계를 바탕으로 하여 분류함으로써 분류체계에 온톨로지를 접목할 수 있다. 예를 들어 '강릉'이라는 지명은 '강릉단오제'라는 행사 명칭을 매개로 하여 '지역축제'나 '민속행사' 등의 분류에 연결될 수 있다. 그러므로 데이터 레이크에서 다루고자 하는 데이터에 대한 분류체계를 정의하고 관리하는 것은 데이터의 활용과 관련하여 매우 중요하게 다루어져야 한다.

■ **권한 관리**

데이터의 범위가 확장된 만큼 데이터에 접근하고자 하는 사용자도 늘어나고, 데이터의 공유 기회도 증가하게 된다. 이에 따라 데이터에 대한 접근 허용/통제 관리가 신중하게 다루어져야 한다. 특히 식별된 민감 데이터가 있는 경우 민감 데이터에 대한 접근 권한을 관리하는 것은 매우 중요한 사안이 된다. 접근을 허용하거나 통제할 대상을 정의하는 것 못지않게 접근 권한의 변경 관리를 소홀히 해서는 안 된다.

■ **다양한 기술 세트에 대응하기 위한 데이터 거버넌스 조직 강화**

빅데이터 플랫폼을 구성하는 기술 분야가 매우 다양하고, 이에 따라 오픈소스 소프트웨어를 포함한 유무료 솔루션들도 매우 다양하게 존재한다. 이러한 다양한 기술들이 복잡하게 연계되어 하나의 플랫폼을 구성하기 때문에 모든 기술 분야에 전문성을 갖고 있기는 쉽지 않다. 그러므로 확장된 플랫폼에 맞추어 이를 충분히 통제하고 관리할 수 있는 조직 역량을 갖추는 것이 중요하다. 이를 위한 데이터 거버넌스 조직의 인력 구성과 역량 확보를 위한 프로그램 또한 아주 중요한 고려 사항의 하나이다.

아래 그림은 이와 같은 정보기술 환경의 변화에 따른 고려 사항을 감안하여 데이터 거버넌스 체계를 확장한 사례이다. 다양해진 데이터 유형과 변화된 플랫폼 환경을 감안한 추가 요소들이 데이터 거버넌스에 포함되어 있음을 볼 수 있다.

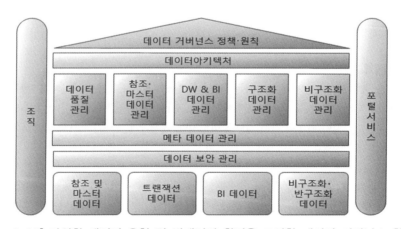

[그림 Ⅰ-3-20] 다양한 데이터 유형 및 빅데이터 환경을 고려한 데이터 거버넌스 확장 사례

지금까지 최근의 정보기술 환경 변화에 따라 자주 나타나는 데이터 플랫폼의 형태와 이를 감안한 확장된 데이터 거버넌스의 수립에 대해 살펴보았다. 빅데이터를 활용하는 플랫폼 기술은 계속적으로 발전하고 있고, 빅데이터와 기존의 구조화된 비즈니스 데이터를 접목하고자 하는 시도 또한 계속되고 있다. 그러나 이를 위한 플랫폼 구성 및 데이터 거버넌스 체계는 아직까지 불완전하고 계속적인 검증과 보완을 요구받고 있다. 여기서 이에 대한 최근의 경향에 대해 설명한 것은 데이터아키텍처 전문가로서 정보기술 환경이 변화하고 있는 방향과 데이터 관리 기술이 발전해 가는 방향을 이해하여 기업이나 조직에서 데이터아키텍처 전문가가 계속적으로 데이터 분야의 리더로 역할을 할 수 있도록 하기 위함이다.

장 요약

제1절 데이터 거버넌스 개요

- 데이터 거버넌스는 관련 구성원들이 적절하게 조직되어, 궁극적으로 기업이나 조직의 목적에 적합하면서 높은 품질의 데이터를 사용할 수 있도록 하기 위한 바람직한 활동 체계를 정의하는 것이다. 전략·정책 및 운영 요소를 결합하는 역할을 한다.
- 데이터아키텍처를 도입할 때 데이터아키텍처 정보를 정확하게 구축하는 것도 중요하지만, 더 중요한 것은 데이터아키텍처 정보를 관리하고 활용할 수 있는 체계를 정립하는 것이다. 이는 곧 데이터 거버넌스의 핵심 요소로, 데이터아키텍처를 유지·관리하는 조직과 프로세스 측면의 기반을 구축하는 것을 포함한다.
- 데이터 거버넌스의 요체는 데이터를 통제되지 않은 상태에서 통제된 상태로 전환하는 것이라 할 수 있다. 통제 상태의 데이터, 즉 거버넌스 데이터(governed data)는 신뢰할 수 있고, 이해가 쉬우며, 데이터 자체와 데이터에 대한 문제를 해결할 책임이 명확하게 확립되어 있는 데이터이다.

제2절 데이터 거버넌스 구성

- 데이터 거버넌스는 조직, 프로세스, 인력, 관리 시스템의 관점에서 검토되고 수립된다.
- 데이터 거버넌스 조직 체계는 관리를 위해 필요한 직무와 직무 간의 관계, 업무 분장을 정립하는 것이다. 데이터 거버넌스 프로세스 체계는 데이터아키텍처를 수립하고 관리하기 위한 활동을 정의하는 것이다. 데이터 거버넌스 인력 관리 체계는 데이터아키텍처 관리를 담당하는 직무별 역량을 정의하고 이를 확보하기 위한 방안을 정의한 것이다.
- 데이터아키텍처 관리 시스템은 데이터아키텍처 정보를 구축, 관리, 활용하는 모든 업무 프로세스를 효과적으로 지원하기 위한 시스템으로, 일반적으로 메타 데이터 관리 시스템으로 많이 알려져 사용되고 있다.
- 데이터아키텍처 관리 시스템은 데이터아키텍처 정보를 생산하는 데이터 모델링 도구를 포함하는 정보 정의 도구 영역, 데이터아키텍처 리포지터리(Repository)와 데이터아키텍처 포털로 구성된 정보 관리 영역, 데이터아키텍처 정보 활용 영역으로 크게 구분된다.

제3절 데이터 거버넌스 운영

- 데이터 거버넌스는 조직, 프로세스, 관리 시스템이 조화될 때 비로소 효과를 발휘할 수 있다. 데이터 거버넌스 프로세스를 수행할 때 수행 계획을 수립하고, 이에 따라 적절한 조치가 이루어지고 나면 계획에 의거하여 조치 결과를 검증하는 과정으로 프로세스의 틀을 구성하는 것이 바람직하다. 또한 데이터 거버넌스 프로세스는 모니터링 및 감사 활용을 통해 효과를 분석하고 개선 조치가 이루어져야 한다.
- 데이터 거버넌스 운영 및 통제 활용은 데이터아키텍처의 현행 데이터아키텍처 정보를 바탕으로 시스템을 운영하고 데이터의 현재 상태를 빠르고 정확하게 파악할 수 있도록 한다. 사용자의 개선 또는 추가 요구 발생 시 데이터아키텍처 정보를 바탕으로 수용 또는 적용 방안을 결정하여 시스템 및 데이터 구조 변경에 반영할 수 있도록 한다.

제4절 데이터 거버넌스의 확장

- 최근의 데이터 활용 경향은 다양한 데이터를 분석에 활용함으로써 기존에 비즈니스 데이터만으로 수행하던 분석에 더하여 더 넓은 범위와 유형의 결과를 얻을 수 있도록 분석 영역을 확장하고자 하는 방향으로 발전하고 있다.
- 정보기술 환경의 변화는 필연적으로 확장된 데이터의 효율적인 관리 체계 수립으로 관심이 모아지고 있으며, 이러한 정보기술 환경의 변화를 반영한 데이터 거버넌스 체계 수립을 위해 데이터아키텍처 전문가의 역할이 더욱 더 중요해지고 있다.

연습문제

문제 1. 데이터 거버넌스에 대한 설명으로 가장 적절치 않은 것은?

① 데이터 거버넌스는 데이터아키텍처를 유지 관리하기 위한 조직과 프로세스 측면의 기반을 구축하는 것이다.

② 데이터 거버넌스는 데이터아키텍처 관리 체계의 또 다른 이름이다.

③ 데이터 거버넌스는 IT 관리 체계를 포괄하는 더 큰 개념이다.

④ 데이터 거버넌스 정착을 위해서는 현업 부서도 데이터아키텍처를 이해하여 데이터아키텍처 정보를 활용하고, 혁신을 위한 적극적인 의견 제시가 필요하다.

문제 2. 구축된 데이터아키텍처 정보를 효과적으로 활용하기 위해서 고려되어야 할 사항 중 가장 관계가 먼 것은?

① 데이터아키텍처 관리 조직과 프로세스, 직무를 정립한다.

② 데이터아키텍처 참조모델을 적극적으로 활용하고 유지·관리한다.

③ 데이터아키텍처 관리 시스템을 구축하여 적극 활용한다.

④ 데이터아키텍처 활용에 대하여 구체적인 범위와 활용의 예를 정립한다.

문제 3. 데이터아키텍처 관리 시스템에 대한 설명 중 가장 적절치 않은 것은?

① 데이터아키텍처 관리 시스템은 의사소통 도구나 의사결정 도구로 활용하기에 적합하지 않다.

② 데이터아키텍처 관리 시스템은 데이터아키텍처 정보를 구축하고, 관리하고, 활용하는 모든 데이터아키텍처 업무 프로세스를 효과적으로 지원하기 위한 시스템이다.

③ 데이터아키텍처 관리 시스템은 데이터아키텍처 모델링 도구, 데이터아키텍처 리포지터리, 데이터아키텍처 포털 등으로 구성된다.

④ 데이터아키텍처 관리 시스템 활용하여 업무와 데이터의 연관 관계 분석 및 차이 분석을 수행할 수 있다.

문제 4. 데이터아키텍처 모델링 도구에 대한 설명 중 가장 적절한 것은?

① 데이터 구조를 표현할 수 있는 기법을 내장하고 데이터가 사용되는 프로세스까지 표현할 수 있어야 한다.

② 데이터아키텍처 정보가 수록된 산출물 생성 기능을 제공해야 한다.

③ 데이터아키텍처 리포지터리를 보유하고 있어야 한다.

④ 데이터 표준 변경 관리 기능을 제공해야 한다.

문제 5. 데이터 거버넌스 인력에게 필요한 데이터아키텍처 역량 요소로 보기 어려운 것은?

① 리더십 역량

② 기술적 역량

③ 활용 역량

④ 탐구적 역량

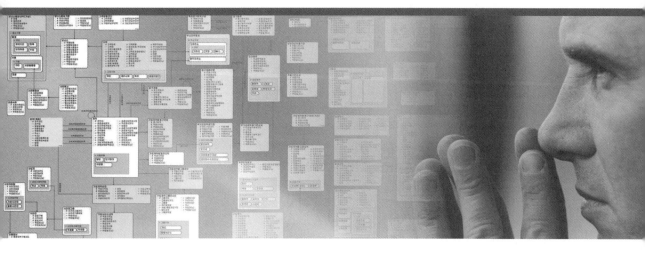

과목 소개

　　정보시스템 구축에 있어서 가장 관심을 가지고 세밀하게 진행해야 할 일 중 하나는 사용자가 원하는 정보 요구 사항이 무엇인지 정확하게 파악하고, 이를 효과적으로 분석·구축하기 위해 필요한 요구 사항을 분석하는 것이다. 다양하게 증가하고 있는 정보 요구 사항을 전체적이고 체계적으로 신속, 정확하게 분석하지 않으면 향후 설계 및 개발 단계에서 어려움이 따를 수 있다. 본 과목에서는 사용자의 요구 사항을 수집하기 위한 각종 기법과 수집된 요구 사항을 어떤 방법으로 분석·검증하는지에 대하여 기술하고자 한다.

과목 Ⅱ

데이터 요건 분석

과목 구성

기업 내에 흩어져 있는 많은 정보를 사용자 관점에서 어떻게 수집해서 이를 체계적으로 분류하고, 사용자가 필요로 하는 정보 요구 사항을 도출하고, 도출된 정보 요구 사항이 누락되거나 추가 보완할 사항이 있는지 상관분석 검증을 통해 확인하여, 도출한 요건에 대한 변경관리를 한다.

제1장 정보 요구 사항 개요

    제1절 정보 요구 사항

    제2절 정보 요구 사항 관리

제2장 정보 요구 사항 조사

    제1절 정보 요구 사항 수집

    제2절 정보 요구 사항 정리

    제3절 정보 요구 사항 통합

제3장 정보 요구 사항 분석

    제1절 분석 대상 정의

    제2절 정보 요구 사항 상세화

    제3절 정보 요구 사항 확인

제4장 정보 요구 사항 명세화

    제1절 정보 요구 사항 명세 정의

    제2절 정보 요구 사항 명세 상세화

제5장 정보 요구 사항 검증 및 변경 관리

    제1절 정보 요구 사항 검증 정의

    제2절 정보 요구 사항 상관분석 기법

    제3절 추가 및 삭제 정보 요구 사항 도출

    제4절 정보 요구 사항 변경 관리

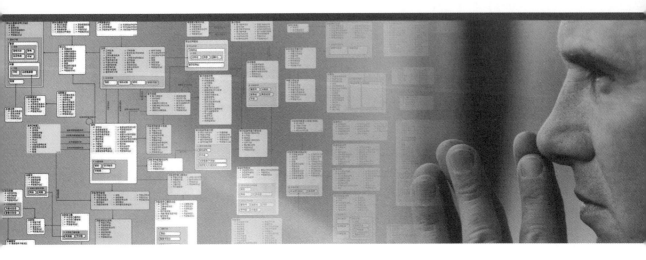

학습목표

제1장에서는 다음과 같은 내용을 학습한다.

▪ 정보 요구 사항에 대한 개념을 이해한다.

▪ 정보 요구 사항의 생명주기 모형을 이해한다.

▪ 정보 요구 사항의 유형에 대해 이해한다.

▪ 정보 요구 사항 도출, 변경, 삭제하기 위한 관리 프로세스를 이해한다.

제1장

정보 요구 사항 개요

장 소개

전체적으로 정보 요구 사항에 대한 개념 이해와 정보 요구 사항의 생명주기를 이해한다. 사용자로부터 접수한 정보 요구 사항 수집 단계부터 정보 요구 사항 관리의 전체적인 흐름을 이해할 수 있도록 한다.

장 구성

정보 요구 사항에 대한 정의를 수립하고 정보 요구 사항을 효율적으로 관리하는 프로세스를 예시하고, 정보 요구 사항 관리 프로세스에 대해 설명한다.

제1절 정보 요구 사항
제2절 정보 요구 사항 관리

제1절 정보 요구 사항

1. 정의

정보 요구 사항이란 사용자가 일상적으로 수행하는 업무의 개선 사항이나 신규 개발 사항으로 시스템을 통해 기능상의 목적을 달성하기 위해 요청하는 내용이다. 이러한 정보 요구 사항들은 현행 시스템 분석, 사용자 요구 사항 수집, 제안 요청서, 사업 수행 계획서 등을 이용하여 수집 가능하다. 사용자의 정보 요구 사항을 정해진 일정과 비용 범위 내에서 사용자가 원하는 시스템으로 개발하기까지는 많은 어려움이 존재한다.

현실적인 개발 환경에서 프로젝트의 성공을 위해서는 불완전하고 애매모호하게 정의된 정보 요구 사항, 현실성을 배제한 이상적인 정보 요구 사항, 특정 사용자만을 위한 정보 요구 사항들은 프로젝트 초기 단계부터 정확한 요건 분석이 이루어져야 한다. 잘못 분석되고 설계된 정보로 시스템을 개발한다면 사용자 요구 사항을 만족하지 못하는 시스템이 되고, 이는 사용자가 사용하지 않기 때문에 처음부터 다시 설계하고 개발해야 하는 위험과 추가 비용을 초래한다.

시스템 개발에 있어서 가장 어려운 부분은 무엇을 개발할 것인가를 정확히 결정하는 일이다. 설계와 구현, 테스팅 등은 잘못되었을 때 낮은 비용으로 수정할 수 있으나 요구 사항의 변경은 처음부터 다시 개발해야 하므로 많은 비용이 들기 때문이다.

요구 사항 분석은 시스템 개발의 실제적인 첫 단계로 사용자의 요구에 대하여 이해하는 단계라 할 수 있다. 문제를 해결하기 위해서는 기본적으로 광범위한 문제의 해결이라 할 수 있다. 문제를 해결하기 위해서는 먼저 사용자의 요구(Requirements)를 이해하는 단계가 있어야 한다. 요구의 성격과 범위를 이해해야 하며, 문제 해결에 있어서의 제약 사항을 알아야 한다. 정확한 요구를 추출하고 어떤 방법으로 문제를 해결할 것인지 결정한다.

다양한 요구를 요구 사항에 포함시키는 과정에 고객의 적극적인 참여와 프로젝트의 제품, 서비스 또는 결과물에 대한 요구 사항을 판별하여 문서화하고 관리하는 데 기울인 노력이 프로젝트의 성패를 크게 좌우한다. 프로젝트를 진행하면서 충족해야 할 조건이나 역량 또는 합의 내용이나 공식적으로 지정된 그 밖의 사양을 충족하기 위해 제품, 서비스 또는 결과물에 인도해야 할 조건이나 역량이 요구 사항에 포함된다. 스폰서와 고객, 그 밖의 이해관계자의 요구 및 기대사항을 정량화하여 수치로 명시한 것도 요구 사항에 포함된다.

많은 조직에서 요구 사항을 다양한 유형으로 분류하는데, 예를 들어 이해관계자 요구를 가리키는 비즈니스 요구 사항과 이해관계자 요구가 구현되는 방법을 가리키는 기술적 해결책 요구 사항 등이 있다. 그리고 요구 사항이 점차 구체화하면서 요구 사항의 분류 정확도와 상세 수준을 높일 수 있게 된다.

요구 사항 분류에는 다음과 같은 범주가 포함된다.

- 비즈니스 이슈나 기회, 프로젝트를 수행한 이유 등과 같은 전체 조직의 상위 수준 요구를 설명하는 비즈니스 요구 사항
- 이해관계자 개인 또는 이해관계자 집단의 요구를 설명하는 이해관계자 요구 사항
- 비즈니스 및 이해관계자 요구 사항을 충족할 제품, 서비스 또는 결과의 특성과 기능을 설명하는 해결책 요구 사항. 해결책 요구 사항은 다시 기능적 요구 사항과 비기능적 요구 사항으로 나뉜다.

- 기능적 요구 사항은 제품의 기능을 설명한다. 예로는 프로세스, 데이터, 제품과 상호작용이 있다.
- 비기능적 요구 사항은 기능적 요구 사항을 보충하며, 효율적인 제품이 되기 위해 요구되는 품질이나 환경 여건을 설명한다. 예로는 신뢰성, 보안, 성과, 안정성, 서비스 수준, 지원 가능성, 보유/제거 등의 요구 사항이 있다.
- '현재 상태'에서 향후 '예상 상태'로 전환하는 데 필요한 데이터 변환 및 교육 요구 사항과 같은 한시적 역량을 설명하는 전환 요구 사항
- 프로젝트가 충족해야 하는 조치, 프로세스 또는 그 밖의 조건을 설명하는 프로젝트 요구 사항
- 프로젝트 인도물의 성공적인 완료 또는 기타 프로젝트 요구 사항의 충족 여부를 확인하는 데 필요한 기준이나 조건에 해당하는 품질 요구 사항

미국의 스탠디시 그룹(Standish Group)은 프로젝트 결과를 성공, 실패, 도전으로 분류한다. 성공은 범위와 일정·예산을 모두 만족시켜 목표를 달성한 프로젝트이고, 실패는 프로젝트가 중단되었거나 산출물 납품에 실패한 프로젝트이다. 도전은 범위·일정·예산의 세가지 기준 중 한두 가지 혹은 모두에는 미달하였으나, 프로젝트는 완수되었고 산출물을 고객에게 인도하여 마무리한 프로젝트이다.

	2011	2012	2013	2014	2015
SUCCESSFUL	39%	37%	41%	36%	36%
CHALLENGED	39%	46%	40%	47%	45%
FAILED	22%	17%	19%	17%	19%

[그림 II-1-1] 프로젝트 수행 결과(Standish Group CHAOS Report 2015)

프로젝트가 실패하는 원인은 다양하다. 학자들의 원인을 찾기 위한 연구결과, 수많은 원인 중에서 대표적인 원인은 다음과 같다.

- 비현실적 혹은 비논리적 목표
- 최악으로 정의된 시스템 요구 사항 명세
- 엉성한 프로젝트 관리 프로세스와 열악한 프로젝트 관리
- 필요한 자원의 부정확한 예측
- 프로젝트 상태에 대한 불성실한 보고
- 프로젝트 복잡성을 다루기 위한 능력 부재
- 관리되지 않는 위험
- 고객과 개발자, 사용자 간의 불성실한 커뮤니케이션
- 성숙도가 떨어지는 기술의 사용

프로젝트가 실패한 원인을 '계획과 추정요인', '실행요인', '인간적 요인'으로 다시 분류하면 다음과 같다.

[표 II-1-1] 프로젝트 실패 원인 요인별 설명

분류	내용
계획과 추정 요인 (Planning and estimation factor)	• 초기에 수립된 원가와 일정에 대한 추정이 프로젝트 진행에 따라 개선되지 않음 • 계획이 프로젝트 진척을 위한 가이드로 올바르게 적용되지 못함
실행 요인 (implementation factor)	• 프로젝트 범위의 변경 • 프로젝트 방법론의 부적절한 사용 • 주요 요구 사항의 변경 • 불성실한 테스트와 검증
인간적 요인 (human factor)	• 필요한 기초기술에 대해 제대로 훈련되지 않은 프로젝트 관리자 • 프로젝트 관리 이론이 실무에 적용되지 않음 • 커뮤니케이션 부재

프로젝트를 성공적으로 수행하기 위해서는 현업 사용자들이 이야기하는 정보 요구 사항을 IT 업무 담당자들은 처음부터 철저하게 이해하고, 무슨 내용이며 어떤 기능들을 요구하는지 정확하게 분석하기 위해 많은 시간과 노력을 집중해야 한다.

더욱 구체화하고 다양화하는 사용자 정보 요구 사항과 복잡해진 정보시스템의 현행을 정확하게 분석하고 이해할 수 있는 능력이 데이터아키텍처 전문가에게 필요하다.

2. 정보 요구 사항 생명주기 모형

정보 요구 사항의 생명주기(Life Cycle) 모형은 [그림 II-1-2]와 같이 베이스라인을 중심으로 요구 사항 개발과 요구 사항관리로 나누어진다. 정보 요구 사항 개발 단계에서는 정보 요구 사항 도출, 정보 요구 사항 분석·정의, 정보 요구 사항 명세화, 정보 요구 사항 검증으로 구성되고 요구 사항 관리 단계에서는 승인 이후 요구 사항 변경 요청에 대한 영향분석과 요구 사항을 반복적으로 수행하여 사용자 정보 요구 사항이 정보시스템에 누락 없이 반영되어야 한다.

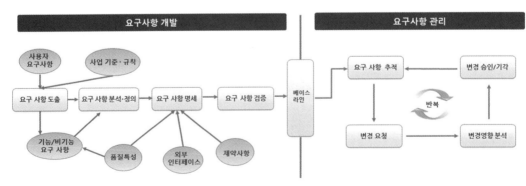

[그림 II-1-2] 정보 요구 사항 생명주기

가. 정보 요구 사항 도출

사용자의 정보 요구 사항을 도출하는 단계로서, 사용자 인터뷰·설문지·워크숍·현행 시스템 분석 등을 통해 도출한다.

나. 정보 요구 사항 분석 및 정의

사용자로부터 수집된 정보 요구 사항을 정리하고 방법론에서 제시하는 다양한 기법으로 분석해 정보 요구 사항을 정의하는 단계이다.

다. 정보 요구 사항 명세화

확정된 정보 요구 사항의 개별 사항에 대하여 세밀하게 분석하고 기록하는 단계이다. 향후 사용자의 정보 요구 사항이 정보시스템에 정확하게 반영될 수 있도록 상세하게 작성한다.

라. 정보 요구 사항 검증

사용자의 정보 요구 사항을 비즈니스 관점, 조직 관점, 애플리케이션 관점과 상관분석을 통해 누락 없이 반영되었는지 검증하는 단계이다.

3. 정보 요구 사항 유형

사용자 요구 사항은 크게 기능·비기능·기타 요구 사항으로 구분할 수 있다. 이를 세분화하면 비기능 요구 사항은 시스템의 원활한 동작 실행, 성능 등 목표 성과를 내기 위해 필요한 사항, 프로젝트 관리 및 지원사항으로 기타 요구 사항은 시스템 구축 이후 유지관리 사항, 기타 컨설팅, 공사 등의 요구 사항으로 나눌 수 있다.

[표 II-1-2] 소프트웨어 사업 요구 사항 분류별 설명

요구 사항분류		설명
기능	기능	• 목표 시스템이 반드시 수행해야 하거나 목표 시스템을 이용하여 사용자가 반드시 수행할 수 있어야 하는 기능(동작)에 대하여 기술 • 개별 기능요구 사항은 전체 시스템의 계층적 구조 분석을 통해 세부 기능별 상세 요구 사항을 작성해야 하며, 기능 수행을 위한 데이터 요구 사항과 연계를 고려하여 기술
비기능	성능	• 목표 시스템의 처리속도 및 시간, 처리량, 동적·정적 용량, 가용성 등 성능에 대한 요구 사항을 기술
	시스템 장비구성	• 목표사업수행을 위해 필요한 HW, SW, NW 등의 도입 장비 내역 등 시스템 장비 구성에 대한 요구 사항을 기술

요구 사항분류		설명
	인터페이스	• 목표 시스템과 외부를 연결하는 시스템 인터페이스와 사용자 인터페이스에 대한 요구 사항을 기술(타 소프트웨어, 하드웨어, 통신 인터페이스, 타 시스템들과의 정보교환에 이용되는 프로토콜과의 연계도 포함) • 단 인터페이스 요구 사항의 경우 사용자 편의성, 사용자 경험 등의 사용자 중심의 요구 사항을 기술
	데이터	• 목표 시스템의 서비스에 필요한 초기자료 구축 및 데이터 변환을 위한 대상, 방법, 보안이 필요한 데이터 등 데이터를 구축하기 위해 필요한 요구 사항을 기술
	테스트	• 구축된 시스템이 목표 대비 제대로 운영되는지 테스트하고 점검하기 위한 요구 사항을 찾아내어 기술 • 목표 시스템의 테스트 유형(단위, 통합, 시스템 및 성능 테스트 등), 테스트 환경, 방법, 절차 등에 대한 요구 사항을 기술
	보안	• 정보 자산의 기밀성과 무결성을 확보하기 위해 목표 시스템의 데이터 및 기능, 운영 접근을 통제하기 위한 요구 사항을 기술
	품질	• 목표 사업의 원활한 수행 및 운영을 위해 관리가 필요한 품질 항목, 품질 평가 대상 및 목표에 대한 요구 사항을 기술 • 신뢰성, 사용성, 유지보수성, 이식성, 보안성으로 구분하여 기술
	제약사항	• 목표 시스템 설계, 구축, 운영과 관련하여 사전에 파악된 기술·표준·업무·법제도 등 제약조건 등을 파악하여 기술
	프로젝트 관리	• 프로젝트의 원활한 수행을 위한 관리 방법 및 추진 단계별 수행방안에 대한 요구 사항을 기술
	프로젝트 지원	• 프로젝트의 원활한 수행을 위해 필요한 지원 사항 및 방안에 대한 요구 사항을 기술 • 시스템·서비스 안정화 및 운영, 교육훈련 및 기술지원, 하자보수 또는 유지관리 요구 사항 등을 기술
기타	유지관리 수행	• 유지관리 대상별 유지관리 방법을 기술하는 것으로 장애관리, 변경관리, 성능관리, 백업·복구, 운영상황 모니터링 등에 대한 요구 사항을 기술
	유지관리 인력	• 유지관리 수행을 위해 필요한 운영인력 체계, 담당자별 역할 및 책임을 포함한 효율적인 유지관리 방안을 기술 • 유지관리 범위와 서비스를 고려하여 적정한 인원과 투입인력 자격 조건에 대한 요구 사항을 기술 ※ 시스템 유지관리 사업 중 사업대가를 요율제 방식으로 산정한 경우, 투입인력 요구·관리가 불가능하며, 투입공수(MM)로 산정한 사업에 한해 가능(SW 사업 관리감독에 관한 일반기준 제7조·제9조)
	컨설팅	• 정보화사업의 업무 효율성과 생산성을 높이는 정보시스템 구축 및 운영을 위한 제반 사항을 지원하는 요구 사항 기술
	공사	• 정보화 사업 중 전산실 공사, 상황실 공사, 내부 인테리어 등을 요구하는 경우에 기술

요구 사항 중 데이터 전반적인 구축과 운영 관련된 요구 사항을 데이터 요구 사항에서 다루며 정리하면, 데이터 요구 사항은 정보로서 가치가 있는 원시자료를 이용자에게 유용한 형태로 가공·제작하는 초기자료 구축과 데이터 전환에 대한 요건 및 고려 사항을 기술한다.

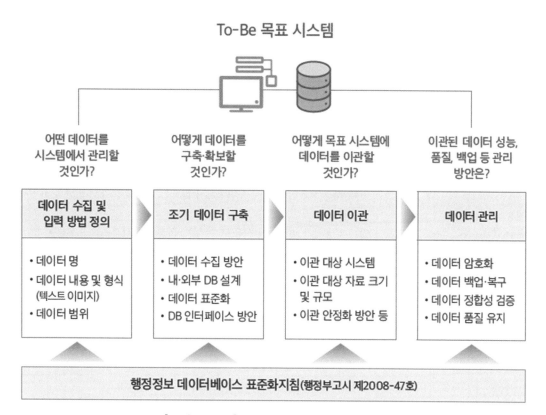

[그림 Ⅱ-1-3] 데이터 요구 사항 도출관점

이런 데이터 요구 사항을 반영하여 데이터 구축·운영관리 방안을 마련하여야 하며, 이를 기반한 세부 사용자의 정보 요구 사항과 관련된 요구 사항은 주로 기능 개선 요건·성능 개선 요건·외부 인터페이스 요건·보안 개선 요건 등으로 볼 수 있다. 신규 업무에 대한 추가 및 기존 업무에 대한 개선 사항이 대부분의 요구 사항으로 도출되는 점을 감안할 때 기능 개선 및 성능 개선 요건이 많은 비중을 차지한다. 각각의 종류별 정의, 관리 기준, 관리 방법 측면에서 정리해 보면 [표 Ⅱ-1-3]과 같다.

[표 Ⅱ-1-3] 정보 요구 사항 유형

유형	구분		설명
외부 인터페이스 요건	정의		시스템의 모든 입출력에 관한 요건으로서 대외기관으로부터 수신 및 대외기관으로 송신하는 입출력 방식이 추가 및 변경되었을 경우와 각종 제도 및 기준 등이 변경되었을 경우에 발생하는 요건이다.
	관리 기준	중복성	기존에 동일한 형태의 인터페이스가 존재하는지 체크한다.
		표준 준수도	인터페이스와 관련된 국제 표준 및 국가 표준이 존재할 경우, 그에 적합한 형태로 제공해야 한다.
	관리 방법		항목 이름, 목적 설명, 입력의 원천 및 출력의 방향, 유효 범위, 시간, 다른 입출력과의 관계, 데이터 포맷, 최종 메시지 등이 포함되어 관리되어야 한다.
기능 개선 요건	정의		시스템에서 입력을 받아들여 처리하고 출력을 만들어 내는 주요 활동 및 프로세스에 대한 요건이다.
	관리 기준	불가변성	기능 개선 요건이 향후에 재변경되지 않도록 근본적인 개선 방안을 요청해야 한다.
		범용성	많은 사용자가 편리하게 사용할 수 있는 요건을 우선적으로 요청해야 한다.
	관리 방법		입력에 대한 유효 체크, 정확한 처리 순서, 비정상 상태에 대한 반응(오버플로우, 통신 장비, 에러 처리), 매개변수의 기능, 출력과 입력의 관계, 입출력 순서, 입력을 출력으로 변환하는 공식 등이 포함되어 관리되어야 한다.
성능 개선 요건	정의		사용자가 원하는 성능 개선 사항으로는 동시 사용자 수, 처리하는 정보의 양과 종류, 트랜잭션 소요 시한 등이 있다.
	관리 기준	실현 가능성	해당 성능 개선 요구 사항이 현행 기술 수준과 서비스 특성을 고려할 때 구현 가능한 요건인지를 확인한 후 제시되어야 한다.
		측정 가능성	측정이 불가능한 모호한 형태로 요건이 제시되면 안된다.
	관리 방법		각 기관의 서비스 특성을 고려하여 정적/동적 기준을 마련하고 해당 기준에 맞게 서비스되고 있는지를 모니터링 작업을 통해 항시 관리해야 한다.
보안 개선 요건	정의		중요 데이터에 대한 훼손, 변조, 도난, 유출에 대한 물리적 접근 통제(제한 구역, 통제 구역 등) 및 사용 통제(인증, 암호화, 방화벽 등)에 대한 요건을 말한다.
	관리 기준	불가 변성	보안 개선 요건이 향후에 재변경되지 않도록 근본적인 개선 방안을 요청해야 한다.
		실현 가능성	해당 보안 개선 요구 사항이 현행 기술 수준과 서비스 특성을 고려할 때 구현 가능한 요건인지를 확인한 후 제시되어야 한다.
	관리 방법		가장 먼저 보안 관리가 필요한 정보에 대한 등급 관리가 필요하며, 해당 등급별로 접근 가능한 이용자 등급 관리가 필요하다. 접근 방식에 있어서의 접근 통제기준 및 사용 통제 기준이 제시되어야 한다. 해당 기준에 따라 모니터 작업을 통해 안정적인 서비스가 제공될 수 있도록 관리해야 한다.

제 2 절 정보 요구 사항 관리

1. 정의 및 관리 목적

정보 요구 사항을 비롯하여 관련 애플리케이션 및 시스템 전반에 걸친 사용자의 요구를 수집하고 분류하여 반영하는 작업 절차를 말한다. 정보 요구 사항을 종합적으로 검토, 확인함으로써 요건에 맞는 정보시스템을 개발하여 사용자 만족도를 높인다.

정보 요구 사항 관리는 데이터, 애플리케이션, 비즈니스 등의 요구 사항을 전부 포함하는 통합 관리 프로세스를 정립해야 한다.

2. 정보 요구 사항 프로세스

가. 업무 흐름 프로세스

사용자로부터 정보 요구 사항을 접수하고, 반영 여부를 결정하여 통보하고, 최종적으로 시스템 개발로 완료되는 전체적인 업무 흐름 프로세스는 [그림 Ⅱ-1-4]와 같다.

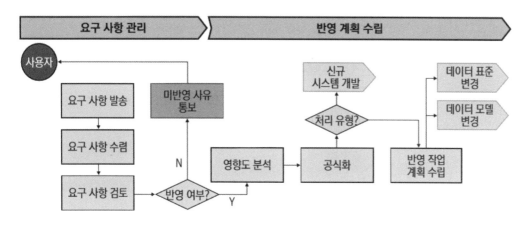

[그림 Ⅱ-1-4] 정보 요구 사항 업무 흐름 프로세스

■ 요구 사항 발송

사용자가 정보시스템을 활용하면서 발생하는 불편 사항이나 신규 개발 사항 등의 요건을 정보 요구 사항 정의서 양식에 기록하여 정보시스템 담당자에게 발송한다. 정보 요구 사항 정의서는 [그림 Ⅱ-1-5]와 같이 구성할 수 있다.

- ■ 요구 사항 수렴

  사용자로부터 접수한 정보 요구 사항 정의서를 수집하여 규칙에 맞게 정확하게 정의했는지 확인하고, 해당 요건을 검토할 처리 담당자를 지정하여 이송한다.

- ■ 요구 사항 검토

  요청된 정보 요구 사항과 관련된 자료 및 작성 기준, 구성요소, 원칙 등을 확인해서 반영 여부를 판단한다. 반영이 가능한 경우는 개발 물량, 협조 담당자, 관련자 등의 영향도를 분석한다. 반영이 불가능한 경우는 미반영 사유와 함께 요건을 발송한 담당자에게 재전달하여 결과를 알 수 있게 한다.

- ■ 영향도 분석

  요청된 내역을 토대로 신규 개발 및 변경에 따른 영향이 얼마나 되며, 이로 인해 영향을 받는 설계서, 기존 애플리케이션, 데이터베이스 등을 파악해 영향도 분석을 마무리한다.

- ■ 공식화

  영향도 분석 후 관련되는 담당자를 소집하여 의견을 공유하고, 담당자들과의 협의를 통해 반영 유형을 결정한다. 반영 유형은 규모 및 기간, 시급성에 따라 결정된다. 처리 방법은 신규 시스템 개발 또는 기존 시스템 변경이 발생한다.

- ■ 반영 작업 계획 수립

  영향 분석 결과를 근거로 업무 영역 및 관련 담당자들과의 미팅 후 반영 계획을 수립한다. 작업 일정 계획에는 표준과 설계서 변경, 데이터베이스 및 애플리케이션 수정, 테스트, 이관 등의 작업이 명시되어야 한다.

정보 요구 사항 ID	정보 요구 사항 명		정보 요구 사항 내용	상태	추 적 성	
					범위 기술서	설계 기술서
근거						
정보 요구 사항 세부 사항	기능	입력물				
		프로세스				
		출력물				
	성능					
	인터페이스					
	보안					
	설계 제약 사항					

[그림 II-1-5] 정보 요구 사항 정의서 예

나. 수행 조직 및 수행 업무

사용자 정보 요구 사항을 반영하기 위해 필요한 역할별 담당 업무는 [표 II-1-4]와 같다.

[표 Ⅱ-1-4] 역할별 담당 업무

역 할	담 당 업 무
사용자	• 정보 요구 사항 정의 및 상세화 • 정보 요구 사항 변경 요청 • 정보 요구 사항 반영을 위한 미팅 • 정보 요구 사항 반영 여부 확인 • 미결 사항에 대한 의사결정 실시
담당자	• 사용자 정보 요구 사항 접수 • 사용자 정보 요구 사항에 대한 기본적인 검토 • 반영 여부 결정을 위한 사용자와 1차 미팅 • 접수 요건에 대한 처리 방식 및 처리 기한 결정 • 관련 부서별 담당자 수집 및 요건 협의 주도 • 사용자 정보 요구 사항 반영 • 테스트 및 검증 • 사용자 반영 결과 통보
데이터 아키텍처 전문가	• 사용자 정보 요구 사항에 대한 표준·데이터베이스·애플리케이션 영향도 분석 및 보고 • 접수된 요구 사항에 대한 표준 준수 여부 체크 • 영향도 분석을 통한 수정 및 변경 계획 수립 • 표준 제시 및 준수 여부 검토

장 요약

제1절 정보 요구 사항

- 사용자의 정보 요구 사항이란 사용자가 일반적으로 수행하는 과정에서 정보시스템 개발의 필요성에 의해 수집되고 요약된 요청 사항이다.
- 정보 요구 사항은 요구 사항 수집, 요구 사항 분석 및 정의, 요구 사항 상세화, 요구 사항 검증의 단계로 진행된다.
- 사용자 요구 사항은 다양하게 분류할 수 있으나, 데이터 관점의 정보 요구 사항을 주요 유형별로 분류하면 인터페이스 요건·기능 개선 요건·성능 개선 요건·보안 개선 요건의 4가지로 분류할 수 있다.

제2절 정보 요구 사항 관리

- 정보 요구 사항은 통합적인 관점에서 관리되어야 하며, 데이터나 애플리케이션 한쪽만 반영된 요구 사항 관리는 적절하지 못하다.
- 정보 요구 사항을 관리하기 위한 프로세스는 6개의 주요 모듈로 이루어져 있다(요구 사항 발송, 요구 사항 수렴, 요구 사항 검토, 영향도 분석, 공식화, 반영 작업 계획 수립).
- 사용자 정보 요구 사항을 반영하기 위해 사용자는 요청 사항 중 미결 사항이 있는 경우 담당자와 확인을 통해 확정해야 한다.
- 데이터아키텍처 전문가는 전체적인 표준 및 애플리케이션에 대한 영향도 분석을 한다.

연습문제

문제 1. K 대리는 그 동안 현장에서 영업을 하면서 불편했던 업무적인 보완사항과 신규 개발사항들을 이번 프로젝트를 통해 시스템에 적용하고자 한다. 다음 중 이러한 상황에서 프로젝트 팀에게 전달해야 할 문서로 적합한 것은?

① 정보 분석서   ② 정보 요구 사항
③ 정보 목록   ④ 정보 항목 분류표

문제 2. K 대리는 전사 자원관리 프로젝트를 위해 사내 부서들과 사전 협의를 통해 분석 단계의 주요 소스로 사용될 사용자 및 시스템 관점의 정보 요구 사항들을 수집하고 있다. 다음 중 현 단계의 문서로 중요도가 가장 낮은 것은?

① 현행 시스템 분석서   ② 현행 사용자 요구 사항 정리문서
③ 현행 업무처리 매뉴얼   ④ 현행 시스템 개선과제 및 문제점 정리문서

문제 3. A 기업은 재무정보시스템 구축 프로젝트의 분석 단계에서 사용자의 정보 요구 사항을 수집 및 정리하는 작업을 진행중이다. 수집된 정보 요구 사항을 정리하는 과정에서 정보 요구 사항의 유형을 외부 인터페이스, 기능, 성능, 보안 등의 개선요건으로 구분하였다. 다음 중 정보 요구 사항 유형에 대한 관리기준으로 부적절한 것은?

① 외부 인터페이스 : 기존과 동일한 형태의 인터페이스 존재 여부
② 보안 개선 : 측정이 불가능한 형태 판단 여부
③ 기능 개선 : 많은 사용자가 편리하게 사용할 수 있는 요건의 우선 적용 여부
④ 성능 개선 : 현행 기술 수준과 서비스 특성을 고려한 구현 가능 여부

문제 4. 기획부서로부터 '월별 영업점 상품 실적' 화면에 대한 수정·보완 의뢰서를 접수하였다. 다음 중 이를 반영하기 위해서는 어떤 영향을 미치는지 전체적인 영향도 분석 및 조사를 실시하기에 가장 적합한 사람은?

① 요구 사항을 요청한 사람   ② 전사 관점의 데이터아키텍처 담당자
③ 요구 사항을 개발하는 담당자   ④ 담당 부서의 관리자

문제 5. A 기업의 H 대리는 회계팀 P 과장으로부터 현행 시스템의 불편사항을 해결해달라는 요건을 접수받았다. P 과장의 불편사항 중 하나는 매일아침 당일의 B/S(재무제표) 실적을 조회하는데, 동시 사용자 수가 많아서 처리시간이 과다하게 소요되어 불편하다는 것이었다. 다음 중 접수받은 요건을 분류하여 담당자에게 할당하려고 할 때, 분류 유형으로 적합한 것은?

① 보안 개선 요건   ② 성능 개선 요건
③ 기능 개선 요건   ④ 외부 인터페이스 개선 요건

학습목표

제2장에서는 다음과 같은 내용을 학습한다.
- 다양한 사용자 정보 요구 사항에 대해 이해한다.
- 사용자 정보 요구 사항을 도출하기 위한 방법 및 고려 사항을 이해한다.
- 사용자 정보 요구 사항 분석 기법을 이해한다.

제2장

정보 요구 사항 조사

장 소개

사용자 정보 요구 사항을 수집하기 위한 기초자료에는 사용자 인터뷰, 설문, 현행 시스템 자료 등이 있다. 이를 활용·수집·분석하여 최종적으로 개발될 시스템에 대한 사용자의 정보 요구 사항을 확인한다.

장 구성

사용자 정보 요구 사항을 수집하여 분석하고, 동일한 정보 요구에 대한 통합 및 분리 작업을 실시하여 최종적으로 사용자에게 필요한 정보 요구 사항을 확인한다.

제1절 정보 요구 사항 수집
제2절 정보 요구 사항 정리
제3절 정보 요구 사항 통합

제1절 정보 요구 사항 수집

1. 정보 요구 사항 수집 형태

사용자 정보 요구 사항을 파악하기 위한 방법은 다양하다. 사용자와의 인터뷰를 통한 직접적인 수집도 가능하지만 현업 사용자가 업무에 대한 기준이나 절차를 알아보기 위해 사용하는 업무 매뉴얼을 통해서도 요구 사항을 도출할 수 있으며, 정보시스템을 사용하기 위한 전산 처리 매뉴얼, 기존 정보시스템의 산출물 등 다양한 형태의 자료로부터 현행 정보시스템 및 사용자 요구에 대한 정보를 수집할 수 있다.

- 사용자 정보 요구 사항 수집을 위한 다양한 소스 형태
  - 관련 문서 수집
  - 사용자 면담을 통한 수집
  - 워크숍을 통한 수집
  - 현행 업무 처리 매뉴얼을 통한 수집
  - 현행 정보시스템 관련 산출물을 통한 수집

2. 관련 문서 수집

기존 문서를 통해 현재 시스템이 동작하는 방법이나 앞으로 필요한 것을 알 수 있다. 현재 시스템 비즈니스 프로세스, 요구 사항 명세서, 경쟁사 분석, COTS(Commercial Off-The-Shelf) 패키지 사용 설명서 등의 문서가 문서화 범주에 포함된다. 문서를 검토하거나 분석함으로써 계속 제공돼야 하거나 더 이상 사용되지 않는 기능이 무엇인지, 사람들은 현재 어떻게 사용하는지, 경쟁사는 무엇을 제공하는지, 판매업체는 소프트웨어에 대해 어떻게 설명하는지 식별할 수 있다.

관련 문서에는 업종에 대한 이해에 도움이 되는 자료, 기업에 대한 전체적인 상황 이해에 도움이 되는 자료, 사용자가 업무 처리를 위해 참고로 하는 상세한 업무 매뉴얼, 업무 처리에 활용하는 정보 처리 매뉴얼, 정보시스템으로부터 산출되는 보고서 및 각종 장표, 처리 화면 등이 포함된다. 본 자료를 수집하고 체계적으로 분석 정리함으로써 사용자 정보 요구 사항을 파악한다.

가. 문서 수집 목적

구현 시스템의 대상과 범위를 좀 더 명확하게 정의하고 기업과 업종에 대해 잘 이해하기 위하여 업종, 경영 전략, 정보시스템 등에 대한 과거 실적 자료 및 향후 계획 등의 자료를 수집한다.

자료조사에서 조사 대상이 되는 자료의 종류는 필요한 정보가 기록된 것이라면 문서, 도표, 컴퓨터 저장 매체, 영상 매체 등 모두 해당된다고 볼 수 있다. 그 중에서도 가장 풍부한 자료를 담고 있는 매체는 바로 문서이다. 이 때문에 자료조사라 하면 곧바로 문서 조사를 떠올리게 된다. 이러한 유형의 자료들은 그 양과

종류가 방대한 경우가 많기 때문에 수집하기는 쉬워도 관리하기는 어렵다. 이러한 혼란을 피하기 위해서는 육하원칙에 의거하여 '누가, 무엇을, 언제, 어디서, 왜, 어떻게'를 추가로 기록해 두는 것이 좋다. 빈 양식만으로는 각 항목의 의미와 기록방법, 제한 사항 등을 파악하기가 어렵기 때문에 실제 데이터가 기록된 양식을 견본으로 수집하는 것이 바람직하다.

나. 문서 수집 자료

정보 요구 사항에 도움이 되는 자료의 종류 중 대표적인 자료는 다음과 같다.

- 경영 계획에 대한 자료
  예, 중장기 경영 전략, 향후 3년에 대한 경영 계획서
- 정보시스템에 대한 자료
  예, 현행 발행 보고서, 전산 처리 의뢰서
- 과거 수행한 컨설팅 보고서
- 전산 처리 업무 매뉴얼
- 현업 부서 업무 자료
  예, 실무 교육 자료

[표 II-2-1] 문서 수집 대상 문서

조사 대상 분야	조사 대상 문서
기업 관련 정보	경영 자료, 회사 소개서, 사업계획서, 제품 일람표, 각종 보고서, 각종 통계자료, 조직 구성도, 사내 규약집, 복무 지침서, 업종 관련 법규, 해설서
업무 양식	각종 공문 양식, 기존 시스템의 입출력 양식, 보고서 업무에서 사용하는 각종 기록 대장, 각종 전표
시스템 관리	사용자 안내서, 운영 지침서, 시스템 코드 북
외부 문서	업종 관련 간행물, 논문, 신문기사, 경쟁사 정보

다. 문서 수집 원칙

- 문서는 기존에 보유하고 있는 문서를 변형하지 않고 수집하고, 정보시스템에 대한 자료는 별도의 정리 양식을 이용하여 작성한다.
- 수집된 문서를 바탕으로 경영 및 정보시스템 현황에 대한 요약표를 작성하여 그 내용을 숙지한다.
- 수집된 문서들은 계획 수립 기간, 문서 관리자를 지정하여 운영한다.
- 유형별 문서를 향후 활용을 위하여 문서 분류 방식을 결정한 후에 일정한 장소에 보관한다.
- 수집된 문서는 통상 대외비의 성격이 강하므로 개인별로 보관하는 것을 통제하고 문서 보안 관리에 주의한다.

3. 사용자 면담

면담은 분석가가 특정 관점에서의 업무 요건이나 업무 절차를 조사하기 위하여 일반적으로 한 명(혹은 두 명)의 실무자와 대면하여 질의와 응답을 통해 정보를 수집하는 방법이다. 특히 프로세스와 프로시저에 대한 이해를 얻기 위한 준비 단계 또는 워크숍 진행을 돕기 위한 준비 단계에 유용하다. 실무자와의 개별적인 면담은 워크숍보다 훨씬 융통성이 있으며, 진행도 유연하게 할 수 있다. 또한 전체 프로젝트의 범위를 커버하는 측면에 있어서도 면담이 워크숍보다 뛰어나다. 참여자에게 적은 시간을 할당함으로써 일정 수립이 용이하며, 누락된 부분이 발견되었을 때 추가적인 면담의 계획 및 준비가 쉽게 이루어질 수 있다.

사용자 면담을 통상적으로 인터뷰(Interview)라고도 하며, 업무담당자와 직접 만나거나 전화 등을 통하여 대화를 나누면서 그 사람의 머릿속에 들어 있는 정보를 직접 청취하는 조사방법이다. 문서에 기록되지 않았거나 때로는 문서에 기록될 수 없는 형태의 다양한 정보를 얻기 위하여 사용되는 조사방법이다.

가. 사용자 면담 종류

면담의 종류는 피면담자의 수에 따라 개인 면담과 집단 면담(워크숍)으로 구별된다. 개인 면담은 분석가와 업무 담당자가 일대일로 만나서 대화하는 면담 방식이고, 집단 면담은 관련자들을 한꺼번에 면담하는 것을 말한다.

일대일 면담에서는 무엇보다도 많은 시간이 소요된다는 것이 가장 큰 문제점이지만, 개별적으로 독창적인 의견과 전략을 청취할 수 있다는 장점이 있다. 하지만 개인의 관점에 따라 한쪽으로 편향된 의견일 수도 있음을 염두에 두어야 한다.

또 질문의 내용과 진행 방식이 일관성 있게 준비되고 동일한 절차로 반복적으로 진행되는 표준화 면담(구조화 면담, 지시적 면담)과 질문의 순서나 내용이 상황에 따라 달라질 수 있는 비표준화 면담으로 나눌 수도 있다.

또 면담 대상자에게 적용되는 질문의 유형과 순서에 따라 면담조사 방식을 피라미드(Pyramid) 구조, 퍼널(Funnel) 구조, 다이아몬드(Diamond) 구조로 구분할 수 있다.

- **피라미드 구조** : 피라미드 꼭대기에서 밑면으로 내려오는 형태로 질문의 유형을 전개하는 것을 말한다. 즉 구체적이며 선택적인 질문으로 시작해서 일반적이고도 서술적인 질문으로 전개해 나가는 방식이다. 이런 형태의 진행 방식은 면담 대상자로 하여금 아이디어 발굴에 도움을 주고자 하거나 주제에 대한 논의를 부담스럽게 느낄 때 이를 완화시켜 줄 수 있는 방식이다.
- **퍼널 구조** : 이 구조는 피라미드 구조와는 상반되게 일반적이며 서술적인 질문으로 시작하여 점차 구체적이고 선택적인 질문으로 면담조사를 진행하는 형태를 말한다. 이 구조는 감정적이거나 자신의 아이디어를 강조하고 싶어하는 사람이나 면담조사에 부담감을 느끼는 사람들에게 효과적으로 적용할 수 있는 형태이다.
- **다이아몬드 구조** : 이 구조는 피라미드 구조와 퍼널 구조를 혼합한 것으로서 두 구조의 장점을 모두 포함하고 있다. 즉 피라미드 형태의 진행이 이루어지고 난 후, 다시금 퍼널 형태의 진행으로 마무리하게 된다.

면담조사 방법의 종류 및 방식·자세 등을 정리하면 아래의 표와 같다.

[표 Ⅱ-2-2] 면담조사 종류

면담조사 방법	개인 면담	• 일대일 면담 : 많은 시간이 소요
	집단 면담	• 일대다 면담 : 시간 절약 • 집단 구성원에 따라 상호 경계심이 발동 • 공통 관심사 청취 가능
	표준화 면담	• 동일 내용과 절차에 따라 반복 진행
	비표준화 면담	• 질문 내용이나 순서가 상황에 따라 변함
면담조사 방식	파라미드 구조	• 구체적 선택형 : 일반적 서술형 질문 진행
	퍼널 구조	• 일반적 서술형 : 구체적 선택형 질문 진행
	다이아몬드 구조	• 파라미드 구조＋퍼널 구조
면담 자세		• 예의, 겸손, 공손

나. 사용자 면담 진행

사용자로부터 중요한 업무 내용을 수집하며, 사용자들로 하여금 시스템 개발에 대한 관심과 신임을 고조시키고, 시스템 개발에 필요한 분야의 전문가와 대화를 통해 필요한 정보를 수집하기 위해 면담을 진행한다.

1) 계획 및 준비

가) 면담 주제 선정

- 면담 주제는 수행 대상 작업과 면담 대상자의 책임 수준에 따라 결정한다. 면담 대상자 및 대상 작업별로 면담 주제에 따라 면담 요지를 작성한다. 면담 요지를 통하여 면담 대상자는 적절한 답변을 미리 준비할 수 있다. 상상에 의한 답변을 최소화할 수 있으며, 면담 시간도 절약할 수 있다.

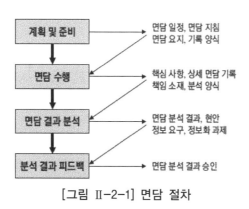

[그림 Ⅱ-2-1] 면담 절차

- 질문 항목은 면담을 통해 얻고자 하는 것이 무엇인지를 명확히 하여 면담 대상자가 이해하기 쉽고 질문 항목에 따라 자유로운 의사를 개진할 수 있도록 구성한다. 면담 요지는 면담 개시 1주일 전에 미리 면담 대상자에게 배포하여 답변 내용이나 관련 자료 등을 미리 준비할 수 있도록 한다.
- 현업 부서용 면담 요지는 다음과 같은 내용을 포함하도록 한다.
- 면담의 취지, 목적, 수행 방법, 시간 등
- 프로젝트의 개요 : 목표, 범위, 기간, 조직
- 향후 업무 수행 방향에 대한 의견
- 면담 대상자가 소속된 부서의 업무 현황 및 개선 요구 사항
- 현재 사용하는 정보시스템에 관한 의견
- 프로젝트에 관한 의견 : 요구 사항, 프로젝트 참여 방안 등
- 전산 부서용 면담 요지는 다음과 같은 내용을 포함하도록 한다.
- 면담의 취지, 목적, 수행 방법, 시간 등
- 프로젝트의 개요 : 목표, 범위, 기간, 조직 등
- 기획 분야 현황 및 계획 : 전산 부서 조직 및 인력, 연혁, 계획, 문제점, 과제 등
- 시스템 분야 현황 및 계획 : 조직 및 인력, 시스템 구성, 네트워크 구성, 시스템 운영 절차, 향후 계획, 문제점 및 과제 등
- 애플리케이션 분야 현황 및 계획 : 조직 및 인력, 애플리케이션 구성, 데이터베이스 구성, 진행중인 개발 업무, 개발 및 유지 보수 계획, 문제점 및 과제 등

나) 면담 진행 팀 구성

각 면담 진행 팀은 2명 이상의 프로젝트 팀 구성원으로 구성한다. 한 명은 면담자로서 면담을 주도적으로 진행하고, 다른 한 명은 기록자로서 면담 내용을 대상자가 말한 그대로 상세하게 기록한다. 필요한 경우 관찰자가 면담에 참여할 수도 있다.

[표 II-2-3] 역할별 담당 업무

모델	활용 방안
면담자	• 면담을 진행한다. • 면담의 취지를 설명하고 면담 대상자에게 질문한다.
기록자	• 면담 대상자의 답변 내용을 기록한다(내용을 요약하지 말고 표현 그대로를 기록해야 한다). • 면담 대상자의 답변 내용을 충분히 이해하고 기록하기 위하여 면담 대상 업무에 대한 사전 지식이 있어야 한다. • 면담 종료 시에 기록 내용 중 주요 사항(수치, 업무 분장 및 책임소재 조직 등에 대한 내용)을 확인한다.
관찰자	• 면담이 수행 의도대로 진행되고 있는가를 관찰한다. • 면담이 주제의 범위를 벗어나는 경우, 주의를 환기시킨다. • 면담자가 놓치는 부분에 대하여 보충 질문을 한다. • 최종적으로 면담의 종료에 대해 판단한다.

면담 진행 팀은 면담 대상자에 대한 사전 준비에서 면담 수행, 정리, 분석까지의 작업을 공동으로 수행한다. 면담 진행 요원들이 업무 영역 분석에 대한 면담 경험이 없는 경우에는 실제 면담 수행 전에 사전 교육이 필요하다. 이 활동을 통하여 면담자가 찾아야 하는 정보와 면담 대상자를 대 하는 방법, 결과를 기록하는 공통 유형 등을 개발하는 데에 도움을 준다.

다) 면담 대상자 선정

- 수행 작업에 따라 면담 대상을 선정한다. 면담 대상자는 업무에 대한 명확한 이해를 가능하게 해 줄 수 있는 사람을 선정해야 한다.
- 적절한 대상을 선택하기 위하여 전체 조직 구성도와 프로젝트 범위를 검토하고, 프로젝트 후원자나 사용자 측으로부터 추천을 받는 것이 좋다. 선정된 대상자의 전문 분야와 책임 분야에는 프로젝트의 범위가 포함되어 있어야 한다.
- 여러 명의 사용자나 조직들이 유사한 업무를 수행하고 있는 경우에는 차이점 파악을 위하여 해당 업무에 대하여 적어도 두 명 이상의 면담 대상자를 선정한다. 동일한 업무를 수행하더라도 정보화에 대한 의견은 다를 수 있기 때문이다.

라) 면담 일정 수립

- 면담 착수가 공표되면 프로젝트 후원자의 지원을 얻어 선정된 면담 대상자들에게 프로젝트의 목적과 범위를 통보하고 사용 가능한 관련 문서 자료를 요청한다.
- 면담은 초기 단계에서 일정(전체 일정)이 정해져 있어야 하며, 면담 개시 최소 1주일 전에 면담 대상자별로 세부 일정을 확정한다. 또한 가능하면 하향식(상위 관리자나 경영층으로부터 현장 실무자 순)으로 일정을 수립한다.
- 면담 시간은 1.5시간(상위 관리자)에서 3시간(실무자)을 초과하지 않도록 하며, 필요시 집단 면담을 수행할 수도 있다. 또한 하루에 3회 이상의 면담은 진행하지 않는다. 세부 일정 수립 시에는 담당 면담 진행 팀도 함께 참여한다.

마) 면담 준비

- 면담 수행 전에 모든 이용 가능한 자료를 활용하여 면담 대상자가 담당하는 업무 활동을 검토하는 것이 중요하다. 또한 면담 대상자의 신상 명세·경력·개인적 성향 등도 파악하고, 면담 대상자의 역할·기능·경력 등에 대해서도 알아두어야 한다.
- 면담 대상자의 업무에 대한 태도나 해당 업무 종사 기간, 경험 등을 알아두는 것도 좋다. 면담 시나리오를 준비한다. 면담 시나리오에는 면담 대상자에게 설명할 프로젝트의 목적과 범위, 면담자 소개, 면담 진행 요령, 면담 종료 시 수칙 등을 미리 작성하여 실제 면담 진행시 활용할 수 있도록 한다. 이 면담 시나리오는 면담 대상자에게 배포하지는 않는다.
- 도표를 이용할 경우 면담의 효율성을 높일 수 있다. 면담 수행 전에 상세한 면담 주제 목록을 중간 관리자와 실무 관리자에게 배포하여 면담 진행자들을 미리 소개하고, 사용 가능한 관련 문서 자료도 함께 요청한다.

면담 진행 순서를 준비한다. 이는 면담 규모와는 상관없이 필수적이다.
- 면담 수행 직전 30분 동안에는 수행될 면담에 관한 최종 준비 상황을 확인한다. 면담 장소는 별도의 프로젝트 면담 장소와 같이 업무나 기타 요인으로부터의 방해를 피할 수 있는 장소가 좋다.

2) 면담

면담은 면담 시작과 면담 주제 토의로 구성된다.

가) 면담 시작

- 면담 시작 30분 전에 다른 면담 진행 팀과 함께 필요한 정보 요구와 진행 순서를 점검하고, 면담 진행 팀원들 각자의 역할을 확인한다.
- 면담은 정시에 시작하도록 한다. 면담이 시작되면 면담자는 면담 대상자에게 면담 진행 팀을 소개하고, 프로젝트의 목적·범위·일정 등을 먼저 설명한 후 면담의 목적과 주요 질문 및 진행 방식, 예정 시간, 면담 진행 팀원들의 역할을 설명한다. 또한 질문에 대하여 현상·계획·바람직한 상황 등을 구분하여 대답해 줄 것을 당부하고, 필요한 경우 면담 주제나 질문 사항을 수정한다.
- 면담은 복수의 팀에서 수행될 수 있으므로 면담 진행 팀 간의 수행 방식을 통일하기 위하여 모든 절차가 면담 지침에 세세한 문구까지 모두 반영되어 있어야 한다.

나) 면담 주제 토의

- 면담자는 준비된 면담 요지에 따라 면담을 진행하고 면담 내용은 모두 면담 기록지에 기록한다.
- 질문 시에는 개방적 질문을 사용하며 면담 주제나 질문지의 순서와 범위를 벗어나지 않도록 노력하고 대화의 흐름이 끊기지 않도록 주의한다.
- 면담의 효율적인 진행을 위하여 엔터티 관계도나 업무 기능 계층도를 이용할 수도 있다. 면담 대상자의 답변에 대한 가정은 하지 않으며, 진행 도중에 간간이 수집된 정보나 진행 순서 등을 확인하도록 한다.
- 기록자는 토의된 내용을 가능한 한 모두 기록한다. 추가적인 내용의 기록을 위하여 충분한 여백을 두고 논의한 말을 그대로 기록한다. 토의된 내용이 여담일지라도 중요한 정보일 수 있으므로 반드시 기록한다.
- 모든 면담 결과의 후속 분석 작업을 위한 공통의 기준으로 사용될 수 있는 표준 기록 양식이 있어야 한다. 면담에서 제기되는 이슈는 면담자와 기록자 모두 기록한다.
- 토의가 진행되는 동안 면담 대상자의 주요 책임 업무를 명확히 정의하고 면담 대상자의 각 업무가 시간과 같은 논리적인 순서에 따라 진행되는지를 확인한다.

3) 면담 결과 분석

정리된 면담 결과 모음은 후속 업무 분석 작업의 수행에 중요한 기반이 된다. 따라서 결과를 정리할 때에는 간결하면서도 수집된 정보를 빠뜨리지 않도록 주의하여 작성한다.

- 면담 진행 팀은 기록된 내용과 면담 중의 응답에 대한 개인적 의견을 고려하여 면담 결과를 정리한다.

면담 결과 정리는 면담이 종료된 직후 면담 진행 팀 전원이 참석하여 주요 이슈를 확인하고 정리하는 것이
바람직하다.

- 기존의 업무 모델을 틀로서 사용할 수 있으나 현재 업무와의 사이에 발생하는 차이점에 주의하고, 가능하면
  면담 대상자의 업무 용어를 사용한다. 분석 결과의 정리를 위한 별도의 양식은 정해져 있지 않으나 면담
  대상자가 수행하는 업무 활동과 각 업무 활동의 수행 목적, 생성 정보, 필요 정보 등을 구분하여 정리하는
  것이 좋다.
- 의문 사항이나 추가 사항이 있으면 즉시 면담 대상자에게 확인을 하고, 필요한 경우에 추가 면담을 실시할
  수도 있다. 분석된 면담 결과 중 중요도가 큰 사안에 대해서는 별도의 시간을 할애하여 프로젝트 팀원이
  상세하게 분석하도록 한다.

4) 분석 결과 피드백

분석, 정리한 면담 내용에 대하여 면담 대상자로부터 확인을 받는다.

- 별도의 정리 내용이 없거나, 필요한 경우 면담 기록지 내용 전체에 대하여 확인을 받을 수도 있다. 간혹
  면담 대상자가 면담 결과에 대하여 상반된 의견을 제시하는 경우가 있으므로 본인에게 승인을 받는 것은
  매우 중요하다.
- 또한 이 과정에서 면담 대상자는 정리된 내용에 대한 수정 사항을 제시할 수도 있다. 기록 내용에 대해서는
  면담 대상자의 의견을 기입해 두는 것이 좋다.
- 일정상 개인별로 결과에 대한 피드백이 곤란한 경우에는 현업 실무자 전원을 대상으로 워크숍을 진행할
  수도 있다. 이 경우에는 부서 간의 이해 관계에 따라 이견이 발생할 수도 있으므로, 민감한 사안에 대해서는
  사전 조정 작업이 필요하다.

다. 면담 수행 시 고려 사항

- 면담 시간 준수

  면담 시간이 초과되지 않도록 하며, 면담 시작 전에 예상 시간을 확인한다. 면담 종료 10분 전에 얼마나
  많은 내용을 진행했는지 확인하고, 추가적인 시간이 요구되는 경우 향후의 추가 면담 일정을 문의한다.

- 비밀 보장

  일반적으로 계획 단계나 분석 단계의 면담에서는 업무에 관한 기밀 사항이 없다. 그러나 면담 대상자가
  원하는 사항에 대해서는 비밀 보장을 약속한다. 면담을 시작할 때 면담 대상자에게 외부에 누출되거나
  특정인에게 알려지면 안되는 사항들을 지적해 줄 것을 요청한다.

- 기대 수준 설정

  어떤 면담 대상자는 현재 프로젝트가 종료되면 새로운 정보시스템이 개발되는 것처럼 생각하는 경우도
  있다. 현재 프로젝트의 관심은 기존의 요구 또는 잠재적인 요구의 파악에 있으며, 시스템의 설계는 후속적으
  로 이루어질 것이라는 것을 주지시킨다.

- 면담 범위 준수

  면담 진행 중에 면담 대상자 업무 범위 밖의 안건을 토의할 수도 있다. 토의가 다른 업무 범위를 다룰 경우에는 면담 주제로 돌아가기에 앞서 토의 사항을 명확히 한 후 향후 해당 업무 부서와의 면담 시에 확인하도록 한다.

- 적절한 대상자 선정

  때때로 면담 진행 중에 면담 대상자가 잘못 선정되었다고 판단될 경우가 있다(해당 업무 범위 밖의 업무를 담당하거나 상세한 지식이 없는 경우). 이러한 경우에는 정중한 사과와 함께 면담을 종료하고 더 이상의 시간을 낭비하지 말아야 한다. 면담에 적절한 사람을 결정한 후 면담을 종료한다.

- 응답 유도

  가장 힘든 상황은 응답자가 대답하지 않거나 협조하지 않는 경우일 것이다. 면담자는 재빨리 잘못된 부분을 지적하고 개방적인 질문으로 응답을 유도한다(예, 업무 수행 시 가장 큰 문제점은 무엇입니까?).

- 면담 내용 문서화

  기록자는 면담 내용을 가능한 한 완전하게 기록하고 추가적인 내용을 기록하기 위한 충분한 여백을 확보한다. 면담 기록지는 기록자 혼자서만 보는 것이 아니라는 것을 명심한다.

- 잘못된 선입견의 배제

  현재 갖고 있는 선입견들이 문제를 유발할 수 있으면 이를 버리고 업무에 대한 면담 대상자의 관점에 대하여 다시 질문한다.

- 전형적인 질문의 예
  - 업무 활동의 중요한 유형을 말씀하여 주십시오.
  - 이 업무 활동이 종료되면 무슨 일이 일어납니까? 또 그 다음에는 무슨 일이 일어납니까? 일반적 결과는 무엇입니까? 어떤 것이 잘못될 수 있습니까? 잘못되면 어떻게 조치합니까?
  - 업무를 트리거(Trigger)하게 하는 것은 무엇입니까? 언제 무엇을 합니까(월말과 같은 특정 시점)? 그 밖에 하는 것은 무엇이 있습니까?
  - 어떤 정보를 보냈습니까? 이들로 어떤 작업을 실행했습니까?
  - 업무에 필요한 정보에는 어떤 것들이 있습니까? 이들 정보로 무엇을 합니까? 적당한 상세화 수준은 어느 정도입니까?

4. 워크숍

가. 워크숍 개요 및 목적

워크숍은 어떠한 목적을 달성하기 위하여 전문 진행자의 진행 아래 프로젝트의 현업 부서 측과 전산 부서 측의 주요 구성원들이 함께 참여하는 회의이다. 정치적이거나 개인적인 요소의 영향을 피하면서 다양한 정보의 원천으로부터 정보의 빠른 추출이나 공유를 필요로 하는 경우나, 단순한 회의나 토론 이상의 무언가를 요구하는 상황 등에 사용될 수 있다. 중요한 것은 서로 관련 있는 부서들을 대상으로 워크숍을 실시하는 것이며, 특정 주제에 대한 결론의 도출을 위해서도 유용하다. 워크숍의 주요 목적을 3가지 정도 들 수 있다.

- 경영층 또는 현업 부서장의 공통된 의견을 도출한다.
- 유사한 업무 또는 관련된 업무 등을 수행하는 부서에 대한 면담에 드는 노력을 절감한다.
- 전문가들의 판단력을 이용하여 최적의 결론을 도출한다.

나. 워크숍 준비

워크숍을 통해 달성해야 할 목표와 구체적인 논의 사항들을 도출하기 위해 사전 준비가 필요하다.

- 워크숍 과제 선정과 계획 수립
- 참가 대상자 선정
- 참가 대상자에 대한 사전 브리핑 및 교육 훈련
- 킥오프 모임 수행
- 워크숍 자료 준비
- 설비와 물품 준비
- 워크숍 장소 선정
- 워크숍 기간 선정 프로그램 준비

다. 워크숍의 수행

프로젝트 관리자와 현업 책임자는 워크숍이 공정하게 진행될 수 있도록 노력하며, 워크숍의 산출물에 이해관계를 가지고 있기 때문에 워크숍 진행자가 되어서는 안 된다. 또한 올바른 의사소통과 투명성을 위하여 전문 용어의 사용은 가능한 한 자제하고 사용자 입장의 언어를 사용하도록 한다.

1) 워크숍 개시

- 워크숍의 시작을 알리고 간략한 인사의 말을 한다.
- 부수적인 항목들(휴게실 위치, 흡연 구역 등)에 대해서 공지한다.
- 일정을 확인한다.

2) 워크숍 수행 준비

- 워크숍의 목적과 접근 방법의 개요를 설명한다.
- 사용자로 하여금 워크숍의 목적을 재확인한다.
- 워크숍 기간 동안 작업을 수행하기 위하여 필요한 기법들을 습득한다.

3) 워크숍 수행

- 구체적인 워크숍 수행 방식은 형태나 특정 목적에 따라 다르게 수행한다.
- 워크숍의 목적에 맞게 진행될 수 있도록 조정하고 관찰한다.

■ 세부적인 진행 방법 등은 기법을 이용한다.

4) 워크숍 종료

■ 종료할 때는 진행 일정을 확인하고 진행 사항을 요약한다.
워크숍 과정에서 도출된 요구 사항을 공유할 수 있도록 요약하고, 책임자가 전체에게 공유하여 1차적으로 검토 받을 수 있도록 한다.

5. 현행 업무 조사서

업무 조사는 전체 부서에 대하여 동일한 기준으로 조사하는 것을 원칙으로 한다. 업무 표준화가 부진하여 각 지점이나 부서마다 다르게 업무를 수행하는 경우가 발생할 수 있고, 회사 전체의 업무 수행 빈도와 데이터 수발량을 조사하기 위해서는 전수 조사가 필요하기 때문이다.
동일한 업무를 수행하는 부서 혹은 지점이 여러 개인 경우에는 표본 추출 또는 발췌 조사도 가능하다.

■ 업무 조사서의 양식은 단순하고 이해하기 쉬워야 하며, 양식의 작성 방법과 작성된 표본을 첨부하여 배포하는 것이 효과적이다.
■ 업무 조사서가 잘 작성된 경우에도 잘못 작성되거나 내용이 불충분한 경우가 발견되므로 업무 조사서를 1차 수거한 후에 반송하여 다시 작성하는 경우가 발생할 수 있다. 이러한 상황도 일정 계획 수립에 반영하여야 한다.

사용자가 처리하고 있는 업무 기능을 정리된 양식으로 기록하여 향후 작업에 도움이 되도록 한다.

6. 현행 프로그램ㆍ데이터 관련 문서

현행 시스템에 대한 자료 수집은 향후 사용자 요구 사항을 좀 더 세부적으로 진행하기 위한 사전 단계로서 반영되어야 할 현행 시스템의 업무 요건을 빠짐없이 파악하기 위한 작업이다.

■ 현행 시스템 프로세스(프로그램)의 구조는 프로세스 계층도와 유사하게 계층적 구조로 표현하며, 이러한 현행 시스템 프로세스 계층도는 향후에 업무 모델의 완전성을 검증하기 위한 비교 자료로 활용된다.
■ 현행 시스템의 데이터에 대한 분석은 현행 시스템에서 사용되는 현행 데이터 저장소의 구조를 파악함으로써 현행의 업무 프로세스에서 사용되는 데이터 구조를 이해한다.
■ 현행 데이터 저장소의 구조는 현행 시스템 데이터 목록 및 세부 내역을 분석함으로써 현행 시스템의 데이터에 대한 업무 요건 및 업무 규칙, 현행 데이터 저장소의 구조와 화면, 양식, 보고서 레이아웃 등을 이해한다.

7. 관찰

관찰은 관찰하는 대상의 자료를 수집하는 귀납적 방법으로 피관찰자의 행동이나 태도를 유심히 살펴보는 행위이다.

요구를 파악하기 위해 관련문서를 읽고 이를 기반으로 사용자와 심도있게 요구를 논의할 수 있으나, 사용자의 업무를 관찰하는 과정이야 말로 대화에서 놓치기 쉬운 자세한 사항을 파악할 수 있다. 예를 들면 시설물 관리 시스템의 경우, 현장의 업무를 관찰을 통해 다양한 케이스에 대한 처리업무를 파악함으로써 요건을 도출하거나 상세화할 수 있으며, 관제실 종합모니터링의 업무관찰을 통해 여러 상황에 맞는 지시 업무등을 파악하고 요건을 도출 혹은 상세화할 수 있다.

일반적으로 문서를 통한 업무를 파악한 후, 일정계획을 잡고 일정기간 동안 고객의 업무를 옆에서 관찰하고 요건을 도출하는 과정으로 진행된다.

관찰하는 것과 생성된 정보를 분석하는 일은 오랜 시간이 소요가 되며, 시스템 규모가 클수록 잠재적인 요건들은 사용자들이 수행하는 복잡한 작업을 오랜 시간 관찰해야 도출할 수 있다.

8. 브레인스토밍

가. 브레인스토밍 개요 및 목적

창의적인 아이디어를 생산하기 위한 학습도구이자 회의기법으로 여러명으로부터 정보를 얻고자 할 때 사용할 수 있는 효과적인 방법이다. 집단적 창의적 발상 기법으로 집단에 소속된 인원들이 자발적으로 자연스럽게 제시된 아이디어 목록을 통해 특정한 문제에 대한 해답을 찾고자 노력하는 것을 말한다. 브레인스토밍이란 용어는 알렉스 오스본이 대중화 시켰으며, 오스본의 방법론에서는 효과적인 발상을 위한 두 가지의 원리를 제안한다.

- 판단 보류
- 가능한 많은 숫자의 발상을 이끌어 낼 것

이 두 가지 원리에 따라 그는 브레인스토밍에 대한 4가지 기본 규칙을 언급했고, 이 규칙들을 다음과 같은 의도에 따라 정했다.

- 그룹 멤버들 사이의 사교적 어색함, 거리낌 줄이기
- 아이디어 주장에 대한 격려 및 자극
- 그룹의 전체적인 창의성 증대

나. 브레인스토밍 4가지 기본 원칙

1) 양에 포커스를 맞추기

'양(量)이 질을 낳는다'는 격언을 따라 문제 해결을 꾀하는 것으로 발상의 다양성을 끌어올리는 규칙이다. 많은 숫자의 아이디어가 제시될수록 효과적인 아이디어가 나올 확률이 올라간다는 것을 전제로 두고 있다.

2) 비판, 비난 자제

브레인스토밍 중에는 제시된 아이디어에 대한 비판은 추후의 비판적 단계까지 보류하고 계속해서 아이디어를 확장하고 더하는 데에 초점을 둬야 한다. 비판을 유예하는 것으로 참여자들은 자유로운 분위기 속에서 독특한 생각들을 꺼낼 수 있게 된다.

3) 특이한 아이디어 환영

많고 좋은 아이디어 목록을 얻기 위해서 엉뚱한 의견을 가지는 것도 장려된다. 새로운 지각을 통해서 혹은 당연하다고 생각해오던 가정을 의심하는 것으로부터 더 나은 답을 줄 수 있는 새로운 방법이 떠오를 수 있다.

4) 아이디어 조합 및 개선

1+1이 3이 될 수도 있다는 슬로건에 따라, 아이디어들을 연계시킴으로써 더 뛰어난 성과를 얻을 수 있다고 여긴다.

다. 진행방법

- 브레인스토밍의 사용목적, 특징, 원칙, 진행방법을 설명
- 신속한 아이디어 창출을 위해 제한시간을 정하고 시작
- 아이디어가 나오는 대로 칠판이나 포스트잇을 이용하여 게시하여 남의 아이디어를 참고하면서 더 참신하고 좋은 아이디어 도출

브레인스토밍을 할 때에는 모두가 거리낌 없이 적극적으로 참여하는 것이 중요하다. 이를 위해서 비판, 찬사, 코멘트, 토의 등을 금지한다. 다른 사람의 아이디어를 토대로 더 발전시키고, 아이디어의 내용을 정확히 기록하고 모두가 볼 수 있게 게시하는 방법을 통해 진행해야 한다.

9. 프로토타이핑

프로토타이핑은 개발접근법의 하나로서 개발초기에 시스템의 모형(Prototype)을 간단히 만들어 사용자에게 보여 주고, 사용자가 정보시스템을 직접 사용해 보게 함으로써 기능의 추가, 변경 및 삭제 등을 요구하면 이를 즉각 반영하여 정보시스템 설계를 다시 하고 프로토타입을 재구축하는 과정을 사용자가 만족할 때까지 반복해

나가면서 시스템을 개선시켜 나가는 방식이다.

프로토타이핑은 시스템의 초기 모델을 세우고 다듬고, 다시 세우고 다듬고 하는 반복적인 과정을 통해서 이루어진다. 그러나 프로토타이핑은 무계획적인 반복과정을 지양하고 계획된 반복 과정을 통해서 한 과정이 끝날 때마다 사용자의 요구를 좀더 정확하게 반영한 버전이 나오게 된다.

프로토타입은 실제 현장에서 쓰이는 시스템이 갖추어야할 모든 기능을 갖고 있지는 않다. 보고서·입력처리 등은 대부분 미완성된 상태이며, 프로세스 처리과정도 효율적이지 못하지만 프로토타입의 가장 큰 장점은 최종 사용자가 초기모델을 사용하면서 평가할 수 있도록 도와준다는 데 있다. 사용자는 프로토타입을 실행시키면서 장단점과 필요 없는 부분 또는 반드시 첨가되어야 할 부분들을 파악할 수 있다.

최종 시스템의 예상 기능 중 일부를 빠르게 구현하는 프로그램이다. 프로토타이핑의 목적은 소프트웨어 엔지니어의 아이디어에 대한 피드백을 초기에 받아서 요구 사항을 취합하는 것이다. 가장 단순한 프로토타입 형태는 사용자 인터페이스를 종이에 그린 것이다. 시스템이 수행될 때 무엇이 일어날지를 설명하기 위하여 고객과 사용자에게 보이는 화면을 순서대로 그린 것이다. 아이디어를 추출하고 피드백을 받기에 적합하며 적은 노력으로 만들 수 있다.

프로토타입의 가장 흔한 것은 프로토타이핑 전용언어로 시스템의 모의 사용자 인터페이스를 만드는 것이다. 사용자 인터페이스를 프로토타이핑하는 것과 더블어 시스템의 다른 측면, 예를 들면 알고리즘이나 데이터베이스를 프로토타이핑하기 위하여 사용하기도 한다. 모든 프로토타입은 현재 발굴된 아이디어를 시험하고 검증하며 새로운 아이디어를 창출하려는 목적으로 만든다.

프로토타이핑은 다음과 같은 4단계를 걸쳐 수행한다.

- **1단계** : 기본적인 사용자 요구 사항을 분석한다. 시스템 설계자는 기본적인 요구 사항이 도출되기까지 사용자와 함께 작업한다.
- **2단계** : 시스템 설계자가 위에 단계에서 도출된 요구 사항을 만족시키는 프로토타입을 4세대 언어로 알려진 프로그래밍 언어 또는 CASE 도구를 이용하여 개발한다. 이때 프로토타입은 앞으로 개발될 시스템의 가장핵심적인 기능 위주로 개발된다. 단순한 형태의 프로토타입은 종이에 그린다.
- **3단계** : 사용자가 개발된 프로토타입을 실제 사용함으로써 요구 사항이 이행되고 있는지를 확인하며 프로토타입의 보완을 위한 여러 가지 제안을 하게 된다.
- **4단계** : 프로토타입의 수정과 보완이 이루어진다. 시스템 설계자는 사용자가 요구한 모든 제안사항과 이에 따르는 보완작업을 하게 된다. 프로토타입이 수정된 후에는 3단계로 돌아간다. 사용자가 만족할 때까지 3단계와 4단계는 계속 반복된다.

제2절 정보 요구 사항 정리

1. 정보 요구 사항 정리

가. 사용자 면담 정리

사용자 면담 시 제공된 자료의 샘플이나 관련 문서를 체계적으로 정리 기록한다. 정리가 완료되면 주요한 관점(업무 흐름, 수치, 주관 부서, 책임 부서 등)의 내용에 대해서는 다시 한 번 기록된 부분의 오류가 있는지를 사용자에게 확인 받도록 한다.

면담 대상자	홍길동	대상자 직위	대리	소속 부서	수신팀
담당 업무	신용카드	면담 일시	9.30. 15:00	확 인 일	10.4
면 담 자	홍규동	면담자 직위	과장	소속 부서	
구 분					
업무 흐름	1) 고객으로부터 신용카드 신규 발급을 의뢰 받는다. 2) 신청 양식을 작성하고 신분을 확인한다. 3) 발급 자격이 있는지 확인한다.				
추가 확인사항	당사의 기존 고객인지 아닌지를 구별할 수 있으면 좋겠다.				

[그림 Ⅱ-2-2] 면담 기록지 예

나. 업무 조사서 정리

회사 차원에서 활용하는 업무 문서 및 팀에서 사용하는 업무 문서를 포함하여 전체 리스트를 파악할 수 있도록 체계적인 양식으로 정리한다.

[표 II-2-4] 업무 조사서에 포함되는 유형

모델	정리항목
수행 중인 프로세스 목록	• 대중소 분류별 프로세스명 • 프로세스 설명 및 수행 빈도 • 전산화 정도, 전산화 필요성
프로세스의 업무 흐름	정보시스템을 포함하여 관련 부서 간의 업무 흐름을 시스템 흐름도 형태로 도식화
타부서 또는 외부 기관으로부터 받은 문서	• 문서명 및 설명 • 접수 부서(기관) • 접수 주기, 접수 수단 • 활용 형태, 단위 문서량
사용 중인 시스템	• 시스템명 • 사용 범위, 사용 방법, 사용 빈도 • 유용성 • 편리성

현행 업무 명			설명	수행 빈도			전산화 정도			전산화 필요성
대분류	중분류	소분류		주간	월간	연간	전산	PC	수작업	

[그림 II-2-3] 수행 중인 프로세스 목록 예

문서명	설명	접수 부서	단위 문서량	수행 빈도			접수 수단			활용 형태
				주간	월간	연간	시스템	수작업	기타	

[그림 II-2-4] 타 부서·외부기관 문서 목록 예

시스템	시스템			사용 방법			수행 빈도			유용성	편리성
	상	중	하	온라인	배치	수작업	일간	주간	월간		

[그림 II-2-5] 사용중인 시스템 목록 예

다. 워크숍 정리

사용자 워크숍을 통해 도출된 요구 사항이나 해결 과제들을 명백하고 간결한 문장으로 정리한 후 사후 대처할 수 있도록 한다. 해결 과제에 대해서는 별도의 ID를 부여하여 관리한다. 워크숍 결과 정리 시에는 다음 사항을 포함한다.

- 워크숍의 목적
- 워크숍 진행 내용
- 해결 과제에 대한 상태
- 기타 특이 사항

목 적		사용자 요구 사항 도출을 위한 워크숍		
장 소	**연수원	워크숍 일시	2004.10.3 09:00 - 10.4 18:00	
제시자	소속 부서	내 용		상태
홍길동	상품기획팀	상품별 판매 현황을 좀 더 쉽고 빠르게 볼 수 있도록 상품 체계나 화면, 보고서가 필요한 것 같다.		Open
김도출	영업전략팀	지점, 영업소 단위의 실적을 속보성으로 즉시 볼수 있는 시스템과 보고서가 필요하다.		Open
특이 사항				

[그림 Ⅱ-2-6] 워크숍 정리 예

라. 기타 기법 정리

관련 문서에 대한 정리 양식과 현행 프로그램 및 데이터에 대한 정리 양식은 일반적인 표준 양식을 정의하기가 어려워 제3장 정보 요구 사항 분석에서 사례를 들어 설명하기로 한다.

2. 정보 요구 우선순위 분석

사용자로부터 수집된 모든 정보 요구 사항을 전부 시스템에 반영할 수 없다면 필요한 기법을 동원하여 우선순위를 부여하고, 부여된 우선순위에 맞게 절차적으로 진행될 수 있어야 한다. 이를 위해 적용할 수 있는 것으로 화폐가치 산출 방법과 상대적 중요도 산정 방법이 있다. 이를 이용하여 우선순위를 평가함으로써 단위 시스템의 개발 우선순위를 산정하는 기준으로 활용할 수 있다. 별도의 기법을 적용하지 않고 고유 상황에 맞게 우선순위를 부여하고 진행하는 경우도 고려할 수 있다.

현재는 요구 사항에 대한 우선순위, 중요도, 소요 비용, 기대 효과 등을 고려한 비교적 판단이 용이한 방법으로 약식 형태로 판단하고 있다. 본 분석 방법은 실제에서는 보편적으로 사용하기에 시간과 노력이 많이 소요되는 관계로 적용에 일정 부분 어려움이 존재한다.

가. 화폐가치 산출 방법

화폐가치 산출 방법은 최종적으로 구해진 가치가 높을수록 우선순위가 높다. 그러나 최종 순위는 산출된 수치에 의존하지 않고 고유의 상황에 따라 다르게 적용될 수 있다.

- 정보 요구 사항을 전부 나열한다.
- 각각의 정보 요구 사항에 대하여 기업 차원의 중요성을 평가하여 1점부터 3점까지의 점수를 부여한다.
- 각각의 정보 요구 사항에 대하여 시스템 차원의 중요성을 평가하여 1점부터 3점까지의 점수를 부여한다.
- 각각의 정보 요구 사항이 다른 정보 요구 사항에 대해 얼마나 도움을 주는가를 평가하여 1점부터 5점까지의 점수를 부여한다.
- 앞서 부여한 세 가지 점수를 모두 곱한다.
- 전체 정보 요구 사항에 대하여 앞서 계산된 점수를 더하고, 점수 합계를 100으로 하여 각각의 정보 요구 사항 가치를 백분율(%)로 환산한다.
- 회사 전체의 이익에 앞서 구한 백분율를 곱하여 각각의 정보 요구 사항 가치를 금액으로 환산한다.
- 가치가 높은 '정보 요구 사항2', '정보 요구 사항1'의 순으로 우선순위를 부여하는 방법이다.

단위 : 천원

정보 요구	기업 차원 중요성	시스템 중요성	상호 관련성	점수	비율	가치
정보요구 1	3	3	1	9	0.9%	900
정보요구 2	2	3	5	30	3.0%	3,000
…						
정보요구 N						
…						
계				1,000	100%	100,000

[그림 II-2-7] 화폐가치 산출 방법 예

관련 문서에는 업종에 대한 이해에 도움이 되는 자료, 기업에 대한 전체적인 상황 이해에 도움이 되는 자료, 사용자가 업무 처리를 위해 참고로 하는 상세한 업무 매뉴얼, 업무 처리에 활용하는 정보 처리 매뉴얼, 정보시스템으로부터 산출되는 보고서 및 각종 장표, 처리 화면 등이 포함된다. 본 자료를 수집하고 체계적으로 분석해서 정리함으로써 사용자 정보 요구 사항을 파악한다.

나. 상대적 중요도 산정 방법

상대적 중요도 산정 방법은 정보 요구 사항이 무엇을 지원하느냐에 따라 점수를 부여하고 이를 가중치에 따라 계산하여 중요도를 산정하는 방식이다. 상대적 중요도 산정 방법 역시 다소 복잡하여 적용에 한계를 가지며, 각기 부여된 가중치에 이해를 달리 할 수 있는 여지가 있다.

- 정보 요구 사항이 업무에 기여하는 수준에 따라 1점부터 5점까지의 점수를 부여한다. 예를 들어 목적을 지원하면 5점, 목표를 지원하면 4점, 전략을 지원하면 3점 등의 방법으로 분류한 체계에 따라 결정한다.
- 정보 요구 사항 대 정보 요구 사항 매트릭스를 작성하여, 각각의 정보 요구 사항이 다른 정보 요구 사항에 얼마나 관련되어 있는가를 계산한다. 가장 관련이 큰 정보 요구 사항에 9점을 부여하고, 나머지 정보 요구 사항에는 상대 점수를 부여한다.
- 현재 정보시스템이 각각의 정보 요구 사항을 얼마나 충족하는가에 대하여 1점에서 3점까지의 점수를 부여한다. 예를 들어 만족스러운 경우에는 3점, 보통인 경우에는 2점, 지원하지 않는 경우에는 1점 등의 방식으로 부여한다.
- 앞서 부여한 세가지 점수에 대하여 가중치를 결정한다. 예를 들어 업무 지원 정도는 50%, 다른 정보 요구 사항과의 관련도는 20%, 현행 시스템 지원 정도는 30% 등의 방법으로 정하되, 기업의 특성을 감안하여 결정한다.
- 가중치에 따라 앞서 계산한 세 가지 요인의 가중 평균을 구하여 각각의 정보 요구 사항에 대한 중요도를 평가한다.

제3절 정보 요구 사항 통합

1. 정보 요구 사항 목록 검토

전사 관점에서 동일한 정보 요구 사항을 여러 부서 및 사용자가 제시했는지를 검토하기 위하여 별도의 양식으로 취합 조정한 후 중복 도출 여부를 검토한다.

정보 요구 사항 목록		작성 부서	与与 마케팅 전략 팀		
작성자	홍은행	작성 일자	2008.11.24	확인자	민한국

정보 요구 사항 번호	제시자	부서	제목	내용	반영 여부	우선 순위
001	홍길동	与 기획	상품별 판매 현황	상품·조직·사원별 판매 현황	Y	1
002	김갑순	与 영업	조직별 판매 현황	상품·조직·사원별 판매 현황	Y	1

[그림 II-2-8] 정보 요구 사항 목록 검토 예

2. 정보 요구 사항 목록 통합/분할

취합된 전체 정보 요구 사항을 대상으로 최종 분석할 정보 요구 사항을 도출한다. 우선 동일 부서 내 정보 요구 사항을 기준으로 중복성 검토를 진행하여 유일한 정보 요구 사항을 도출하고, 도출된 정보 요구 사항이 다른 부서의 정보 요구 사항에 포함되어 있는지를 확인한다.

가. 동일 부서 내 중복 요구 사항 검토

- 부서 내 정보 요구 사항 목록을 작성한다.
- 정보 요구 사항 제목을 기준으로 부서 내 동일 요건의 요구 사항이 존재하는지를 파악한다.
- 정보 요구 사항의 세부 요청 내용을 기준으로 세밀하게 중복 여부를 파악한다.

- 부서 내 동일 요건이 도출된 경우 관리 대상 요구 사항에 통합할 정보 요구 번호를 '비고'란에 기입한다.
- 동일 부서 내 중복성을 배재한 요구 사항 목록을 완성한다.

나. 서로 다른 부서 간 중복 요구 사항 검토

- 부서 내 정리된 정보 요구 사항 목록과 부서 간에 동일한 정보 요구 사항이 존재하는지를 파악한다.
- 정보 요구 사항의 세부 내용을 세밀하게 검토하여 중복 여부를 파악한다.
- 부서 간에 동일 요건이 도출된 경우 관리 대상 요구 사항에 통합할 정보 요구 번호를 기입하여 관리한다.
- 최종적으로 전사 관점의 검토된 정보 요구 사항 목록을 작성한다.

정보 요구 사항 목록		작성 부서	与与 마케팅 전략 팀		
작성자	홍은행	작성 일자	2008.11.24	확인자	민한국

정보 요구 사항 번호	제시자	부서	제목	내용	반영 여부	우선 순위	비고
001	홍길동	与 기획	상품별 판매 현황	상품·조직·사원별 판매 현황	Y	1	
002	김갑순	与 영업	조직별 판매 현황	상품·조직·사원별 판매 현황	Y	1	002로 통합

[그림 Ⅱ-2-9] 정보 요구 사항 목록 통합/분할 예

장 요약

제1절 정보 요구 사항 수집

- 사용자 정보 요구 사항을 좀 더 명확하게 정의하고 기업과 업종에 대한 이해를 하기 위해 관련된 문서를 수집한다.
- 수집된 문서는 별도의 양식으로 정리하여 재차 요구하지 않도록 한다.
- 사용자와의 면담을 위해 필요한 진행 절차는 계획 및 준비, 면담 수행, 면담 결과 분석, 분석 결과 피드백으로 진행한다.
- 현업 부서 및 전산 부서를 대상으로 다르게 면담 요지를 구성한다.
- 현업 부서 면담 내용에 포함될 주요 사항으로는 면담 취지, 목적, 수행 방법, 향후 수행 방향에 대한 의견, 현재 사용하고 있는 정보시스템에 대한 개인적인 의견 등을 포함한다.
- 전산 부서 면담 내용에 포함될 주요 사항으로는 시스템 분야 및 활용 현황, 현재 시스템 운영조직 및 문제점, 전체 애플리케이션 현황 및 유지 보수, 진행 중인 개발 프로젝트 등을 포함한다.
- 면담 대상자는 업무에 대한 명확한 이해를 가능하게 해줄 수 있는 사람으로 선정해야 한다. 면담 일정과 면담 내용은 사전에 공지하여 준비한다.
- 사용자 면담 결과를 분석한 결과 중 부서 간 이해 관계에 따라 이견이 발생할 수 있는 사안은 반드시 담당자들과 사전 조정 작업이 필요하다.
- 정보의 공유가 필요한 경우나 단순한 토론 이상이 요구되는 경우에 워크숍을 활용한다. 서로 관련 있는 부서들은 반드시 포함하여 실시한다.
- 사용자가 처리하고 있는 업무 기능들을 일목요연하게 정리하고자 한다면 현행 업무 조사서를 활용한다.
- 현행 시스템에서 사용되고 관리되는 프로그램 목록이나 화면 목록도 정보 요구 사항의 중요한 수단이다.
- 테이블 목록이나 각각의 레이아웃과 정의서를 이용하여 현행 데이터의 문제점과 사용자 정보 요구 사항을 도출할 수 있기 때문에 수집해야 할 자료 중 하나다.

제2절 정보 요구 사항 정리

- 정보 요구 수집 유형별로 요구 사항을 정리한다.
- 사용자 면담 내용에 대해서는 정리 후 오류가 있는지를 반드시 면담자에게 확인한다.
- 워크숍에서 발행한 이슈 사항이나 특이 사항인 경우에 지속적인 관심을 가지고 해결할 수 있도록 별도의 리스트를 작성한다.
- 사용자로부터 접수된 정보 요구 사항에 대해 우선순위 분석을 실시한다.
- 정보 우선순위 분석을 위해 화폐가치 산출 방법과 상대적 중요도 산정 방법을 이용한다.

제3절 정보 요구 사항 통합

- 1차적으로 정보 요구 사항을 동일한 부서 내 중복 요건이 있는지 확인한다.
- 동일 부서 내 정보 요구 사항을 정리한 후 부서 간 정보 요구 사항으로 검토한다.

연습문제

문제 1. 새로운 방법으로 창구직원에 대한 활동원가를 집계하고자 기준을 제시하였으나, 기준에 따라 이해당사자의 득실이 차이가 많아 결론을 내리지 못하였다. 다음 중 효율적으로 결론을 도출할 수 있는 기법으로 적합한 것은?
① 워크샵 기법
② 사용자 면담 기법
③ 브레인 스토밍 기법
④ 업무 매뉴얼 조사 기법

문제 2. 다음 중 면담팀 구성 단계에 있어서 반드시 고려해야 할 내용이 아닌 것은?
① 면담팀은 가능하다면 2~3인으로 구성하도록 한다.
② 면담 팀원간 역할을 구분하도록 한다.
③ 면담 기록자나 관찰자는 사전에 업무를 습득하도록 한다.
④ 프로젝트 후원자의 추천을 받아 선별하도록 한다.

문제 3. 현업의 정보 요구 사항 파악을 위해 사용자 면담이 계획되어 있다. 다음 중 현업 내 사용 자 면담 대상자를 선발하는 방법으로 가장 적합한 것은?
① 업무에 대해 명확하게 설명할 수 있는 사람으로 선발한다.
② 면담은 통상적으로 2인으로 구성하여 면담 기록에 누락이 없도록 한다.
③ 현업의 관련분야에 정통한 전문가를 집중적으로 선발한다.
④ 면담에 대한 부담을 줄이기 위하여 면담 진행자와 안면이 있는 사람으로 구성한다.

문제 4. 프로젝트 분석 단계 초기에 업무요건이나 업무절차의 조사방법 중에는 면담 기법이 있다. 각 면담을 진행하기 위해 2명 이상으로 면담 진행팀을 구성하고자 할 때, 다음 중 면담 대상자와 면담 진행팀의 역할에 대한 설명으로 틀린 것은?
① 면담 대상자 : 업무에 대해서 면담자에게 명확하고 이해하기 쉽게 설명해 주어야 한다.
② 기록자 : 면담 종료 시에 기록 내용 중에 주요 사항을 확인한다.
③ 면담자 : 면담의 취지를 설명하고 면담 주제의 범위에서 이탈 시에는 주의를 환기시킨다.
④ 관찰자 : 수행 의도대로 면담진행 여부 및 최종적 면담종료에 대해 판단한다.

문제 5. 'New Feature' 프로젝트를 통해 A 기업의 경영환경을 정리한 후 경영전략을 체계적으로 정리하고, 현재 적용하고 있는 정보기술·전산장비·정보시스템·데이터저장소 등의 현황을 조사하고, 활용도를 평가하기로 하였다. 다음 중 이를 위한 조사기법으로 부적합한 것은?
① 경쟁환경 분석
② SWOT 분석
③ RAEW 분석
④ Activity 분석

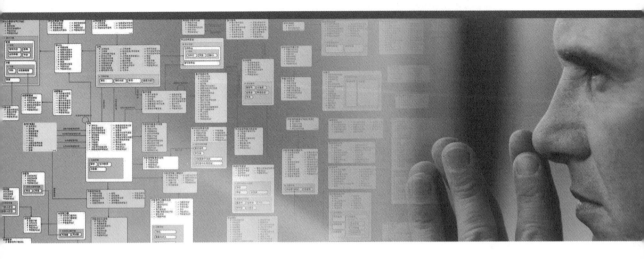

학습목표

제3장에서는 다음과 같은 내용을 학습한다.

■ 수집 정리된 정보 요구 사항에 대한 분석 대상을 정의하는 방법에 대해 이해한다.

■ 정보 요구 사항을 프로세스 관점에서 상세화하는 과정에 대해 이해한다.

■ 정보 요구 사항을 객체지향적 관점에서 상세화하는 과정을 이해한다.

제3장

정보 요구 사항 분석

장 소개

수집 정리된 정보 요구 사항을 바탕으로 분석 대상을 정의하는 기법 및 정보 요구 사항을 구체화·상세화하는 과정을 설명하고, 최종 분석 결과 산출물에 대한 확인 및 보완 절차를 소개한다.

장 구성

사용자의 정보 요구 사항을 토대로 분석 대상을 정의하고, 분석 대상을 다이어그램 및 도식화 등의 분석 기법을 사용하여 정보 요구 사항을 구체화·상세화하는 일련의 과정을 설명한다.

제1절 분석 대상 정의
제2절 정보 요구 사항 상세화
제3절 정보 요구 사항 확인

제1절 분석 대상 정의

사용자로부터 수집한 정보 요구 사항을 바탕으로 업무 현황을 파악한다. 이를 근간으로 관련 업무 및 시스템의 문서를 조사, 수집 및 파악함으로써 현행 업무 및 현행 시스템에 대한 분석 대상을 정의한다. 분석 대상 정의를 통해 사용자의 정보 요구 사항을 구체화하고 상세화하여 작업의 효율성을 높이고자 한다.

1. 현행 업무 분석 대상 정의

가. 분석 대상 자료

현행 업무를 파악하여 필요한 정보 요구 사항을 도출하기 위해 필요한 관련 자료를 확보하여야 하며, 이에 해당되는 업무 자료는 다음과 같다.

- 현행 업무 흐름도
- 현행 업무 설명서
- 현행 업무 분장 기술서

나. 분석 대상 업무 영역 선정

수집된 사용자의 정보 요구 사항을 바탕으로 현행의 업무 흐름 및 관련 데이터를 파악하여 분류 기준에 따라 분석 대상 현행 업무 목록을 작성한다. 분류 기준이란 통상적으로 현행 업무 기능 분해도의 단위업무 또는 업무 분장상의 구분 등을 의미한다. 정보 요구 사항 분석을 위한 대상으로 선정할 것인지 결정하고 분석 대상 업무 목록표에 표기한다.

분석 대상 현행 업무 목록의 예는 [그림 Ⅱ-3-1]과 같다.

대상 업무	고객관리			
번호	업 무 명	유 형	분석 대상 여부	비고
1	고객 등록 처리	온라인 거래	Y	
2	고객 정보 수정 처리	온라인 거래	Y	
3	고객 정보 삭제 처리	온라인 거래	Y	

[그림 Ⅱ-3-1] 분석 대상 업무 목록표 예

2. 현행 시스템 분석 대상 정의

가. 분석 대상 현행 시스템 선정

정리된 정보 요구 사항에 대하여 업무 영역별 분석 대상 현행 시스템을 선정하기 위하여 업무 영역·현행 시스템 매트릭스를 작성한다. 이를 작성하기 위해서는 우선 업무 분석 프로젝트의 수행 범위를 정확히 파악해야만 한다. 이어서 업무 영역별로 대상 현행 시스템 선정 작업을 한다. 업무 영역·현행 시스템 매트릭스의 예는 [그림 Ⅱ-3-2]와 같다.

현행 시스템 / 업무 영역 (공백 : 해당사항 없음, ✕ : 관련 있음)	고객관리	수신계좌관리	수신실적관리	여신계좌관리	여신담보관리	대출상환스케줄관리	인사관리	재무회계관리	신용장관리	청구서관리	지점실적관리	펀드상품관리관리	유가증권잔고관리	고객마케팅관리	…
고객관리 시스템	✕	✕	✕	✕	✕	✕			✕					✕	
성과관리 시스템	✕	✕	✕	✕	✕	✕	✕				✕			✕	
수신시스템	✕	✕	✕												
수익성시스템		✕	✕	✕	✕	✕			✕		✕				
신용리스크시스템	✕				✕										
신용카드시스템	✕									✕	✕				
여신시스템				✕	✕	✕								✕	
영업관리 시스템	✕		✕			✕	✕			✕	✕				
외국환시스템									✕						
유가증권시스템								✕			✕	✕	✕		
재무회계시스템						✕		✕			✕				
CRM시스템	✕	✕		✕		✕								✕	
…															

[그림 Ⅱ-3-2] 업무 영역·현행 시스템 매트릭스 예

업무 영역·현행 시스템 매트릭스를 바탕으로 업무 영역별 분석 대상 시스템 목록을 작성한다. 분석 대상 시스템 목록의 예는 [그림 II-3-3]과 같다.

업무 영역	고객관리			
현시스템	본 수		관리 부서 · 담당자	비고
	온라인	배치		
고객 등록 처리	Y		고객전담관리 팀	
고객 정보 수정 처리	Y		고객전담관리 팀	
고객 정보 삭제 처리	Y		고객전담관리 팀	

[그림 II-3-3] 분석 대상 시스템 목록 예

나. 분석 대상 현행 시스템 관련 자료

현행 시스템과 관련된 문서를 조사 및 수집하고 이를 현행 시스템 수집 문서 목록에 정리한다. 현행 시스템 관련 수집 대상 문서는 다음과 같다.

- 현행 시스템 구성도
- 현행 시스템의 분석, 설계 및 개발 보고서
- 화면, 장표 및 보고서 레이아웃
- 현행 시스템 테이블 목록 및 테이블 정의서
- 프로그램 목록
- 사용자 및 운영자 지침서
- 시스템 지원 및 유지 보수 이력
- 시스템 개선 요구 사항 등

현행 시스템 수집 문서 목록의 예는 [그림 II-3-4]와 같다.

현행 시스템명			** 시스템			
NO	문서명	유형	설명	활용 여부	보완사항	보완 여부
1	프로그램 목록	문서	전체 프로그램 목록	가능	없음	
2	테이블 레이아웃	문서	현 DB 레이아웃 자료	가능	없음	
3	엔터티 관계도	CASE	현 엔터티 관계도	보완		
...						

[그림 II-3-4] 현행 시스템 수집 문서 목록 예

수집된 문서의 평가는 다음의 기준으로 수행하고 보완 여부 항목에 표기함으로써 보완 작업을 종료한다.

- 유용성 : 문서의 활용 가능성 여부
- 완전성 : 문서의 내용에 누락된 부분이 없는지 여부
- 정확성 : 문서의 내용이 현재의 시스템과 일치하는지 여부
- 유효성 : 문서가 최신의 내용을 반영하고 있는지 여부

다. 추가적인 분석 대상

현행 데이터 측면의 업무 요건 혹은 업무 규칙을 보다 상세하게 분석하기 위하여 사용자 뷰도 분석 대상에 포함한다. 데이터 뷰는 전체적인 정보 중에서 일부를 바라보는 관점을 나타내며, 이러한 사용자 뷰가 종합되어 나타나는 것이 화면, 수작업 파일, 수작업·전산 양식, 보고서 등의 레이아웃이다.

제 2 절 정보 요구 사항 상세화

정보 요구 사항 분석 대상이 정의된 현행 업무 영역 관련 자료 및 현행 시스템 관련 자료에 대하여 분석한다. 분석 결과인 분석 산출물을 토대로 사용자의 정보 요구 사항을 보완하고 비기능적 정보 요구 사항을 포함하여 문서 작업을 통한 정보 요구 사항 정의서를 보완한다.

- 비기능적 정보 요구 사항
  - 시스템이 만족시켜야 하는 제약조건(기술적 제약 조건, HW, SW와 관련된 제약 조건)
  - 시스템이 반드시 만족시켜야 하는 주요 성능 척도(반응 시간, 저장 능력, 동시 처리 능력)
  - 신뢰성, 확장성, 이식성, 보안

1. 프로세스 관점의 정보 요구 사항 상세화

프로세스는 실제로 업무가 수행되는 행위를 뜻한다. 프로세스는 기본 기능이 분해되면서 나타나 다시 프로세스로 분해된다. 업무 기능은 기업의 목표 달성을 위하여 지속적으로 수행되기 때문에 시작 시점과 종료 시점이 명확히 구분되지 않는다. 하지만 프로세스는 시작 시점과 종료 시점이 명확하고 실행 횟수를 셀 수 있는 업무 활동을 의미한다. 프로세스는 업무를 어떻게 수행하는지보다는 어떤 업무가 수행되는지를 나타낸다. 따라서 입력(Input)과 출력(Output)이 있으며, 입력을 출력으로 바꾸는 변환 과정을 포함한다. 프로세스를 분해하다 보면 더이상 분해되지 않는 최소 단위의 업무를 찾게 되는데, 이를 기본 프로세스라 부른다.

가. 수행 절차

- 프로세스 중심으로 정리된 프로세스 목록, 프로세스의 업무 흐름도 내용을 수반하는 업무 조사서를 바탕으로 프로세스 계층도, 프로세스 정의서를 작성한다.
- 도출된 기본 프로세스를 기준으로 기본 프로세스에서 필요로 하는 정보 항목과 산출되는 정보항목을 정리하고, 산출되는 정보 항목 중 기본 로직이 필요한 경우 기본 로직을 정리한다.
- 표준화 과정을 통하여 해당 정보 항목에 대해서 통합성/분리성 여부를 검토한 후 최종적으로 사용자의 정보 요구 사항을 충족하는 정보 항목 목록을 정의한다.

나. 수행 작업 내용

[표 II-3-1] 프로세스 관점의 정보 요구 상세화

수 행 작 업	수 행 작 업 내 용
프로세스 분해·상세화	• 단위 업무 기능별 하향식으로 프로세스를 분해 및 도출 • 프로세스 계층도 및 프로세스 정의서를 작성

수 행 작 업	수 행 작 업 내 용
정보 항목 도출 및 표준화	• 기본 프로세스별 정보 항목을 정리 • 정보 항목에 대한 표준화 정리 • 정보 항목 목록 정의
정보 항목별 통합성, 분리성 여부 검토	• 프로세스별로 관리되는 정보 항목을 분류 • 정보 항목별 동음이의, 이음동의 존재 여부 파악 • 통합/분리 여부 검토 후 최종 정보 항목 목록 정의

다. 수행 작업 지침

1) 프로세스 분해·상세화

가) 프로세스의 분해

■ 프로세스의 분해는 단위 업무 기능으로부터 출발하여 점진적으로 수행한다. 단위 업무 기능은 하위에 더 이상 업무 기능을 포함하지 않고, 프로세스만으로 구성된 업무 기능을 의미한다.

■ 단위 업무 기능별로 상세하게 프로세스를 분해하지 않고, 해당 업무 영역의 전체 단위 업무 기능에 대하여 프로세스의 분해 수준을 맞추어 점진적으로 분해한다.

■ 업무 기능 계층도가 단위 업무 기능 수준까지 분해되지 않았을 경우에는 단위 업무 기능 수준까지 더 분해한 후 프로세스를 도출한다.

나) 프로세스 분해 깊이

■ 프로세스 분해 시 업무적인 특성을 고려하여 3차 수준까지 분해한다.

■ 3차 수준까지 프로세스를 도출하는 과정에서 기본 프로세스 수준까지 도출되는 경우도 있다. 업무 활동 분해의 근본적인 목적은 최종적으로 기본 프로세스의 도출에 있다.

■ 그러나 초기 작업에서는 도출된 프로세스가 기본 프로세스인지는 중점을 두지는 않으며, 대상 범위의 모든 프로세스를 균형 있게 분해하는 데에 주의를 기울인다.

■ 도출할 프로세스의 대상은 일반적으로 데이터의 상태를 변화시키는(생성, 수정, 삭제) 것만으로 한다. 하지만 업무적으로 중요한 의미를 가지는 조회용 프로세스 또는 수작업 프로세스는 필요에 따라 명명 규칙을 달리하여 도출하는 것도 바람직하다.

다) 프로세스 명칭

프로세스의 명칭은 명명 규칙을 준수하여 명명하되 업무 용어를 그대로 사용하고, 이름만으로도 개략적인 수행 내용의 파악이 가능하도록 함축적이며 유일한 이름을 부여하는 것이 중요하다.

라) 프로세스 계층도

- 프로세스 계층도를 작성하는 목적이 기본 프로세스의 도출에 있으며, 추후 업무적으로 기술한 프로세스 정의서를 바탕으로 작업을 수행하게 되므로 이에 대한 상세한 내용이 반영된다.
- 프로세스 계층도는 높은 응집도(Cohesion) 및 낮은 결합도(Coupling)를 유지하도록 모듈성을 확보하는 것이 중요하다. 이러한 원칙에 따라 분석하면 분석의 복잡도와 모호성이 감소되고 분석의 집중력이 향상되어 프로젝트 관리 및 프로세스 유지 보수가 용이하다. 일반적으로 상위 프로세스에 포함되는 하위 프로세스가 7개를 초과하면 상위 프로세스를 분리하는 것을 고려한다. 프로세스 계층도의 예는 [그림 Ⅱ-3-5]와 같다.
- 프로세스별 정의(설명)는 업무를 구체적으로 이해할 수 있는 수준으로 상세하게 작성한다. 프로세스 정의서는 프로세스와 기본 프로세스를 함께 기술하는 양식으로서, 프로세스 정의서 양식의 데이터 사용 항목은 모든 프로세스에 대해 기술할 필요는 없다. 그러나 기본 프로세스의 경우에는 반드시 작성하도록 한다. 프로세스 정의서는 [그림 Ⅱ-3-6]과 같다.
- 이미 작성된 프로세스 계층도를 재검토해 해당 업무 영역에 포함되는 모든 업무 요건 및 업무 규칙이 반영되었는지를 확인하고, 프로세스 계층도를 조정한다.
- 현 수준의 프로세스 계층도를 더욱 상세하게 분해하여 업무의 최소 단위인 기본 프로세스까지 도출한다.

1차 기능	2차 기능	3차 기능	4차 기능
여신 관리	여신 기획 관리	여신 요율 책정	
		연간 여신 운용 지침 수립	
	여신 상담 관리	거래처 정보 관리	거래처 정보 등록
			신용 정보 관리
		여신 상담	대상 거래 파악
			상담 결과 보고
			신용 조사 의뢰
		대출 의향서 발급	대출 의향서 발급 신청
			대출 의향서 발급 승인
			대출 의향서 발급
	여신 심사 및 승인 관리	심사 계획 수립	
		예비 심사(예비 승인)	여신 신청서 검토
			신용 평가
			재무 분석
		본심사(대출 승인)	법적 심사
			담보 조사
			대출 조건 결정

[그림 Ⅱ-3-5] 프로세스 계층도의 예

2차	3차 업무 기능	설명
지점 관리		지점의 신설, 이전, 폐쇄 등에 따른 처리와 지점이 보유한 채권철의 관리
	등기 등록 관리	지점 신설, 지점 이전, 인장 등에 관한 등기, 등록 업무
	채권철 관리	채권철 보존, 관리, 폐기 등에 관한 업무 처리 과정
안전 관리 기획		보안, 소방, 경비 업무에 대한 계획 수립과 관련 규정의 관리, 경비 업무 관련 용역 계약 관리와 관련 대외 기관과의 연계 업무 수행
	계획 수립	비상 계획, 보안, 소방, 경비 업무의 계획 수립
	규정 관리	보안, 소방, 경비 규정 및 기계 경비 운영 요령 관리
	경영 평가	각 부점의 안전 관리 업무에 대한 경영 평가
	심사 분석	보안, 예비군, 민방위 업무 심사 분석
	경비 계약	본점(연수원 포함) 경비원의 용역 계약 관리
	대외 기관 관리	비상기획위원회, 재정경제부, 마포구청, 병무청, 경찰서, 소방서, 군부대 등 관련 업무
예비군·민방위 업무		직장 예비군·민방위 조직 관리와 예비군·민방위 훈련 관련 업무
	자원 관리	조직 편성 및 장비 관리
	교육 훈련	예비군·민방위 대원 교육 훈련
비상 계획 업무		을지연습, 국가동원능력조사(중점 관리 지정업체 자원 조사)
소방 관리		시설 점검 및 정비, 방재 센터 운영 관리, 자위소방대 조직 관리, 소방 교육 훈련

[그림 II-3-6] 프로세스 정의서의 예

2) 정보 항목 도출 및 표준화

■ 프로세스 분해 및 상세화에서 도출한 기본 프로세스별로 등록(C), 조회(R), 변경(U), 삭제(D) 기능을 구분하여 기술한다.

　■ 기능에 따라 구분된 프로세스별로 정보 요구 분석에서 정의된 정보 요구 사항 정의서 및 업무 조사서상의 내용을 파악하여 관리하고자 하는 정보 항목을 도출한다. 서술식으로 표현된 자료에서정보 항목을 도출하기 위해서 '명사형'으로 표현된 단어를 파악하면, 이러한 단어들이 정보 항목의 대상이 되는 경우가 많다.
　■ 도출한 정보 항목은 명명 규칙을 준수하여 명명하되, 업무 용어를 그대로 사용하며 명사형으로 기술한다.

단위 업무 기능					상위 업무 기능	고객 관리
1차	2차	3차	4차	5차 프로세스	기능	정보 항목
고객 관리						
고객 기본 정보 관리						
고객 기본 정보 등록						
고객 기본 정보 등록					등록	성명, 주민번호, 주소, 전화번호 등
고객 기본 정보 변경					변경	성명, 주소, 전화번호
고객 기본 정보 삭제					삭제	고객

[그림 II-3-7] 정보 항목 도출 예

- 해당 도출된 정보 항목을 그루핑하여 정보 항목군으로 구분하고 정보 항목 목록을 작성한다. 정보 항목 정의는 [그림 II-3-8]로 정리한다.

정보 항목 목록		작성 부서	고객관리 팀		
작성자	홍길동	작성 일자	05.10.03	확인자	

번호	정보 항목	정보 항목군	기본 프로세스명	비고
001	성명, 전화번호, 주소, 주민번호, 생년월일, 결혼기념일	고객 기본 정보	고객 기본 정보 등록	
002	성명, 전화번호, 결혼 여부	고객 기본 정보	고객 기본 정보 변경	
003	최종학력, 종교	고객 기본 정보	고객 기본 정보 변경	

[그림 II-3-8] 정보 항목 목록 예

3) 정보 항목별 통합성 검증

- 정보 유형별 및 정보 항목별로 전사 관점에서의 통합/분리 여부를 검토한다.
- 동일한 정보 항목에 대해서 통합 시 다음과 같은 장점이 있다.
  - 통합 정보 항목으로 도출 시 정보 항목의 관리가 용이함
  - 동일한 유형의 정보 항목이 존재 시 통합 정보 유형으로 수용 가능
- 단 아래와 같은 단점도 있다.
  - 무리한 통합 작업으로 인한 정보 항목의 애매모호성 존재
  - 통합 정보 항목에 대한 관리 부족으로 통합의 의미 상실 가능성 존재
- 통합 작업 후 해당 정보 항목 목록에 대한 통합성 여부를 기재하고 최종 정보 항목 목록을 작성한다.

정보 항목 목록		작성 부서			
작성자		작성 일자		확인자	
정보항목 번호	정보 항목	정보군	프로세스명		비고

[그림 II-3-9] 최종 정보 항목 목록 예

2. 객체지향 관점의 정보 요구 사항 상세화

객체지향 방법론에서는 유스케이스 다이어그램을 중심으로 정보시스템의 기능적 정보 요구 사항을 정의한다. 해당 다이어그램은 사용자와의 의사소통이 원활하게 진행될 수 있도록 도움을 준다. 시 스템 영역 내의 유스케이스와 액터, 그리고 그들 간의 관계를 유스케이스 다이어그램으로 도식화하고 도출된 유스케이스의 사건 흐름을 상세화한다.

가. 유스케이스 다이어그램

- 액터(Actor)

  정보시스템과 상호 작용하는 개인, 그룹, 회사, 조직, 장비 등 정보 서비스를 받는 객체를 말한다.
  - 엑터의 이름은 명확하게 액터의 역할을 나타내는 이름으로 정의한다.
- 유스케이스(Usecase)
  - 도출된 액터별로 개발 시스템에서 제공해야 하는 기능을 나타낸다.
  - 사건 흐름에 대한 개요를 간략하게 기술한다.
- 액터(Actor)와 유스케이스 간의 관계
  - 확장(Extend) : 하나의 유스케이스가 다른 유스케이스의 행동을 추가함에 따라 나타나는 두 유스케이스의 관계를 말한다. 한 유스케이스가 다른 유스케이스를 경우에 따라 선택적으로 수행하는 경우에 사용된다.
  - 포함(Include) : 하나의 유스케이스가 다른 유스케이스를 사용함을 나타내는 두 유스케이스의 관계를 말한다. 하나의 유스케이스가 다른 유스케이스를 반드시 수행하는 경우에 사용된다.
  - Communicates : 행위자가 어떤 유스케이스에 참가함을 나타낸다. 이것은 행위자와 유스케이스 사이의 유일한 관계이다.
- 유스케이스 다이어그램의 예는 [그림 II-3-10]과 같다.

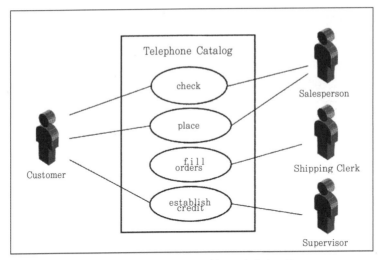

[그림 II-3-10] 유스케이스 다이어그램

나. 유스케이스 상세화

유스케이스의 사건 흐름을 구조화하는 작업으로 모든 선택 또는 대안 흐름을 기술한다. 유스케이스의 특별 정보 요구 사항을 정의한다. 유스케이스에는 관련이 있지만 사건 흐름에는 고려되지 않는 정보 요구 사항을 유스케이스의 특별 요구 사항으로 정의한다. 이러한 특별한 정보 요구 사항은 비기능적인 정보 요구 사항으로 기술한다. 사건 흐름을 기술할 때 정상적인 흐름에 대해 먼저 기술한 후 예외 사항에 대한 사건 흐름을 기술한다. 다음과 같은 내용을 기술한다.

- 유스케이스에 대한 개략적인 설명
- 사건 흐름(Flow or Event)
- 사전, 사후 조건
- 비기능적인 정보 요구 사항
- 주된 사건 흐름에 대체될 수 있는 대안 흐름
- 예외 처리 사항

다. 클래스 다이어그램 작성

1) 엔터티 클래스 도출

유스케이스 모형을 검토하여 문제 영역 내의 개념을 나타내 엔터티 클래스를 도출하여 정의한다. 식별된 클래스에 이름을 부여하고, 간략한 설명을 기술한다. 클래스 이름은 간결하고 업무적 의미를 함축한 단수형 명사로 부여하며, 은어 및 약어 사용은 배제한다.

- 유스케이스 다이어그램을 조사하여 명사 및 명사구를 후보 객체로 선정한다.
- 의미가 모호한 것은 제거한다.
- 이음동의어 및 동음이의어를 고려하여 선정한다.
- 문제 영역과 관련이 없는 것은 제거한다.
- 유사한 구조와 행위를 가진 객체들을 클래스로 그루핑한다.

2) 관계 도출 및 클래스 도출

관계란 의미 있고 관심 있는 연결을 나타내는 클래스 간의 관계를 의미한다. 클래스 간의 집단화 관계를 식별하고 명명한다. 집단화 관계란 전체적인 클래스와 부분적인 클래스의 포함 관계이다.

3) 속성 정의

속성이란 클래스가 나타내는 객체의 특성을 의미한다. 유스케이스 다이어그램을 검토하여 클래스를 구성하는 속성을 도출한다. 속성에 대한 이름을 부여하고 간략한 설명을 기술한다. 속성의 이음은 속성을 가지고 있는 정보를 명확하게 지정하는 명사로 한다.

제 3 절 정보 요구 사항 확인

사용자 및 부서로부터 접수해서 최종적으로 작성된 산출물에 대해 정보 요구 사항을 제시한 담당자와 세부 재검토를 통하여 누락 사항 및 보완 사항을 도출하기 위한 계획을 수립하고 재검토를 실시한다.

1. 수행 절차

- 분석 결과 도출된 산출물에 대해 재검토 기준을 정의하고, 재검토 계획을 수립한다.
- 재검토 대상 산출물의 완전성, 정확성, 일관성, 안정성 등 다양한 측면에서 재검토를 실시한다.
- 재검토 결과, 추가 및 보완 사항이 존재하는 경우에 내용을 문서로 정리한 후 해당 산출물에 추가 반영 여부를 확인한다. 미반영 시 미반영 사유의 타당성을 검토한다.

2. 수행 작업 내용

[표 II-3-2] 정보 요구 사항 확인 수행 작업

수 행 작 업	수 행 작 업 내 용
재검토 계획 수립	• 재검토 대상이 되는 분석 결과 및 정보 요구 사항 정의서 산출물 확인 • 대상 산출물별로 재검토 기준(체크 리스트) 정의
재검토 실시	• 재검토 계획서 작성 및 승인 • 재검토 대상 산출물 준비 및 배포와 재검토 담당자별 역할 분담 • 업무 영역별로 재검토 대상 산출물을 재검토
보완 결과 확인	• 재검토 결과를 토대로 업무 영역별로 산출물 보완 • 재검토 결과 반영 여부 확인 및 미반영 사유 검토 • 정보 요구 사항 정의서의 안정성 분석 • 재검토 결과를 토대로 보완 목록 수정

3. 수행 작업 지침

가. 재검토 계획 수립

재검토의 대상이 되는 분석 결과 산출물을 확인한다. 일반적인 재검토 대상이 되는 것은 정보 요구 사항 정의서, 정보 항목 목록, 유스케이스 정의서, 클래스 다이어그램 등이 있다. 재검토 기준은 해당 작업의 완전성과 정확성, 안정성을 검증할 수 있는 체크 리스트로 작성한다. 재검토 및 검증의 기준을 간략히 요약하면 다음과 같다.

- 완전성 : 사용자의 정보 요구 사항이 누락 없이 모두 정의되었는지 확인
- 정확성 : 사용자의 정보 요구 사항이 정확히 표현되었는지 여부
- 일관성 : 표준화 준수 여부 확인
- 안정성 : 추가 정보 요구 사항 변경에 따른 영향도 파악

정보 요구 사항별로 1차 재검토 후 결과를 모델에 반영할 수 있도록 일정을 계획하여야 한다. 재검토를 통해 전체 업무 영역에 영향을 미치는 공통 사항에 대한 변경과 통합성을 일관되게 추적·관리할 수 있도록 별도의 인원을 재검토 팀에 배정하여야 한다.

- 재검토 계획서에 포함되어야 할 사항
- 정보 요구 사항 재검토 개요 및 목적
- 재검토 일자
- 재검토 장소 및 시간 계획
- 재검토 참석 대상 및 재검토 업무
- 참석 대상별 재검토 세부 시간 계획
- 재검토 시 준비물
- 재검토 후 산출물
- 재검토 후 지적 사항 반영 계획 수립

나. 재검토 실시

- 재검토 기준 및 재검토 대상 산출물을 준비하고 재검토에 참여할 대상자에게 배포한다.
- 재검토 관련 장소, 시간, 준비, 장비 등을 재검토하기 위한 제반 준비를 수행하며, 재검토 담당자별로 재검토 세션에서 수행해야 할 역할을 충분히 주지시킨다.
- 재검토 세션 실시 이전에 반드시 배포된 산출물을 예습해야 한다. 재검토 세션 이전에 재검토 대상 산출물을 예습하는 것은 아주 중요한 일이다. 실제 재검토 세션에서의 재검토는 재검토한 결과를 토대로 의문 사항, 잘못 정의된 사항 등에 대하여 의견을 개진하고 결론을 도출하여 반영 대상을 정리하는 작업이다. 따라서 실질적인 재검토는 기준에 따라 반드시 사전에 담당자별로 수행되어야 한다.
- 재검토 시 진행자는 제기되는 이슈에 대해 참석자들 간에 결론을 도출하기 위한 토론이 발생하지 않도록 이슈 목록으로 정리하게 하고, 정해진 일정 내에 마칠 수 있도록 주의를 기울여야 한다.
- 재검토 시에는 통합성 검증을 위하여 해당 업무 영역과 관련 있는 업무 영역 담당자가 참여하여야 한다.
- 재검토는 많은 인원이 함께 작업을 수행하는 경우에 진행 시간이 초과되어 충분한 검증이 이루어지지 못할 수도 있으므로, 진행자는 세션별로 적절한 시간 배분 및 조정의 역할을 충실히 수행하는 것이 중요하다.

▪ 재검토 세션이 종료되면 세션별로 그 결과를 재검토 결과로 정리한다. 재검토 결과는 [그림 Ⅱ-3- 11]과 같은 양식에 정리한다.

대상 범위							리뷰 일시		
진 행 자				직위			소속 부서		
참석자	부서	직위	성명	부서	직위	성명	부서	직위	성명
구 분	내 용								

[그림 Ⅱ-3-11] 재검토 결과서 예

▪ 재검토 결과가 정리되면 해당 정보 요구 사항별 보완 사항을 유형에 따라 보완 목록에 작성한다. 보완 목록을 작성할 때에는 재검토 결과의 지적 사항만을 기록하는 것이 아니라, 내용 보완 시 해당 분석 결과 산출물의 일관성 유지를 위해 특정 내용이 변경됨으로써 함께 변경되어야 할 대상도 기록한다. 보완 목록은 [그림 Ⅱ-3-12]와 같은 양식에 작성한다.

구분	변경유형	변경대상	변경내용	반영	미반영사유

[그림 Ⅱ-3-12] 보완 목록 예

▪ 보완 사항을 반영할 경우에는 정보 요구 사항 간의 일관성이 유지되도록 주의한다. 모든 사항의 반영이 완료되면 반영해야 할 사항의 누락은 없는지, 잘못 반영된 사항은 없는지를 전체적으로 검토한다.

다. 보완 결과 확인

▪ 재검토 준비와 마찬가지로 보완 결과에 대한 확인 준비를 한다. 재검토 결과, 보완 목록, 보완 사항이 반영된 정보 요구 사항 정의서를 준비하고 배포한다.

- 보완 목록에 준하여 정보 요구 사항 정의서 반영 여부를 확인한다. 반영되지 않은 사항의 미반영 사유가 존재할 경우에는 미반영 사유가 타당성이 있는지를 검토하고, 사유가 타당하지 못한 경우에는 보완되도록 조치한다.
- 재검토 결과 미반영 사유가 업무 규칙이나 정책의 변경을 수반하는 경우에 프로젝트 기간 내에 해결 가능한 것은 개선 과제로 정리하여 해당 부서에 의뢰한다.
- 보안 목록에 있는 보완 사항이 모델에 모두 반영된 것을 확인하면 본 작업은 종료된다.

4. 수행 시 고려 사항

- 일관성 있는 기준 및 명확한 일정을 수립함으로써 모든 참여 인력에 공감대를 형성하는 것이 중요하며, 이를 바탕으로 작업을 수행해야 한다.
- 재검토는 한 번으로 종료되지 않는 것이 보통이므로 두 번 이상을 진행하되 세션마다 재검토 기준을 명확히 하여 해당 기준에 초점을 맞추어 수행하는 것이 바람직하다.
- 재검토 세션을 수행할 때 세션 진행의 효율성을 감안하여 적정한 참여 대상을 선정해야 한다. 너무 많은 인력이 참여하여 세션의 집중력을 상실하거나 결론에 도달하지 못하는 경우에 주의해야 한다.

장 요약

제1절 분석 대상 정의

- 사용자의 정보 요구 사항에 대해 수집한 기초 자료를 바탕으로 현행 업무 및 현행 시스템에 대한 분석 대상을 정의함으로써 사용자의 정보 요구 사항을 구체화하고, 상세화하는 작업의 효율성을 이루고자 한다.
- 현행 업무에 대한 분석 대상은 현행 업무 흐름도, 업무 설명서, 업무 분장 기술서 등이다.
- 현행 시스템의 분석 대상을 선정하기 위해서는 업무 영역·현행 시스템 매트릭스를 작성하여 관련있는 현행 시스템을 정의하고, 정의된 현행 시스템에 대한 관련 자료를 분석 대상으로 정의한다.

제2절 정보 요구 사항 상세화

- 정보 요구 사항에 대한 분석 및 상세화 작업으로 프로세스 관점과 객체지향 관점으로 구분할 수 있다.
- 이는 프로세스 관점으로는 조직의 업무 프로세스를 기본 프로세스까지 분해하는 과정을 통해 기본 프로세스에서 필요로 하는 정보 항목에 대해 정리한 후 최종 정보 항목을 도출하는 과정이다.
- 객체지향 관점에서는 사용자의 정보 요구 사항에 대해서 유스케이스 다이어그램을 작성하여 정보 요구 사항을 다이어그램화하고, 해당 정보 요구 사항에 대한 사건 흐름을 상세하게 기술한다. 대안흐름, 예외 사항 등 비기능적인 정보 요구 사항도 기술한다.
- 최종적으로 유스케이스 다이어그램 및 유스케이스 정의서를 통해서 해당 클래스 엔터티를 도출하고 클래스 간의 관계 및 클래스의 특성을 나타내는 속성을 도출함으로써 최종적인 정보 요구 사항의 상세화 작업이 종료된다.

제3절 정보 요구 사항 확인

- 최종적으로 작성된 산출물에 대해서 정보 요구 사항을 제시한 담당자와 세부 재검토를 통하여 누락 사항 및 보완 사항을 도출하기 위한 계획을 수립하고, 사전에 계획된 재검토 기준에 맞게 재검토를 실시한다.
- 재검토 결과에서 도출된 추가 및 보완 사항이 존재하는 경우에 내용을 문서로 정리한 후 해당 산출물에 추가 반영 여부를 확인하고 미반영 시 미반영 사유의 타당성을 검토한다.
- 기술한 재검토 기준에는 완전성, 정확성, 일관성, 안정성 측면 모두를 고려하여 체크 리스트를 작성하여 실시한다.

연습문제

문제 1. H 대리는 현행 업무 분석 대상을 정의하기 위해서 업무 영역 선정 작업과 현행 시스템 선정 작업을 진행하였다. 두 작업의 연관도를 체크하기 위하여 업무 영역·현행 시스템 매트릭스를 작성했으며, 매트릭스 기법을 이용하여 연관 시스템을 파악하고자 한다. 다음 중 관련 시스템에서 문서들을 빠짐없이 수집했는지 평가하기 위해 H 대리가 검토해야 하는 기준이 아닌 것은?
① 유용성
② 완전성
③ 정확성
④ 적시성

문제 2. 프로세스 계층도를 도식화하는 목적은 정보 요구 사항을 상세화하기 위한 기본 단계로 단위업무 기능별로 기본 프로세스를 도출하기 위함이다. 다음 중 프로세스 계층도의 모듈성을 확보하기 위한 분해 기준으로 적합한 것은 ?
① 응집도가 높을수록, 결합도가 낮을수록
② 응집도가 낮을수록, 결합도가 높을수록
③ 응집도가 높을수록, 결합도가 높을수록
④ 응집도가 낮을수록, 결합도가 낮을수록

문제 3. 사용자와 의사소통이 원활하게 되도록 도움을 주는 유스케이스 다이어그램 분석기법의 필수적 구성요소로 거리가 먼 것은?
① 액터(Actor)
② 유스케이스(Usecase)
③ 유스케이스 관계
④ 시스템경계

문제 4. 다음 중 사용자의 정보 요구 사항이 완전하게 도출되었는지를 검증하기 위해서 '정보 요구 사항 대 애플리케이션 상관분석' 기법을 이용하고자 할 때, 가장 적합한 것은?
① CRUD 매트릭스 분석기법
② RAEW 매트릭스 분석기법
③ 변환 매트릭스 분석기법
④ 요구 사항 추적 매트릭스 분석기법

문제 5. 다음 중 정보 요구 사항 상세화 방법 중 객체지향 관점에서 사용자와 의사소통을 원활하게 도와주고, 시스템과 사용자 간 관계흐름을 표현하여 요구 사항을 쉽게 파악할 수 있는 방법으로 적합한 것은?
① 정보 요구 사항 맵
② 유스케이스 다이어그램
③ 클래스
④ 액터

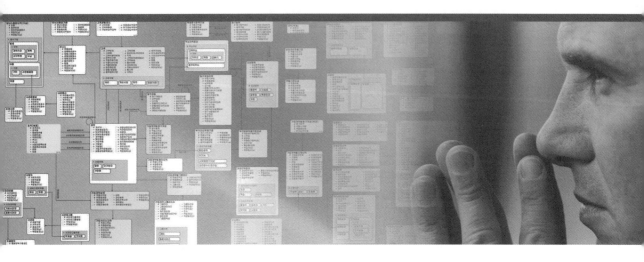

학습목표

제4장에서는 다음과 같은 내용을 학습한다.
- 정의된 정보 요구 사항 명세 정의에 대해 이해한다.
- 정보 요구 사항 명세 상세화 절차와 방법을 이해한다.

제4장

정보 요구 사항 명세화

장 소개

정보 요구 사항 명세서에 대해 정의하고, 다양한 이해 관계자 관점에서 이해할 수 있는 수준으로 실무에서 상세화를 작성할 수 있는 방법을 설명한다.

장 구성

정보 요구 사항 명세서에 대한 이해를 토대로 정보 요구 사항에 대한 명세화 작성 방법을 요구 사항 분류와 다양한 예시를 통해 설명한다.

제1절 정보 요구 사항 명세 정의
제2절 정보 요구 사항 명세 상세화

제1절 정보 요구 사항 명세 정의

1. 정보 요구 사항 명세 정의

정보 요구 사항을 문서화할 때는 완성될 시스템의 기능적 요구를 정확하게 서술해야 한다. 또한 구현 시의 제약 사항, 품질 등의 비기능적 요구 사항도 서술해야 한다. 정보 요구 사항 명세서는 다음과 같이 다양하게 정의할 수 있다.

- 요구 분석 과정의 최종 산출물로 사용자와 개발자를 연결시키는 중요한 문서
- 설계 및 구현에서 참조할 사항, 전반적으로 알아야 할 사항을 포함하는 문서
- 사용자와 개발자 간의 계약서
  정보 요구 사항 명세서 작성은 분석가의 역할이다. 그런데 분석가가 명세서를 작성하는 일이 쉽지 않다. 사용자가 현재의 업무 상황과 문제점을 어느 정도 잘 파악하고 있지만, 그러한 문제를 기술적으로 어떻게 해결하는가에 대한 이해가 부족하기 때문이다. 반면 개발자는 기술적 능력은 있으나 업무 환경은 모른다. 분석가는 명세서를 작성할 때 사용자와 개발자의 두 가지 관점을 종합하여 작성해야 하고, 정확하고 완벽하게 수정하기 쉽게 작성해야 한다.

정보 요구 분석 명세서는 시스템 개발자가 구현할 것에 대한 공식적인 문서로, 시스템 개발과 관련된 이해 당사자에게는 중요한 기준이 된다.

- 사용자 입장
  정보 요구 분석 명세서는 사용자와 의사소통하는 도구로 사용되면서 동시에 계약서와 같은 효력을 발휘하는 매우 중요한 문서이다. 개발이 완료되었을 때 이 문서의 내용이 판단 기준이 된다.
- 개발자 입장
  개발자는 정보 요구 분석 명세서를 읽고 어떤 시스템이 개발될 것인지 이해하게 된다. 그리고 요구 분석 명세서에 기술된 기능적/비기능적 요구 사항을 기반으로 분석, 설계, 코딩을 한다.
  개발이 완료되어 요구 분석 명세서의 모든 내용대로 구현되었는지 점검할 때 이 문서가 점검 항목이 된다.
- 테스터 입장
  테스터 입장에서 요구 분석 명세서는 테스트를 수행하기 위한 테스트 케이스를 만드는 데 사용되고, 오류에 대한 판단과 동작에 대한 기준이 된다.

2. 요구 분석 명세서 작성 시 주의 사항

정보 요구 분석 명세서를 작성할 때 주의 사항 몇 가지를 살펴보면 다음과 같다.

- 사용자가 쉽게 읽고 이해할 수 있도록 작성한다.

사용자와의 관계에서 요구 분석 명세서는 계약서 같은 효력이 있다. 보험 약관이나 흔히 접하는 약관을 보면 글자가 너무 작고 방대한 경우가 많다. 이 자료는 분쟁이 발생했을 때 매우 중요한 근거 자료가 되지만 자세히 읽는 경우는 별로 없다. 그 이유는 약관이 사용자에게 중요한 서류임에도 불구하고 사용자 입장보다는 회사 입장에 치우쳐 작성된 듯한 느낌을 주기 때문이다. 그래서 읽기도 어렵고 읽어도 이해하기 어렵다. 요구 분석 명세서는 약관처럼 작성해서는 안 되고, 사용자가 쉽게 읽고 이해할 수 있도록 작성해야 한다.

- 개발자가 설계와 코딩에 효과적으로 사용할 수 있도록 작성한다.

요구 분석 명세서를 사용자 요구 분석 명세서와 개발자용(시스템 요구 명세서)으로 분리하여 작성한다면 문제가 없다. 하지만 문서 하나로 작성한다면 개발자는 이 문서를 기반으로 설계하고 개발하며 검증 기준으로 사용하는 등 여러 목적으로 활용하게 된다. 때문에 그들이 이해하고 목적에 맞게 사용할 수 있도록 제공해줘야 한다.

- 비기능적 요구를 명확히 작성한다.

요구 분석 명세서에 서술된 기능과 제약 사항은 사용자와 개발자 모두 충분히 동의해야 한다. 그러려면 사용자는 개발 비용과 기간 내에 맞는 요구를 해야 하고, 개발자도 사용자가 원하는 요구를 수용하기 위해 소요되는 비용과 기간, 그리고 불가능한 요구는 무엇인지 등을 정확히 사용자에게 알려주고 이해시켜야 한다. 특히 제약 사항과 같은 비기능적 요구는 어느 구석에 깨알같이 작게 적어놓은 약관처럼 되면 안 되고, 사용자에게 명확하게 제공해줘야 한다.

- 테스트 기준 용도로 사용할 수 있도록 정량적으로 작성한다.

시스템 요구 분석 명세서의 주된 목적은 사용자의 요구를 문서화하여 개발자들이 이 문서를 바탕으로 설계하고 개발하는 데 있다. 하지만 이외에도 테스트의 기준을 작성하고 테스트 케이스를 만드는 데도 사용된다. 따라서 원하는 기능과 품질 등을 가능하면 정량적으로 명확히 서술해야 한다.

- 품질에 대한 우선순위를 명시한다.

품질은 두 가지 특성을 다 만족시키지 못하고 서로 상충되는 경우가 있다. 이러한 경우 어떤 품질 특성을 우선순위로 할 것인지를 명시해야 한다. 상충 관계는 어느 한 쪽이 좋으면 다른 한쪽은 손해를 보는 관계로, 보안을 강화하면 사용자 편의성이 떨어지는 것이 대표적인 예이다. 금융 거래를 할 때, 보안이 강화될수록 인증 절차가 복잡하고 까다로워지는 것과 같다.

제 2 절 정보 요구 사항 명세 상세화

요구 분석 명세서는 개발 전 과정에 걸쳐 공식적으로 사용할 문서이다. 이 문서는 사용자 요구 사항과 시스템 요구 사항을 각각 분리하여 작성할 수도 있고 통합하여 작성할 수도 있다.

요구 사항 명세는 다음 표와 같은 세부 수행활동을 통해 산출물로 도출되어야 한다.

[표 II-4-1] 세부 수행활동 – 데이터 요구 사항 분석 및 도출

입력정보	내용	기대산출물
– 조직 및 업무 프로세스 현황 분석 – 기술 및 정보시스템 현황 분석 – 시사점 및 개선사항 – 시장 및 유사사례 검토 – 이해관계자 요구 사항 내역	① 데이터 요구 사항 분석 및 도출	– 데이터 요구 사항

1. 요구 사항 상세내역 작성

사업의 요구 사항을 지속적이고 효과적으로 관리하기 위해 표준화된 서식에 맞추어 요구 사항 상세 내역을 작성한다. [표 II-4-2] 분류표와 같은 부여규칙을 부여하고, [그림 II-4-1]과 같이 요구 사항을 유일하게 식별할 수 있는 요구 사항 고유번호, 요구 사항 명칭, 요구 사항 분류, 요구 사항 상세설명, 산출정보, 관련 요구 사항, 요구 사항출처 등의 항목을 포함해야 한다. 요구 사항 명세항목은 소프트웨어 사업의 유형 및 특성에 따라 수정할 수 있다.

[표 II-4-2] 요구 사항 분류별 번호부여 예시

	요구 사항 구분		ID 부여 규칙
1	시스템 장비 구성 요구 사항	Equipment Composition Requirement	ECR-000
2	기능 요구 사항	System Function Requirement	SFR-000
3	성능 요구 사항	Performance Requirement	PER-000
4	인터페이스 요구 사항	System Interface Requirement	SIR-000
5	데이터 요구 사항	Data Requirement	DAR-000
6	테스트 요구 사항	Test Requirement	TER-000
7	보안 요구 사항	Security Requirement	SER-000
8	품질 요구 사항	Quality Requirement	QUR-000
9	제약사항	Constraint Requirement	COR-000
10	프로젝트 관리 요구 사항	Project Mgmt. Requirement	PMR-000
11	프로젝트 지원 요구 사항	Project Support Requirement	PSR-000

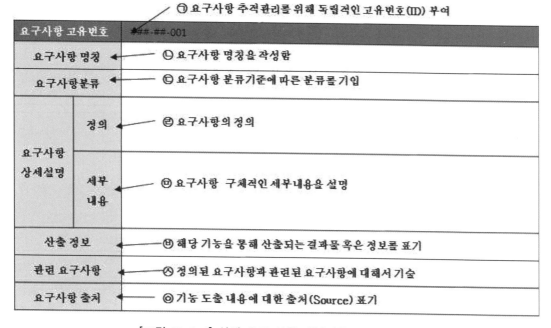

[그림 Ⅱ-4-1] 상세 요구 사항 세부내용 작성표 예시

㉠ 요구 사항 고유번호(ID) : 제안요청서에 정의된 요구 사항에 대해 계약, 사업수행, 사업완료 및 검수까지 변경·삭제·수정 여부에 대한 추적관리를 위해 고유의 번호를 부여하도록 한다. 각 기관에 따라 요구 사항 고유번호를 부여하는 규칙을 새롭게 정의할 수 있으나 기본적인 작성 가이드를 참조하여 작성하도록 한다.

㉡ 요구 사항 명칭 : 명확하고 세분화된 수준(level)에서 요구 사항 명칭을 작성한다.

㉢ 요구 사항 분류 : 관련된 요구 사항을 [표 Ⅱ-4-2]에 명시된 11개 상세 요구 사항 분류 기준에 따라 분류한다.

㉣ 요구 사항 정의 : 요구 사항에 대해 간략하게 정의한다.

㉤ 요구 사항 상세설명 : 사업의 목적을 이루기 위해 기능을 어떻게 구현하거나 요구 사항을 어떻게 수행해야 하는지에 대한 내용을 상세하게 작성한다.

㉥ 산출정보 : 해당 요구 사항의 구현을 통해 사업완료 후 어떠한 산출물이 제출되어야 하는지를 작성한다. 요구 사항에 따라 산출정보가 있을 수도 있고 없을 수도 있다(해당 시).

㉦ 관련 요구 사항 : 정의된 요구 사항과 관련이 있는 요구 사항에 대해서 기술한다. 기능 요구 사항에 대해 관련 있는 성능 요구 사항이 있으면 그 성능 요구 사항을 기술한다(해당 시).

㉧ 요구 사항 출처 : 해당 요구 사항이 어느 출처로부터 도출되었는지를 기입하여 향후 요구 사항 변경이나 수정, 삭제 등이 발생했을 경우 의사결정을 받을 수 있다. 향후 사업수행 시 상세한 요구 사항에 대한 설명이나 추가적인 인터뷰 필요 시 참조하도록 한다.

요구 사항고유번호	DAR-001		
요구 사항 명칭	데이터 표준 준수		
요구 사항 분류	데이터	응락수준	필수
요구 사항 세부내용	- OO 기관의 데이터 관리 지침 및 마스터데이터체계(MDM)를 수용할 수 있도록 DB 설계가 되어야 하며, 전문인력을 통해 이에 대한 검증이 이루어져야 함		

요구 사항고유번호	DAR-002		
요구 사항 명칭	초기자료 구축		
요구 사항 분류	데이터	응락수준	필수
요구 사항세부내용	- OOO 시스템의 시스템 테스트, 사용자 교육, 시범운영 등 일련의 과정을 수행하기 위해 필수적인 초기 데이터를 구축하여야 함 - 원칙 ① 구축할 자료의 성격에 대한 적절한 입력자 선임 및 자료 내용 검증 ② 사전에 충분한 자료의 확보 및 확보된 자료의 이상 유무 확인 ③ 자료의 전체적인 체계에 대한 기본적인 이해 필수 ④ 구축 전 사전 교육의 진행 및 입력 프로그램에 의한 입력 ⑤ 필요 시 입력 단위·팀별 우선순위, 일정 수립 후 일정계획에 의한 자료 구축		

요구 사항고유번호	DAR-003		
요구 사항 명칭	데이터 정합성 검증		
요구 사항 분류	데이터	응락수준	필수
요구 사항 세부내용	- 레거시 시스템에 대한 데이터 이관 시, 관리 지침을 준수하여 최종 이관 데이터에 대한 정합성 검증이 이루어져야 함 - 외부 데이터의 연계 시, 반드시 데이터의 정합성을 체크하고 로그를 유지하여야 함 - XML 데이터는 XML 스키마를 이용하여 반드시 데이터 정합성을 검증함		

[그림 Ⅱ-4-2] 소프트웨어 개발사업의 데이터 요구 사항 작성 사례

2. 요구 사항 상세내역 작성 시 고려사항

초기 자료구축 및 데이터 이관을 위해서는 데이터의 자료명, 자료내용, 자료의 크기, 건수·주기, 보존기한, 예상 자료량, 자료형태, 자료 위치 등을 파악해야 한다. 특히 수작업이 수반되는 변환 부분은 반드시 구체적인 대상 및 분량 등에 대해 요구 사항을 도출해야 한다.

대상자료 중 지적재산권 및 보안과 관련된 문제가 수반되는 부분에 대해서 구축 가능 여부를 확인하고, 데이터 전환 시 수행 시간, 데이터 표준화 등 제약사항이 존재하는지 파악하도록 한다.

데이터 요구 사항은 기능 요구 사항과 높은 관련성을 갖기 때문에 데이터 요구 사항과 기능 요구 사항 사이에는 추적관리가 되어야 한다.

장 요약

제1절 정보 요구 사항 명세 정의

• 정보 요구 사항 명세는 요구 분석 과정의 최종 산출물로 사용자와 개발자를 연결시키는 중요한 문서이므로 완성될 시스템의 기능적 요구를 정확하게 서술해야 한다.
• 정보 요구 분석 명세서는 시스템 개발자가 구현할 것에 대한 공식적인 문서로, 시스템 개발과 관련된 이해 당사자(사용자, 개발자, 테스터)에게는 중요한 기준이 된다.
• 정보 요구 사항 명세는 사용자가 이해하기 쉽고, 개발자가 설계와 코딩에 효과적으로 사용할 수 있도록 하며, 테스터가 기준으로 삼을 수 있게 정량적으로 작성되어야 한다.

제2절 정보 요구 사항 명세 상세화

• 정보 요구 사항 분석 및 도출을 통해 요구 사항을 정의하고 상세내역을 작성하여야 한다.
• 정보 요구 사항 상세내역에는 요구 사항명, 분류, 상세설명, 산출정보, 관련요구 사항, 출처 등을 작성하여야 한다.

연습문제

문제 1. 다음중 요구 사항 명세서에 대한 정의로 잘못 된 것은 ?

① 요구 분석 과정의 최종 산출물로 사용자와 개발자를 연결시키는 중요한 문서

② 설계 및 구현에서 참조할 사항, 전반적으로 알아야 할 사항을 포함하는 문서

③ 정보 요구 사항 분석 대상을 정의한 현행 업무 영역 관련 자료 및 현행 시스템 관련 자료를 분석하고, 분석 결과인 분석 산출물을 토대로 기능적 요구 사항만을 정의한 문서

④ 사용자와 개발자 간의 계약서

문제 2. 정보 요구 분석 명세서는 시스템 개발자가 구현할 것에 대한 공식적인 문서로, 시스템 개발과 관련된 이해 당사자에게는 중요한 기준이 된다. 이때 관련된 이해 당사자로 가장 연관성이 적은 대상은?

① 사용자

② 개발자

③ 테스터

④ 고객

문제 3. 요구 분석 명세서 작성 시 주의할 사항으로 가장 바람직하지 않은 것은??

① 사용자가 쉽게 읽고 이해할 수 있도록 작성한다.

② 개발자가 설계와 코딩에 효과적으로 사용할 수 있도록 작성한다

③ 기능적 요구 사항외 제약사항과 비기능적 요구 사항을 명확히 작성한다.

④ 품질에 대해서는 다 만족하도록 명시하여야 한다.

문제 4. 요구 사항 명세서 작성시, 사업의 목적을 이루기 위해 기능을 어떻게 구현하거나 요구 사항을 어떻게 수행해야 하는지에 대한 내용을 작성하는 요구 사항 명세항목은 어떤 것인가?

① 요구 사항 명칭

② 요구 사항 정의

③ 요구 사항 상세설명

④ 요구 사항 출처

문제 5. 데이터 요구 사항 명세를 작성할 시 데이터 요구 사항의 유형으로 볼 수 없는 것은??

① 데이터 이관 요구 사항

② 초기자료 구축 요구 사항

③ 시스템 인터페이스 요구 사항

④ 데이터 관리 요구 사항

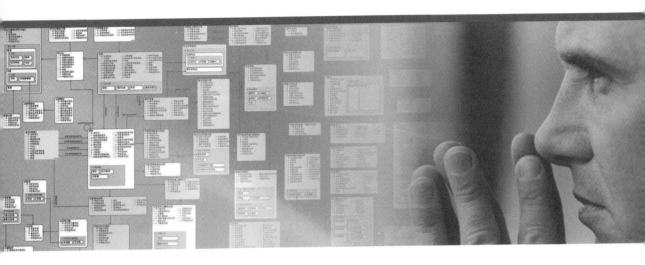

학습목표

제5장에서는 다음과 같은 내용을 학습한다.

- 정의된 정보 요구 사항의 완전성 확보 필요성을 이해한다.
- 정보 요구 사항과 비즈니스 및 애플리케이션 영역 간의 상관분석 기법을 이해한다.
- 상관분석을 통한 정보 요구 사항의 보완 및 확정 프로세스를 이해한다.
- 정보 요구 사항의 변경 관리 프로세스를 이해한다.

제5장

정보 요구 사항 검증 및 변경 관리

장 소개

정의된 정보 요구 사항에 대한 상관 관계 분석을 통해 수집된 사용자 정보 요구 사항이 업무 기능, 업무 프로세스, 데이터로 적절하게 반영되었는지를 분석한다. 이를 통해 사용자의 정보 요구 사항에 대한 완전성 및 일관성을 검증할 수 있다.

장 구성

조직의 정보시스템을 구성하는 비즈니스 기능·조직, 애플리케이션 프로세스와 같은 다양한 요소와 정보 요구 사항을 비교·분석함으로써 누락되거나 중복된 정보 요구 사항을 추가 혹은 수정하여 보완한다.

제1절 정보 요구 사항 검증 정의
제2절 정보 요구 사항 상관분석 기법
제3절 추가 및 삭제 정보 요구 사항 도출
제4절 정보 요구 사항 변경 관리

제1절 정보 요구 사항 검증 정의

정보 요구 사항 검증은 요구 사항 명세서에 사용자의 요구가 올바르게 기술되었는지에 대해 검토하고 베이스라인으로 설정하는 활동이다.

이러한 요구 사항 검증은 적합한 검토자가 검토계획을 수립하고 사용자 대표 및 참여자들과 협력 관계를 조성하여 다양한 시각으로 수행하며 검토결과에 대한 피드백을 받아들일 수 있도록 한다.

일반적으로 요구 사항 검증에 드는 비용은 프로젝트 후반에 발견되는 오류의 수정에 드는 비용보다 적기 때문에 소프트웨어 품질과 관련하여 요구 사항 검증은 중요하다.

그러나 계획적이지 못한 검증으로 인하여 명세에 숨어 있는 주요 결함을 놓치고 개발팀에게 산출물의 품질에 대한 잘못된 자신감을 부여하게 된다.

요구 사항 검증 활동은 다음과 같다.

- 요구 사항 명세서 검토
  작성된 요구 사항 명세서가 명세 표준에 적합한지, 그리고 명세서의 내부적인 일관성 및 문서구조의 적절성을 가지고 있는지를 검증한다.
- 요구 사항 용어 검증
  요구 사항 명세서 내에 용어의 일관성, 표준성, 이해 용이성을 검증한다.
- 요구 사항 베이스라인 설정
  공식적으로 검토하여 승인된 요구 사항의 집합을 확정한 후 변경으로 인한 방해 없이 설계와 구현을 할 수 있도록 요구 사항 명세 베이스라인을 설정한다.
  이 베이스라인은 향후 개발을 위한 기준으로 공식 변경 통제 절차를 통해서만 변경이 가능하다.

제2절 정보 요구 사항 상관분석 기법

도출된 정보 요구 사항을 다른 영역(기능, 프로세스, 조직 등)과 비교 분석함으로써 정보 요구 사항의 도출이 완전하게 효과적으로 이루어졌는지를 파악할 수 있다. 이를 기반으로 향후 안정적이고 확장 가능한 데이터 모델 설계가 가능하다. 이러한 상관분석은 매트릭스 분석 기법을 활용하며, 이 절에서는 정보 요구 사항과 애플리케이션의 기본 프로세스, 비즈니스의 업무 기능, 조직과의 매트릭스 분석 기법을 소개한다.

정보 요구 사항의 충족도를 파악하기 위한 상관분석 수행의 주체는 다음과 같으며, 아래의 장단점을 고려하여 충분한 시간을 가지고 검토한다. 정보 요구 분석가나 품질보증 팀에 의해 상관분석을 진행한 후, 단계 종료 시점에 외부 인력에 의한 요구 사항의 감리를 통하여 객관성 및 완전성을 높인다.

1. 주체별 분류

가. 요구 사항 분석가 수행

정보 요구 사항을 수집하고 분석한 주 담당자를 기준으로 검토 기준 항목을 마련하고 상관분석을 수행하는 방법을 말한다.

- 정보 요구 사항을 도출한 분석가에 의해 수행되므로 자체 분석에 의한 객관성 저하의 문제점이 발생할 수 있다.
- 정보 요구 사항의 도출 절차 및 관련 업무 팀과의 의사소통이 원활하므로 상관분석에 추가 인력 투입 없이 원활하게 진행할 수 있다.
- 요구 사항 분석가의 업무에 대한 이해도가 높으므로 상관분석을 통한 정확한 업무의 분석 가능성이 높다.

나. 품질보증 팀 수행

프로젝트 팀 내의 통합 검토 팀이나 품질보증 팀의 협조를 얻어 도출된 정보 요구 사항의 상관분석을 수행한다.
- 요구 사항 분석가보다는 업무에 대한 이해도가 낮으나 상관분석 작업의 수행을 통한 업무 이해도를 높일 수 있으며, 전체적인 인터페이스의 검증에 용이하다.
- 낮은 업무의 이해도로 인해 일부 사안에 대한 정확한 분석을 통해 단점을 지적하여 수정하기 어렵다.

다. 외부 감리 수행

외부 감리 인력을 이용한 정보 요구 사항 상관분석을 수행한다.
- 업무 파악의 한계가 있으나 제3자의 시각으로 검토할 수 있다.
- 프로젝트 내부 인력이 효과적으로 지원하지 않을 경우 상황에 맞지 않는 분석 결과를 초래할 수 있다.
- 상관분석의 객관성을 극대화할 수 있다.

2. 정보 요구 · 애플리케이션 상관분석

정보 요구 사항을 바탕으로 도출된 정보 항목을 애플리케이션 아키텍처에서 정의된 프로세스 모델과 비교하여 상호 간의 일관성을 확보하고 품질 수준을 향상시키는 동시에 누락 혹은 중복된 정보 요구 사항을 점검한다. 이는 다음과 같은 절차를 통해 매트릭스 분석을 진행한다.

- 정보 요구·애플리케이션 상관분석을 위해 정보 요구 사항을 바탕으로 도출된 정보 항목들과 애플리케이션 영역에서 도출한 기본 프로세스를 사용하여 매트릭스를 작성한다.
- 매트릭스 분석은 기본 프로세스와 정보 요구 사항을 기반으로 기본 프로세스의 액션(C: 생성, R: 조회, U: 수정, D: 삭제)을 빠짐없이 정의한다. 그리고 기본 프로세스·정보 요구 사항 매트릭스를 작성하여 모든 정보 요구 사항이 기본 프로세스에 의해 충분히 사용되고 있는지 또는 모든 기본 프로세스를 수행하는 데 필요한 정보 요구 사항이 도출되어 있는지를 조사함으로써, 정보 요구 사항과 기본 프로세스 도출의 완성도 및 일관성을 검증한다.

셀 값 정의 / 기본 프로세스	정보 항목	고객	제품	창고	재고 항목	공급자	구매 주문	구매 주문 항목	판매 주문
신규 고객 등록		C							
구매 주문 생성			R			R	C	C	
구매 주문 항목 추가			R			R	R	C	
재고 항목 조사				R	U				
판매 주문 생성		R	R						C

공백 = 해당 없음 / C = 생성(Create) / D = 삭제(Delete) / U = 수정(Update) / R = 조회(Read)

[그림 Ⅱ-5-1] 정보 요구·애플리케이션 상관분석 매트릭스 예

- 매트릭스의 각 셀에는 기본 프로세스가 사용하는 정보 항목에 대한 액션이 생성(C), 조회(R), 수정(U), 삭제(D)로 표현되는데, 복수의 액션이 발생할 경우에는 C>D>U>R의 우선순위에 따라 하나만을 기록한다. 그러나 분석 기법의 활용 시 CRUD가 복수로 발생할 경우 모두 기록할 수 있으며, 이는 분석 기법을 활용하는 분석가의 매트릭스 활용 목적에 따라 선택 가능하다.
- 모든 정보 항목이 모든 기본 프로세스에서 사용되었는지 혹은 모든 정보 항목을 사용중인지를 확인한다.
- 정보 요구·애플리케이션 상관분석 매트릭스는 두 가지 객체 중에서 한 가지가 누락되거나 잘못 정의된

경우에는 분석이 가능하지만 정보 항목과 기본 프로세스가 모두 누락된 경우에는 분석이 불가능하다. 따라서 매트릭스가 작성되기 전에 이러한 경우가 있는지를 사전에 확인해야 하며, 매트릭스를 분석하는 경우에도 이러한 사례가 있는지를 파악해야 한다.

3. 정보 요구·업무 기능 상관분석

정보 요구 사항을 바탕으로 도출된 정보 항목을 비즈니스 아키텍처에서 도출된 업무 기능과 비교하여 상호 간의 일관성을 확보하고 품질 수준을 향상시키는 동시에 누락 및 중복된 정보 요구 사항을 점검할 수 있다. 비즈니스에서 요구하는 정보 항목은 데이터 모델링의 근간이 되므로 업무 기능별 필요 정보 항목의 누락 여부의 확인은 매우 중요하다.

- 가치 사슬 분석 등의 기법을 통해 도출된 최하위 수준의 전사 업무 기능을 도출하고 이렇게 도출된 업무 기능을 매트릭스의 열에 배치한다.
- 정보 요구 사항에 따라 도출된 정보 항목을 매트릭스의 행에 배치한다.
- 업무 기능과 정보 항목 간의 상호작용을 다음과 같이 정의한다.
- 정보 항목의 생성, 수정, 삭제를 'C'로 표시한다(Create 또는 Change).
- 값의 변경 없이 정보 항목을 검색만 하는 경우에는 'U'로 표시한다(Use).
- 아무 관련이 없는 것은 빈칸으로 남겨둔다.

셀 값 정의 공백 = 해당 없음 C = Create/Change U = Use 업무 기능	정보 항목	경영 계획	조직 단위	구매 계획	공급자	공급자 계약	공급자 주문
전략 계획 수립		C	C	U		U	
프로그래밍		C	C	U		U	
예산 수립		C	U	U			
공급자 제품 관리				U	U		
제품 분류 관리					U	U	
제품 개발							

[그림 II-5-2] 정보 요구 대 업무 기능 매트릭스 예

4. 정보 요구·조직 기능 상관분석

정보 요구 사항을 바탕으로 도출된 정보 항목을 비즈니스 아키텍처에서 도출된 조직 단위와의 매트릭스 분석을 통해 정보 항목의 생성 주체 및 활용 부서의 매핑이 가능하다. 이를 기반으로 향후 정보 항목에 대한 오너십(Ownership)을 할당하여 관리함으로써 데이터를 효율적으로 관리할 수 있다.

- 조직 단위명은 기업의 조직도에 나타난 순서로 입력한다. 만일 기업이 둘 이상의 소재지에서 운영된다면, 조직 단위를 분할하고 소재지 타입에 따라 클러스터링한다. 매트릭스에 소재지 타입(예, 본사, 영업소, 공장)에 의해 그루핑된 조직 단위명을 입력한다.
- 정보 요구 사항에 따라 도출된 정보 항목을 매트릭스의 행에 배치한다.
- 조직과 정보 항목 간의 상호작용을 다음과 같이 정의한다.
  - 정보 항목의 생성, 수정, 삭제를 'C'로 표시한다(Create 또는 Change).
  - 값의 변경 없이 정보 항목을 검색만 하는 경우에는 'U'로 표시한다(Use).
  - 아무 관련이 없는 것은 빈칸으로 남겨둔다.

셀 값 정의 공백 = 해당 없음 C = Create/Change U = Use 조직	정보 항목	경영 계획	조직 단위	구매 계획	공급자	공급자 계약	공급자 주문
이사회		C	C	U		U	
구매 부서		C	C	U		U	
운영 부서		C	U	U			
마케팅 부서				U	U		
판매 부서					U	U	
우편 주문 판매							

[그림 Ⅱ-5-3] 정보 요구 대 조직 기능 상관분석 매트릭스 예

제 3 절 추가 및 삭제 정보 요구 사항 도출

1. 정보 요구 · 애플리케이션 상관분석

가. 애플리케이션 충족도 분석 매트릭스

애플리케이션 충족도 분석 매트릭스는 다음 기준에 따라 점검하며, 추가되거나 삭제되어야 할 정보 요구 사항을 도출한다.

- 정보 요구 사항에 따라 발생하는 정보 항목을 생성하는 기본 프로세스가 반드시 존재해야 한다.
- 정보 항목의 상태를 종료시키는 기본 프로세스가 존재해야 한다.
- 생성된 정보 항목은 조회, 수정, 삭제 액션 중 하나가 발생해야 한다.
- 하나의 정보 항목을 생성, 수정, 삭제하는 프로세스의 합은 7개를 초과하지 않는 것이 보통이다. 이를 초과하는 경우에는 올바르게 정의되었는지를 확인한다.
- 수작업으로 정의하거나 조회 전용으로 특별히 정의된 기본 프로세스를 제외한 나머지 기본 프로세스는 반드시 생성, 수정, 삭제 액션 중 하나를 수행해야 한다.

나. 매트릭스 분석

매트릭스 분석은 다음과 같은 점검 내용을 중심으로 보완한다.

- 매트릭스 분석은 추가 및 삭제되어야 할 정보 요구 사항을 도출한다. 해당 점검 내용의 조치 사항이 애플리케이션과 관련된 것일 경우에는 해당 애플리케이션 팀에 전달하고, 협의하여 정의된 정보 요구 사항과 애플리케이션은 프로세스와의 일관성을 가져야 한다.

[표 II-5-1] 매트릭스 점검 내용

번호	점검 내용	분석 결과	조치 사항
1	기본 프로세스가 사용(CRUD)하는 정보 항목이 없음	정보 항목의 누락	정보 항목 도출
		기본 프로세스 필요없음	기본 프로세스 삭제
		기본 프로세스가 분석 대상 업무 영역에 속하지 않음	해당 업무 영역으로 이동
2	정보 항목이 7개 이상의 기본 프로세스에서 사용됨	정보 항목이 너무 큼	정보 항목의 세분화 필요
3	정보 항목을 생성하는 기본 프로세스가 없음	기본 프로세스의 누락 정보 항목이 필요 없음	기본 프로세스의 도출 정보 항목 삭제

번호	점검 내용	분석 결과	조치 사항
		정보 항목이 분석 대상 업무 영역에 속하지 않음	해당 업무 영역으로 이동
4	정보 항목을 생성하는 기본 프로세스가 둘 이상 존재	기본 프로세스 중복	기본 프로세스 합성
5	엔터티를 삭제하는 기본 프로세스가 없음	기본 프로세스 누락	기본 프로세스 도출
		업무에 삭제가 존재하지 않음	전산상의 오류인 경우에 삭제가 필요한지 확인
		기본 프로세스가 분석 대상 업무 영역에 속하지 않음	해당 업무 영역으로 이동
6	정보 항목을 삭제하는 기본 프로세스가 둘 이상 존재	기본 프로세스 중복	기본 프로세스 합성
7	정보 항목이 생성만 되고 사용되는 곳이 없음	기본 프로세스 누락	기본 프로세스의 도출
8	기본 프로세스가 정보 항목을 조회만 함	기본 프로세스가 아님	모듈 검토
9	기본 프로세스가 여러 액션을 수행함	정의된 기본 프로세스가 너무 큼	프로세스 추가 분해

2. 정보 요구 · 업무 기능 상관분석

- 매트릭스 분석
  매트릭스가 완료된 후 다음 질문을 통해 행과 열을 분석한다.
  - 모든 업무 기능은 정보 항목과 연관이 있는가?
  - 각 정보 항목은 적어도 한 번 이상의 'C'(Create)를 갖는가?
  - 생성된 정보 항목은 다른 업무 기능에 의해 사용(U)되는가? 이것은 정말 단순 조회인가?
- 정보 항목과 연관성이 없는 업무 기능은 관련 팀과의 협의하에 업무 기능 도출의 적절성이나 관련 정보 항목을 다시 파악해야 하며, 이를 바탕으로 매트릭스를 보완한다.
- 정보 항목에 매핑이 없는 업무 기능의 경우 관련 팀과 협의하여 정보 요구 사항 보유 여부를 확인한 후, 추가적인 정보 요구 사항이 있을 경우 정보 요구 조사 프로세스에 따라 정보 요구 목록에 신규로 추가한다.

3. 정보 요구 · 조직 기능 상관분석

- 매트릭스 분석

  매트릭스가 완료된 후 다음 질문을 통해 행과 열을 분석한다.
  - 모든 조직은 정보 항목과 연관이 있는가?
  - 각 정보 항목은 적어도 한 번 이상의 'C'(Create)를 갖는가?
  - 생성된 정보 항목은 다른 조직에 의해 '사용'(U)되는가? 이것은 단순 조회인가?

- 정보 항목의 활용도를 파악할 수 있으며, 정보 항목의 수요가 많은 경우에는 해당 정보 항목의 물리모델링 단계에 성능·활용 측면의 모델링 기법을 적용함으로써 정보 활용의 효율성을 기한다.

- 정보 항목을 생성하는 조직 단위가 복수로 존재할 경우 데이터 관리의 복잡성으로 인해 향후 문제가 발생할 수 있으므로 해당 정보 항목에 대한 데이터 관리 주체 선정에 주의를 기울인다.

제 4 절 정보 요구 사항 변경 관리

대부분의 소프트웨어는 개발과정에서 새로운 요구 사항이 끊임없이 추가되어 개발 범위의 왜곡에 직면하게 된다. 또한 변경에 대한 불충분한 영향분석으로 충돌발생 가능성을 가지고 있다. 요구 사항 변경관리(Requirements Change Management)는 프로젝트 진행과정에서 발생하는 이러한 요구 사항 변경에 대하여 일치성과 무결성을 제공하기 위하여 변경 제어와 추적 등의 활동을 수행한다. 즉 요구 사항 정의에서 베이스라인으로 설정된 요구 사항 명세를, 변경과 관련하여 일관성 있는 요구 사항으로 관리하기 위한 활동이다. 고객의 요구 사항은 프로젝트의 전 수명주기 동안 계속 변화하지만 그것을 추적·관리하기가 어렵다. 또한 요구 사항 관리 특성상 작업이 끝나기 전에 요구 사항 변경의 영향을 예측하기가 어렵다. 요구 사항 변경 관리 활동은 다음과 같다.

- 요구 사항 변경 제어
  요구 사항 변경에 대해 비용, 일정 등에 따라 변경 식별 및 평가, 제어 및 재설정 등을 수행한다.
- 요구 사항 추적 제어
  요구 사항 변경에 의해 다른 형상에 영향을 미치는 요구 사항을 식별하고 영향을 받는 요구 사항들을 추적하는 연계성을 관리한다. 또한 변경으로 영향받는 요소를 식별하고 요구 사항 변경에 대한 노력을 평가하는 영향평가를 수행한다.
- 요구 사항 버전 제어
  요구 사항 버전 제어는 형상관리 기반으로 요구 사항 명세 베이스라인과 요구 사항 관리공정 전 과정에 걸쳐 축적된 모든 요구 사항 정보를 관리한다.

1. 요구 사항 추적

요구 사항은 설계와 구현과정을 통해 점진적으로 소프트웨어의 모습을 완성하게 되며, 단계를 통해 전체의 진행경과를 추적할 수 있다. 이러한 추적의 결과는 '요구 사항 추적매트릭스'라는 산출물에 의해 증빙이 된다. 아래의 표는 요구 사항 추적(Requirements Trace) 매트릭스 양식의 예이다.

[표 Ⅱ-5-2] 요구 사항 추적 매트릭스 양식

분석 단계	설계단계	구현단계	테스트단계
요구 사항ID	기능ID	프로그램ID	테스트케이스ID

요구 사항 추적 매트릭스를 자동으로 관리할 수 있도록 하는 도구가 있으며, 도구를 군이 사용하지 않더라도

스프레스 시트로 관리가 가능하다. 요구 사항 추적매트리스는 고객이나 사용자가 요구한 내역, 즉 요구 사항은 기능과 비기능적 항목으로 정의되고 최종적으로 소프트웨어로 구현되었는지 확인할 수 있게 한다. 요구 사항의 변경은 관리되어야 할 변경 항목과 이를 저장하여 기록하는 저장소(파일서버로 가능)에 기록·관리될 수 있다.

2. 요구 사항 변경요청

요구 사항 변경요청(Requirements Change Request)은 고객이나 사용자가 소프트웨어에 대하여 새롭게 이해함으로써 발생하기도 하고, 외부환경의 원인에 의해 발생하기도 한다. 요구 사항 변경은 다양한 원인에 의하여 발생하며, 대체로 다음과 같은 원인들이 있다.

- 요구 사항의 오류, 충돌
- 요구 사항 간의 불일치
- 기술적, 시간적인 문제와 비용상의 문제
- 사용자 혹은 고객의 우선순위 변경
- 법제도, 경제상황 등 환경의 변화
- 조직의 비즈니스 측면에 의한 변경
- 기술 발전에 따른 신기술 반영결정

요구 사항 변경은 피할 수 없는 경우가 많다. 다만 이러한 변경을 정해진 절차에 따라 관리하느냐 안하느냐가 문제가 될 수 있다. 요구 사항의 변경 시 반드시 '요구 사항 변경요청서'를 작성하도록 하고 있는 것이 원칙이다. 베이스라인으로 설정된 요구 사항에서 변경이 필요한 요구 사항은 행정적인 절차에 따라 요구 사항 변경요청서를 작성하도록 한다. 변경이 필요한 담당자는 변경요청서에 의해 공식적으로 변경을 요청해야 한다. 관리되어야 할 변경요청서 항목은 다음과 같다.

[표 II-5-3] 요구 사항 변경요청서 작성 항목

변경요청서 항목	내용
변경요청 번호	프로젝트 관리기준에 따름
변경 제목	변경요청사항을 나타내는 이름
변경 내용	변경이 필요한 이유와 근거문서 등을 자세히 기술
변경처리 기한	요청자가 기대하는 '처리완료일'을 지정
변경요청 유형	단순, 일반, 긴급 등 변경관리 회의 소집여부를 표시

요구 사항 변경내역은 다음과 같은 것들이다. 한꺼번에 변경이 발생하는 것도 있을 수 있으며, 개별적으로 발생하는 경우도 있다. 한꺼번에 많은 부분이 변경되는 것은 변경에 따른 영향이 큰 사건으로 보아야 한다.

[표 II-5-4] 요구 사항 변경유형

변경 항목	내용
UI	화면이나 보고서의 신규개발 혹은 변경
데이터베이스	UI 변경에 따른 DB의 수정, 혹은 새로운 DB 생성
타 시스템과 인터페이스	데이터의 전송을 위한 새로운 인터페이스 필요
문서 산출물	미리 정의되지 않았던 문서의 생성요청 및 수정
기타	새로운 HW, SW, 기술자 등의 추가도입 여부

3. 변경 영향분석

기존의 정의된 요구 사항에서 변경 요청된 요구 사항이, 수행해야 할 업무범위·일정·예산 등의 관점에서 어느 정도의 파급효과를 나타낼 것인지 추정해야 한다. 이러한 영향분석(Change Effect Analysis)은 변경요청서 상에 기록되어야 되고, 별도의 문서로 생성해도 된다. 하지만 관리의 편리성을 위해 별도로 작성하는 것보다, 동일한 문서에 영향도를 파악하는 것이 더욱 관리를 용이하게 한다. 영향분석은 관련된 개발자 혹은 전문가가 프로젝트관리자와 함께 영향 내역을 분석하여 프로젝트 전체에 미치는 영향 정도를 문서화 한다.

[표 II-5-5] 요구 사항 변경 영향분석

영향분석	내용
일정	기존 일정의 변경 및 새로운 일정의 필요 여부
예산	주어진 예산 내에서 처리여부 및 새로운 비용 가능성
위험	전체 프로젝트의 성공에 미치는 위험 분석
심각도	변경 사안의 심각도와 계약관련 이슈사항 검토
해결 방안	영향분석 결과, 가능한 해결 방안 모색

4. 변경 승인 · 기각

요청된 모든 변경요청서가 받아들여지는 것은 아니며, 프로젝트에 미치는 영향의 평가결과에 따라 기각될 수 있다. 이는 변경통제위원회(CCB, Change Control Board)의 결정이며, 변경통제위원회는 발주자 측 사업책임자와 수주자 측 프로젝트관리자가 함께 협의하여 수용여부를 최종 결정한다. 변경통제위원회에서 양측간의 대립으로 결정할 수 없는 상황이 발생하는 경우, 상위 의사결정위원회(Steering Committee)로 결정을 넘기게 된다. 상위 의사결정위원회는 양측의 경영층으로 구성된 최고 의사결정기구이다. 결정이 빠른 시일 내에 이루어지지 않을 경우 프로젝트 자체가 위험해질 수 있다.

장 요약

제1절 정보 요구 사항 검증 정의

• 정보 요구 사항 검증은 요구 사항 명세서에 사용자의 요구가 올바르게 기술되었는지에 대해 검토하고 베이스 라인으로 설정하는 활동으로, 요구 사항 명세서 검토·용어 검증·베이스라인 등을 설정하는 일이다.

제2절 정보 요구 사항 상관분석 기법

• 정보 요구 조사 및 분석 단계를 거쳐 도출된 정보 요구 목록의 완전성을 검증하기 위한 목적으로 상관분석을 활용한다.
• 상관분석을 위해 정보 요구 대 애플리케이션, 정보 요구 대 업무 기능, 정보 요구 대 조직에 대한 매트릭스 기법을 활용한다.
• 정보 요구 대 애플리케이션의 상관분석에는 CRUD 매트릭스 분석 기법을 활용하며, 매트릭스의 셀 값은 기본 프로세스의 셀 값에 대한 액션을 기준으로 C(Create), R(Read), U(Update), D(Delete)로 작성한다.
• 정보 요구 대 업무 기능, 정보 요구 대 조직의 상관분석 시 매트릭스의 셀 값은 정보 항목을 생성 또는 변경하는 경우에는 C(Create or Change)로, 그리고 활용만 하는 경우에는 U(Use)로 작성한다.
• 매트릭스 작성 시 정보 요구, 기본 프로세스, 업무 기능, 조직을 빠짐없이 도출하여 가로축과 세로 축에 배치하여야 한다. 가로축과 세로축의 대응 값이 모두 누락되었을 경우에는 분석의 완성도가 낮아진다.

제3절 추가 및 삭제 정보 요구 사항 도출

• 상관분석 매트릭스의 셀 값을 통해 정보 요구 사항 도출의 누락 및 삭제 여부를 파악할 수 있다. 동시에 업무 기능, 프로세스, 조직과 정보 요구의 일관성을 유지할 수 있다.
• 정보 요구 대 애플리케이션 상관분석을 통해 작성된 매트릭스는 다양한 점검 기준에 의해 조치사항을 도출할 수 있다. 애플리케이션과 관련된 조치 사항이 발생될 경우에는 관련 애플리케이션 팀과 협의하여 정보 요구 사항과 기본 프로세스의 일관성을 유지한다.
• 정보 요구 대 조직, 정보 요구 대 업무 기능에 대한 매트릭스 작성 후, 작성된 매트릭스 셀 값의 매핑 누락 여부, 정보 항목의 생성 업무 기능이나 조직의 존재 여부 및 정보 항목의 활용 여부 등에 대한 상세 분석을 실시한다.

제4절 정보 요구 사항 변경 관리

• 요구 사항 변경 관리는 프로젝트 진행과정에서 발생하는 이러한 요구 사항 변경에 대하여 일치성과 무결성을 제공하기 위하여 변경 제어와 추적 등의 활동을 수행한다.
• 요구 사항 변경 요청에 대해 변경영향분석 후, 변경 승인·기각을 결정한다

연습문제

문제 1. 일반적으로 정의된 정보 요구 사항은 정보 항목·애플리케이션 상관분석, 정보 항목·업무 기능 상관분석, 정보 항목·조직 상관분석 등의 기법으로 수집된 사용자 정보 요구 사항이 적절하게 반영되었는지를 검증한다. 다음 중 상관분석 기법의 설명으로 틀린 것은?

① CRUD 매트릭스 분석 수행 과정에서 기본 프로세스가 사용하는 정보 항목에서 복수의 액션이 발생하는 경우에는 C(Create) 〉 D(Delete) 〉 U(Update) 〉 R(Read)의 우선순위에 따라 기술한다.

② 모든 정보 항목이 모든 기본 프로세스에서 사용되는지 혹은 기본 프로세스가 모든 정보 항목을 사용하고 있는지를 확인한다.

③ 업무 기능·조직 대 정보 항목의 상관분석에서 정보 항목의 생성, 수정, 삭제 등을 'C(Create, Change)'로 표시한다.

④ 업무 기능·조직 대 정보 항목의 상관분석에서 정보 항목 값의 변경 없이 검색만 하는 경우에는 'R(Read)'로 표시한다.

문제 2. K 과장은 약 1.5개월 간의 분석공정을 거쳐 H 대리의 정보 요구 사항을 반영하였는데 요구 사항이 정확하게 반영되었는지 시스템 및 산출물에 대한 리뷰(Review)를 실시하고자 한다. 다음 중 산출물별 체크리스트 기준에 일반적으로 포함되지 않는 것은?

① 일관성
② 주관성
③ 정확성
④ 완전성

문제 3. H 대리는 약 3개월 간 진행된 분석 단계에서 사용자의 요구 사항들이 잘 반영되었는지 확인하기 위해 1박2일로 사용자가 포함된 상태에서 검토회의를 진행할 예정이다. 현재 회의 계획서를 작성하던 중 사용자는 자신의 요구 사항이 잘 반영되었는지 분석·설계자가 사용자의 요구 사항을 잘 이해하여 처리하였는지를 검토할 수 있는 재검토 기준을 도출하였다. 다음 중 재검토 기준에 포함되지 않는 것은?

① 사용자의 정보 요구 사항의 누락 여부에 대한 검토 기준
② 사용자의 정보 요구 사항의 정확성 검토 기준
③ 사용자의 정보 요구 사항에 따른 영향도 파악에 대한 검토 기준
④ 사용자의 정보 요구 사항에 대한 주도성 검토 기준

문제 4. CRUD 매트릭스 분석을 실시할 때 하나의 정보 항목에 대하여 여러 개의 프로세스 액션이 발생할 경우가 있다. 다음 중 CRUD의 셀 값 입력 우선순위로 가장 적절한 것은?

① C > D > R > U

② C > R > U > D

③ C > D > U > R

④ C > U > R > D

문제 5. 아래 매트릭스의 분석 결과 창고, 공급자, 직원 등의 정보 항목에서 문제가 발견되었다. 다음 중 문제가 발생한 3가지 정보 항목에 대한 조치사항으로 부적합한 것은?

셀 값 정의 공백 = 해당 없음 C = 생성(Create) D = 삭제(Delete) U = 수정(Update) R = 조회(Read) 기본 프로세스	정보항목	고객	제품	창고	재고항목	공급자	구매주문	구매주문항목	판매주문	판매주문항목	직원
신규 고객 등록		C									
구매 주문 생성			R			R	C	C			R
구매 주문 항목 추가			R			R	R	C			
재고 항목 조사				R	U						
판매 주문 생성		R	R						C	C	R
공급자 등록											
제품 정보 변경			U								
판매 주문 항목 변경		R	R						R	U	R

① 생성하는 기본 프로세스의 도출이 필요하다.

② 불필요한 정보에 해당할 수 있으므로 정보 항목 삭제 여부를 검토한다.

③ 분석 대상의 업무 영역 범위 외에 해당하므로 해당 업무 영역으로 이동한다.

④ 기본 프로세스의 통합 여부를 고려한다.

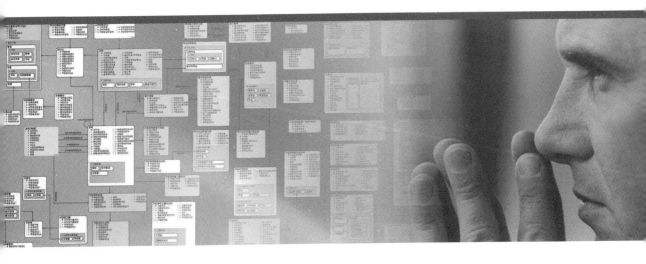

과목 소개

　기하급수적으로 증가하고 있는 데이터를 효과적으로 잘 관리해서 필요한 시점에 정확한 의사결정을 도출하려면 고품질의 데이터가 사용되어야 한다. 이러한 고품질의 데이터를 확보하고 유지하기 위해 필요한 절차가 데이터 표준화이다. 데이터아키텍처는 복잡한 현실 속에서 데이터 표준화가 필요하게 된 배경을 현행 시스템 관점에서 이해하고, 표준화 저해 요소에 대한 원인 및 개선 방안을 찾을 수 있어야 한다. 데이터 표준화를 실시하기 위해 필요한 구성요소에 대한 개념을 파악하고, 각 구성요소의 표준화 원칙을 어떻게 수립하며 표준을 정의하는지 이해한다. 표준이 정의되면 지속적인 품질을 위해 수행되는 사후 관리 활동과 이를 위해 필요한 시스템의 구성요소도 함께 이해한다.

과목 III

데이터 표준화

과목 구성

데이터 표준화의 개념을 이해하고, 개념에 따른 표준화 구성요소별 원칙을 정의한 후 실제 표준화 작업을 실시하여 전사적인 표준을 정립한다. 전사 표준이 정립되면 표준이 준수될 수 있도록 체크하고 개별 표준이 변경되거나 신규로 생성될 때 적용할 수 있는 관리 프로세스가 필요하다.

제1장 데이터 표준화 개요
　제1절 데이터 표준화 필요성
　제2절 데이터 표준화 개념
　제3절 데이터 표준 관리 도구

제2장 데이터 표준 수립
　제1절 데이터 표준화 원칙 정의
　제2절 데이터 표준 정의
　제3절 데이터 표준 확정

제3장 데이터 표준 관리
　제1절 데이터 표준 관리
　제2절 데이터 표준 관리 프로세스

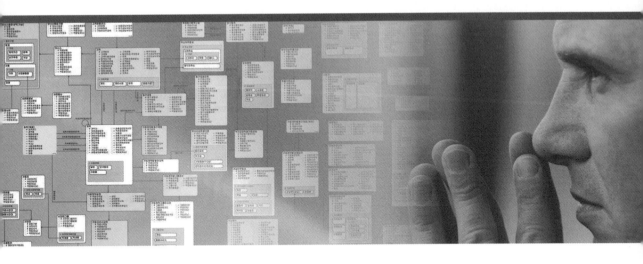

학습목표

제1장에서는 다음과 같은 내용을 학습한다.

- 데이터 표준화가 필요하게 된 배경 이해
- 데이터 표준화 저해 요소 이해
- 데이터 표준화를 개선하기 위한 방안 이해
- 데이터 표준화를 수행하기 위해 필요한 구성요소 및 개념 이해
- 데이터 표준을 지속적으로 준수하고 유지하기 위한 관리 도구 이해

데이터 표준화 개요

장 소개

데이터 표준화가 필요한 배경과 데이터 표준화를 저해하는 요소 및 개선 방안과, 전사적인 차원에서의 데이터 표준화 개념, 표준화를 효과적으로 수행 및 관리하기 위해 현재 활용되고 있는 데이터 표준화 관리 시스템의 구성을 이해한다.

장 구성

데이터 표준화의 필요성을 이해하고 표준화 개념과 이를 위해 현재 사용되고 있는 시스템 구성요소 및 관리 기능을 이해한다.

제1절 데이터 표준화 필요성
제2절 데이터 표준화 개념
제3절 데이터 표준 관리 도구

제1절 데이터 표준화 필요성

1. 데이터 관리 현황 및 개선 방안

최근 데이터가 기업의 전략적 의사결정의 핵심 요소로 대두됨에 따라 데이터 통합 및 데이터 품질에 대한 관심이 올라가고 있다. 데이터의 품질확보 및 원활한 데이터 활용을 위해 데이터의 표준화가 필수적으로 수반되어야 한다. 그러나 데이터 활용에 있어 다음과 같은 현실적인 문제점들이 정확한 정보를 적시에 사용자에게 전달하는 데 장애 요인이 되고 있다.

가. 데이터 활용상의 문제점

- 데이터의 중복 및 조직, 업무, 시스템별 데이터 불일치 발생
  데이터 표준 정책의 미비로 정보시스템 개발 및 운영 과정상에서 동일한 의미의 데이터를 다른 명칭으로 중복 관리하거나 동일한 명칭의 데이터를 시스템 간에 상이한 로직으로 산출하여 다른 의미로 활용한다.
- 데이터에 대한 의미 파악 지연으로 정보 제공의 적시성 결여
  데이터 명칭, 데이터 정의에 대한 표준 미관리로 인해 새로운 정보 요건이나 정보 요건 변경 시 필요 데이터를 파악하는 데 많은 시간을 낭비하여 정보 사용자에게 적시에 정확한 정보를 제공하는 데 어려움이 있다.
- 데이터 통합의 어려움
  단위 시스템 위주의 데이터 표준을 적용하거나 적용치 않는 경우도 존재하여 전사 데이터 웨어하우스 구축 등 전사 데이터에 대한 통합적인 정보 요건을 기반으로 시스템을 구축할 때에는 데이터의 의미 파악 및 데이터의 중복 여부 파악 등에 많은 어려움이 있다.
- 정보시스템 변경 및 유지 보수 곤란
  데이터 표준 정책 미비로 인해 정보시스템의 변경이나 유지 보수 시 데이터 의미 파악에 어려움을 겪고 있고, 새로운 정보 요건 반영 시 기존 데이터의 활용이 가능한지 파악이 어려워 유지 보수에 많은 노력이 따른다.

나. 데이터 문제점의 원인

이러한 문제점들은 과거 정보시스템 개발 및 운영 과정상에서 다음과 같은 요인들로 인하여 발생한다.

- 동시 다발적인 정보시스템 개발
  최근의 정보시스템 개발 프로젝트는 시스템 간 상호 연관성이 증대되어 단위 시스템 위주의 개발보다는 관련 정보시스템을 동시에 개발하는 경향이 뚜렷하다. 이러한 개발 환경 하에서 전사적인 데이터 표준 정책 없이 단위 시스템 위주로 표준 정책을 수립하여 단위 시스템의 업무 기능 구현에 초점을 맞추어 개발 프로젝트가 진행되었다.

- 전사 데이터 관리 마인드 미형성

  데이터의 관리 주체가 단위 시스템의 개발자, 운영자 중심으로 이루어져 있어 단위 업무 지원에 초점을 맞추고 있다. 최근의 정보화 요건들은 단위 시스템의 데이터뿐만 아니라 여러 시스템의 데이터를 복합적으로 활용하는 경우가 많으므로 전사 데이터를 체계적으로 관리하고자 하는 마인드 형성이 필요하다.
- 전사 데이터 관리 인력 부재

  정보시스템 개발 단계에서는 개발 수행사의 품질 관리 조직을 통해 표준에 대한 관리가 이루어진다. 유지 보수 단계에서는 개발 단계에서 수립된 표준과 표준 준수 관리에 대한 역할을 맡은 전문적인 데이터 관리 인력을 활용치 않고 개별 유지 보수 인력들에 의존한다.
- 전사 데이터 표준 관리 도구 부재

  데이터 표준 관리에는 데이터 표준, 데이터 표준 준수 체크, 데이터 표준 조회 및 활용 등 많은 자동화한 시스템의 지원을 필요로 한다. 정보시스템 개발 시에는 수작업으로 데이터 표준의 적용, 준수 체크 등을 수행하였지만 운영 단계에서 수작업에 가까운 표준 관리 방법은 많은 애로사항이 존재한다.

다. 데이터 관리 개선 방안

데이터가 기업의 전략적 의사결정을 위한 핵심 요소이기 때문에 데이터 통합, 데이터 품질을 달성하기 위해서는 전사적인 데이터 표준화 활동이 필요하다.

- 데이터 표준화, 규격화를 위한 기본 방침 설정
- 전사적인 정보 공유를 위해 유지되어야 할 공통 데이터 요소의 도출
- 전사적인 데이터 요소 등록 및 관리 체계 구축
- 정보시스템 개발 및 유지 보수 시 승인된 데이터 요소를 활용함으로써 시스템 개발의 효율성 및 데이터 공유성 향상

2. 데이터 표준화 기대 효과

전사적인 데이터 표준화 활동이 수행되면 현업 사용자는 정확한 데이터를 사용할 수 있고, 올바른 의사결정을 내릴 수 있다. 이는 기업의 경쟁력 확보에 많은 영향을 미친다.

- 명칭의 통일로 인한 명확한 의사소통의 증대

  동일한 데이터에 대해서는 동일한 명칭을 사용함으로써 개발자-현업사용자, 운영자-현업사용자, 운영자-운영자 등 다양한 사용자 간에 일관성 있고 신속한 의사 소통이 가능하다.
- 필요한 데이터의 소재 파악에 소요되는 시간 및 노력 감소

  새로운 정보 요건 사항 발생 시 표준화한 데이터를 사용함으로써 데이터의 의미, 데이터의 위치 등을 신속하게 파악할 수 있어 정보 활용자에게 원하는 시기에 정확한 정보를 전달한다.

- 일관된 데이터 형식 및 규칙의 적용으로 인한 데이터 품질 향상

  데이터 형식 및 규칙을 데이터 표준에 맞게 적용함으로써 데이터의 입력 오류 방지를 통해 데이터의 품질을 향상시킬 수 있다. 또한 데이터의 활용에 있어 표준에 근거하여 활용함으로써 잘못된 데이터의 활용으로 인한 의사결정의 오류를 줄인다.

- 정보시스템 간 데이터 인터페이스 시 데이터 변환, 정제 비용 감소

  데이터 통합 프로젝트나 개별 시스템에서 다른 시스템의 데이터가 필요한 경우 전사적으로 데이터 표준에 의해 데이터가 관리되고 있으면, 별도의 변환이나 정제 작업을 수행하지 않고 그대로 활용하면 되기 때문에 별도의 비용이 발생하지 않는다.

제 2 절 데이터 표준화 개념

1. 데이터 표준화 정의

데이터 표준화는 시스템별로 산재해 있는 데이터 정보 요소에 대한 명칭, 정의, 형식, 규칙에 대한 원칙을 수립하여 이를 전사적으로 적용하는 것을 의미한다. 이러한 데이터 표준화 작업은 데이터의 정확한 의미를 파악할 수 있게 할 뿐만 아니라 데이터에 대한 상반된 시각을 조정하는 역할을 수행한다.

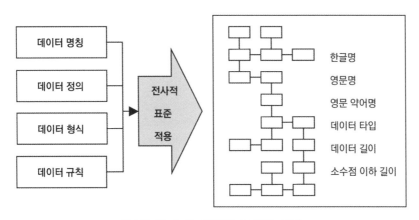

[그림 Ⅲ-1-1] 데이터 표준화 의미

가. 데이터 명칭

데이터 명칭은 해당 기업 내에서 데이터를 유일하게 구별해 주는 이름이다. 따라서 데이터 명칭에 대한 표준화는 동음이의어 및 이음동의어의 조정을 필요로 한다. 데이터 명칭은 일반적으로 다음의 원칙에 부합되어야 한다.

- 유일성
  데이터 명칭은 해당 개념을 유일하게 구분해 주는 이름이어야 한다. 하나의 개념에 대해 모든 사용자가 통일된 용어를 사용할 수 있도록 오직 하나의 명칭만을 허용해야 한다.
  예1) 고객 계좌번호, 고객 구좌번호 → '고객 계좌번호'로 통일
  예2) EMAIL 주소, EMAIL → 'EMAIL 주소'로 통일
- 업무적 관점의 보편성
  데이터 명칭은 업무적 관점에서 보편적으로 인지되는 이름이어야 한다. 일반적으로 기업 또는 조직 내의 구성원들이 해당 개념을 지칭할 때 가장 많이 사용하는 업무 용어를 그대로 사용하는 것이 바람직하다.

■ 의미 전달의 충분성

데이터 명칭은 이름만으로 데이터의 의미 및 범위가 파악될 수 있어야 한다. 업무나 사용자의 관점에 따라 의미가 달라질 수 있는 이름은 수식어 등을 사용함으로써 구체화하는 것이 좋다.

나. 데이터 정의

데이터 정의는 해당 데이터가 의미하는 범위 및 자격 요건을 규정한다. 사용자가 데이터의 의미를 가장 잘 이해할 수 있도록 업무 관점에서 범위와 자격 요건을 명시해야 하고, 데이터 명칭만으로는 사용자에게 전달하기 어려운 기타 사항들을 전달하는 역할을 한다. 또한 데이터 정의는 데이터 소유자를 결정하는 기준이 된다. 데이터 정의를 기술할 경우 다음의 사항들을 고려한다.

■ 데이터 사용자가 데이터의 의미를 잘 이해할 수 있도록 관련 업무를 모르는 제3자의 입장에서 기술한다.
■ 서술식 정의만으로 데이터의 의미 전달이 어려울 경우에 실제 발생할 수 있는 데이터의 값도 같이 기술한다.
■ 데이터 명칭을 그대로 서술하거나 약어 또는 전문 용어를 이용한 정의 기술은 가급적 사용하지 않는다.

다. 데이터 형식

데이터 형식은 데이터 표현 형태의 정의를 통해 데이터 입력 오류와 통제 위험을 최소화하는 역할을 한다. 데이터 형식은 업무 규칙 및 사용 목적과 일관되도록 정의한다.

■ 데이터 타입
  • Numeric
  • Text
  • Date
  • Char
  • Timestamp 등
■ 데이터 길이 및 소수점 자리

데이터 형식을 정의할 경우에는 다음의 사항들을 고려한다.

■ 도메인을 정의하여 데이터 표준에 적용함으로써 성격이 유사한 데이터 간의 데이터 형식을 통일한다.
■ 데이터의 최댓값 또는 최대 길이가 고정되어 있지 않을 경우 충분히 여유 있게 정의한다.
■ 특수 데이터 타입(CLOB, Long Raw 등)은 데이터 조회, 백업, 이행 등에 있어서 제약 사항이 존재하는 경우가 많기 때문에 가급적 사용하지 않는다.

라. 데이터 규칙

데이터 규칙은 발생 가능한 데이터 값을 사전에 정의함으로써 데이터의 입력 오류와 통제 위험을 최소화하는 역할을 한다. 데이터 규칙을 통해 데이터의 정합성 및 완전성을 향상할 수 있다. 데이터 규칙의 유형은 다음과 같다.

- 기본 값

  사용자가 화면이나 프로그램으로부터 어떠한 값의 입력도 없는 경우 데이터 타입에 따라 미리 정의된 기본 값이 입력될 수 있도록 한다. 즉 데이터 값의 입력을 생략했을 경우 자동으로 입력되는 데이터 값을 의미한다. 예를 들면 Numeric 타입의 항목에 대한 기본 값으로 '0'이 자동으로 입력되게 하거나 Char 타입의 항목에 대한 기본 값으로 '스페이스'가 자동으로 입력되게 한다.

- 허용 값

  업무 규칙과 일관성을 갖도록 입력이 가능한 데이터 값을 제한하는 것으로, 표준 코드 중 데이터 항목별로 가질 수 있는 코드 값을 사전에 정의하는 경우가 이에 해당한다. 예를 들면 표준 코드에 정의된 허용 값이 01,02,03,04...10과 같이 정의되었으나 특정 데이터 항목에서 발생할 수 있는 허용 값은 01,03,05처럼 부분적인 값을 갖는 경우이다.

- 허용 범위

  업무 규칙과 일관성을 갖도록 입력이 가능한 데이터 값을 범위로 제한하는 경우이다. 예를 들면 특정 데이터 항목에 허용 범위로 1~5까지를 정의한 경우 1~5 이외에는 입력이 불가능하도록 사전에 제한할 수 있다.

2. 데이터 표준화 구성요소

전사적인 데이터 표준화를 추진하기 위해 수립해야 할 표준화 구성요소는 데이터 표준, 데이터 표준 관리 조직, 데이터 표준화 절차이다.

[그림 III-1-2] 데이터 표준화 구성요소

가. 데이터 표준

데이터 표준화는 기본적으로 데이터 모델 및 데이터베이스에서 정의할 수 있는 모든 객체를 대상으로 수행하는 것이 이상적이지만, 주로 관리해야 될 필요성이 있는 객체만을 대상으로 데이터 표준화하는 것이 효율적이다. 일반적으로 데이터 표준으로 관리되는 대상에는 용어, 단어, 도메인, 코드가 있다.

■ 표준 용어

업무적으로 사용하는 용어에 대한 표준을 정의함으로써 용어 사용 및 적용에 대한 혼란을 방지하고 원활한 커뮤니케이션을 촉진한다. 표준 용어는 업무적 용어와 기술적 용어가 있다.

• 업무적 용어

흔히 일상 업무에서 사용하는 용어로서 보고서나 업무 매뉴얼 상에서 많이 나타난다. 데이터 표준화 작업은 주로 데이터베이스에 적용하고 사용할 객체에 국한되기 때문에 업무적 용어의 표준화가 반드시 필요한 것은 아니다. 그러나 데이터베이스에서 적용할 용어들이 대부분 현업에서 사용하는 용어를 그대로 수용한다는 점을 고려할 때, 업무적 용어의 표준화는 데이터 표준화 작업을 수월하게 해주는 장점이 있다. 업무적 용어 표준화의 예는 색인(INDEX)을 들 수 있다.

• 기술적 용어

정보시스템에서 사용하는 용어를 지칭한다. 데이터 모델 또는 데이터베이스 스키마에서 나타나는 테이블 명 및 칼럼명 등이 기술적 용어에 해당한다. 데이터 표준화 측면에서 용어를 표준화하는 것은 업무적인 용어를 정보시스템에 반영하기 위해 기술적인 용어로 전환하고, 이것을 일관되게 유지하고 관리한다는 것이다. 테이블 및 칼럼의 한글명은 대부분 업무적 용어를 그대로 수용하는 것이 이상적이지만, 데이터베이스의 제약 사항(테이블명의 중복 불허, 명칭에 대한 길이 제약)과 표준 단어의 사용에 따라 업무적 용어와는 상이하게 정의될 수도 있다.

■ 표준 단어

표준 용어를 구성하는 단어에 대한 표준을 정의함으로써 용어에 대한 한글명과 영문명을 일관되게 정의할 수 있게 한다. 표준 단어의 목적은 2가지를 들 수 있다.

• 표준 단어를 관리함으로써 동일한 개념을 의미하는 용어(또는 표준 용어)의 생성을 예방한다. 예를 들어 '고객'과 '계좌'라는 표준 단어를 정의함으로써 '고객 계좌'라는 용어만 표준으로 인정하고 '고객 구좌'라는 용어는 표준에서 배제할 수 있다.

• 표준 용어는 영문명 작성 기준이 된다. 즉 테이블 및 칼럼의 한글명만 작성하면 영문명은 표준 단어에 의해 자동으로 결정된다.

■ 표준 도메인

표준 도메인은 칼럼에 대한 성질을 그루핑한 개념이다. 도메인은 크게는 문자형·숫자형·일자형·시간형으로 분류할 수 있다. 더 세부적으로는 명·주소·ID(이상 문자형), 금액·율·수량(이상 숫자형) 등으로 분류할 수 있다.

도메인에 대한 표준을 정의함으로써 동일한 성질을 가진 칼럼의 데이터 타입 및 데이터 길이를 일관되게 관리할 수 있으며, 향후 칼럼 값에 대해 공통적인 데이터 검증 규칙의 적용이 가능하다. 표준 도메인을 칼럼에 적용함으로써 칼럼의 데이터 타입 및 데이터 길이를 일관되게 정의할 수 있다.

■ 표준 코드

코드는 도메인의 한 유형으로서 특정 도메인 값(코드 값)이 이미 정의되어 있는 도메인이다. 따라서 코드에 대한 표준은 다른 표준과는 달리 데이터 값, 즉 코드 값까지 미리 정의해야 한다.

■ 기타 데이터 표준 관련 요소

용어, 단어, 도메인 및 코드 등 일반적으로 관리하는 데이터 표준 이외에도 필요에 따라서 데이터 모델에서 정의하는 주제 영역, 관계명과 데이터베이스에서 정의하는 데이터베이스, 데이터베이스 스키마, 테이블, TABLESPACE, INDEX, CONSTRAINT 등에 대한 표준을 관리한다.

나. 데이터 표준 관리 조직

전사적으로 수립된 데이터 표준 원칙, 데이터 표준, 데이터 표준 준수 여부 관리 등을 위해서는 데이터 관리자 (DA, Data Administrator)의 역할이 요구된다. 데이터 관리자는 하나의 기업 또는 조직 내에서 데이터에 대한 정의, 체계화, 감독 및 보안 업무를 담당하는 관리자를 의미한다. 이러한 데이터 관리자는 기업 또는 조직 전반에 걸쳐 존재하는 데이터에 대한 관리를 총괄하고 정보 활용에 대한 중앙 집중적인 계획 수립 및 통제를 수행한다.

1) 데이터 관리자 주요 역할

■ 데이터에 대한 정책과 표준 정의

데이터 관리자는 데이터에 대한 표준화 원칙 및 표준을 정의한다. 표준에 대한 변경과 추가 발생 시에 최종적으로 승인 의사결정을 수행하며, 기업 내에 산재된 시스템에 대한 데이터 표준 준수 여부를 주기적으로 체크하여 지속적인 표준 관리 활동을 수행한다.

■ 부서 간 데이터 구조 조율

데이터 관리자는 전사 데이터 관리 기준에 의거하여 단위 시스템이나 조직 부처에 명확한 데이터 관리 기준을 제시하고, 부서 간 데이터 구조에 대한 이견 발생 시에 전사 데이터 관리 관점에서 데이터 구조를 제시하여 체계적인 데이터 구조 관리가 이루어지는 역할을 수행한다.

■ 데이터 보안 관리

데이터 관리자는 데이터에 대한 보안 정책 수립, 보안 정책 준수 여부 체크, 보안 시정 조치 요구 등을 수행한다.

■ 데이터 모델 관리

데이터 관리자는 데이터에 대한 중요한 의사소통의 도구가 되는 데이터 모델을 물리적인 변경 시점에 동일 하게 관리함으로써 향후 데이터 활용에 대한 업무 협의 시 신속한 의사결정이 이루어지도록 관리한다.

■ 데이터의 효율적인 활용 방안 계획

데이터 관리자는 데이터가 전사적으로 공유되어 효율적으로 활용되도록 지속적으로 데이터 활용상의 문제 점 등을 체크하여 데이터 활용과 관련된 방안을 수립하여 시행한다.

2) 데이터 관리자 세부 역할

데이터 관리자는 다음과 같이 전사 데이터 관리자, 업무 데이터 관리자, 업무 시스템 데이터 관리자로 나뉘고 각자의 역할은 [표 III-1-1]과 같다.

[표 III-1-1] 데이터 관리자 세부 역할

구분	주요 활동
전사 데이터 관리자	• 데이터 표준화에 대한 정책 결정 • 검토한 데이터 표준 제안에 대한 승인
업무 데이터 관리자	• 담당 업무 기능의 데이터 요구 사항 반영을 위해 필요한 데이터 표준 정의 • 업무 관련 데이터 표준 변경 제안에 대한 합동 검토
업무 시스템 데이터 관리자	• 시스템 관리 목적의 데이터 요구 사항을 위해 필요한 데이터 표준 정의 • 업무 관련 데이터 표준 변경 제안에 대한 합동 검토 • 데이터 모델에 대한 데이터 표준 적용 및 준수 여부 체크

3) 데이터베이스 관리자와 비교

데이터 관리자(DA, Data Administrator)와 데이터베이스 관리자(DBA, DataBase Administrator)는 [표 III-1-2]와 같이 역할이 구분된다.

[표 III-1-2] 데이터 관리자와 데이터베이스 관리자 역할 비교

구분	데이터 관리자	데이터베이스 관리자
관리 대상	데이터 요구 사항을 반영한 데이터 모델 및 각종 표준	데이터 모델을 특정 데이터베이스 제품의 특성에 맞추어 구축한 데이터베이스
주업무	업무에 필요한 데이터의 메타 데이터를 정의하고 신규 또는 변경된 요구 사항을 신속하게 데이터 모델에 반영	요구되는 성능 수준을 발휘하면서 안정적으로 운영되도록 데이터베이스를 관리
품질 수준 확보	데이터 표준의 관리 및 적용을 통해 품질 수준 확보	데이터의 정합성 관리를 통해 데이터 품질 수준 확보
전문 기술	담당 업무 분야에 대한 업무 지식과 데이터 모델링에 대한 전문성 필요	데이터 모델에 대한 해독 능력 및 특정 데이터베이스 제품에 대한 전문 지식 필요

다. 데이터 표준화 절차

일반적인 데이터 표준화 절차는 데이터 표준화 요구 사항 수집, 데이터 표준 정의, 데이터 표준 확정, 데이터 표준 관리로 이루어진다. 데이터 표준화 절차별 주요 활동은 [표 III-1-3]과 같다.

[표 Ⅲ-1-3] 데이터 표준화 절차별 활동

구분	주요 활동
데이터 표준화 요구 사항 수집	• 개별 시스템 데이터 표준 수집 • 데이터 표준화 요구 사항 수집 • 표준화 현황 진단
데이터 표준 정의	• 표준화 원칙 • 데이터 표준 정의 : 표준 용어, 표준 단어, 표준 도메인, 표준 코드, 기타 표준
데이터 표준 확정	• 데이터 표준 검토 및 확정 • 데이터 표준 공표
데이터 표준 관리	• 데이터 표준 이행 • 데이터 표준 관리 절차 수립 : 데이터 표준 적용, 변경, 준수 검사 절차

제3절 데이터 표준 관리 도구

데이터 표준 관리 도구는 수립된 전사 데이터 표준 정보의 관리, 데이터 표준에 의한 개발 및 유지 보수 지원, 데이터 표준 준수 및 변경 영향도 평가를 담당하는 기능으로 구성된다. 최근에는 이러한 데이터 표준 관리 기능과 더불어 애플리케이션 정보, 데이터 흐름 정보, 각종 데이터에 대한 메타 정보에 대한 조회 기능을 갖는 시스템을 도입하여 활용하고 있다.

1. 확장된 데이터 표준 관리 도구의 기능

최근에는 이러한 데이터 표준 관리 기능 외에 애플리케이션 정보, 데이터 흐름 정보, 각종 데이터에 대한 메타(Meta) 정보에 대한 조회 기능을 갖는 메타 데이터 시스템을 도입하여 활용하고 있다.

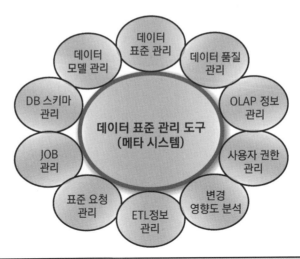

기능명	설명
데이터 모델 관리	데이터 표준 관리 도구를 이용하여 개념, 개괄, 논리, 물리모델에 대한 조회 및 변경 관리를 하는 기능
데이터 표준 관리	표준 단어, 표준 도메인 등의 표준 관련 사전을 관리하는 기능
데이터 품질 관리	데이터 품질 진단 및 분석과 비즈니스 규칙 등을 관리하는 기능
OLAP 정보 관리	OLAP 시스템에 구현된 메타 정보와 연계하여 관리하는 기능
사용자 권한 관리	현업 및 IT 사용자에 대한 권한 관리 기능
변경 영향도 분석	표준 및 모델 변경에 따른 전체 영향도를 분석하는 기능

기능명	설명
ETL 정보 관리	계정계부터 최종 사용자까지 데이터 흐름 및 매핑 정보에 대한 관리 기능
표준 요청 관리	표준의 신규 및 변경에 따른 절차와 승인 관리 기능
JOB 관리	ETL 프로그램의 정상 및 오류 여부 등을 관리하는 기능
DB 스키마 관리	데이터 모델과 실제 DB와의 일치성 등을 관리하는 기능

[그림 III-1-3] 데이터 표준 관리 시스템 구성

2. 데이터 표준 관리 시스템 기능

일반적인 데이터 표준 관리 시스템은 데이터 표준 관리, 데이터 구조 관리, 프로세스 관리의 기능으로 구성된다.

가. 데이터 표준 관리 기능

데이터 표준을 정의하고자 할 때 기존에 정의된 표준들을 조회하고, 이미 정의된 데이터 표준이 잘 준수되도록 관리하는 기능으로 구성된다.

[표 III-1-4] 데이터 표준 관리 기능

기능	세부 설명	주요 내용
단어 관리	전사 단어 사전 및 금칙어	• 전사 관점에서의 단어 사전 관리 • 금칙어의 사전 정의 및 관리
용어 관리	용어 사전	• 업무적으로 정의된 표준 용어에 대한 관리 • 기본 단어의 조합으로 업무 용어를 생성함
도메인 관리	도메인 사전	• 대표 및 그룹 속성에 대한 데이터 타입, 길이, 소수점 이하 길이 등을 사전에 정의한 도메인 관리
표준 코드 관리	전사 표준 코드	• 수집된 코드로부터 코드 통합 과정을 거쳐 전사 표준 코드를 도출한 후 관리
	코드 변환 매핑	• 소스 코드 값과 표준 코드와의 변환 매핑 관리
멀티 표준 관리	멀티 표준	• 코드, 칼럼, 테이블, 도메인 등에 대하여 멀티 표준을 관리해서 전사에 존재하는 여러 표준을 지원하고 이후 전사 표준으로 통합되도록 함

나. 데이터 구조 관리 기능

데이터 모델의 구조를 관리하거나 소스 시스템으로부터 DB 스키마를 리포지터리에 로드하기 위해 필요한 기능 등으로 구성된다.

[표 III-1-5] 데이터 구조 관리 기능

기능	세부 설명	주요 내용
ER 모델 구조 관리	모델, 테이블의 구조 정보	• ER 모델 관리 • 리포지터리로부터 데이터 구조 정보 추출 및 로드
DB 스키마 관리	다양한 DBMS 지원 및 DB 스키마 로드	• 다양한 DBMS로부터 DB 카탈로그 추출 및 로드
가변 속성 관리	모델의 사용자 속성을 자동 생성	• 모델 기본 속성 외에 설계 속성을 쉽게 추가
이력 관리	이력 관리	• 데이터 모델 변경 이력 • 형상 관리 지원
모델 비교 관리	충실도 및 준수도 검사	• 데이터 구조 정보에서 표준화 자동 검사 • 표준에 대한 준수도 자동 검사 • 데이터 구조 정보 간 비교

다. 프로세스 관리 기능

데이터 표준에 대하여 신규 및 변경이 발생하거나 데이터 모델과 관련해 신규 테이블 등을 요청하고 승인하는 업무 프로세스 기능으로 구성된다.

[표 III-1-6] 프로세스 관리 기능

기능	세부 설명	주요 내용
표준 등록	표준 요청 프로세스 지원	• 코드, 칼럼, 테이블, 도메인 등에 대한 사용자 요청부터 데이터 관리자의 승인/반려 기능 지원
모델 등록	모델 등록 요청 프로세스 지원	• 엔터티, 속성, 테이블, 칼럼 등 데이터 모델에 대한 사용자 요청을 등록하고 관리자의 승인/반려 기능을 지원

3. 데이터 표준 관리 시스템 도입 시 고려 사항

데이터 표준 관리 시스템 도입 시 시스템의 확장성, 유연성, 편의성 관점에서 충분한 검토가 이루어져야 한다.

- ■ 확장성
  다양한 시스템 및 DBMS의 정보 수집과 다양한 표준관리요소(SW)들과의 표준화한 방식(API)등으로 정보 연계관리가 가능해야 한다.
- ■ 유연성
  데이터 표준을 전사적으로 일시에 적용하기는 곤란하므로 단계적 적용을 위한 여러 개의 통합 표준을 사용할 수 있는 복수 표준 관리가 가능한지와 한글명 및 영문명의 표현 방식, 표준의 변경 용이성을 검토한다.
- ■ 편의성
  한글명의 영문명 자동 변환, 표준 검증의 주기적인 작업 수행 기능, 메타 정보 수집 시 Import 수작업 최소화 등 사용자 편의성을 검토한다.

4. 데이터 표준 관리 시스템 부재시 관리 방법

가. 모델링 도구 사전 활용

데이터 표준관리 시스템이 아직 도입되어 있지 않은 경우 일반적으로 모델링 도구가 제공하는 데이터 사전집(도구)을 활용하여 표준 단어, 표준 도메인을 정의하여 모델링 단계부터 표준을 적용할 수 있다. 단 표준 단어·표준 용어·표준 도메인의 중복 입력을 방지하는 기능은 제공하지 않을 수도 있으므로, 이 경우에는 주기적으로 보고서 형태의 작업을 통하여 데이터 표준의 정제 작업을 수행하여야 표준 데이터 중복을 방지할 수 있다.

나. 엑셀 등의 문서로 관리

모델 변경에 대한 프로세스는 존재하나 모델링 도구, 데이터 표준관리 시스템이 존재하지 않더라도 최소한 엑셀 등의 문서로 표준 사전, 표준 용어, 표준 도메인, 데이터 표준 지침서를 만들어, 자동화한 통제 프로세스는 존재하지 않지만 최소한의 데이터 표준 사전을 공유하여 데이터 표준을 준수할 수 있도록 해야 한다. 사전집의 공유를 통하여 데이터 표준을 준수하여야 한다.

장 요약

제1절 데이터 표준화 필요성

- 현재 데이터 활용에 따른 문제점으로는 데이터의 중복, 시스템별 데이터 불일치, 데이터에 대한 의미 파악 시 어려움 등이 있다.
- 데이터 품질 및 표준 확보 장애요인의 예는 동시 다발적인 정보시스템 개발, 전사 데이터 관리 마인드 미형성, 전사 데이터 관리 인력 부재, 전사 데이터 표준 관리 도구 부재를 들 수 있다.
- 기업의 전략적 의사결정으로서 데이터의 중요성이 증가함에 따라 전사적인 데이터 표준화 활동이 필요하다.
- 데이터의 표준화 후 발생되는 기대 효과로는 명칭의 통일로 인한 명확한 의사소통의 증대, 일관된 데이터 형식 및 규칙의 적용으로 인한 데이터 품질 향상 등을 들 수 있다.

제2절 데이터 표준화 개념

- 데이터 표준화는 시스템별로 산재해 있는 정보 요소에 대한 정의, 명칭, 형식, 원칙을 수립하여 전사적으로 적용하는 것을 의미한다.
- 데이터 표준화 구성요소로는 데이터 명칭, 데이터 정의, 데이터 형식, 데이터 규칙 등이 있다.
- 데이터 명칭을 부여할 때는 유일성, 업무적 관점에서의 보편성, 의미 전달의 충분성 등을 고려하여야 한다.
- 사용자가 의미를 잘 이해할 수 있도록 데이터의 정의를 기술해야 하며, 서술로서만 의미가 어려울 경우 관련 계산식이나 예를 포함하여 이해를 높인다.
- 데이터 항목에 도메인 표준을 적용함으로써 형식이 비슷한 항목이 서로 다르게 되지 않도록 적용한다.
- 발생 가능한 데이터 값을 사전에 정의함으로써 데이터의 정합성 및 완전성을 향상할 수 있는 방법으로 데이터에 대한 기본 값, 허용 값, 허용 범위 등을 정의한다.
- 데이터 표준으로 관리하는 대상으로는 표준 용어, 표준 단어, 표준 도메인, 코드 등이 있다.
- 표준 용어는 일상 업무에서 사용하는 업무적 용어와 정보시스템에서 사용하는 기술적 용어로 정의한다.
- 데이터에 대한 정책과 표준 정의, 데이터 구조 설계, 데이터 모델 관리 등은 데이터 관리자의 기본적인 역할이다.

제3절 데이터 표준 관리 도구

- 전사 데이터 표준을 관리하고 전체적인 프로세스를 지원하기 위해서는 데이터 표준 시스템을 고려한다.
- 일반적인 데이터 표준 관리 시스템의 기본 기능으로 표준 관리, 구조 관리, 프로세스 관리가 있다.
- 전사에 존재하는 여러 시스템의 표준을 지원하고, 향후 전사 표준화로 통합하기 위해 멀티 표준의 기능들이 필요하다.

연습문제

문제 1. 다음 중 데이터 표준화 수립의 기대 효과로 가장 부적합한 것은?
① 표준화한 명칭을 사용하여 다양한 계층 간의 명확한 의사소통이 가능해진다.
② 각 업무 시스템 간의 데이터 인터페이스 시에 데이터 변환 및 정제 비용이 감소한다.
③ 일관성 있는 명칭을 사용하여 시스템 운용 시간 및 개발 생산성이 감소한다.
④ 데이터 사용자들이 필요한 데이터의 소재 파악에 소요되는 시간 및 노력이 감소한다.

문제 2. A 기업은 데이터 통합 프로젝트를 수행 중에 현행 시스템에서 사용한 데이터 표준화 문서를 검토하고자 한다. 다음 중 데이터 표준화의 일반적인 정의로 가장 적합한 것은?
① 데이터 코드 값에 대한 불일치를 파악하고 정의한다.
② 데이터 명칭에 대한 현행 수준을 진단한다.
③ 데이터 표준 요소에 대한 명칭, 정의, 형식 등을 수립하고 적용하는 것을 말한다.
④ 데이터 표준에 대한 영향도 분석을 수립한다.

문제 3. 데이터 표준화의 구성요소 중 하나인 데이터 명칭 표준화를 진행하고자 한다. 다음 중 데이터 관리자로서 데이터 명칭에 대한 표준화 원칙을 수립하고자 할 때, 고려할 사항으로 가장 부적절한 것은?
① 데이터 명칭은 해당 개념을 유일하게 구분해 주는 이름이어야 한다.
② 데이터 명칭은 업무적 명칭과 기술적 명칭을 구별하여 활용해야 한다.
③ 데이터 명칭은 업무적 관점에서 보편적으로 인지되는 이름이어야 한다.
④ 데이터 명칭은 그 이름만으로도 데이터의 의미 및 범위를 파악할 수 있어야 한다.

문제 4. A 기업의 데이터 표준에 대한 전사 기본 원칙이 수립되었다. 다음 중 전사적 관점에서 데이터 표준화 기본 원칙으로 채택하기에 가장 부적절한 것은?
① 한글명에 대해서는 복수 개의 영문명을 허용한다.
② 영문명(물리명) 전환 시 발음식(예, 번지 → BUNJI)도 허용한다.
③ 한글명 및 영문명 부여 시 띄어쓰기는 허용하지 않는다.
④ 영문명에 대해서는 복수 개의 한글명을 허용한다.

문제 5. 데이터아키텍처 담당자로서 데이터 명칭에 대한 표준화 원칙을 보완하고자 할 때, 다음 중 고려할 사항으로 가장 부적절한 것은?
① 업무적 명칭과 기술적 명칭을 구별하여 활용해야 한다.
② 해당 개념을 유일하게 구분해 주는 이름으로 명명하여야 한다.
③ 업무적 관점에서 보편적으로 인지되는 이름이어야 한다.
④ 이름만으로 데이터의 의미 및 범위를 파악할 수 있도록 명명하여야 한다.

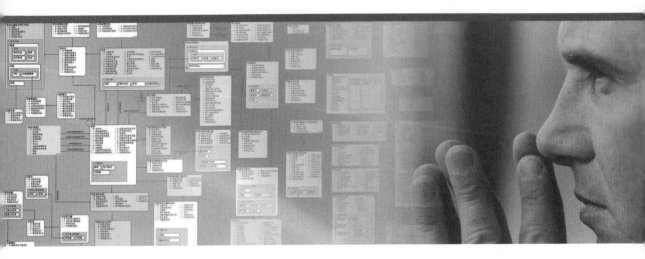

학습목표

제2장에서는 다음과 같은 내용을 학습한다.
- 데이터 표준화 원칙을 정의하기 위한 현행 데이터 표준 이해
- 데이터 표준 구성요소별 원칙 정의 이해
- 데이터 표준 구성요소별 세부 표준 작업에 대한 이해
- 확정된 데이터 표준에 대한 재검토(Review) 방법 이해

데이터 표준 수립

장 소개

전사 데이터 표준을 수립하는 핵심 작업 공정이다. 데이터 표준을 정의하기 전에 현행 시스템에서 사용하고 있는 데이터 표준 지침을 분석하여 새로운 표준 원칙에 적용한 내용과 개선 사항을 정리한다. 데이터 표준을 적용해야 할 구성요소를 결정하고, 구성요소별 원칙이 정립되면 세부 표준 요소별 전사 데이터 표준을 수립한다. 전사적으로 수립된 데이터 표준을 재검토(Review)하고 공표함으로써 철저하게 원칙에 맞는 개발이 이루어질 수 있도록 해야 한다.

장 구성

데이터 원칙을 수립하기 위해 현행 시스템의 표준을 분석해 개별 구성요소별 원칙을 정의한 후 전사 데이터 표준을 수립한다. 전사 데이터 관리자는 수립된 전사 표준을 관련 담당자와 재검토를 실시하고 보완한 후 공표하여 준수할 수 있도록 한다.

제1절 데이터 표준화 원칙 정의
제2절 데이터 표준 정의
제3절 데이터 표준 확정

제1절 데이터 표준화 원칙 정의

1. 데이터 표준화 요구 사항 수집

현업 및 개발자로부터 데이터 표준과 관련된 요구 사항을 인터뷰 및 설문 조사 등을 통하여 조사함으로써 전사 데이터 표준 대상 후보를 식별하고 개선점을 도출하는 데 사용할 자료를 마련한다. 조사 시 현업 및 개발자들이 각자 맡고 있는 담당 영역의 틀에서 벗어나 반드시 전체적인 관점 및 제3자의 관점에서 기술할 수 있도록 유도한다.

- 데이터 표준과 관련된 문제점을 조사할 때 유효한 방법 중 하나는 자신이 맡고 있는 영역과 다른 영역 간의 인터페이스 부분에서 발생하는 불편 사항 및 개선 사항을 파악하는 것이다. 영역이라는 것은 주제 영역 간 또는 정보 시스템 간일 수 있다.
- 특정 영역에 대한 데이터 표준 요구 사항을 조사할 때, 해당 영역을 오랫동안 관리하여 온 담당자보다는 해당 영역에 대해 익숙지 않은 관련자의 관점이 오히려 더 유용하다. 담당자는 자기가 담당하고 있는 영역에 이미 익숙해져 있기 때문에 데이터 표준에 대한 필요성을 많이 느끼지 못할 수 있다.

표준화 요구 사항 정의서					
부서명		담당 영역		담당자	
작성일		참조 표준 지침서			
범주	세부 요구 사항				비고

[그림 III-2-1] 표준화 요구 사항 정의서 예

2. 현행 데이터 표준 원칙 분석

현행 정보시스템에서 적용하고 있는 데이터 표준 원칙 및 데이터 표준을 수집하고, 수집된 자료를 통하여 식별된 데이터 표준의 관리 대상 및 현황을 파악한다.

가. 현행 데이터 표준 원칙 수집

현행 정보시스템에 적용되고 있는 데이터 표준에 대한 원칙을 수집한다. 현행 데이터 표준 원칙은 다음의 방법들을 통하여 수집한다.

- 현행 정보시스템 개발 지침 문서 및 데이터 표준의 확보

  현행 데이터 표준 원칙은 기존 정보시스템을 개발할 당시 작성하고 적용되었던 개발 지침 문서 및 데이터 표준을 통하여 수집한다. 데이터 표준 개발 지침 문서로는 각종 객체(테이블, 칼럼 등)에 대한 명명 규칙 등이 있다. 또한 실제 정의된 데이터 표준에 대한 검토를 통해서도 각 데이터 표준 대상별 관리 항목을 파악할 수도 있다.

- 현행 정보시스템 모델의 분석

  현행 데이터 모델 또는 데이터베이스 스키마에서 보여지는 객체의 정의 패턴 분석을 통하여 정보시스템 구축 시 적용했던 원칙을 유추해 낼 수 있다. 그러나 유추해 낼 수 있는 데이터 표준 대상 및 관리 항목이 상당히 제한적이다.

나. 데이터 표준 원칙 사용 현황 분석

수집된 데이터 표준 원칙 자료를 토대로 현행 정보시스템에서 적용하고 있는 데이터 표준 대상 및 관리 항목을 도출한다. 데이터 표준 대상별로 어떠한 정보시스템에 적용하고 있는지, 어떠한 관리항목을 관리하는지, 어떻게 상이하게 관리되고 있는지에 대해 조사한다. 이를 통해 향후 전사 데이터 표준 대상에 대한 개선점을 도출하는 데 사용할 자료를 마련한다.

현행 데이터 표준 사용 현황 명세서					
정보시스템 데이터 표준					비 고

[그림 Ⅲ-2-2] 현행 데이터 표준 사용 현황 명세서 예

3. 데이터 표준 개선 방안 정의

현행 데이터 표준 사용 현황 명세서와 표준화 요구 사항 정의서를 토대로 하여 데이터 표준 대상별 문제점 및 개선 방안을 도출한다. 문제점 및 개선 방안 도출 시 반드시 전사적인 관점에서 접근하며, 전사적 관리의 필요성을 검토하여 관련 데이터 표준 대상 또는 대상별 관리 항목을 신규로 정의하거나 정의 대상에서 제외한다. 또한 최종적으로 데이터 표준 개선 방안은 기존에 수립된 데이터 관리 정책에 부합되어야 한다.

데이터 표준 개선 방안 정의서		
범주	문제점	개선 방안

[그림 Ⅲ-2-3] 데이터 표준 개선 방안 정의서 예

4. 데이터 표준 원칙 수립

현행 데이터 표준에 대한 개선 방안을 토대로 향후에 적용할 전사 데이터 표준 기본 원칙을 정의하고, 향후 전사 데이터 표준의 생성 및 변경 시 참고할 수 있도록 각 데이터 표준 대상별 데이터 표준 원칙을 작성하여 문서화한다.

가. 데이터 표준 기본 원칙 정의

데이터 표준 개선 방안을 참고하여 전체적으로 적용할 기본 원칙을 수립함으로써 표준화에 대한 방향을 사전에 정의할 수 있다. 표준화 원칙의 예로는 한글명에 특수 기호를 사용하지 않거나, 영문명 표기 시 발음되는 대로 기술하는 것을 금지하거나, 이음동의어 사용 금지를 정의하는 것이다.

표준화 원칙	예시
당사에서 사용되고 있는 관용화한 용어는 우선하여 사용한다.	
영문명(물리명) 전환 시, 발음식은 최대한 지양하며 정상적인 영어를 사용한다.	관리 KWNR(KWANRI) : X 관리 MGT(Management) : O
한글명, 영문명 부여 시 특수문자 사용과 띄어쓰기는 하지 않는다.	
기관명은 해당 기관에서 사용하고 있는 약어(영문)를 따른다.	
한글명에 대해서는 복수의 영문명을 허용하지 않는다(동음이의어 불가).	
영문명에 대해서는 복수의 한글명을 허용한다(이음동의어 허용).	
…	
…	
…	

[그림 III-2-4] 표준화 원칙 정의서 예

나. 데이터 표준 지침 작성

모든 사용자가 참고해야 하는 데이터 표준화에 대한 구체적인 지침 문서를 작성한다. 각 데이터 표준 대상에 대한 세부 지침 사항은 데이터 표준 기본 원칙에 부합되도록 작성한다.

1) 데이터 표준 지침의 기본 구성

데이터 표준 지침은 데이터 표준 대상별로 어떻게 표준화할 것인가에 대해 구체적으로 정의한 문서이다. 일반적으로 데이터 표준 지침에 포함될 내용들은 다음과 같다.

■ 개요
  데이터 표준화 및 데이터 표준 지침에 대한 목적을 기술한다.
■ 데이터 표준화 관련자의 역할과 책임
  데이터 표준화와 관련된 사용자들을 정의하고 그들의 역할 및 책임을 규정한다. 일반적으로 정의하는 관련자로는 전사 데이터 관리자, 데이터 관리자, 모델러 등이 있다.
■ 데이터 표준 관리 절차
  데이터 표준과 관련된 일련의 작업 프로세스를 규정하고, 프로세스별로 데이터 표준화 관련자들의 역할을 기술한다. 일반적으로 데이터 표준 관리 절차로는 데이터 표준 정의, 데이터 표준 변경, 데이터 표준 준수 프로세스가 있다.
■ 데이터 표준 기본 원칙
  데이터 표준 대상 모두에 대해 일반적으로 적용되는 기본 원칙을 기술한다.
■ 데이터 표준 대상별 명명 규칙

데이터 표준 대상별로 데이터 표준 명칭을 작성하는 방법에 대해 구체적으로 기술한다. 데이터 표준 대상별로 차이는 있으나, 일반적으로 명명 규칙은 [표 III-2-1]의 내용을 포함한다.

[표 III-2-1] 데이터 표준 대상별 명명규칙

기술 내용	설명
사용 문자	알파벳, 한글, 숫자, 특수문자, 전각·반각 등의 허용 여부 또는 사용 조건을 규정한다.
영문 대소문자	알파벳을 사용할 경우 대소문자 사용과 관련한 규칙을 규정한다.
한글명과 영문명 동시 정의 여부	DBMS에 반영되는 객체들은 대부분 알파벳으로 정의하도록 된 경우가 있기 때문에 이와 관련된 데이터 표준 정의 대상에 대해서는 한글명과 영문명의 정의가 필요하다. 일반적으로 표준 단어, 표준 용어가 이에 해당한다.
명칭의 구조	표준 용어를 사용하는 테이블명 및 칼럼명의 경우 명칭을 통하여 그 특성 또는 부가 정보를 표시할 수 있도록 명칭에 대한 단어 표준 조합 구조를 명시한다. 예, 수식어 + [수식어] + 속성 유형(금액, 건수, 코드 등)
명칭에 대한 허용 길이	표준 용어를 사용하는 테이블명 및 칼럼명의 경우 DBMS의 물리적 특성으로 길이의 제약을 받기 때문에 표준 용어의 허용 길이를 명시해야 한다.
명칭 표준화에 대한 기준	유사한 개념의 단어·용어가 여러 개 존재할 경우 어떤 기준으로 표준 단어·표준 용어로 선택할 것인가를 결정하는 기준을 정의한다. 예, 일련번호, ID, SEQ → ID로 표준화한다.
명칭에 대한 예	명칭에 대한 허용 길이, 명칭 구조 체계, 명칭 표준화 기준 등을 준수하여 작성된 샘플을 몇 가지 명시한다.

■ 데이터 형식 정의에 대한 기준
데이터 표현 형태를 정의하는 기준 및 방법을 기술한다. 일반적으로 표준 용어를 칼럼으로 사용하는 경우나 표준 도메인, 표준 코드에 대하여 데이터 형식 정의에 대한 기준을 정의한다. 표준 용어의 명칭에 대한 표준화 기준을 정의할 때, 데이터 형식도 같이 정의함으로써 명칭의 결정과 동시에 데이터 형식도 자동적으로 결정된다.
예1) 표준 용어의 경우: ID에 대한 데이터 형식은 8자리 텍스트로 한다.
예2) 표준 도메인의 경우: '번호'성 도메인에 대한 데이터 형식은 텍스트로 정의한다.
■ 기타
데이터 표준 대상별로 고유한 특성에 대해 원칙을 구체적으로 기술한다.
예) 표준 도메인의 경우 데이터 타입을 결정하는 기준

2) 주요 데이터 표준 대상별 지침의 일반적인 구성

데이터 표준 대상에 대한 세부 지침은 각 데이터 표준 대상의 특성에 맞게 기술한다. 다음은 관련 데이터 표준 대상별로 일반적으로 기술하는 지침의 내용이다.

- ■ 표준 단어
  - 한글명 및 영문명에 대한 알파벳, 한글, 숫자, 특수문자, 전각·반각 등의 허용 여부 또는 사용 조건
  - 대소문자 사용 규칙
  - 한글명, 영문명에 대한 허용 길이
  - 합성어(단어의 조합으로 이루어진 단어) 정의에 대한 지침
  - 접두사에 대한 처리 방안
  - 동음이의어·이음동의어 허용 여부 및 처리 방안
- ■ 표준 용어
  - 데이터 명칭에 대한 구조 체계
  - 한글명, 영문명에 대한 허용 길이
  - 용어를 테이블이나 칼럼명으로 사용할 경우 준수해야 할 특이한 명명 규칙
  - 용어를 칼럼명으로 사용할 경우 데이터 형식 표준화에 대한 기준 및 표준 도메인 적용 여부
- ■ 표준 도메인
  - 데이터 형식 표준화에 대한 기준
- ■ 표준 코드
  - 데이터 명칭에 대한 구조 체계 및 명명에 대한 기준
  - 데이터 형식 표준화에 대한 기준
  - 코드번호 체계 정의에 대한 규칙

3) 데이터 표준 개발 지침 작성 시 유의 사항

일반적으로 데이터 표준 지침은 현행 데이터 표준 지침을 그대로 유지하는 것이 가장 바람직하지만 무엇보다도 단위 정보시스템의 영역을 벗어나 다른 정보시스템에서도 적용이 가능하도록 범용성을 고려하여 정의한다.

- ■ DBMS마다 허용하는 테이블 및 칼럼의 물리명 길이가 상이하다. 따라서 용어에 대한 영문명의 허용 길이에 대한 지침을 정의할 때 적용 대상 DBMS에 모두 적용이 가능하도록 고려해야 한다. 어려울 경우 영문 축약명을 추가로 정의하거나 뷰(View)를 사용하는 등 다른 대안을 마련한다.
- ■ DBMS마다 정의하고 있는 데이터 타입이 각기 상이하기 때문에 특정 DBMS 기준으로 데이터 형식을 정의할 경우 다른 DBMS에서는 다른 데이터 타입으로 적용되는 경우가 발생한다. 따라서 표준 용어 또는 표준 도메인에 서로 다른 DBMS에 따라 어떻게 적용할 것인가에 대한 방안을 고려해야 한다.
  - 방안 1) 데이터 형식을 '문자 1자리', '숫자 15.2자리' 등 논리적으로 기술하는 것으로 지침을 내리고, 이러한 논리적인 데이터 형식과 DBMS별 물리적인 데이터 타입 간의 변환 Map을 정의한다.
  - 방안 2) 데이터 형식의 정의 시 특정 DBMS 기준의 데이터 타입을 이용하여 정의하고, 기준이 되는 DBMS의 데이터 타입과 기타 DBMS의 데이터 타입 간의 변환 Map을 정의하여 다른 DBMS에 적용할 때 데이터 타입 결정에 대한 기준으로 활용한다.

제 2 절 데이터 표준 정의

1. 표준 단어 사전 정의

표준 단어(Word) 사전 정의는 기존 데이터 모델 및 용어집을 통해 해당 기관에서 사용되고 있는 모든 단어를 추출한다. 추출된 단어는 단어 종류와 유형을 분류하고 업무 정의 및 용도를 고려하여 표준 단어를 정의한다. 표준 단어 사전을 정의할 경우 이음동의어, 동음이의어 처리에 주의해야 한다. 표준 단어가 정의되면, 표준화 원칙을 참고하여 영문명과 영문 약어명도 정의한다.

가. 표준 단어 사전

일반적으로 단어란 문법 상 일정한 뜻과 구실을 가지는 말의 최소 단위를 의미하며, 정보 시스템에서 사용하는 표준 단어 사전이란 기업에서 업무상 사용하며 일정한 의미를 갖고 있는 최소 단위의 단어를 정의한 사전을 말한다.

표준 단어를 정의함으로써 업무상 편의나 관습에 따라 동일한 단어를 서로 다른 의미로 사용하는 경우, 혹은 하나의 단어에 다양한 의미를 부여하여 사용하는 등의 문제를 방지한다.

1) 표준 단어 관리 기준

■ 표준성
정보시스템이나 일반적인 업무에서 사용되는 단어 가운데에서 추출해야 하며, 너무 업무적인 용어의 사용을 최소화하여 정보시스템의 특성에 부합되도록 한다.
■ 일반성
일상적으로 사용하고 있는 사전적 의미의 단어와 의미상 크게 다르지 않아 일반인도 해당 단어의 의미를 이해할 수 있어야 한다.
■ 대표성
동의어를 가질 수 있으며 표준 단어로 선언된 단어는 비슷한 의미의 동의어들을 대표할 수 있어야 한다.

2) 표준 단어 작성 형식

표준 단어는 전사적으로 관리하고 있는 엔터티와 속성을 개별 단위로 하여 추출하며, 추출한 단어는 동음이의어와 이음동의어를 정비한 후 논리명(한글명)을 기준으로 물리명(영문명, 영문약어명), 유사 용어까지 함께 정리하여 관리한다. 표준 단어 사전에는 개별 단어 외에도 동의어, 유의어, 반의어 등과 같은 단어 간의 구조도 함께 정의해야 한다. 표준 단어 사전은 [그림 III-2-5]와 같은 형식으로 작성한다.

표준 단어 사전								
번호	한글명	정의	영문명	영문 약어명	단어 종류	단어 유형	분류단어 여부	비고
					단일어 합성어 접두사 접미사	금칙어 유사어	*표준 용어 조합시 용어의 끝 단어인 분류단어로 사용 이 가능한 단어인 지 여부를 의미함	

[그림 III-2-5] 표준 단어 사전 예

나. 표준 단어 정의

표준 단어는 정보시스템별로 혼재되어 사용되고 있는 모든 용어를 단어 단위로 분할하여 도출한다. 표준 단어는 [그림 III-2-6]과 같은 일련의 과정을 거쳐 정의한다.

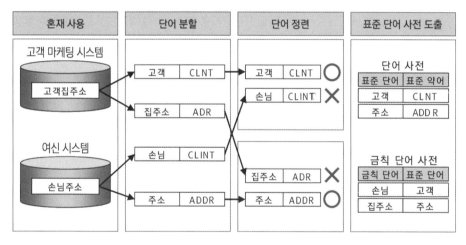

[그림 III-2-6] 표준 단어의 도출

1) 현행 용어 수집

기업 내 존재하는 모든 정보시스템에 대한 데이터 모델 또는 테이블 정의서와 칼럼 정의서를 분석하여 현행 용어에 대한 한글명 및 영문명을 수집한다. 현행 용어를 통하여 단어를 분할하고 그에 해당하는 영문 약어명을 도출하려는 것이 목적이므로 일부 상용 애플리케이션 패키지처럼 한글명이 존재하지 않은 데이터 모델은 수집 대상에서 제외한다.

2) 단어 분할

수집된 현행 용어에서 업무상 사용되며 일정한 의미를 갖고 있는 최소 단위의 단어로 분할한다. 단어 분할을 통하여 한글명과 그에 해당하는 영문 약어명이 도출되어야 하기 때문에 단어 분할 시 한글명을 비롯하여 영문명도 같이 분할이 되는가를 고려해야 한다. 단어 분할 시 단독으로 분할되는 숫자는 표준화 대상 단어에서 제외한다.

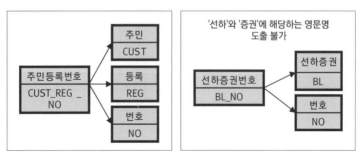

[그림 Ⅲ-2-7] 단어 분할의 예

3) 단어 정련

분할하여 취합된 모든 단어 중에서 의미가 동일한 단어들에 대해 하나의 대표 단어를 표준으로 선정하고 그에 대한 영문 약어명을 선택한다. 최종적으로 도출해낸 모든 단어들은 한글명과 영문 약어명 모두 유일해야 한다.

단어 정련 시 이용 가능한 기법
- 한글명이 동일한 단어와 의미가 동일한 단어(이음동의어)들을 취합한 후 활용 빈도가 가장 많은 한글명을 표준 단어로 선택한다. 이음동의어는 영문 약어명이 동일한 단어들에 대한 검색으로 찾을 수 있다.
- 한글명이 동일한 단어와 이음동의어를 모두 통틀어 가장 많이 나타나는 영문 약어명을 해당 표준 단어에 대한 영문 약어명으로 선택한다.
- 동음이의어의 경우 상대적으로 활용 빈도가 낮은 의미의 단어에 대해서는 동일한 의미를 갖는 다른 한글명을 표준 단어로 선택한다.

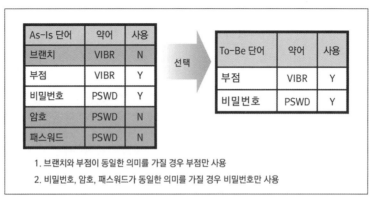

[그림 Ⅲ-2-8] 이음동의어 처리

As-Is 단어	약어	사용
수(手)	HND	N
수(水)	WTR	Y

변경

To-Be 단어	약어	사용
손	HND	Y
수	WTR	Y

[그림 Ⅲ-2-9] 동음이의어 처리

4) 표준 단어 사전 정의

단어 정련 작업을 통하여 표준으로 선택한 모든 단어에 대한 한글명 및 영문명을 표준 단어 사전에 등록한다. 그리고 의미는 유사하나 각기 다른 표준으로 등록한 표준 단어들은 유사어로, 표준으로 선택되지 않은 나머지 이음동의어들에 대해서는 금칙어로 등록하여 관리하고, 향후 적절한 표준 단어의 검색을 위해서 관련 표준 용어를 같이 기술한다.

다. 표준 단어 정의 시 고려 사항

- 표준 단어의 단위는 최소 단위를 기준으로 하되 사용 빈도가 높은 단어의 조합 또는 단어의 조합이 하나의 고유한 의미를 가지는 경우 하나의 표준 단어로 정의하는 것이 유리할 수 있다.
  예, 신용카드, 선하증권
- 대부분의 DBMS는 테이블 물리명 및 칼럼 물리명의 첫 글자를 알파벳으로 시작하도록 제약하고 있다. 따라서 표준 단어의 영문명도 반드시 알파벳으로 시작하도록 정의하도록 한다.
  예, 1순위 → RNK1, 2개월 → M2
- 단어는 특히 동음이의어가 많기 때문에 사용 빈도가 높은 것을 표준 단어로, 사용 빈도가 낮은 것은 다른 단어와 조합하여 표준 단어로 정의하도록 한다.
- 접두어, 접미어와 같이 한 자리로 구성된 단어들은 가급적 표준에서 배제하는 대신 앞뒤에 나오는 단어와 조합하여 표준 단어로 정의하는 것이 바람직하다.

As-Is 단어	약어	사용
불	NON	Y
만족	STST	Y
승락	CFRM	Y

장점	• 단어 사전의 단어 개수가 많지 않다. • 일관된 단어 사전의 모습을 가진다.
단점	• 물리 DB 제약 자릿수를 넘는 경우가 발생할 가능성이 높다. • 처리할 수 없는 경우가 발생한다(水, 手).

[그림 Ⅲ-2-10] 접두어/접미어 개별 단어 방식

To-Be단어	약어	사용
불만족	NSTT	Y
불특정	NSPC	Y
불	NON	N
만족	STST	Y
특정	SPEC	Y

장점	• 물리 DB제약 자릿수를 넘는 경우가 발생할 가능성이 낮다. • 사용자 편의성이 높다.
단점	• 단어 사전의 단어 개수가 많다. • 단어의 다용도 사용으로 일관성이 떨어진다.

[그림 Ⅲ-2-11] 접두어/접미어 합성 단어 방식

2. 표준 도메인 사전 정의

표준 도메인(Domain) 사전 정의는 업무적인 용도, 사용 빈도와 데이터의 물리적인 특성 등을 고려하여 도메인을 분류하고 도메인별 데이터 타입을 부여한다. 도메인에는 코드성 도메인과 숫자 도메인, 날짜 도메인, 문자 도메인 등이 있다.

가. 표준 도메인 사전

도메인이란 속성에 정의된 조건을 만족시키는 값의 범위를 의미한다. 표준 도메인은 전사적으로 사용되고 있는 데이터 가운데에 논리적, 물리적으로 유사한 유형의 데이터를 그룹화하여 해당 그룹에 속하는 데이터의 유형과 길이를 정의한 것을 말한다. 도메인은 여러 개의 하위 도메인(복합 도메인)으로 구성되거나 하나의 도메인이 여러 개의 도메인에 중복적으로 사용될 수 있다.

1) 표준 도메인 관리 기준

■ 표준성
표준 도메인은 전사 차원에서 공통적으로 사용되는 속성을 대상으로 정의한다. 예를 들어 은행의 계좌번호는 은행 하위 업무나 상품에 따라 다르지 않으므로 표준 도메인을 정의하여 사용한다.

■ 유일성
동일한 내용의 중복 도메인이 서로 다른 이름으로 선언되지 않도록 관리한다.

■ 업무 지향성
도메인은 지나치게 일반화하여 정의하기보다는 업무의 특성을 충분히 반영할 수 있도록 선언하여 관리한다. 예를 들어 계좌번호의 도메인은 '-'가 없이 정의하는 것보다 적절한 의미를 나타내도록 '-'를 이용하여 표현할 수 있다.

2) 표준 도메인 작성 형식

전사적으로 관리하고 있는 모든 데이터 속성 혹은 대표 속성 가운데에 DBMS에 동일한 형태로 구현되는 속성들을 추출하여 그룹화한다. 모든 속성은 임의의 도메인에 할당되어야 하며, 하나 이상의 도메인에 복수로 할당되면 안된다. 속성과 도메인은 상호 매핑하여 관리해야 하며 새로운 속성이 추가될 경우 해당 속성의 도메인을 선정, 등록할 것을 권장한다. 또한 도메인의 삭제는 해당 도메인을 사용하고 있는 속성이 없을 경우에만 가능하도록 해야 한다. 표준 도메인 사전은 [그림 Ⅲ-2-12]와 같은 형식으로 작성할 수 있다(예, 도메인 분류(금액, 수량, 율, 번호, 날짜, 코드, 명칭 등)).

표준 도메인 사전				
번호	도메인명	정의	데이터 타입·길이	비고

[그림 Ⅲ-2-12] 표준 도메인 사전 예

나. 표준 도메인 정의

표준 도메인은 정보시스템별로 혼재되어 사용되고 있는 칼럼의 칼럼명, 데이터 타입, 길이 등을 정리하여 표준 도메인을 정립한다. 표준 도메인은 [그림 Ⅲ-2-13]과 같은 일련 과정을 거쳐서 정의하게 된다.

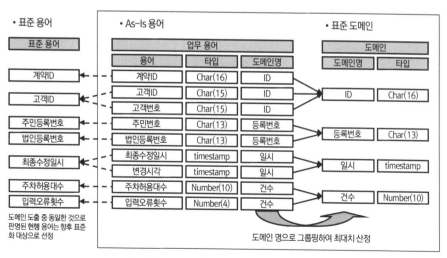

[그림 Ⅲ-2-13] 표준 도메인의 도출

1) 현행 용어 정보 분석

기업 내 존재하는 모든 정보시스템에 대한 데이터 모델 또는 칼럼 정의서를 이용하여 현행 용어에 대한 용어명과 데이터 타입 정보를 수집한 뒤 물리적으로 유사한 유형의 용어들을 그룹화한다. 그룹화할 때에는 다음의 기법을 이용해 정리하도록 한다.

- 동일한 정보시스템에 대한 데이터 모델에서 추출된 현행 용어들을 유일하게 추출한다. 유일한 용어를 추출할 때에는 한글명, 영문명, 데이터 타입 및 길이 모두 일치하는지를 확인한다.
- 데이터 타입과 길이가 동일한 용어들을 검색하여 유사한 속성의 용어들을 그루핑한다.
- 용어명 중에서 끝쪽 단어를 기준으로 유사한 속성의 용어들을 그루핑한다.

2) 표준 도메인 정의

그루핑된 유사 속성 용어의 의미에 따라 표준 도메인명을 정의하고 그에 따른 데이터 타입 및 길이를 정의한다. 표준 도메인은 다음의 기준에 따라 정의한다.

- 가급적이면 업무적으로 의미가 있는 도메인명을 부여한다.
  예, ID, 증권번호, 일자, 일시, 주소, 여부, 환율(O), 문자1, 문자2, 숫자12(X)
- 기존 데이터와의 호환성 및 범용성을 위하여 그루핑된 용어들에게 부여된 데이터 타입 길이 중 가장 큰 데이터 타입 길이를 표준으로 정한다.

다. 표준 도메인 정의 시 고려 사항

- 현실적으로 어느 도메인에도 속하지 않는 칼럼이 있을 수 있기 때문에 모든 용어를 포괄하는 표준 도메인을 생성할 필요는 없다.
- 표준 도메인에 정의할 데이터 형식을 어떻게 정의하고 각기 다른 DBMS에 어떻게 물리적으로 적용할 것인가에 대한 방안을 고려해야 한다.
- 표준 도메인을 도출하면서 동일한 용어로 판명된 현행 용어들을 별도로 기록하여 향후 동일한 데이터 표준 용어로 통일할 때 참고한다.

3. 표준 코드 사전 정의

표준 코드(Code) 정의는 수집된 용어로부터 코드를 선별하여 현 코드의 코드 값을 조사한다. 현 코드를 바탕으로 통합 요구 사항과 통합 필요성에 따라 통합 대상을 파악하고 표준 코드를 정의하고 현 코드와 매핑 설계를 한다. 정의된 표준 코드별로 오너십(Ownership)을 정의하여 향후 해당 코드에 대한 수정, 삭제에 대한 권한을 관리할 수 있도록 한다.

가. 표준 코드 사전

표준 코드에는 산업별로 법제도적으로 부여하여 공통적으로 사용되는 코드뿐만 아니라 기업 내부에서 정의하여 사용하는 코드도 포함된다.

1) 표준 코드 관리 기준

- 재사용성

  표준 코드는 기업에서 자체적으로 정의하여 사용하는 것보다 표준화 기구나 정부, 공공 기관에서 정의한 코드를 재사용하는 것이 데이터에 대한 이해력을 높이고 코드 관리를 용이하게 하는 데 더 효과적이다.
- 일관성

  코드는 업무 범위 내에서 가능한 한 유일하게 정의되어야 한다. 동일한 내용의 코드를 사용 형태나 업무 범위에 따라 중복 정의하여 사용할 경우 전사 차원의 코드 데이터의 중복은 물론 코드 데이터의 불일치 문제를 발생시킨다.
- 정보 분석성

  가능한 범위의 데이터는 모두 코드화하여 관리한다. 즉 사용자가 텍스트로 직접 입력하는 값을 최소화하고 정의된 범위 안에서 선택하도록 함으로써 정보 분석 시에 데이터는 있으나 분석 가치가 없는 데이터가 생성되지 않도록 한다.

2) 표준 코드 작성 형식

전사적으로 사용하고 있는 코드를 추출하여 정의하고 부여된 코드와 동일한지를 확인하고, 동일한 값을 가지는 코드에 대해서 통합 작업을 수행하여 단일화 작업을 수행한다. 코드는 표준화 팀에서 엄격한 기준에 따라 관리되어야 하며, 사용자 임의대로 코드 체계를 생성하거나 수정해서는 안된다. 또한 코드는 도메인과 밀접하게 연관되어 관리해야 하나 도메인에 값의 범위가 명확히 정의되어 있는 경우(예를 들어 '여부'는 'Y/N'으로 표기)에는 특별히 코드화하여 관리하지 않아도 된다. 표준 코드 사전은 [그림 Ⅲ-2-14]와 같은 형식으로 작성한다.

표준 코드 사전						
코드유형번호	코드명	코드 구조	코드 번호	코드 값	오너쉽 부서	사용 부서

[그림 Ⅲ-2-14] 표준 코드 사전 예

나. 표준 코드 정의

표준 코드는 정보시스템별로 사용되고 모든 코드를 수집하여 동일 코드를 파악하고 통합하여 표준 코드를 정의한다. 표준 코드는 다음과 같은 일련의 과정을 거쳐 정의한다.

1) 현행 코드 수집

기업 내 존재하는 모든 정보시스템에서 사용하는 코드 정보를 수집한다. 일반적으로 각 정보시스템에서는 단독 코드 테이블, 통합 코드 테이블, 애플리케이션 정의 등 3가지 코드 관리 형태가 있으므로 코드 관리 형태별로 수집 방법을 달리해야 한다.

- 단독 코드 테이블
  하나의 코드를 하나의 테이블에서 관리하는 형태이다. 이런 형태로 관리하는 코드들은 대부분 코드 데이터가 필수적으로 가지고 있어야 할 코드 번호, 코드 값 외에 부가 정보들을 관리할 경우가 많다. 따라서 이런 형태로 관리하는 데이터가 코드인지, 아니면 정보성 데이터(ID로 관리되는 정보)인지를 명확히 구분한 뒤 추출 여부를 판단해야 한다.
- 통합 코드 테이블
  복수 개의 코드를 하나의 통합 관리 테이블에서 관리하는 형태이다. 통합 관리 테이블에서 관리하는 기본적인 내용으로는 코드 자체를 식별하기 위한 코드 유형 번호, 코드명, 코드 구조, 코드 번호, 코드 값 등이 있고 기타 코드 관리 차원에서 필요한 정보들(생성 일자, 폐지 일자, 오너십…)이 있다. 통합 코드 테이블에서 관리하는 코드는 모두 수집한다.
- 애플리케이션 정의
  코드를 데이터베이스에 저장하여 관리하지 않고 애플리케이션에서 정의하여 관리하는 형태이다. 애플리케이션의 프로그램 소스를 확보하지 않고서는 코드 정보를 확보하기가 어렵기 때문에 이러한 코드 정보의 확보는 사용자 인터페이스를 조회하거나 해당 코드 정보를 데이터로서 저장하는 코드성 칼럼의 데이터 값을 추출하는 간접적인 방법을 통해 수집할 수 있다.

코드는 해당 코드를 관리하는 테이블에서 코드 값을 누락하거나 애플리케이션에서 코드 값을 정의하는 이유 때문에 단어, 도메인, 용어와는 달리 수집 시 누락될 가능성이 많다. 코드 정보 수집의 누락을 최대한 방지하기 위해서 다음의 방법을 통하여 수집 대상 코드를 정확히 파악하도록 한다.

- 코드 데이터 값 수집
  코드를 관리하는 테이블, 통합 코드 테이블, 애플리케이션 사용자 인터페이스를 통하여 코드 정보를 수집한다.
- 코드성 칼럼 파악
  각 정보시스템의 테이블에 존재하는 칼럼 중에서 코드 정보를 저장하는 코드성 칼럼을 파악한다. 이 경우 해당 칼럼이 코드를 저장하는 칼럼인지 아니면 정보성 데이터에 대한 참조 데이터를 저장하는 칼럼인지 명확히 구분해야 한다.

■ 수집된 코드에 대한 사용처 파악

식별한 코드성 칼럼별로 어떠한 코드를 저장하는지를 파악함으로써 누락된 코드를 확인한다. 코드의 누락은 코드성 칼럼에 저장된 코드 데이터 값과 수집된 코드 번호를 비교하고 검증함으로써 파악한다. 이 과정을 통하여 코드 테이블 및 애플리케이션 사용자 인터페이스를 통하여 확보하지 못했던 코드 정보를 추가로 수집한다.

2) 현행 코드 상세 분석

수집된 현행 코드 정보를 상세히 분석함으로써 동일하거나 통합이 가능한 코드를 식별한다. 통합 대상 코드의 식별은 다음의 방법을 고려하여 식별한다.

■ 코드 값이 일치하는 동일한 코드 인스턴스를 가지는 코드를 찾은 뒤 해당 코드의 모든 코드 인스턴스를 확인하고 비교함으로써 통합 가능한 코드를 식별한다.
■ 분석해야 할 대상 코드가 너무 많을 경우에는 코드를 사용하는 업무 기능별로 코드를 분류한 후 분류된 단위로 코드를 분석한다.

3) 표준 코드 정의

현행 코드 상세 분석을 통하여 식별된 통합 대상 코드의 코드 인스턴스를 정련하여 통합한다.
■ 통합 대상이 없는 코드는 현행 코드 인스턴스를 그대로 유지하는 것이 일반적이다.
■ 통합 대상이 존재하고 통합 대상 코드의 코드 번호가 서로 상이할 경우 새로운 코드 번호를 부여함으로써 표준 코드를 정의한다.

다. 표준 코드 활용

향후 모든 정보시스템은 표준 코드를 사용해야 한다. 그러나 일부 업무에서 특정 코드의 모든 코드 값을 사용하지 않고 범위를 한정하여 일부 코드 값만 사용할 경우에는 표준 코드로부터 파생된 코드를 정의하여 사용한다. 이 경우 파생 코드에 정의된 코드 번호·코드 값은 반드시 표준 코드에 정의되어 있어야 하며, 파생 코드에 코드 인스턴스를 추가해야 할 경우 표준 코드에 먼저 정의하도록 한다.

라. 표준 코드 정의 시 고려 사항

■ 코드 값은 향후 확장성을 고려하여 정의하여야 하며, 여러 업무에서 사용할 수 있도록 통합된 코드로서의 일관성을 유지해야 한다.
■ 시스템 운영 중에 코드 값이 변경되는 경우 해당 코드를 사용한 기존 데이터의 유지를 위해 기존 코드 값을 삭제하는 대신 사용 중지 상태로 관리하고 새로운 코드 값을 신규로 정의한다.
■ 표준 코드를 도출하면서 파악한 표준 코드–현행 코드 간의 변환 매핑 정보를 별도로 기록하여 향후 신규 정보시스템으로의 데이터 이행 시 참고한다.

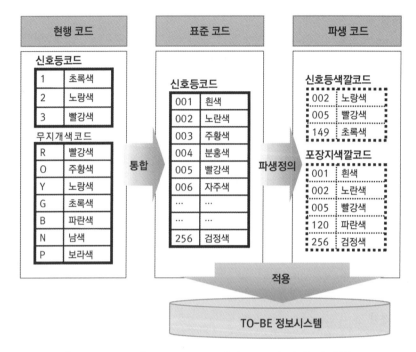

[그림 Ⅲ-2-15] 표준 코드와 파생 코드의 정의 및 활용

4. 표준 용어 사전 정의

표준 용어 사전 정의는 단어·도메인·코드 표준이 정의되면 이를 바탕으로 표준 용어를 구성하고, 단어의 조합·도메인 분류·데이터 타입 길이·코드 값 등을 기준으로 해서 표준 적용이 업무적으로나 기술적으로 무리가 없는지 검토한다. 또한 검토 과정에서 누락된 단어, 도메인, 코드 등이 없는지를 확인하고 추가 보완 작업을 수행한다.

[그림 Ⅲ-2-16] 표준 용어와 기타 표준과의 관계

가. 표준 용어 사전

용어는 업무에서 자주 사용하는 단어의 조합을 의미하며, 표준 용어는 전사적으로 사용하는 엔터티와 속성을 대상으로 표준 단어 사전에 정의된 단어를 조합하여 정의한다. 단어는 개별적이지만 용어는 업무와 조직의 성격에 따라 그 조합이 달라질 수 있다. 표준 용어를 정의함으로써 기업 내부에서 서로 상이한 업무 간에 의사소통이 필요한 경우, 용어에 대한 이해 부족으로 유발되는 문제점을 최소화할 수 있다.

1) 표준 용어 관리 기준

- **표준성**

  같은 기업 내부라도 업무별로 동일한 의미를 서로 다른 용어를 사용하여 표현하는 경우가 매우 많다. 따라서 표준 용어 사전은 용어의 표준화를 통해 용어 사용의 차이에 따라 발생되는 전사 차원의 혼란을 최소화할 수 있어야 한다.

- **일반성**

  용어가 지나치게 업무 관점에서만 정의되어 일반적으로 이해하기 힘들거나 의미상에 혼란을 초래해서는 안 된다. 일반적인 의미와 전혀 다르게 사용된 용어는 적절한 다른 용어로 대체하고, 새로운 용어 개발 또한 자제해야 한다.

- **업무 지향성**

  용어는 기업의 업무 범위 내에서 약어를 사용하거나 내부에서 별도로 정의하여 사용할 수 있다. 단 지나친 약어의 사용은 업무에 대한 이해도를 떨어뜨릴 수 있으므로 주의한다.

2) 표준 용어 작성 형식

표준 용어는 전사적으로 보유하고 있는 엔터티와 속성을 대상으로 추출된 표준 단어를 조합하여 생성되며 용어 사전은 엔터티 용어 사전과 속성 용어 사전으로 구분하여 정의 관리한다. 정의된 각각의 용어는 논리명(한글명)과 물리명(영문명)을 가지며, 용어 범위 및 자격 형식 등이 설명되어야 한다. 표준 용어 사전은 [그림 Ⅲ-2-17]과 같은 형식으로 작성할 수 있다.

표준 용어 사전							
번호	용어유형	표준 한글명	표준 영문명	설명	데이터 타입·길이	표준 도메인	비고

[그림 Ⅲ-2-17] 표준 용어 사전 예

나. 표준 용어 정의

표준 용어는 정보시스템별로 사용되고 있는 모든 현행 용어를 수집하고 표준 단어 사전, 표준 도메인 사전, 표준 코드 사전 등을 참조하여 현행 용어에 대한 표준 용어를 도출한다. 표준 용어는 [그림 III-2-18]과 같은 일련의 과정을 거쳐 정의한다.

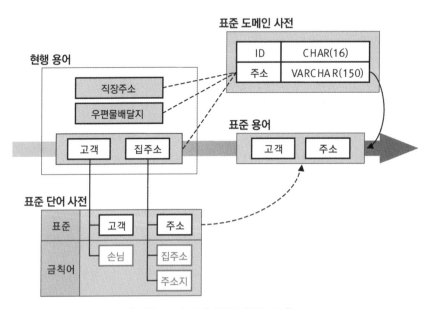

[그림 III-2-18] 표준 용어 도출

1) 현행 용어에 대한 표준 단어 도출 및 표준 용어 정의

현행 용어로부터 표준 용어 도출은 단어 수준에서의 표준화를 통해 이루어진다. 우선 현행 용어를 분할하여 구성 단어를 도출한 뒤 해당 단어와 관련된 유사 단어를 검색한다. 검색한 유사 단어 중에서 표준 단어를 찾아낸 뒤 각각의 현행 구성 단어에 대한 표준 단어를 조합하면 표준 용어가 도출된다. 표준 용어에 대한 영문명은 표준 단어의 조합을 통하여 자동으로 부여된다.

2) 표준 단어에 대한 도메인·코드 정의

표준 도메인을 도출하면서 별도 관리했던 정보를 가지고 표준 단어에 대한 도메인을 정의할 수 있다. 현행 용어가 어떠한 표준 도메인 도출에 관련되었는지를 찾은 다음 해당 표준 도메인을 위의 과정에서 도출된 표준 용어에 적용한다. 표준 단어가 사용하는 표준 코드도 이와 유사한 방법을 이용하여 정의한다.

다. 표준 용어 정의 시 고려 사항

■ 표준 용어 도출 시 데이터 표준 원칙에서 정의한 한글명 및 영문명의 허용 길이를 넘지 않도록 한다.

■ 만약 영문명의 허용 길이가 문제가 된다면 한글명을 변경하거나 한글명을 구성하는 표준 단어들 중 일부를 조합하여 하나의 표준 단어를 등록하여 영문명의 길이를 축약한다.

■ 생성된 표준 용어가 너무 길다면 두개의 표준 용어를 복합하여 생성하는 방법도 고려한다.

제3절 데이터 표준 확정

1. 데이터 표준 검토

데이터 표준 검토는 데이터 관리자가 정의한 표준 단어 사전·표준 도메인 사전·표준 코드·표준 용어 사전 등을 확인하고, 해당 용어가 현재 사용되고 있는 용어로 정확하게 정의되어 있는지를 확인하고 승인 처리한다.

가. 데이터 표준 검토 계획 수립

데이터 표준 검토 대상이 되는 자료를 확인한다. 데이터 표준 검토 대상은 표준 단어 사전, 표준 도메인 사전, 표준 코드 사전, 표준 용어 사전 등이 있다. 검토 기준은 전사 데이터 표준 기본 원칙 및 대상별 데이터 표준 지침을 근거로 작성한다. 데이터 표준에 대한 주요 검증 기준은 다음과 같다.

- 유일성
  각 데이터 표준이 물리적으로나 의미론적으로나 유일한지 확인한다.
  예, 표준 단어 사전 내에서의 동음이의어 존재 여부, 용어 사전 내에서의 이음동의어 존재 여부
- 완전성
  데이터 표준 대상별 필수 입력 사항들이 전부 정의되었는지 확인한다.
  예, 표준 단어의 한글명과 영문 약어명
- 정확성
  데이터 표준 대상별 입력 사항이 충실히 입력되었는지 확인한다.
  예, 표준 용어의 정의
- 범용성
  정의한 데이터 표준이 여러 정보시스템에서 적용이 가능한지 확인하고, 향후 개발할 각 정보시스템에 적용할 수 있도록 검토 계획을 수립해야 한다.
  예, 표준 도메인의 데이터 타입에 대한 타당성

나. 데이터 표준 검토

- 검토 기준 및 검토 대상 산출물을 준비하고 검토에 참여할 대상자에게 배포한다.
- 검토 관련 장소·시간·준비 장비 등 검토를 실시하기 위한 제반 준비를 수행하며, 검토 담당자별로 검토 세션에서 수행해야 할 역할을 충분히 주지시킨다.
- 검토 시 진행자는 제기되는 이슈에 대해서 참석자들 간에 결론을 도출하기 위한 토론이 발생하지 않도록 이슈 목록으로 정리하고, 검토가 정해진 일정 내에 마칠 수 있도록 주의를 기울여야 한다.
- 검토 세션이 종료되면 세션별로 그 결과를 정리한다. 검토 결과는 [그림 Ⅲ-2-19]와 같은 양식에 정리한다.
- 검토 결과가 정리되면 데이터 표준 대상별로 보완 사항을 작성한다. 보완 목록을 작성할 때는 검토 결과의

지적 사항만을 기록하는 것이 아니라, 특정 내용이 변경됨으로써 함께 변경되어야 할 대상도 함께 기록한다. 특히 표준 단어, 표준 도메인, 표준 코드에 대한 변경은 표준 용어에 영향을 미치게 된다. 보완 목록은 [그림 Ⅲ-2-20]과 같은 양식에 작성한다.

대상 범위								검토 일시		
진 행 자				직 위				소 속 부 서		
참 석 자	부 서	직 위	성 명	부 서	직 위	성 명		부 서	직 위	성 명
구 분		내 용								

[그림 Ⅲ-2-19] 검토 결과서 예

구 분	변경 유형	변경 대상	변경 내용	반영	미반영 사유

[그림 Ⅲ-2-20] 보완 목록 예

다. 데이터 표준 보완 및 승인

- 보완 결과에 대해 확인 준비를 한다. 검토 결과, 보완 목록, 보완 사항이 반영된 데이터 표준을 준비하고 배포한다.
- 보완 목록에 준하여 데이터 표준 반영 여부를 확인한다. 반영되지 않은 사항 중 미반영 사유가 존재할 경우에는 미반영 사유가 타당성이 있는지를 검토하고, 사유가 타당하지 못한 경우에는 보완 되도록 조치한다.
- 보안 목록에 있는 보완 사항이 모델에 모두 반영된 것을 확인하면 본 작업을 종료하고 전사 데이터 관리자의 승인을 득한다.

2. 데이터 표준 공표

데이터 표준 공표는 확정된 데이터 표준을 배포하여 전사 시스템에 적용 가능하도록 하며, 관련 내역에 대한 이해 및 적용을 위한 교육 작업을 수행한다.

가. 데이터 표준 배포

검토가 종료되고 전사 데이터 관리자의 승인을 득한 데이터 표준은 데이터 표준 관리 도구에 등록하여 전사의 모든 사용자가 데이터 표준을 조회할 수 있도록 조치하고, 정보시스템 개발 관련자들이 데이터 표준을 준수하여 개발할 것을 공지한다.

나. 데이터 표준 교육

데이터 표준에 대한 이해 및 효과적인 적용을 위해 사용자 및 운영자에 대한 교육 훈련 계획을 수립하고, 데이터 표준 지침 및 기타 데이터 표준 관련 교육 교재를 작성하고 교육을 수행한다.

장 요약

- 현업 및 개발자로부터 데이터 표준과 관련된 요구 사항을 인터뷰 및 설문조사 등을 통해 조사한다.
- 현행 정보시스템에서 적용하고 있는 데이터 표준 원칙 및 데이터 표준을 수집하여 현행 데이터 표준의 관리 대상 및 현황을 파악한다.
- 조사된 데이터 표준화 요구 사항과 현행 데이터 표준 관리 현황을 토대로 데이터 표준 대상별 문제점 및 개선 방안을 도출한다.
- 데이터 표준 개선 방안을 참고하여 전사 데이터 표준 기본 원칙을 정의하고 데이터 표준 대상별 데이터 표준 지침을 작성한다.
- 데이터 표준 지침 작성 시 데이터 표준화 관련자의 역할과 책임에 대한 명시, 데이터 표준 대상별 명명 규칙 정의, 데이터 형식에 대한 기준 정의 등을 포함한다.
- 주요 데이터 표준화 대상의 일반적인 지침의 예로는 한글명 및 영문명에 대한 허용 길이, 합성어에 대한 정의 지침, 동음이의어·이음동의어 허용 여부 및 처리 방안 등에 대하여 지침을 정의한다.
- 적용 DBMS별 특성을 감안하여 타 DBMS에서 적용이 불가능한 상황이 발생하지 않도록 주의한다.

- 표준 단어 사전을 작성하기 위해서는 기존 데이터 모델 및 업무 용어가 사용하고 있는 모든 단어들을 수집하고 정련을 통해 작성한다.
- 표준 단어란 문법상 일정한 뜻과 구실을 가지는 말의 최소 단위를 의미하며 기업에서 업무상 사용하며 일정한 의미를 갖는다.
- 표준 단어 사전 작성 시 동음이의어와 이음동의어에 주의한다.
- 표준 단어 사전 작성 시 접두어 및 접미어 처리에 대한 원칙을 수립하여 혼동을 방지해야 한다.
- 표준 도메인은 전사적으로 사용하고 있는 데이터를 유사한 그룹으로 나누어 동일한 유형과 길이를 정의하기 위한 방안이다.
- 하나의 도메인은 여러 개의 하위 도메인을 가질 수 있다.
- 하나의 데이터 항목은 복수 개의 도메인을 지정할 수 없고, 반드시 하나의 도메인을 지정해야 한다.
- 어느 도메인에도 속하지 않는 항목이 있을 수 있기 때문에 모든 용어를 전부 만족하는 도메인을 만들 필요는 없다.
- 표준 코드를 정의하기 위해서는 개별 시스템에서 관리되는 현행의 코드 값을 조사하여 작업한다.
- 표준 코드는 업무 범위에서 가능한 한 유일하게 정의를 해야 데이터의 중복 및 불일치성을 방지할 수 있다.
- 코드를 관리하는 방법으로는 단독 코드 테이블로 관리하는 방법, 전체를 하나의 테이블에 통합하여 관리하는 방법, 해당 애플리케이션 내부에서 관리하는 방법 등이 있다.
- 가능한 한 전체 코드를 하나의 테이블에서 통합 관리하는 것이 좀 더 효율적일 수 있다. 신규 정의 및 변경에 대응하기가 쉽다.
- 특정 데이터 항목이 사용되는 코드 값을 조사하여 허용 값 및 허용 범위에 대한 정확성 여부를 검토한다.
- 코드 통합 시에는 가능한 한 기존 코드를 기준으로 통합을 하며, 너무 무리한 통합으로 의미의 이해나 사용에 무리가 되지 않도록 한다.

제2절 데이터 표준 정의(계속)

- 일부 업무에서 특정 코드의 전체를 사용하지 않고 범위를 한정하여 사용하는 경우 별도의 파생 코드를 생성하여 사용하도록 하고, 이때는 반드시 표준 코드에서 정의된 값을 재사용하도록 한다.
- 표준 용어 사전은 업무에서 자주 사용하는 용어를 조합하여 사용하도록 한다.
- 표준 용어를 작성할 때는 너무 지나친 약어를 사용해서 업무에 대한 이해도가 떨어지지 않도록 주의한다.
- 정의된 표준 용어가 너무 길다면 두 개의 표준 용어로 분할하거나 복합 용어의 생성을 검토한다.

제3절 데이터 표준 확정

- 정의된 데이터 표준들이 업무적으로나 의미적으로 유일한지, 필수 입력 사항은 전부 정의되었는지, 전사 정보시스템에서 사용하기에 적합한지를 검토한다.
- 데이터 표준에 대한 검토 계획을 수립하여 관련자의 검토를 받도록 한다.
- 검토 시 지적된 사항에 대한 보완 사항이 반영되었는지, 되지 않았다면 구체적인 사유가 무엇인지를 파악한다.
- 최종 확정된 데이터 표준을 배포하여 전사 시스템에 적용 가능하도록 데이터 표준 관리 도구에 등록하고, 데이터 표준에 대한 이해 및 효과적인 적용을 위해 교육 작업을 수행한다.

연습문제

문제 1. A 데이터 형식은 데이터 표현 형태 정의를 통해 데이터 입력 오류와 통제 위험을 최소화하는 역할을 하고 업무 규칙 및 사용 목적과 일관되도록 한다. 다음 중 전사 차원의 데이터 표준을 정의할 때 데이터 형식의 데이터 타입으로 부적절한 것은?

① Char   ② Date
③ Numeric   ④ Long Raw

문제 2. 칼럼(Column)에 대한 성질을 그루핑한 개념으로, 문자형·숫자형·일자형·시간형으로 분류할 수 있다. 다음 중 동일한 형식을 부여하기 위해 사용하는 표준화 요소로 적절한 것은?

① 표준 용어   ② 표준 코드
③ 도메인 유형   ④ 표준 도메인

문제 3. 표준 용어를 만드는 과정이나 만들어진 이후 변경이 되면 파급 효과가 크기 때문에 현행에서 사용하고 있는 용어들에 대한 면밀한 분석을 통하여 표준 용어를 생성하여야 한다. 다음 중 표준 용어의 생성 과정이나 표준 용어의 변경에 있어 직접적인 영향으로 거리가 먼 것은?

① 표준 단어   ② 표준 도메인
③ 표준 코드값   ④ 기존 업무 용어

문제 4. Y 지역본부 대출담당인 C 사원은 데이터아키텍처(Data Architecture) 담당자인 K 대리에게 불편 사항을 설명했다. 그 내용은 C 사원이 신규로 심사하는 신규고객의 95% 이상이 국내 직장에 근무하는 일반 급여 생활자였다. 그래서 고객평점 항목 입력 화면에서 '해외자동차보유여부' 항목의 값으로 '아니오'라고 선택하는 경우가 빈번했다. 이에 C 사원은 화면에서 어떠한 값의 입력도 없는 경우 '아니오'라고 미리 정의된 값이 입력되도록 요청했다. 다음 중 이 요청 사항을 해결하기 위해 사용할 수 있는 설정으로 적합한 것은?

① 코드 허용 범위 설정
② 코드 허용값 설정
③ 코드 인스턴스 설정
④ 기본 값 설정

문제 5. 데이터 관리자(Data Administrator)는 현행 시스템에서 사용하는 수많은 용어들을 분석하여 표준 단어를 생성한 뒤, 별도의 리뷰(Review) 과정을 통해 표준 단어 정련을 진행하였다. 다음 중 리뷰 과정에서 별도의 의견 없이 통과된 표준 단어로 적합한 것은?

① 고객계좌번호   ② 입력자사원번호
③ 최종학력코드   ④ 주소

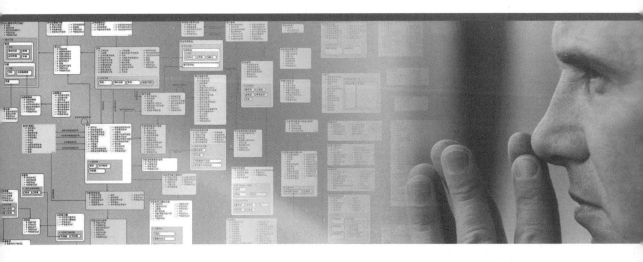

학습목표

제3장에서는 다음과 같은 내용을 학습한다.
- 데이터 표준을 관리하기 위한 개념 이해
- 데이터 표준 관리 프로세스 유형 이해
- 데이터 표준 관리 프로세스의 절차 이해

제3장

데이터 표준 관리

장 소개

데이터 표준이 잘 정리·공표되어 사용되더라도 지속적인 유지 보수 노력이 없으면 어느 순간 데이터 표준에 위배되는 사항이 발생한다. 이러한 비표준 요소를 배제하기 위하여 필요한 관리 절차를 수립해야 하며, 항시 사용 여부 및 준수 여부를 체크해야 한다. 전체적으로 필요한 관리 프로세스와 절차를 이해하는 수준으로 하고 구체적인 사항은 과목Ⅱ 데이터 품질 관리 이해에서 소개하도록 한다.

장 구성

전사적으로 정립된 데이터 표준을 관리하기 위한 절차와 관련 프로세스의 구성요소별로 진행되는 세부 절차를 이해한다.

제1절 데이터 표준 관리
제2절 데이터 표준 관리 프로세스

제 1 절 데이터 표준 관리

1. 데이터 표준 관리 개요

개별적인 데이터 표준화 요소에 대한 표준화 작업 절차 이후, 데이터 표준 정의 단계에서 수립된 데이터 표준에 근거하여 관리 프로세스를 정립하여 데이터 표준이 관리되도록 한다. 세부적인 개념과 절차는 과목Ⅱ 데이터 품질 관리 이해에서 다루며, 본 절에서는 전체적인 개념과 절차를 다룬다.

2. 데이터 표준 관리 프로세스 유형

데이터 표준을 관리하기 위해 필요한 프로세스는 많이 있지만 기본적으로 꼭 필요한 프로세스를 몇 가지 들 수 있다.

- 정의된 데이터 표준으로 개발 또는 운영하는 과정에서 데이터 표준의 신규 요건이 발생한 경우에 이를 처리하기 위한 프로세스
- 데이터 표준이 변경 또는 삭제되는 경우, 관련 데이터 표준화 요소와 데이터 모델, 데이터베이스, 관련 프로그램까지 영향도를 분석할 수 있는 절차와 이를 처리하기 위한 프로세스
- 데이터 표준을 잘 준수하고 있는지를 수시로 체크하고 확인할 수 있는 프로세스 등으로 나눌 수 있다.

제2절 데이터 표준 관리 프로세스

1. 데이터 표준 관리 프로세스 구성요소

전사적 차원에서의 일관된 데이터 형식 및 규칙 적용으로 데이터 품질을 높이고, 데이터 표준에 대한 관리 프로세스를 제대로 정의함으로써 데이터 표준을 지속적으로 유지할 수 있다. 이를 위한 구성요소는 프로세스, 태스크, 역할과 담당 업무가 명확하게 정의되어야 한다.

2. 구성요소별 설명

가. 프로세스

데이터 표준이 신규로 발생하거나 변경 사항이 발생하는 경우에 거쳐야 할 전체적인 업무 프로세스를 정의함으로써 정의된 데이터 표준이 잘 준수되게 하고, 항시 데이터 표준이 잘 지켜졌는지 확인하여 조치할 수 있도록 한다. [그림 Ⅲ-3-1]과 같은 형식으로 정의한다.

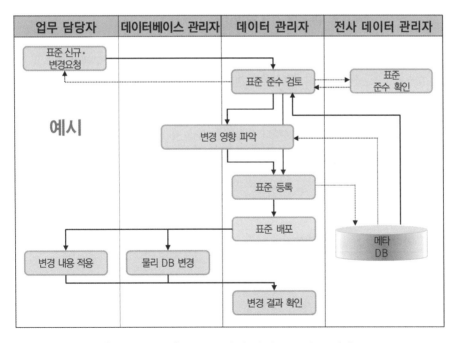

[그림 Ⅲ-3-1] 데이터 변경 관리 프로세스 예시

나. 태스크

■ 표준 신규·변경 요청

업무 담당자는 데이터 관리자에게 표준 단어, 표준 용어, 표준 도메인 등 데이터 표준 대상을 신규 또는 변경 요청한다. 표준 용어를 신규 또는 변경 시에 표준 용어를 구성하는 표준 단어 또는 표준 도메인이 존재하지 않은 경우에는 해당 표준 단어 또는 표준 도메인을 선행 신규 요청해야 한다.

■ 표준 준수 검토

요청된 사항에 대해서 데이터 관리는 요청된 사항에 대한 표준 준수 여부를 검토하고 검토 결과를 업무 담당자에게 피드백하며 준수 여부 체크 시 요청한 용어가 해당 용어 설명에 부합하는지, 요청한 용어가 기존 용어의 의미와 중복되는지 여부를 체크한다.

다. 역할과 담당 업무

데이터 표준 관리 프로세스를 효율적으로 수행하기 위해서는 [표 Ⅲ-3-1]과 같은 역할과 담당 업무가 정의되어야 한다.

[표 Ⅲ-3-1] 역할별 담당 업무

역할	담당 업무
업무 담당자	• 표준 신규 및 변경 요청 • 데이터 관리자로부터 지시받은 변경 내용 적용
데이터베이스 관리자	• 데이터 관리자로부터 변경 표준 사항에 대한 변경 영향 파악 협조 및 평가서 작성 • 데이터 관리자로부터 지시받은 변경 내용 적용 • 테스트 및 검증 • 사용자 반영 결과 통보
데이터 관리자	• 업무 담당자로부터 요청받은 신규 및 변경 사항 검토 및 표준 준수 여부 체크 • 변경 영향도 분석 및 보고 후 변경 계획 수립 • 준수 여부 체크 후 메타 DB에 표준 등록 • 메타 DB에 등록 완료 후 신규 및 변경 표준 배포 • 업무 담당자 및 데이터베이스 관리자에게 변경 작업 지시 후 변경 작업 수행 결과 확인
전사 데이터 관리자	• 전사 관점에서의 표준 가이드 자문 및 제시

3. 실적용 표준관리 프로세스 예시

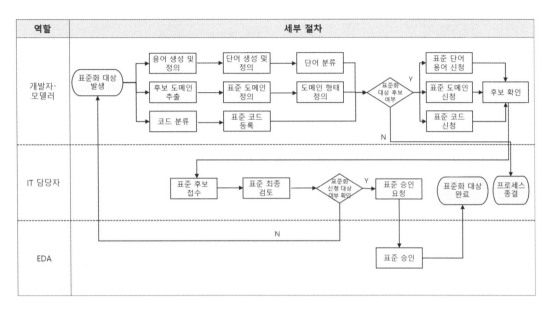

[그림 Ⅲ-3-2] 표준 용어에 대한 신규 및 변경 사항 발생 시 처리하는 프로세스 예시

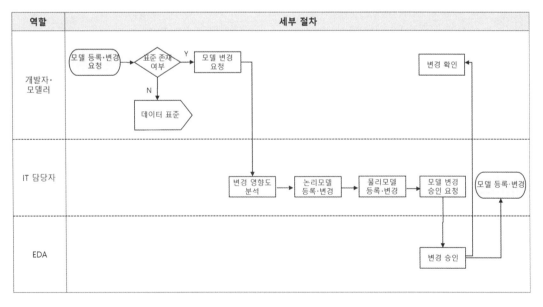

[그림 Ⅲ-3-3] 데이터 표준에 근거하여 데이터 모델의 정의와 변경을 통제하는 프로세스 예시

장 요약

제1절 데이터 표준 관리
• 데이터 표준 단계부터 수립된 데이터 표준을 준수하기 위해서는 절차를 수립하여 준수하도록 한다. • 데이터 표준을 관리하기 위한 구성요소로는 프로세스, 태스크, 역할과 담당 업무가 필요하다.

제2절 데이터 표준 관리 프로세스
• 데이터 표준 관리 프로세스는 데이터 표준이 변경되거나 신규로 개발을 해야 하는데, 정립된 표준이 없는 경우에 적용하는 프로세스이다. • 데이터 표준 프로세스를 진행하기 위해서는 개인별 담당 업무와 역할 수립이 중요하다 • 데이터 표준을 변경하기 위해서는 관련 있는 시스템이나 테이블, 표준 대상, 프로그램에 대한 영향도를 분석해야 한다.

연습문제

문제 1. 개별 시스템에서 사용되고 있는 업무 용어를 이용하여 표준 용어를 생성하고, 각 칼럼에 적용할 표준 도메인을 정의하였다. 다음 중 도메인으로 가장 부적절하게 정의된 것은?

① 코드 15자리
② 계좌번호 14자리
③ 상품코드 8자리
④ 주민등록번호 13자리

문제 2. 데이터 모델링을 진행하는 A 대리는 전사적으로 수립된 표준 용어 중 '사번'이 '사원번호'로 변경되었다는 통보와 함께 관련된 모든 문서를 변경하라는 지시를 받았다. 다음 중 A 대리가 검토해야 할 관련 문서로 가장 적합한 것은?

① 사용자 업무 매뉴얼
② 전산처리 지침서
③ 보고서 레이아웃
④ 신규로 정의된 코드 명칭

문제 3. 다음 중 데이터 표준 수립 후 지속적인 데이터 표준 관리를 위해 수립해야 하는 업무 프로세스로서 가장 부적합한 것은?

① 데이터 표준 변경 관리 프로세스
② 데이터 표준 변경에 따른 영향도 분석 프로세스
③ 데이터 표준 준수 체크 프로세스
④ 데이터 표준 정의 프로세스

문제 4. 다음 중 데이터 관리자(Data Administration)의 담당 업무로 가장 거리가 먼 것은?

① 표준 준수 여부를 체크하거나 검토한다.
② 업무 담당자에게 변경 작업 지시 후에 결과를 확인한다.
③ 전사 관점에서 가이드 자문 및 방향을 제시한다.
④ 신규 및 변경 사항에 대한 업무 범위를 체크한다.

문제 5. B 은행 표준 관리자는 신규 표준 및 표준 변경에 대한 요청과 승인을 사내 인트라넷 계정을 통하여 메일링하도록 표준 관리 시스템을 운영하고 있다. 다음 중 표준 관리 시스템의 기능이 아닌 것은?

① 표준 준수 검토
② 물리 DB 반영
③ 변경 영향 파악
④ 표준 등록

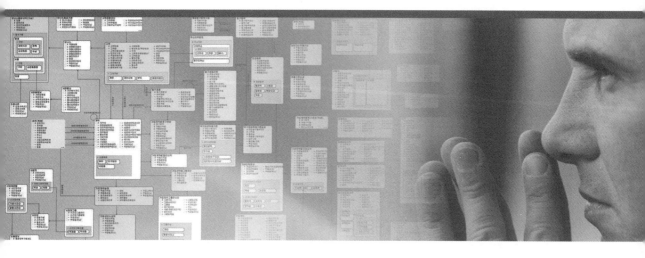

과목 소개

정보시스템의 구성요소에는 많은 부분이 있다. 그 중에서도 핵심(Core)에 해당하는 부분이 데이터라고 할 수 있다. 최근에 기업들은 이러한 데이터를 중요한 자산으로 관리하고 활용하고 있다. 기업이 관리하고 있는 데이터의 양 또한 과거에 비해서 기하급수적으로 증가했다.

이러한 과정에서 정보시스템의 문제점으로 부각되고 있는 것이 데이터 품질이다. 특히 데이터 구조에 관련된 품질 문제는 그 파급효과나 영향도가 다른 부분들과 비교할 수 없을 만큼 크다. 이 과목에서는 이러한 데이터를 설계하는 데 있어서의 기법과 양질의 데이터 설계(데이터 모델)를 위해서 알아야 할 사항들을 살펴본다.

과목 Ⅳ

데이터 모델링

과목 구성

본 과목에서는 양질의 데이터베이스 설계를 위한 데이터 모델링 기법을 이해하고, 현재 조직의 기간계 정보 시스템에서 가장 많이 사용하는 관계형 데이터베이스를 근간으로 개념 데이터 모델링, 논리 데이터 모델링 및 물리 데이터 모델링을 구체적으로 살펴본다.

제1장 데이터 모델링 이해
제1절 데이터 모델링 개요
제2절 데이터 모델링 기법 이해
제3절 데이터 모델링 표기법 이해
제4절 관계형 모델 이론

제2장 데이터 모델링
제1절 논리 데이터 모델링 이해
제2절 주제 영역 정의
제3절 엔터티 정의
제4절 관계 정의
제5절 속성 정의

제6절 식별자 확정
제7절 정규화
제8절 이력 관리
제9절 논리 데이터 모델 품질 검토

제3장 물리 데이터 모델링
제1절 물리 데이터 모델링 이해
제2절 물리 요소 조사 및 분석
제3절 논리-물리모델 변환
제4절 반정규화
제5절 물리 데이터 모델 품질 검토

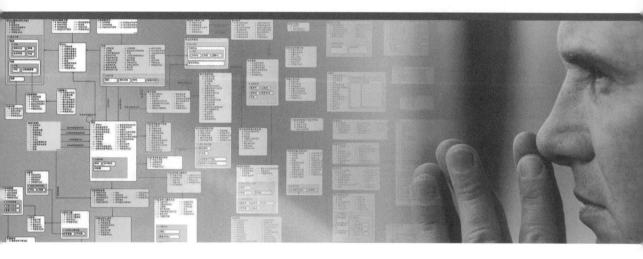

학습목표

제1장에서는 다음과 같은 내용을 학습한다.
- 모델링의 필요성 및 기본 원칙을 이해한다.
- 개체–관계형 데이터 모델을 정확히 이해한다.
- 데이터 모델의 필수적 구성요소를 상세하게 알아본다.
- 다양한 데이터 모델링 표기법의 차이점을 이해한다.

제1장

데이터 모델링 이해

장 소개

데이터 모델링(Data Modeling)이란 조직의 업무 수행에 필요한 데이터베이스(Database)를 생성하기 위하여 정보의 구조(Structure)와 업무규칙(Business Rule)을 명확하게 표현하기 위한 기법을 말한다.

데이터베이스란 어느 한 조직의 여러 응용 시스템들이 공유하여 사용할 수 있도록 통합·저장된 데이터의 집합이다. 이러한 데이터베이스는 크게 운영(Operational) 데이터베이스와 분석(Analytical) 데이터베이스 두 종류가 있다. 운영 데이터베이스는 많은 조직에서 매일 매일의 업무를 처리하는 온라인 거래 처리(OLTP, On-Line Transaction Processing) 업무에서 주로 사용하는데, 여기에 저장되는 데이터는 끊임없이 변하고 항상 최신 정보를 유지하는 특성이 있다. 분석 데이터베이스는 주로 운영 데이터베이스의 데이터를 저장하여 사용하는데, 역사적(Historical)이고 시간 의존적인 데이터를 분석할 필요가 있는 온라인 분석 처리 업무에서 주로 사용한다.

본 교재에서는 정보시스템 운영에 있어서 가장 중추적인 역할을 하는 운영 데이터베이스 설계에 초점을 맞추고 있으며, 데이터베이스 모델은 오늘날 거의 모든 조직에서 사용하고 있는 관계형(Relational) 데이터베이스 모델을 기본으로 하고 있다.

데이터 모델링은 정보시스템 개발에서 가장 중요한 단계 중 하나이다. 본 장에서는 데이터 모델링의 기본 개념 및 구성요소를 설명한다. 또한 관계형 모델 이론을 소개하여 실무자들이 효과적으로 모델링 프로젝트를 진행하거나 데이터 모델링에 대한 이해를 돕고자 한다.

장 구성

본 장은 4개의 절로 구성된다. 1절에서는 데이터 모델링의 개념 및 탄생 배경을 살펴보고, 2절 데이터 모델링 기법 이해에서는 엔터티-관계 모델링 기법을 살펴보고, 3절에서는 현재 가장 많이 사용하는 데이터 모델링 표기법 살펴보고, 4절에서는 관계형 모델 이론을 설명한다.

제1절 데이터 모델링 개요
제2절 데이터 모델링 기법 이해
제3절 데이터 모델링 표기법 이해
제4절 관계형 모델 이론

제1절 데이터 모델링 개요

1. 데이터 모델링 정의

데이터 모델링(Data Modeling)이란 현실 세계 조직의 업무에서 필요로 하는 정보를 컴퓨터 세계의 데이터베이스에 저장, 활용하기 위한 지적인 작업 과정을 말한다. 그런데 현실 세계의 정보를 컴퓨터 세계의 데이터베이스에 바로 저장하는 작업은 쉬운 일이 아니다. 데이터 모델(Data Model)은 이 현실 세계를 데이터베이스로 표현하는 중간 과정, 즉 데이터베이스 설계 과정에서 컴퓨터에 저장할 데이터의 구조 및 업무 규칙을 표현하기 위해 사용하는 지적인 도구인 것이다.

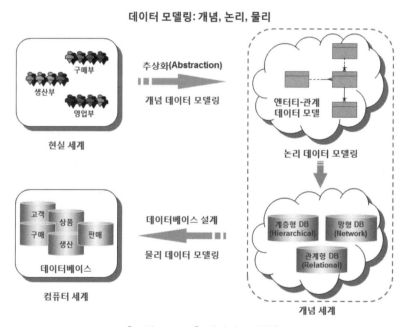

데이터 모델링: 개념, 논리, 물리

[그림 Ⅳ-1-1] 데이터 모델링

[그림 Ⅳ-1-1] 데이터 모델링을 보면 현실 세계의 영업·구매·생산·판매 등 다양한 업무에서 발생하는 정보를 컴퓨터 세계의 데이터베이스에 저장·활용하기 위하여 추상화(Abstraction)를 통하여 개념 세계에서 정보의 구조와 업무 규칙을 엔터티-관계도(ERD, Entity-Relationship Diagram, '이알디'로 읽음)로 표현해 나가는 과정을 개념 데이터 모델링(Conceptual Data Modeling)이라 한다. 개념 데이터 모델을 특정 데이터베이스(계층형, 망형, 관계형)로 구현할 것을 결정하고, 그 구조로 표현하는 것을 논리 데이터 모델링(Logical Data Modeling)이라 한다. 그런데 오늘날 거의 모든 조직의 (매일의 업무에서 발생하는 데이터를 처리하는) 온라인 거래 처리

시스템에서는 대부분 관계형 데이터베이스로 시스템을 구축하기 때문에 개념 데이터 모델링과 논리 데이터 모델링을 명확히 구분하지 않고 합쳐서 논리 데이터 모델링 또는 데이터 모델링이라 부른다.

논리 데이터 모델링은 데이터베이스 설계의 핵심 과정이다. 논리 데이터 모델링의 산출물인 논리 데이터 모델, 즉 엔터티-관계도(ERD, Entity-Relationship Diagram)를 특정 데이터베이스 관리 시스템(DBMS, Database Management System), 예를 들어 오라클(ORACLE), 디비투(DB2), 에스큐엘 서버(SQL Server) 등이 이해하고 처리할 수 있도록 하는 일련의 과정을 물리 데이터 모델링(Physical Data Modeling) 또는 데이터베이스 설계라고 한다.

가. 데이터 모델링 탄생 배경

[그림 IV-1-2] 정보시스템 변천 과정은 컴퓨터가 발명되어 사용되기 시작한 시기부터 2000년대까지의 과정을 보여주고 있다. 2000년대까지만 보여주는 이유는 정보 시스템 환경이 많이 바뀌어도 매일의 일상적인 업무 처리는 대부분 관계형 데이터베이스를 사용하고 있기 때문이다.

초창기 컴퓨터는 과학 계산 처리나 통계 또는 미사일의 탄착점 계산 등 기업 정보시스템보다는 연구소나 군대 내에서 연구나 국방 목적에 주로 사용하였다. 이 당시의 프로그램은 데이터보다는 주로 처리 알고리즘 (Algorithm)에 관심을 두고 있었다.

이후 연구소나 군대가 아닌 기업에서도 일괄(Batch) 처리 업무에 컴퓨터를 이용하기 시작하였다. 매일의 일상적인 업무처리에 컴퓨터가 사용되기 시작한 이 시기의 하드웨어는 지금과는 비교할 수 없을 정도의 고가로 조직 전체가 통합·공유할 수 있는 시스템이 아닌, 어떤 특정 업무만을 위한 시스템을 개발하여 사용하고 있었다.

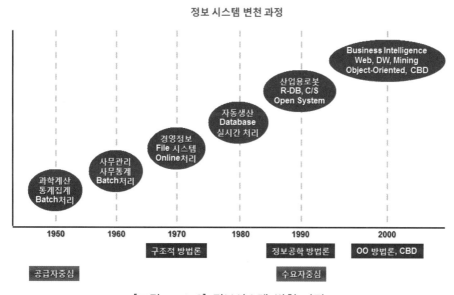

[그림 IV-1-2] 정보시스템 변천 과정

데이터를 처리하기 위해서는 데이터베이스에 통합·공유하는 체제가 아니라 단순한 파일을 이용하여 입력 (Insert)·읽기(Read)·통합(Merge)·정렬(Sort)해야 했다. 복잡한 알고리즘을 이용하여 매우 많은 양의 프로그램을 개발하여 정보 시스템 개발과 유지보수 비용이 폭증하게 되었다. 이러한 파일 시스템에서는 복수의 프로그램이 파일을 공유할 수 없기 때문에 프로그램마다 파일이 존재해 중복되는 개인 또는 부서 중심의 마스터 파일이 많이 발생하게 되었다. 동일한 의미의 데이터일지라도 사용하는 파일이 다르므로 어떤 업무 요건에 따라 데이터를 변경하는 경우, 데이터 중복으로 인해 어떤 데이터는 변경되고 어떤 데이터는 변경이 안 되어 결과적으로 데이터의 불일치 및 시스템 통합의 한계 등 많은 문제를 야기하게 되었다.

프로그램마다 사용하는 전용 파일에 데이터를 저장하는 방식에서는 데이터의 불일치 및 유지보수의 어려움으로 생산성이 매우 나쁘다는 것을 인식하였다. 프로그램 개발과 유지보수 비용을 낮추기 위해서는 프로그램과 저장매체(Storage) 사이에 유용한 어떤 것이 필요하다는 것을 이해하게 되었다. 값싼 저장 매체 및 컴퓨터의 성능 향상과 더불어 데이터베이스 기술은 프로그램으로부터 데이터의 독립성을 보장할 수 있게 되어 정보시스템 개발과 유지보수에서 생산성을 향상시켰다.

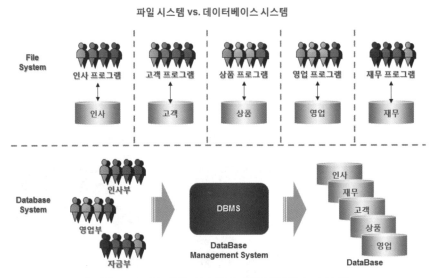

[그림 IV-1-3] 파일 시스템과 데이터베이스 시스템

데이터베이스의 개념과 기술의 진보는 데이터 구조를 개념화하는 기법에 이르게 되었다. 파일을 몰아내고, 계층형(Hierarchical) 데이터베이스와 망형(Network) 데이터베이스를 거쳐 오늘날 관계형(Relational) 데이터베이스에 이르게 되었다. 관계형 데이터베이스가 국내에 소개되던 초창기(80년대 후반 ~ 90년대 초반) 대부분의 정보시스템은 세계적인 컴퓨터 회사인 아이비엠(IBM, International Business Machines Corporation)의 대형 컴퓨터 환경 하에서 개발 및 운영이 되고 있었다. 대부분의 데이터베이스는 아이비엠의 IMSDB(Information Management System DataBase)라는 계층형 데이터베이스를 사용하고 있었다. 정보 시스템 구축을 위한 분석, 설계 방법은 데이터보다는 프로세스와 기능 위주의 업무 흐름을 중심으로 분석, 설계하는 구조적(Structured)

방법론으로 진행되던 시기였다. 대부분의 프로젝트에서 구조적 방법론의 대표적인 산출물인 데이터 흐름도 (DFD, Data Flow Diagram, '디에프디'로 읽음)를 생성하여 프로젝트를 진행하였다. 관계형 데이터베이스에 대한 기본적인 개념은 전무한 상태라고 해도 좋은 시기였다. 정보 시스템은 일반적으로 통합 개념이 아닌 그때그때 필요한 시스템을 구현하여 정보의 고립화를 초래 하던 시기였다.

전사적으로 공유할 수 있는 데이터 모델의 기반이 없이 시스템을 개발하여 중복 데이터로 인한 정보의 고립화를 불러왔다. 불필요한 개발과 유지보수 비용을 증가시켰고, 중복 데이터는 데이터의 정확성(Accuracy)과 일관성(Consistency)을 유지하지 못하게 했다. 이로 인하여 업무 요구에 대한 대응이 탄력적이지 못하였으며, 시스템 통합에도 한계를 보여 결국에는 정보 시스템의 낮은 생산성을 유발하였다.

[그림 IV-1-4] 정보의 고립화

정보의 고립화 현상을 없애고자 기능(Function), 프로세스(Process), 특히 절차(Procedure) 중심의 분석·설계 방법이 정보 시스템 모델링의 중심이던 여러 해가 지나고 나서야, 몇몇의 선구자적인 정보기술 컨설팅 회사에 의하여 관계형 데이터베이스에 대한 기본적인 개념 및 논리 데이터 모델링이 소개되었다. 이들의 노력과 인터넷의 발달로 외국의 이론과 서적의 국내 소개, 각 대학 내 연구소 등 다양한 분야에서의 노력에 의하여 현재는 거의 모든 조직의 온라인 거래 처리(OLTP) 시스템에서는 대부분 관계형 데이터베이스를 이용하고 있다. 논리 데이터 모델인 엔터티-관계도(ERD)가 거의 모든 정보 시스템 구축 프로젝트의 산출물로 자리매김은 하였으나, 업무에서 필요로 하는 정보의 구조와 업무 규칙을 빠짐없이 정확하게 표현하고 있는 데이터 모델을 찾아보기 힘든 것이 현실이다.

나. 정보시스템 개발 방법론

정보의 고립화는 소프트웨어 위기(Software Crisis)라는 인식을 하게 되었고, 많은 학자들은 이러한 소프트웨어 위기를 해결하고자 소프트웨어 개발 방법론을 생각하게 되었다. [표 Ⅳ-1-1] 정보 시스템 개발 방법론은 구조적 방법론으로부터 컴포넌트 기반 방법론까지의 주요 기술 환경과 주요 기법을 보여주고 있다.

[표 Ⅳ-1-1] 정보시스템 개발 방법론

개발 방법론	구조적 방법론	정보 공학 방법론	객체지향 방법론	컴포넌트 기반 방법론
연대	1960년대 ~ 1980년대 중반	1980년대 중반 ~ 1990년대 중반	1990년대 중반~ 2000년대	1990년대 후반 ~ 현재
주요 기술 환경	메인프레임 환경 단위업무 전산화 3세대 언어 파일·계층형 DB 소프트웨어 공학	클라이언트/서버 전사규모 전산화 4세대 언어 관계형 DB 통합 CASE	인터넷 환경 다양한 SW 요구 객체지향 언어 대부분 관계형 DB UML	웹서비스 환경 업무기능 단위 컴포넌트 J2EE, COM 대부분 관계형 DB UML
주요 기법	기능 모형 자료흐름도(DFD) 구조적 프로그램	데이터 모형 엔터티관계도(ERD) 프로세스 계층도 폭포수 개발	객체 모형 Use Case Diagram 분석·설계 패턴 반복·점진 개발	컴포넌트 모형 Class Diagram 컴포넌트 명세, 추출, 연동 아키텍쳐 설계
모델링	기능 모델링	데이터 모델링 프로세스 모델링	USE CASE 모델링 객체 모델링	USE CASE 모델링 컴포넌트 모델링

■ 구조적 방법론

1970년대를 풍미했던 구조적 방법론(Structured Methodology)은 소프트웨어의 위기가 조직의 프로세스에 대한 명확한 분석을 통하여 해결할 수 있다고 생각하고 절차를 중심으로 업무를 파악하여 시스템을 구현해야 한다는 이론을 제시하였다. [그림 Ⅳ-1-5]와 [그림 Ⅳ-1-6] 구조적 방법론은 사용자의 기능요구로부터 구조적 방법론의 대표적 산출물인 데이터 흐름도(DFD, Data Flow Diagram)로부터 업무를 구조적으로 분석, 설계하여 소프트웨어를 개발하는 절차를 보여주고 있다.

프로세스를 중심으로 업무를 구조적으로 분석, 설계, 개발하는 구조적 방법론으로도 소프트웨어 위기를 해결 못하는 한계를 깨달은 일련의 학자들은 조직의 정보시스템은 연구소나 군사용 프로그램과는 달리 프로세스나 프로그램을 구현하는 알고리즘이 중요한 것이 아니라 대용량의 데이터를 처리하는 것이 상대적으로 중요하다는 것을 인식하게 되었다. 데이터베이스는 주로 계층형 데이터베이스를 사용했던 이러한 구조적 방법론도 전사적으로 공유할 수 있는 데이터 모델의 기반이 없는 시스템 개발로 인하여 소프트웨어 위기 문제를 해결하지는 못하였다.

구조적 방법론은 그 당시 정보 시스템 분석의 질적인 향상을 도모하였지만, 조직 전반의 거시적 관점의 부족과 데이터 모델링 방법의 미흡, 그리고 가장 많이 사용하고 있던 계층형 데이터베이스 모델의 한계로 인하여 큰 성공을 거두지는 못하였다.

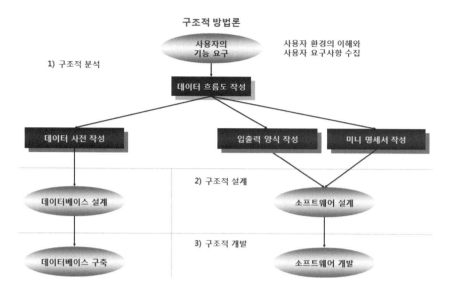

[그림 IV-1-5] 구조적 방법론

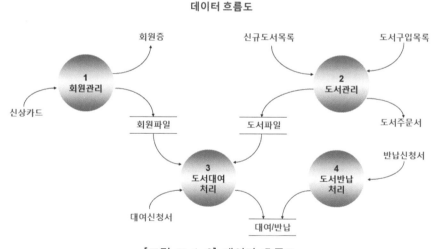

[그림 IV-1-6] 데이터 흐름도

1960년대 후반 아이비엠 연구소에 근무하던 코드(E.F.CODD) 박사는 그 당시의 데이터베이스 모델과 데이터베이스 제품이 가지고 있는 데이터 중복, 약한 데이터 무결성(Integrity), 데이터베이스 구조가 물리적 구현에 지나치게 의존하는 것 등의 문제를 해결하고 대규모의 데이터를 취급할 수 있는 새로운 방법을 찾고 있었다. 그 결과 수학의 집합 이론과 1차 술어 논리라는 두 분야를 새로운 데이터 모델의 기초로 관계형 모델 이론을 만들었다.

■ 정보 공학 방법론

정보 공학의 아버지로 불리는 제임스 마틴(James Martin)은 데이터와 프로세스를 병행으로 분석하면서도 데이터에 좀 더 초점을 맞추는 새로운 정보 시스템 개발 방법론인 정보 공학 방법론(IEM, Information Engineering Methodology)을 완성하였다.

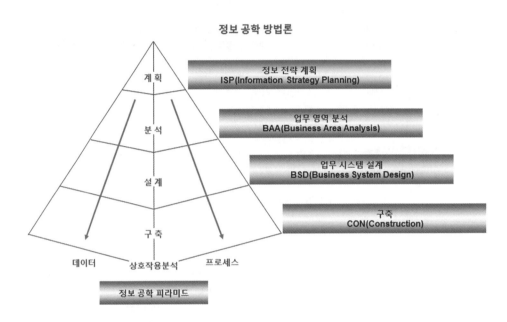

정보 공학 방법론

[그림 IV-1-7] 정보공학 방법론 절차

정보 전략 계획(ISP, Information Strategy Planning)은 아키텍처 모델링이라고도 한다. 중요한 네 가지 아키텍처는 데이터와 프로세스를 병행 분석한 후 상호작용 분석을 정리한 정보 아키텍처, 정보 아키텍처를 시스템화하기 위한 시스템 아키텍처, 시스템 아키텍처의 기반 기술 구조를 형성하는 기술 아키텍처, 이 세 가지 아키텍처를 구현해야 하는 조직 아키텍처를 말한다.

정보 아키텍처는 다시 데이터와 프로세스 아키텍처로 나뉜다. 이러한 아키텍처를 업무 영역 분석(Business Area Analysis) 단계의 입력물로 사용하여 데이터와 프로세스 관점에서 매우 상세한 엔터티-관계도와 프로세스 계층도(PHD, Process Hierarchy Diagram)를 통하여 업무 분석을 수행한다. 시스템 아키텍처는 업무 시스템 설계 단계에 상세하게 파악된 데이터와 프로세스를 이용하여 시스템 단위의 화면 설계와 데이터베이스 설계를 한 후 구현하게 된다.

정보 공학 방법론은 객체지향(Object-Oriented)이나 컴포넌트 기반(Component-Based) 방법론의 등장에도 불구하고 전사아키텍처(EA, Enterprise Architecture) 방법론으로 발전하며 아직도 현장에서 많이 사용되고 있다. 그 이유는 다음과 같다. 객체지향이나 컴포넌트 기반 방법론에서도 데이터베이스는 주로 관계형 데이터베이스를 사용하고 있다. 또한 기업의 정보시스템을 공학적 기법을 적용하여 데이터를 중심으로 시스템을 계획·

분석·설계·구축하는 방법론으로 데이터를 중심으로 업무를 분석하기 때문에 다른 방법론에 비하여 상대적으로 안정적이다. 이에 따라 다른 어떤 정보 시스템 개발 방법론을 사용하더라도 조직의 전략적 목표를 지원하는 경영전략을 수립하고, 업무 전반에 걸친 거시적 분석을 통하여 네 가지의 아키텍처를 수립한 후, 차세대 개발 계획을 수립하게 되는 정보 전략 계획을 수행한 후, 본 프로젝트를 진행하는 것을 대부분의 조직이 채택하고 있기 때문이다.

■ 객체지향·컴포넌트 기반 방법론
"이 두 가지 방법론은 소프트웨어 공학에서 유래된 것으로, 응용 소프트웨어를 어떻게 하면 잘 개발할 수 있을까에 초점을 맞추고 있기 때문에 정보 공학 방법론에서 데이터를 바라보는 관점과는 많은 차이가 있다. 객체지향 모델은 객체지향 프로그래밍 언어의 모든 특징을 가지고 있고, 궁극적으로 관계형 데이터베이스를 저장소 수준으로 격하시킨다.
수학의 두 분야(집합과 명제)에 확고한 이론적인 기초를 가지고 있는 관계형 모델과는 달리, 객체지향 데이터 베이스 모델은 특별한 이론적 기초를 가지고 있지 않다. 따라서 객체지향 데이터베이스의 정의 자체에 대한 단일화되고 응집력 있는 일치점을 찾기 힘들다. 단지 객체지향 데이터베이스 관리 시스템의 사실상의 표준에 해당되는 객체 관리 그룹(OMG, Object Management Group)이 제안한 모델이 있을 뿐이다.
객체지향 후원자와 관계형 데이터베이스 지지자들은 오늘날까지 다양한 논쟁을 해왔다. 양측은 어떤 종류의 애플리케이션에는 관계형 데이터베이스가 잘 적용되지 않는다는 점에는 동의하지만, 이 문제의 적절한 해결책 에는 동의하지 않는다."

운명적 존재를 위한 데이터베이스 설계, 2003
(Database Design for Mere Mortals - Michael J.Hernandez)

데이터베이스가 사용되는 방법은 최근 몇 년 사이에 눈부시게 발전했다. 다양한 관계형 및 비관계형 데이터베이스에 저장해 놓은 데이터로부터 수집할 수 있는 유용한 정보가 많다는 것을 많은 조직이 깨닫고 이런 변화에 발 빠르게 대처하고 있다. 이것은 유용한 결과를 얻기 위해 데이터를 분석하고, 중요한 사업적 판단에 이것을 활용할 수 있는 방법을 지속적으로 찾고 있다. 또한 실용적인 지식 기반으로 데이터를 결합, 통합할 수 있는지를 모색하고 있다.

2. 데이터 모델링의 중요성

'데이터 모델링이란 조직의 업무 수행에 필요한 데이터베이스를 생성하기 위하여 업무에서 필요로 하는 정보의 구조와 규칙을 명확하게 표현하기 위한 지적인 작업 과정'이라고 하였다.
관계형 데이터베이스를 주로 사용하는 현재의 정보 시스템 구축 프로젝트에서 위와 같은 정의로 인하여 논리 데이터 모델링을 단순히 데이터베이스를 생성하기 위한 단순한 중간 단계로 취급하는 것은 논리 데이터 모델링의 중요성을 다소 간과하는 것이라 할 수 있다.
'부서에는 여러 명의 사원이 근무한다.', '고객은 상품을 구매한다.', '공급처에 자재를 주문한다.', '어떤 고객은 대출 상환 금액을 연체한다.' 이러한 내용들은 논리 데이터 모델에 표현할 수 있는 업무에서 발생하는 사실들 (Facts)이다. 이러한 업무 내용은 우리가 정보 시스템으로 구현하든 하지 않든, 즉 응용 시스템, 개발 언어, 화면 등의 정보 시스템 구현 매체가 결정되지 않더라도, 업무 전문가에게 맞는지 안 맞는지를 질문 한다면, 맞다 틀리다로 답할 수 있는 업무적인 사실이라는 것이다. 이렇듯 논리 데이터 모델링에서 다루는 대상은 '맞다' '틀리다'로 답할 수 있는 '업무에서 발생하는 사실'을 다루는 것이다.

논리 데이터 모델링은 정보시스템을 구축하려는 현업 사용자, 업무 분석가, 응용 설계자, 응용 개발자 등 정보시스템과 관련된 모든 이해 관계자들이 전체적이고 종합적인 관점에서 업무를 인식하고, 상세한 업무규칙까지도 이해하는 데 도움을 주는 매우 포괄적이며 중요한 개념 및 사상을 내포하고 있다. 이러한 이유로 논리 데이터 모델링은 조직의 업무를 이해하는 데 있어서 가장 중요한 업무 분석 기법 중 하나라 할 수 있다. 그런데 이러한 '업무에서 발생하는 사실'을 빠짐없이 정확하게 파악하지 못한 채로 설계한다거나 개발한다면 돌아오는 피해는 이루다 말할 수 없을 것이다.

관계형 데이터베이스를 이용하여 정보 시스템을 구축하는 일과 관계된 많은 사람들 중에는 왜 데이터 모델링을 해야 하는지에 대해 의문을 가진 사람이 있을 수 있다. 데이터베이스 설계, 특히 고품질의 논리 데이터 모델을 생성하는 것에 관심을 가져야하는 가장 중요한 이유는 우리가 생성하려고 하는 데이터베이스 내에 데이터 값의 일관성과 정확성, 즉 데이터 무결성(Integrity)이 결정적으로 중요하기 때문이다.

데이터 무결성이란 사용자가 관계형 테이블에 입력·수정·삭제·조회라는 관계형 연산을 수행할 때, 테이블 내 데이터 값의 정확성(Accuracy)과 일관성(Consistency)을 보장하는 일련의 업무 규칙을 말한다. 여기서 정확성이란 참 또는 거짓을 판별하는 업무 규칙을 말하는 것이고, 일관성이란 한 조직 내에서 어떤 값을 정의할 때 똑같은 내용을 다른 값으로 정의해서는 안 된다는 것이다. 예를 들어서 어떤 조직의 A 시스템에서 '성별유형코드'의 값을 여자는 'F'(Female), 남자는 'M'(Male)을 사용하기로 했다. 한편 B 시스템에서는 여자는 '2', 남자는 '1'을 사용하기로 했다면, 이것은 정확성이 틀린 것은 아니고 일관성이 없는 것이다.

데이터 모델을 잘못 설계한 후 테이블을 생성하면, 어떤 종류의 정보는 조회하기가 힘들고 어떤 경우는 조회에서 부정확한 정보를 얻게 되는 것을 감내해야 한다. 부정확한 정보는 조직을 잘못된 방향으로 이끌 수도 있다는 것을 명심해야 할 것이다.

데이터 모델은 데이터베이스 설계에 대한 계획 또는 청사진이다. 설계자와 개발자, 사용자 등 모든 관련자들은 데이터 모델을 통해 구축될 시스템의 데이터 구조에 대한 형상을 이해하고, 요구 사항의 구현과 변경 등에 대해 원활한 의사소통을 도모하게 된다. 예를 들어 건물을 지을 때 건축설계 회사는 건물 공사 이전에 그 건물을 위한 계획이나 청사진을 작성하게 된다. 만일 계획 단계에서 어떤 방이 너무 좁거나 불편한 곳이 있다면 단순히 설계 도면의 선을 다시 그림으로써 청사진을 변경할 수 있다. 하지만 건물을 완공한 후에 변경이 필요하게 되면 벽, 상하수도, 전기 등 모든 것을 다시 시공해야만 하기 때문에 비용이나 시간 측면에서 많은 손해를 보게 될 것이다. 이와 같이 완공된 건물을 변경하는 것보다는 계획 단계에서의 변경이 훨씬 쉽고 간결하며 비용 면에서도 저렴하기 때문에 설계자는 시공에 앞서 조감도, 평면도, 입체도 등 다양한 도면을 통해 건물주(사용자)가 건물의 형태를 쉽게 이해하고 의견을 제시하거나 확정할 수 있도록 유도한다. 이때 사용된 도면들은 설계자와 시공자, 건물주 등이 짓고자 하는 건물에 대해 동일한 모습을 공유하게 함으로써 원활한 의사소통의 수단이 되었다고 할 수 있다.

이러한 논리는 건축 공사뿐만 아니라 시스템 개발도 동일하게 적용될 수 있다. 데이터 모델링 단계에서 업무를 잘못 파악하여 엔터티(Entity), 관계(Relationship), 속성(Attribute)을 잘못 정의한 것이 발견되면, 해당하는 엔터티-관계도(ERD, Entity Relationship Diagram)와 일부 관련된 문서만 변경하면 된다. 그러나 데이터베이스와 응용 프로그램 개발이 완료된 후 이러한 오류가 발견되어 수정하려면 이와 관련된 많은 응용 프로그램 및 문서가 변경되어야 한다. 뿐만 아니라 응용 프로그램의 새로운 테스트 및 데이터가 새로운 구조로 옮겨져야 하는 등 변경을 반영하는 데 많은 시간과 비용이 필요하다. 때문에 가능하면 분석·설계 단계에서 조기에 오류들을 발견하여 정정할 수 있도록 원활한 의사소통이 필요하고, 이러한 목적을 달성하는 데 데이터 모델은 최적의 수단으로 활용될 수 있다.

제2절 데이터 모델링 기법 이해

1. 엔터티-관계 데이터 모델

엔터티-관계(Entity-Relationship) 데이터 모델은 1976년에 피터 첸(Peter Chen)이 최초로 제안했다. 그의 논문을 통해 이 모델의 기본적인 구성요소가 정립되었다. 그 후 데이터 모델을 만들어 주는 많은 도구와 기법이 소개되었는데, 계층적 데이터 모델, 망형 데이터 모델, 관계형 데이터 모델, ANSI/SPARC 데이터 모델, 의미 객체(Semantic Object) 모델 등을 예로 들 수 있다. 이 가운데에서 엔터티-관계 데이터 모델은 표준적인 데이터 모델로 부상했다. 이 모델이 지니고 있는 단순성 때문에 현재 개념·논리 데이터 모델링에서 가장 일반적으로 사용되고 있다. 본 과목에서 설명하는 모든 엔터티-관계 데이터 모델은 관계형 데이터베이스를 기본으로 설명한 다.

이론을 설명하기 위하여 '가. 추상화' 및 '나. 타입과 인스턴스' 부분에서만 하나의 개체를 엔터티(Entity)로 하나의 개체를 추상화한 개체의 집합을 엔터티타입(Entity Type) 또는 개체타입으로 설명하겠다. 나머지 영역에 서는 본 과목의 표준을 하나의 개체는 인스턴스로, 하나의 개체를 추상화한 개체의 집합을 엔터티로 부를 것이다.

가. 추상화

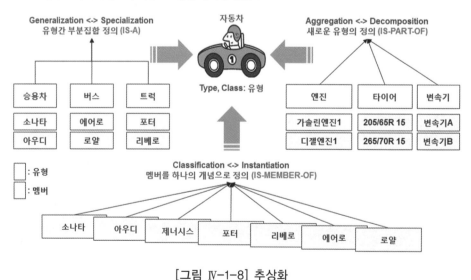

[그림 Ⅳ-1-8] 추상화

엔터티-관계 데이터 모델을 구현하기 위해서는 현실 세계를 이해하고, 사람들과 소통하기 위하여 추상화 (Abstraction)라는 기법을 사용한다. 개념 세계에서 인간의 이해를 위해 현실 세계에 대한 인식을 추상적 개념으로 표현하는데 이 과정을 개념 데이터 모델링이라고 하였다.

엔터티-관계 데이터 모델에서는 엔터티(개체)를 추상화하면 엔터티 타입(개체 타입)이 되고, 객체지향이나 컴포넌트 기반에서는 객체를 추상화하면 클래스가 되는 것이다. 추상화가 가능한 엔터티들은 그것들이 소유하고 있는 특성의 이름으로 하나의 집합을 이룬다. 그러므로 추상화한다는 것은 여러 엔터티들을 집합으로 파악하는 것과 동일한 것이다. 논리 데이터 모델링에서 사용하는 추상화에는 유형화(Classification), 집단화(Aggregation), 일반화(Generalization) 세 가지가 있다.

- 유형화

유형화란 현실세계에 존재하는 같은 성질을 갖는 멤버들을 타입 또는 유형(Class)이라는 하나의 개념으로 정의하는 데 사용된다. [그림 Ⅳ-1-8] 추상화에서 '소나타', '제너시스', '포터' 등의 멤버를 원동기에 의하여 육상에서 이동할 목적으로 제작한 용구라는 공통의 특성을 가지고 있는 집합으로 유형화하면, '자동차'라는 타입으로 정의할 수 있는 것이다. 또 다른 예로 '부서'는 '인사부', '구매부', '생산부', '영업부'와 같은 각각의 멤버를 유형화한 타입이다.

현실세계에 존재하는 하나의 엔터티는 우리가 그 엔터티를 바라보는 관점에 따라서 여러 가지로 유형화할 수 있다. 예를 들어 '소나타'라는 하나의 엔터티가 어떤 회사에서는 '상품'이라는 엔터티 타입이 될 수 있고, '소나타'를 구매한 어떤 회사에서는 '고정자산'이라는 엔터티 타입이 될 수 있다. 자동차를 이용하여 유통업을 하는 회사라면, 이 자동차를 '운송수단'이라는 엔터티 타입이라 할 수 있다. 이렇듯 조직의 업무가 수행되는 관점에 따라서 하나의 엔터티를 여러 가지 엔터티 타입으로 유형화할 수 있다.

- 집단화

값(Value)을 유형화하면 속성이라는 타입이 된다. 집단화는 속성이라는 타입들의 세트로 구성되는 새로운 타입(엔터티 타입)을 정의하는 개념이다. [그림 Ⅳ-1-8] 추상화에서 '가솔린엔진1', '디젤엔진1' 등과 같은 값(멤버)을 유형화하면 '엔진'이라는 속성(타입)이 되고, '205/65R 15', '265/70R 15'라는 값(멤버)을 유형화 하면 '타이어'라는 속성(타입)이 되는 것이다. 이러한 '엔진', '타이어'와 같은 속성(타입)들을 구성요소로 새로운 엔터티 타입 '자동차'를 정의하는 개념이 집단화이다. 또 다른 예로 '자전거'라는 엔터티 타입은 자전거를 구성하는 '핸들', '바퀴', '몸체', '페달'이라는 속성(타입)들의 집단화라고 할 수 있다.

- 일반화

일반화는 여러 엔터티 타입 간의 공통적인 특성을 파악하는 과정을 말한다. 즉 일반화는 둘 또는 그 이상의 엔터티 타입 요소 간에 서브세트(부분집합)를 정의하는 개념이다. [그림 Ⅳ-1-8] 추상화에서 '자동차'라는 엔터티 타입은 많은 멤버(엔터티)를 가지고 있다. 이 멤버들을 다른 관점에서 유형화하면 '승용차', '버스' 및 '트럭'이라는 엔터티 타입으로 정의할 수 있다. '자동차'도 엔터티 타입이고, '승용차', '버스', '트럭'도 엔터티 타입이다. 이 세 개의 타입간 서브세트(부분집합)를 정의한 것이 일반화이다.

일반화 역시 현실 세계에 존재하는 엔터티들을 우리가 그 엔터티들을 바라보는 관점에 따라 여러 가지 방법으로 할 수 있다. 성별 관점에서 '남', '여' 타입(엔터티 타입)을 '사람'이라는 타입(엔터티 타입)으로 일반화할 수 있다. 내외국인 관점에서 '내국인', '외국인' 타입(엔터티 타입)을 '사람'이라는 타입(엔터티 타입)으로 일반화할 수도 있다. 또 다른 예로 '자동차', '비행기', '선박'이라는 타입(엔터티 타입)을 유통업 회사라면 '운송수단'이라는 타입(엔터티 타입)으로 일반화할 수 있다. 제조·판매하는 회사라면 '상품'이라는 타입(엔터티 타입)으로 일반화할 수 있다.

일반화가 다른 추상화 개념과 다른 점은 슈퍼타입(전체집합)에 정의된 모든 특성이 서브타입(부분집합)으로 상속된다는 것이다. 예를 들어 '사람' 타입(엔터티 타입)은 '이름', '성별', '생년월일'이라는 타입(속성)이 집단화되어 생성된 타입(엔터티 타입)이다. '남자'와 '여자'라는 타입(엔터티 타입)은 '사람'이라는 타입(엔터티 타입)의 서브타입이므로 '남자', '여자' 역시 '이름', '성별', '생년월일'이라는 타입(속성)의 집단화로 생각할 수 있다. 이 상속 특성 때문에 일반화는 매우 중요하게 취급된다.

나. 타입과 인스턴스

추상화를 이해하였으니 이제는 논리 데이터 모델링의 대상을 학습하기 위하여 타입과 인스턴스라는 용어에 대한 개념을 명확하게 이해하자. 데이터 모델링은 업무와 관련된 현실 세계의 모든 인스턴스를 표현할 수 있는 타입을 정의하는 작업이라 할 수 있다.

Φ 타입(Type) : 실제 발생된 사례들을 추상화한 집합
Φ 인스턴스(Instance) : 현실 세계에서 실제로 발생된 사례(타입의 멤버)

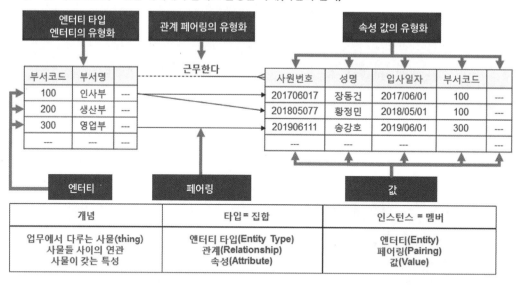

[그림 Ⅳ-1-9] 타입과 인스턴스

엔터티-관계(Entity-Relationship) 데이터 모델이라는 용어에서 사용하는 엔터티는 엄밀히 얘기하면 엔터티 타입을 말하는 것이다. 논리 데이터 모델링에서 모델링의 대상은 엔터티 타입, 관계, 속성이다. [그림 IV-1-10] 타입과 인스턴스를 보면 '인사부', '생산부', '영업부'라는 동일한 특성을 갖는 엔터티를 유형화하면, '부서'라는 엔터티 타입이 되는 것이다. '인사부'에 '장동건'이 근무한다는 '인사부'라는 하나의 엔터티와 '장동건'이라는 엔터티가 '근무한다'는 업무에 의하여 연관되는 사실을 페어링(Pairing)이라고 한다. 동일한 특성을 갖는 페어링을 유형화하면 '근무한다'는 관계가 된다. '2017/06/01', '2018/05/01', '2019/06/01'과 같은 하나의 사원이 입사한 날짜라는 동일한 특성을 갖는 값(Value)을 유형화하면 '입사일자'라는 속성이 된다.

다시 말하면 엔터티 타입(타입)은 엔터티(인스턴스)의 집합이고, 관계(타입)는 페어링(인스턴스)의 집합이며, 속성(타입)은 값(인스턴스)의 집합이다. 이는 현실 세계에 존재하는 동일한 특성을 갖는 멤버들을 표현하기 위하여 유형화라는 추상화 기법을 통하여 타입으로 만들었기 때문이다.

논리 데이터 모델링의 대상인 엔터티 타입, 관계, 속성을 집합(Set)으로 얘기하고 있는데, 이는 1960년대 후반 IBM 연구소에 근무하고 있었던 수학자인 코드(E.F.CODD) 박사가 수학의 집합 이론(Set Theory)과 1차 술어 논리(1st Predicate Theory)라는 두 분야를 새로운 데이터 모델의 기초로 관계형 모델 이론을 만들었기 때문이다.

인스턴스라는 용어는 현실 세계 업무에서 발생하는 엔터티 타입·관계·속성의 실제 발생 사례(Sample)를 말하는 것으로, 엔터티 타입·관계·속성에 대하여 공통적으로 사용되는 용어다. 인스턴스 차트는 논리 데이터 모델을 생성 또는 점검할 때 사용할 수 있다. 엔터티-관계 데이터 모델이 많은 업무 규칙을 직관적으로 보여주고 있기는 하지만, 이 데이터 모델이 업무 규칙을 빠짐없이 정확하게 반영하고 있는 지를 파악하는 것은 그렇게 쉬운 일이 아니다. 가장 좋은 방법이 엔터티 타입, 관계, 속성의 개별 인스턴스 차트를 만들어서 점검하는 것이다. 데이터 모델링 과정 중에도 불명확한 업무를 좀 더 명확하게 하기 위하여 작성할 수도 있고, 데이터 모델링이 끝난 프로젝트에서 데이터 모델을 점검할 때도 이것을 작성해 보면서 데이터 모델의 품질을 점검할 수 있는 좋은 방법이다. 엔터티 타입 인스턴스 차트는 엔터티의 사례를 보여주는 것이다. 관계의 인스턴스 차트는 페어링의 사례를 보여주는 것이고, 속성의 인스턴스 차트는 값의 사례를 보여주는 것이다.

많은 책들과 실무상에서 엔터티(Entity : 단수)와 엔터티 타입(Entity Type : 집합)을 엄격하게 구분하지 않고, 혼용하고 있어 하나의 단수를 얘기하는 것인지, 집합을 얘기하는 것인지를 책을 보는 사람이 문맥을 파악해야 하거나, 또는 집합인 '엔터티 타입'을 '엔터티'로 표현하고, 단수인 '엔터티'를 '엔터티 인스턴스'로 표현하고, 한글로는 '개체'와 '개체타입', '실체'와 '실체유형'으로 많이 사용하기도 한다.

이론적인 얘기는 여기까지이고 본 교과목에서 앞으로 진행되는 모든 곳에서는 다른 과목에서의 사용 예 및 그동안 사용해왔던 관례를 고려하여, 업무에서 다루는 사물의 단수 개념은 '인스턴스', 집합 개념은 '엔터티', 사물 사이 연관의 단수는 페어링, 집합 개념은 관계, 그리고 사물이 갖는 특성의 단수는 값, 집합 개념은 속성을 표준 용어로 사용할 것이다.

[표 Ⅳ-1-2] 표준 용어 정의

모델	개념	개념세계에서 추상화(유형화)한 것 (Type, Class, 타입, 유형, 집합, 복수)	현실 세계 존재하는 하나의 개체 (Instance, Occurrence, 단수)
엔터티-관계 데이터 모델	업무에서 다루는 사물(thing)	엔터티 (Entity)-본서 표준	인스턴스(Instance)-본서 표준
		엔터티 타입(Entity Type) 개체 타입(Entity Type) 실체 유형(Entity Type)	엔터티(Entity) 개체(Entity) 실체(Entity)
	사물(thing) 사이 연관	관계(Relationship)-본서 표준	페어링(Pairing)-본서 표준
	사물(thing)이 갖는 특성	속성(Attribute)-본서 표준	값(Value)-본서 표준
오브젝트· 컴포넌트 모델	업무에서 다루는 사물(thing)	클래스(Class)-본서 표준	객체(Object)-본서 표준

2. 엔터티-관계 데이터 모델 구성요소

엔터티-관계 데이터 모델은 엔터티, 관계, 속성이라는 세 가지 요소로 구성되어 있다.

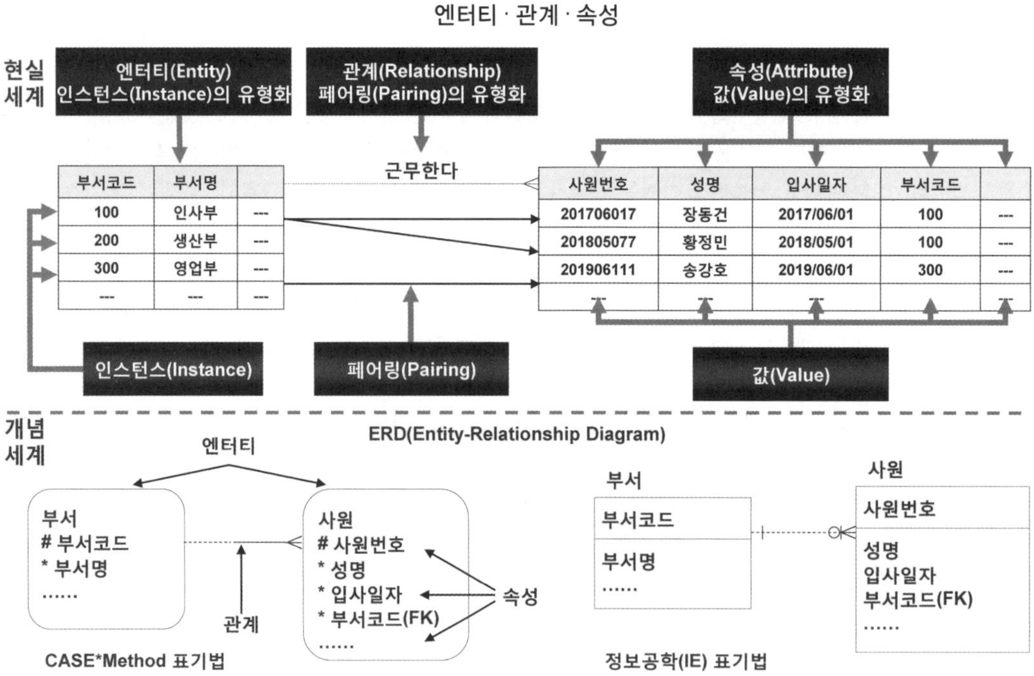

[그림 Ⅳ-1-10] 엔터티-관계 데이터 모델 구성요소

엔터티, 관계, 속성은 현실 세계 업무에서 발생하는 물리 객체인 인스턴스, 페어링, 값을 추상화라는 지적인 과정을 통하여 공통적인 성질을 갖는 집합적인 단일 개념으로 정의한 개념 세계의 논리 객체이다.

[그림 Ⅳ-1-10] 엔터티-관계 데이터 모델 구성요소의 현실세계 부분은 업무에서 발생하는 것으로 인스턴스, 페어링, 값의 사례들을 보여 주고 있다. 아래 부분 개념세계는 이러한 인스턴스, 페어링, 값들을 추상화한 엔터티, 관계, 속성으로 표현되는 엔터티-관계 데이터 모델을 보여주고 있다.

엔터티-관계 데이터 모델의 표기법(Notation)은 여러 가지가 있다. 본 교재에서는 현재 가장 많이 사용하고 있는 정보공학(Information Engineering) 방법론 표기법과 리차드 바커(Richard Barker)가 제안한 케이스 메소드(CASE*Method) 방법론 표기법을 설명하고 사용할 것이다. 그 외의 표기법은 다른 서적을 참고하기 바란다. [그림 Ⅳ-1-10] 엔터티-관계 데이터 모델 구성요소의 우측은 정보공학 표기법(이후 정보공학(IE) 표기법이라 지칭), 좌측은 케이스*메소드 표기법(이후 CASE*Method 표기법이라 지칭)을 적용한 엔터티, 관계, 속성의 예이다. 표기법은 3절에서 자세히 설명할 것이다.

가. 엔터티

엔터티란 조직의 업무를 수행하는데 필요로 하는 사물(Thing), 사건(Event) 또는 개념(Concept)을 나타내는 어떤 것으로, 1)동일한 업무 행위나 2)유사한 속성을 갖는 단일 개념으로 정의한 멤버들의 집합체를 말한다. 엔터티가 인스턴스의 집합이므로 외국 서적에서는 'Entity Type'이라는 용어 대신에 'Entity'의 복수형 'Entities'로 표현한 것이 보이기도 한다. 예를 들어 '부서'는 'Departments', '사원'은 'Employees'로 표현한다.

1) 동일한 업무 행위를 하는 단일 개념으로 정의한 인스턴스들의 집합체는 어떻게 정의하느냐에 따라 인스턴스들의 구성이 달라질 수 있다. 집합에 들어갈 인스턴스들의 동일한 성질을 어디까지로 한정할 것인지를 결정하는 것이 그 조직의 업무규칙이라 할 수 있다. 예를 들어 '고객' 집합을 '우리 상품을 구매한 사람이나 법인'으로 정의했다면, 구매한 적이 없는 잠재 고객이나 구매 상담자, 또 법인번호가 없는 단체나 개인 사업자 등은 이들과 동질성을 갖지 못한다. 그러나 이들이 현재 어떠한 방법으로든 관리되고 있거나 앞으로 관심을 갖고자 하는 범주에 해당한다면 동질성의 정의를 더 확장해야만 이들을 고객 집합 내에 끌어들일 수 있다.

2) 유사한 속성을 갖는 단일 개념으로 정의한 인스턴스들의 집합체라는 의미는 어떤 한 인스턴스를 설명하거나 묘사할 수 있는 특성들을(예컨대 '학번', '이름', '학과' 등과 같은 항목들)에 대해 다른 여러 인스턴스들이 동일한 특성들로 설명 또는 묘사될 수 있음을 말한다. 예를 들어 어떤 특정한 '학번'·'이름'·'학과'로 특징지어질 수 있는 '홍길동' 학생은 인스턴스이고, '학번'·'이름'·'학과' 등과 같은 공통적인 특성 항목들을 공유하는 학생들의 집합인 '학생'은 엔터티(Entity-집합)가 되는 것이다.

집합에 대한 정의 문제는 엔터티의 구성 속성과 관계 정의에도 영향을 미치고, 이것은 결과적으로 데이터 모델 전체의 구성에 영향을 미치게 되므로 엔터티에 대한 명확한 정의는 데이터 모델링에서 가장 핵심적인 사안 중 하나라고 할 수 있다. 그러므로 엔터티를 정의할 때는 어떤 대상이 그 엔터티에 속하는지 여부를 명확하게 구분할 수 있도록 정의해야 한다. 이러한 의사 결정은 누구나 할 수 있는 것이 아니므로 엔터티를 결정할 때는 그 엔터티와 연관된 업무를 가장 잘 아는 업무 전문가의 참여가 반드시 필요하다. 이는 관계와 속성을 정의할 때도 동일하게 적용되는 매우 중요한 사항이다.

나. 관계

관계란 하나 또는 두 개의 엔터티에서 인스턴스를 연관시키는 업무적인 이유를 말한다. 엔터티가 인스턴스의 집합인 것과 마찬가지로 관계도 하나 또는 두 개의 엔터티 사이 업무적인 이유에 의해서 연결되어 있는 패어링의 집합이다.

하나 또는 두 개의 엔터티 사이에 연관된 업무규칙을 관계로 맺는 방법은 실제로 엔터티 사이에 존재하는 관계의 기수성(Cardinality, Degree) 및 선택성에 의존한다. 유일 식별자(UID, Unique Identifier)와 외부 식별자(Foreign Identifier)로 관계를 맺거나, 연결(Associative) 엔터티로 관계를 맺을 수 있다.

관계는 다음과 같은 이유로 관계형 데이터베이스의 중요한 부분을 차지하고 있다.

- 관계는 여러 개의 엔터티를 조인(Join)하여 정보를 조회할 수 있다.
- 관계는 중복 데이터를 배제하는 데 도움이 되므로 데이터 정확성 향상에 기여한다.

관계는 논리 데이터 모델링의 대상인 엔터티나 속성과는 달리 업무 규칙을 표현하는 세 가지 중요한 특성을 가지고 있다. 세 가지 특성은 제3절 데이터 모델링 표기법 이해에서 자세히 설명할 것이다.

다. 속성과 도메인

속성은 엔터티에 저장되는 인스턴스들의 특성을 설명하는 항목이다. 엔터티를 명확하고 구체적으로 정의했다 하더라도 이것만으로는 인스턴스들의 특성을 설명하기에는 부족함이 있다. 예를 들어 '사원' 엔터티의 인스턴스 인 '김철수'와 '홍길동'은 독립적인 사람 인스턴스임에는 분명하지만, 이들의 특성을 설명할 수 있는 더 구체적인 항목(속성)이 없으면 이 집합을 명쾌하게 객관화할 수 없다. '사원' 집합의 특성을 설명하기 위해 '사원번호', '사원성명', '주민등록번호', '연락전화번호', '거주지주소' 등과 같은 속성을 정의했다면 이제 이러한 속성 구성을 통해 어떻게 '홍길동'이라는 인스턴스를 특징짓고 변별할 것인지를 분명하게 이해할 수 있고, 집합의 의미 또한 좀 더 명확해진다고 할 수 있다.

속성은 값을 추상화한 타입이라고 하였다. 값은 속성의 멤버이고, 속성은 동일한 특성을 갖는 값의 집합이다. 여기서 하나의 속성이 갖는 같은 종류의 모든 값들의 집합을 그 속성의 도메인(Domain)이라 한다. 각 속성은 어느 한 도메인 상에서 정의되어야 하고, 정의된 속성은 반드시 그 해당 도메인으로부터만 값을 취할 수 있다. 도메인은 단순히 데이터 타입이라 할 수도 있다. 문자, 날짜, 숫자와 같은 시스템 정의 도메인과 상태코드, 부서코드, 고객번호와 같은 사용자 정의 도메인이 있다.

예를 들어 '계약일자'라는 속성이 있다고 하자. 속성 '계약일자'가 가질 수 있는 값은 모든 날짜 값들 중에서 하나의 값을 취할 수 있는 것이다. 또한 속성 '부서코드'는 어느 회사에서 '인사부', '총무부', '영업부', '생산1부', '생산2부' 관리를 위해서 임의로 '인사부=10', '총무부=20'과 같이 정의하였다면, 업무적으로 부여한 코드 '10', '20' 등의 정의된 코드 내에서만 사용할 수 있다. 이렇게 도메인은 시스템이 제공하는 문자(CHARACTER), 날짜(DATE), 숫자(NUMBER) 등과 같은 시스템 정의 유형과 '부서코드', '상태코드' 같은 사용자 정의 특수 도메인이 포함된다.

도메인의 중요성은 제4절 관계형 모델 이론의 데이터 무결성 규칙에서 상세하게 설명한다.

라. 식별자

속성 중에는 엔터티에 저장되는 어떤 특정 인스턴스 하나를 식별할 수 있는 하나 또는 하나 이상의 속성을 유일 식별자(Unique Identifier)라고 한다.

식별자 속성은 어떤 특정 인스턴스 하나를 식별할 수 있는 하나 이상의 속성이기 때문에 일련의 속성은 다음과 같은 특성을 갖는다.

1) 일련의 식별자 속성은 반드시 값을 갖는다.
2) 일련의 식별자 속성의 값은 유일(Unique)하다.
3) 식별자를 구성하는 일련의 속성은 최소한의 개수로 해야 한다.

이를 엔터티 무결성(Entity Integrity) 규칙이라 하는데 좀 더 자세한 사항은 제4절 관계형 모델 이론의 엔터티 무결성에서 설명한다.

제 3 절 데이터 모델링 표기법 이해

1. 엔터티-관계 데이터 모델 표기법

엔터티-관계 데이터 모델은 1976년에 피터 첸(Peter Chen)에 의해서 최초로 제안되었으며, 그의 논문을 통해 이 모델의 기본적인 구성요소가 정립되었다고 하였다. 피터 첸이 제안한 데이터 모델 표기법은 엔터티를 사각형, 관계를 마름모, 속성을 타원에 표현한다. 이 표기법은 주로 대학에서 데이터베이스 이론을 배울 때 많이 사용하고, 정보 시스템 개발 프로젝트 현장에서는 주로 정보공학(IE) 표기법 또는 CASE* Method 표기법 (Notation)을 많이 사용하고 있다.

피터 첸의 표기법을 대학에서는 사용하고, 시스템 개발 프로젝트 현장에서는 잘 사용하지 않는다. 그 이유는 학교에서 배우는 데이터베이스 이론을 수학으로 증명하거나 설명하기가 피터 첸의 표기법이 좀 더 편한 반면에 현장에서는 이론보다는 조직의 업무를 직관적으로 표현하기 가장 좋은 표기법이 무엇인가에 맞춰져 있기 때문이다. 또 한 가지는 정보공학(IE)이나 CASE*Method 표기법은 데이터 모델을 작성할 수 있는 도구인 케이스 툴(CASE*Tool)이 있는데 피터 첸의 표기법은 그렇지 못한 것도 이유라 할 수 있다.

가. 엔터티 표기법

정보공학(IE) 표기법에서는 엔터티를 독립(Independent)과 종속(Dependent) 엔터티로 구분한다. 정확히 말하면 정보공학(IE) 표기법이 아니라 ER-Win(데이터 모델링 도구)의 IDEF1X(Integration DEFinition for information modeling) 표기법이다. IDEF1X 데이터 표기법을 정보공학 표기법으로 보기 위해서 변환하면서 이런 개념을 얘기하는 것이다. 독립 엔터티는 모서리가 각진 사각형으로, 종속 엔터티는 모서리가 둥근 사각형으로 표현한다. CASE*Method 표기법에서는 이런 구분 없이 모든 엔터티를 모서리가 둥근 사각형으로 표현한다.

■ 정보공학(IE) 엔터티 표기법

독립 엔터티란 하나의 인스턴스를 식별하는 데 있어서 어떤 다른 인스턴스에 의존하지 않는 엔터티다. 예를 들어 엔터티 '고객'의 하나의 인스턴스 '홍길동'을 식별하는 데 다른 인스턴스에 의존할 필요가 없기 때문에 '고객'을 독립 엔터티라 한다. 이러한 예로 '상품', '사원', '부서' 등의 엔터티가 있다.

종속 엔터티란 하나의 인스턴스를 식별하는 데 있어서 하나 또는 하나 이상의 다른 인스턴스에 의존하는 엔터티다. 예를 들어 엔터티 '고객주소'의 하나의 인스턴스 '영등포구 영등포동 618번지'라는 주소를 인식하는 데, 업무 관점에서 이 주소만 가지고는 의미가 없다. 이 주소가 고객 누구의 주소라는 것이 의미가 있으므로, 즉 고객 '홍길동'이라는 인스턴스의 주소라는 것이 의미가 있으므로 다른 인스턴스에 의존하는 종속 엔터티라 하는 것이다.

정보공학(IE) 표기법에서 종속 엔터티는 세 가지로 특성(Characteristic), 연관(Associative), 서브타입 (Sub-type) 엔터티가 있다.

- 특성 엔터티 : 하나의 인스턴스에 여러 번 발생하는 속성의 그룹(예, 사원경력, 고객주소 등).
- 연관 엔터티 : 두 개 이상의 연관된 다른 엔터티로부터 식별자를 상속 받는 엔터티(다대다 관계 해소 시 생성됨 예, 주문상품 등).
- 서브타입 엔터티 : 다른 부분집합과 구별되는 공통 속성이나 관계를 공유하는 엔터티의 부분집합(예, 개인고객, 법인고객 등).

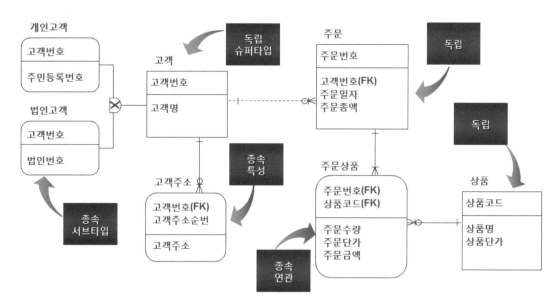

[그림 Ⅳ-1-11] 정보공학(IE) 표기법 엔터티

 '고객', '상품', '주문' 엔터티는 하나의 인스턴스, 예를 들어 '고객' 엔터티의 인스턴스 '홍길동'을 식별하는 데 있어서 어떤 다른 인스턴스에 의존하지 않는 엔터티이므로 독립 엔터티라 하고 모서리가 각진 사각형으로 표시한다.
 '주문상품'의 주 키(PK) 속성 '주문번호'는 '주문' 엔터티에서 왔고, 또 하나의 주 키(PK) 속성 '상품코드'는 '상품' 엔터티에서 온 것으로 '주문상품'은 다대다 관계를 해결한 연관 엔터티임을 알 수 있다. 연관 엔터티는 종속 엔터티이므로 모서리가 둥근 사각형으로 표시한 것이다. '개인고객', '법인고객'은 서브타입이고, '고객주소' 는 고객 '홍길동'의 주소 여러 개를 관리하는 특성 엔터티로 전부 종속 엔터티이므로 모서리가 둥근 사각형으로 표시한다.

■ CASE*Method 엔터티 표기법
 정보공학(IE) 표기법에서는 엔터티의 모양만 봐도 이 엔터티가 독립인지 종속인지를 알 수 있지만, CASE*Method 표기법에서는 정보공학(IE) 표기법과는 다르게 모든 엔터티를 모서리가 둥근 사각형으로만 표현한다. 정보공학(IE) 표기법과 같은 개념으로 생각하려면 부모 유일 식별자가 자식 유일 식별자의 일부가 되는지를 보는 것과 또는 관계 선에 수직으로 그어져 있는 조그마한 선이 유아이디바(UID Bar, Unique Identifier Bar)이다. 부모의 유일 식별자 속성이 자식의 유일 식별자 속성의 일부 또는 전체가 될 때 이 선으로 표현한다. 이 수직선을 보고 정보공학(IE) 표기법과 같은 해석을 할 수는 있다. 또한 서브타입을 표현하는 방식이 조금 다른데 CASE*Method 표기법에서는 슈퍼타입 안에 서브타입을 표현한다.

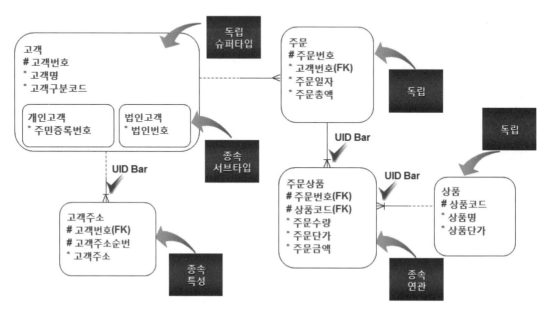

[그림 Ⅳ-1-12] CASE*Method 표기법 엔터티

실질적으로 CASE*Method 표기법에서 정보공학(IE) 표기법처럼 독립, 종속, 특성 같은 개념을 갖지는 않는다. 하지만 연관, 슈퍼타입, 서브타입 개념은 동일하다.

나. 속성 표기법

속성은 엔터티에 저장되는 인스턴스들의 특성을 설명하는 항목으로, 단어들을 조합한 명사적 용어로 표현한다. 속성의 명칭은 '엔터티 명 + 수식어 + 도메인 명' 형태로 하는 것이 좋은 방법이다. 예를 들어 '사원'(엔터티 명) + '입사'(수식어) + '일자'(도메인 명) 형태로 속성 명을 부여하면 속성의 의미를 쉽게 이해할 수 있다.

속성 중에는 엔터티에서 하나의 인스턴스를 식별해 낼 수 있는 하나 또는 하나 이상의 속성을 유일식별자(UID, Unique Identifier) 또는 주 키(PK, Primary Key)라고 한다. 정보공학(IE) 표기법에서는 엔터티를 나타내는 사각형의 줄이 그어진 윗부분에 유일식별자 속성을 표시하고, CASE*Method 표기법에서는 유일식별자 속성 앞에 '#' 표시를 한다.

다른 엔터티로부터 상속받은 속성은 외래식별자(Foreign Identifier) 또는 외래키(FK, Foreign Key)라고 하는데, 이 속성에 대한 표현은 속성 뒤에 '(FK)'를 표기한다.

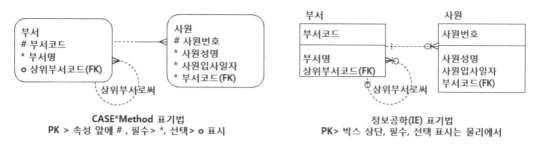

[그림 Ⅳ-1-13] 속성 표기법

CASE*Method 표기법에서 일반 속성 앞에 '*' 표시가 있다. 이는 필수(Mandatory) 속성을 나타내는 것으로 하나의 인스턴스가 입력되는 시점에 이 속성 값이 반드시 필요하다는 업무 규칙을 표현한 것이다. 필수 속성이 아닌 선택(Optional) 속성, 즉 하나의 인스턴스가 입력되는 시점에 이 속성의 값이 반드시 필요한 것은 아니고 나중에 들어와도 된다는 업무 규칙을 표현한 것에 대해서는 속성 앞에 'o' 표시를 한다. 정보공학 표기법에서는 논리 데이터 모델에서는 표기를 안 하고, 물리 데이터베이스 설계 시점에 속성 뒤에 'NULL'(선택), 'NOT NULL' (필수)로 표기한다.

다. 관계 표기법

관계란 하나 또는 두 개의 엔터티에서 인스턴스를 연관시키는 업무적인 이유를 말한다. 엔터티가 인스턴스의 집합인 것과 마찬가지로 관계도 하나 또는 두 개의 엔터티 사이 업무적인 이유에 의해서 연결되어 있는 패어링의 집합이다.

관계는 논리 데이터 모델링의 대상인 엔터티나 속성과는 달리 업무 규칙을 표현하는 세 가지 중요한 특성을 가지고 있다.

1) 관계 기수성(Cardinality, Degree) 표기법

기호로 나타낼 때, 일(一)은 '―'로, 다(多)는 까마귀발(Crow's Foot) 형태로 표현한다. [그림 Ⅳ-1-14] 관계 표기법은 일대일, 일대다, 다대다의 세 가지 사례를 보여주고 있다.

- 일대일 관계
  첫 번째 엔터티의 한 인스턴스가 두 번째 엔터티의 오직 하나의 인스턴스와 연관되어 있고, 두 번째 엔터티의 한 인스턴스가 첫 번째 엔터티의 오직 하나의 인스턴스와 연관되어 있을 때, 이 두 개의 엔터티는 일대일 관계를 가지고 있다.
- 일대다 관계
  첫 번째 엔터티의 하나의 인스턴스가 두 번째 엔터티의 다수의 인스턴스와 연관되어 있고, 두 번째 엔터티의 하나의 인스턴스가 첫 번째 엔터티의 오직 하나의 인스턴스와 연관되어 있을 때, 이 두 엔터티는 일대다 관계를 가지고 있다.

■ 다대다 관계

첫 번째 엔터티의 하나의 인스턴스가 두 번째 엔터티의 많은 인스턴스들과 연관될 수 있고, 두 번째 엔터티의 하나의 인스턴스가 첫 번째 엔터티의 다수의 인스턴스와 연관될 수 있을 때, 이 두 개의 엔터티는 다대다 관계를 가지고 있다. 이 관계는 연결 엔터티로 관계를 맺을 수 있다. 관계가 있는 각 엔터티의 유일 식별자 속성을 새로운 엔터티의 유일 식별자를 만드는 데 사용함으로써 연결 엔터티를 정의한다.

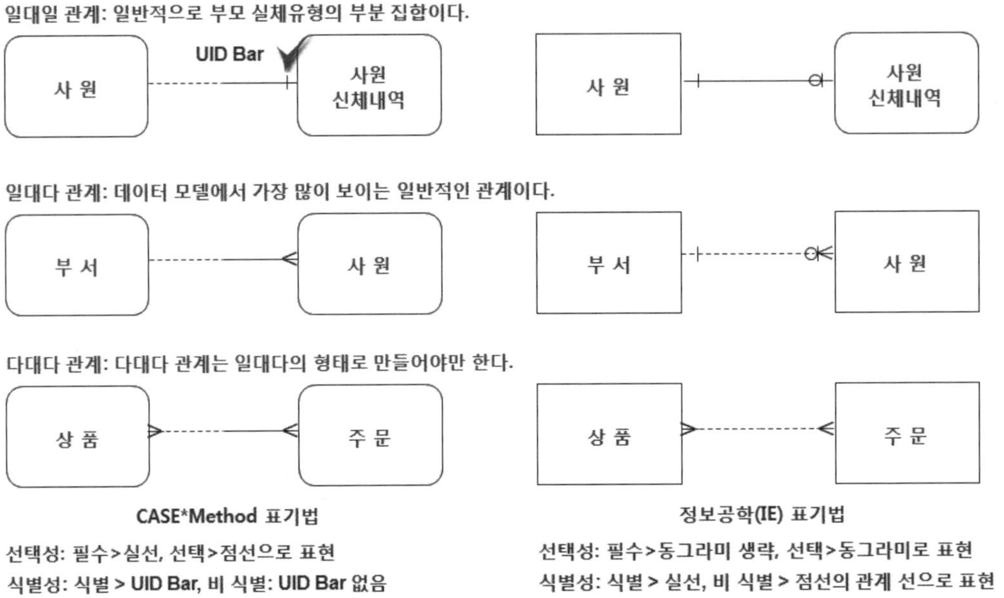

일대일 관계: 일반적으로 부모 실체유형의 부분 집합이다.

일대다 관계: 데이터 모델에서 가장 많이 보이는 일반적인 관계이다.

다대다 관계: 다대다 관계는 일대다의 형태로 만들어야만 한다.

CASE*Method 표기법
선택성: 필수 > 실선, 선택 > 점선으로 표현
식별성: 식별 > UID Bar, 비 식별: UID Bar 없음

정보공학(IE) 표기법
선택성: 필수 > 동그라미 생략, 선택 > 동그라미로 표현
식별성: 식별 > 실선, 비 식별 > 점선의 관계 선으로 표현

[그림 IV-1-14] 관계 표기법

2) 관계 선택성 표기법

기호로 나타낼 때, CASE*Method 표기법에서는 필수를 실선으로 선택은 점선으로 표시하고, 정보공학(IE) 표기법에서는 필수는 동그라미 생략이고 선택은 관계 선에 동그라미를 표시이다.

■ 필수 관계

엔터티 A와 엔터티 B가 관계가 있을 때, 엔터티 B에 인스턴스를 입력(Insert)하기 전에 엔터티 A에 적어도 하나의 인스턴스를 입력해야 한다면, 엔터티 A의 선택성은 필수이다.

■ 선택 관계

엔터티 A와 엔터티 B가 관계가 있을 때, 엔터티 B에 인스턴스를 입력하기 전에 엔터티 A에 적어도 하나의 인스턴스를 입력할 필요가 없다면, 엔터티 A의 선택성은 선택이다.

Φ 선택성(Optional): 페어링(Pairing)의 존재 여부.
  ➥ 하나 또는 두 개의 엔터티 간에 관계가 설정될 때, 모든 인스턴스 간에 페어링이 존재해야 하는지(Mandatory), 아니면 모든 인스턴스에 대하여 페어링이 존재할 필요가 없는지(Optional)를 나타낸다.

Φ 선택성의 결정 방법(과거)
  ➥ 필수(Mandatory): 관계 읽기를 통하여 반드시(Must)이면 필수 관계 – 하나 이상의 사원이 반드시 하나의 부서에 소속되어 있다.

  ➥ 선택(Optional): 관계 읽기를 통하여 일 수도(May be)이면 선택 관계 – 하나의 부서에는 여러 명의 사원이 소속될 수도 있다.

Φ 선택성의 결정 방법(현재)
  ➥ 필수(Mandatory): 다른 엔터티에 어떤 행(Row)을 입력하기 전에 상대 엔터티에 적어도 한 건의 행(Row)이 반드시 있어야만 하는 경우.

  ➥ 선택(Optional): 다른 엔터티에 어떤 행(Row)을 입력하기 전에 상대 엔터티에 어떤 행(Row)이 존재할 필요가 없는 경우.

[그림 Ⅳ-1-15] 관계 선택성 결정 방법

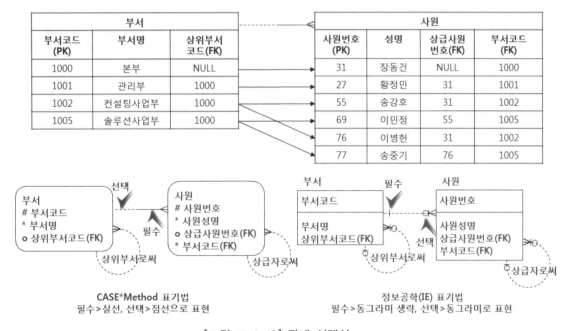

[그림 Ⅳ-1-16] 관계 선택성

선택성의 결정 방법을 대부분의 책에서 관계 읽기를 통하여 반드시(Must)이면 필수 관계, 예를 들어 '하나 이상의 사원이 반드시 하나의 부서에 소속되어 있다', 관계 읽기를 통하여 일 수도(May be)이면 선택 관계, 예를 들어 '하나의 부서에는 여러 명의 사원이 소속될 수도 있다'와 같은 방식으로 설명한다. 이러한 방식으로 현업에게 물어보면 '부서에는 하나 이상의 사원이 반드시 있다'라고 하는 것이 대부분으로 '부서'와 '사원'의 관계가 양쪽 필수로 될 수도 있으니 이러한 방법을 사용하지 말라고 한다. 대신 위에 적은 방식 '엔터티 B에 인스턴스를 입력하기 전에 엔터티 A에 적어도 하나의 인스턴스를 입력할 필요가 있다 또는 없다'로 선택성을 결정하는 것이 업무를 좀 더 명확하게 할 수 있다고 한다.

두 개의 엔터티 사이에 관계를 맺고 한쪽을 부모(Parent) 다른 한쪽을 자식(Child)이라 표현한다. 이는 일대다 관계이면 일 쪽이 부모 다 쪽을 자식이라 하며, 일대일인 경우는 선택성이 필수인 쪽이 부모, 선택인 쪽을 자식으로 칭한다. 다시 말하면 유일 식별자와 외래 식별자로 관계를 맺게 되는데 유일식별자가 표현되는 엔터티가 부모이고, 외래 식별자 또는 외래 키(FK, Foreign Key)가 표현되는 쪽의 엔터티가 자식이 된다.

3) 관계 식별성 표기법

■ 식별 관계

부모 엔터티의 식별자가 자식 엔터티의 식별자의 일부분이 되는 관계를 말한다. '주문' 엔터티와 '주문상품' 엔터티가 일대다의 관계이므로 '주문'이 부모 엔터티, '주문상품'이 자식 엔터티가 된다. CASE*Method 표기법에서는 관계 선에 수직인 바(UID Bar)를 사용하고, 정보공학(IE) 표기법에서는 실선을 사용하여 식별 관계를 표현한다.

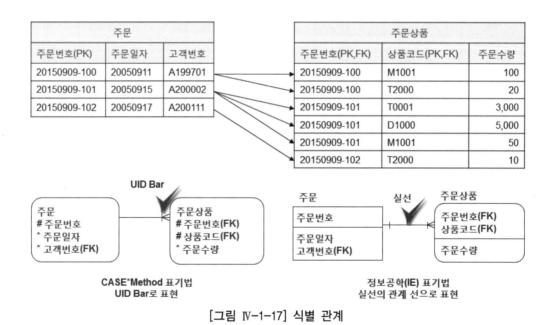

[그림 Ⅳ-1-17] 식별 관계

'주문상품' 엔터티의 인스턴스 한 건이 존재하려면 반드시 '주문' 엔터티에 인스턴스가 존재해야 하고, '주문상품' 엔터티의 인스턴스를 식별하려면 반드시 '주문' 엔터티의 인스턴스를 식별해야만 한다. 이런 이유로 식별 관계는, 자식 엔터티는 부모 엔터티에 대하여 존재 종속적이고 식별 종속적이어야 한다.

일반적인 상품 주문 업무에서 하나의 주문서에는 하나 이상의 상품을 주문할 수 있다. 역으로 하나의 상품은 여러 개의 주문에 주문될 수 있다. 이러한 이유로 '주문'과 '상품'은 다대다의 관계이고, 다대다를 해소하기 위하여 연결 엔터티로 관계를 맺은 것이 '주문상품' 엔터티가 된다. 또한 나중에 또 얘기하겠지만 주문서를 하나의 엔터티로 정의하면 여러 개의 상품 때문에 '주문일자', '고객번호' 등의 일련의 반복 속성 그룹이 발생하게 된다. 반복 속성 그룹을 따로 떼어 내어 하나의 엔터티로 정의하는 것을 정규화(Normalization)라고 한다. 이러한 정규화로 '주문'과 '주문상품' 엔터티를 식별하고, 일대다의 관계를 설정하면서 식별 관계인지 비식별 관계인지를 맺으며 데이터 모델링을 진행한다. 여기서 주문 상품 어느 한 건을 식별하려고 하는데, 상품코드 속성 값만을 가지고 주문 상품 어느 하나를 식별하는 것이 업무적으로 큰 의미가 없다는 것이다. 주문 상품 어느 하나를 정확히 식별하려면, 주문번호와 상품코드를 조합해야만 주문 상품 하나를 정확하게 식별할 수 있다.

■ 비식별 관계
부모 엔터티의 식별자가 자식 엔터티의 식별자의 일부분이 안 되고 일반 속성으로 표현되는 관계를 말한다. '부서' 엔터티와 '사원' 엔터티가 일대다의 관계이므로 '부서'가 부모이고, '사원'이 자식 엔터티가 된다. CASE*Method 표기법에서는 관계 선에 수직인 바(UID Bar)가 없고, 정보공학(IE) 표기법에서는 점선을 사용하여 비식별 관계를 표현한다.

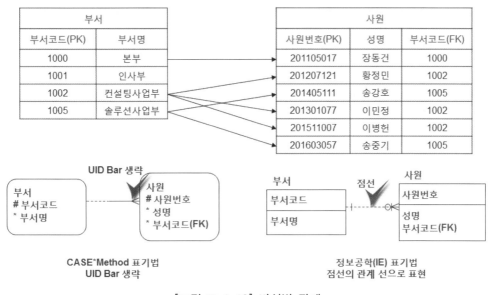

[그림 Ⅳ-1-18] 비식별 관계

'사원' 엔터티의 인스턴스 한 건이 존재하려면 반드시 '부서' 엔터티의 인스턴스가 존재해야 하지만, '사원' 엔터티의 인스턴스 한 건을 식별하려고 할 때 반드시 '부서' 엔터티의 인스턴스를 식별해야만 하는 것은 아니다. 이런 이유로 비식별 관계는 자식 엔터티는 부모 엔터티에 대하여 존재 종속적이지만, 식별 종속적은 아니다.

논리 데이터 모델링 단계에서 많은 사람들이 엔터티 간의 관계를 표현할 때, 어느 때 식별 관계로 할 것인지, 비식별 관계로 할 것인지를 잘 모르는 경우가 많이 있다.

식별 관계인지, 비식별 관계인지를 나타내는 이 이름에서 우리는 힌트를 얻을 수 있다. 식별 관계이면 자식 엔터티의 인스턴스를 식별할 때 반드시 부모 엔터티의 인스턴스를 먼저 식별해야 하고, 비식별 관계이면 자식 엔터티의 인스턴스를 식별할 때 부모 엔터티의 인스턴스를 먼저 식별할 필요가 없다.

제4절 관계형 모델 이론

1. 릴레이션 개념

관계형 모델 이론은 잘 정돈된 이론이다. 여기서 얘기하고자 하는 관계형 모델 이론은 업무에서 사용하는 데이터의 구조(Structure), 조작(Manipulation), 무결성(Integrity)에 대한 매우 간단한 이론을 말한다. 코드 (E.F.Codd) 박사나 데이트(C.J.Date) 같은 대가들이 말하는 방대하고도 고차원적인 관계형 데이터베이스 이론을 얘기하려는 것은 아니다.

관계형 데이터베이스 관리 시스템(RDBMS, Relational DataBase Management System)에 생성한 테이블 (Table)의 개념은 수학의 집합이론에서 말하는 릴레이션(Relation)으로부터 유래한 것이다. 릴레이션이 테이블 과 학술적인 개념에서는 비록 차이가 있지만, 일반 사용자는 릴레이션을 테이블이라고 생각하면 된다.

테이블은 열(Column)과 행(Row)으로 이루어져 있다. 테이블은 테이블 이름과 각 열의 이름으로 구성되어 있다. 통상적으로 사용하는 테이블을 학술적인 릴레이션에 대응시키면 관계형 데이터베이스 모델을 이해하는 데 많은 도움이 된다.

[그림 IV-1-19] 고객(CUSTOMER) 테이블을 보자. 관계형 모델에서는 이 테이블을 릴레이션이라 하고, 테이 블 이름인 '고객(CUSTOMER)'을 릴레이션 이름이라 한다. 따라서 '고객(CUSTOMER)' 테이블은 '고객(CUSTOMER)' 릴레이션이 된다.

또한 관계형 모델에서 테이블의 열은 애트리뷰트(Attribute)라 하고, 행은 튜플(Tuple)이라 한다.

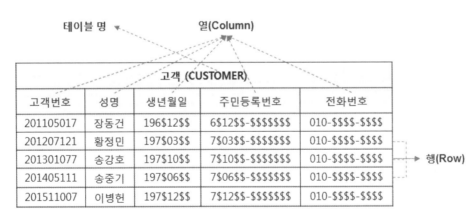

[그림 IV-1-19] 고객(CUSTOMER) 테이블

[그림 IV-1-20] 용어 비교는 관계형 이론, 논리 데이터 모델, 관계형 데이터베이스, 과거의 파일 시스템에서 사용하는 용어를 비교하여 보여주고 있다.

관계형(집합) 이론	논리 데이터 모델	관계형 데이터베이스	파일(File) 시스템
릴레이션(Relation)	엔터티(Entity)	테이블(Table)	파일(File)
튜플(Tuple)	인스턴스(Instance)	로우(Row)	레코드(Record)
애트리뷰트(Attribute)	속성(Attribute)	컬럼(Column)	필드(Field)

고객 (CUSTOMER)					
고객번호	성명	생년월일	주민등록번호	전화번호	취미
201105017	장동건	196$/12/$$	6$12$$-$$$$$$$	010-$$$$-$$$$	골프, 사진, 영화감상
201207121	황정민	197$/03/$$	7$03$$-$$$$$$$	010-$$$$-$$$$	등산, 당구, 독서
201301077	송강호	197$/10/$$	7$10$$-$$$$$$$	010-$$$$-$$$$	당구, 낚시, 음악감상, 사진

[그림 Ⅳ-1-20] 용어 비교

■ 릴레이션 정의

[그림 Ⅳ-1-21] 릴레이션 정의에서 릴레이션이란 집합 x = {1, 2, 3}과 집합 y = {1, 2, 3, 4, 5} 사이에 관계 R을 만족하는 모든 순서쌍이라고 하였다. 학술적인 릴레이션 개념을 학생 테이블에 대응시키면, 학생은 성명과 생년월일 집합 사이에 관계 R을 만족하는 모든 순서쌍의 부분집합이 된다. 수강과목은 학생과 과목 집합 사이에 관계 R을 만족하는 모든 순서쌍의 부분집합을 말하며, 이를 또 다른 말로 표현하면 수강과목은 학생과 과목 집합의 주어진 도메인의 카티션 프로덕트(Cartesian Product)의 부분집합이 된다.

Φ 릴레이션(Relation)
두 개의 집합 x, y 가 있을 때 두 집합간의 관계 R을 만족하는 모든 순서쌍을 말합니다.

집합 x={1,2,3}, 집합 y={1,2,3,4,5} 일 때, (x, y)는 (1,1), (1,2), (1,3), (1,4), (1,5), (2,2), (2,4), (3,3)이며, 이 8개의 순서쌍을 원소로 하는 집합 G가 릴레이션이며, x, y 곱집합의 부분집합이 됩니다.

수학적 정의로 보았을 때, 릴레이션이란 주어진 도메인들의 카티션 프로덕트(Cartesian product)의 부분집합을 말합니다.

Φ 학생 집합, 과목 집합, 수강과목 집합

[그림 Ⅳ-1-21] 릴레이션 정의

[그림 IV-1-22] 릴레이션 개념에는 관계형 데이터 모델의 릴레이션을 도식화해서 보여주고 있다. 관계형 모델 이론의 관점에서 예제로 고객 릴레이션을 소개하고 있다.

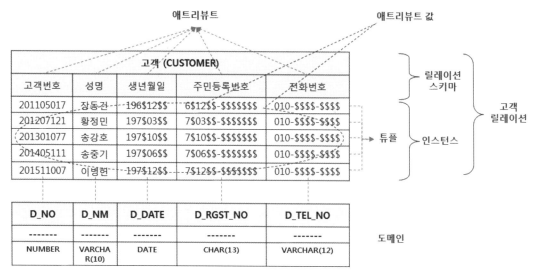

[그림 IV-1-22] 릴레이션 개념

어떤 릴레이션 R이 n개의 도메인(어떤 속성이 취할 수 있는 모든 값의 집합) D1, D2, …, Dn(도메인은 서로 같을 수도 있음) 상에서 정의될 때, [그림 IV-1-22] 릴레이션 개념에서 볼 수 있는 것과 같이 릴레이션 스키마 (Relation Schema – 릴레이션 구조)와 릴레이션 인스턴스(Relation Instance – 릴레이션에 발생된 행(Row))들로 구성된다.

릴레이션 R의 스키마는 릴레이션 이름 R과 일정수의 애트리뷰트 A1, A2, …, An의 집합으로 구성되는데 편의상 R(A1, A2, …, An)으로 표기한다. 이러한 릴레이션의 스키마를 관계형 데이터베이스 관점에서 표현하면 테이블 '고객'의 구조는 테이블 이름 '고객'과 일정수의 칼럼 '고객번호', '성명', '생년월일', …, '전화번호'의 집합으로 구성되는데 편의상 고객(고객번호, 성명, 생년월일, …, 전화번호)으로 표기한다.

여기서 각각의 애트리뷰트 Ai(i = 1, 2, …,n)는 도메인 D1, D2, …, Dn의 한 도메인 Di와 정확히 대응된다. 이것을 관계형 데이터베이스 관점에서 표현하면, 여기서 각각의 칼럼 C(고객번호, 성명, 생년월일…, 전화번호) 는 도메인 D(NUMBER, VARCHAR(10), DATE, …, VARCHAR(12))에 정확히 대응된다.

릴레이션 R의 인스턴스는 어느 한 시점에 릴레이션 R에 포함되어 있는 튜플(Tuple)의 집합을 말한다. 하나의 튜플은 릴레이션 R의 스키마에 정의된 각 애트리뷰트에 대응하는 값, V(V1, V2, …, Vn)으로 구성된다. 여기서 값 Vi는 애트리뷰트 Ai의 값으로서 Ai가 취할 수 있는 도메인 Di의 하나의 원소 값이다. 도메인은 어떤 애트리뷰트가 취할 수 있는 모든 값을 말하기 때문에, 애트리뷰트의 값 Vi는 도메인 Di의 값 중에 취할 수 있는 하나의 원소 값이다. 이것을 관계형 데이터베이스 관점에서 표현하면, 테이블 '고객'의 인스턴스는 어느 한 시점에 테이블 '고객'에 포함되어 있는 로우(행)의 집합을 말한다. 하나의 로우는 테이블 '고객'의 스키마에 정의된 각 칼럼(Column)에 대응하는 값('201105017', 장동건, 196$/12/$$, 6$12$$- $$$$$$, 010-$$$$-$$$$, - - -)으로 구성된다. 여기서 값 '201105017'은 칼럼 '고객번호'의 값으로서 '고객번호'가 취할 수 있는 도메인 'NUMBER'의 값 중에 하나의 원소 값이다.

릴레이션 R의 정의에서 애트리뷰트의 개수, 즉 n을 릴레이션 R의 차수(Degree)라고 한다. 차수 1인 릴레이션을 1차 릴레이션, 차수가 2인, 즉 애트리뷰트(속성)의 개수가 2인 릴레이션을 2차 릴레이션, 차수가 n, 즉 애트리뷰트(속성)의 개수가 n인 릴레이션을 n차 릴레이션이라고 한다. 릴레이션 R이 가지는 튜플(Tuple = Row)의 수를 릴레이션 R의 기수성(Cardinality)이라고 한다. 이 기수성의 개념은 관계(Relationship)가 갖는 기수성의 개념과는 다소 차이가 있다. [그림 Ⅳ-1-22] 릴레이션 개념에 있는 '고객' 릴레이션의 차수는 5이고, 기수성도 5인 릴레이션이다.

릴레이션 스키마와 릴레이션 인스턴스는 엔터티와 인스턴스 집합(Instance Set)에 비유하여 이해할 수 있다. 즉 릴레이션 스키마는 릴레이션의 논리적 구조를 정의한 것이고, 엔터티의 스키마는 엔터티의 논리적 구조를 정의한 것이다. 또 릴레이션 인스턴스는 어느 한 시점의 릴레이션의 내용, 즉 튜플 전체를 말한다. 엔터티의 인스턴스는 어느 한 시점의 엔터티의 내용, 즉 저장된 인스턴스 집합을 의미한다.

릴레이션 인스턴스나 엔터티의 인스턴스(인스턴스 집합)는 시간이 지남에 따라 그 내용이 생성, 소멸되는 동적인 성질을 가지고 있는 반면, 릴레이션 스키마나 엔터티 스키마는 쉽게 변하는 것이 아니므로 시간에 따라 잘 변하지 않는 정적인 성질을 가지고 있다.

관계형 데이터베이스를 사용하는 많은 사람들이 관계형의 관계를 영어의 'Relationship'으로 생각하는데, 관계(Relationship)는 하나 또는 두 개의 엔터티에서 인스턴스가 연관되는 업무적인 이유를 말하는 것이고, 관계형(Relational)의 관계(Relaion)는 수학의 집합이론에서 얘기하는 릴레이션을 말하는 것으로 '관계형'은 수학 릴레이션의 오역이라 할 수 있다. 즉 관계형보다는 행과 열을 갖는 이차원의 '테이블형 데이터베이스'가 더 정확한 표현이라 하겠다.

■ 속성과 도메인의 개념

관계형 모델에서 데이터의 가장 작은 논리적 단위는 테이블이나 행이 아닌 고객번호 '201105017'이나, 고객명 '장동건'과 같은 열이 취할 수 있는 값, 즉 애트리뷰트(Attribute) 값이다. 보통 수학 시간의 집합 이론에서 말하는 집합은 많은 부분 자연수의 집합과 같은 차수(Degree)가 1인 집합을 가지고 논리를 전개해 나가는 경우가 많다. 업무에서 다루는 '고객'이나 '사원'과 같은 집합은 차수가 여러 개(즉, 속성이 여러 개)인 경우가 대부분일 것이다. 이러한 차수에 대한 구조(Scheme)를 표현하는 것이 '애트리뷰트(속성)명'이라 할 수 있다.

수학의 집합 이론 개념에서 사용하는 용어가 애트리뷰트이므로 이번 장에서는 속성 값이라는 표현보다는 애트리뷰트 값이라고 하는 것이 의미가 더 와닿을 수 있으므로 이렇게 표현하였다. 논리 데이터 모델링 단계에서는 보통 속성 값으로 표현한다. 이번 장에서는 집합 이론을 근간으로 관계형 모델 이론을 설명하므로 이 장에서만 애트리뷰트와 속성을 적절히 혼용하여 사용하고, 다른 장에서는 속성으로 표현할 것이다.

특히 관계형 모델에서의 애트리뷰트(속성) 값은 업무에서 의미를 갖는 더 이상 분해할 필요가 없는 값, 즉 원자 값(Atomic Value)을 말한다. 원자 값의 개념을 우선 간단히 설명하면 예를 들어 '고객'의 '생년월일'이라는 속성이 있는 경우 12월 25일이 생일인 고객에게 축하 메시지나 CRM(Customer Relationship Management)을 위한 고객 정보를 찾고자 하는 경우, 우리는 12월 25일이 생일인 고객 정보를 제공해 달라고 할 것이다.

SQL(Structured Query Language)로 표현하면 "SELECT 고객명, 고객주소 FROM 고객 WHERE 생일 = '1225'" 라고 표현할 것이다. 이런 경우 특정 월일 12월 25일이 중요한 것이지 이 고객들이 몇 년도에 태어났는지는 중요하지 않을 수도 있다. 이렇게 업무를 수행하는 데 의미 있는 데이터의 최소 단위를 원자 값(Atomic Value)이라 한다.

하나의 애트리뷰트(속성)가 갖는 같은 타입(유형)의 모든 원자 값들의 집합을 그 속성의 도메인(Domain)이라 한다. 각 속성은 어느 한 도메인 상에서 정의되어야 하고, 정의된 속성은 반드시 그 해당 도메인으로부터만 값을 취할 수 있다. 도메인은 단순히 데이터 타입이라 할 수도 있다. 'CHARACTER', 'NUMBER', 'DATE'와 같은 시스템 정의 타입과 '상태코드', '부서코드', '고객번호'와 같은 사용자 정의 타입이 포함된다.

예를 들어 '계약일자' 속성이 가질 수 있는 값은 모든 날짜 값들 중에 하나의 값을 취할 수 있다. 또한 '부서코드' 는 어느 회사의 '인사부', '영업부', '생산부' 같은 부서를 '인사부=10', '영업부=20'과 같이 업무적인 관리를 위해서 부여한 코드 '10', '20' 등 정의된 '부서코드' 내에서만 사용할 수 있다. 이렇게 도메인은 관계형 데이터베이스 관리 시스템이 제공하는 'CHARACTER', 'NUMBER', 'DATE' 등과 같은 시스템 정의 도메인(타입)과 '부서코드', '상태코드' 같은 사용자 정의 코드 도메인(타입)이 포함되는 것이다.

애트리뷰트와 도메인의 개념은 프로그래밍 언어의 변수(Variable)와 데이터 타입에 비유할 수 있다. 어떤 데이터 타입으로 선언된 변수는 언제나 선언된 데이터 타입의 값만을 가질 수 있기 때문이다. 예를 들어 속성 '계약상태코드'의 취할 수 있는 값, 즉 도메인(데이터 타입)이 'CHAR(2)'라고 한다면, '계약상태코드'가 프로그래밍 언어의 변수와 같은 역할을 하는 것이다. 또한 'CHAR(2)'는 프로그래밍 언어의 변수에 선언된 데이터 타입과 같은 역할을 한다.

2. 관계형 모델 이론

관계형 모델은 코드(E.F.Codd) 박사가 그 당시의 데이터베이스 모델과 데이터베이스 제품이 가지고 있는 데이터 중복, 약한 데이터 무결성, 데이터베이스 구조가 물리적 구현에 지나치게 의존하는 것 등의 문제를 해결하기 위해 내놓았다. 대용량의 데이터를 취급할 수 있는 새로운 데이터베이스 모델인 관계형 데이터베이스 모델을 수학의 집합 이론(Set Theory)과 1차 술어 논리(1st Predicate Logic)라는 두 분야를 이론적 배경으로 만들었다.

수학의 이 두 가지 이론은 관계형 모델 이론에서 매우 중요한 위치를 점하고 있으며, 관계형 모델에 생명력을 불어 넣는 것이라 할 수 있다. 여기서 집합 이론이나 1차 술어 논리를 설명하려는 것은 아니다. 단지 데이터 구조(Structure), 데이터 조작(Manipulation), 데이터 무결성(Integrity)에 관한 관계형 모델 이론을 설명하는 데 이러한 개념이 데이터 모델링을 수행하는 데 매우 견고한 기초와 배경을 제공하기 때문이다.

- Φ 데이터 구조(Data structure)
  사용자가 인식하는 데이터의 구성 (organization of the data, as users perceive them)

- Φ 데이터 조작(Data manipulation)
  사용자가 관계형 데이터 구조에 행하는 일련의 연산(처리) 형태(types of operations users perform on the relational data structure)

- Φ 데이터 무결성(Data integrity)
  사용자가 일련의 관계형 연산을 수행할 때 관계형 테이블의 데이터 값이 어떻게 되야 하는 지를 통제하는 일련의 업무 규칙(set of business rules that govern how relational data values behave when users perform relational operations)

Handbook of Relational Database Design - 1989
Candace C. Fleming & Barbara von halle

[그림 Ⅳ-1-23] 관계형 모델 이론

이론(理論)이란 사물에 관한 지식을 논리적으로 연관시켜 하나의 체계로 이루어 놓은 것이다. 경제학자들은 현실에서 발생하는 경제 현상들을 관찰하고 분석하여 경제 이론을 수립하고, 정치나 행정가들은 이러한 경제 이론을 그들의 정책에 반영하며, 건축가들은 물리학 이론을 배경으로 웅장하면서도 아름다운 건축물을 설계하고, 엔지니어들은 공기 역학 이론을 이용하여 좋은 자동차를 설계한다. 이러한 예들은 우리의 현실 세계에 위대한 창조물들이 많은 이론에 근거하고 있다는 것과, 이러한 이론이 매우 중요하다는 것을 보여주고 있다.

이론의 가장 중요한 점은 우리가 어떤 일을 수행할 때 결과를 예측할 수 있도록 도와준다는 것이다. 예를 들어 부서와 사원 테이블에서 하나의 부서에 여러 사원이 소속되어 있다는 사실로부터 어느 부서에 소속되어 있는 사원의 정보를 알기 위하여 사원과 부서를 조인(Join)하려면, 사원과 부서 테이블에서 '부서 코드' 속성의 일치하는 값을 기초로 부서와 사원 테이블에서 동시에 데이터를 추출할 수 있다는 것을 알 것이다. 이렇게 우리는 관계형 모델 이론이 작용하는 방법을 토대로 테이블에서 데이터를 추출할 수 있음을 예측할 수 있다.

인식해야 하는 관계형 모델은 단순성을 지향한다. 단순성이란 약간의 친숙한 개념들을 사용하여 모델을 묘사할 수 있음을 의미한다. 비록 관계형 모델이 수학의 집합 이론과 1차 술어 논리에 뿌리를 두고 있지만, 그러한 이론에 친숙하지 않은 사람들과도 관계형 모델을 토론하고 인식할 수 있다. 관계형 모델을 가치 있고 영속하는 것으로 만든 것은 단순성과 견고한 이론적 바탕의 완벽한 조화 때문이라 할 수 있다. 단순성은 시스템 설계자와 개발자, 최종사용자 모두에게 이해할 수 있는 용어와 개념을 제공한다. 견고한 이론적 바탕은 관계형 질의(Query)의 결과가 잘 정의되고 그래서 예측을 보장한다. 이와 함께 도형(Diagram)을 이용하여 데이터 구조와 업무규칙을 표현하기 때문에 현실의 업무를 분석, 설계하는 데 매우 직관적인 접근 방법이다.

물론 관계형 모델 이전에도 데이터 구조와 데이터 조작이라는 개념은 있었다. 하지만 관계형 모델 이론에서 논하는 내용과는 상당한 차이가 있다. 관계형 모델의 데이터 구조는 단순한 플랫 파일(Flat File)이 아닌 6가지의 특성을 갖는 2차원의 관계형 테이블로 되어 있다. 데이터 조작은 파일 시스템이나 계층적 데이터베이스 모델에서 레코드 한 건씩 로직으로 처리하는 방식과는 달리, 수학의 집합 이론에 근거하여 집합적으로 처리해야 한다. 특히 데이터 무결성이라는 개념은 관계형 모델 이전에는 데이터베이스 관리 시스템의 역할이 아니라 프로그래머가 프로그램 로직으로 처리하던 것이다.

데이터 무결성(Integrity)이란 사용자가 관계형 테이블에 입력, 수정, 삭제, 조회의 데이터 조작을 수행할 때 데이터의 일관성(Consistency)과 정확성(Correctness)을 유지할 수 있도록 하는 일련의 업무 규칙(Set of Business Rules)이다.

어떤 입력 프로그램을 작성한다고 가정해보자. 화면에서 입력 받은 데이터를 데이터베이스에 저장하기 전에 프로그래머가 프로그램에서 수행하는 일련의 처리 로직의 대부분은 화면에서 입력 받은 항목의 값이 정확한지를 체크하는 데이터 검증(Validation) 로직일 것이다. 날짜 타입의 속성에 맞는 날짜가 입력되었는지, 숫자 타입의 속성에 문자 타입이 들어오지는 않았는지, 고객번호·상품코드 또는 공통코드가 사전(事前)에 각각의 테이블에 정의되어 있는지 등을 체크하여 업무규칙을 준수하는 이상이 없는 값이라면 데이터베이스에 저장할 것이다. 이렇게 데이터가 정확한지를 검증하는 것이 곧 데이터 무결성 개념이다. 다시 한번 강조하자면 데이터 값의 정확성을 확보하고자 하는 임무가 관계형 데이터베이스 이전에는 모두 프로그래머가 프로그램 로직에서 해결해야 할 사항이었다.

이론적으로 데이터베이스 관리 시스템이 모든 데이터 무결성을 보장할 수 있다면, 프로그램을 작성하느라 소요되는 시간, 즉 정보 시스템 개발 프로젝트의 기간을 현저히 줄일 수 있을 것이다. 코드(E.F.Codd) 박사는 이러한 사상을 가지고 데이터 무결성에 대한 이론을 전개하여 될 수 있으면 프로그램의 로직이 아니라 데이터베이스 시스템이 이러한 데이터 무결성을 보장할 수 있도록 한 것이다. 하지만 이러한 데이터 무결성을 보장하기 위하여 모든 데이터가 갖는 업무 규칙을 데이터베이스 관리 시스템에 설정하고 프로그램에서 제거한다면 현실적으로 너무나도 불편할 것이다. 이러한 불편함 때문에 논리 데이터 모델링 과정에서 업무 규칙을 논리 데이터 모델 내에 정확히 기술하고, 데이터 무결성 업무 규칙을 프로그램으로 처리할 것인지 데이터베이스 관리 시스템에 설정할 것인지 시스템 설계 과정 중에 결정해야 한다.

데이터 무결성 개념을 실제로 사용하는 관계형 데이터베이스 관리 시스템 중 하나인 오라클(ORACLE)을 예로 살펴보자. 오라클에 선언하는 각종 제약(Constraint) 및 트리거(Trigger)가, 예를 들어 기본 키(PK) 제약, 외래 키(Foreign Key) 제약, 체크(Check) 제약, NOT NULL 제약, 참조무결성을 보장하는 트리거(Trigger) 등이 이러한 데이터 무결성을 보장해주기 위한 관계형 데이터베이스 관리 시스템의 선언 또는 설정할 수 있는 물리적인 요소들이다.

가. 데이터 구조

관계형 모델 이론의 관계형 데이터는 릴레이션 내에 구성된다. 릴레이션은 수학의 집합 이론에 배경을 둔 개념이라고 하였다. 관계형 모델 이론에 의한 관계형 데이터베이스 모델을 구축하려는 일반 사용자들은 릴레이션을 어떤 특별한 특성을 갖는 행(Row)과 열(Column)로 구성된 2차원의 관계 테이블로 생각하자. 릴레이션(엔터티, 테이블) 구조를 이해하기 어려우면 일단은 가로와 세로로 구성된 엑셀 파일의 하나의 시트를 생각해도 큰 무리가 없을 것이다.

관계형 모델의 릴레이션(행과 열로 구성된 2차원의 테이블)이 갖는 이 6가지 특성은 논리 데이터 모델링을 수행해 나가는 데 있어서 상당히 중요한 개념이고, 관계형 데이터 모델에 매우 많은 영향을 주므로 이 특성에 대해서 자세히 살펴보겠다.

Φ   6가지 특성을 가진 행(Row)과 열(Column)로 구성된 2차원의 테이블로 표현.

고객 (CUSTOMER)					
고객번호	성명	생년월일	주민등록번호	전화번호	취미
201105017	장동건	196$/12/$$	6$12$$-$$$$$$$	010-$$$$-$$$$	골프, 사진, 영화감상
201207121	황정민	197$/03/$$	7$03$$-$$$$$$$	010-$$$$-$$$$	등산, 당구, 독서
201301077	송강호	197$/10/$$	7$10$$-$$$$$$$	010-$$$$-$$$$	당구, 낚시, 음악감상, 사진
201405111	송중기	197$/06/$$	7$06$$-$$$$$$$	010-$$$$-$$$$	독서, 골프, 영화감상
201511007	이병헌	197$/12/$$	7$12$$-$$$$$$$	010-$$$$-$$$$	음악감상, 독서, 스키

➜ 각 열은 하나의 값을 가진다 (Entries in columns are single-valued.)
➜ 각 열의 값은 동일한 종류이다 (Entries in columns are of the same kind.)
➜ 각 행은 유일하다 (Each row is unique.)
➜ 열의 순서는 의미가 없다 (Sequence of columns is insignificant.)
➜ 행의 순서는 의미가 없다 (Sequence of rows is insignificant.)
➜ 각 열은 유일한 이름을 가진다 (Each column has a unique name.)

Handbook of Relational Database Design - 1989
Candace C. Fleming & Barbara von halle

[그림 Ⅳ-1-24] 데이터 구조의 6가지 특성

이러한 6가지 특성을 순차적으로 살펴보면서도 어떤 경우에는 데이터 구조, 데이터 조작, 데이터 무결성 개념을 동시에 설명할 수도 있다.

1) 각 열은 하나의 값을 가진다

이는 관계형 모델 데이터 구조의 첫 번째 특성이자 관계형 모델의 가장 중요한 특성 중 하나라 할 수 있다. 각 열은 하나의 값을 가진다는 특성은 수학의 집합 이론에서는 릴레이션이 갖는 애트리뷰트의 원자성이라 한다. 이 특성이 의미하는 것은 한 릴레이션에 나타난 애트리뷰트 값은 논리적으로 더 이상 분해할 수 없는 값으로 업무적인 이유에 의한 단위 값이라는 점이다. 따라서 이 특성이 가지고 있는 근본적인 의미는 애트리뷰트 값으로 반복 그룹(Repeating Group), 즉 값의 집합은 허용되지 않는다는 것이다. 이러한 반복 그룹을 애트리뷰트 값으로 허용하지 않는 릴레이션을 정규화한(Normalized) 또는 1차 정규형(First Normal Form – 1NF) 릴레이션 이라고 한다.

각 열은 하나의 값을 가진다는 특성은 관계형 데이터 구조의 토대이기 때문에 이 특성의 중요성과 영향력을 이해한다는 것은 매우 중요하다. 예를 들어 자연수의 집합 R = {1, 2, 3 …}을 갖는데, [그림 Ⅳ-1-24] 데이터 구조 6가지 특성에서 '취미' 속성은 하나의 속성에 같은 의미를 갖는 원소들을 몇 개씩 묶어서 표현하고 있으니 집합의 성질과는 다른 모습을 보이고 있다. 즉 자연수의 집합 R = {1, 2, 3 …}의 개념에 맞는 속성은 고객번호, 성명, 생년월일과 같이 하나의 속성에 하나의 값만을 갖는 것과 같다.

이 특성은 관계형 모델의 데이터 처리(조회)에도 상당히 영향을 미친다. 관계형 모델을 배울 때 항상 나오는 정규화에 대한 기본적인 개념이 되는 것이니 반드시 이해하고 넘어가야 할 사항이다(집합의 특성으로 인하여 관계형 모델에서 논하는 릴레이션은 기본적으로 정규형이다).

[그림 Ⅳ-1-25] 반복 그룹 형태에서 두 가지 유형 위의 그림은 하나의 '취미' 속성에 취미 값 '등산', '당구' 등 여러 개의 속성 값이 나열되어 있는 형태이다. 아래의 그림은 '취미' 속성의 값에 따라 '고객' 속성의 값을 가져가니 '고객'의 '성명'과 '생년월일' 속성이 반복 그룹 속성의 형태로 나타나고 있다. 물론 위의 그림은 많이 보던 모습이지만, 아래 그림은 누가 저렇게 테이블 구조를 가져갈 것인가 할 것이다. 하지만 관계형 데이터베이스 이전의 파일 시스템에서는 이러한 모습의 파일이 많았다.

관계형 모델에서 이러한 데이터 구조를 가지면 왜 안 되는지, 이러한 데이터 구조는 어떤 문제가 있는 것인지, 또한 문제가 있다면 이것을 어떻게 해결할 것인가를 살펴보기로 하자. 왜 각 열은 하나의 값을 가져야 하는가? 데이터베이스를 사용하는 이유 중 한 가지는 데이터 접근의 유연성이다. 데이터베이스를 사용하는 궁극적인 목표는 인간이 생각하는 것처럼 데이터베이스가 작동되는 것이라 할 수 있다.

[그림 Ⅳ-1-25] 반복 그룹 형태 아래 그림에서 '취미가 골프인 고객의 명단을 작성해 주세요!'라는 요구가 있을 때, 집합적인 개념으로 설명하면 고객취미 집합에서 취미가 골프인 고객의 부분 집합을 보여 달라는 것이다. 이러한 문장은 일상적인 업무에서 발생하는 정보 요구 사항이다. 이러한 문장을 관계형 모델에서 어떻게 표현하는가? 관계형 모델의 관점에서 본다면 이와 같은 문장이 곧 SQL(Structured Query Language)을 실행하고 있는 것과 같다. SQL은 우리가 매일 사용하는 자연어를 구조적(Structured)으로 표현한 것과 같은 SELECT(무엇을), FROM(어디로부터), WHERE(어떤 조건으로)라는 구조 하에서 정보를 보여주는 것이다.

Φ **하나의 속성에 여러 값을 정의한 경우**

고객 (CUSTOMER)					
고객번호	성명	생년월일	주민등록번호	전화번호	취미
201105017	장동건	196$/12/$$	6$12$$-$$$$$$	010-$$$$-$$$$	골프, 사진, 영화감상
201301077	황정민	197$/10/$$	7$10$$-$$$$$$	010-$$$$-$$$$	당구, 낚시, 음악감상, 사진
201405111	송강호	197$/06/$$	7$06$$-$$$$$$	010-$$$$-$$$$	독서, 골프, 영화감상
201511007	송중기	197$/12/$$	7$12$$-$$$$$$	010-$$$$-$$$$	음악감상, 독서, 스키

Φ **취미로 인하여 고객 집합이 반복 그룹이 되는 경우**

고객	
성명	생년월일
장동건	196$/12/$$
황정민	197$/10/$$

취미
취미명
수영
골프
등산

고객취미		
성명	생년월일	취미명
장동건	196$/12/$$	수영
장동건	196$/12/$$	골프
장동건	196$/12/$$	등산
황정민	197$/10/$$	수영
황정민	197$/10/$$	골프
황정민	197$/10/$$	등산

[그림 Ⅳ-1-25] 반복 그룹 형태

관계형 모델에서는 상기 문장을 절차적인 프로그램으로 구현하지 않고, WHERE 조건 절에 단지 취미가 취미명 = '골프'라는 단일 값(Single value), 즉 원자 값(Atomic value)을 기술하면 관계형 데이터베이스 관리 시스템이 WHERE 절의 조건에 맞는 고객의 명단을 제공하는 것이다. 즉 'SELECT 성명 FROM 고객취미 WHERE 취미명 = '골프'라는 SQL 문장이 되는 것이다.

관계형 모델의 핵심은 우리가 원하는 정보의 상수 값, 즉 SQL 문장의 WHERE절에 속성 '취미명'(변수) = '골프'(상수)를 관계형 데이터베이스 관리 시스템한테 SQL 문장으로 전달하면, 관계형 데이터베이스의 옵티마이 저(Optimizer, 최적화)가 프로그래머가 작성한 프로그램이 원하는 정보를 찾아 제공하는 것과 같은 역할을 수행하여 사용자에게 결과를 제공하는 것이다. 이렇게 정보를 조회하는 WHERE절에 기술한 속성의 단위가 업무에 의미 있는 속성의 최소 단위 값, 즉 원자 값이다.

관계형 모델의 각 애트리뷰트(속성)가 하나의 값을 갖는다는 것이 어떤 의미와 장점을 가지고 있는지를 살펴보 기 위하여 관계형 모델이 아닌 파일(File)이나 계층형(Hierarchical) 모델 환경에서 '직원 중에 직위가 부장인 직원들의 명단을 제출하세요' 데이터 조회 방법을 살펴보자.

파일이나 세그먼트(Segment - 계층형 데이터베이스의 파일로 관계형 모델의 테이블과 같은 개념)에 접속하 여 이를 오픈하고, 데이터 한 건을 읽어서 이것의 직위가 '부장'인지를 확인하여 부장 성명을 버퍼에 저장하고, 파일의 마지막 레코드까지 계속하여 읽어가서 마지막이면 부장 성명을 보여준다. 이러한 처리 방식을 한 건 한 건씩 레코드를 처리하는 순차(Sequential) 처리 방식이라 한다. 관계형 모델에서는 직위 = '부장'이라는 단일 값(Single value), 즉 원자 값(Atomic value)을 WHERE 조건 절에 정의하는 'SELECT 사원명 FROM 사원 WHERE 직위 = '부장''이라는 SQL 문장을 실행하면, 사원 전체 집합에서 직위가 '부장'인 부분집합을 보여 주는 집합(Set) 처리 방식이다.

관계형 모델은 데이터를 한 건씩 처리하는 순차 처리방식이 아니고, 집합 처리방식이므로 관계형 테이블 내 모든 속성은 원자 값으로 구성되어 있어야 한다.

이제 [그림 Ⅳ-1-25] 반복 그룹 형태 위쪽의 '고객(CUSTOMER)' 테이블에서 취미가 '영화감상'인 고객을 찾으려면 어떻게 해야 하는 것인가? 이러한 다중 값(Multi Value)을 갖는 속성에서 원하는 정보를 찾으려면 'SELECT 성명 FROM 고객취미 WHERE 취미명 LIKE '%영화감상%''으로 찾을 수는 있다. 하지만 이것은 릴레이 션(테이블)의 정규형에 위배되어 입력, 수정, 삭제 이상이라는 데이터 이상 현상이 발생하여 데이터의 일관성과 정확성이 깨질 수 있기 때문에 이러한 다중 값(Multi Value)을 갖는 속성은 정규화(Normalization)를 해야 한다. 정규화는 제2장 제7절 정규화를 참고하기 바란다.

관계형 모델의 테이블이 갖는 속성이 반복 그룹 속성이 아닌 단일 값(Single value)이면서 원자 값(Atomic value)이어야 하는 가장 근본적인 이유는 1) 정보 접근의 유연성 2) 테이블 구조 변경의 유연성(어떠한 조건이 바뀌었을 때 최소한의 노력만으로 그 조건을 수용할 수 있는 성질) 3) 정규화 이론에 나오는 입력이상, 수정이상, 삭제이상 현상을 없애고 데이터의 무결성(정확성과 일관성)을 확보하기 위한 것이다.

2) 각 열의 값은 동일한 종류이다

이론적으로는 수학의 집합 이론에 근거한 릴레이션(테이블)의 정의에 따라 각 애트리뷰트의 값은 동일한 종류여야 한다. 왜냐하면 집합이란 어떤 조건에 따라 일정하게 결정되는 동일한 원소의 모임을 말하기 때문이다. 여기서의 어떤 조건이란 집합의 원소들이 같은 성격을 갖는다는 말이다. 거꾸로 말하면 속성은 같은 성격을 갖는 속성 값을 추상화하여 개념화한 것으로 같은 도메인 하에서 속성을 정의하였기 때문이다. 이러한 특성을 관계형 릴레이션 내에 각 애트리뷰트의 값은 동일한 종류로 정의해야 한다. 이를 도메인 무결성이라고 한다. 도메인 무결성은 이번절의 '다)데이터 무결성의 3)도메인 무결성 규칙'을 참고하기 바란다.

예를 들어 자연수의 집합이라고 정의한다면 그 집합의 요소는 자연수 {1, 2, 3, 4, …}이다. 이러한 집합의 요소(값)는 자연수라는 특성을 갖는다. 즉 이 집합의 요소 {1, 2, 3, 4, …}는 자연수(양의 정수)라는 조건 하에서 성립한다. 이러한 집합의 요소(값) {1, 2, 3, 4, …}가 갖는 특성, 즉 자연수라는 요소(값)들이 갖는 특성이 '양의 정수'라는 도메인이 하나인 집합이다. 즉 자연수의 요소(값)도 집합이고, '양의 정수'도 집합이라는 것이다.

3) 각 행은 유일하다

수학적 의미의 집합은 분별할 수 있는 원소의 모임이기 때문에 한 집합에 분별할 수 없는 똑같은 원소가 중복해서 포함될 수 없다. 이것을 튜플(Tuple)의 유일성이라 한다. 즉 두 개의 똑 같은 튜플(Row)은 한 릴레이션에 포함될 수 없다. 이것은 릴레이션의 인스턴스가 튜플을 원소로 갖는 집합이라는 데서 나오는 당연한 성질이다. 이 튜플의 유일성은 릴레이션을 조작하기 위해 튜플에 접근하고 식별하는 방법의 기본이 된다. 관계형 모델에서는 이러한 성질을 엔터티 무결성(Entity Integrity)이라 한다. 엔터티 무결성의 설명은 이번 절의 '다) 데이터 무결성 1) 엔터티 무결성 규칙'을 참고하기 바란다.

4) 열의 순서는 의미가 없다

이것을 애트리뷰트(Attribute)의 무순서성이라 한다. 이 성질은 한 릴레이션의 스키마가 일정 수의 애트리뷰트 집합으로 정의되는 데서 나오는 결과인 것이다.

'고객(CUSTOMER)' 릴레이션의 정의를 분석하여 보면, 이 정의는 고객 릴레이션이 고객번호, 성명, 생년월일, 주민등록번호, 전화번호의 5개의 애트리뷰트(속성)로 구성 된다는 것을 정의한 것이지 애트리뷰트의 물리적인 위치나 상대적 위치, 즉 나열 순서까지 정의한 것은 아니다. 따라서 고객번호는 고객 릴레이션에 속하는 애트리뷰트이지 제일 먼저 기술되었다고 해서 첫 번째 애트리뷰트라는 의미는 아니다. 따라서 릴레이션을 나타내는 테이블의 맨 위에 기술되어 있는 열(Column) 이름들은 이 릴레이션의 스키마의 한 표현이다. 원래 튜플은 애트리뷰트 이름 쌍의 집합으로 표현하면 충분한 것이지 이 쌍들 간에 어떤 순서가 존재하는 것은 아니다. 보통 한 튜플을 나타내는 테이블의 한 행은 애트리뷰트 이름을 일일이 나열하지 않고 값만을 기술한 것인데, 이것은 값의 순서(왼쪽에서 오른쪽으로)를 가지고 대응되는 애트리뷰트 이름을 알 수 있게 하는 편의상의 표현 방법에 불과하다.

비 관계형 데이터 모델에서는 우리가 프로그램을 통하여 데이터에 접근할 경우 반드시 비 관계형 파일이나 계층형 모델의 구조와 동일하게 정의를 해야만 프로그램과 파일 또는 데이터베이스가 의사소통을 할 수 있었다. 만약에 이러한 속성의 순서를 어기면 데이터를 입력·수정할 때 데이터 값이 틀려질 수 있었으며, 속성을 추가하거나 순서를 바꾸면 이 파일을 사용하는 모든 프로그램을 다시 컴파일(Compile)을 해야만 했다. 관계형 모델에서는 애트리뷰트의 무순서성으로 인하여 속성을 테이블에 있는 칼럼(Column)의 순서와 상관없이 우리가 사용하는 칼럼(Column) 명만 기술하면 되는 것이다.

5) 행의 순서는 의미가 없다

수학적 의미의 한 집합의 원소 사이에는 순서가 없는데 릴레이션은 바로 튜플을 원소로 하는 집합이기 때문에 이 튜플 사이에는 순서가 있을 수 없다. 이것을 튜플의 무순서성이라 한다. 이 성질 역시 릴레이션은 본질적으로 집합이라는 것 때문이다. 즉 이것은 두 릴레이션의 튜플들이 그 순서만 다르다고 해서 상이한 릴레이션이 될 수 없다는 뜻이다.

예를 들어 상기의 '고객(CUSTOMER)' 릴레이션에서 튜플들의 순서를 밑에서 위로 표현하여 고객1 릴레이션이라고 표현한다 하더라도 고객과 고객1 릴레이션이 본질적으로 달라지는 것이 아니다. 즉 테이블의 표현은 서로 다를지 모르지만 고객 릴레이션이 나타내는 내용(튜플)과 고객1 릴레이션이 나타내는 내용(튜플)은 모두 같기 때문에 이 두 릴레이션은 같은 것이다.

결국 릴레이션과 테이블의 차이는 추상적 개념(의미)과 이를 밖으로 나타내는 구체적 표현의 차이로서 릴레이션은 추상적 개념이고 테이블은 이 릴레이션을 외부로 기술하는 하나의 구체적 표현인 것이다. 그런 의미에서 사실상 하나의 릴레이션은 여러 가지 상이한 형태의 테이블로 표현될 수 있는데, 이것은 하나의 개념을 설명하는 방법, 즉 구현 방법은 항상 여러 가지가 있을 수 있다는 것을 의미한다.

6) 각 열은 유일한 이름을 갖는다

이 특성은 '열(Column)의 순서는 의미가 없다.'는 것의 연장선상에서 생각을 하자. 즉 열의 순서는 중요하지 않기 때문에, 열은 그것의 위치에 의해서가 아니라 열의 이름에 의해서 그 값을 찾을 수 있는 것이다. 일반적으로 열의 이름은 데이터베이스 관리 시스템(DBMS)의 전체 또는 주어진 데이터베이스에서 조차 유일할 필요는 없다. 하지만 열이 표현되는 테이블 내에서는 반드시 유일한 이름을 가져야 한다.

관계형 모델의 데이터 구조 6가지 중에서 뒤에 나오는 3가지는 논리 데이터 모델링을 할 때 그렇게 중요한 사항이 아니지만, 앞의 3가지는 논리 데이터 모델에 반드시 적용해야 하는 매우 중요한 사항이다. 이러한 특성에 맞춰 데이터베이스를 생성하면, 기본적으로 정보 접근의 유연성과 데이터의 정확성을 보장 받을 수 있다고 할 수 있다.

나. 데이터 조작

[그림 Ⅳ-1-26] 관계형 모델 데이터 조작을 보면, 다시 한 번 강조하지만 최대한 하나씩의 레코드(Record, Row - 행)를 처리하는 로직으로 프로그램을 작성하지 말라는 것이다. 입력, 수정, 삭제, 조회를 할 때 집합적으로 처리하라는 것이다. 특히 8개의 조회 관계 연산자를 자세히 보면, 수학 시간에 배운 부분 집합, 곱집합, 합집합, 공통집합, 차집합 등을 나타내는 것이 보일 것이다. 또한 데이터를 입력, 수정, 삭제 처리할 때에도 많은 데이터를 처리한다면 최대한 집합적으로 처리하라는 것이다.

논리 데이터 모델링을 얘기하면서 이러한 물리적인 데이터 조작에 대해서 얘기하는 이유는 논리 데이터 모델을 생성하고, 이 데이터 모델이 우리의 정보요구를 제대로 반영했는지를 검토하려면 데이터 시뮬레이션을 해봐야 한다. 8가지의 조회 관계 연산자를 알고 있으면 이에 대한 데이터 시뮬레이션 검증을 할 수 있지만, 기본적인 조회 개념이 없으면 이를 수행할 수가 없기 때문에 관계형 모델에서의 데이터 조회 연산자를 설명하는 것이다. 좀 더 깊이 있는 데이터 조회에 대해서 알고 싶으면 별도의 SQL 공부를 해야 한다.

Φ **집합 처리(not one record at a time)**

Φ **관계 연산자 : 조회**
- **Select (or Restrict)** : 열에 의거한 행의 부분집합.
- **Project** : 열의 부분집합.
- **Product** : 두 관계 테이블간 행의 조합을 묶음.
- **Join** : 열의 기준에 의거하여 각 행을 수평적으로 묶음.
- **Union** : 중복을 없이하여 각 행을 수직적으로 묶음.
- **Intersection** : 관계 테이블간의 공통된 행.
- **Difference** : 하나의 관계 테이블에만 있는 행.
- **Division** : 다른 관계 테이블의 모든 행에 대응하는 열을 제외한 열.

Φ **처리 연산자 : 관계 테이블의 내용에 변화**
- **Insert** : 행의 입력.
- **Update** : 행의 수정.
- **Delete** : 행의 삭제.

Handbook of Relational Database Design - 1989
Candace C. Fleming & Barbara von halle

[그림 Ⅳ-1-26] 관계형 모델 데이터 조작

데이터를 처리하는 방식을 관계형 데이터베이스 이전의 데이터베이스와 비교하여 설명해 보겠다. 아주 간단한 예로 계층형 데이터베이스 모델에서는 '부서'나 '사원'을 세그먼트(Segment)라 칭한다. '부서'를 루트(Root) 또는 부모(Parent) 세그먼트라 칭하고, '사원'을 자식 세그먼트라 칭한다. 부모 세그먼트와 자식 세그먼트의 관계는 일대다이고, 관계형 데이터베이스 모델과의 구조적인 면에서의 큰 차이점은 계층형은 물리적으로 '부서코드' 속성이 자식 세그먼트에 표현되지 않고, 내부적인 포인터(Pointer)에 의해서 연결되어 있고, 관계형 데이터베이스 모델은 '부서코드' 속성이 '사원' 테이블에 '부서코드'라고 표현된다는 것이다.

부서별 사원수를 알고 싶어 하는 정보요구가 있다고 가정하자. 계층형 데이터베이스 경우의 처리절차를 살펴보자. 정보요구를 순차적인 로직으로 구현한다면 주요 로직은 다음과 같을 것이다.

1) 일단 '부서코드'는 주 키(Primary key)로 선언되어 있을 것이다. '부서명' 순서로 보여줄 수 있게끔 정렬(Sort)하는 것을 로직으로 구현하든가 '부서명'에 보조키(Secondary Key)를 선언해야 정렬하기가 쉽다.

2) 코볼(COBOL-과거 사용한 프로그램 작성 언어중 하나)로 작성한 파일 정의(FD, File Definition) 문장에 계층형 데이터베이스의 세그먼트의 속성 순서 및 데이터 타입이 동일하게 선언을 해야 한다(관계형 데이터베이스 모델은 이러한 작업이 필요 없음. 열의 순서는 의미가 없고, SELECT 문장에 필요한 속성만을 나열하면 됨).

3) '부서명' 순으로 사원수를 보여주기 위하여 Work Area에 임시로 저장할 '사원수' 속성과 '부서명' 속성을 정의한다.

4) '부서' 세그먼트를 읽고 첫 번째 읽은 '부서명'을 저장한다. 'GNP(Get Next Parent)'라는 계층형 데이터베이스 모델에서 부모 세그먼트를 읽고, 자식 세그먼트를 읽을 때 사용하는 명령어를 이용하여 '사원' 세그먼트를 읽어 내려간다. 사원 세그먼트를 읽으면 Work Area의 사원수 속성의 값을 1로 바꾼다.

5) 다음 레코드를 읽어가면서 '부서명'이 바뀌면 Work Area에 다시 '부서명'을 저장하고, 사원수 속성

값을 0으로 바꾼다. 계속해서 레코드를 읽어가면서 '부서명'이 바뀔 때까지 '사원수'를 더해가다가 파일의 최종 레코드이면 이 로직을 멈춘다.

6) 마지막 'Finalization Process'에서 화면이나 보여주고자 하는 보고서의 형식(Format)에 맞추어서 보여 준다.

Φ **계층형 데이터베이스 모델**

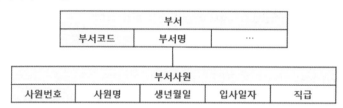

Φ **관계형 데이터베이스 모델**

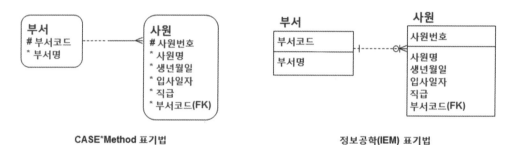

[그림 Ⅳ-1-27] 데이터 처리 사례 데이터 모델

관계형 데이터베이스인 경우의 처리절차를 보면 아래와 같다.

```
SELECT 부서.부서명, COUNT(사원.사원번호)
FROM 부서, 사원
WHERE 부서.부서코드 = 사원.부서코드
GROUP BY 부서명
ORDER BY 부서명
```

상기의 SQL 문장 하나로 계층형 데이터베이스에서의 처리절차가 끝나는 것이다. 계층형 데이터베이스에서의 데이터 처리 방식은 한 건씩의 레코드를 처리하는 순차 처리 방식이고, 관계형 데이터베이스에서의 데이터 처리 방식은 속성의 원자 값(Atomic Value)에 의한 집합 처리 방식이다. SQL은 전체 테이블의 집합에서 정의역 (SQL의 WHERE조건에 정의해 주는 값)을 결정해 주면, 관계형 데이터베이스의 옵티마이저(Optimizer)가 그 결과를, 즉 우리가 원하는 데이터 집합의 치역(値域)을 제공한다. 그러니 처리하는 로직은 옵티마이저한테 맡기고 정의역만 제공하면 그만인 것이다.

관계형 데이터베이스를 사용하면서 가장 중요한 개념은 집합(SET)이다. 엔터티·관계·속성이 모두 집합 개념이며, 데이터를 조회하는 8개의 연산자가 모두 집합 개념이다. 데이터의 처리 입력, 수정, 삭제도 집합 개념으로 처리를 해야만 한다.

다. 데이터 무결성

관계형 모델이 갖는 중요한 장점 중의 한 가지가 데이터 관점에서의 다중(엔터티 무결성, 참조무결성, 도메인(속성) 무결성, 연쇄작용) 무결성을 보장한다는 것이다.

데이터 무결성
  사용자가 일련의 관계형 처리(입력, 수정, 삭제, 조회)를 수행할 때 관계형 엔터티(테이블)의 데이터 값이 어떻게 작용
  해야 하는지를 통제하는 일련의 업무규칙으로 엔터티, 관계, 도메인 무결성 규칙 및 연쇄 작용이 있다.

Φ **엔터티 무결성 규칙(Entity integrity rule)**
  주 키(특정 행을 유일하게 인식하는 하나 이상의 열)는 널(Null) 값을 포함하지 않는다.

Φ **참조 무결성 규칙(Referential integrity rule)**
  관계 엔터티(테이블)의 모든 외래 키 값은 관련 있는 관계 엔터티(테이블)의 모든 주 키 값이 존재해야 한다.

Φ **도메인(속성) 무결성 규칙(Domain integrity rule)**
  엔터티(테이블) 내의 모든 열(Column)에 관한 무결성 규칙으로 데이터 타입, 길이, 허용 값, 기본값, 유일성, 널(Null)
  여부 등에 관한 제한이다.

Φ **연쇄 작용(Triggering operation) 또는 업무 규칙(Business Rule)**
  입력,삭제,수정 또는 조회 등의 작업이 동일 엔터티(테이블) 혹은 다른 엔터티(테이블)의 속성에 영향을 미치는 업무규
  칙을 정의하는 것이다.

Handbook of Relational Database Design - 1989
Candace C. Fleming & Barbara von halle

[그림 IV-1-28] 데이터 무결성

관계형 테이블 내의 의미 있는 속성들은 어떤 무결성 규칙을 가져야만 한다. 이러한 무결성 규칙은 테이블 내의 속성 값을 정확한 것으로 보장하는 것이다. 사실상 이러한 제약이 없다면 데이터의 값은 부정확하고, 불완전하며, 잘못된 결과를 우리에게 보여줄 것이다. 이러한 무결성 규칙은 관계형 모델에서 릴레이션을 설명할 때 집합을 정의하면서 집합의 특성상 가져야만 하는 규칙으로도 정의하였던 것이다.

[그림 IV-1-28] 데이터 무결성에 정의된 바와 같이 데이터 무결성이라는 개념을 보면 입력, 수정, 삭제뿐만 아니라 조회 시에도 데이터의 일관성과 정확성을 유지해야 한다고 하고 있다.

1) 엔터티 무결성 규칙

수학적 의미의 집합은 분별할 수 있는 원소의 모임이기 때문에 한 집합에 분별할 수 없는 똑 같은 원소가 중복해서 포함될 수 없는 특성을 튜플(Tuple)의 유일성이라고 하였다. 즉 두 개의 똑 같은 튜플은 한 릴레이션에 포함될 수 없고, 이것은 릴레이션의 인스턴스가 튜플을 원소로 갖는 집합이라는 데서 나오는 당연한 성질이라고 하였다.

Φ 유일 식별자란 엔터티 내 특정 건(Instance)을 다른 것과 구별할 수 있도록 식별해주는 하나 이상의 속성과 관계의 조합이다.

➔ 식별자를 구성하는 각 속성이 널(Null)이 아닐 것.

➔ 엔터티 내 특정 건(Instance)의 유일성(Uniqueness)을 보장할 것.

➔ 최소한의 속성 집합(Minimal set)일 것.

[그림 Ⅳ-1-29] 엔터티 무결성 규칙

■ 식별자를 구성하는 각 속성이 널(NULL)이 아닐 것

Φ 식별자(Identifier)는 왜 널(Null) 값을 허용하지 않는가?

T1				
PK	A	B	C	D
NULL	A1	B1	C1	D1
KEY1	A2	B2	C2	D2

T2		
PK	A	B
NULL	A1	B1
KEY1	A2	B2

SELECT PK, A, B
FROM T1

T3		
PK	C	D
NULL	C1	D1
KEY1	C2	D2

SELECT PK, C, D
FROM T1

T4				
PK	A	B	C	D
NULL	A1	B1	C1	D1
KEY1	A2	B2	C2	D2

SELECT PK, A, B, C, D
FROM T2, T3
WHERE T2.PK=T3.PK

Φ T1 테이블을 이용해 T2, T3 테이블을 만들고, T2, T3테이블을 JOIN하면 T1테이블에 있었던 원래의 행을 조회할 수 없다.

[그림 Ⅳ-1-30] 엔터티 무결성 규칙 – 널(NULL) 값 허용

엔터티 무결성의 정의는 '식별자(Identifier)는 널(Null) 값을 포함하지 않는다.'라고 하였다. 널(Null) 값은 논리적으로는 '모르는 값' 또는 '정의할 수 없는 값'을 의미한다. 우리가 현실 세계에서 어떤 하나의 인스턴스를 식별하고자 할 때, 그 인스턴스를 식별할 수 있는 어떤 값(컴퓨터, 시계, 책상 등 모든 사물에 대한 값)이 주어져 있지 않더라도 어떤 형태만 있다면 그 인스턴스를 식별할 수 있다. 설령 그 인스턴스의 이름을 모른다 하더라도 식별할 수 있는 것이다. 이 떠오르는 그 무엇이 그 인스턴스의 형상(Image)이든, 어떤 숫자이든 상관없이 모르는 것(Null)이 아니라는 것이다.

식별자 즉, 주 키(PK)가 모르는 값(Null)을 가지면 어떤 현상이 발생하는가? T1 테이블의 주 키(PK)가 널(Null) 값을 갖는다고 가정해보자.

관계 연산자를 이용하여 T1 테이블에서 T2 테이블과 T3 테이블을 만든 후 조인(Join)을 하여 T4라는 테이블을 만들면 원래는 두 개의 행이 있었는데, 조인을 하면서 널(NULL)은 모르는 값이므로 조인 조건에 빠지게 되어 원래는 2개였던 행이 1개의 행만 생긴다. 이렇게 조회를 하는 경우에도 널(NULL)값은 모르는 값으로 조인이 안 되어 조회가 안 되므로 무결성이 깨졌다고 한다.

■ 엔터티 내 특정 건(Instance)의 유일성을 보장할 것

식별자가 유일하지 않으면 어떤 현상이 발생하는가? T1 테이블의 주 키(PK)가 유일하게 구성되지 않았다고 가정을 해보자.

Φ **식별자(Identifier)는 왜 유일해야 하는가?**

T1				
PK	A	B	C	D
KEY1	A1	B1	C1	D1
KEY1	A2	B2	C2	D2

T2		
PK	A	B
KEY1	A1	B1
KEY1	A2	B2

SELECT PK, A, B
FROM T1

T3		
PK	C	D
KEY1	C1	D1
KEY1	C2	D2

SELECT PK, C, D
FROM T1

T4				
PK	A	B	C	D
KEY1	A1	B1	C1	D1
KEY1	A1	B1	C2	D2
KEY1	A2	B2	C1	D1
KEY1	A2	B2	C2	D2

SELECT PK, A, B, C, D
FROM T2, T3
WHERE T2.PK=T3.PK

Φ **T1 테이블을 이용해 T2, T3 테이블을 만들고, T2, T3 테이블을 JOIN하면 T1 테이블에 원래의 행에는 없었던 행이 조회된다(Product - 다대다 곱집합 발생).**

[그림 Ⅳ-1-31] 인스턴스 무결성 규칙 – 유일성

관계 연산자를 이용하여 T1 테이블에서 T2 테이블과 T3 테이블을 만든 후 조인(Join)을 하여 T4라는 테이블을 만들면 원래는 두 개의 행만 있었는데 조인을 하면서 2 * 2 = 4인 곱 집합이 생겨 원래는 없었던 2개의 행이 더 생겼다. 이런 경우도 우리는 무결성이 깨졌다고 한다.

이러한 특성 외에 우리가 별도로 주 키(PK)의 선정 기준을 좀 더 살펴보면 주 키(PK)를 구성하는 각각의 칼럼 수를 최소한의 집합(Minimal Set)으로 할 것과, 값의 수정이 없는 것, 업무적으로 활용도가 높은 것 등을 들 수 있다. 최소한의 집합이 아니면 유일성이 깨질 수 있다. 값의 수정이 있는 것은 예를 들어 지점코드가 통폐합에 의해서 바뀐다든가 상품이 증가하여 자릿수가 늘어난다든가 하면, 자식 테이블에 미치는 영향이 많으므로 가능하면 이런 속성들은 주 키(PK) 후보에서 제외한다.

- 최소한의 속성 집합(Minimal Set)일 것
  식별자의 구성 속성이 최소한의 속성으로 구성되지 않으면 어떤 현상이 발생하는지를 보자. [그림 Ⅳ-1-32] 엔터티 무결성 규칙 - 최소한의 속성 집합의 오른쪽 사원 테이블을 보면 식별자가 '사원번호'와 '사원명'으로 구성되어 있다. 물론 현실에서 이렇게 구성하는 예를 찾아보기는 힘들겠지만 이해를 돕고자 간단한 예를 든 것이니 개념을 이해하기 바란다.

최소한의 속성으로 구성되어야 할 식별자가 최소한의 속성 '사원번호'로 구성되지 않고 '사원명'까지를 포함하고 있기 때문에 사원명은 다르면서 사원번호가 같은 현상이 발생하여 업무 관점에서 유일성을 보장해야 하는 성질이 파괴되고 있는 것이다. 만약에 예로든 사원번호를 가지고 다른 테이블과 조인을 하게 된다면 카티젼 프러덕트(Cartesian Product 다:다의 곱집합)가 발생하여 아래의 경우에는 데이터가 2배로 증가되어 보일 것이다.

Φ **유일 식별자는 왜 최소한의 속성 집합으로 구성되어야 하는가?**

사원		
사원번호	사원명	---
100	장동건	---
200	황정민	---
300	송중기	---
-----	-----	---

사원		
사원번호	사원명	---
100	장동건	---
200	황정민	---
200	송강호	---
300	송중기	---
-----	-----	---

Φ **유일성은 수학의 무한대(∞)처럼 어떤 다른 속성을 합쳐도 유일하다.**

Φ **최소한의 속성 집합이 아니면 유일 식별자의 유일성이 깨질 수 있다.**

[그림 Ⅳ-1-32] 엔터티 무결성 규칙 - 최소한의 속성 집합

2) 참조무결성 규칙

제1장 제3절 데이터 모델링 표기법 이해에서 관계의 특성 '관계 기수성', '관계 선택성', '관계 식별성'에 대한 표기법을 살펴보았는데 이 모두가 업무규칙을 표현한다고 하였다. 잘 정의된 관계는 관계 수준의 무결성을 제공하는데 이 무결성 또한 데이터가 하나 또는 두 개의 관계있는 엔터티에 입력, 수정, 삭제될 때 데이터가 어떻게 반응해야 하는가에 대한 업무규칙이다. 이러한 업무규칙을 참조무결성 규칙이라고 하는데, '엔터티(테이블)의 모든 외래 키(FK) 값은 관계있는 엔터티(테이블)에 모두 주 키(PK) 값으로 존재해야 한다.'는 것이다.
[그림 Ⅳ-1-33] 참조무결성에서 '부서'와 '사원' 엔터티의 관계에 있어서 '사원' 엔터티에 '부서코드'를 외래

키(FK)로 선언 하려면, 반드시 데이터 모델 내의 다른 엔터티에, 즉 '부서' 엔터티에 '부서코드'가 주 키(PK)로 선언되어 있어야 하는것이다.

Φ 엔터티(테이블)의 주 키(Primary Key: PK)와 마찬가지로 외래 키(Foreign Key: FK)도 데이터 무결성에 관한 업무 규칙을 내포하고 있다.

Φ 참조 무결성 규칙(Referential integrity rule)
엔터티(테이블의) 모든 외래 키(FK) 값은 관계 있는 엔터티(테이블)에 주 키(PK) 값으로 존재해야 한다.

Φ 데이터베이스 설계 관점에서 선택하지 말고, 현업의 업무 규칙에 따라 적절한 규칙을 선택한다.

CASE*Method 표기법   정보공학(IE) 표기법

Φ 입력 규칙(Insert Rule): 자식 엔터티의 행(Row)이 입력될 때
Φ 삭제 규칙(Delete Rule): 부모 엔터티의 행(Row)을 삭제할 때(또는 행의 주 키(PK)를 수정할 때.)

[그림 Ⅳ-1-33] 참조무결성

참조무결성을 보장하는 규칙에는 입력규칙과 삭제규칙 두 가지가 있다. 관계가 있는 두 개의 엔터티에서 외래 키(FK)가 나타나는 엔터티가 자식이고, 주 키(PK)를 외래 키(FK)로 전이 시켜주는 엔터티가 부모라고 하였다. 여기서 부모 엔터티에 행(Row)이 입력될 때는 자식 엔터티가 있어도 아무 영향을 안 받는데, 자식 엔터티에 행(Row)이 입력될 때는 부모 엔터티에 영향을 받는다. 이런 이유로 입력규칙은 자식 엔터티에 행(Row)이 입력될 때, 부모 엔터티에 그 행(Row)이 먼저 존재해야 하는지를 결정하는 업무 규칙이다.

삭제규칙은 자식 엔터티에 행(Row)이 삭제될 때는 부모 엔터티가 있어도 아무 영향을 안 받는데, 부모 엔터티에 행(Row)이 삭제될 때는 자식 엔터티에 영향을 받는다. 이런 이유로 삭제규칙은 부모 엔터티에 행(Row)이 삭제될 때, 자식 엔터티에 그 행(Row)이 존재하면 부모 엔터티의 행을 삭제 못하게 하든지, 부모 엔터티의 행과 그 행에 부합되는 자식 엔터티의 행을 같이 삭제할지를 결정하는 업무 규칙인 것이다.

■ 입력규칙
[그림 Ⅳ-1-34] 주문 데이터 모델에서 '고객'과 '주문'의 한쪽 필수, 한쪽 선택 관계에서 '주문' 엔터티에, 즉 자식 엔터티에 행을 입력할 때, 업무적인 관점에서 어떤 조건이 필요한가? 이러한 관계에서는 '주문' 엔터티에 행이 입력되기 전에, 반드시 주문한 고객이 부모 엔터티인 '고객' 엔터티에 먼저 등록되어 있어야만 한다.

이번에는 '고객' 엔터티에 즉, 부모 엔터티에 행을 입력할 때, 업무적인 관점에서 어떤 조건이 필요한가? 이러한 관계에서는 '고객' 엔터티에 행이 입력되면 되는 것이지 '주문' 엔터티와 관계가 있어도 다른 업무적인 어떤 요건이 필요 없다.

'주문'과 '주문상품'의 양쪽 필수 관계에서는 '주문상품' 엔터티에, 즉 자식 엔터티에 행을 입력할 때, 업무적인 관점에서 어떤 조건이 필요한가? 이런 관계에서는 '주문상품' 엔터티에 행이 입력되기 전에, 반드시 주문이 '주문상품'의 부모 엔터티인 '주문' 엔터티에 행이 먼저 등록되어 있어야만 한다.

주문 데이터 모델

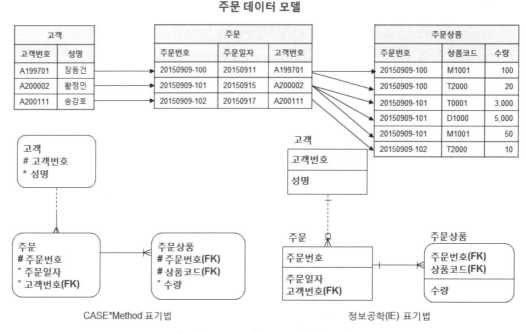

[그림 Ⅳ-1-34] 주문 데이터 모델

이번에는 '주문' 엔터티, 즉 부모 엔터티에 행을 입력할 때, 업무적인 관점에서 어떤 조건이 필요한가? 양쪽 필수 관계에서는 '주문상품'에도 반드시 한 건 이상의 행이 입력돼야 한다는 것이 '주문'과 '주문상품'의 관계가 보여주고 있는 업무규칙이다. 하지만 참조무결성의 관점에서 보면 이러한 업무 규칙을 보장할 수 있는 물리적인 구현 방법이 없다. 양쪽 필수의 업무 규칙을 만족하기 위하여 부모 엔터티에 데이터베이스 관리 시스템의 물리적인 관점에서 제약을 두면 양쪽 필수 관계는 서로 모순에 빠질 것이다. 이러한 이유로 부모 자식 관계가 있는 엔터티 사이에서의 입력규칙은 자식 엔터티에 행이 입력될 때, 부모 엔터티에 그 행이 먼저 존재해야 하는지를 결정하는 업무 규칙인 것이다.

혹자는 엔터티 간에 관계가 양쪽 필수인 경우, 부모 엔터티의 행과 자식 엔터티의 행이 동시에 생겨야 하기 때문에, 부모 엔터티에 대한 입력규칙을 설정해야 한다고 설명하는 사람도 있다. 위에서도 잠깐 이에 대하여 관계형 데이터베이스 관리 시스템의 물리적인 관점에서 참조무결성의 입력규칙에 대하여 부모 엔터티에 어떤 제약을 둔다면, 자식 엔터티의 입력규칙에 의하여 서로 모순이 발생된다고 하였다. 이러한 업무규칙은 프로그램에서 '주문' 엔터티와 '주문상품' 엔터티의 행을 함께 처리하는 방식으로 프로그램을 작성해야 한다.

참조무결성은 외래 키(FK)가 생기는 시점과, 외래 키(FK)가 생기고 난 후, 이 외래 키(FK)를 생성하게 된

근원이 되는 부모 엔터티의 주 키(PK)에 어떤 업무적인 이유에 의해서 주 키(PK)의 값이 변경(수정 또 삭제)될 때, 이 값과 관계된 다른 엔터티의 외래 키(FK) 속성 값을 어떻게 하느냐에 관한 업무 규칙이라는 것이다. 다시 말해서 부모 엔터티에 행이 입력될 때는 외래 키(FK)라는 개념은 존재하지도 않고 생각할 필요도 없다는 것이다.

이론적인 입력규칙이 여러 개 있을 수 있으나, 보통 상용 관계형 데이터베이스 관리 시스템이 제공하는 입력규칙은 종속(Dependent) 또는 제한(Restrict)으로, 대응되는 부모 엔터티에 행이 있는 경우에만 자식 엔터티에 행의 입력을 허용한다. 만약에 양쪽 선택 관계라면 외래 키(FK) 속성 값을 널(Null) 처리 할 수도 있다.

■ 삭제규칙
삭제규칙은 부모 엔터티에 행이 삭제될 때 자식 엔터티에 외래 키(FK)에 값이 존재하면, 부모 엔터티의 행을 삭제할 것인지, 삭제 안 할 것인지를 결정하는 업무 규칙이다.

'고객'과 '주문'의 한쪽 필수, 한쪽 선택 관계에서 '고객' 엔터티에, 즉 부모 엔터티에 행을 삭제하거나 주 키(PK)의 값을 수정할 때, 업무적인 관점에서 어떤 조건이 필요한가? 이러한 관계에서는 '주문' 엔터티의 행에 삭제하고자 하는 고객의 값이 존재한다면, 부모 엔터티인 '고객' 엔터티의 행을 삭제하지 못하게 하거나, '고객' 엔터티의 주 키(PK) 값을 수정하지 못하게 해야 할 것이며, 아니면 '주문' 엔터티의 행을 같이 삭제하거나, 외래 키(FK) 속성 값을 같이 수정해야 할 것이다.

이번에는 '주문' 엔터티에, 즉 자식 엔터티에 행을 삭제할 때, 업무적인 관점에서 어떤 조건이 필요한가? 이러한 관계에서는 '주문' 엔터티에 행이 삭제되면 되는 것이지 다른 업무적인 어떤 요건이 필요 없다.

'주문'과 '주문상품'의 양쪽 필수 관계에서는 '주문' 엔터티에, 즉 부모 엔터티에 행을 삭제하거나 주 키(PK)의 값을 수정할 때, 업무적인 관점에서 어떤 조건이 필요한가? 이러한 관계에서는 '주문상품' 엔터티의 행에 삭제하고자 하는 주문의 값이 존재한다면, 부모 엔터티인 '주문' 엔터티의 행을 삭제하지 못하게 하거나, '주문상품' 엔터티의 주 키(PK) 값을 수정하지 못하게 해야 할 것이다. 아니면 '주문상품' 엔터티의 행을 같이 삭제하거나, 외래 키(FK) 속성의 값을 같이 수정해야 할 것이다.

이번에는 '주문상품' 엔터티에, 즉 자식 엔터티에 행을 삭제할 때, 업무적인 관점에서 어떤 조건이 필요한가? 이러한 관계에서는 '주문상품' 엔터티에 행이 여러 건 중에 최종 건이 아니면, '주문상품'의 행이 삭제되면 된다. 하지만 '주문상품'의 행이 마지막 건이라면 '주문'의 행도 같이 삭제해야 할 것이다. 양쪽 필수 관계에 있어서 자식 엔터티의 마지막 행이 삭제될 때의 업무 규칙은 연쇄작용(Triggering Operation)에 의해서 부모 엔터티도 같이 삭제해야 할 것이다. 이러한 업무적인 이유로 일대다 한쪽 필수, 한쪽 선택 관계에서 삭제규칙과 양쪽 필수 관계에서의 삭제규칙은 매우 다르므로 관계 생성 시점부터 유의해서 업무 규칙에 맞게 선택성을 결정해야 데이터의 정확성을 확보할 수 있다.

이러한 이유로 부모 자식 관계가 있는 엔터티 사이에서 삭제규칙은 부모 엔터티에 행이 삭제될 때, 자식 엔터티에 외래 키(FK)에 이 값이 존재하면, 부모 엔터티의 행을 삭제할 것인지, 삭제 안 할 것인지를 결정하는 업무 규칙이다.

이론적인 삭제규칙이 여러 개 있을 수 있으나, 보통 상용 관계형 데이터베이스 관리 시스템이 제공하는 삭제규칙은 제한(Restrict)과 연쇄삭제(Cascade)를 지원한다. 제한(Restrict)은 대응되는 자식 엔터티에 행이 있는 존재하면 부모 엔터티에 행의 삭제를 못하게 하는 것이고, 연쇄삭제(Cascade)는 대응되는 자식 엔터티의 모든 행을 부모 엔터티의 행과 함께 삭제하라는 것이다.

논리 데이터 모델에서 관계의 선택, 필수 표기법에 따라 참조무결성의 입력규칙과 삭제규칙이 다를 수 있으므로, 이러한 참조무결성을 프로그램으로 구현한다면, 프로그램을 구현하는 방법이 달라야만 데이터의 무결성을 보장할 수 있다. 이러한 표기법의 정확한 이해 없이 프로그램을 작성하다 보니 참조무결성을 보장하지 못하고, 참조무결성이 다 깨져서 부모의 행이 없는데도 자식의 행이 있는 경우가 빈번히 존재해 왔다. 다시 말해 '주문'과 '주문상품'에서 '주문상품'이 없는데도 '주문'만 있으며, '주문'이 없는데도 '주문상품'이 있는 것이다. 또한 '고객'이 없는데도 '주문'에 '고객'이 있는 경우도 있으니 이런 것이 관계형 데이터베이스의 참조무결성 규칙을 위한 논리모델링이 제대로 이루어지지 못하면서 발생하는 현상이라 하겠다.

데이터의 참조무결성을 유지하기 위하여 관계형 데이터베이스 관리 시스템의 물리적인 측면을 보면 외래 키 제약조건(Foreign Key Constraint)을 생성해 주게끔 되어 있다. 간혹 외래 키 제약조건을 반드시 설정해야 하냐고 묻는 사람들이 있다. 그 중 데이터베이스 관리자(DBA, DataBase Administrator)들은 외래 키 제약조건이 설정되어 있으면 데이터베이스 관리측면에 있어서 불편한 점도 있고, 또한 약간의 성능 상에 비효율도 발생시키므로 외래 키 제약조건 설정을 꺼려하기도 한다.

외래 키 제약조건을 데이터베이스의 물리적인 장치로 설정하느냐, 프로그램으로 이것을 해결하느냐는 별개의 문제로 업무적인 관점에서 이러한 참조무결성 규칙을 정확히 분석 파악하여, 논리 데이터 모델에 표현을 할 때 목적에 맞춰서 정확히 표현하고, 설계 단계에 성능과 데이터 무결성을 고려하여 외래 키 제약조건을 데이터베이스의 물리적으로 설정할지, 프로그램으로 해결할지를 결정하라는 것이다.

또한 현행 데이터를 목표 데이터베이스로 이행할 때, 현행 데이터의 참조무결성이 깨져 있어서, 즉 '주문'과 '주문상품'에서 '주문상품'이 없는데도 '주문'만 있으며, '주문'이 없는데도 '주문상품'이 있고, 또한 '고객'이 없는데도 '주문'에 '고객'이 있는 경우가 있어 목표 데이터베이스에 참조무결성을 설정할 수 없다는 논리를 펼친다. 어떤 SQL(Structured Query Language, 구조적 질의어)이 성능상의 문제가 있어 수행 속도를 빠르게 하기 위하여 SQL 문장을 튜닝(Tuning)하더라도, 그 결과 값이 틀렸다면 수행 속도가 빠른 것의 장점은 전혀 없을 것이다. 일단은 값이 정확하고 수행 속도가 빨라야 하는데 실제 프로젝트를 하다 보면 주객이 전도되어 무조건 성능만을 강조하는 현상을 가끔 본다.

다시 현행 데이터가 참조무결성이 깨져있다는 것으로 돌아가서, 이러한 현상 때문에 목표 데이터베이스에도 참조무결성을 설정할 수 없다는 논리를 펼친다. 거꾸로 현행의 문제가 참조무결성을 보장하는 관계형 데이터베이스가 아니었거나, 아니면 관계형 데이터베이스 이면서도 그 당시에는 이러한 개념을 제대로 인식을 못해서 참조무결성이 깨어져 있을 수 있는 것이다. 이러한 현상을 해결하기 위한 한 가지 방법은 현행에서 목표로의 데이터 이행 시, 참조무결성이 깨져 있는 이런 데이터들은 어떤 기본 값(Default Value)을 설정하여 참조무결성이 깨져 있는 것을 해결하고, 목표 데이터베이스에서는 참조무결성이 깨지는 일이 없도록 관리해야 할 것이다.

3) 도메인 무결성 규칙

엔터티(테이블) 내의 모든 열(Column)에 관한 무결성 규칙으로 데이터 타입, 길이, 허용 값, 기본 값, 널(NULL) 여부 등에 관한 업무 규칙이다.

왜 도메인이 중요한가?

- 도메인의 어떤 특정 값이 결정될 때 우리는 이 값을 보고 의사 결정을 한다.
- 도메인의 중요성은 같은 도메인의 값들끼리 비교가 허용된다는 것이다.
- 이러한 도메인은 데이터베이스 정의의 한 부분으로 분명하게 정의함으로써 속성이 취할 수 있는 값을 제한할 수 있는 것이다
- 결정된 도메인의 특정 값에 의한 의사 결정

도메인이란 속성이 가질 수 있는 값의 전체 집합이라고 하였다. 이러한 도메인 중에 어떤 특정 값이 결정되면 우리는 이 값을 보고 의사 결정을 한다는 것이다.

아직 언어를 갖고 있지 못한 선사시대의 원시인을 상상해 보자! 이들이 어느 더운 여름날에 시원한 물에 발을 담근다면, 매우 흡족한 표정을 지을 것이다. 그런데 이들이 이런 날씨에 매우 뜨거운 물에 발을 담근다면, 괴상한 소리를 지르며 난리가 날 것이다. 이들에게는 현실 세계를 추상화하여 의사소통을 할 수 있는 언어가 없기 때문에, 즉 도메인이 없기 때문에 그저 괴상한 소리와 괴상한 표정만을 지을 것이다.

현대인들은 온도라는 개념을 가지고 있다. 만약 물의 온도가 섭씨 70도라는 것을 안다면 이러한 물에는 절대 발을 담그지 않을 것이며, 더운 여름에 물의 온도가 섭씨 20도 정도 되면 시원하다고 생각하여 발을 담글 것이다.

내일의 날씨가 영하 10도이면 따뜻하게 옷을 입을 것이며, 비가 온다면 우산을 챙길 것이다. 고객의 신용도가 높으면 은행에서 대출을 받을 때 이자율을 낮게 받을 것이며, 제 날짜에 원금과 이자를 갚지 않으면 대출 계좌의 상태가 연체중이라 원금과 이자를 갚아야 한다는 의사 결정을 할 것이다. 이렇게 우리는 매일 매일 생활에서 결정된 도메인의 특정 값을 보고 의사 결정을 하며 살기 때문에 도메인이 매우 중요한 것이다.

- 같은 도메인의 값들끼리만 비교 가능

이러한 도메인의 중요성은 같은 도메인의 값들끼리 비교가 허용된다는 것이다. 즉 도메인이 같은 고객번호와 고객번호를 비교하는 것은 의미가 있지만, 도메인이 다른 고객번호와 생년월일을 비교한다면 그 의미는 없게 된다.

예를 들어 서울에서의 라면 값은 2000원인데 제주에서의 라면 값은 2200원이다 라고 하면, 라면 값이 어디가 비싸고 싼지를 비교할 수 있을 것이다. 하지만 서울에서의 라면 값은 2000원인데 제주에는 특급 호텔이 20여개 있다고 하면, 도대체 무슨 의도로 이런 얘기를 하는지 전혀 못 알아들을 것이다.

또한 문자 타입 8자리와 숫자 타입 8자리로 정의된 고객번호를 비교하는 것도, 서울에서의 라면 값과 제주에서의 특급 호텔 수의 비교와 같은 개념으로 데이터베이스 시스템 관점에서 보면 무슨 소리인지 전혀 알아들을 수 없게 되는 것이다.

- 속성이 취할 수 있는 값의 제한

우리는 통상 도메인을 데이터 타입과 길이 정도만을 얘기해 왔지만, 도메인은 속성이 취할 수 있는 값의 집합이기 때문에 좀 더 엄밀히 논하면 데이터 타입, 길이뿐 아니라 널(NULL) 여부, 허용 값(Permitted Value), 기본 값(Default Value) 등이 같은 영역 안에 포함된다면, 이것 또한 도메인으로 취급한다.

예를 들어 정수 데이터 타입의 변수 I(예들 들어 보험 업무의 보험료라는 변수)가 있을 때 이 변수 I는 언제 어느 때고 정수 값만을 가질 수 있는 것처럼, 속성 '고객성명'의 도메인이 10자리의 문자로 정의되었다면

이 고객 성명 속성의 값은 언제 어느 때라도 10자리 문자 값을 취할 수 있다(실제 데이터베이스에서는 고정 (Fixed) 길이 문자와 가변(Variable) 길이 문자를 사용한다). 따라서 도메인은 본질적으로 개념적일 수밖에 없다. 왜냐하면 도메인의 값 전체를 데이터베이스 속에 분명하게 저장해 놓지는 못하기 때문이다. 그렇지만 이러한 도메인은 데이터베이스 정의의 한 부분으로 분명하게 명세함으로써 속성이 취할 수 있는 값을 제한할 수 있는 것이다. 즉 속성을 정의할 때 그 해당 도메인도 함께 명세함으로써 실제 속성의 값으로 나타난 값이 적당하냐 아니냐를 데이터베이스 관리 시스템이 검사할 수 있게 되는 것이다.

관계형 데이터베이스 관리 시스템에서 테이블 내 칼럼의 데이터 타입뿐만이 아니라 체크 제약(Check Constraint)을 설정하는 것도 속성의 도메인이 갖는 값이 적당하냐 아니냐를 관계형 데이터베이스 관리 시스템 이 검사할 수 있게 하는 것이다. 이러한 속성 값의 정확성을 보장하도록 하는 업무 규칙을 도메인 무결성(Domain Integrity) 또는 속성 무결성이라 한다.

계약일자 속성의 데이터 타입을 문자(Varchar2(8))로 도메인을 설정했다고 가정해 보자! 현장에서 프로젝트 를 진행하다 보면, 수많은 조직에서 날짜 타입 속성의 도메인을 날짜(Date) 타입을 사용하지 않고 문자 (Varchar2(8))로 설정하여 사용하는 경우를 흔히 볼 수 있다. 무엇이 문제인가?

날짜를 숫자 타입으로 설정하고 사용하는 조직에서 가장 많이 주장하는 내용은 날짜(Date) 타입은 물리적으로 7바이트(Byte)를 차지하지만 숫자(Number) 타입은 물리적으로 4바이트(Byte)를 차지하기 때문에 디스크(Disk) 의 용량을 줄일 수 있다는 것이고, 문자(Varchar2(8)) 타입으로 설정하고 사용하는 조직에서는 대한민국은 날짜 타입을 보여주는 방식이 'YYYY-MM-DD'인데 오라클(ORACLE)의 날짜(Date) 타입을 보여주는 형식이 대한민국과 달라 날짜를 보여주기 위해서는 형식(Format)을 바꿔야 하므로 날짜 타입 SQL을 작성하는데 시간을 많이 걸린다는 것이다. 하지만 날짜 타입의 속성이 숫자나 문자 타입으로 선언되어 있는 조직의 데이터 값을 확인해 보면 잘못된 값이 있는 경우가 비일비재하다.

관계형 데이터베이스는 데이터 무결성을 보장할 수 있는 데이터베이스라고 하였다. 모든 데이터가 가져야 하는 유효성, 일관성, 정확성을 데이터베이스가 보장할 수 있도록 설계되는 것이 고품질의 정보를 확보할 수 있는 가장 최선이자 최상의 방법이다.

4) 연쇄 작용 또는 업무 규칙

연쇄 작용(Triggering Operation)이란 입력, 수정, 삭제 또는 조회 등의 작업이 동일 엔터티 혹은 다른 엔터티 의 속성에 영향을 미치는 업무 규칙을 정의하는 것이다. 업무 규칙은 조직이 데이터를 인식하고 사용하는 방법에 기초하는데, 이것은 조직이 운영되거나 사업을 수행하는 방법으로부터 파악된다.

예를 들어 어떤 주문에 있어서 납품일자는 주문일자 보다 과거일 수 없다. 어느 회사의 이 업무 규칙은 납품일 자를 위한 속성 명세를 정의할 때, 납품일자의 입력·수정 값에 대한 어떤 제약 조건을 부과한다. 이러한 제약 조건은 주문의 상황에서 납품일자가 의미 있는 값이 되도록 해 준다. 이 제약 조건이 없으면, 이 속성에 어떤 날짜라도 들어 갈 수 있어서, 납품일자 속성의 값을 전혀 의미 없는 것으로 만들 수도 있다.

Φ   속성값의 무결성과 관련된 모든 업무적인 규칙에 대하여 다음과 같은 항목을 현업으로부터 도출하여 정의한다.

 ↪ 사용자규칙 : 해당 업무규칙을 알기 쉽고 명확하게 기술

 ↪ 사건 : INSERT / UPDATE / DELETE / SELECT

 ↪ 엔터티 : 사건의 대상이 되는 엔터티(테이블)

 ↪ 속성 : 사건의 대상이 되는 속성 (사건이 Update 인 경우)

 ↪ 조건 : 연쇄작용을 일으키기 위한 조건

 ↪ 연쇄작용 : 업무규칙에 의해 해당 사건이 일어났을 때 수행 되어야 할 행위

[그림 Ⅳ-1-35] 연쇄 작용

또한 논리 데이터 모델링에서 다루는 속성 중에 유도(Derived) 속성이 있는데 이러한 유도 속성들은 대부분 다른 속성에 의해 영향을 받는 계산(Calculated) 속성들이 대부분이다. 예를 들어 주문총액('주문'에 표현되는 '주문상품' 내의 주문금액의 합계), 보험료(보험계약원장에 표현되는 각각의 보장내역에 따른 보험료의 합계 금액), 이자(원금과 이자율 기간에 의해 결정되는 속성)와 같은 속성들은 다른 속성의 값을 이용하여 표현되는 값인 것이다. 계산되어야만 하는 이러한 속성들의 특성을 우리는 업무 규칙(계산 공식)을 갖는다라고 표현할 수 있을 것이다. 이러한 속성을 논리 데이터 모델에 표현하느냐 안 하느냐의 문제는 속성 정의 파트에서 설명할 것이다.

이러한 업무 규칙은 장래에 참조를 위해 문서화 할 필요가 있는 것이고, 이러한 업무 규칙을 연쇄 작용 (Triggering Operation)이라는 표현을 사용한다.

연쇄 작용 유형

[그림 Ⅳ-1-36] 연쇄 작용 유형에서 유형 1, 2, 3은 이해가 쉽지만 유형 4는 주의해서 봐야할 사항이다. 관계에서 가장 많은 유형이 일대다에 한쪽 필수, 한쪽 선택 관계인데 '주문'과 '주문상품'은 일대다에 양쪽 필수 관계이다. 이러한 양쪽 필수 관계에서 '주문상품'의 인스턴스를 삭제할 때 마지막 인스턴스를 삭제하기 전까지는 부모 엔터티 '주문'에 영향을 안 주지만, '주문상품'의 마지막 인스턴스를 삭제하는 순간에는 부모 엔터티 '주문'의 인스턴스도 삭제를 해야만 양쪽 필수 관계의 업무 규칙을 유지할 수 있다.

Φ **유형 1: 사용자 규칙에 의한 연쇄작용**
 ➥ 납기일은 주문일로부터 3일 이후여야 한다.

Φ **유형 2: Source 속성값의 변화에 따른 유도 속성값의 변화를 정의**
 ➥ 주문·주문총액

Φ **유형 3 : 시점에 의해 자동으로 일어나는 연쇄작용.**
 ➥ 일 마감작업

Φ **유형 4: 개체타입간의 관계에 따른 무결성유지의 필요성을 정의한 연쇄작용**
 ➥ 참조무결성 규칙의 정의만으로 해결할 수 없는 경우

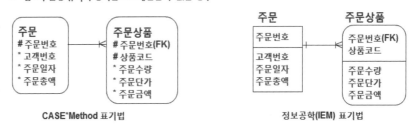

해당 주문건의 마지막 주문상품을 삭제하면 해당 주문을 함께 삭제하거나 마지막 주문상품의 삭제를 취소한다.

[그림 Ⅳ-1-36] 연쇄 작용 유형

양쪽 필수 관계인 모델에서 자식 엔터티의 인스턴스를 삭제하다가 마지막 인스턴스를 삭제하는 경우 부모 엔터티의 인스턴스도 삭제해야 하는 것이 업무적으로 맞는데, 데이터 모델부터 양쪽 필수 관계인 업무를 한쪽 선택, 한쪽 필수로 해 놓는 경우가 종종 있기 때문에 데이터의 무결성이 깨지게 되는 것이다.

Φ **각각의 테이블에 대하여 입력, 수정, 삭제시의 업무 규칙을 정의하라!**

고객		
고객번호	성명	-----
201105017	장동건	-----
201207121	황정민	-----
201301077	송중기	-----
-----	-----	-----

주문			
주문번호	고객번호	주문일자	주문총액
C20010501007	201105017	2011/06/01	-----
C20010701725	201207121	2012/08/01	-----
F20030121796	201207121	2013/02/01	-----
-----	-----	-----	-----

주문상품				
주문번호	내역번호	상품코드	수량	단가
C20010501007	001	P95001	10	90,000
C20010501007	002	P97121	5	50,000
C20010701725	001	-----	15	300,000
C20010701725	002	-----	100	5,000
-----	-----	-----	-----	-----

상품	
상품코드	상품명
P95001	MP3
P97121	-----
P98200	-----
C20101	-----
C27008	-----

[그림 Ⅳ-1-37] 연쇄 작용 사례 데이터

사실 논리 데이터 모델링 과정중에 찾아야 할 무결성 규칙은 엔터티, 참조, 도메인 무결성 규칙보다도 연쇄 작용(Triggering Operation)이라는 이름으로 찾아야 할 업무 규칙들이 훨씬 더 많을 것이다. 하지만 프로젝트 현장에서 이러한 업무 규칙을 논리 데이터 모델에 표현하는 것을 거의 못 보았다. 이러한 업무 규칙이 양이 많아서 논리 데이터 모델 내에 정리 할 수 없다면, 참고 자료를 작성하여 논리 데이터 모델과 연계성을 갖도록 해야 하는데 대부분의 프로젝트에 있어서 이러한 임무는 프로그래머의 프로그램 내에 녹아 들어가 있는 경우가 대부분이다.

연쇄 작용 정의 사례(Triggering Operation)==〉업무 규칙(Business Rule)				
사건	엔터티	속성	조건	처리
INSERT	주문	주문총액	주문내역에 새로운 행(Row)을 입력하면	SUM(수량*단가 = 금액)
UPDATE	주문	주문총액	주문내역에 상품코드 또는 수량을 수정하면	SUM(수량*단가 = 금액)
DELETE	주문	주문총액	주문 내역의 행(Row)을 삭제하면	SUM(수량*단가 = 금액)
-	-	-	-	-

[그림 Ⅳ-1-38] 연쇄 작용 정의 사례

데이터 품질의 핵심인 데이터 무결성을 어떻게 할 것인가에 대하여 아래와 같이 정의하였다.
"데이터 무결성은 데이터베이스 내의 데이터의 유효성, 일관성, 그리고 정확성을 가리킨다. 필자는 데이터베이스로부터 추출한 정보의 정확성 수준이 데이터베이스에 설정한 데이터 무결성의 수준에 정비례한다고 단언할 수 있다. 데이터 무결성은 데이터베이스 설계 작업에서 가장 중요한 측면 중 하나이며, 과소평가하거나 간과하거나 부분적으로 무시할 수 없다. 만약 그렇게 한다면 감지하거나 식별하기가 매우 힘든 오류에 빠질 수 있으며, 결과적으로 부정확하거나 완전히 잘못된 정보를 얻게 될 것이다."
운명적 존재를 위한 데이터베이스 설계, 2003
(Database Design for Mere Mortals - Michael J.Hernandez)

마지막으로 [그림 Ⅳ-1-39] 관계형 비관계형 비교를 보여주고 있다. 과거의 파일을 사용해 보지 못하고 현재의 관계형 데이터베이스 만을 사용하고 있는 사람들을 위하여 비교, 정리하여 보여주고 있다. 현재 테이블의 구조가 관계형 모델에서 얘기하고 있는 구조로 되어 있지 않다면, 그것은 과거의 구습에 의한 것일 가능성이 높으니 관계형 모델 이론을 정확하게 이해하고 데이터 테이블(엔터티)을 설계하는 것이 중요할 것이다.

Φ 관계형 데이터베이스 모델
- 구조(Structure)
  - 6가지 특성을 갖는 Table
  - Post-Define(사후 정의) Schema
  - DB구조 변경이 상대적으로 쉬움
- 조작(Manipulation)
  - 8개의 조회연산자, 처리연산자
  - 집합(SET) 처리
  - 원자 값(Atomic Value) 처리
- 무결성(Integrity)
  - 엔터티, 참조, 도메인 무결성 및 연쇄작용
- Key와 접근경로(Index)는 별개의 개념
- Data에 대한 접근경로가 유연함

Φ 비 관계형 데이터베이스모델
- 구조
  - Flat(특성이 없는) File
  - Pre-define(사전 정의) Schema
  - DB구조 변경이 어려움
- 조작
  - READ 조회, 처리연산자
  - 한 건씩(RECORD) 처리
  - Pointer 처리
- 무결성
  - 무결성 개념 없음
- Key와 접근경로(Index)가 거의 동일
- Data에 대한 접근경로가 제한적

[그림 Ⅳ-1-39] 관계형 비관계형 비교

장 요약

제1절 데이터 모델링 개요

- 데이터 모델링(Data Modeling)이란 현실 세계 조직의 업무에서 필요로 하는 정보를 컴퓨터 세계의 데이터베이스에 저장, 활용하기 위하여 데이터의 구조 및 업무 규칙을 표현하는 지적인 작업 과정을 말한다.
- 데이터 모델링은 개념 데이터 모델링, 논리 데이터 모델링, 물리 데이터 모델링의 단계가 있다. 개념 데이터 모델링과 논리 데이터 모델링을 명확히 구분하지 않고 합쳐서 논리 데이터 모델링 또는 데이터 모델링이라 부른다.
- 파일 시스템에서는 복수의 프로그램이 파일을 공유할 수 없기 때문에 프로그램마다 파일이 존재해 중복되는 개인 또는 부서 중심의 마스터 파일이 많이 발생하게 되어, 결과적으로 데이터의 불일치 및 시스템 통합의 한계 등 많은 문제를 야기하게 되었다.
- 코드(E.F.CODD) 박사는 데이터 중복, 약한 데이터 무결성(Integrity), 데이터베이스 구조가 물리적 구현에 지나치게 의존 등의 문제를 해결하고, 대규모의 데이터를 취급할 수 있는 새로운 방법을 수학의 집합 이론과 1차 술어 논리라는 두 분야를 기초로 관계형(Relational) 모델 이론을 만들었다.

제2절 데이터 모델링 기법 이해

- 엔터티-관계 데이터 모델을 구현하기 위해서는 현실 세계를 이해하고, 다른 사람과 소통하기 위하여 추상화(Abstraction)라는 기법을 사용한다. 논리 데이터 모델링에서 사용하는 추상화에는 유형화(Classification), 집단화(Aggregation), 일반화(Generalization)의 세 가지가 있다.
- 엔터티-관계 데이터 모델은 엔터티(Entity), 관계(Relationship), 속성(Attribute) 세 가지 요소로 구성되어 있다.

제3절 데이터 모델링 표기법 이해

- 데이터 모델을 표현하기 위한 표기법에는 여러 가지가 있다. 이 책에서는 데이터 모델링 표기법 중에서 가장 많이 활용되고 있는 바커의 CASE*Method 표기법(Notation)과 IE 표기법(Information Engineering Notation)을 설명한다. 각 표기법마다의 장단점을 가지고 있지만 표기법이 다르다고 해서 데이터 모델이 표현하고자 하는 비즈니스 정보의 구체화, 체계화라는 목표가 달라지는 것은 아니다.

제4절 관계형 모델 이론

- 관계형 모델 이론은 잘 정돈된 이론이다. 여기서 얘기하고자 하는 관계형 모델 이론은 업무에서 사용하는 데이터의 구조(Structure), 조작(Manipulation), 무결성(Integrity)에 대한 매우 간단한 이론을 말한다.
- 관계형 모델 구조는 6가지 특성을 가진 행과 열로 구성된 2차원의 테이블로 표현한다.
- 관계형 모델의 조작은 8개의 조회 연산자와 3개의 처리 연산자로 데이터 조작을 하는데 이의 핵심은 집합처리 연산을 하라는 것이다.
- 데이터 무결성(Integrity)이란 사용자가 관계형 테이블에 입력, 수정, 삭제, 조회의 데이터 조작을 수행할 때 데이터의 일관성(Consistency)과 정확성(Correctness)을 유지할 수 있도록 하는 일련의 업무 규칙(Set of Business Rules)을 말한다.
- 관계형 모델이 갖는 중요한 장점은 데이터 관점에서 다중(엔터티, 참조, 도메인, 연쇄작용) 무결성을 보장한다는 것이다.

연습문제

문제 1. 다음 중 논리 데이터 모델링 정의 중 가장 적합한 것을 고르시오.

① 논리 데이터 모델링이란 정보 시스템을 구축하기 위하여 수행하는 기법으로 비즈니스의 프로세스를 중심으로 업무를 분석한다.

② 논리 데이터 모델링이란 데이터베이스 설계 단계 이전 작업으로서 비즈니스 정보의 구조와 규칙을 명확하게 표현하는 기법이다.

③ 논리 데이터 모델링이란 어떻게, 누가 데이터에 접근하며, 이러한 접근의 전산화를 위하여 데이터에 존재하는 사실을 인식, 기록하는 기법이다.

④ 논리 데이터 모델링이란 수행상의 성능을 고려하여 최적의 데이터 구조를 파악하기 위하여 수행하는 기법이다.

문제 2. 다음 중 정보의 고립화 현상이라 할 수 없는 것은?

① 시스템 통합의 한계   ② 낮은 생산성

③ 업무 요구에 탄력적 대응   ④ 데이터 일관성과 정확성 유지 불가능

문제 3. 다음 중 엔터티-관계 데이터 모델링의 추상화 기법이 아닌 것은?

① 유형화(Classification)   ② 집단화(Aggregation)

③ 일반화(Generalization)   ④ 캡슐화(Encapsulation)

문제 4. 다음 중 엔터티-관계 데이터 모델의 구성요소로 적절하지 않은 것은?

① 엔터티(Entity)   ② 속성(Attribute)

③ 관계(Relationship)   ④ 도메인(Domain)

문제 5. 다음중 관계가 갖는 특성(Property)이 아닌 것은?

① 기수성(Cardinality)   ② 식별성(Identification)

③ 일관성(Consistency)   ④ 선택성(Optionality))

문제 6. 다음 중 '관계형 모델 이론'과 '비관계형 모델 이론'의 차이점으로 가장 부적합한 것은?

① 관계형 모델 이론은 데이터 중심의 분석 기법이고, 비관계형 모델 이론은 일반적으로 프로세스 중심의 분석 기법이다.

② 관계형 모델 이론은 데이터의 구조와 조작 및 무결성을 정의하고, 비관계형 모델 이론은 데이터의 구조와 조작을 정의한다.

③ 관계형 모델 이론은 데이터를 집합적으로 처리를 요구하고, 비관계형 모델 이론은 데이터의 레코드 처리(한 건씩 처리)를 요구한다.

④ 관계형 모델 이론은 비관계형 모델 이론에 비하여 데이터를 분석하는 데 있어 우수한 분석 기법이다.

문제 7. 다음 관계형 모델 이론의 구조 특성 중 무결성과 관계있는 것은?

① 각 열(Column)은 동일한 성격의 값을 가진다.

② 열(Column)의 순서는 의미가 없다.

③ 행(Row)의 순서는 의미가 없다.

④ 각 열(Column)은 유일한 이름을 가진다.

문제 8. 다음 중 아래의 내용은 무엇을 설명하고 있는 것인가?

> **아 래**
>
> 주식별자(특정 행을 유일하게 인식하는 하나 이상의 열)는 Null 값을 포함하지 않는다.

① 참조무결성 규칙(referential integrity rule)

② 엔터티 무결성 규칙(entity integrity rule)

③ 도메인(영역) 무결성 규칙(domain integrity rule)

④ 속성 무결성 규칙(attribute integrity rule)

문제 9. 다음 업무 내용을 정확하게 표현하고 있는 표기법은?

(표기법은 Richard Barker의 CASE*Method 방식으로 표현하고 있다.)

> **아 래**
>
> 당사는 여러 번에 걸쳐 원자재 납품한 것들을 모아서 월말에 한 번 결제한다.

문제 10.다음 중 아래에서 데이터 무결성과 관계된 사항으로 적합한 것은?

> **아 래**
>
> ㄱ. 엔터티 무결성   ㄴ. 연쇄 작용(Triggering Operation)
> ㄷ. 참조무결성   ㄹ. 영역(속성) 무결성
> ㅁ. 정규화(Normalization)   ㅂ. 인덱스(Index)

① ㄱ, ㄷ, ㄹ

② ㄱ, ㄷ, ㄹ, ㅁ

③ ㄱ, ㄴ, ㄷ, ㄹ, ㅁ

④ ㄱ, ㄴ, ㄷ, ㄹ, ㅁ, ㅂ

학습목표

제2장에서는 다음과 같은 내용을 학습한다.

- 논리 데이터 모델링의 핵심을 이해한다.
- 주제 영역 정의를 이해한다.
- 관리 대상이 되는 엔터티를 정의하고 그들 간의 관계 및 속성을 정의한다.
- 정규화를 이해하고 수행 방법을 이해한다.
- 이력 관리 모델의 장단점을 이해한다.

제2장

데이터 모델링

장 소개

앞으로 설명하는 논리 데이터 모델링 기법을 이해하는 것은 업무를 이해하는 것만큼 어렵지 않다. 사실 업무를 이해하는 것보다 데이터 모델링 기법이 훨씬 쉽다. 하지만 데이터 모델링 작업이 작동되는 방법에 대한 전반적인 이해와, 작업 내부에 포함된 절차들에 대한 일반적인 이해는 매우 중요하다.

이 장에서는 정보 시스템 구축의 분석 단계(일부는 계획 단계에서 할 수 있음)에서 해야 하는 논리 데이터 모델링 기법을 제공한다. 일반적으로 계획 단계에서의 데이터 모델링을 개념 데이터 모델링(현실 세계를 추상화한 개념 데이터 모델과는 다른 것임)이라 한다. 개념 데이터 모델링에서 주요 엔터티, 관계 및 속성만을 정의하는데, 개념 데이터 모델링을 어디까지 하라는 명확한 정의는 어디에도 없다. 다만 논리 데이터 모델링이 분할과 정복 개념을 가지고 업무를 상세화하는 과정이므로 계획 또는 분석 초기 단계 업무 중요도에 따라 상위 수준에서 주제영역 및 엔터티를 정의하는 것도 의미가 있다. 이러한 것은 해당 프로젝트에서 결정하는 수준에 맞춰서 진행하면 될 것이다. 여기서는 개념이든 논리든 상관없이 동일한 기법을 사용하기 때문에 이에 필요한 데이터 모델링 기법을 설명한다.

장 구성

본 장은 9개의 절로 구성된다. 1절에서는 논리 데이터 모델링 이해를 설명하는 데 필수 성공 요소와 모델링 절차를 알아보고, 모델링 절차에 따라 2절부터는 주제 영역부터 8절 이력 관리까지 데이터 모델링 전 과정에 걸쳐 상세하게 알아볼 것이다. 9절에서는 논리 데이터 모델 품질 점검을 위한 체크 항목을 소개한다.

제1절 논리 데이터 모델링 이해

제2절 주제 영역 정의

제3절 엔터티 정의

제4절 관계 정의

제5절 속성 정의

제6절 식별자 확정

제7절 정규화

제8절 이력 관리

제9절 논리 데이터 모델 품질 검토

제1절 논리 데이터 모델링 이해

1. 논리 데이터 모델링 핵심

논리 데이터 모델링의 핵심은 업무에서 필요로 하는 데이터에 존재하는 사실을 인식, 기록하는 것이다. 정보 시스템 구축을 위하여 현업 사용자의 업무에서 필요로 하는 요구 사항에 따라 데이터 관점에서 요구 사항을 이해하고, 정리하여 이해 관계자(현업 사용자, 응용 운영자, 응용 설계자, 응용 개발자 등)들에게 데이터에 존재하는 업무 사실을 정확하게 알려 주기 위하여 문서화하는 것을 말한다.

논리 데이터 모델링의 핵심은 어떻게 데이터에 접속하는지, 누가 데이터에 접속하는지, 데이터에 접속하는 방법의 전산화와는 독립적으로 비즈니스 데이터에 존재하는 사실을 인식, 기록하는 기법일 뿐만 아니라 철학이다.

(At the heart of logical data modeling is a philosophy - as well as a technique - for recognizing and documenting the fact that business data have an existence, independent of how they are accessed, who accesses them, and whether or not such access is computerized.)
Handbook of Relational Database Design - 1989
Candace C. Fleming & Barbara von halle

[그림 IV-2-1] 논리 데이터 모델링의 핵심

[그림 IV-2-1] 논리 데이터 모델링의 핵심에서 보는 바와 같이 어떤 조직의 업무 영역이 경영목표·기획·재무 등이 있다는 것이 업무 사실이며, 부서·사원·상품·고객 등의 엔터티가 있다는 것도 업무 사실이며, 부서에는 여러 명의 사원이 근무한다는 것도 업무 사실이고, 사원은 사원번호·입사일자 등의 속성을 갖는다는 것도 업무 사실이다. 이렇듯 논리 데이터 모델링에서 파악한 것을 어떤 조직의 업무 사실에 기초하여 그 조직에서 필요로 하는 데이터의 구조 및 업무 규칙을 논리 데이터 모델에 기록하는 것이다. 이러한 이유로 논리 데이터 모델링 핵심 성공 요소는 논리 데이터 모델링 과정에 업무에 능통한 전문가의 참여가 가장 중요하다.

가. 논리 데이터 모델링 필수 성공 요소

- 가능한 많은 시간을 업무에 능통한 현업 사용자와 함께 데이터 모델링을 진행하라.

  데이터 모델링 작업은 조직에서 수행하는 업무를 데이터 관점에서 데이터의 구조와 업무 규칙을 체계화하는 작업이다. 즉 비즈니스에서 사용하는 실제 발생하는 데이터를 추상화 기법 및 데이터 모델링 기법을 이용하여 엔터티를 정의하고, 이들 간의 관계 및 속성을 정의하고, 업무 규칙을 기록하는 작업이다. 이러한 작업을 하는 과정에서 업무를 알고 있는 전문가의 참여는 필수적이다.

- 절차(Procedure)보다는 데이터에 초점을 두고 모델링을 진행하라.

  여기서 얘기하는 절차는 단순한 업무 흐름이 아니라 어떻게(How) 업무처리를 하느냐 하는 것이다. 예를 들어 항공기 좌석 예약이라는 프로세스가 있다. 예약을 하는 방법이 인터넷, 전화, 대리점 방문 등 다양하게 있을 수 있다. 여기서의 절차는 이러한 여러 방법으로 항공기 좌석 예약을 하는 것을 말한다. 데이터 모델은 이러한 절차보다는 업무에서 무슨(What) 데이터를 왜(Why) 사용하고, 관리하는지를 알 수 있도록 해야 하는 것이다.

- 데이터의 구조(Structure)와 무결성(Integrity)을 함께 고려하라.

  엔터티, 관계, 속성을 정의하는 것뿐만 아니라 데이터 무결성을 보장하는 업무 규칙을 어떻게 데이터 모델에 기록할 것인가를 함께 고려해야 한다. 만약 이러한 업무 규칙을 데이터 모델에 기록하지 않는다면, 응용 프로그램 담당자별로 자의적으로 해석하고, 코드 값을 만드는 등의 문제가 발생하여 데이터 무결성이 깨질 수 있다.

- 개념화(Conceptualization)와 정규화(Normalization) 기법을 적용하라.

  개념화라는 것은 현실 세계에서 발생하는 업무 데이터를 엔터티, 관계, 속성으로 표현하는 추상화와 같은 뜻이다. 이것은 업무에서 발생하는 정보를 관계자들과 소통하기 위하여 데이터를 표현하는 방식이다. 정규화는 데이터의 올바른 위치를 찾아주는 기법이며, 입력 이상·수정 이상·삭제 이상이라는 데이터의 이상 현상을 제거하여 데이터 무결성과 유연성을 향상시키는 기법이다.

- 가능하면 다이어그램(Diagram)을 이용하여 업무를 표현하라.

  다이어그램은 텍스트보다 명확하고, 단순하며, 간결하다. 엔터티-관계 다이어그램이 정보 구조와 업무 규칙을 어떻게 담고 있는지를 이해하면, 논리 데이터 모델은 모델러와 사용자 간에 매우 효과적인 의사소통 수단이 되는 것이다. 현업의 사용자가 논리 데이터 모델을 보고 업무 규칙이 어떻게 반영되었는지를 알 수 있을 정도가 되면, 현업 사용자는 업무를 누구보다 많이 알고 있기 때문에 논리 데이터 모델이 문제가 있다는 것을 모델러보다도 빨리 발견할 수 있는 가능성이 매우 높다.

- 데이터 모델링을 지원하는 데이터 사전을 구축하라.

  논리 데이터 모델에 표현되는 용어에 대한 사전을 구축하는 것은 매우 중요하다. 요즘에는 이를 위해 메타 데이터 관리 시스템을 도입하여 데이터 표준화를 별도로 진행하며, 이러한 메타 데이터는 데이터 거버넌스 (종합 통제 관리) 측면에서 매우 중요한 사항이다. 의사소통 및 데이터 무결성을 위해 데이터 표준화는 매우 중요하다.

나. 논리 데이터 모델링 목적 및 효과

- 해당 비즈니스에 대한 데이터 관점에서의 명확한 이해

  데이터 모델링은 한마디로 업무의 데이터 관점에서의 표현 또는 설계라고 할 수 있다. 프로그램을 잘 작성하기 위한 소프트웨어 공학적인 접근은 그 프로그램에 대한 것만을 생각하고 전사적인 관점에서 데이터를 이해하려고 하지 않기 때문에 단편적인 프로그램에서는 데이터가 맞지만, 종합적인 관점에서 데이터의 일관성과 정확성이 깨질 수도 있다.

- 전사적인 통합 데이터 체계 확립

  논리 데이터 모델링을 통하여 전사의 데이터에 대한 구조를 체계화하고 이를 통한 통합 데이터 체계를 확립한다. 전사 통합 데이터 관리 체계 내지는 시스템 없이 응용 시스템 위주의 데이터 관리는 데이터의 중복을 유발할 수 있는 원인 중 하나이다. 데이터의 중복은 데이터의 불일치를 유발하는 가장 큰 원인이며, 이러한 데이터의 불일치는 의사결정의 왜곡을 불러 올 수도 있다.

- 데이터의 일관성 및 정확성 유지를 위한 규칙 도출

  기업이 관리하는 데이터의 일관성, 정확성을 유지하기 위해서는 데이터에 대한 정확한 업무 규칙과 데이터 처리 규칙들을 생성·관리해야 한다. 이것을 표현하고 관리하는 것은 논리 데이터 모델을 통해서 하게 된다. 하지만 많은 조직에서 이러한 업무 규칙을 데이터 모델에서 상세하게 관리하는 조직을 찾는 것은 매우 어렵다. 여러 가지 원인이 있겠지만 차세대 본 프로젝트 전에 정보 전략 계획(ISP, Information Strategy Planning)이나 업무 과정 재설계(BPR, Business Process Re-engineering)를 진행하는데, 대부분이 프로세스 정리 위주의 프로젝트를 진행하고, 차세대 본 프로젝트는 응용 시스템 위주로 진행하여 데이터에 대한 인식 및 정리는 매우 미약하게 진행되는 것이 현실이다.

- 안정적인 데이터베이스 설계의 토대 마련

  논리 데이터 모델을 통하여 물리 데이터 모델이 생성된다. 특히 데이터 모델의 구체적인 객체인 데이터베이스를 안정적이고 체계적으로 생성하는 기초가 된다. 관계형 데이터베이스는 기존의 데이터베이스와 다른 많은 장점을 가지고 있다. 매일 매일 업무를 처리하기 위하여 사용하는 온라인 처리 시스템 데이터의 일관성과 정확성은 매우 중요하다. 하지만 이에 대한 지식 없이 데이터베이스를 단지 데이터를 저장하고 조회하는 도구로만 사용하는 것으로 생각하는 사람들이 많다. 고품질의 데이터베이스를 보유하고 싶다면 논리 데이터 모델의 중요성을 반드시 인지해야 할 것이다.

- 정보시스템 관계자와의 명확한 의사소통을 위한 수단으로 활용

  시스템 설계자와 업무 담당자 및 응용 프로그램 개발자 간의 의사소통 수단으로 논리 데이터 모델이 사용된다. 개발자가 설계서를 주면 단순히 프로그램을 생성하는 사람이라 하더라도 논리 데이터 모델에 표현되어 있는 비즈니스 규칙을 이해한다면 조금 더 품질이 좋은 프로그램을 작성할 수 있는 가능성이 있다.

2. 논리 데이터 모델링 절차

논리 데이터 모델링의 절차는 정보 시스템 구축을 위하여 현업 사용자의 업무에서 필요로 하는 요구 사항에 따라 데이터 관점에서 요구 사항을 이해하고 정리하여 이해 관계자(현업 사용자, 응용 운영자, 응용 설계자,

응용 개발자 등)들에게 데이터에 존재하는 업무 사실을 정확하게 알려 주기 위하여 문서화하는 전 과정을 말한다.

[그림 Ⅳ-2-2] 논리 데이터 모델링 절차를 보면 순차적으로 되어 있다. 실제로 데이터 모델링을 진행할 때는 순차적이면서도 병행적으로 일이 진행된다. 정규화와 이력 관리를 하게 되면 새로운 엔터티를 정의하게 되는데, 이에 따른 관계·속성·식별자(Identifier)를 함께 고려해야 한다.

[그림 Ⅳ-2-2] 논리 데이터 모델링 절차

■ 주제 영역 정의

주제 영역(Subject Area)은 조직이 사용하는 데이터의 최상위 집합이다. 데이터를 하향식(Top Down)으로 분석하기 위한 개념으로 유용한 것이 주제 영역이다. 주제 영역은 계층적으로 표현될 수 있다. 주제 영역을 분해하면 하위 수준의 주제 영역이나 엔터티가 나타난다. 주제 영역의 개념 및 도출 기법, 주제 영역 정의의 목적 및 장점을 설명한다.

■ 엔터티 정의

주제 영역을 정의하고 나면 엔터티(Entity)를 정의하면서 논리 데이터 모델을 작성하게 된다. 논리 데이터 모델의 구성요소의 하나인 엔터티의 개념을 설명하고, 엔터티의 유형은 어떤 것이 있으며, 어떻게 도출하고, 도출된 엔터티가 적정한가를 점검하는 방법과 엔터티에 기술해야 하는 업무 내용을 설명한다. 또한 엔터티를 통합하는 기법인 추상화의 일반화 기법을 설명한다.

■ 관계 정의

엔터티를 도출하고 나면, 하나 또는 두 개의 엔터티 간에 존재하는 업무 규칙인 관계(Relationship)를 정의하게 된다. 이 장에서는 관계의 개념을 설명하고, 어떻게 도출하며, 관계 정의에 필요한 사항을 설명하고, 특수 관계인 배타적 관계·자기 참조 관계를 설명한다.

■ 속성 정의

이 장에서는 조직이 사용하는 데이터를 저장하는 속성(Attribute)을 정의한다. 속성의 개념과 속성 도출 방법을 설명하고, 속성 정의 사항을 설명하는데 이는 업무 규칙을 잘 기술해야 하는 매우 중요한 사항이다. 데이터 모델의 가장 중요한 것 중 하나가 속성이 갖는 업무 규칙을 빠짐없이 정확하게 기술하는 것이다.

그럼에도 불구하고 시간상의 제약, 업무 전문가의 지원 미비, 데이터 모델러의 자질 등 여러 가지 이유로 대부분의 논리 데이터 모델을 보면 속성에 대한 업무 규칙이 기술되어 있는 것은 보기가 어렵다. 이에 대한 업무 규칙은 대부분 프로그램 소스에 녹아 있는 것이 현실이다.

■식별자 확정

엔터티의 하나의 인스턴스를 식별할 수 있는 일련의 속성을 식별자라고 한다. 식별자는 관계가 있는 엔터티에 외래 식별자로 이주하여 두 엔터티 간에 관계 연산의 연결 속성으로 식별자를 잘 못 생성하면, 매우 복잡한 문제에 봉착할 수 있다. 이 장에서는 각종 식별자에 대한 개념과 식별자의 활용 측면을 설명한다.

■정규화

정규화(Normalization)는 엔터티 내에 속성이 잘못 위치하여 발생하는 데이터 이상 현상인 입력이상, 수정이상, 삭제이상을 제거하기 위하여 속성의 위치를 정확하게 찾아주는 과정이라 할 수 있다. 이론적으로는 제1정규화부터 제5정규화까지의 정규화 과정이 있는데, 통상적으로 제3정규화까지 하므로 이 장에서도 제3정규화까지만 설명을 한다.

■이력 관리

온라인 거래 처리(OLTP, On-Line Transaction Processing) 환경에서는 매일 매일의 업무 처리를 위한 데이터를 다루지만, 온라인 거래 처리 데이터를 소스(Source)로 정보를 분석하는 온라인 분석 처리(OLAP, On-Line Analytical Processing) 환경에서는 시간의 이력(History) 관점에서 데이터 분석이 중요하다. 이러한 분석을 위해서는 온라인 거래 처리부터 이력 관리를 잘 해야 하는 것이다. 이 장에서는 이력관리 장점 및 기법을 설명한다.

제 2 절 주제 영역 정의

1. 주제 영역 개념

주제 영역은 주요 자원(Resource), 상품(Product), 활동(Activity)을 중심으로 조직이 관심을 가지는 영역이다. 주제 영역은 조직이 관심을 가지고 있는 것들을 요약해준다. 그렇기 때문에 일반적으로 더 세분화를 요하는 약간은 명확하지 않다고 생각될 수 있는 이름이고, 이 이름은 대개 '~ 분야'라고 한다. 주제 영역은 조직이 사용하는 데이터의 최상위 집합이다. 예를 들어 제조업체의 경우 인사 분야, 고객 분야, 상품 분야, 구매 분야, 생산 분야, 판매 분야 등의 주제 영역이 있을 수 있다. 하나의 주제 영역 내에 정의되는 엔터티(Entity) 간의 관계는 밀접하고, 다른 주제 영역에 포함되는 엔터티 간의 상호작용은 최소화할 수 있도록 정의한다.

데이터는 기본적으로 관계 구조로 표현된다. 관계 구조는 데이터 간의 관계가 여러 개로 표현되면서 서로 연결되어 있기 때문에 하향식 분석이 용이하지 않다. 계획 수립 단계는 하향식 분석을 원칙으로 하고, 검증을 위해서 상향식 분석을 부분적으로 사용한다. 데이터를 하향식으로 분석하기 위한 개념으로 유용한 것이 주제 영역이다. 주제 영역은 계층적으로 표현될 수 있다. 주제 영역을 분해하면 하위 수준의 주제 영역이나 엔터티가 나타난다.

좋은 모델링을 위한 하나의 기준은 분할 후 정복(Divide and conquer)이라는 개념을 적용시킨다는 것이다. 전체 업무를 점차적으로 세분화해 나가면서 정해진 규칙을 이용하여 모델링해 나간다. 세분화 과정을 분해(Decomposition)라 부른다. 분해는 일정한 기준에 의하여 대상을 구분하는 과정으로, 여러 가지 방법이 있다. 어떤 기준을 적용하는 것이 가장 좋은 분해인가에 대해서 생각해야 되는데, 그것은 분해의 목적에 적합한 기준을 선택하는 것이다.

2. 주제 영역 도출

가. 주제 영역 발견 기법

주제 영역 발견 기법은 경영학에서 사용하는 가치 사슬(Value Chain) 분석 기법을 활용한다. 이는 경쟁이론을 정립하여 가치사슬 분석에 크게 기여한 마이클 포터(M. Porter)가 모델로 정립한 이후 광범위하게 활용되고 있는 이론 틀이다. 부가가치 창출에 직접 또는 간접적으로 관련된 일련의 활동, 기능, 프로세스의 연계를 의미한다. 프로젝트 초기 주제 영역을 찾기 위해서는 그 조직이 무슨 일을 하는지를 업무 활동과 연계해서 파악하고, 업무 영역 분석 단계에 가서는 주제 영역 단위별로 데이터를 깊이 있게 분석하는 것이 유리하다. 업무 활동과 주제 영역의 병행 모델링은 기능과 데이터의 분할 후 정복의 개념으로 활동과 데이터간의 조정 시간을 최소화할 수 있다. 조직의 가치 창출과 관련된 업무 활동을 보조(Support) 활동과 본원(Primary) 활동으로 나눠볼 수 있다.

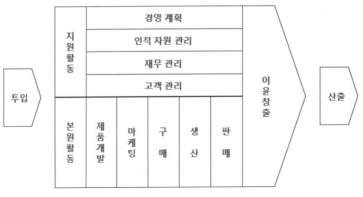

[그림 Ⅳ-2-3] 가치 사슬 분석

나. 주제 영역 도출 방안

1) 업무 기능의 이름으로부터 도출

가치 사슬 분석에 의한 최상위 업무활동에서 한두 단계를 내려가면서 기능을 분석하고 이에 대응 되는 데이터 영역을 정의함으로써 업무활동과 데이터의 상호보완관계를 유지하며 조직의 업무를 파악한다. 여기서의 업무활동(기능)은 무엇(What)을 하는가를 파악하는 것으로, 절차(Procedure) 중심의 어떻게(How) 일을 처리하는가를 파악하는 것과는 다른 것이다.

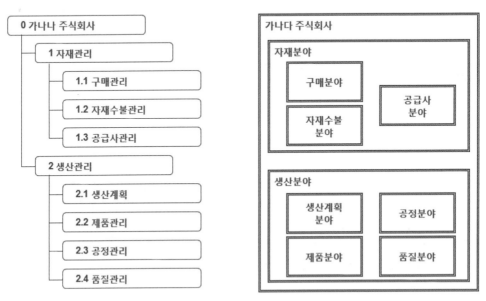

[그림 Ⅳ-2-4] 기능과 주제영역 병행 모델링

2) 업무에서 사용하는 데이터의 명사형 도출

기업의 조직명 예를 들어 구매부·인사부·생산부 등이나 기업 내 현행(As-Is) 시스템, 예를 들어 인사 시스템과 고객 시스템 등은 조직에서 무엇(What)을 하는지 직관적으로 알 수 있는 대표적인 명사형 단어들로 이것으로부터 주제 영역을 도출할 수 있다.

3) 하향식 접근방법

하향식 접근방법은 분할 후 정복(Divide and Conquer)이라는 개념을 적용하여 최상위 주제 영역에서 출발하여 단위 주제 영역으로, 단위 주제 영역에서 엔터티로 전개하면서 안정적인 업무 분석을 진행할 수 있는 좋은 접근방법이다.

4) 상향식 접근방법

하향식 접근방법으로 주제 영역을 도출한 후 업무영역 분석 단계에서 엔터티를 도출하면서 각각의 엔터티가 지금의 주제영역에 맞는가 확인하면서 도출하거나 어떤 엔터티들을 모아서 하나의 다른 주제 영역으로 정의할 때 상향식 접근방법으로 주제 영역을 도출할 수도 있다.

다. 주제 영역 명명

1) 업무에서 사용하는 용어를 부여한다

앞으로도 논리 데이터 모델링의 구성요소들에 대한 명명 규칙이 나올 텐데 이러한 명명 규칙의 첫 번째는 업무에서 사용하는 용어를 사용하라는 것이다. 이는 정보 시스템을 구축하기 이전 업무를 파악하여 정리·기록하는 것이므로 최대한 현업이 사용하는 용어를 사용해야 한다(예, 인사 분야, 생산 분야, 판매 분야 등).

2) 유일한 단수형 명사를 사용한다

하나의 조직에서 동일한 주제 영역 명은 정보의 중복을 의미하거나, 동음이의어로 인식되어 정보의 왜곡을 초래할 수 있다. 이러한 왜곡을 초래하지 않으려면 조직 내 주제 영역 명은 유일한 단수 명사를 사용한다.

3) 데이터의 그룹을 의미하는 이름을 부여한다

업무 활동(Activity)이나 시스템을 의미하는 이름은 배제하고, 데이터 그룹을 의미하는 이름을 사용하도록 한다.
예) 재무관리(기능), 재무시스템 => 재무 분야(데이터), 인사관리(기능), 인사시스템 => 인사 분야(데이터)

3. 주제 영역 활용

가. 목적

- 업무 분석의 효율을 높인다.
  - 데이터의 계층적 구조를 파악하는 데 도움이 된다.
  - 점진적인 상세화로 상위 수준에서 모델의 안정성을 유지한다.
- 업무 기능(Function)과 병행하여 분석하는 경우에 모델의 품질 확보에 기여한다.
- 주제 영역 계층과 업무 기능 계층 간의 대응 관계를 확인한다.
- 주제 영역은 기업의 전사 업무를 위한 전체 데이터 구성에 대한 청사진을 제공한다.
- 데이터 구성 및 통합에 대한 방향을 제시(선언적 성격)한다.
- 효율적 데이터 관리를 위한 기준을 제공한다.

나. 장점

- 데이터 및 업무 활동 모델의 품질을 보증한다.
- 프로젝트 관리(Project Management): 업무 범위에 대한 기준을 확보한다.
- 분할 후 정복(Devide and Conquer)으로 집중화한 토의를 할 수 있다.
- 모델 개발 조정(Development Coordination)을 용이하게 한다.
- 저장소(Repository) 관리를 좀 더 용이하게 한다.
- 상세 사항의 전개 혹은 축약이 가능하다.

4. 주제 영역 정의 내용

가. 주제 영역 목록

- 레벨 : 주제 영역의 계층 수준(1차, 2차, ... 단위)
- 주제 영역 명
- 설명(단위 주제 영역의 경우)
- 대표 엔터티 : 해당 주제 영역 내에서 대표적인 엔터티를 기술한다.

나. 주제 영역 정의서 샘플 양식

레벨	주제 영역 명	설명	대표 엔터티

[그림 Ⅳ-2-5] 주제 영역 정의서 예

5. 주제 영역 사례

아래 업무 내용은 업무 활동을 가지고 주제 영역을 도출하는 사례를 보여주는 것이다. 어떤 회사를 가더라도 아래와 같은 업무 규정집을 가지고 있을 것이다. 이러한 자료를 활용하여 주제 영역을 생성해 본 것이다. 실제 프로젝트에서는 주제 영역을 작도하는 것이 사용하는 데이터 모델링 도구에 따라 다르기 때문에 아래 보이는 것과 같지는 않다. 단지 업무 활동과 대비하여 주제 영역을 정의한 병행 모델링에 대한 사례를 참고하기 바란다.

- ■ 여신 업무

  여신 업무의 근본 목적은 금융회사의 대출 위험을 최소화하고, 이익을 극대화하면서 사회에 대한 금융 서비스 활동을 최대화하는 것으로 요약되므로 개별 금융회사의 여신 정책에 따라 그 중요도는 달리할 수 있다. 하지만 대부분 금융회사의 경우 부실 위험을 최소화하기 위하여 대출신청과 신용조사, 여신심사, 여신실행 및 사후관리 등 여신 전반에 대한 절차와 과정을 명확하게 규정하고 있다.

- ■ 여신 상담 및 신청

  대출의 신청 및 접수는 고객과의 대출상담, 대출 신청서 작성 및 대출 취급과 관련한 필요서류 징구 등의 절차를 거치게 된다. 대출 신청 접수 시에는 자금용도와 상환계획을 명확하게 상담한 후 적정한 대출 상품, 거래 및 상환방식, 금액, 금리 등을 구체적으로 협의하여야 한다. 또한 대출 신청 서류를 징구하고 채무 관계인에 대한 조사를 실시하여야 한다.

- ■ 신용조사

  여신으로 취급되는 자산의 건전한 운용과 거래 기업의 경영개선 유도 등에 효과적으로 활용하기 위하여 차주에 대한 과거, 현재, 미래에 걸친 내용을 조사 평가하는 것으로 인적, 물적 사항과 함께 보증인 등도 조사 대상이 된다.

- ■ 여신심사

  신용조사를 통해 차주의 신용도를 분석한 후 해당 금융기관에서 규정하고 있는 신용정책과의 정합성, 자금 용도의 적정성, 담보평가와 환가성, 회수가능성 및 금리 조건 등을 검토하고 여신 취급에 대한 종합적인 분석을 하는 것을 말한다.

- ■ 여신승인

  일반적으로 여신규모 및 신용평가등급 등에 따라 심사반 합의체(주된 심사역 1인, 전문 심사역 2~4명) → 심사역 협의회 → 여신 협의회 순으로 결정하고 있다. 상임 이사회 또는 여신심사 위원회 부의 대상이 되는 여신에 대하여는 반드시 주된 심사역 명의로 부의하여 설명하도록 하고, 각 위원의 개진 의견을 실명으로 의사록에 반드시 기록·유지하여야 한다. 그러나 경우에 따라서는 금융 기관별로 상이한 여신승인 제도를 운용하는 경우도 있다.

- ■ 여신 약정 체결

  채무관계자 본인으로부터 직접 여신거래약정관련 채권서류, 담보약정관련 서류 등 여신관련 서류를 징구 또는 작성하는 절차로 여신거래 시 기본적으로 필요한 법적 채권서류를 파악하여 징구함으로써 만기에 안전하게 여신을 회수하는 데 그 목적이 있다.

■ 여신실행

여신을 실행하기 전에는 담보 부동산의 등기부상의 저당권설정 내용이 정확한지 여부·권리 침해 사항이 없는지 여부·신용불량등록 여부 및 연체 여부를 최종 확인한 후 지급하여야 하며, 대출금의 기표 전에 선 지급할 수 없는 것이 원칙이다.

■ 여신사후관리

여신의 사후관리는 대출 취급 이후 차주의 신용상태 및 상환능력 변동을 파악하고 필요한 조치를 취하는 일련의 과정을 말한다. 이는 채무자에 대한 상시 모니터링, 신용 평가 시스템에 의한 신용등급 조정, 조기경보제도 운영, 문제 기업의 경영 개선 지도, 부실기업의 정리, 여신 감리 제도 운용 등으로 구분할 수 있다.

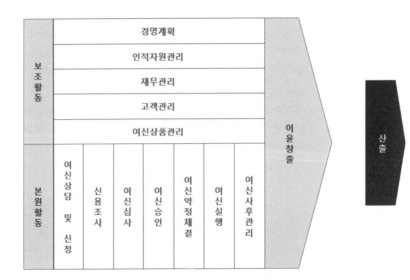

[그림 IV-2-6] 여신 업무 가치 사슬

[그림 IV-2-6] 여신 업무 가치 사슬을 보면 자원을 투입하여 이윤창출을 위한 업무 활동을 본원적인 활동과 보조적인 활동으로 구분하여 나타내고 있다. 보조 활동은 대부분의 기업에서 유사할 것이고, 비즈니스 영역이 비슷한 기업들은 본원 활동도 비슷하겠지만, 영역이 다른 기업들은 본원 활동이 다를 것이다. 업무 활동이 비슷하다고 하더라도 여기서 다루는 데이터는 다른 부분이 많을 것이다. 인적자원관리만 보더라도 인사 관리, 급여 관리를 모든 회사들이 하고 있지만, 인사 정책이나 급여 정책이 회사들마다 다르기 때문에 데이터도 회사들마다 다르다고 할 수 있다. 이러한 이유로 업무 활동이나 업무가 처리되는 절차를 파악하는 것도 중요하지만, 이 업무 처리절차의 입력(Input)이며 결과(Output)인 데이터와 관련된 업무 규칙을 찾아 정리하는 것도 매우 중요하다.

여신 업무 기능 분해도 및 주제 영역

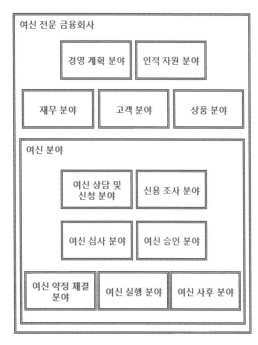

[그림 Ⅳ-2-7] 여신 업무 병행 분석은 업무 활동에 대응되는 주제 영역을 보여주고 있다. 1.경영 계획에서 5.상품 관리는 하위 업무 활동을 더 파악해야 하고, 6.여신 관리는 업무 규정집에 있는 사항을 정리한 것이다. 6.1 여신 상담 및 신청에서 6.7 여신 사후 관리도 필요하다면 하위 업무 활동을 더 정리하고 이에 대한 주제 영역을 기술하면 된다.

[그림 Ⅳ-2-7] 여신 업무 병행 분석

프로젝트 초기 주제 영역을 도출할 때는 업무 활동 분석을 통하여 주제 영역을 정의하는 것이 유리하다. 업무 활동은 현업 담당자들이 용어에 대한 거부감 없이 사용할 수 있으나, 주제 영역이라는 용어는 거부감을 느끼는 경향이 있다. 업무 활동을 분석하고 그에 대응되는 데이터의 영역이 주제 영역이라고 설명하면 거부감이 조금은 덜하기 때문에 프로젝트 초기 계획 단계에서는 업무 활동(기능)을 중심으로 업무를 파악하고, 분석 단계에서 단위 주제 영역 내 엔터티-관계도(Entity-Relationship Diagram)를 작성하면서 데이터 주도(Driven)의 업무파악 진행이 좋은 정보 시스템 구축의 초석이 될 것이다.

제 3 절 엔터티 정의

1. 엔터티 개념

엔터티란 조직에서 업무를 수행하는데 필요로 하는 사물(Thing), 사건(Event) 또는 개념(Concept)을 나타내는 어떤 것으로, 1)동일한 업무 행위나 2)유사한 속성을 갖는 단일 개념으로 정의한 인스턴스(Instance)들의 집합체를 말한다. 인스턴스라는 것은 '다른 사물과 분리되어 존재하며, 자기 자신만의 명확한 정체성을 갖는 어떤 것'으로, 다른 사람들과 소통하기 위하여 현실 세계에 무수히 존재하는 이런 인스턴스들을 추상화라는 개념을 통하여 엔터티로 정의하여 사용하는 것이다. [그림 Ⅳ-2-8] 엔터티 '사원'은 현실 세계에 존재한다. 자기 자신만의 명확한 정체성을 갖는 '김민종', '이병헌' 등의 수많은 인스턴스(Instance)들을 동일한 업무 행위나 유사한 속성들을 근거로 단일 개념으로 정의한 인스턴스들의 집합체가 '사원' 엔터티가 되는 것이다.

[그림 Ⅳ-2-8] 엔터티 '사원'

아래는 정보공학 내지는 데이터 관련 학자들이 그들의 저서에서 기술한 엔터티에 대한 정의를 보여주고 있다.

정보가 관리되는 어떤 구별 가능한 사람, 장소, 사물, 사건 또는 개념(Any distinguishable person, place, thing, event, or concept about which information is kept.) - Designing Quality Databases with IDEF1X Information Models (1992) - Thomas A. Bruce

정보가 저장되는 실질적 또는 추상적인 어떤 사람 또는 사물(An entity is any person or thing, real or abstract, about which information is stored) - INFORMATION ENGINEERING (1990) - James Martin

다른 것과 구별되어 식별될 수 있는 사물(A thing which can be distinctly identified) - The Entity-Relationship Model "Toward a Unified View of Data" (1976) - Peter Chen

향후 참조를 위해 저장되어야 할 데이터를 표현한 어떤 것(Data entities which represent data to be stored for later reference) - INFORMATION ENGINEERING - Strategic Systems Development (1992) - Clive Finkelstein

구별 가능한 객체(A distinguishable object) - An Introduction to DATABASE SYSTEMS (2000 - 7th Edition) - C. J. Date

2. 엔터티 분류

논리 데이터 모델링을 진행함에 가장 어려워하는 점 중 하나가 파악해야 할 업무에 대한 엔터티를 인식하고 표현하는 것이다. 엔터티의 분류는 인식해야 할 엔터티를 도출해 내고, 엔터티에 대한 인식의 공유를 하는 데 도움을 얻고자 하는 것이다. 이러한 이유는 계속하여 강조하는 사항이지만 논리 데이터 모델링이 현업의 업무를 추상화하여 표현하는 것인데 이러한 표현 수단에 대한 인식의 공유가 정확히 이루어지지 않는다면, 현업과 전산 담당자, 데이터 모델러 사이에 인식의 갭이 존재하여 업무가 정확히 표현되지 못 할 수도 있는 것을 사전에 방지하기 위함이다.

가. 일반적인 엔터티 분류

위 학자들의 정의를 보면 많은 부분 엔터티를 물리적인 사람, 사물 및 객체로 얘기하고 있다. 한 사람만이 사람, 장소, 사물, 사건 또는 개념으로 얘기하고 있다. 엔터티가 조직의 업무에 관련되어 있다면 유형적인 것이든 무형적인 것이든 상관이 없다. 이러한 엔터티들을 일반화해 보면 3가지로 설명할 수 있다.

1) 유형(Tangible) 엔터티: 물리적으로 존재하는 대상(고객, 상품 등)
2) 활동(Active) 엔터티: 어떤 사건에 관한 정보(주문, 계약, 장비 고장 등)
3) 개념(Concept) 엔터티: 관리할 정보가 있는 무형의 개념(계정과목, 성적 등)

활동 및 개념 엔터티가 유형 엔터티보다 밝혀내기가 조금 어렵지만, 업무의 정확한 모델을 작성하기 위해서는 3가지 모두 똑같이 중요하다. 사실 3종류의 엔터티를 명확히 구별해야 하는 경우는 거의 없다. 단지 데이터 모델과 관계된 사람들이 엔터티란 물리적인 사물만을 표현해야 한다는 오해를 하지 않도록 할 뿐이다. 꼭 물리적인 형태를 갖는 것뿐만 아니라 개념적 또는 활동적인 무형의 것들도 관리해야 하는 정보가 있다면, 그것을 엔터티로 인식하고 표현하는 데 도움을 주고자 분류 기준을 제시하는 것이다.

나. 모델 관점 엔터티 분류

엔터티가 주 키(PK)를 어떻게 획득했는가에 따라 독립 엔터티 또는 종속 엔터티로 분류한다. 독립 엔터티(Independent Entity)는 인스턴스의 식별을 위해 다른 어떤 인스턴스에도 의존적이지 않지만, 종속 엔터티(Dependent Entity)는 인스턴스의 식별을 위해 다른 인스턴스에 의존해야만 식별이 가능하다.

- **독립 엔터티:** 인스턴스를 식별하는 데 있어서 어떤 다른 인스턴스에 의존하지 않는 엔터티(예, 고객, 제품, 사원)
- **종속 엔터티:** 인스턴스를 식별하는 데 있어서 하나 또는 하나 이상의 다른 인스턴스에 의존하는 엔터티(예, 사원가족, 주문상품)로 종속 엔터티에는 특성 엔터티, 연관 엔터티, 서브타입 엔터티가 있다.
  - 특성(Characteristic) 엔터티: 하나의 인스턴스에 여러 번 발생하는 속성의 그룹으로, 다른 인스턴스에 의하여 직접적으로 인식되지는 않는 엔터티(예, 사원경력)
  - 연관(Associative) 엔터티: 두 개 이상의 연관된 다른 엔터티로부터 식별자를 상속 받는 엔터티(다대다 관계 해소 시 생성됨)
  - 서브타입(Subtype) 엔터티: 다른 부분집합과 구별되는 공통 속성이나 관계를 공유하는 엔터티의 부분집합

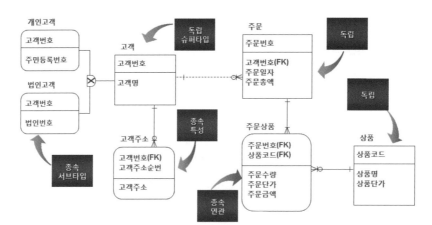

정보 공학 방법론(Information Engineering Methodology) 표기법

[그림 Ⅳ-2-9] 모델 관점 엔터티 분류

[그림 Ⅳ-2-9] 모델 관점 엔터티 분류는 데이터 모델 작성 도구인 ER-Win에서 정보공학 방법론으로 표현한 모델 관점 엔터티 분류를 보여주고 있다. CASE*Method 표기법에서는 이러한 엔터티 분류 방법이 존재하지 않는다. 엔터티 '고객', '상품', '주문' 인스턴스는 유일한 '고객번호', '상품코드', '주문번호'에 의해 식별되기 때문에 '고객', '상품', '주문'은 독립 엔터티이다. '고객주소', '주문상품', '개인고객', '법인고객' 엔터티는 다른

엔터티의 기본 키를 획득해야만 인스턴스를 식별할 수 있는 종속 엔터티이다. 여기서 조금 특이한 것은 엔터티 '주문'은 주문 건을 상기의 모델과 같이 개별적으로 고유한 '주문번호'로서 식별하여 독립 엔터티로 만들거나, '고객번호'와 '주문번호'의 조합으로 식별하는 두 가지 방법이 있을 수 있다. 후자의 경우 '고객번호'는 '고객'의 식별자이기 때문에 '주문'을 종속 엔터티로 만들 수도 있다.

특성 엔터티는 하나의 인스턴스에서 여러 번 발생하지만, 다른 인스턴스에 의해서 직접적으로 식별되지 않는 속성 그룹이다. 특성 엔터티는 한 개의 식별 부모만을 갖는 종속 엔터티이다. 상기의 모델에서 '고객'은 자신만의 많은 '고객주소'를 소유할 수 있다는 것과 한 개의 '고객주소'는 오직 한 명의 '고객'에 의해서만 소유될 수 있다는 것을 알려준다. 이 경우에 '고객주소' 엔터티를 '고객' 엔터티의 특성이라 한다.

연관 엔터티는 두 개나 그 이상의 엔터티 간에 다중연관(관계)을 기록하는 것이다. [그림 IV-2-9] 모델 관점 엔터티 분류에서 '주문'과 '상품'이 연관된 예를 보여주고 있다. 이 예에서 '주문상품'은 한 개보다 많은 식별 부모가 있으므로 연관 엔터티가 된다. 연관 엔터티는 두 개 이상의 엔터티 간에 연관에 대한 정보를 보여준다. 특성 엔터티와 연관 엔터티의 차이점은 식별 관계의 수이다. 특성 엔터티는 오직 한 개의 식별 엔터티만 가지고 있으며, 연관 엔터티는 두 개 이상의 식별 엔터티를 가지고 있다. 또한 연관 엔터티는 부모 엔터티로부터 받은 식별자 속성으로만 이루어지고, 다른 속성은 안 가질 수도 있는 것이 또 하나의 특징이라 할 수 있다.

서브타입 엔터티는 종속 엔터티의 세 번째 유형으로서 서브타입 엔터티에 대해서는 제6절 엔터티 상세화에서 슈퍼-서브타입을 자세히 살펴보기로 하겠다.

여기서도 고려해야 할 것이 '고객'이 독립 엔터티이고, '고객주소'가 종속이면서 특성 엔터티라는 것을 파악하여 정리하는 것이 좋은 논리 데이터 모델을 생성하는 데 약간의 도움은 주지만, 이렇게 엔터티를 분류하는 것이 반드시 해야만 하는 사항은 아니라는 것이다. 중요한 것은 이러한 분류 방법을 이해하고 업무에서 중요하게 생각하고 업무에서 먼저 파악해야 하는 것들을 고려하여, 현업의 업무를 이해하고 분석하는 수단으로 사용하라고 이러한 개념을 도입한 것이지, 이러한 엔터티 분류가 논리 데이터 모델링의 목적은 아니라는 점이다.

다. 발생 시점 엔터티 분류

첫 번째는 사람, 상품, 자재 등과 같이 업무행위의 주체나 목적어가 되는 엔터티(여기서는 키 엔터티라 부르기로 한다)이다. 두 번째는 키 엔터티가 행위를 함으로써 발생되는 행위의 집합 중에서 좀 더 하위의 행위를 발생시키는 주체나 목적어가 될 수 있는 엔터티(여기서는 메인 엔터티라 부르기로 한다)이다. 그리고 나머지 엔터티(여기서는 액션 엔터티라 부르기로 한다)를 세 번째로 분류한다.

이 분류 방법은 국내에서 만들어진 디에이샵(DA#)이라는 모델링 도구에서 사용하는 분류 방법으로 모델링 도구에 의존적이라 할 수 있다. 현장에서 많이 사용하는 모델링 도구이기 때문에 이러한 분류 방법을 설명한다.

1) 키 엔터티

자신의 부모를 가지지 않는 엔터티를 말한다. 여기서 부모 엔터티란 자신을 태어나게 한 (만약 이 엔터티가 없다면 논리적으로 자신이 태어날 수 없는) 엔터티를 말한다. 태초부터 창조된 집합이란 다른 엔터티의 도움을 받지 않더라도 얼마든지 어떤 인스턴스를 새롭게 정의할 수 있는 집합을 말한다. 예를 들어 사원 엔터티에 있는 '홍길동'이란 인스턴스는 아직 부서가 정해지지 않았더라도 사원으로서 정의하는 데 문제가 없다. 물론 부서 엔터티와 관계를 정의할 때 반드시 부서를 갖도록 하는 규칙을 부여할 수도 있겠지만, 그렇다고 해서 부서가 직접적으로 사원을 태어나게 한 부모는 결코 아니다. 다시 말해 사원은 부서 없이도 태어날 수 있지만 부서가 결정되지 않으면 결코 탄생시키지 않겠다는 규칙을 부여할 수는 있다. 키 엔터티를 구별할 때 이러한 규칙과 부모의 차이를 혼동하는 경우가 자주 나타나고 있으므로 여기서 정확히 개념을 정립해야 한다. 키 엔터티의 예로는 다음과 같은 엔터티가 있을 수 있다.

- 사원, 부서, 고객, 상품, 자재 …

2) 메인 엔터티

키 엔터티를 제외한 다른 모든 엔터티는 부모 엔터티를 가지고 있어야만 태어날 수 있다. 이러한 엔터티는 업무의 크기에 따라 엔터티 간 계층의 깊이가 달라진다. 여기서 키 엔터티를 제외한 엔터티 중에서 업무의 중심에 해당하는 엔터티를 메인 엔터티라 정의하고, 나머지를 액션 엔터티로 정의한 다. 이렇게 정의하는 것은 전체를 단계적으로 파악하고자 하는 의도가 있다. 메인 엔터티의 예로는 다음과 같은 엔터티가 있다.

- 보험계약, 사고, 예금원장, 청구 …
- 구매의뢰, 출하지시, 공사 …
- 주문, 예산편성, 매출 …

3) 액션 엔터티

매출, 출고, 입금과 같은 엔터티는 눈에 잘 보이지만 이들을 태어나게 한 고객, 공정, 창고 등은 엔터티로서는 눈에 잘 보이지 않는다. 키 엔터티에 해당하는 것들은 다만 우리 눈에는 코드 정도로 보일 뿐이고 실제 모델링에서도 이러한 부모들이 나중에 나타나는 경우가 많다. 액션 엔터티는 수행된 업무를 담고 있으므로 중요도를 가지고 따진다면 물론 가장 중요하다고 할 수 있다. 그러나 이들은 스스로는 결코 태어날 수 없는 (반드시 부모를 가져야만 하는) 자손들이다. 이들을 제대로 정의하기 위해서는 낳을 부모들부터 먼저 정확하게 정의하는 것이 일의 당연한 순서일 것이다.

액션 엔터티를 구별하는 방법은 매우 쉽다. 키 엔터티와 메인 엔터티가 아닌 것은 모두 액션 엔터티기 때문이다. 앞으로 모델링이 좀 더 구체적으로 진행되더라도 키 엔터티와 메인 엔터티는 집합의 본질이 크게 달라지지 않는다. 그러나 액션 엔터티는 상위 엔터티들이 어떻게 결정되느냐에 따라서 크게 영향을 받기 때문에 업무의 본질은 살아 있지만 최초에 예상했거나 과거에 정의했던 식별자가 크게 달라질 수도 있다. 액션 엔터티의 예로는 다음과 같은 엔터티가 있다.

- 상태 이력, 차량 수리 내역, 상세 주문 내역 …

3. 엔터티 도출

엔터티 도출은 다양한 방법을 이용하여 수행될 수 있다. [그림 Ⅳ-2-10] 엔터티 도출에는 대표적인 엔터티 도출 방법을 보여주고 있다. 물론 다른 방법을 이용하여 엔터티를 도출하여도 상관은 없다. 엔터티 도출의 가장 큰 목적은 업무를 빠짐없이 정확하게 표현하기 위한 것이기 때문에 어떠한 방법을 사용하여도 이 목적을 이루기만 하면 될 것이다. 물론 업무분석 초창기부터 모든 엔터티를 빠짐없이 정확하게 파악하기란 힘들 것이다. 논리 데이터 모델링이 진행되면서 점차적으로 업무가 빠짐없이 정확하게 파악될 것이다.

Φ **엔터티 도출**

[그림 Ⅳ-2-10] 엔터티 도출

현행 데이터베이스 시스템이 있는데 현행 논리 데이터 모델을 보유하고 있지 않은 경우는, 역공학(Reverse Engineering) 기법으로 테이블(Table)들을 추출하여 엔터티를 도출할 수 있다. 현업에서 사용하는 각종 서식, 보고서 등으로부터 엔터티를 도출할 수 있고, 논리 데이터 모델링 전 과정에 걸쳐 사용자 인터뷰를 수행하면서 정보요구 사항을 정리하여 엔터티를 도출할 수 있다. 정보 전략 계획(ISP, Information Strategy Planning)이나 전사아키텍처 계획(EAP, Enterprise Architecture Planning)으로부터 생성된 자료를 통하여 엔터티를 도출할 수 있다. 업무를 수행하는 프로세스로부터 엔터티를 도출할 수 있고, 마지막으로 위에서 살펴본 엔터티 분류 기법을 활용하여 엔터티를 도출할 수 있다.

가. 현행 데이터베이스로부터 엔터티 도출

현재 대부분의 조직에서 관계형 데이터베이스를 근간으로 하는 정보 시스템을 보유하고 있다. 이러한 상황에서 현행 데이터베이스는 목표 엔터티를 도출하는 데 있어서 매우 의미 있는 정보라 할 수 있다.

현행 데이터베이스를 정밀하게 분석해야 하는 이유는 첫째 현행 데이터베이스가 조직의 정보 요구 사항을 빠짐없이 정확하게 지원하고 있는지를 알기 위해, 둘째 현행 데이터베이스의 구조적인 문제점 및 해결 방안을 도출하기 위해, 셋째 목표 정보 요구 사항을 지원하기 위하여 논리 데이터 모델을 어떻게 생성할지를 결정하기 위해, 넷째 현행 데이터베이스에서 목표 데이터베이스로의 데이터 이행이 필요한 경우 이에 대한 원천 데이터를 정확하게 파악하기 위해서이다.

대부분의 차세대 정보 시스템 구축 프로젝트에서 프로젝트 초기 현행 데이터베이스의 분석은 매우 미미하게 행해지고 있는 것이 현실이다. 이러한 이유는 현행 데이터베이스의 분석에서 수행해야 할 과업의 규모를 적절하게 인식하지 못하는 경우가 있을 수 있다. 전체 프로젝트의 기간을 적절하게 산정하지 않고 매우 짧은 기간을 수행하려고 하다 보니 상대적으로 현행 데이터베이스 분석 기간을 짧게 하는 경우도 있다. 기존의 프로젝트에서 개발 기간이 부족하다 보니 개발 기간을 길게 하고, 현행 데이터 분석 기간은 짧게 하는 등 다양한 경우가 있겠으나 무엇보다도 현행 데이터베이스 분석 기간을 짧게 가지고 가는 이유는 앞에서 얘기한 과업의 규모에 대한 적절한 판단을 못하고 있기 때문이라 할 것이다.

Φ **현행 데이터베이스는 우리가 현재 어디에 있는지를 알 수 있는 매우 훌륭한 이정표이다.**

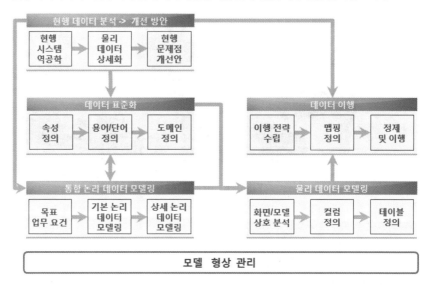

[그림 Ⅳ-2-11] 역 공학 절차

논리 데이터 모델링의 핵심은 속성이 갖는 모든 업무 규칙을 빠짐없이 정확하게 파악하는 것이라 강조하였다. 하지만 대부분의 프로젝트에서 현행 데이터베이스 파악은 디스크를 사용하고 있는 용량 산정이나 상위의 업무 차원에서 목표 개념 데이터 모델을 생성하기 위한 개선 사항의 반영 방향 정도에서 현행 데이터베이스를 파악하는 수준이라 할 수 있다.

[그림 Ⅳ-2-11] 역 공학 절차를 보면 현행 데이터베이스 관리 시스템에 접근하여 딕셔너리(Dictionary)로부터 정보를 읽어서 현행 물리 데이터 모델을 상세하게 파악하고 문제점 및 개선 사항을 정리한다. 데이터 표준화를

진행하면서 목표 논리 데이터 모델을 생성하고 목표 데이터베이스를 생성한 후, 현행에서 목표로 데이터 이행까지 하는 단계를 보여주고 있다.

혹자는 목표 데이터 모델을 만드는 데 현행 데이터 모델을 왜 많은 시간을 들여서 파악하냐고 한다. 하지만 현행 데이터 모델은 가장 중요한 참조 데이터 모델이다. 향후 데이터 이행을 해야 한다면 언젠가는 반드시 속성 값까지도 하나하나 파악해야만 하는 매우 시간이 많이 걸리면서도 중요한 작업 중 하나다. 이런 이유로 프로젝트 초기에 현행 데이터 모델 및 속성의 값까지도 시간을 들여서 파악해 놓은 것은 차세대 프로젝트 성공 여부에 매우 중요한 요소이다.

현행 시스템이 존재하지 않는 차세대 정보 시스템 구축 단계는 계획, 분석, 설계, 개발, 테스트, 운영으로 진행된다. 하지만 현행 시스템이 존재하는 차세대 정보 시스템 구축 단계는 계획, 분석, 설계, 개발, 테스트, 이전(Transition, 데이터 이행 및 시스템 이전), 운영으로 진행된다.

데이터 이행이 필요한 프로젝트에서 데이터 이행에 대한 분석, 설계, 개발 및 이행이 프로젝트 후반기에 자리 잡고 있다면 이는 차세대 정보 시스템의 정상적인 오픈에 매우 안 좋은 영향을 미칠 수 있다. 조금 더 구체적인 데이터 이행 단계를 말하면 이행 전략 수립, 이행 대상 및 범위 결정, 이행 매핑 정의, 이행 프로그램 개발, 이행 데이터 검증·정제, 이행 테스트, 운영 환경 데이터 이행으로 나눌 수 있다. 이제 중요한 것은 차세대 정보시스템 구축 단계와 데이터 이행 단계를 어떻게 혼합하여 전체 일정을 수립하느냐 하는 것이다.

대부분의 프로젝트에서 개발자들은 프로그램을 개발하고 단위 테스트를 하는데 이때 데이터가 없으면 단위 테스트하기가 어려울 뿐만 아니라 가상의 데이터를 소량으로 생성하여 테스트한다. 소량의 데이터를 가지고 테스트를 하게 되면, 대용량의 현행 데이터가 이행된 후 단위 테스트가 끝난 프로그램에서 성능에 문제가 발생할 수 있다. 이렇게 되면 성능 향상을 위한 튜닝 작업을 수행하고 다시 테스트를 해야 하는 경우가 발생하여 프로젝트 일정에 영향을 미치게 된다. 이러한 이유로 이행 담당 영역에서는 개발자들이 프로그램 개발이 끝나기 전에 기준 정보(예, 부서, 사원, 고객, 상품 등)부터 데이터를 이행하여 대용량의 질 좋은 현행 데이터를 활용하여 단위 테스트를 잘할 수 있도록 해야 한다. 이러한 이유로 차세대 구축 단계와 데이터 이행 단계를 잘 혼합한 일정 수립이 중요하다는 것이다. 목표 시스템의 개별 테이블에 대한 데이터 이행이 프로그램 개발 단계부터 이루어져야 하고, 이러한 개발 단계에 이행 데이터에 대한 테이블별 검증 및 정제도 함께 이루어지고, 종합 테스트 단계에서는 데이터 이행 리허설이 N차에 걸쳐서 수행되어야 차세대 정보 시스템을 이상 없이 오픈할 수 있다.

데이터 거버넌스(Governance, 통제 관리) 체계가 갖추어지지 않은 환경에서는 현행 데이터 모델이 없거나, 있다 하더라도 실제 테이블과 엔터티가 차이가 날 수 있기 때문에 이에 대한 정비부터 수행해야 한다. 현행 데이터 모델이 없는 경우 데이터 모델링 도구를 사용하여 데이터베이스 관리 시스템(DBMS)에 접근하여 딕셔너리(Dictionary)로부터 정보를 읽어서 데이터 모델을 만들어 낼 수 있다. 이러한 일련의 과정을 역공학(Reverse Engineering) 기법이라고 한다. 역공학 기법으로 만들어진 데이터 모델을 보면, 테이블에 외래 키 컨스트레인트 (Constraint)를 설정 했다면 관계(Relationship)가 있을 것이고, 외래 키를 설정 안 했으면 관계가 없는 테이블과 속성만이 보일 것이다. 문제는 외래 키를 설정 안 하고 사용하고 있는 시스템이다. 규모가 큰 조직의 테이블 수는 몇천 개에서 몇만 개가 될 수도 있다. 이러한 규모에서 현행 데이터 모델의 관계를 설정하는 것만 해도 몇 개월이 걸릴 수 있기 때문이다. 이렇듯 현행 데이터 모델의 관리 수준이 매우 낮은 조직에서는 프로젝트 전체 기간을 수립하는 데 있어 현행 데이터 모델을 만드는 기간을 반드시 고려하여 전체 일정을 수립해야 한다.

나. 정보요구 분석

정보요구란 부서(조직)가 주어진 목적을 달성하고 기능을 수행하기 위해서 필요로 하는 정보를 말한다. 과목
Ⅱ. 데이터 요건 분석에서도 '정보 요구 사항이란 사용자가 일상적으로 수행하는 업무의 개선 사항이나 신규
개발 사항으로 시스템을 통해 기능상의 목적을 달성하기 위해 요청하는 내용이다'라고 정의하고 있다.

[표 Ⅳ-2-1] 정보 요구 범주

범주	관심분야	사용자	특성
전략 (strategic)	변환 (업종,고객,상품 등)	경영층	장기적관점 전사관점 외부정보 활용 동적 정보/판단 정보
기획 (planning)	조정 및 추진	부서장 기획부서	중단기 관점(3, 6개월) 주요기능관점 연계된 데이터 활용 의사결정 정보
통제 (control)	업무 감독 (규정대로 수행 여부)	하급관리자 (과장,대리)	단기 관점(일, 주간) 프로세스 관점 실적 데이터 정규보고 정보
운영 (operation)	작업	실무자	즉시 관점 업무 수행 관점 실제 거래 데이터 거래 정보

이러한 정보요구 분석의 조사, 분석, 정의, 점검 및 관리 기법은 '과목Ⅱ. 데이터 요건 분석'을 참고하기
바란다. 이러한 과정에 의하여 생성된 정보요구 목록에서 데이터와 관련된 내용을 식별하고, 데이터 관련 내용이
논리 데이터 모델에 어떻게 반영되었는가를 프로젝트 관계자(현업, 분석가, 설계자, 개발자 등)에게 논리 데이터
모델과 함께 설명할 수 있는 자료를 생성한다.

또한 [그림 Ⅳ-2-12] 정보 요구 범주에서 보는 바와 같이 정보 요구 사항을 전략, 기획, 통제, 운영과 같은
범주로 분류하여 조직 내의 어떤 계층(임원, 관리자 등)이 원하는 정보요구 사항을 정리한다. 이어서 조직 전체
관계자들의 정보요구 사항을 파악하여 이를 논리 데이터 모델에 반영하는 것이 매우 중요하다.

다. 업무에서 사용하는 문서로부터 도출

논리 데이터 모델링을 수행하는 데 있어서 가장 좋은 자료 중에 하나가 현업에서 사용하고 있는 실 데이터
값이 보이는 문서이다. 여기에는 현업의 업무에서 발생하는 데이터와 관계된 업무 사실을 가감 없이 볼 수
있다는 장점이 있기 때문이다. 논리 데이터 모델링을 수행한 후 논리 데이터 모델이 잘 되었는지 안 되었는지를
검토할 때는 항상 현업에서 발생하는 문서를 이용하는 방법을 취하는 것을 기본으로 할 것을 추천한다.

라. 사용자 인터뷰로부터 도출

사용자 인터뷰는 프로젝트의 전 기간에 걸쳐서 수행하는 논리 데이터 모델링의 전부라고 해도 과언이 아닌 방법이다. 데이터 모델러는 처음부터 끝까지 업무를 현업 업무 전문가와의 인터뷰를 통해서 명확하게 이해해야 만 좋은 모델을 만들 수 있다. 물론 데이터 모델러가 그 업무에 능통하여 먼저 좋은 방법을 제시할 수도 있지만, 각 조직만의 특별한 업무 규칙들이 있기 때문에 이것마저도 데이터 모델에 잘 표현하려면 업무 전문가의 도움은 좋은 데이터 모델을 생성하는 데 있어서 가장 중요한 사항이다.

하지만 현실에 있어서 많은 조직에서 현업 업무 전문가가 논리 데이터 모델링의 목적, 수행 방법, 수행 역할 등을 이해하고, 논리 데이터 모델링 과정에 참여하여 업무 규칙을 설명하는 곳은 생각보다 많지 않다. 이렇게 된 데에는 여러 가지 원인이 있겠지만 언제부터인가 데이터와 관계된 일들이 프로젝트의 인프라 영역에 속해 논리 데이터 모델링도 그저 데이터베이스를 구축하는 매우 단순한 일로 여겨지게 된 것이 가장 큰 원인이라 할 수 있겠다.

통상 프로젝트에 많은 인원이 참여하게 되는데 업무 아키텍처(BA, Business Architecture) 영역이나 응용 아키텍처(AA, Application Architecture) 영역에는 매우 많은 인원이 참여하나, 데이터아키텍처(DA, Data Architecture) 영역에는 두 개의 영역에 비해서는 상대적으로 매우 적은 인원이 투입되는 것이 현실이다. 이러다 보니 한 사람의 데이터 모델러가 담당하는 업무 영역이 매우 많기 때문에 시간에 비해 해야 할 일이 많은 관계로 좋은 데이터 모델을 만드는 것 자체가 힘들다. 또한 훌륭한 데이터 모델러를 보유하기도 어려운 상황에서 프로젝트를 진행하다보니 좋은 데이터 모델을 생성하는 것이 매우 어려운 상황이다.

마. 아키텍처 모델로부터 도출

차세대 정보 시스템 구축 프로젝트 시작 전에 정보 전략 계획(ISP, Information Strategy Planning)이나 전사아키텍처 계획(EAP, Enterprise Architecture Planning) 프로젝트를 수행하여 전사 개념 데이터 모델을 생성하였다면, 이러한 개념 데이터 모델을 이용하여 엔터티를 도출할 수 있을 것이다. 논리 데이터 모델링을 수행하기 전에 따로 이러한 개념 모델이 잘 만들어져 있다면 업무 전체를 이해하면서 엔터티를 도출하는 데 많은 도움이 될 것이다.

바. 업무를 수행하는 프로세스로부터 도출

업무 프로세스는 '잘 정의된 목적을 달성하기 위하여 업무 입력요소를 받아 업무 산출요소로 변환시키는 일련의 작업 활동들의 집합'으로 정의될 수 있다. 예를 들어 주문접수를 받는데, 주문접수를 전화·팩스·직접 방문 등 여러 가지 방법(How)으로 주문접수를 받더라도 주문접수라는 프로세스는 현실세계의 일련의 주문접수라는 작업 활동들을 추상화한 그 조직이 무슨(What) 일을 한다는 것을 나타내는 것이다. 보통의 서적에서는 프로세스를 How(어떻게)로 정의하고 있다. 프로세스는 How가 아니라 그 조직에서 무슨 일을 한다는 What(무엇)이라는 것이다.

통상적으로 정보 시스템을 구축하는 사람들의 프로세스는 데이터를 입력, 수정, 삭제, 조회를 수행하는 업무 단위를 프로세스라고 한다. 이러한 이유로 프로세스를 유심히 살펴보면 정보가 관리되는 어떤 구별 가능한 인스턴스·사건·개념이 떠오를 것이다. 물론 프로세스를 중심으로 데이터 모델링을 수행하다 보면, 중복 데이터가 발생할 수 있지만 향후 논리 데이터 모델 통합 과정이나 정규화를 제대로 수행한다면, 프로세스로부터 엔터티를 도출하여 논리 데이터 모델링을 진행하는 것도 그리 잘못된 방법은 아니다.

사. 엔터티 분류 기법을 활용하여 도출

위에서도 잠깐 설명하였지만 엔터티의 분류 기법을 이용하여 엔터티를 도출하는 방법 또한 매우 유용 하다고 할 수 있겠다. 업무의 중심이 되는 엔터티면서 독립 엔터티로부터 하나의 주제영역에 근간이 되는 엔터티를 도출한 이후, 그 업무와 관계된 독립 엔터티 및 데이터의 종속성에 맞춰서 종속 엔터티들을 하나씩 찾아 나간다면 이 또한 훌륭한 데이터 모델을 생성하는 방법일 수 있는 것이다.

엔터티 도출이 어려운 이유는 무엇일까? 엔터티의 정의가 수많은 인스턴스(Instance)들이 수행하는 동일한 업무 행위나, 이들이 가지고 있는 유사한 속성들을 근거로 단일 개념으로 정의한 인스턴스들의 집합체라고 하였다. 전문적인 데이터 모델링을 수행하는 사람들은 그 조직의 업무 행위나 유상한 속성들을 이해하기가 어렵기 때문이다.

첫 번째, 논리 데이터 모델링 이론을 배울 수 있는 곳은 많아도, 실전을 경험할 수 있는 기회는 별로 많지 않다. 정보 시스템을 구현함에 있어서 많은 사람들이 강조하는 것은 개발 생산성이다. 그러다 보니 프로젝트가 프로그램 구현에 많은 부분 인적, 물적 자원을 쏟아 부으면서 논리 데이터 모델링은 소수의 전문가에게 맡기는 것이 대부분이다. 전문가에게 맡기지 않는다면 개발 경험이 매우 많은 프로그래머가 논리 데이터 모델링을 수행하는 경우가 다반사이다. 이렇다 보니 논리 데이터 모델링을 수행해 보고 싶어도 기회가 잘 주어지지 않는 것이 현실이다. 논어에 학이시습지(學而時習之)면 불역열호(不亦說乎)라 하였다. 배우고 때때로 익히면 그 또한 기쁘지 아니한가? 여기서 중요한 것이 배우는 것도 중요하지만 그만큼 익히는 것도 중요한데 논리 데이터 모델링을 배우는 것에 비해 익힐 수 있는 기회가 적으니 그 만큼 엔터티 도출에도 어려움을 느낄 수 있다.

두 번째, 논리 데이터 모델링의 대상이 되는 업무에 대한 경험 내지는 이해도 부족이라 할 수 있다. 논리 데이터 모델링 또는 정보 시스템 구축 과정에서 가장 중요하게 생각하는 것은 업무에 대한 경험 내지는 이해도이다. 정보 시스템 서비스 전문 회사에서 직원을 뽑을 때 꼭 컴퓨터를 전공한 사람만을 뽑는 것은 아니다. 컴퓨터 경험이 없는 전산 비전공자를 뽑는 이유는 업무를 아는 사람한테 프로그램 개발 언어를 가르치면 1년 내에 응용 프로그램을 개발할 수 있지만, 컴퓨터 전공자에게 정보 시스템 구현을 시키면 업무를 익히는 데 드는 시간이 1년이라는 시간보다 더 오래 걸릴 수도 있다는 논리로 비전공자를 선발하여 프로그램 개발 언어를 가르치 곤 한다. 물론 이러한 논리가 절대적인 것은 아니다. 이렇듯 프로그램을 작성하지 못하는 이유는 프로그램 개발 언어보다도 업무를 이해하지 못하거나 업무가 어려워서 개발하기 어렵다는 것이지 프로그램 개발 언어를 몰라서 프로그램을 개발하지 못하는 경우는 거의 없다. 이런 것과 마찬가지로 논리 데이터 모델링에 대한 이론을 많이 알아도, 논리 데이터 모델링의 대상인 업무를 이해 못하면 논리 데이터 모델의 품질이 떨어질 것이다.

세 번째, 논리 데이터 모델 이해 관계자의 집합이론과 1차 술어 논리에 근거한 관계형 모델 이론의 이해 부족이라 할 수 있겠다. 논리 데이터 모델링이 업무에서 필요로 하는 정보의 구조와 업무 규칙을 정의하는 것이라 하였다. 이 작업은 데이터 모델링을 전문으로 하는 사람들만이 할 수 있는 작업이 아니다. 업무를 알고 있는 사람과 논리 데이터 모델링이라는 회의 과정을 거치면서 데이터 모델을 만들어 가야 한다. 회의 과정에 참여하는 사람들이 논리 데이터 모델링에 대한 이론적 배경이 없으면 의사소통이 매우 어렵게 되며, 이러한 이유로 데이터 모델의 품질을 보장할 수가 없다. 프로젝트 초기에 논리 데이터 모델과 관련 있는 이해 관계자들에 대한 교육을 통하여, 이해 관계자들이 논리 데이터 모델링 중에 자신의 역할이 무엇인지를 알 수 있도록 준비하는 것이 매우 중요하다.

4. 엔터티 검증

논리 데이터 모델에 표현되는 모든 엔터티는 1)데이터 모델의 구현 주체인 조직의 업무를 수행하는 데 필요한 의미 있는 정보를 나타내야 하고, 2)하나하나의 특정 사례가 아닌 유사한 사물들을 대표하는 집합체이고, 3)인스턴스가 갖는 속성들에 의해 결정된 단일 개념을 나타내야 하고, 4)엔터티 내 인스턴스의 출현을 구별할 수 있는 능력을 제공해야 하며, 마지막으로 5)정규화 규칙을 만족해야 한다.

가. 조직의 업무를 수행하는데 필요한 의미 있는 정보를 나타내야 한다

예를 들어 반도체를 생산하는 회사에서 '학생'이라는 엔터티를 데이터 모델에 정의하지는 않을 것이라는 거다. 이렇게 우리가 구현하고자 하는 논리 데이터 모델은 조직의 업무를 수행하는 데 필요로 하는 의미 있는 정보를 나타내야 한다.

Φ **조직의 업무 수행에 필요한 의미 있는 정보는 그 조직의 업무 목적에 따라 범위 또는 대상이 다르다.**

[그림 Ⅳ-2-12] 다양한 조직의 고객 엔터티

예를 들어 공공 기관인 행정안전부의 고객을 정의 한다면, 대한민국 국민 전체가 고객이 될 것이다. 일반 영리 기관인 손해 보험회사에서 고객을 정의한다면 손해보험회사와 보험계약을 체결한 개인, 법인, 종친회와 같은 임의단체까지도 고객이라 정의할 수 있을 것이다. 사람과 화물을 한 지역에서 다른 지역으로 운송하는 항공회사 같은 조직은 전 세계의 모든 사람과 모든 조직을 고객이라 정의할 것이다.

이러한 조직의 업무에서 필요로 하는 정보를 엔터티뿐만 아니라 속성 수준으로 확장하여 보면, 항공기를 이용하는 전 세계 모든 사람과 조직을 대상으로 하는 항공회사에서 관리하는 고객 속성과 손해 보험회사에서 관리하는 개인, 법인, 임의단체 등의 고객 속성은 확연히 차이가 날 것이다. 항공회사의 경우는 마약 및 테러 방지를 위하여 개인의 신상 정보 및 국제 경찰과의 공조 하에 범죄 이력까지도 관리할 것이다. 손해 보험회사 같은 경우는 보험료 산출과 관계된 운전여부, 흡연여부, 연령 등의 속성을 관리할 것이다. 이렇듯 우리가 구현하고자 하는 논리 데이터 모델은 조직의 업무를 수행하는 데 필요로 하는 의미 있는 정보를 나타내야 한다.

나. 특정 사례가 아닌 유사한 사물들을 대표하는 집합체

엔터티 특성의 두 번째는 우리가 구현하고자 하는 논리 데이터 모델은 특정 사례가 아닌 유사한 사물들을 대표하는 집합체이다.

논리 데이터 모델링 실습을 할 때 '구매부서에서 공급처에 자재를 주문하고'와 같은 업무 분석 사항이 나오면, 경험이 부족한 수강생들의 대부분은 '구매부서', '공급처', '자재', '주문'을 엔터티로 정의하는 경우가 종종 있다. [그림 Ⅳ-2-13]을 보면 '공급처', '자재', '주문' 엔터티는 여러 개의 사례를 갖지만, '구매부서' 엔터티는 단일 사례만을 갖고 있다. 잘못하여 이런 식으로 엔터티를 정의한다면 조직 내에 엔터티가 너무 많아 관리를 할 수도 없을 것이다. 프로젝트 중이라면 이러한 잘못된 엔터티를 고치는 데에 많은 시간을 할애함으로써 프로젝트 진행에 나쁜 영향을 미칠 것이다.

> Φ **엔터티(Entity)란 업무와 관련된 현실세계 모든 인스턴스(Instance)들의 집합이다.**

업무 내용 : "구매부서에서 공급처에 자재에 대한 주문을 수행하고"

엔터티	구매부서		공급처		자재		주문	
인스턴스 (특정사례)	부서번호	부서명	고객번호	고객명	자재코드	자재명	주문번호	주문일자
	100	구매부	1001	영림	A100	구리	9900001	990802
			2001	대한	B200	아연	9900002	990915
			3001	고려	A300	철	9900003	991011
	---		---	---	---	---	---	---

[그림 Ⅳ-2-13] 특정 사례가 아닌 유사한 사물들을 대표

'구매부서', '생산부서', '영업부서'는 모두 '부서'로서 '부서명', '부서생성일자', '부서폐쇄일자', '상위부서' 등의 속성을 갖는다. 이들의 집합체가 엔터티 '부서'가 되며, '구매부서', '생산부서', '영업부서'는 '부서'의 특정 인스턴스(Instance)가 된다.

프로젝트에서 고객과의 업무 분석 과정에서 업무 설명 내용이나 문서 등에서 파악되는 명사라 하더라도 그 내용이 특정 사례인지, 사례들의 집합인지를 인식하는 것은 매우 중요하다. '구매부서'를 엔터티로 결정한다면, 유사한 사물들을 유형화(Classification)하는 것을 제한하고, 효율적인 데이터베이스 시스템 설계를 하지 못할 것이다.

다. 인스턴스가 포함할 내부 연관성 있는 속성에 의해 결정된 단일개념을 대표해야 한다

데이트(C.J.Date)는 논리 데이터베이스 설계 문제(우리의 엔터티 정의)를 속성들의 논리 구조에 기준하여 어떤 엔터티가 필요한가를 결정하는 것으로 정의한다. 프로젝트 초기에 속성 지향형 모델 구축 철학을 채택함으로써, 업무규칙 이해 및 설명 능력을 개선할 뿐만 아니라 데이터베이스 설계로 매끄럽게 전환할 수 있을 것이다.

[그림 IV-2-14] Party vs. Non-Party를 보면 업무를 수행하는 사람과 조직을 일반화하여 통합한 인스턴스 집합인 파티(Party)와, 사람과 조직을 일반화하지 않은 넌-파티(Non-Party) 모델이 있다. 엔터티 정의가 1)동일한 업무 행위나 2)유사한 속성을 갖는 단일 개념으로 정의한 인스턴스(Instance)들의 집합체인데, 과연 파티(Party)라는 엔터티가 정의에 맞는 엔터티라고 할 수 있는지 합리적 의심이 든다.

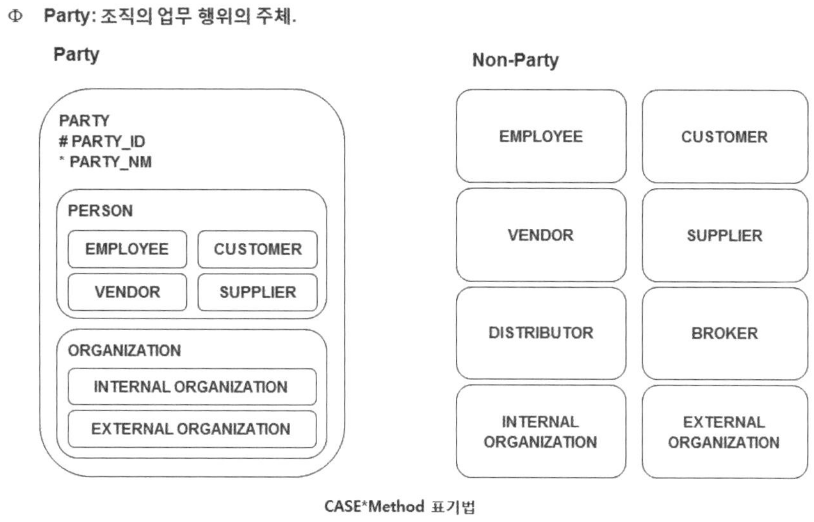

[그림 IV-2-14] Party vs. Non-Party

해이(David C. Hay)의 'Data Model Patterns'나 실버스톤(Len Silverston)의 'The Data Model Resource Book Revised Edition Volume 1' 부제는 'A Library of Universal Data Models for All Enterprises'라는 저서를 보면 일반화(추상화)의 수준이 매우 높은 이러한 모델링 기법을 설명하고 있다. SAP R/3(SAP AG라는

독일의 소프트웨어 전문기업에서 생산한 전사자원관리 솔루션)나 SIEBEL(고객관계관리 솔루션)과 같은 유명 솔루션 데이터 모델을 보면 파티(Party)라는 개념의 모델이 보인다. 또한 프로젝트 초기 단계 조직 전체의 업무에 대한 개념 데이터 모델을 생성할 때도 일반화 수준이 매우 높은 이러한 형태의 데이터 모델을 만드는 경우가 종종 있다. 이런 일반화 수준이 높은 데이터 모델링 기법을 선호하는 이유는 패키지 데이터 모델은 각각의 조직에서 원하는 많은 정보 요구를 수용하자면 매우 유연한 데이터 모델을 가지고 있어야 하기 때문이다. 따라서 일반화 수준이 매우 높은 데이터 모델링 기법을 적용한다.

[그림 Ⅳ-2-15] 사원 고객 엔터티는 일부 속성만 유사하고, 관리되어야 할 많은 속성들이 다른 업무 사실을 보여주고 있다. 과연 이러한 데이터 모델을 사원과 고객이 사람이라는 이유 및 유연성의 확보를 위하여 일반화 기법을 적용하여 하나의 엔터티로 통합할 수 있을까? 과연 사원과 고객을 통합하여 파티(Party)라고 한다면, 이러한 모델이 동일한 업무 행위나 유사한 속성을 갖는 단일 개념으로 정의한 인스턴스들의 집합체라 할 수 있을 것인가에 대한 의문이 들 수 있다.

물론 일반화 기법을 적용한 논리 데이터 모델을 물리 데이터 모델링 단계에서 다양한 방법으로 테이블을 생성할 수 있다. 하지만 과연 논리 데이터 모델링 단계에서 추상화 수준을 높게 하여 모델링을 수행하는 것이 좋은 방법인지는 다시 한 번 생각해 봐야 할 문제라고 생각한다. 왜냐하면 추상화 수준이 높은 데이터 모델은 유연성이 있지만, 이러한 모델링 기법의 단점은 1)업무를 이해하기가 매우 어렵고, 2)데이터 관리 또한 쉽지 않으며, 3)데이터 무결성을 보장하기가 어렵다는 점이다. 솔루션을 도입하는 어쩔 수 없는 경우라면 몰라도 자체 개발(In-House)을 하는 곳에서는 파티(Party) 같은 데이터 모델 기법을 활용하지 말 것을 권고한다.

Φ **엔터티는 내부 연관성 있는 속성에 의해 결정된 단일개념을 대표해야 한다.**

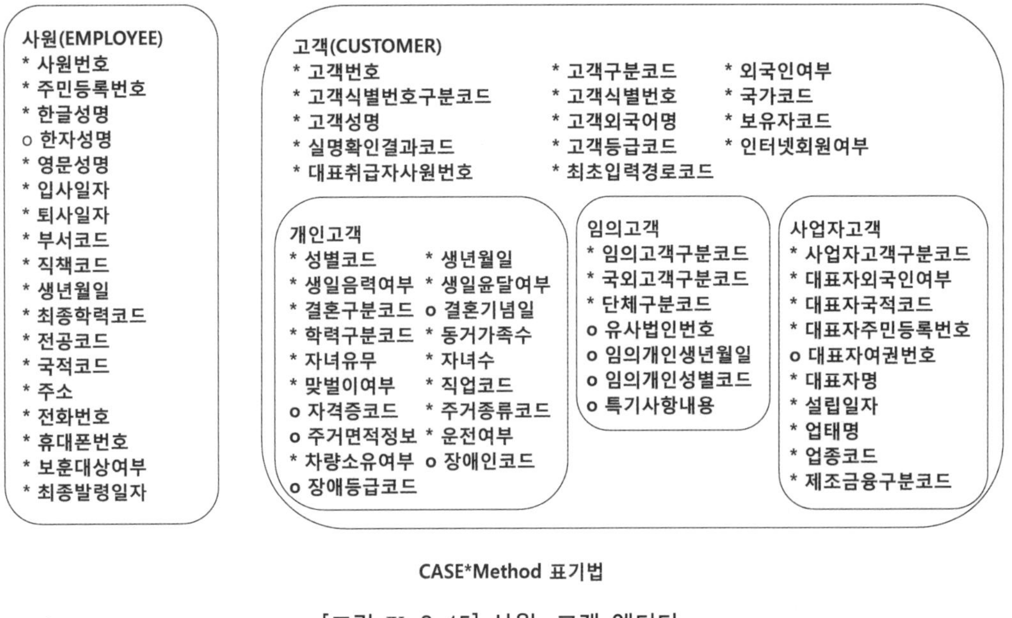

CASE*Method 표기법

[그림 Ⅳ-2-15] 사원, 고객 엔터티

라. 엔터티 내 인스턴스의 출현을 구별할 수 있는 능력을 제공해야 한다

엔터티 특성의 네 번째는 우리가 구현하고자 하는 엔터티는 인스턴스를 구별할 수 있는 능력을 제공해야 한다는 것이다. 다른 얘기로 이러한 성질을 엔터티 무결성이라 한다.

인스턴스를 구별할 수 있는 능력, 즉 식별(Identification)이란 여러분들이 얘기하고 있는 사물이나 사람을 알고 있냐는 것이다. 우리가 알고 있는 베토벤이라는 이름은 유명한 음악가로 유일한 것이 아니다. 베토벤이라는 영화를 보면 주연배우의 이름이 베토벤인 동물이 나온다. 다른 사람이나 심지어 동물까지도 같은 이름을 가지고 있을 수 있다. 현실 세계에서 매우 유사한 특성을 갖는 두 개의 사물을 식별하는 것이 쉬운 일이라 할 수는 없지만, 그래도 인간은 이러한 것을 식별해 낼 수 있는 지적 능력을 갖고 있다. 하지만 컴퓨터의 세계에서는 인간과 같은 지적 능력을 갖고 있지 못하므로 이러한 식별의 문제를 해결 할 수 있는 수단을 보유하고 있어야 한다.

엔터티 내 인스턴스의 출현을 구별할 수 있는 능력을 제공하기 위해서는 식별자를 구성하는 일련의 1)속성 값이 반드시 있어야 하고, 2)이 값들이 유일해야 하며, 3)이 일련의 속성이 최소한의 개수로 이루어져야 한다. 이 3가지 규칙 중에 하나라도 만족시키지 못하면, 하나의 인스턴스를 유일하게 식별해 낼 수 없게 되어 데이터 무결성이 깨질 수 있다.

마. 정규화 규칙을 만족해야 한다

엔터티 특성의 다섯 번째는 우리가 구현하고자 하는 엔터티가 정규화(Normalization) 규칙을 만족해야 한다는 것이다.

정규화의 최대 목적은 입력이상, 수정이상, 삭제이상이라는 데이터의 이상 현상을 없애는 것이다. 다시 말해서 데이터의 입력, 수정, 삭제, 조회 시점 데이터의 정확성과 일관성을 확보하여 데이터 무결성을 유지할 수 있는 데이터 구조가 일차적인 목표이다. 물론 데이터의 이상 현상을 제거하기 위해서는 데이터 중복을 없애야 하기 때문에, 중복 데이터가 없어져 저장 공간의 효율을 가져 오는 것 또한 너무도 당연할 것이다. 정규화에 대한 자세한 소개는 속성 설명에서 하겠다.

5. 엔터티 정의 사항

엔터티 정의 사항은 데이터 모델 구축 팀이 수집 및 기록해야 하는 것들이다. 엔터티 정의의 목적은 고품질 데이터 모델의 특성인 정보 요구 사항에 대하여 빠짐없이 정확하게 업무 규칙을 표현하는 것이다. [표 IV-2-2] 엔터티 정의 사항에는 논리 데이터 모델링에서 엔터티가 식별되면 엔터티에 기록해야 할 사항들을 보여주고 있다.

[표 IV-2-2] 엔터티 정의 사항

● 엔터티 명	• 명명 규칙을 준수해야 한다. • 포함하는 모든 속성을 정확히 표현하는 엔터티 명을 부여한다.
● 엔터티 설명	• 엔터티가 무엇인지를 표현해야 한다. • 엔터티가 업무에서 왜 중요한가를 설명해야 한다.
● 엔터티 분류	• 방법론 종속적으로 반드시 해야 하는 것은 아니다. • 업무를 파악하는 데 좋은 분류 기준을 수립하는 것이 중요하다.
● 현재 발생 건수	• 설계 및 구축 단계를 위하여 현재 발생 건수를 파악한다
● 발생 건수 변화	• 설계 및 구축 단계를 위하여 예상되는 변화율을 파악한다.
● 권한	• 엔터티를 생성·수정·삭제하는 메타 데이터 권한을 정의한다. • 엔터티의 데이터를 생성·수정·삭제하는 권한을 정의한다.
● 식별자 속성	• 엔터티 내 하나의 인스턴스를 식별할 수 있는 속성을 표현한다.
● 외래 식별자 속성	• 다른 엔터티로부터 참조되는 식별자 속성을 표현한다.
● 식별자 이외 속성	• 정규화 규칙에 따라 식별자에 종속되는 속성을 표현한다.

가. 엔터티 명

엔터티는 일련의 설정된 명명 규칙을 따르는 고유한 이름을 부여 받아야 한다. 논리 데이터 모델링 단계에 엔터티 명을 결정하는 데 많은 시간을 할애하는 것은 속성 명과 마찬가지로 명칭을 통해 업무를 이해하는 것이 매우 중요하기 때문이다.

수백 수천 개의 엔터티를 포함하고 있는 논리 데이터 모델의 엔터티 명이 업무를 이해하기 어렵게 매우 잘 못 만들어 졌다면, 이것은 논리 데이터 모델의 가치를 현저히 떨어뜨리고 프로젝트에 참여하는 많은 팀원들 사이의 의사소통을 방해하는 장해물이 되어 생산성의 저하를 불러올 것이다.

■ 지켜야 할 명명규칙

1) 엔터티 명은 현실 세계의 인스턴스 및 정보를 대표하도록 한다.
  엔터티 명은 논리 데이터 모델과 관계된 모든 이해 관계자들과의 의사소통을 위한 의미 있고, 업무 개념을 명확하게 반영할 수 있는 이름이어야 한다. 좋은 엔터티 명은 업무 전문가의 도움을 받아 될 수 있으면 현업에서 사용하는 용어를 이용하여 만드는 것이 좋다. 이렇게 하여 만든 엔터티 명은 업무를 이해하고, 의사소통하는 데 있어서 매우 좋은 이름이 될 것이다.

2) 엔터티 명 자체로 의미를 표현하도록 한다.
  '부서', '사원', '상품', '주문', '계약' 등과 같이 논리 데이터 모델을 활용하는 사람들이 그 엔터티가 표현하고자 하는 것이 무엇인지를 직관적으로 이해할 수 있는 명칭을 사용하는 것이 좋다.
  앞에서도 얘기한 파티(Party)라는 엔터티 명은 '사람'과 '조직'을 포함하는 개념이며, 이러한 용어는 외산 패키지(Package) 제조업체가 향후의 업무 변화에 대한 유연성을 확보하기 위하여 상당히 추상화 수준을 높인 모델링 기법에 의해서 생성된 용어로 현실세계 업무에서는 잘 사용 안 한다. 이 용어로 논리 데이터 모델과 관계된 이해 관계자와 의사소통을 하기에는 많은 어려움이 있을 것이다.

3) 물리적인 사항을 개념화한 논리적 사물을 반영하도록 한다.

구매주문서는 현실 세계의 구매주문에서 발생하는 하나의 물리적인 인스턴스로 구매주문서에는 구매주문의 주체인 고객, 대상인 상품 등이 포함되어 있을 수 있다. 가능하면 물리적인 표현을 피하고, 순수한 구매주문 사항만을 표현할 수 있는 논리적인 표현을 사용하여 엔터티 고유의 특성을 나타낼 수 있도록 한다.

4) 최소한의 어휘를 사용하여 의미를 전달할 수 있도록 한다.

수식어가 너무 많으면 엔터티를 잘못 표현할 수 있다. '국내 업무용 주식종목'이란 이름을 보면, 분명 '해외 업무용 주식종목'이라는 것이 떠오를 것이다. 하나의 주식이 국내외 주식시장에서 모두 사고 팔 수 있다. 이렇게 두 개의 엔터티로 나누어 데이터를 관리 한다면, 양 쪽에 데이터가 발생하여 데이터 중복을 초래할 수도 있을 것이다.

■ 지키지 말아야 할 명명규칙

1) 데이터 관리자의 승인을 받지 않은 약어 또는 두문자어(Acronym)

이러한 약어 또는 두문자어의 사용은 모델을 보는 사람으로 하여금 정확한 업무 이해를 저해할 수 있으며, 심지어 업무를 잘 못 해석할 수도 있다.

예를 들어 '규손금'이라는 엔터티 명을 보면, 이 이름으로는 무슨 얘기인지 전혀 감이 안 잡힐 것이다. 이 용어는 리스 업무에서 사용하는 용어로 '규정 손해금'을 말한다. 규정 손해금이란 리스회사와 계약한 사람이나 조직이 리스 계약의 체결이후 리스기간 종료 전에 이 계약의 해제 또는 해지를 하는 경우, 현재 또는 장래에 발행할 리스회사의 손해액 일체를 배상해야 한다는 규정이 있다. 이러한 손해액을 규정 손해금이라 하는데 이를 약어로 보통 '규손금'으로 사용한다. 리스 업무를 처음 분석, 설계, 개발하려는 여러 이해 관계자들한테는 매우 생소한 약어가 될 것이다.

엔터티 명명 규칙뿐만 아니라 앞으로 얘기할 속성 명명 규칙에서도 마찬가지인데 보험업무 같은 데서는 매우 많은 약어를 사용한다. 예를 들어 '납방'이라는 단어는 '납입방법'의 약어이고, '납주'라는 단어는 '납입주기'의 약어로 이러한 약어들은 업무 경험이 많은 사람들에게는 익숙할 것이다. 하지만 프로젝트에는 업무에 익숙하지 않은 새로운 사람들이 참여하는 경우도 허다하다. 새로운 사람들이 이러한 용어에 대한 개념을 물어볼 때마다 그 프로젝트의 시간을 낭비하는 것이라 할 수 있으니 약어의 사용은 매우 신중을 기해야 한다.

2) 테이블, 파일, 메뉴, 보고서, 입력화면 같은 정보시스템 구성요소

이 사항은 앞에서도 얘기한 논리 데이터 모델에 표현되는 사항은 현실 세계 물리적인 것들을 추상화하여 개념화한 논리적인 어떤 것이어야 한다는 것과 일맥상통하는 얘기다.

3) 두 가지 이상의 개념을 동시에 사용하는 표현

'개인 또는 법인 고객'과 같은 명칭은 슈퍼·서브타입 엔터티를 섞어 놓은 것처럼 보인다. 만약에 개인이나 법인 이외에 임의단체 같은 고객이 생긴다면, 엔터티 명칭에 문제가 있다는 것을 인식하게 될 것이다.

나. 엔터티 설명

엔터티 설명은 논리 데이터 모델링 과정에서 속성 설명과 마찬가지로 매우 중요한 사항이다. 모든 엔터티 설명은 사전적인 의미에 국한하지 말고, 엔터티 그 자체가 무엇(What)이며 업무에서 이 엔터티가 왜(Why) 중요한가와 엔터티의 범위(Scope)에 대하여 정확히 기술하여야 한다.

엔터티 설명은 해당 업무에서 일반적으로 사용하고 있는 용어를 이용하여 기술한다. 엔터티에 속하는 인스턴스들이 무엇인지(범위), 어떻게 다른 인스턴스와 구별되는지를 정확하게 설명해야 한다. 관계명과 다른 엔터티의 이름이 정의에 나타날 수도 있으나, 단순히 엔터티-관계도(Entity Relationship Diagram)를 말로 재지정하는 일은 피해야 한다. 예를 들어 '고객' 엔터티의 정의는 '어떤 부서(엔터티)가 판매(관계)하고 있는 제품(엔터티)을 구매(관계)하는 개인(범위) 또는 법인(범위)'이라고 할 수 있다. 설명은 결코 인스턴스에 대해 기록된 상세한 데이터를 설명해서는 안 된다.

다. 엔터티 분류

엔터티 분류는 방법론 종속적인 사항으로 앞에서도 설명한 바와 같이 반드시 해야만 하는 사항은 아니며, 업무를 좀 더 잘 이해하기 위한 개념이라는 것만 기억했으면 한다.

라. 현재 발생 건수

논리 데이터 모델링의 후속 단계인 데이터베이스 설계 단계의 설계자 및 운영자를 돕기 위하여, 그리고 데이터 이행과 관계된 사람들에게 저장 공간 사용 계획을 위한 정보를 제공하기 위하여 현재 발생 건수를 파악하는 것이 유용한 정보가 될 것이다.

마. 발생 건수 변화

설계, 구현 및 데이터 이행 단계를 위하여 현재 발생 건수의 변화되는 증가 또는 감소 건수를 기록 관리한다.

바. 권한

엔터티 권한은 두 가지 관점에서 정의한다. 첫째는 엔터티, 속성, 관계 및 기타 모델 구성요소를 생성 또는 변경하는 것에 대한 권한을 갖는 것이다. 둘째는 엔터티의 데이터를 입력, 수정, 삭제, 조회할 수 있는 권한을 말한다.

사. 식별자 속성

엔터티의 인스턴스를 인식할 수 있는 일련의 속성을 정의한다.

아. 외래 식별자 속성

엔터티 내 속성들로서 그들의 값이 다른 엔터티에 대한 관계를 지원하는 어떤 다른 엔터티의 식별자 속성 값과 합치될 것이 요구되는 속성들이 외래 식별자로서 지정된다.

자. 식별자 이외 속성

이 속성들은 정규화 규칙에 따라 엔터티 안에 놓이게 되었다. 이들은 엔터티의 양적 또는 질적 특징이나 성질을 기술하지만, 이 또는 다른 엔터티의 식별자로서 역할을 하지 않는 속성들이다.

6. 엔터티 일반화

가. 일반화 정의

일반화(Generalization)는 현실세계의 사물, 사건을 단순화하여 표현하는 추상화 기법 중 하나로 엔터티의 부분집합을 정의하는 것이다. 슈퍼타입(Super-type), 서브타입(Sub-type) 엔터티를 이용하여 데이터 구조를 명료화하는 데 사용되는 모델링 언어의 대부분을 차지하며, 엔터티 간의 제한된 관계만을 허용함으로써 업무규칙을 명확하게 한다.

- 슈퍼타입 엔터티: 일반화 계층의 가장 상위에 있는 엔터티
- 서브타입 엔터티: 다른 부분집합과 구별되며, 공통의 속성이나 관계를 공유하는 인스턴스들의 부분집합

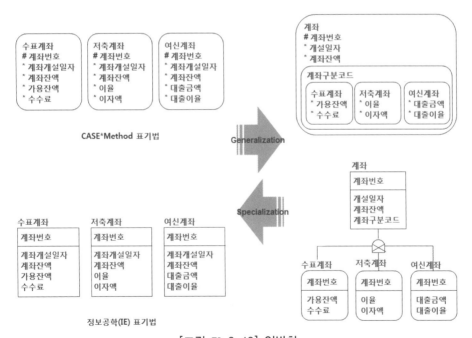

[그림 Ⅳ-2-16] 일반화

[그림 Ⅳ-2-16 일반화]를 보면 좌측에 수표계좌·저축계좌·여신계좌라는 3개의 계좌를 일반화(Generalization) 를 하여 하나의 계좌로 통합하고, 이 3개의 계좌가 공통적으로 갖는 속성을 정의한 엔터티를 슈퍼타입이라 하고, 계좌 각각의 속성을 정의한 엔터티를 서브타입이라 정의하여 업무를 명확하게 표현하는 것이다.

나. 일반화 특성

- 슈퍼타입은 두 개 이상의 독립적인 서브타입으로 구성된다.
- 슈퍼타입은 각 서브타입들의 공통적인 속성과 관계를 가진다.
- 서브타입은 자신의 속성이나 독립적인 관계를 가진다.
- 자신의 속성이나 관계를 가지지 않는 서브타입도 존재할 수 있으나 이런 경우는 일반적인 속성으로 처리하 는 것이 좋다. 이 말은 ER-Win이라는 모델링 도구를 사용하는 경우는 맞으나, 디에이샵(DA#)이라는 모델 링 도구를 사용하는 경우는 [그림 Ⅳ-2-17] 일반화 특성의 사원 엔터티에서 직위 코드 같은 코드 속성도 서브타입으로 표현하여 논리모델만 보고서도 업무를 직관적으로 이해할 수 있도록 한다.

[그림 Ⅳ-2-17] 일반화 특성을 보면 자신의 속성이나 관계를 가지지 않는 서브타입을 표현하는 것을 볼 수 있다. 왼쪽이 ER-Win 모델링 도구에서 정보공학 방법의 표기법으로 표현한 것이고, 오른쪽이 CASE*Method 방식으로 표현한 것이다. 왼쪽과 같은 표현은 현장에서 거의 사용 안 하고 있는 반면, 오른쪽 CASE*Method 표현 방식은 업무의 직관적인 이해를 위하여 많이 사용하고 있는 방식이다.

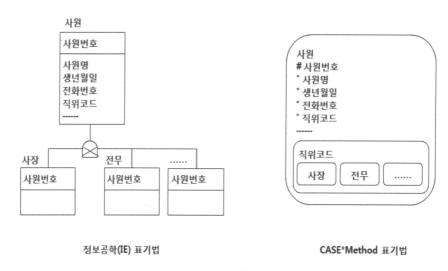

정보공학(IE) 표기법   CASE*Method 표기법

[그림 Ⅳ-2-17] 일반화 특성

■ CASE*Method 방법론의 일반화 특징

[그림 Ⅳ-2-18] CASE*Method 일반화 특성

- 슈퍼타입과 서브타입은 결코 부모 : 자식 관계가 아니다.
- 슈퍼타입의 인스턴스는 서브타입 중 단 하나와 반드시 연결되어야 한다.
- 서브타입은 서로 중첩되지 않아야 하며 그 전체집합은 슈퍼타입과 1:1이다.
- 전체집합에 확신이 없다면 '기타' 구분을 생성한다.
- 슈퍼타입 A= 서브타입 B ∪ 서브타입 C
- 서브타입 B ∩ 서브타입 C = ∅ (공집합)

■ 배타적(Exclusive)·포함적(Inclusive) 일반화

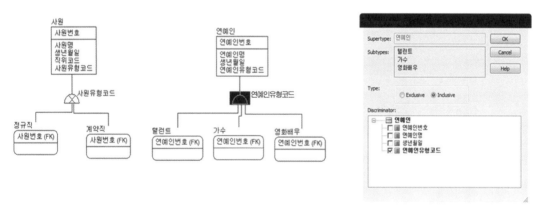

[그림 Ⅳ-2-19] 정보공학(IE) 일반화 유형

　　정보공학 배타적(Exclusive) 표기법은 슈퍼타입 사원= 서브타입 계약직 ∪ 서브타입 정규직이 맞지만, 포함적 (Inclusive) 표기법은 슈퍼타입 연예인= 서브타입 텔런트 ∪ 서브타입 가수 ∪ 서브타입 영화배우가 안 맞다. 왜냐하면 가수이면서 영화배우인 사라도 있기 때문이다. 정보공학(IE) 표기법에서는 이렇게 슈퍼타입 인스턴스 하나가 서브타입 인스턴스 여러 개로 될 수 있는 업무규칙을 포함적(Inclusive) 표기법으로 하고 있으나, 원래의 CASE*Method 표기법에서는 포함적 일반화를 표현할 수 없게 되어 있다. 하지만 디에이샵(DA#) 모델링 도구에 서는 이를 표현할 수 있도록 하고 있다.

다. 일반화 시점

1) 인스턴스가 공통적인 속성 집합(common set of attributes)을 가지고 있을 때, 2) 인스턴스가 공통적인 관계 집합(common set of relationship)을 가질 때 일반화를 한다.

■ 인스턴스가 공통적인 속성 집합을 가지고 있을 때-속성의 명확화

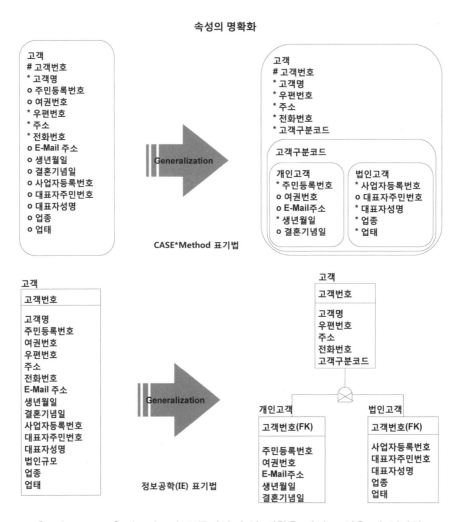

[그림 Ⅳ-2-20] 인스턴스가 공통적인 속성 집합을 가지고 있을 때 일반화

■ 인스턴스가 공통적인 관계 집합을 가질 때-관계의 명확화

재무증서와 공채평가이력이 일대다 한쪽은 선택, 한쪽은 필수인 식별 관계로 표현이 되어 있고, 재무증서의 인스턴스를 살펴보니 주식인 것과 사채인 것들이 있다. 그런데 이중에 사채 인스턴스들만 공채 평가를 수행하는 것으로 업무가 파악되었다. 모델링 팀에서는 이와 같은 업무를 데이터 모델로 좀 더 명확하게 표현하기 위하여 일반화를 진행하여 서브타입을 정의하고 공채 평가 이력과의 관례를 명확하게 한 것이다.

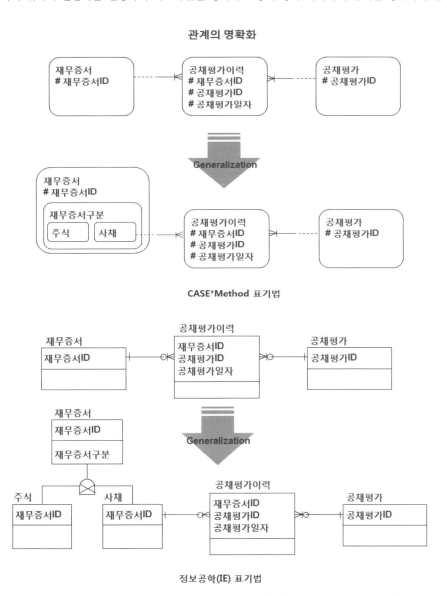

[그림 IV-2-21] 인스턴스가 공통적인 관계 집합을 가지고 있을 때 일반화

■ 인스턴스가 공통적인 관계 집합을 가질 때 – 관계의 명확화(양쪽 선택 관계)

법인과 고객이 일대다 양쪽 선택, 비식별 관계로 표현되어 있고, 데이터를 살펴보니 양쪽 선택인 경우는 고객 중에 개인고객은 법인번호가 필요 없기 때문에 양쪽 선택이 발생하는 것으로 파악되었다. 고객이 법인인 경우는 반드시 법인번호를 가져야 하는 것으로 파악되었기 때문에 이 업무규칙을 명확하게 표현하기 위하여 일반화한 모델이다.

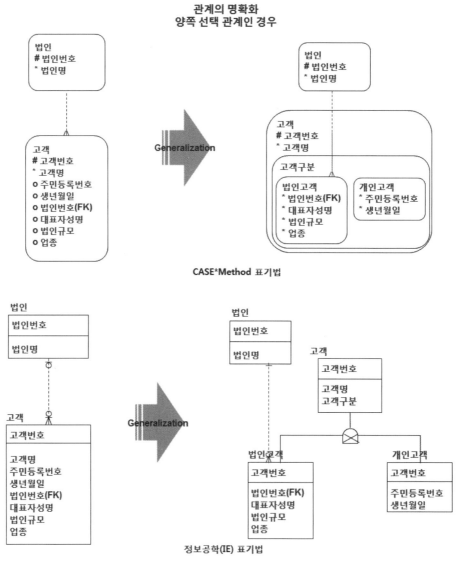

[그림 Ⅳ-2-22] 인스턴스가 공통적인 관계 집합을 가지고 있을 때 일반화(양쪽 선택 관개)

라. 일반화 장단점

데이터 일반화를 수행하면 데이터의 통합적인 관리가 가능하므로 데이터 관리 노력 및 프로그램의 수효를 줄일 수 있는 효과가 있을 수 있다. 그러나 통합을 통하여 데이터의 복잡성이 증가하고 데이터 무결성이 약화될 수 있으니 더 세밀하고 체계적인 관리가 필요하다.

고객, 상품, 사원, 부서 같은 기준정보들은 많은 응용 시스템에서 공유하여 사용하므로 최대한 일반화하여 통합하여 사용 하는 것을 추천하지만, 각 업무에서 사용하는 행위 엔터티들은 함부로 통합하다보면 엔터티 및 속성에 대한 생성, 수정, 삭제 권한 관리가 어려울 수 있으며, 데이터 값에 대한 생성·수정·삭제 권한 관리 또한 어려워 질 수 있기 때문에 이러한 엔터티의 일반화는 아래 표를 참고하여 신중하게 해야 한다.

[표 Ⅳ-2-3] 일반화 장단점

구분	일반화(Generalization)	상세화(Specialization)
장점	•데이터가 통합되어 있어 조회가 간편하다 •한 개의 프로그램으로 업무를 처리할 수 있다 •동일한 종류의 업무 추가 시 최소한의 변경으로 지원 가능하다 •전체적인 업무 로직 변화의 경우 신속하게 반영할 수 있다	•업무에 대한 명확한 파악이 가능하다 •데이터의 추가나 변경이 자유롭다 •특화된 업무에 대한 속성 관리나 프로그램이 용이하다 •장애나 에러에 대한 파급효과가 작다 •데이터 구조가 명확하여 업무 파악이나 인수인계를 신속하게 수행할 수 있다
단점	•공통적이지 않은 속성이 많은 경우 효과가 반감된다 •여러 업무의 데이터가 서로 섞여 있어 내용을 정확하게 파악하기 힘들다 •모든 업무를 이해하는 인원 만이 데이터 관리를 수행할 수 있다 •특정 업무에만 관련된 데이터 변경이 있을 경우 타 업무에 영향을 미치게 된다	•엔터티(테이블)의 수효가 늘어나서 관리에 어려움이 발생한다 •데이터 간의 불일치를 초래할 수 있다 •통합적인 정보 도출이 어렵다 •동일한 로직도 별도의 프로그램으로 개발해야 하므로 관리가 비효율적이다

※ ER-Win 모델링 도구는 다중 서브타입을 구현할 수 없다. 이는 물리 데이터 모델로 갈 때 슈퍼타입과 서브타입을 통합하여 테이블을 생성할 것인지, 각각이 서브타입별로 생성할 것인지를 결정하게 된다. 이 경우 두 가지 기준으로 테이블을 만들 수 없으므로 논리 데이터 모델링에서 다중 서브타입을 많이 만들고 물리로 가면 에러(Error)가 난다.

※ 디에이샵(DA#) 모델링 도구도 이러한 개념이 있지만, 논리 데이터 모델을 거의 그대로 물리로 가는 것을 기본으로 한다. 또한 논리 데이터 모델에 하고 싶은 데로 서브타입을 표현하여 논리 데이터 모델만 보고서도 업무를 직관적으로 이해할 수 있도록 한다.

제 4 절 관계 정의

1. 관계 개념

관계(Relationship)란 하나 또는 두 개의 엔터티(Entity)로부터 인스턴스(Instance)를 연관시키는 업무적인 이유라고 하였다. 예를 들어 '하나의 부서에는 여러 명의 사원이 근무한다', '한 사람의 고객은 여러 개의 상품을 주문한다'와 같은 표현이 그 조직의 '부서'와 '사원', '고객'과 '상품' 사이의 업무규칙을 나타낸다고 할 수 있다. 이러한 업무규칙은 업무를 전산화하기 이전에 다시 말해 전산화와는 독립적으로 이미 업무에 존재하는 사실 (Fact)이라는 것이다. 우리는 이러한 업무 사실을 관계 표기법을 이용하여 논리 데이터 모델에 표현할 수 있는 것이다.

   Φ   **관계란 하나 또는 두 개의 엔터티로부터 인스턴스들을 연관시키는 기업과 관련된 이유이다.**

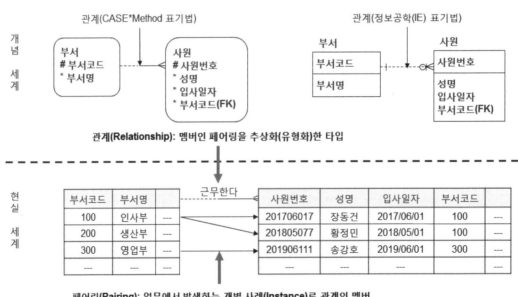

[그림 Ⅳ-2-23] 관계

'부서' 엔터티의 데이터와 '학생' 엔터티의 데이터 사이에는 논리적인 관계가 존재한다. '인사부'에는 '장동건', '황정민' 등 여러 명의 사원이 근무하고 있다. 따라서 '부서' 엔터티의 각각의 인스턴스는 '사원' 엔터티의 하나 이상의 인스턴스들과 연관될 수 있다.

■ 부모·자식 엔터티

하나 또는 두 개의 엔터티 사이 관계가 있을 때 기수성과 선택성에 따라 부모(Parent), 자식(Child) 엔터티를 구분하는데, 간단하게 외래 키(Foreign Key)가 나타나는 곳이 자식 엔터티라고 생각하면 된다.

[그림 IV-2-24] 부모 자식 엔터티에서 특이한 점은 '결제'와 '납품'의 관계인데, '납품'은 납품회사가 자재를 원청회사에 납품한 내역을 관리하는 엔터티이다. '결제'는 납품한 내역을 합하여 원청회사가 한 달에 한번 결제하는 업무 규칙을 표현한 것이다. 업무 관점에서는 납품이 먼저 발생하고 납품한 내역을 한 번에 결제하므로 결제가 나중에 발생하지만, 데이터 모델 관점에서는 '결제' 엔터티의 주 키(PK)가 '납품' 엔터티에 외래 키(FK)로 나타나므로 '결제'가 부모이고, '납품'이 자식이 된다.

부모, 자식 엔터티

Φ 엔터티간의 기수성(Cardinality)과 선택성(Optional)에 따라 부모(Parent) 또는 자식(Child) 엔터티로 구분하는데, 간단하게 외래 키(Foreign Key) 속성이 나타나는 곳이 자식이다.

➜ 일대다 기수성의 경우에는 '일' 쪽이 부모이고 '다' 쪽이 자식이다.

➜ 일대다 기수성의 경우에는 선택성 '필수' 쪽이 부모이고 '선택' 쪽이 자식이다.

➜ 다대다 기수성은 일대다의 연관(Associative) 엔터티로 정렬한다.

CASE*Method 표기법

[그림 IV-2-24] 부모 자식 엔터티

■ 관계 읽기

많은 서적에서 관계를 읽을 때 기수성과 선택성을 기준으로 부모 엔터티 관점에서 읽고, 역으로 자식 엔터티 관점에서 읽는 것을 기술하고 있다. 예를 들어 '각각의(모든) 고객은 여러 개의 주문을 할 수도 있다' 역으로 '각각의(모든) 주문은 반드시 하나의 고객에 의하여 주문된다'와 같이 관계 읽기를 가르치고 있다.

데이터 모델링을 진행하면서 위와 같은 방법으로 업무를 파악하면, 관계의 선택과 필수를 결정하는데 다소 문제를 야기할 수도 있다. 예를 들어 '각각의 사원은 반드시 하나의 부서에서 근무하고 있습니까?'라고 질문하면 업무 담당자는 '예'라고 할 것이다. 역으로 '각각의 부서에는 반드시 여러 명의 사원이 근무하고 있습니까?'라고 질문하면 이에 대한 대답도 역시 '예'라고 할 것이다. 이렇게 되면 '부서'와 '사원'의 선택성이 양쪽 필수 관계가 되는 것이다. 양쪽 필수는 '부서' 엔터티에 인스턴스를 입력할 때, '사원' 엔터티에 '인스턴스'도 같이 입력해야 하는 업무 규칙이 되는 것이다. 일반적인 '부서'와 '사원'의 데이터를 운영하는 모습과는 다른 업무 규칙을 표현하고 있는 것이다.

관계의 선택성을 결정할 때는 [그림 Ⅳ-2-25] 관계 선택성 결정 방법의 새로운 관계를 찾고 해석하는 방식을 이용하여 선택성 업무 규칙을 결정하는 것이 기존의 관계 선택성 결정 방식보다 업무를 정확하게 정의할 수 있다.

Φ **기존의 관계 선택성 결정 방식**
→ **"모든 고객은 여러 개의 주문을 할 수도 있다." may be**이면 선택
→ **"모든 주문은 반드시 하나의 고객에 의하여 된다." must**이면 필수

Φ **새로운 관계를 찾고 해석하는 방식**
(항상 어느 엔터티에 인스턴스가 입력되는 시점에 관계가 있는 상대편의 엔터티에 인스턴스가 필요한지 필요 없는지를 근거로 관계의 선택성을 결정한다.)

→ **"하나의 고객 입력 시 주문은 입력 안 될 수도 있다."면 선택**
→ **"하나의 주문 입력 시 고객은 반드시 입력되어 있어야 한다."면 필수**

CASE*Method 표기법

[그림 Ⅳ-2-25] 관계 선택성 결정 방법

2. 관계 도출

업무에서 필요로 하는 엔터티를 식별하여 논리 데이터 모델에 표현하는 것이 어렵듯이, 모델링을 진행하면서 관계를 정의하다보면 관계의 도출이 그렇게 쉽지만은 않다는 것을 알게 될 것이다. 우리는 현업과의 모델링 과정 중 관계를 식별하기 위하여 현업이 사용하는 용어에서 일반적으로 동사적인 표현에 유의할 필요가 있다. 예를 들어 '고객은 상품을 주문 한다' '사원은 부서에 소속되어 있다'에서 '주문 한다', '소속되어 있다'와 같은 표현이 대부분 관계를 나타낸다고 하겠다.

관계를 도출함에 있어서 '부서에는 사원이 근무한다'는 존재 관계(Existence Relationship), '교수는 학생을 가르친다.'는 기능 관계(Functional Relationship), '고객은 상품을 주문한다'는 사건 관계(Event Relationship)라는 세 가지 유형을 고려하면 상당히 도움이 될 것이다. 이러한 관계 유형 분류는 그저 관계를 도출함에 있어서 도움을 주고자 하는 것이니 관계 유형을 반드시 기록할 필요는 없다.

논리 데이터 모델링을 진행하다 보면 엔터티를 식별하였는데, 엔터티 사이 관계 설정을 못하고 있는 경우를 종종 볼 수 있다. 아래 예를 통하여 엔터티 사이 관계 설정을 어떻게 하는 것인지를 살펴보도록 하겠다.

[그림 IV-2-26] 관계 설정 연습에는 '업무영역'과 'DB'라는 두 개의 엔터티가 보이고, 이 두 개의 엔터티 사이 일대일 한쪽 필수 한쪽 선택 식별 관계, 일대다 한쪽 필수 한쪽 선택 비식별 관계, 다대다의 관계가 보이고 있다. 이 세 개의 관계 중에 어느 것이 맞는다고 할 수 있는가? 이 자리에서 3가지 관계 중에 어느 하나가 맞는다고 할 수 없다. 왜냐하면 관계의 정의를 다시 상기해 보면 관계란 하나 또는 두 개의 엔터티로부터 인스턴스를 연관시키는 업무적인 이유라고 하였다. 여기서 알 수 있는 것이 '업무영역'과 'DB'가 엔터티라는 것은 알지만, 이 엔터티의 인스턴스가 무엇인지를 알 수가 없기 때문에 정확한 관계를 설정할 수 없는 것이다.

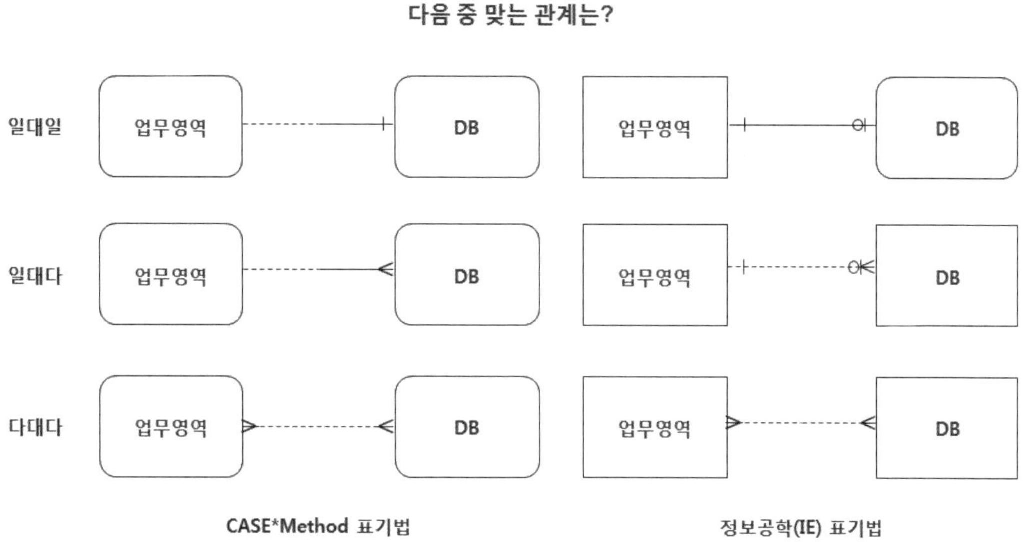

다음 중 맞는 관계는?

[그림 IV-2-26] 관계 설정 연습

'업무영역' 엔터티의 인스턴스들이, 즉 인스턴스가 '인사', '급여', '구매', '생산' 등이고, 'DB' 엔터티의 인스턴스들이, 즉 인스턴스가 '인사DB', '급여DB', '구매DB', '생산DB' 등 업무영역과 동일한 단위의 DB를 관리하는 것이라고 하자. 이때는 일대일 한쪽 필수 한쪽 선택 식별 관계가 맞겠지만, 'DB' 엔터티의 인스턴스들이, 즉 인스턴스는 'ORACLE', 'SQL*Server', 'Sybase' 같은 특정 데이터베이스 관리 시스템을 말한다. '업무영역' 엔터티의 '인사'가 'DB' 엔터티의 'ORACLE', 'SQL*Server' 하나 이상의 DB에 존재한다면, 일대다의 관계가 될 수도 있는 것이다. 이렇듯 '업무영역'과 'DB' 엔터티를 그 조직에서 어떻게 정의하느냐에 따라 관계 정의가 달라질 수 있는 것이다. 이러한 이유로 논리 데이터 모델링을 진행할 때 상상력을 발휘하여 업무를 이해하려고 하는 것도 중요하지만, 엔터티·관계·속성의 사례 데이터를 통해 업무를 확인하면서 논리 데이터 모델링을 진행하는 것이 매우 중요하다.

관계를 사례 데이터를 작성해보면서 어떻게 시각화 하는지를 배우는 것은 하나 또는 두 개의 엔터티 사이

관계를 설정하는 원리를 이해할 수 있도록 해준다. 어떻게 그리고 왜 관계가 작동하는지를 일단 이해하면, 주어진 한 쌍의 엔터티들 사이 관계가 있는지를 아주 쉽게 판단할 수 있도록 해준다.

관계 차수와 선택성만을 고려하면서 발생할 수 있는 관계 형태를 보면 아래 그림과 같이 정리할 수 있다. 다대다 관계는 카티션 프로덕트(Cartesian Product-다대다의 곱집합)가 발생하여 정보의 왜곡이 발생한다. 이런 이유로 논리 데이터 모델링이 끝나는 시점에는 연관 엔터티를 사용하여 일대다의 관계로 표현해야 하기 때문에 정련되면 0퍼센트이다.

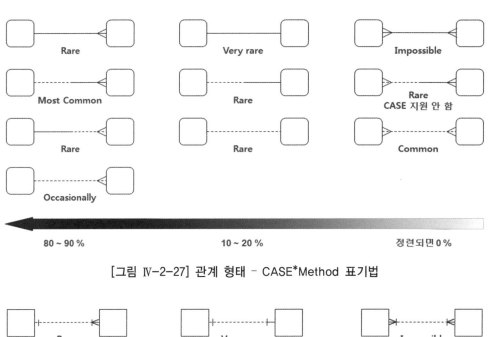

[그림 Ⅳ-2-27] 관계 형태 - CASE*Method 표기법

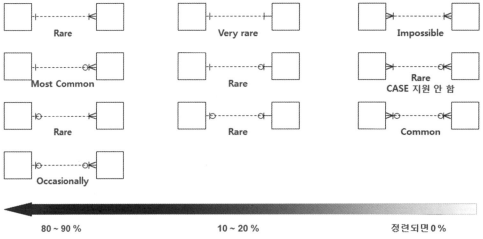

[그림 Ⅳ-2-28] 관계 형태 - 정보공학(IE) 표기법

3. 관계 정의 사항

관계 정의 사항은 데이터 모델 구축 팀이 수집 및 기록해야 하는 것들이다. 관계 정의의 목적은 고품질 데이터 모델의 특성을 만족시키는 정보 요구 사항에 대하여 빠짐없이 정확하게 업무 규칙을 표현하는 것이다. [표 IV-2-4] 관계 정의 사항에는 논리 데이터 모델링에서 관계가 식별되면 기록해야 할 정의 사항들을 보여주고 있다.

[표 IV-2-4] 관계 정의 사항

● 관계 명	● 명명 규칙을 준수하였는가? ● 두 엔터티간의 업무적 관계를 표현하는 '동사형'으로 부여하였는가?
● 관계요약 설명	● 관계가 왜 존재해야 하는가를 기술하고 있는가? (업무규칙, 정규화 ‥‥)
● 외래 키	● 외래 키가 부모 엔터티의 주 키(Primary key)와 일치하는가? ● 외래 키 항목이 주 키와 주 키가 아닌 속성에 펼쳐져 있는가?
● 관계유형	● IDEF1X : Identifying/Non Identifying/Category
● 기수성, 선택성	● 업무규칙에 근거하여 기수성·선택성을 정의하였는가?
● 참조무결성	● 업무규칙에 근거하여 참조무결성을 정의하였는가?

가. 관계 명

관계 명은 명명 규칙이나 표준에 맞는 이름을 부여 받아야 한다. 많은 서적에서 관계 명을 부모 엔터티에서 자식 엔터티, 자식 엔터티에서 부모 엔터티 두 가지로 사용하도록 하는 경우가 있다. 관계 명을 잘 사용한다면 업무를 이해하는 데 많은 도움이 될 수도 있을 것이다. 하지만 관계 명은 일반적으로 있다 해도 데이터 모델의 명료성에 보탬이 미미하고 말이 되풀이 되는 경향이 많으며, 데이터베이스 설계에 도움이 되는 경우는 거의 없다.

지금까지 많은 데이터 모델을 보아온 경험에 의한 관계 명의 대부분은 '부서'는 '사원'을 '가지고 있다', '주문'은 '주문상품'을 '포함한다' 등 대부분의 관계 명이 비슷비슷하다. 이런 이유로 관계 명을 부여하는데 들이는 시간을 훨씬 더 중요한 측면에 귀중한 시간을 쓰는 것을 추천하는 바이다.

나. 외래 키

모든 외래 키(Foreign Key) 속성은 반드시 데이터 모델 내 주 키(Primary Key)로 선언되어 있어야 한다. 이것은 참조무결성의 기본 규칙이다.

다. 관계유형

부모의 이전 키들이 자식 엔터티에서 수행하는 역할에 따라 관계유형을 구분한다. 예를 들어 IDEF1X(미국 국방성 데이터 모델 표기법) 모델 구축 표기법에서는 관계를 식별 및 비식별로 정의한다. CASE*Method 표기법에서는 이에 대한 특별한 언급은 없다.

라. 기수성, 선택성

관계의 기수성, 선택성은 업무규칙을 정밀하게 묘사하는 매우 중요한 내용이다.

마. 참조무결성

관계에 의하여 데이터의 정확성과 일관성을 보장하는 입력, 수정, 삭제 규칙 세 가지가 있다. 업무 규칙에 근거하여 정의한다.

4. 특수 관계

가. 자기 참조 관계

한 쌍의 엔터티 사이에 관계를 설정하는 방법을 알기 때문에 자기 참조 관계를 설정하는 것은 비교적 단순하다 할 수 있다. 하지만 어떤 업무적인 상황에서 자기 참조 관계를 정의 하느냐가 중요하다.

[그림 Ⅳ-2-29] 계층 구조 모델은 자기 참조 관계가 아닌 부모의 식별자를 자식의 식별자의 일부로 사용하면서 조직의 계층 구조를 표현하고 있다.

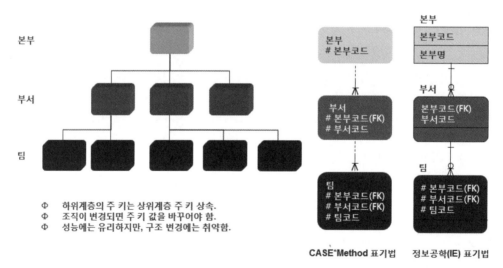

[그림 Ⅳ-2-29] 계층 구조 모델

이와 같은 계층 구조 모델은 조직 변경이 일어나는 경우, 이에 대한 대응을 원활하게 하기가 매우 어렵다. 조직과 같이 계층(Hierarchy) 구조를 갖는 업무에서 데이터 모델은 [그림 Ⅳ-2-30] 계층 구조 순환 전개 모델처럼 관계로 표현해야 조직 변경에 탄력적으로 대응할 수 있다.

계층 구조를 갖는 업무의 사례를 보면 회계업무의 계정과목과 위에서 예를 들은 조직이 대표적이다. '계정과목'과 '조직'이 같은 계층구조를 갖는 업무이지만 이 두 개는 계층구조 말고 다른 매우 중요한 업무 규칙을 가지고 있다. 이 규칙은 계층 구조의 변화 가능성이다.

조직은 계층 구조가 년 단위 내지는 조직 경영의 목적상 필요한 경우 등등 지속적으로 변화한다. 하지만 회계 업무의 계정 과목은 계층 구조가 한 번 결정되고 나면 변화가 거의 없다고 해도 과언이 아니다. 같은 계층구조이지만 업무의 변화 가능성에 따라 이를 모델링하는 방법이 다른 것이다. [그림 IV-2-31] 계층 구조 모델 방안에 코드 대비법과 순환 전개에 대한 장단점을 비교 설명해 놨으니 이를 보고 모델링에 활용하기 바란다.

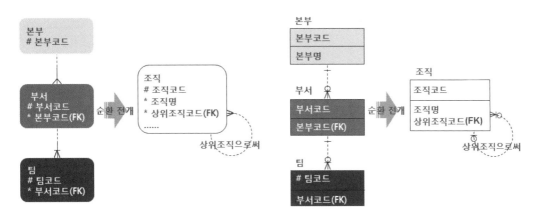

[그림 IV-2-30] 계층 구조 순환 전개 모델

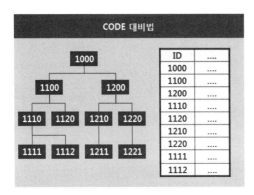
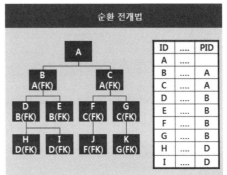

CODE 대비법	순환 전개법
◈ 계층 구조 변경에 매우 취약	◈ 계층 구조 변경에 매우 유연
◈ 사용이 쉽고 간편, 수행속도에 상대적으로 유리	◈ 사용이 약간 불편, 잘못 사용시 수행속도 저하
◈ 계층 구조 변경 시 과거 데이터의 수정 필요	◈ 계층 구조 변경 시 과거 데이터의 수정 없음
◈ 계층 구조이면서 변동이 거의 없는 업무에 적용	◈ 계층 구조이면서 변동이 발생하는 업무에 적용

[그림 IV-2-31] 계층 구조 모델 방안

나. 다대다 관계

첫 번째 엔터티의 하나의 인스턴스가 두 번째 엔터티의 많은 인스턴스들과 연관될 수 있고, 두 번째 엔터티의 하나의 인스턴스가 첫 번째 엔터티의 다수의 인스턴스와 연관될 수 있을 때 이 두 개의 엔터티는 다대다 관계를 가지고 있다.

다대다 관계는 카티션 프로덕트(Cartesian Product-다대다의 곱집합)가 발생하여 정보의 왜곡이 따른다. 이런 이유로 논리 데이터 모델링이 끝나는 시점에는 연결(Associative) 엔터로 다대다 관계를 해소한다. 관계가 있는 각 엔터티의 주 키(PK) 속성을 새로운 엔터티의 주 키(PK)를 만드는 데 사용함으로써 연결(Associative) 엔터티를 정의한다.

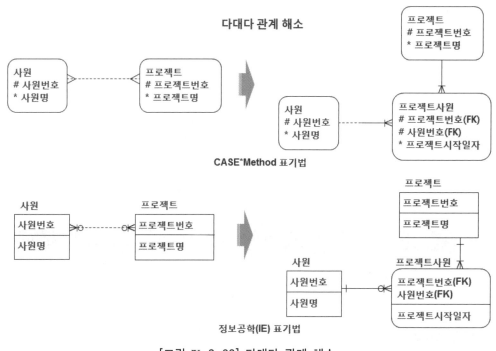

[그림 Ⅳ-2-32] 다대다 관계 해소

다. 배타적 관계

어떤 엔터티(출고)의 행(Row)이 두 개 이상의 다른 엔터티의 행과 관계를 맺는데 있어서 어느 시점에 반드시 하나의 엔터티의 행(Row)과 관계를 맺는 형태, 예를 들어 '출고'의 행(Row)이 두 개 이상의 다른 엔터티와 (예를 들어 '공정', '창고', '외주가공처'의 행과) 관계를 맺는 데 있어서 어느 시점에 반드시 하나의 엔터티의 행과 관계를 맺는 형태를 말한다.

[그림 Ⅳ-2-33] 배타적 관계 - 인스턴스 차트는 발생 사례 데이터를 보여주고 있다. [그림 Ⅳ-2-34] 배타적

관계 데이터 모델은 발생 사례 데이터에 의한 업무 규칙을 데이터 모델에 표현한 것이다.

출고번호 '10001'은 공정번호 '1-1000'으로 자재를 보내는 출고이고, 출고번호 '10005'는 창고코드 '200'으로 자재를 보내는 출고이고, 출고번호 '10007'은 외주가공처ID '2000'으로 자재를 보내는 출고이다. '출고' 엔터티에 많은 행(Row)들이 있고 다른 엔터티와 관계를 맺고 있지만, 출고의 특정 한 행(Row)은 다른 엔터티와 모두 관계가 있는 것이 아니라, 특정 하나의 엔터티의 한 행과만 관계를 맺는 다는 업무 규칙을 보여주고 있다.

배타적 관계를 CASE*Method 표기법으로는 이를 표현할 수 있으나, ER-Win의 정보공학(IE) 표기법에서는 이를 표현할 수 있는 제공되는 표기법이 없어 임으로 그림을 그리거나 말로 표기하는 방법들을 사용해야 한다.

공정	
공정번호	공정명
1-1000	가 부품조립
1-2000	나 부품조립
1-3000	다 부품조립

창고	
창고코드	창고명
100	제1창고
200	제2창고
300	제3창고

외주가공처	
외주가공처ID	외주가공처명
10000	㈜한국
20000	㈜대한
30000	㈜민국

출고				
출고일자	출고번호	공정번호(FK)	창고코드(FK)	외주가공처ID(FK)
200105017	10001	1-1000	Null	Null
200207121	10005	Null	200	Null
200301077	10007	Null	Null	2000

[그림 IV-2-33] 배타적 관계 - 인스턴스 차트

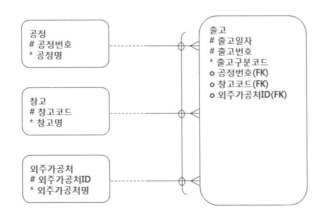

CASE*Method 표기법

[그림 IV-2-34] 배타적 관계 데이터 모델

배타적 관계의 특성을 살펴보면 첫째, 배타적 관계는 보통 동일하다. 둘째, 배타적 관계는 항상 필수 (Mandatory)이거나 선택(Optional)이어야 한다. 셋째, 배타적 관계는 반드시 하나의 인스턴스에만 속해야 한다 (하나의 배타적 관계가 여러 인스턴스를 가질 수 없다). 넷째, 어떤 엔터티는 다수의 배타적 관계를 가질 수 있다. 그러나 지정된 관계는 단 하나의 배타적 관계에만 사용되어야 한다.

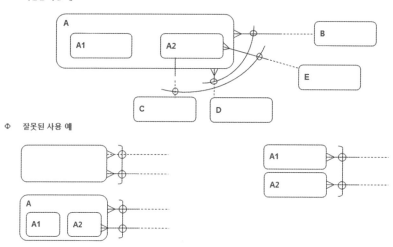

[그림 Ⅳ-2-35] 배타적 관계 표현

Number of Valid Relationships in Arc Per Entity Instance	Minimum	Maximum
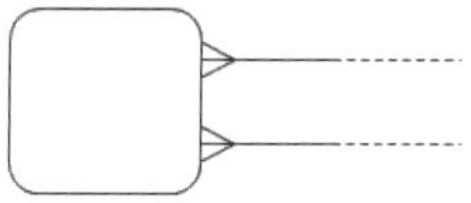 } n	n	n
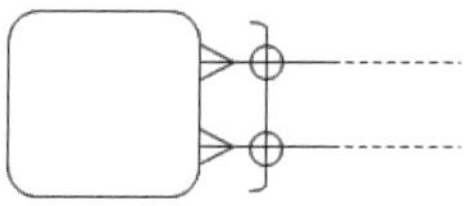 } n	1	1
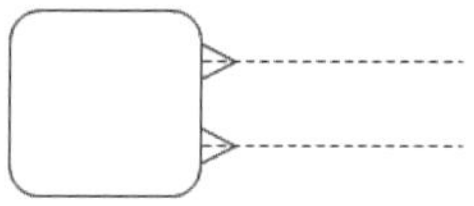 } n	0	n
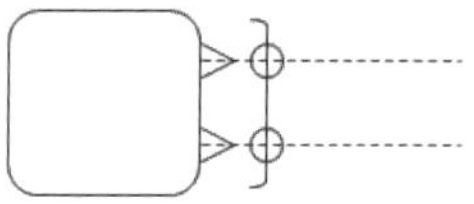 } n	0	1

[그림 Ⅳ-2-36] 배타적 관계 vs. 일반 관계 참여 수

첫 번째 두 개의 관계가 필수(Mandatory)이므로 관계가 n이면 유효한 관계가 최소 n, 최대 n개의 관계를 갖는다.

두 번째 두 개의 관계가 필수(Mandatory)이지만, 아크(Arc) 관계로 배타적이기 때문에 관계가 n이더라도 최소 1, 최대 1개의 관계를 갖는다.

세 번째 두 개의 관계가 선택(Optional)이므로 관계가 n이면 유효한 관계가 최소 0, 최대 n개의 관계를 갖는다.

네 번째 두 개의 관계가 선택(Optional)이지만, 아크(Arc) 관계로 배타적이기 때문에 관계가 n이더라도 최소 0, 최대 1개의 관계를 갖는다.

두 번째와 네 번째 배타적 관계를 구별하여 표현할 수 있는 모델링 도구는 현재 없다. 그렇기 때문에 최소 참여 수를 텍스트로 기록해야 한다.

제 5 절 속성 정의

1. 속성 개념

업무에서 필요로 하는 엔터티(Entity)에 속하는 모든 인스턴스(Instance)들이 공통적으로 가지는 특성이 무엇인지를 인식하는 것은 매우 중요한 일이다. 속성은 엔터티에 속한 각각의 인스턴스에 대한 중요한 정보를 나타내며 각각의 속성은 특정한 값을 갖게 된다. 예를 들어 '고객' 엔터티에 속하는 모든 인스턴스들은 '성명'을 갖고 있으며, 또한 모든 고객에는 '주소', '전화번호', '신용도' 등 업무에 따라 필요한 많은 특성을 갖는다. 엔터티에 속하는 모든 인스턴스들이 공통으로 가지는 이러한 각각의 특성을 속성(Attribute)이라고 부른다.

속성은 조직의 일상적인 운영 및 그리고 미래의 성장에 극히 중요한 정보의 기초로서 조직이 사용하는 데이터를 저장한다. 이러한 속성은 데이터베이스 내에 저장되는 최소 단위의 정보로 우리는 이러한 속성의 값을 보고 많은 의사 결정을 하게 된다.

2. 속성 도출

속성을 결정할 때에도 다양한 후보를 준비하고 이들 중에서 속성의 검증 규칙에 부합하는 것을 속성으로 최종 결정하게 된다. 특히 이러한 후보 도출 작업은 기존의 현장조사에 국한하지 않고 좀 더 적극적이고 개선적인 사고를 가지고 사용자에게 많은 질문을 하고 확인해 속성 후보를 도출한다.

속성은 결국 속성 후보 중에서 선택되기 때문에 우리는 일단 다양한 경로를 통해서 좋은 후보를 가능하다면 최대한 많이 확보해야 한다.

가. 현행 시스템 자료

가동중인 현행 시스템의 데이터 구조 및 프로세스 명세들이 나타나 있는 설계 자료에서부터 사용자를 위한 지침서에 이르기까지 다양한 문서가 있을 것이다. 이러한 자료들은 엔터티 후보 및 속성 후보를 도출하는 데 가장 유용하게 사용할 수 있다.

나. 현업 장표·보고서

현업에서 사용하고 있는 각종 장표나 보고서들을 수집해 조사해 보는 것이다. 현업 업무 중에는 업무를 효과적으로 처리하기 위하여 많은 장표와 각종 보고서를 만들고 있다. 물론 이들을 그대로 속성 후보로 선정할 수 있는 것은 결코 아니다. 그 중의 상당 부분은 다른 속성에 의해 만들어질 수 있는 가공된 결과(추출 속성, Derived Value)인 경우가 많기 때문이다. 더구나 이것들은 대부분 정규화가 되어 있지 않기 때문에 정확히 파악해야만 진정한 의미의 속성 후보를 찾아낼 수 있다.

다. 사용자와 협의

데이터 모델링 과정에서부터 시종일관 현업 담당자들과 같이 진행하는 것이 데이터를 모델링하는 최상의 방법이다.

라. 데이터 흐름도의 데이터 저장소

업무 파악 및 시스템 분석을 위한 기능 설계로 데이터 흐름도가 존재한다면 여기에 있는 데이터 저장소(Data Store)와 데이터 사전(Data Dictionary)에 있는 정보를 이용하여 속성 후보를 도출할 수 있다. 데이터 흐름도 (DFD, Data Flow Diagram)를 작성할 때 생성되는 데이터 저장소는 비록 테이블처럼 표현되지만 사실은 이러한 내용의 데이터가 저장되어야 한다는 데이터의 추상화한 집합이라 할 수 있다. 그 속에 들어가야 할 구체적인 속성이 데이터 사전에 기술된다.

마. 전문 서적 및 자료

동일한 업무에 대한 전문 서적 또는 자료를 통해서도 속성의 후보를 도출할 수 있다.

바. 다른 시스템 자료

개발할 시스템의 주변을 살펴보면 사내외에 이와 관련된 시스템이나 유사한 시스템을 찾을 수 있을 것이다. 만약 엔터티 후보를 수집할 때 이미 그렇게 했었다면, 그들이 가지고 있던 속성 또한 후보로서 참조하는 것도 속성 후보를 찾는 데 좋은 방법이다.

3. 속성 정의 사항

엔터티의 각 속성에 대하여 다음과 같은 상세 정보를 기록해야 한다. 엔터티의 속성을 위한 속성 명세를 작성하는 데 걸리는 시간은 고품질의 데이터를 보장하는 정보 시스템 구축을 위한 투자다. 수많은 프로젝트에서 속성에 대한 상세 정의는 거의 찾아볼 수 없고, 개괄 모델 또는 개념 모델을 만드는 데 너무 많은 시간을 허비하는 경향이 있다.

각 속성에 대한 상세 정보의 중요성은 첫째, 속성 상세 정보 정의는 업무 관련 데이터의 본질과 목적을 이해하는데 도움을 준다. 둘째, 속성 수준의 무결성을 설정하고 강화하는 데 도움을 준다. 셋째, 데이터 무결성을 개선하여 데이터 품질을 향상시킨다. 넷째, 데이터 사전(Data Dictionary)을 구성한다.

[표 Ⅳ-2-5] 속성 정의 사항

● 속성 명	• 명명 규칙을 준수하였는가?
● 속성 설명	• 속성이 왜 존재해야 하는가를 기술하고 있는가? (업무 관점 중요성)
● 선택성 및 선택성 조건	• 반드시 값을 가져야 하는지에 대한 여부 • 다른 속성 값에 의한 필수, 금지 여부
● 속성 유형	• 기본 속성, 유도 속성, 설계 속성
● 유도 알고리즘	• 추출/계산 속성에 대한 알고리즘
● 도메인	• 속성이 지닐 수 있는 값(일반 도메인, 특수 도메인)
● 허용 값(Permitted Value)	• 허용 값을 사용하여 속성 도메인을 제한
● 기본 값(Default Value)	• 속성에 지정하는 초기 속성 값
● 소유 권한	• 속성에 대한 권한을 가지는 개인, 기능 또는 조직에 대한 기록

가. 속성 명

속성 명은 속성의 목적이나 내용이 무엇인지 알려주는 명사 또는 명사구로 조직에서 널리 쓰이는 용어를 사용한다. 속성 명을 잘 만드는 방법은 엔터티명+수식어+도메인명 형태로, 예를 들어 '사원'+'입사'+'일자'와 같이 속성 명만 보고서도 내용이 무엇인지를 쉽게 이해할 수 있도록 명명하는 것이 좋다.

어디에서는 엔터티 명을 쓰지 말라고 하고, 어디에서는 또 엔터티 명을 쓰라고 하는데 무조건 100% 쓰라는 것도, 100% 쓰지 말라는 것도 아니다.

예를 들어 '고객'에도 '상태코드'가 있는 상황에서 '사원'에도 '상태코드'라고 논리 데이터 모델에 속성을 기록하고, 데이터 사전에 '상태코드' 만을 만든다고 가정해 보자. 데이터 사전에서는 상태코드가 고객의 상태코드인지 사원의 상태코드인지 알 수 없을 것이다. 엔터티 명 없이 이런 식으로 속성 명을 생성한다면 전체 데이터 모델을 살펴보면 이러한 상태코드 속성이 무수히 많을 것이다. 더구나 고객의 상태코드는 값이 '수', '우', '미', '양', '가'로 고객을 평가한 등급을 나타내는 것이다. 사원의 상태코드 값은 '재직', '휴직', '퇴사'로 사원의 재직 상태를 나타내는 것이라면, 데이터 사전에 상태코드 하나로 정의할 수는 없다. 이럴 경우는 '고객'의 '상태코드'는 '고객상태코드'로, '사원'의 '상태코드'는 '사원상태코드'로 논리 데이터 모델에 속성을 기록해야 한다.

다른 예로 엔터티에 각각의 인스턴스를 최초 입력한 일자나 최종 수정한 일자를 관리하는 경우 속성 명은 '최초입력일자'와 '최종수정일자'가 알맞을 것이다. 이런 경우는 엔터티 명을 쓰지 않는 경우인데, 만약에 엔터티 명을 쓴다면 '엔터티명' + '최초입력일자'로, 즉 고객이면 '고객최초입력일자', 사원이면 '사원최초입력일자' 형태로 속성 명이 만들어질 것이다. '최초입력일자' 같은 경우의 속성 명은 도메인(속성이 취할 수 있는 값의 집합)이 같기 때문에 굳이 엔터티 명을 속성 명 앞에 붙일 필요는 없는 것이다.

속성 명은 중복을 허락하는 외래 키 속성이 아니면, 전체 데이터 모델 내에서 유일하도록 하기 위하여 복합 명사를 사용하여 명명하는 것을 권장한다. 데이터 표준에 대한 자세한 사항은 3과목 데이터 표준화를 참고하기 바란다.

1) 의미가 명확한 속성 명칭 부여

속성의 명칭을 명확히 하는 것은 매우 중요하다. 이 말의 진정한 의미는 그 속성의 개념을 정확히 부여함을 뜻한다.

2) 유일한 복합명사 사용

속성의 개념을 구체적이고 명확하게 정의했다면 그 명칭을 제대로 부여하는 것도 매우 중요한 일이다. 남들에게 구구절절 보충설명을 하지 않더라도 거의 유사한 생각을 가질 수 있도록 보편적이고 함축성 있는 단어를 찾아내어야 한다. 속성이란 자신만이 가지는 분명한 독립적인 의미를 가지고 있기 때문에 명칭 또한 단순히 일반 용어만으로 부여해서는 결코 구체적인 의미를 나타낼 수 없다.

3) 단수형으로 속성 명 사용

속성은 단일 값만을 저장하기 때문에 단수형으로 적는 것이 바람직하다. 예를 들어 고객 엔터티의 전자메일 속성 이름을 '전자메일들'과 같이 지었다면, 이 속성은 여러 개의 값을 저장하는 것인가? 그렇다면 속성이 될 수 없으므로 여러 속성으로 분리하든지 아니면 별도의 고객 전자메일 엔터티로 분리해야 한다.

4) 표준 단어 및 용어 제정

표준 단어와 용어 사전을 데이터 모델링을 하기 이전에 생성하여 두면 데이터 모델의 각 객체들(엔터티, 속성, 테이블, 칼럼 등)이 최대한 그 기준을 준수하도록 유도하기가 용이하며 뚜렷한 일관성이 생길 것이다. 또한 표준화 준수 여부를 관리하거나, 표준으로 변경할 대상을 선정하는 일, 어떤 속성의 파 생 근원을 분석하는 데도 굉장한 힘을 발휘한다. 뿐만 아니라 속성을 구성하는 단어들을 관리하는 용어 사전에 데이터베이스 설계 단계에서 속성을 칼럼(Column)으로 전환시킬 때 사용할 영문 약어를 같이 제정해 두는 것도 바람직하다. 최근에는 모델링 도구뿐만 아니라 데이터 표준화를 전문적으로 수행하는 툴도 등장하고 있는 추세다.

나. 속성 설명

속성 설명은 분석자가 업무 전문가에게 질문을 통하여 알게 된 유용하다고 생각하는 정보를 일반 문장으로 기록한다. 일반적으로 속성 설명은 다음 두 가지 요소로 구성된다. 첫째는 속성의 정의로 이 속성이 업무에 왜 중요한지 또는 어떤 업무적인 이유에서 이 속성을 사용하게 되었는지를 기록하고, 둘째는 선택적 속성인 경우 모든 선택성 조건을 기록한다.

다. 선택성 및 선택성 조건

선택성은 모든 인스턴스가 해당 속성에 대하여 반드시 값을 가져야 하는지 여부를 나타낸다. 모든 인스턴스가 속성 값을 가져야 하는 속성을 '필수 속성'이라고 하고, 속성 값을 가지지 않을 수도 있는 속성을 '선택적 속성'이라고 한다.

고객이 '고객번호', '고객성명', '주소', '전화번호', '고객등급코드', '카드신용도' 등의 속성을 가지고 있을 때, 모든 고객은 '고객번호', '고객성명', '주소'를 가지고 있으므로 이는 필수 속성이 된다. 또한 모든 고객은 거래가 시작될 때부터 자동으로 등급 속성 값이 지정된다는 업무 규칙이 있다면, 항상 등급을 가지고 되어 이 또한 필수 속성이 된다. '전화번호' 같은 경우는 매우 드물지만 '전화번호'가 없는 고객도 존재할 수 있다. 또한 신용카드를 사용하지 않고 모든 구매를 현금으로 지불하기를 선호하는 고객이 있을 수도 있다면, 이런 이유로 '전화번호', '카드신용도'는 선택적 속성이라 할 수 있다.

속성의 선택성이 다른 속성 값에 의하여 영향을 받을 수 있다. 이것을 선택성 조건이라 한다. 예를 들어 '고객등급코드'의 값이 '일반'인 경우, 고객의 카드 신용도에 값을 필요로 한다. 하지만 '고객등급코드'의 값이 'VIP'인 경우, 고객의 카드 신용도에 값은 필요 없을 것이다. 이렇게 '고객등급코드' 값이 'VIP'가 아닌 다른 등급인 경우는 '카드신용도'가 필수 속성이 되지만, 'VIP'인 경우는 '카드신용도'가 필요가 없으므로 금지 속성이 된다.

이러한 업무 규칙을 데이터 모델에 표현하는 것은 매우 중요하다. 앞에서 얘기 한 것처럼 이는 속성 수준의 무결성을 설정하고 강화하는 데 도움을 주고, 데이터 무결성을 개선하여 데이터 품질을 향상시킨다. 설령 속성 수준의 무결성을 설정하지 못하고, 응용 프로그램으로 이를 해결한다 해도 이러한 업무 규칙을 정확하게 기술하여 응용 프로그램 담당자에게 전달한다면 프로그램의 품질도 좋아질 뿐만 아니라 데이터의 품질도 좋아 질 것이다.

라. 속성 유형

속성 유형은 기본(Basic) 속성, 유도(Derived) 속성, 설계(Designed) 속성 3가지로 나눌 수 있다.
- 기본 속성: 속성 값이 해당 인스턴스에 원래 존재하여, 다른 속성 값으로부터 유도될 수 없는 속성
- 유도 속성: 속성 값이 항상 다른 속성의 값으로부터 유도되거나 계산되는 속성
- 설계 속성: 업무 제약사항을 반영하거나 시스템 운영을 단순화하기 위하여 생성하는 속성

기본과 설계 속성은 일반적으로 동일하게 다룬다. 양자의 차이를 설명하는 것이 흥미롭기는 하지만, 특정 속성이 이 두 종류 중 어디에 속하는지 논의하여 얻을 수 있는 것은 거의 없다. 예를 들어 '주문' 엔터티에 '주문번호' 속성을 어떤 책에서는 설계 속성이라 하고 있고, 또 어떤 책에서는 기본 속성이라 하는 데도 있다. 사실 주문에 주문번호 속성은 정보 시스템을 구현하기 이전부터 사용하였던 속성이다. 또 다른 예로 '주문상태코드' 속성이 기본 속성인지, 설계 속성인지를 따지는 것이 업무 파악을 하는 데 얼마나 중요한 것인가를 생각해 보면 이 또한 중요하지 않을 것이다. 그러나 유도 속성은 아주 다른 방법으로 취급된다. 유도 속성은 어떤 상수 값으로 지정되는 것이 아니라, 유도 알고리즘이라는 계산을 수행한 결과를 유도 속성의 값으로 한다.

많은 데이터 모델링 교재에서 유도 속성은 논리 데이터 모델에 포함시키지 말라고 한다. 유도 속성은 기본 속성으로부터 유도해 낼 수 있으므로 불필요한 중복이고, 데이터의 일관성을 저해한다고 기술하고 있다. 논리 데이터 모델에는 표현하지 말고, 물리 데이터 모델링 단계에서 유도 속성 값을 유도해 내는 데 시간이 많이 걸리면, 이 유도 속성을 추가하여 데이터 입력 시점에 계산하여 입력하라는 것이다. 하지만 조직에서 업무를 진행하면서 의사결정에 도움을 주는 속성들은 대부분 유도 속성 값이다.

예를 들어 주문과 주문상품 엔터티가 일대다 양쪽 필수 관계인 모델에서 주문 엔터티에는 주문총액이라는

속성이 대부분 존재한다. 또한 데이터 이력관리에서 선분이력으로 관리하는 경우 유효시작일자와 유효종료일자 속성을 정의하는데 유효종료일자는 대표적인 유도속성이다. 좀 더 난이도가 있는 속성을 살펴보면, '주가수익비율(PER, Price Earning Ratio – 주가를 주당순이익으로 나눈 주가의 수익성 지표)', '내부 수익률(IRR, Internal Rate of Return)' 등 업무에서 의사 결정을 하는 데 도움이 되는 정보는 대부분 유도 속성들이기 때문에 이러한 속성을 데이터 모델에 정의한다. 이 속성이 유도 속성이라는 것을 표기하고, 이에 대한 유도 알고리즘도 함께 표현해 놓으라는 것이다. 이 유도 속성을 데이터 모델에 표현하고 물리 데이터 모델에서 이 속성 값을 낸다. 수행 속도에 영향을 안 미친다면 모델에서 제거하고, 수행 속도에 영향을 미치면 그대로 사용하면 된다. 하지만 논리 데이터 모델에서부터 표현을 안 해 놓으면, 이러한 속성이 필요한지 필요 없는지에 대한 생각조차도 할 수 없게 될 것이기 때문에 논리 데이터 모델 단계에서부터 유도 속성이라는 것을 표기하고, 이에 대한 유도 알고리즘도 함께 표현해 놓는 것이 업무를 좀 더 명확하고 정확하게 파악하는 것이다.

마. 유도 알고리즘

유도 알고리즘(Derived Algorithm)을 통해 유도형 속성에 값을 지정할 수 있다. 다른 업무 규칙들과 마찬가지로 유도 알고리즘을 데이터 모델에 기술하는 것은 매우 중요하다. 이 또한 앞에서 얘기 한 것처럼 속성 수준의 무결성을 강화하는 데 도움을 주고, 데이터 품질을 향상시킨다. 또한 응용 프로그램으로 이를 해결한다 했을 때 이러한 유도 알고리즘을 기술하여 응용 프로그램 담당자에게 전달한다면 프로그램의 품질 및 데이터의 품질도 좋아질 것이다.

바. 도메인

도메인(Domain)은 하나의 속성에 대하여 지정 가능한 값의 집합이다. 바꾸어 말하면 실제로 속성에 지정되고 있는 개개의 속성 값은 그 속성의 도메인에 속해 있어야 한다.

사. 허용 값

허용 값(Permitted Value)을 사용하여 도메인을 더욱 제한 할 수 있다. 속성에 대한 허용 값은 그 속성이 취할 수 있는 모든 값들의 집합이다.

아. 기본 값

기본 값(Default Value)은 속성에 지정하는 초기 속성 값을 말한다.

자. 소유 권한

소유 권한은 두 가지 측면에서 정의해야 한다.
첫째, 데이터 거버넌스(Governance) 차원의 속성 정의 및 승인에 대한 권한(메타 데이터 승인 권한 – 속성 자체를 생성, 삭제, 수정할 수 있는 권한)을 가지는 개인, 기능 또는 조직에 대한 기록을 관리해야 한다.
둘째, 데이터(속성 값)를 생성하고 사용하는 것에 대한 권한을 가지는 개인, 기능 또는 조직에 대한 기록을 관리해야 한다. 이들은 조직 안에서 데이터 창출로 결과 되는 업무 운영 또는 작업 수행 권한을 부여 받은 개인들이나 조직들이다.

4. 속성 검증 및 확정

다양한 경로를 통해 수집된 속성 후보를 엔터티(Entity)에 배정시킨 후 이제 우리가 해야 할 일은 이들을 검증하여 제자리를 찾게 해 주는 일이다.

가. 원자 값 단위까지 분할

데이터 모델 내 모든 속성은 원자적(atomic)이어야 한다고 했다. 이는 집합 이론에서 말하는 릴레이션(Relation)이 갖는 애트리뷰트(Attribute)의 원자성이라는 특성에서 나온 것이라고 하였다. 이 특성이 의미하는 바는 한 엔터티(Entity)에 나타난 속성(Attribute) 값은 업무적인 이유에 의해 논리적으로 더 이상 분해할 수 없는 단위 값(Unit Value)이라는 것이다.

데이트(C. J. Date)는 원자적 속성 이해에 중요성을 띠게 될 일련의 정의를 제공한다.

관계형(Relational) 모델 내 최소 데이터 단위는 개별 데이터 값이다. 이러한 값들은 원자적(atomic)인 것으로 생각된다. 즉 이들은 당해 모델에 관한 한 분해 불가능이다. 원자 값들의 정의역은 복합(Composite) 정의역과 구별하여 단순(Simple) 정의역으로 부름이 더욱 정확하다.

이 정의로부터 해석하면 원자 속성에 대한 몇 가지 중요 특성을 언급할 수 있다.

원자 속성은 업무에 대한 단일 사실(Single Fact)을 나타내며 그 안에 의미가 있지만 모델 사용자들에게 숨겨져 있을지도 모르는 어떠한 다른 사실들을 포함하지 않는다. 사례를 가지고한 가지 이상의 업무 사실을 나타내는 속성들에 대하여 알아보겠다.

■코드 또는 식별자

과거에 은행에서 계좌번호를 생성할 때 계좌번호(16) = 지점코드(3) + 상품코드(2) + 계좌개설일자(8) + 일련번호(3)로 형식으로 구성하는 경우가 있었다. 계좌번호 속성을 가지고 있으면서 계좌번호를 구성하는 지점코드, 상품코드, 계좌개설일자 속성을 중복으로 관리하고 있었다. 무엇이 문제인가? 계좌번호를 각각의 속성으로 분해하였을 때 분해된 속성의 값이 중복으로 관리되고 있는 속성의 값과 일치하는지를 보장할 수 없다. 만약 우리가 데이터베이스 내 어떤 정보를 조회하였을 때 그 값이 서로 다르다면 어느 값을 신뢰할 것인가? 계좌번호인가? 아니면 개별적으로 존재하는 지점코드, 상품코드, 계좌개설일자인가?

계좌번호를 보면 내부에 업무적인 의미를 갖는 여러 개의 속성이 복합되어 하나의 계좌번호를 이루고 있다. 여기에서 중요한 것이 업무적인 의미를 갖는다는 것인데 이것을 다른 말로 표현하면 계좌번호 내 상품코드, 계좌개설일자를 이용하여 정보를 조회하고자 하는 업무적인 요구가 있느냐 하는 것이다. 이러한 업무적인 요구가 있다면 계좌번호는 각각의 속성으로 분리되는 것이 더 이상 분리되지 않는 단위 값(Unit Value)인 것이다. 다시 말하면 엔터티 내 모든 속성은 원자 속성으로 업무에 대한 단일 사실(Single Fact)을 나타내며, 그 안에 의미가 있지만 모델 사용자들에게 '숨겨져' 있을지도 모르는 어떠한 다른 사실들을 포함해서는 안 된다.

16자리의 계좌번호만 있고 개별로 있는 지점코드·상품코드·계좌개설일자가 테이블에 없는 형태로, 즉 속성이 원자 값(Atomic Value)으로 분리되지 않으면 무엇이 문제인가?

첫째, 속성은 단일 사실과 단일 개념을 나타내야 한다는 정의를 어기고 있다. 계좌번호에 너무 많은 업무 사실을 기록하고 있다. 지점, 상품, 계좌개설일자에 대한 업무 사실이 계좌번호라는 속성에 은닉되어 있다.

둘째, 회사가 계속 성장하여 지점이나 상품의 개수가 늘어난다면 이 자릿수만으로는 만족을 못 시킬 수도 있는 것이다. 또한 은행의 지점은 수시로 통폐합이 발생하는데, 이 계좌번호가 여기서는 주 키(PK) 역할을 하며 분명 다른 엔터티와 관계를 맺고 있을 것인데 그 하위 엔터티에 나타나는 참조 값들의 조정 문제가 발생할 수 있다.

셋째, 구성요소(지점코드, 상품코드 …)의 특성들을 숨기거나 모호하게 하여 계좌번호만 보고는 업무적으로 계좌번호가 구성된 업무 규칙을 못 보여주며, 모델의 다른 요소들에 대한 여러 가지 종속성(예, 지점, 상품, 고객과의 관계)을 모호하게 하고 있는 것이다.

넷째, 원자 값이 아닌 속성은 접근경로(Access Path)를 잃어버린다는 것이다. 위에서 업무적인 의미가 있느냐 없느냐를 설명할 때 각각의 속성으로 조회를 하고자 하는 업무적인 요구가 있느냐를 물었다. 이러한 경우 데이터를 조회할 때 원자 값으로 속성이 구성되어 있지 않으면 접근 경로(Access Path)를 잃어버려 전체 데이터를 읽게 되는 경우가 발생할 수도 있다.

원자 속성(atomic attribute)은 단순 정의역(Simple Domain)을 가지며, 단순 정의역은 기업 내 사용에 있어서 불가분(indivisible)이다. 하지만, 부분 또는 전체적으로 다른 속성들과 공유될 수 있다. 바꿔 말해서 속성에 의해 표현되는 단일 업무 사실은 단순 정의역에 의해 지원되지 않으면 안 된다.

■ 원자 값 속성 사례 분석

1) 일자 형태의 속성 : 매출일자, 생년월일

- 매출일자: 분리된 것들이 속성의 자격을 가지고 있는지를 검토하기 위해서는 이들이 자기 혼자서도 독립적인 의미를 가지고 있는지 확인한다. 매출 일(DD)이 매출 월(MM)이나 매출 연도(YYYY)를 무시하고 혼자서도 어떤 의미를 가지고 있겠는가? 아마 대부분의 경우는 이들을 하나로 결합했을 때만 매출이 발생한 일자라는 의미를 가질 수 있을 것이므로 이런 경우라면 통합된 것이 속성이라고 보아야 한다.
- 생년월일: 업무적인 관점에서 생년 일(DD)이 생년 월(MM)이나 연도(YYYY)를 무시하고 혼자서도 어떤 의미를 가질 수 있겠는가? 이 속성을 관리하는 조직이 고객에게 어떤 특정한 월일(예를 들어 12월 25일 등)에 태어난 사람들에게 캠페인을 한다면, 연도(YYYY)와 월일(MMDD)이 분리된 속성이 의미가 있을 것이다.

2) 외부에서 만들어진 공인된 속성 : 우편번호 유형

국가나 공공기관에 의해서 이미 공인되어 있는 각종 번호들(예, 우편번호, 주민등록번호, 사업자등록번호, 법인번호, 여권번호 등)에 대한 속성 관리 형태는 매우 유사하다. 이들은 단지 길이에서 차이가 있지만 대부분

OOO-OOO 형식으로 나타난다. 우편번호의 앞의 세 자리는 마치 성명의 성과 같이 나름대로 확실한 의미가 있다. 이 세 자리 숫자는 반드시 단 하나의 시군구만 지칭하므로 분명한 의미가 있다. 그러나 뒤의 세 자리는 앞의 시군구가 없으면 독자적으로 의미를 갖지는 못한다.

이러한 속성들이 위에서 사례를 든 계좌번호 체계처럼 내부에 어떤 자리마다 의미가 있을 수 있는데, 그렇다 하여 이 속성들을 분리하여 업무에 사용하는 것은 별로 바람직하지 않다고 본다. 계좌번호는 조직 내부에서 만들어진 것이고, 이러한 속성은 조직 외부에서 만들어졌기 때문에 외부에서 정해진 형태 그대로 사용하는 것이 유리하다. 예전에 우편번호를 이용하여 지역을 구분하고 매출 분석을 하는 기업이 있었는데, 이러한 방식은 좋은 방식이 아니다. 이유는 근자에 우편번호 체계가 바뀌면서 과거 우편번호 체계로 지역을 구분하고 매출 분석을 진행하던 체계를 새로운 우편번호 체계로 전환하려면 많은 노력이 필요로 하기 때문이다.

3) 전화번호 유형 : 전화번호, 팩스번호

전화번호는 지역번호+국번호+개별번호로 구성되어 있다. 일반적인 의미로 본다면 이들 각각에는 분명히 독립적인 의미가 있다. 그러나 지금 우리가 검토하고자 하는 업무에서 과연 독립적인 의미를 가지느냐는 또 다른 문제일 수 있다. 예를 들어 고객 엔터티에 있는 고객의 전화번호를 검토한다고 가정해 보자. 국번만 독립적 인 의미로 부여할 경우가 있는가? 뒷자리 4자리의 개별번호만 액세스하여 어떤 처리나 참조를 할 가치가 있는가? 지역번호만 독립적인 의미로 인정하여 처리할 경우가 있겠는가? 텔레콤 회사 같으면 3개의 속성으로 분리하는 것이 의미가 있을 것이다. 예를 들어 '2424'라는 개별번호가 개인에게 부여되면 매일 이사하는 곳이냐고 전화가 올 것이다. 그러나 일반적인 회사에서 고객의 전화번호를 분리해 놓고 사용하는 경우는 거의 없을 것이다. 이렇게 속성의 분리가 맞느냐? 합치는 것이 맞느냐?는 그 속성을 사용하는 조직의 업무에 따라 다를 수 있는 것이다.

나. 하나의 값만을 가지는지 검증

속성에서 관리되어야 할 값이 반드시 단 하나만 존재해야 한다는 것이다. 그러나 이 말의 진정한 의미는 그 속성에 들어 올 수 있는 값의 종류가 반드시 하나만 존재하고 있다는 의미는 절대 아니다. 쉽게 설명한다면 그 엔터티에 들어가는 인스턴스마다 반드시 하나의 값만 보유하고 있어야 한다는 것이다.

하나의 값(Single Value)을 가진다는 특성도 집합 이론에서 말하는 릴레이션(Relation)이 갖는 애트리뷰트 (Attribute)의 원자성이라는 특성에서 나온 것이라고 하였다.

■단일 값 속성 사례 분석

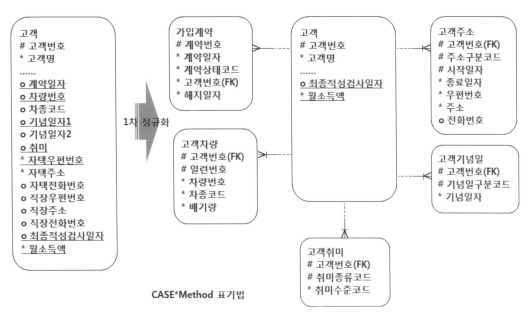

[그림 IV-2-37] 단일 값 사례 - CASE*Method 표기법

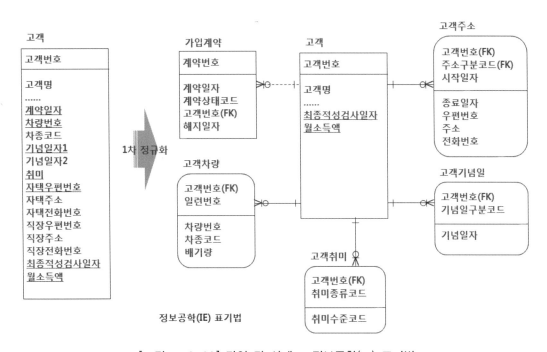

[그림 IV-2-38] 단일 값 사례 - 정보공학(IE) 표기법

1) 계약일자

계약일자는 고객 엔터티의 속성이 아니라 가입계약의 속성이다. 즉 고객은 여러 개의 계약일자를 가질 수 있기 때문에 고객의 속성이 될 수 없다. 상황에 따라서 아직 가입계약 엔터티가 도출되지 않았을 수도 있고, 이미 도출되어 있을 수도 있다. 만약 아직 도출이 되지 않은 상태라면 이 속성에 대한 유일 값 검증에 의해서 가입계약 엔터티는 자연스럽게 도출될 것이다. 이미 존재한다면 이 속성을 가입계약에 적절히 반영하면 된다.

2) 차량번호

어떤 고객은 하나 이상의 차량을 가질 수도 있다. 물론 지금까지 보유한 차량의 이력을 관리하고자 한다면 당연히 유일하지 않을 것이고, 현재 입장에서만 보더라도 하나 이상의 차량을 보유한 사람들은 얼마든지 존재한다. 그러나 이처럼 실제로는 하나 이상이 존재하지만 업무적으로 판단했을 때 굳이 하나 이상의 차량을 관리할 필요성이 없다거나 과거의 이력을 관리할 의사가 없다면, 모델링 입장에서는 유일 값이 되므로 차량번호를 고객의 속성으로 할 수도 있다. 하지만 회사의 정책이 바뀌어서 고객의 차량을 여러 개 관리한다고 하면 모델을 변경해야 한다. 이러한 모델은 유연성과 확장성이 없다고 한다. 현재의 업무 규칙이 고객의 차량은 한 대만을 관리한다고 해도 모델의 유연성과 확장성을 위해서 고객 차량을 한 대 이상 관리할 수 있도록 하는 것이 훨씬 더 좋은 모델이라 할 수 있다.

3) 취미

취미는 사람에 따라 당연히 여러 가지를 가질 수 있다. 취미와 같은 고객의 성향 정보는 마케팅의 중요한 자료가 된다. 엄청나게 많은 고객 모두를 대상으로 마케팅을 한다는 것은 너무 많은 비용이 들어가기 때문에 가능성이 높은 고객들을 대상으로 표적 마케팅을 하지 않을 수 없다. 이때 고객의 각종 성향 정보는 매우 중요한 가치를 가진 정보이므로 이를 최대한 확보하려는 노력은 반드시 필요하다.

다. 유도 속성인지 검증

속성 검증의 제3단계는 그 속성이 원천적인 값인지, 다른 속성에 의해 가공되어서 만들어진 값인지를 검증하자는 것이다. 원천적인 값이란 말 그대로 다른 것에 의해 만들어진 것이 아닌 태초부터 창조된 것을 말하며, 추출 값이란 이들을 가지고 언제라도 쉽게 재현할 수 있는 속성을 말한다. 어쩌면 이것은 매우 분명하고 단순한 개념이지만, 실전적인 시각에서 바라보면 그리 간단하지만은 않다.

CASE*Method 표기법

[그림 Ⅳ-2-39] 유도 속성 사례 – CASE*Method 표기법

1) 현재 정보만 관리하는 형태 : 현주소, 현고객등급코드 등

자식 엔터티에 있는 맨 마지막 정보를 현재의 정보라는 의미로 중복하는 경우라고 할 수 있다. 엄밀하게 말하면 이력(선분) 개념이 들어간 자식 정보 중에서 현재 시점을 통과하고 있는 선분에 해당하는 데이터를 미리 가져다 두는 형태다.

2) 최초 정보를 보관하는 형태 : 최초가입일자, 모집사원번호 등

자식 엔터티의 여러 정보 중에서 하나만 선택하는 또 하나의 방법은 바로 최초로 발생한 정보만 가져다 두는 것이다. 실전에서 발생하는 대부분의 경우는 현재 정보나 집계 형태로 나타나지만, 가끔은 최초의 정보를 보관하고자 하는 경우도 나타난다.

3) 집계 정보를 관리하는 형태 : 인원 수, 가족 수, 총직원 수 등

추출 값을 관리하는 속성 중에서 아마 가장 많이 나타나는 형태는 수행 속도를 위해 하위 엔터티의 정보를 집계해 가져다 둔 경우일 것이다. 물론 집계의 형태에는 금액 관련 속성들에서 많이 발생하는 합계(sum)와 발생횟수(count)를 관리하기 위해 사용하는 건수, 횟수, 차수 등의 단어가 들어가는 속성들이 대부분이다.

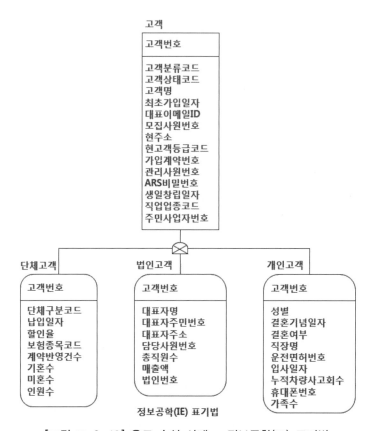

[그림 Ⅳ-2-40] 유도 속성 사례 - 정보공학(IE) 표기법

4) 추출 관계만 관리하는 형태 : 가입 계약번호, 관리 사원 등

추출 속성 중에는 자식 엔터티의 식별자를 전부 또는 일부만 옮겨둔 것을 자주 발견할 수 있다. 논리적으로는 M쪽의 식별자가 1쪽으로 올 수는 없지만, 대부분의 경우 마지막 건의 식별자를 가져 다 두는 경우가 많다.

5) 대표 정보만 관리하는 형태 : 대표 전자메일 ID, 취미, 법인의 대표자 정보

자식 엔터티에 있는 여러 개의 정보를 하나로 만들어 올리는 방법 중에는 가장 대표적인 것 하나 만을 선정하는 경우도 있다. 예를 들어 한 사람이 여러 개의 전자메일 ID를 가질 수 있다. 심지어 사람에 따라서는 십여 개를 가지고 있기도 한다.

6) 다른 속성의 일부 정보만 분리한 형태 : 성별, 결혼 여부 등

추출 속성 중에는 특별한 목적을 위해서 다른 속성의 일부를 떼어서 새로운 속성을 만드는 형태도 자주 등장하고 있다. 사실 확실한 속성이라고 할 수 있는 성별도 이러한 형태에 속한다. 만약 개인 서브타입에 속하는 모든 고객이 주민등록번호를 반드시 가져야 하고, 그 값이 확실하다고 가정한다면 일곱째 자리에 따라 남녀를 구별할 수 있다.

7) 일부분만 추출 값인 형태 : 인원 수, 법인의 대표자 정보 등

일부분이란 이 속성에 값이 들어가는 수많은 인스턴스 중에서 일부는 다른 엔터티에서 가공하여 만들 수 있지만, 다른 일부는 원시 값인 경우를 말한다.

5. 유도 속성 규칙

다른 엔터티나 속성으로부터 유도되거나 계산된 속성들은 유도 또는 계산에 사용된 기준 속성(Base Attribute)에 대한 종속성과 함께 그 방법이 데이터 모델에 표현되어야 데이터 가공에 따른 연관관계를 명확하게 전달하고 기록으로서 의미를 가질 수 있다.

- 초기 데이터 모델링 이론을 보면 유도된(Derived) 속성이나 계산된 속성은 중복으로 인식하고 이를 데이터 모델에 표현하지 말 것을 권고했다. 그러나 이러한 속성들이야 말로 기업의 관리자들이 관심을 가지고 보는 속성으로 데이터 모델 내에 반드시 기술할 것을 권장한다.
- 유도(Derived) 속성이란 하나 이상의 다른 데이터 속성에 축적된 여러 사례의 값을 토대로 어떤 추가 계산 작업을 수행함으로써 선택적으로 주제를 도출하는 속성에 대하여 새로운 값을 창출하는 속성이다.
- 계산(Calculated) 속성은 엔터티의 단일 사례에 대한 어떤 특성을 기술하며, 일반적으로 관련 속성의 또 다른 단일 사례로부터 계산된다.
- 유도 속성은 경영층이 진실로 원하고 필요로 하는 정보를 대표한다.
- 유도 속성은 사용자들의 데이터 요구 사항을 나타낸다.
- 데이터 모델에 유도 속성을 포함시키는 것은 그들의 물리적 구현에 대한 어떤 것도 내포하지 않는다.
- 유도 속성은 향후 과정에서 결코 식별자로서의 역할을 맡지 않아야 한다.

제 6 절 식별자 확정

1. 식별자 개념

엔터티 내의 모든 인스턴스는 유일하게 구분되어야 한다. 이러한 유일성을 보장하기 위해서 필요한 것이 식별자이다. 현실세계에서 매우 유사한 특성을 가지는 두 개의 사물을 어떻게 구별할 것인가? 이것이 가장 어려운 측면 중에 하나이다. 인간은 지각 능력을 가지고 있어 보거나 만지거나 듣거나 하면서 사물을 식별해 낸다. 하지만 컴퓨터는 이러한 능력이 없기 때문에 테이블 내 여러 인스턴스 중에 하나의 인스턴스를 식별해 낼 수 있는 방법을 만들어야 하는데 이것을 해결해 주는 방법이 식별자인 것이다.

가. 식별자 종류

식별자(Identifier)의 종류는 업무에서 사용하는 속성을 이용하여 유일성을 보장하는 본질 식별자(Natural Identifier)가 있는데 영어로는 Natural Key(= Business Key)라고 한다. 이에 대응되는 식별자로 업무에서 사용하는 속성이 아닌 인위적으로 만든 속성으로 유일성을 보장하는 인조 식별자(Artificial Identifier)가 있으며, 영어로는 Surrogate Key라고 한다. 이와는 별도로 엔터티 내에서 하나의 인스턴스를 유일하게 식별할 수 있는 속성이지만 대표성을 갖지 못하는 속성을 보조 식별자(Alternate Identifier)라 하며, Alternate Key라고도 표현한다.

본질 식별자를 정의하는 방법은 사원, 부서, 상품과 같은 기준 정보 엔터티와 주문 계약 등과 같은 거래(Transaction) 처리 엔터티가 서로 다르다. 거래 처리 엔터티의 본질 식별자 정의하는 방법에는 상황에 따라 하향식(Top Down)과 상향식(Bottom Up)으로 접근하는 방식을 적용할 수 있다. 기준 정보 엔터티는 부모 없이 생성된 집합이므로 식별자 또한 인위적으로 생성해야 한다. 그러나 거래처리 엔터티는 항상 부모가 누구인지(하나의 인스턴스를 유일하게 발생시키는 일련의 속성이 어떤 것인지)를 확인하는 방식으로 진행된다.

1) 기준 정보 엔터티의 본질 식별자

기준 정보 엔터티는 잘 알고 있듯이 사원, 고객, 상품과 같이 부모 엔터티 없이도 혼자서 정의될 수 있는 엔터티이다. 예를 들면 사원 엔터티에는 이미 이전부터 정의해서 사용하고 있던 사원번호가 있다는 것은 굳이 언급할 필요도 없다. 그러나 좀 더 깊이 생각해 본다면 사원 집합의 인스턴스는 사람이므로 사실 본질 식별자(Natural Identifier)는 대한민국 사람이라면 주민등록번호로 볼 수 있다. 물론 외국인 사원이 있다면 여권번호, 외국인등록번호 등이나 임시로 부여한 임의의 값을 광의의 주민등록번호로 정의한다면 이것을 개념적으로는 원래의 본질 식별자로 볼 수 있다. 뒤에서 식별자를 확정할 때 전략적인 부여 방법에 대해 자세하게 언급하겠지만, 이 주민등록번호는 몇 가지 전략적인 이유 때문에 사원번호라는 인조 식별자에게 대표 권한을 물려준 것이다.

2) 거래 처리 엔터티의 본질 식별자

거래(Transaction) 처리 엔터티의 본질 식별자란 하나의 인스턴스를 유일하게 발생시키는 일련의 속성이 어느 부모로부터 상속되었는지를 찾고자 하는 것이며, 결국은 자신을 있게 한 근본을 찾는 것이다.

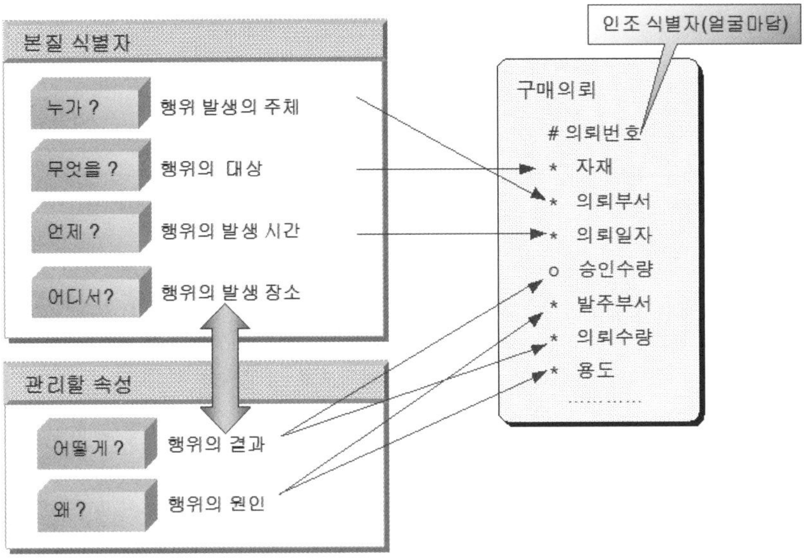

[그림 IV-2-41] 본질 식별자 예

본질 식별자를 찾는 가장 확실한 방법은 사건의 전모를 가장 체계적으로 표현할 수 있다는 육하원칙을 이용하는 것이다. '누가, 무엇을, 언제, 어디서, 어떻게, 왜'라는 이 여섯 가지의 질문을 통해 발생된 행위를 구체적으로 구분해 보면 상황에 대한 정확한 사실을 규명할 수 있다.

나. 후보 식별자 도출

이전 단계에서 정의된 본질 식별자를 기본으로 식별자의 기본 목적인 자기를 식별할 수 있어야 한다는 유일성 유지의 목적과 다른 엔터티에서 정보로 참조해야 하는 목적을 적절히 판단하여 최종 식별자를 확정해야 한다. 하나의 엔터티 내에는 식별자로 사용할 수 있는 하나 이상의 식별자가 있다. 이 중에서 하나가 식별자로 선택되게 된다. 나머지 식별자들을 후보 식별자(Candidate Identifier)라고 한다. 이러한 후보 식별자들은 다음과 같은 조건을 만족해야 한다.

1) 널이 될 수 없다

가장 기본적인 전제 조건이며, 후보 식별자들은 널(NULL)이 될 수 없다. 널이란 해당 속성에 값이 지정되지 않았거나 알 수 없는 값이라는 표시라고 볼 수 있다. 따라서 널이 허용되는 속성이 있다면 값을 넣지 않은 경우에는 널이 할당된다. 널이 할당되었다는 것은 값이 없다는 것이므로 널이 있는 속성은 식별할 수 없다.

2) 각 인스턴스를 유일하게 식별할 수 있어야 한다

후보 식별자들은 유일한 값을 가지고 이를 통해 나머지 인스턴스와 자신을 식별하는 능력을 가져야 한다. 후보 식별자는 단일 속성뿐만 아니라 하나 이상의 속성이 모인 집합으로서도 후보 식별자가 될 수 있다. 그러므로 속성 혹은 여러 속성이 조합된 속성 집합은 전체 인스턴스에서 유일 값을 가져야 한다. 그래야만 특정한 인스턴스를 선택하기 위해서 전체 인스턴스에서 유일한 값을 가지는 후보 식별자를 선택할 수 있다.

3) 나머지 속성들을 직접 식별할 수 있어야 한다

인스턴스 간에서 뿐만이 아니라 후보 식별자는 나머지 속성을 식별할 수 있는 능력을 가지고 있어야만 한다. 이는 후보 식별자가 유일 값을 가지고 있는 상황에서 특정 인스턴스를 추출하기 위해서 유일 값을 가진 후보 식별자를 찾아내면, 후보 식별자에 관련된 나머지 속성을 다시 찾아낼 수 있다는 의미이다.

4) 후보 식별자로 속성 집합을 선택하는 경우에는 개념적으로 유일해야 한다

집합으로 후보 식별자를 선택하는 경우에는 개념적으로도 유일할 것이라는 판단을 하고서 후보 식별자로 선정해야만 한다. 만일 회원 테이블에 대한 견본 데이터를 보고서 부서+성명 집합이 유일한 값을 가진다고 판단했다 하더라도 개념적으로 부서에 동일한 이름을 가지는 사원이 없다고 확신할 수 있겠는가? 하지만 부서를 관리하는 엔터티에서 부서명+팀명을 후보 식별자로 선택하는 것은 개념적으로 유일할 수 있다. 한 부서에 동일한 이름을 갖는 팀은 없기 때문이다.

5) 후보 식별자의 데이터는 자주 변경되지 않는 것이어야 한다

데이터가 자주 변경된다고 해서 후보 식별자가 될 수 없는 것은 아니지만, 일반적으로 후보 식별자의 값은 자주 변경되지 않는다. 데이터베이스 설계 단계에서 이러한 식별자들은 대부분 인덱스를 통해 구현된다. 인덱스는 물리적으로 트리 구조를 가지고 수많은 노드 및 포인터를 관리하게 된다. 어떤 노드의 데이터가 변경되면 트리 구조를 재수정하는 데에 너무나 많은 시간이 필요하게 되어 데이터베이스의 성능을 떨어뜨리게 되므로, 인덱스에 선택되는 칼럼의 데이터가 자주 변경되는 것은 좋지 않다.

다. 보조 식별자

보조(Alternate) 식별자란 원래의 식별자를 대신할 수 있는 또 다른 속성들이나 관계(관계속성)를 말한다. 가령 사원 엔터티에 공식적으로 부여된 식별자는 사원번호이지만, 만약 주민등록번호 속성이 유일한 값을 가지면서 필수적(Mandatory)으로 정의되었다면, 비록 공식적인 식별자는 아니지만 식별자로서의 역할을 할 자격은 충분히 갖추고 있다. 특히 보조 식별자는 여러 참조 엔터티 중에서 원래의 식별자보다 보조 식별자로 연결을 맺는 것이 자신에게는 훨씬 유리한 경우에 의미가 있게 된다.

라. 인조 식별자 지정

인조(Surrogate) 식별자란 식별자 확정 시 기존의 본질 식별자를 그대로 인정할 수 없는 여러 가지 상황이 발생했을 때, 전부 혹은 일부를 임의의 값을 가진 속성들로 대체하여 새롭게 구성한 식별자를 말한다. 가령 사원 엔터티에 이미 존재하고 있는 속성 중에서 원래의 본질 식별자를 찾으라고 한다면 주민등록번호가 될 것이다. 그러나 이 속성은 너무 길고 관리상 여러 가지 문제점이 발생하기 때문에 새롭게 사원번호라는 임의의 값을 가진 인조 속성을 도입하여 공식적인 식별자 자리까지 부여한 것이다. 인조 식별자는 다음과 같은 기준을 가지고 지정하는 것이 바람직하다.

1) 최대한 범용적인 값을 사용한다

인조 식별자의 속성은 남들이 알지 못하는 임의의 값일 수 있기 때문에 특별한 결격 사유가 없다면 가능한 한 기존에 범용적으로 사용하던 것을 그대로 사용하는 것이 좋다. 예를 들어 이미 회사 내에 공인되어 사용하고 있는 사원번호, 상품코드, 국가나 공공 기관에서 부여한 은행코드, 국제적으로 사용하고 있는 무역상품 분류체계인 HS코드, 범용적으로 사용하고 있는 국가나 통화(通貨) 코드 등은 가능하다면 그대로 사용하는 것이 여러 가지로 유리한 점이 많다.

2) 유일한 값을 만들기 위한 인조 식별자를 사용한다

지금까지 정의해 왔던 본질 식별자를 그대로 사용하면 심각한 문제가 발생하는 경우가 몇 가지 있다. 여기에서는 그 중에서 한 가지인 유일 값에 대한 확신이 없을 때, 이를 해결하기 위해 인조 속성을 영입하는 경우에 대해 설명하고자 한다. 어떤 경우에는 본질 식별자는 논리적으로야 문제가 없지만 실제적으로는 유일성에 대한 현실적인 문제가 발생하므로 인조 속성의 도입을 검토해야만 한다. 물론 그 인조 속성을 아예 전체 본질 식별자를 대체하도록 하든, 그 중의 일부를 대체하게 하든 종합적인 판단에 따라 달라지겠지만 인조 속성이 필요한 것은 분명하다. 사실 실전에서 인조 속성을 도입하는 상당 부분은 바로 이런 경우라고 할 수 있다.

3) 하나의 인조 식별자 속성으로 대체할 수 없는 형태를 주의한다

인조 속성을 만들 때 이 속성이 구체적으로 본질 식별자의 어느 부분을 대체하고 있는지를 분명하게 정의해야 한다. 그러나 하나의 인조 식별자 속성에 같이 대체될 수 있는 것과 절대로 그렇게 해서는 안 되는 경우가 있는 것에 유의해야 한다. 만약 이런 원칙을 어긴다면 나중에 집합 내의 인스턴스 정의가 모호해져 엔터티 전체를 애매한 집합으로 변질시키게 되므로 주의해야 한다. 예를 들면 이력을 대체하는 일련번호 인조식별자를 갖고 있는 엔터티가 자식을 갖게 되면 일련번호 인조식별자가 상속되고, 이때 부모에 변경이력이 발생하면 자식에 변경이 없더라도 새로운 이력일련번호를 상속하여 자식을 다시 만들어야 하는 상황이 발생할 수 있다. 이로 인해 자식의 정보를 활용 하는 데 있어서 혼란이나 왜곡이 생길 수 있다.

4) 편의성·단순성 확보를 위한 인조 식별자를 사용할 수 있다

속성의 길이가 너무 길거나 기억하기가 어려워 좀 더 쉽고 간편한 이름으로 변경할 목적으로도 인조 속성을 추가시킬 수도 있다. 마치 사람의 이름을 간편하고 부르기 쉽도록 애칭이나 별명을 만드는 것과 유사한 목적이라 할 수 있다. 성을 포함해 대부분 세 글자에 지나지 않는 우리나라 사람들에게는 그리 흔치 않는 일이지만, 훨씬 긴 이름을 가진 외국 사람들에게 흔하게 사용된다. 이처럼 본질 식별자를 그대로 사용해도 불편이 없다면 굳이 인조 속성을 만들 필요가 없겠지만, 그렇지 않다면 충분히 고려해 볼 만하다.

5) 의미의 체계화를 위한 인조 식별자를 사용할 수 있다

의미를 체계화한다는 말을 다른 말로 쉽게 표현하면 코드화한다는 것과 유사하다. 과거에는 전산은 곧 코드라는 말이 있을 정도로 모든 것을 코드화하려고 애를 썼다. 코드화한다는 말에는 곧 속성의 자릿수마다 나름의 의미를 부여하겠다는 의미를 포함한다. 논리적으로 임의의 값이란 말에는 이미 정해진 값의 형태가 포함되어 있다. 인조 속성이란 임의의 값을 정의하는 것이라고 했다. 그렇다고 해서 그야말로 아무 값이나 괜찮다는 것은 아니다. 특별한 의미를 부여할 필요가 없다면 순차적인 번호, 곧 일련번호를 정의하는 것으로도 충분하겠지만 특정한 의미를 부여함으로써 변별력이 향상 된다거나 처리의 규칙이 생겨난다면 너무 지나치지 않는 한 그것을 무조건 나쁘다고만 할 수는 없다.

6) 내부적으로만 사용하는 인조 식별자

인조 식별자를 생성하는 또 한 가지의 경우는 현업 사용자들에게는 전혀 알려주지 않으면서 시스템 내부적으로만 사용하는 형태이다. 물론 데이터 모델링 입장에서 본다면 현업 사용자뿐만 아니라 시스템 개발이나 관리를 하는 사용자 또한 엄연한 사용자임에 틀림 없다. 여기서 설명하고자 하는 것은 새롭게 정의한 인조 식별자가 비록 업무적으로는 아무런 의미도 없지만, 시스템적인 필요성에 의해서 도입하는 경우를 소개하려는 것이다.

마. 식별자 확정

식별자는 자기 엔터티를 위해 생성하는 것처럼 보인다. 하지만 더 중요한 결정 요소는 나를 참조할 다른 엔터티가 원하는 형태로 결정되어야 하는 것이기 때문에 주변 엔터티의 상황을 종합적으로 살피고, 주변 엔터티의 상황도 최대한 수렴할 수 있도록 하는 것이 매우 중요하다. 따라서 식별자를 확정할 때는 자기 자신에 대한 존재 가치뿐만 아니라 남들에 대한 배려를 어떻게 조화시키느냐가 중요하다.

1) 식별 관계의 두 가지 의미

식별 관계에서 CASE*Method 표기법의 UID BAR와 정보공학(IE) 표기법의 실선이 가지고 있는 본질을 자세히 살펴보면 크게 두 가지의 의미를 가지고 있다.

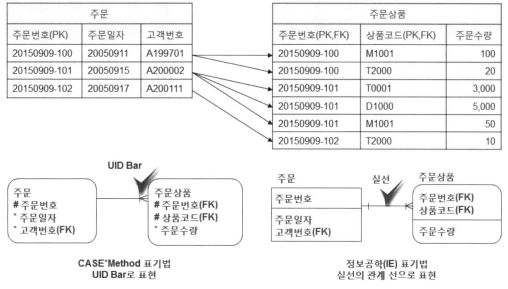

주문		
주문번호(PK)	주문일자	고객번호
20150909-100	20050911	A199701
20150909-101	20050915	A200002
20150909-102	20050917	A200111

주문상품		
주문번호(PK,FK)	상품코드(PK,FK)	주문수량
20150909-100	M1001	100
20150909-100	T2000	20
20150909-101	T0001	3,000
20150909-101	D1000	5,000
20150909-101	M1001	50
20150909-102	T2000	10

CASE*Method 표기법
UID Bar로 표현

정보공학(IE) 표기법
실선의 관계 선으로 표현

[그림 IV-2-42] 식별 관계

가) 식별자로서의 역할

엔터티 자신의 입장에서 보았을 때 자신의 인스턴스들을 다른 것들과 구별될 수 있도록 유일한 값을 만드는데 일조한다는 의미이다.

나) 정보로서의 역할

참조하는 엔터티의 입장에서 보았을 때, 상대방의 식별자를 상속 받았기 때문에 자신이 보유한 정보가 증가했다는 의미도 가지고 있다.

부모의 식별자를 자식이 상속 받고, 다시 그것을 그 자식들에게 물려준다면 자식들은 굳이 나를 경유 하지 않고서도 조상이 누구인지 알 수 있는 것과 유사하다. 인조 식별자를 설명하면서 언급했듯이 단지 유일한 값을 만들기 위한 목적뿐이었다면 굳이 부모에게 받은 식별자를 자신의 식별자에 넣지 않고서도 얼마든지 유일한 값을 만드는 것이 가능하다. 이 말에는 부모의 식별자를 내 이름에 넣는 것에 상관없이 내가 태어난 이상 부모는 존재한다는 의미가 내포되어 있다. 비록 부모가 분명하더라도 부모의 식별자가 나의 식별자를 만들기 위해서 반드시 필요한 것은 아니라는 것이다. 그러나 내 식별자에 부모의 식별자를 포함시키지 않는 순간에 내 자손들에게는 더 이상 조상의 식별자를 상속시키지 못한다.

2) 식별자 상속과 단절의 원리

식별자 확정이란 단지 자기 식별자의 형태를 결정한다는 단순한 의미로만 생각해서는 안 된다. 복잡한 업무로 인해 데이터 모델이 어쩔 수 없이 복잡해지더라도 식별자 상속이 전략적으로 이루어진다면 나중에 데이터를 처리할 때의 실제 액세스 단계에서는 훨씬 간편하게 만들 수 있다. 즉 식별자의 적절한 상속과 단절 전략은 실질적인 처리의 단순화를 가져다 줄 수 있으므로 그 전략적 가치를 가지고 있다.

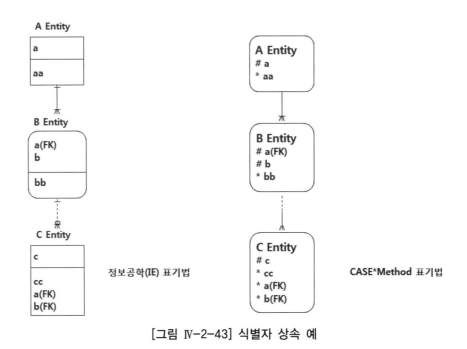

[그림 Ⅳ-2-43] 식별자 상속 예

- [그림 Ⅳ-2-43]에서 보면 A_엔터티와 B_엔터티 사이의 관계에 식별자가 있다는 것은 C_엔터티와 B_엔터티 사이의 관계에 식별자의 존재 여부와 상관없이 무조건 조부모인 A_엔터티의 식별자 a를 상속받게 된다는 것을 의미한다. 이는 곧 C_엔터티에는 a가 있으므로 이미 아버지인 B_엔터티를 경유하지 않고서도 직접 A_엔터티와 연결될 수 있음을 의미한다. 이 관계에 의해 부모나 그 이상의 조상에게 있던 식별자 속성이 설계 단계에서 나에게 상속된다는 의미일 뿐이지 참조하는 경로가 그렇게 되어야 함을 뜻하는 것은 결코 아니다. 이렇게 평범하고 당연해 보이는 사실이 갖는 진정한 가치는 상속 여부를 결정할 때 매우 중요한 판단 기준이 된다.

3) 식별자 확정 절차

하향식(Top-down) 방식, 즉 상위 엔터티부터 시작해 하위 엔터티로 순차적으로 결정해가는 것이 좋다. 식별자 상속이란 상위에서 하위로 이루어지기 때문이다.

가) 기준 정보 엔터티 식별자 확정

부모를 가지지 않는 최상위 엔터티이므로 서로 독립적으로 식별자를 확정할 수 있다. 사실 엄밀히 말하면 최상위 엔터티인 키 엔터티는 본질 식별자와 굳이 다르게 할 필요가 없으므로 본질 식별자를 결정하는 단계에서 미리 식별자를 확정하는 것이 좀 더 현실적이다. 물론 식별자 확정 단계에서 주변의 상황과 여건을 감안하여 일부를 조정하여 최종적으로 확정한다.

나) 중요 거래 처리 엔터티 식별자 확정

중요 거래 처리 엔터티는 해당 업무의 근본이 되는 엔터티라고 할 수 있으므로 자신이 하위에 거느리고 있는 수많은 엔터티의 상황을 종합적으로 감안한 전략적으로 도출 해야 할 것이다. 이러한 엔터티는 자신의 하위 엔터티에게는 최상위 조상이기도 하므로 될 수 있으면, 식별자 속성의 개수를 적게 하는 것도 중요하다. 이런 이유 때문에 경우에 따라서는 전체를 대신하는 인조 식별자를 생성하기도 한다.

다) 기타 거래 처리 엔터티 식별자 확정

이런 부류의 엔터티는 가능하다면 인조 속성을 많이 사용하지 않는 것이 바람직하다. 그 이유는 인조 속성이란 임의의 값을 의미하므로 유일성에는 도움을 줄지 모르지만, 정보로서의 가치는 현저 하게 감소하기 때문이다.

제7절 정규화

1. 정규화 정의

정규화는 엔터티(관계형 이론의 릴레이션)에 데이터의 입력, 수정, 삭제 연산을 수행할 때 발생하는 이상(Anomaly) 현상을 제거하여 논리 데이터 모델링의 목적인 정확성, 일관성, 단순성, 비중복성, 안정성을 만족시키는 최적의 데이터 구조를 만들어가는 과정이다.

엔터티에 입력, 수정, 삭제 이상 현상이 발생하는 원인은 이 엔터티와 관련이 없는 속성들을 하나의 엔터티에 정의하고 있기 때문이다. 관련 있는 속성들로만 엔터티를 구성하여 데이터 이상 현상이 발생하지 않도록 하는 기법이 정규화다. 정규화는 이상 현상이 발생하지 않도록, 엔터티를 관련이 있는 속성들로만 구성하기 위해 엔터티를 분해하는 과정이다. 정규화를 통해 정확성, 일관성, 단순성, 비중복성, 안정성을 만족시키는 엔터티를 정의할 수 있는 것이다.

정규화의 과정은 중복 데이터를 제거하여 최적의 데이터 구조로 만들기 위해 여러 단계를 거친다. 그 단계는 제1정규형에서부터 제5정규형과 Boyce-Codd 정규형(BCNF, Boyce-Codd Normal Form)까지로 구성되어 있다. 여기서는 논리 데이터 모델을 구축하는 데에는 일반적으로 제3정규형을 사용하기 때문에 제3정규형 까지만 설명한다.

2. 정규화 장점

- 중복 값이 줄어든다.
  궁극적으로 테이블에 중복되는 데이터들을 최소화할 수 있다. 이것이 정규화의 최대 성과라고 할 수 있다. 사실은 모든 장점이 이것에서 시작된다.
- 널 값이 줄어든다.
  전체적으로 널 값 사용이 줄어들게 된다.
- 복잡한 코드로 데이터 모델을 보완할 필요가 없다.
  데이터에 중복된 값이 적고, 그 부모가 누구인지가 항상 명시되어 있는 상황에서 데이터의 무결성을 지키기 위한 복잡한 코드를 사용할 필요가 없어진다.
- 새로운 요구 사항의 발견 과정을 돕는다.
  실제 정규화 과정에서 많은 엔터티 태어나게 된다. 또한 많은 결정 과정에서 업무 담당자와의 협의를 통해 현재뿐만 아니라 미래까지 고려한 요구 사항의 발견 과정이기도 하다.
- 업무 규칙의 정밀한 포착을 보증한다.
  정규화 과정을 통하여 많은 복잡한 업무 규칙이 체계화가 된다.
- 데이터 구조의 안정성을 최대화한다.
  중복된 값이 최소화되고 모든 정보들이 자기가 있어야 할 자리에 존재하게 되기 때문에 향후 발생하게 될 모델 변화에도 유연하게 대처할 수 있다.

3. 정규화 과정

비정규형으로부터 제1정규형에서 제5정규형까지 과정을 밟아나갈 수 있지만, 통상적으로 제3정규형까지 하는 것을 권장하고 있다. 본서에서도 제3정규형까지 설명할 것이다.

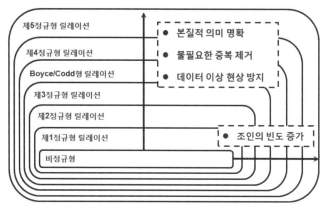

[그림 Ⅳ-2-44] 정규화 과정

[그림 Ⅳ-2-45] 정규화 사례 데이터는 어떤 유통회사의 물품 주문서를 보여주고 있다. 이 물품 주문서를 이용하여 비정규형 엔터티에서 제3정규형을 만들어 나가는 과정을 설명하도록 하겠다.

구매 주문서					
주문번호 : 201901001 주문일자 : 2019/01/11 납품일자 : 2019/01/16 납품회사 : S09001 주문총액 :　125,000,000 원		납품회사 : ㈜ 해교전자 서울시 강남구 역삼동 21-1 번지 S전자 빌딩 5층 주문회사 : ㈜ 중기유통 서울시 송파구 송파동 100 번지 한국전자유통 빌딩 7층			
상품코드	상품명	수량	단가	금액	납품지점
SR321UC	냉장고	30	500,000	15,000,000	가양 지점
HDR124RT	드럼세탁기	50	1,000,000	50,000,000	송파 지점
HT-TXQ120	스마트TV	40	1,500,000	60,000,000	송파 지점
상기 내역의 상품을 주문합니다.				㈜ 중기유통 대표이사 000 (인)	

[그림 Ⅳ-2-45] 정규화 사례 데이터

현실 세계 구매 주문 업무에서 발생하는 각각의 구매 주문서를 추상화하여 개념 세계의 논리 데이터 모델을 생성하고, 컴퓨터 세계의 데이터베이스 시스템에 저장, 활용하기 위하여 물리 테이블 구조를 생성한다면 [그림 Ⅳ-2-46] 구매주문 엔터티처럼 보일 것이다. 관계형 데이터베이스를 이용하여 구현된 정보 시스템에서 논리 데이터 모델과 테이블 구조를 이렇게 만드는 경우는 없을 것이다. 이는 관계형 데이터베이스가 이전 파일 시스템에서나 볼 수 있었던 데이터 구조라 할 수 있다.

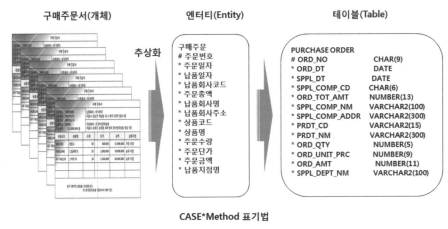

[그림 Ⅳ-2-46] 구매주문 엔터티

[그림 Ⅳ-2-26] 구매주문 엔터티에 발생한 데이터는 [그림 Ⅳ-2-47] 구매 주문 발생 데이터에 있는데 이것의 가장 큰 특징은 정규화(Normalization)되어 있지 못하여, 데이터 값이 중복되어 나타난다는 것이다. 정규화가 안 된 데이터 구조나 중복 데이터 구조는 입력, 수정, 삭제 이상이라는 데이터 이상 현상이 발생하여 데이터의 정확성과 일관성을 보장하지 못하여 데이터의 품질에 나쁜 영향을 미칠 수 있다.

구매주문								
주문번호	주문일자	납품 회사코드	납품 회사명	...	상품코드	상품명	... 금액 (천원)	납품 지점
201901001	20190111	S09001	㈜S전자	...	SR321UC	일반냉장고	15,000	가양지점
201901001	20190111	S09001	㈜S전자	...	HDR124RT	드럼세탁기	50,000	송파지점
201901001	20190111	S09001	㈜S전자	...	HT-TXQ12	스마트TV	60,000	송파지점
201901002	20190112	...	...	...		김치냉장고	...	...
201901002	20190112	...	...	...		스마트TV	...	...
201901003	20190112	...	...	...		일반냉장고	...	...
201901003	20190112	...	...	...		김치냉장고	...	...
201901003	20190112	...	...	...		스마트TV	...	...
201901003	20190112	...	...	...		전자레인지	...	...

[그림 Ⅳ-2-47] 구매주문 발생 데이터

입력 이상

[그림 Ⅳ-2-46] 구매주문 엔터티는 별도의 사실이 발생하기 전까지 원하는 데이터를 입력할 수 없다. 어떤 데이터를 입력하려고 할 때 불필요하게 원하지 않는 데이터도 함께 입력해야 하는 구조로 되어 있는 것이다. 일반적으로 제조, 유통회사에서 자재나 상품을 납품하는 회사(고객)들은 사전에 미리 승인되어 있는 경우가 대다수이다. 이런 경우 새로운 납품 회사(고객)를 등록하려고 하는데 납품 회사(고객) 엔터티가 없는 관계로 반드시 구매 주문을 입력해야만 하는 구조로 되어 있어, 구매 주문이 발생하기 전까지는 새로운 납품 회사(고객)를 등록할 수 없는 문제가 발생하게 된다. 이러한 문제를 해결하기 위해서는 납품 회사(고객) 엔터티를 생성해야 한다는 것을 인식할 수 있을 것이다. 또한 납품지점(부서)과 상품에서도 이러한 문제는 동일하게 발생한다는 것을 알 수 있을 것이다.

수정 이상

일부 속성 값을 수정함에 있어서 원하지 않는 정보의 이상 현상(데이터의 정확성과 일관성을 보장 못하는 현상)이 발생할 수도 있다. [그림 Ⅳ-2-47] 구매주문 발생 데이터의 납품 회사 'S09001'의 회사명을 바꾼다고 하면 'S09001' 모든 건의 회사명을 바꾸어야만 한다. 수백, 수천만 아니 그 이상의 데이터가 될지도 모르는 구매 주문 데이터에서 납품 회사 'S09001'을 찾아 회사명을 다 수정해야 하는데 일부만 수정한다면 납품 회사 'S09001' 회사명이 동일하지 않을 것이다. 입력 이상과 마찬가지로 이러한 이유로 납품 회사 엔터티를 별도로 생성해야 한다는 것을 인식할 수 있을 것이다.

삭제 이상

일부 정보를 삭제함으로써 유지되어야 할 정보까지도 연쇄(Triggering) 삭제되는 현상이 발생할 수 있다. 만일 어떤 납품 고객에게 어떤 특정한 상품을 한 번 주문한 경우, 이 상품을 삭제하게 되면 고객도 삭제되고, 고객을 삭제하면 상품도 삭제되어 정보를 잃게 된다. 또한 주문번호 '201901001'의 제품 '스마트TV'의 등록을 취소한다고 하였을 때, 자연히 주문번호 '201901001'의 행(Row)에서 품명 '스마트TV'만 삭제해야 하는데, 행 전체를 삭제하게 되는 삭제 이상(Delete anomaly) 현상이 발생한다.

가. 제1정규형

1) 정의

- 모든 속성은 반드시 하나의 값을 가져야 한다. 즉 반복 형태가 있어서는 안 된다.
- 각 속성의 모든 값은 동일한 형식이어야 한다.
- 각 속성들은 유일한 이름을 가져야 한다.
- 행(Row)들은 서로 간에 식별 가능해야 한다.

[표 Ⅳ-2-6] 제1정규형 정의

관계형 모델 이론	모든 속성이 오직 하나의 원자적 값을 취하는 릴레이션 → 릴레이션 자체의 정의이자 특성이다.
CJ.Date, 1986	릴레이션 R이 제1정규형(1NF)이라 함은 모든 기초를 이루는 정의역 (domain)이 원자값 만을 담고 있다는 것과 동치이다.
Finkelstein, 1989	반복 그룹 속성(Repeating Group attributes)을 식별하여 새로운 엔터티로 옮긴다.
논리 데이터 모델링	모든 속성은 반드시 하나의 값을 가져야 한다(다중 값(Multi Value) 또는 반복 형태가 있어서는 안 됨).

2) 정규화 작업

- [그림 Ⅳ-2-47] 구매주문 발생 데이터에서 주문일자, 납품일자, 납품회사코드 등의 값이 반복 그룹 (Repeating Group) 형태의 값으로 되어 있어 제1정규형(1NF, First Normal Form)을 위배하는 것이 된다.
- 어떤 속성이 다수의 값 또는 반복 그룹 값을 가지고 있다면 일대다 관계의 새로운 엔터티를 추가한다.
- 관계형 모델에서는 릴레이션(Relation) 정의상 한 속성이 하나의 값만을 가져야 한다. 그러므로 비정규형 릴레이션은 엄밀히 말하면 릴레이션으로 간주할 수 없다.
- 비정규형 릴레이션이 릴레이션으로서의 모습을 갖추기 위해선 여러 개의 복합적인 의미를 가지고 있는 속성이 분해되어 하나의 의미만을 표현하는 속성들로 분해되어야 한다. 즉 속성 수가 늘어나야 한다.
- 비정규형 릴레이션이 릴레이션으로서의 모습을 갖추기 위해선 하나의 속성이 하나의 값을 가질 수 있어야 하며, 이 조건을 만족시키기 위해선 로우(Row)가 늘어나거나 다른 릴레이션으로 분리되어야 한다.

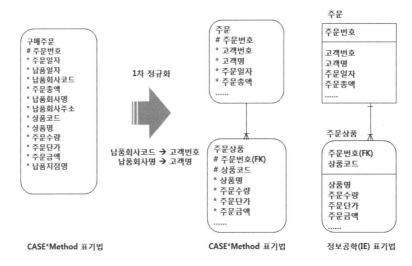

[그림 Ⅳ-2-48] 표기법에 따른 제1정규형

주문			
주문번호 (PK)	주문일자	고객번호	고객명
201901001	20190111	S09001	㈜S전자
201901002	20190112	...	...
201901003	20190112	...	...

주문상품				
주문번호 (PK,FK)	상품코드 (PK)	상품명	금액 (천원)	납품 지점
201901001	SR321UC	일반냉장고	15,000	...
201901001	HDR124RT	드럼세탁기	50,000	...
201901001	HT-TXQ12	스마트TV	60,000	...
201901002	...	김치냉장고	...	...
201901002	...	스마트TV	...	...
201901003	...	일반냉장고	...	...
201901003	...	김치냉장고	...	...
201901003	...	스마트TV	...	...
201901003	...	전자레인지	...	...

[그림 IV-2-49] 제1정규형 사례 데이터

나. 제2정규형

1) 정의

- 식별자가 아닌 모든 속성은 식별자 전체 속성에 완전 종속되어야 한다.
- 주 키(PK)가 아닌 모든 칼럼이 주 키(PK)에 종속적이어야 제2정규형(2NF, Second Normal Form)을 만족시킨다.

[표 IV-2-7] 제2정규형 정의

관계형 모델 이론	제1정규형에 속하고(Single-value, atomic 속성들로 이루어지고), 모든 Non-key 속성들이 후보 키(Candidate Key)에 함수 종속되어야 한다.
CJ.Date, 1986	릴레이션 R이 제2정규형(2NF)이라 함은 그 릴레이션이 제1정규형에 속하고, 모든 Non-Key 속성이 주 키(PK)에 완전 종속됨과 동치이다.
Finkelstein, 1989	주 키(PK)에 부분적으로 종속되는 속성을 식별하여 다른 엔터티를 생성하여 옮긴다.
논리 데이터 모델링	모든 속성은 반드시 식별자 속성 전부에 종속되어야 한다 (식별자 일부에만 종속되어서는 안됨).

2) 정규화 작업

- [그림 IV-2-48]에서 식별자가 주문번호 + 상품코드로 이루어진 주문상품 엔터티에서 상품명이 상품코드에 종속적이다. 이것은 제2정규형을 위반하고 있는 것이다.

■ 어떤 속성 식별자 전체에 종속되어 있지 않으면 잘못된 위치이다. 새로운 엔터티, 즉 상위 부모 엔터티를 여기서는 상품 엔터티를 생성하고 UID BAR를 상속받게 된다.

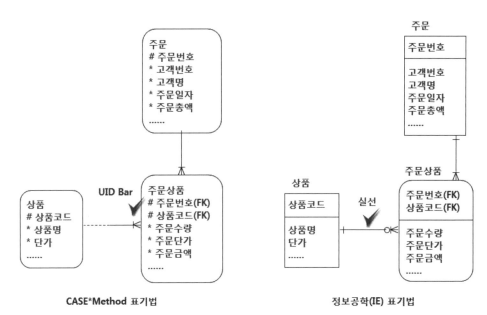

[그림 IV-2-50] 표기법에 따른 제2정규형 예

주문			
주문번호(PK)	주문일자	고객번호	고객명
201901001	20190111	S09001	㈜S전자
201901002	20190112	...	.
201901003	20190112	...	...

주문상품			
주문번호 (PK,FK)	상품코드 (PK, FK)	금액 (천원)	납품 지점
201901001	SR321UC	15,000	...
201901001	HDR124RT	50,000	...
201901001	HT-TXQ12	60,000	...
201901002	...	...	...
201901002	...	...	...
201901003	...	...	...
201901003	...	...	...
201901003	...	...	...
201901003	...	...	...

상품	
상품코드(PK)	상품명
SR321UC	일반냉장고
HDR124RT	드럼세탁기
HT-TXQ12	스마트TV
...	김치냉장고

[그림 IV-2-51] 제2정규형 사례 데이터

다. 제3정규형

1) 정의

■ 제2정규형을 만족하고 식별자를 제외한 나머지 속성들 간의 종속이 존재하면 안 된다. 이것이 제3정규형 (3NF, Third Normal Form)을 만족하는 것이다.

[표 IV-2-8] 제3정규형 정의

관계형 모델 이론	제2정규형에 속하고, 모든 Non-key 속성들 사이에 함수종속관계가 없어야 한다.
C.J.Date, 1986	릴레이션 R이 제3정규형(3NF)이라 함은 그 릴레이션이 제2정규형에 속하고, 모든 Non-Key 속성이 주 키(PK)에 비 이행적으로 종속됨과 동치이다.
Finkelstein, 1989	주 키(PK)외의 속성들간에 종속되는 속성들을 식별하여 다른 엔터티를 생성하고 속성을 옮긴다.
논리 데이터 모델링	식별자(UID)가 아닌 모든 속성 간에는 서로 종속될 수 없다(속성간 종속성 배제).

2) 정규화 작업

■ [그림 IV-2-51] 제2정규형 사례 데이터에서 주문 엔터티에서 고객명 속성이 고객코드에 종속적이다. 그렇기 때문에 이것은 제3정규형을 위반하고 있는 것이다.

■ 제3정규형을 위반하고 있을 때에는 [그림 IV-2-52] 표기법에 따른 제3정규형 예에서의 고객 엔터티처럼 부모 엔터티가 생성되고 그 부모 엔터티로부터 식별자가 없는 비식별 관계로 상속받게 된다.

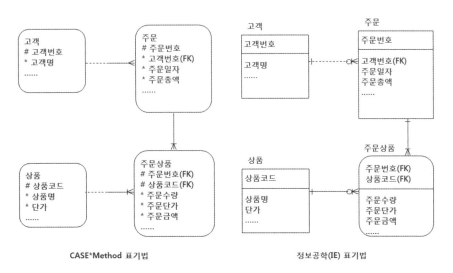

[그림 IV-2-52] 표기법에 따른 제3정규형 예

고객

고객번호(PK)	고객명
S09001	㈜S전자
...	...

주문

주문번호(PK)	주문일자	고객번호(FK)
201901001	20190111	S09001
201901002	20190112	...

상품

상품코드(PK)	상품명
SR321UC	일반냉장고
HDR124RT	드럼세탁기
HT-TXQ12	스마트TV
...	김치냉장고

주문상품

주문번호 (PK,FK)	상품코드 (PK, FK)	금액 (천원)	납품 지점
201901001	SR321UC	15,000	...
201901001	HDR124RT	50,000	...
201901001	HT-TXQ12	60,000	...
201901002	...	...	...
201901002	...	...	...

[그림 Ⅳ-2-53] 제3정규형 사례 데이터

제 8 절 이력 관리

1. 이력 관리란?

데이터는 현재의 프로세스만 처리하고 버리는 것이 아니라 마치 후손에게 물려주어야 할 귀중한 문화유산처럼 오랜 기간의 데이터를 유지시켜 좀 더 가치 있는 정보를 제공할 수 있는 밑거름이 되도록 해야 한다. 현재는 단지 하나의 점에 불과하지만 과거란 엄청난 개수의 점이 모여 있는 형상이다. 사실 현재의 데이터조차 제대로 다루기가 어려운데, 이미 지나가 버린 데이터에 연연한다는 것은 생각처럼 그리 쉬운 일이 아니다. 굳이 위상수학 (topology)을 동원하지 않더라도 수학 시간에 배웠듯이 점으로 선분을 만들려면 무한대의 점이 필요하다. 이력 (History)은 선분이고, 현재의 순간은 점 이므로 선분(그것도 과거에 비해 현저하게 오랜 기간)을 관리해야 한다는 것은 결코 함부로 결정해서는 안 된다.

모든 업무는 언제 시작해서 언제 끝났는지에 관한 정보가 기록되어 있다. 가장 흔한 예로 주민등록증의 뒷면을 보면 주소 변경란이 있다. 이사를 가서 주소지를 옮길 때마다 거기에는 주소 이력 정보가 기입된다. 언제 어느 동으로 이사를 갔으며, 변경된 주소는 무엇이냐 등이다.

예를 들면 [그림 IV-2-54]에서와 같이 통화 데이터에서 관리되고 있던 환율 데이터에 대한 다음과 같은 업무 요구 사항이 발생하면 환율에 대한 이력을 관리하게 된다.

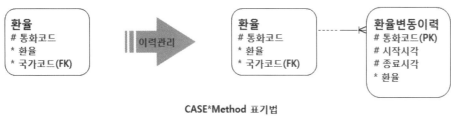

CASE*Method 표기법

[그림 IV-2-54] 환율 이력 예

- 어제의 환율은 얼마인가?
- 오늘 아침의 환율은 얼마인가?
- 환율의 변화에 대한 추이 분석을 하고자 한다.

[그림 IV-2-55]는 [그림 IV-2-54] 데이터 모델이 구현되어 실제 데이터가 들어가 있는 모습이다. 즉 환율별로 이력이 관리되고 있는 모습을 보여주고 있다.

특정 시점의 데이터를 찾으려면 <= 은 것들을 모두 읽어 MAX를 구해야 함

선분을 표시하기 위한 두 점에서 하나를 빼면 선분이 없어진다.

[그림 IV-2-55] 선분 이력 예

2. 이력 관리 대상 선정

가. 사용자 조사

데이터의 이력을 관리한다는 것은 관리하지 않을 때와 비교했을 때 많은 비용이 들어가는 일이다. 즉 이력을 관리할 필요가 없는 데이터에 대해 이력을 관리하는 것은 여러 가지 측면에서 낭비이다. 그래서 다음과 같은 질문에 대한 사용자의 검증 과정을 거쳐야 한다.

- 변경 내역을 감시할 필요가 있는가?
- 시간의 경과에 따라 데이터가 변할 수 있는가?
- 시간의 경과에 따라 관계가 변할 수 있는가?
- 과거의 데이터를 조회할 필요가 있는가?
- 과거 버전을 보관할 필요가 있는가?

나. 이력 데이터의 종류

이력 데이터의 종류에는 크게 세 가지 정도의 종류가 있는데, 그에 따라 이력을 관리하는 전략을 세워 관리해야 한다.

1) 발생 이력 데이터

어떤 데이터가 발생할 때마다 이력 정보를 남겨야만 한다면 이력은 발생 이력(Occurrence History)이라고 볼 수 있다. 예를 들어 고객의 접속 기록을 남겨야만 하는 경우 고객이 웹사이트를 접속할 때마다 그 접속 데이터를 남긴다면 이것을 발생 이력이라고 할 수 있다. 이 방법은 전통적으로 이력을 관리하는 방법으로 사용되어 왔다. 이러한 이벤트성 이력 데이터를 관리하는 방법으로는 [그림 IV-2-56]의 그림처럼 이벤트가 발생할 때에만 이력 데이터를 발생하는 방법이 있고, 아래 그림과 같이 이력이 발생하지 않더라도 날마다 데이터를 생성하는 방법도 있다.

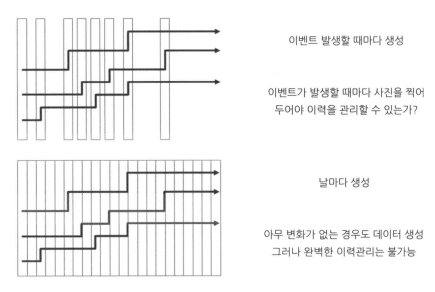

[그림 Ⅳ-2-56] 발생 이력 예

2) 변경 이력 데이터

데이터가 변경될 때마다 변경 전과 후의 차이를 확인해야 한다면 변경 이력(Modification History)을 남길 수 있다. 예를 들어 고객이 주문을 하고서 주문 정보를 변경하였을 때, 이전 주문과 변경된 새로운 주문 정보를 관리하기 위해 변경된 새로운 주문 정보를 이력 정보로 남겨야 한다.

3) 진행 이력 데이터

업무의 진행에 따라 이 데이터를 이력 정보로 남겨야만 하는 경우가 있다. 가장 대표적인 것이 바로 주문과 같은 업무 처리이다. 물론 이력이 관리되는 형태는 위의 변경 이력과 같은 형태로 관리 된다. 예를 들면 주문의 업무 처리는 구매 신청 → 입금 완료 → 배송 준비 중 → 배송 중 → 배송 완료 혹은 주문 취소 등과 같은 업무 진행 상황이 있다. 대부분의 주문 업무 처리의 경우 각 단계가 언제 누구에 의해서 처리되고, 현재 단계는 무엇인지에 관한 정보가 필요한 경우가 많다. 이러한 경우의 업무를 처리하기 위해서는 진행 이력(Progress History)이 중요하다.

다. 이력 관리 형태

- 시점 이력 : 데이터의 변경이 발생한 시각만을 관리
- 선분 이력 : 데이터 변경의 시작 시점부터 그 상태의 종료 시점까지 관리

1) 시점 이력

특정 통화의 환율이 변경되면 새로운 인스턴스가 생겨나고(New Record), 그 시점의 해당 통화 환율과 발생 시각을 기록·보관함으로써 환율이 어느 시점에 얼마의 값으로 변경되었다는 정보를 관리하는 것이다. 이러한 방식의 이력 관리 방법은 아래 예에서 특정한 시점의 데이터를 추출하고자 할 경우에 불필요한 작업을 수행하게 된다. 이러한 점을 주의하여야 한다.

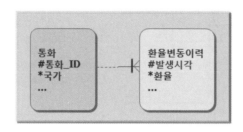

CASE*Method 표기법

[그림 IV-2-57] 시점 이력 예

가) 시점 이력 활용 예

SELECT 환율

FROM 환율 변동 이력

WHERE 발생 시각 = (SELECT MAX(발생시각)

FROM 환율 변동 이력

WHERE 발생 시각 〈=20020521 AND 통화_ID ='USD') AND 통화_ID ='USD'

2) 선분 이력

각 통화의 특정 기간 동안 유효한 환율을 관리

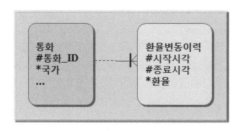

CASE*Method 표기법

[그림 IV-2-58] 선분 이력 예

가) 선분 이력 활용 예

SELECT 환율

FROM 환율 변동 이력

WHERE 발생 시각 between 시작 시각 and 종료 시각 AND 통화_ID ='USD'

나) 선분 이력 의미

[그림 Ⅳ-2-59]를 예를 들어 선분 이력의 의미를 살펴본다.

■ 17을 가진 선분을 = 로 찾을 수는 없다.

■ 그러나 17이 통과하는 선분을 찾아보자.

■ 어떤 점이나 반드시 하나의 선분을 통과한다.

■ 선분이 아무리 길어도 레코드는 하나이다.

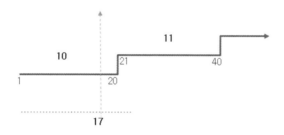

[그림 Ⅳ-2-59] 선분 이력의 의미

17의 지점을 [그림 Ⅳ-2-59]에서와 같은 선분 이력 데이터에서 찾는 방법은 다음과 같다.

■ 부등식 표현 : 시작점 〈= 17 〈= 종료점

■ 연산자 표현 : 17 Between 시작점 and 종료점

라. 선분 이력 관리 유형

1) 인스턴스 레벨 이력 관리

하나의 인스턴스의 어떤 변경이라도 발생하면 전체 인스턴스를 새롭게 생성하는 방식의 이력 관리 유형이다.

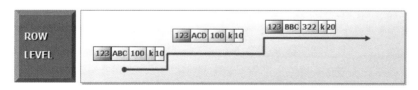

[그림 Ⅳ-2-60] 인스턴스 이력 관리 예

이러한 방식의 이력 관리 유형의 특징은 다음과 같다.

■ 한 번의 액세스로 스냅 샷을 참조하는 것이 가능하다. 즉 한 번의 액세스로 해당 시점의 모든 데이터를 참조하는 것이 가능하다.
■ 로그성 데이터를 저장할 목적인 경우 적당한 방법이다.
■ 다른 이력 관리 유형에 비해 저장하기가 쉽다.
■ 가장 큰 단점 중 하나는 하나 이상의 칼럼에 변경이 발생했을 때 이벤트가 모호해진다는 점이다.
■ 만약 이벤트가 자식 정보를 가지게 된다면 매우 치명적이다. 즉 각각의 변경 이벤트가 하위의 데이터(엔터티)를 가지게 된다면 해당 이벤트를 찾기가 매우 어려워진다.
■ 이력 관리의 다른 유형들에 비해 저장 공간의 낭비를 초래할 수 있다.
■ 실제 어떤 데이터가 변경된 것인지를 찾기 위해서는(즉 이벤트를 찾기 위해서는) 과거의 데이터를 Merge해서 비교를 해야만 가능할 수 있다.
■ 특정 순간의 스냅 샷만 보는 게 아니라면 처리가 복잡해지는 경향이 있다.
■ 변화가 빈번하게 발생하는 상황이라면 고려해 볼 수 있는 유형이다.

2) 속성 레벨 이력 관리

[그림 Ⅳ-2-61]에서와 같이 이력을 관리할 대상 속성에서 변화가 생길 때만 이력을 생성하는 방식이다.

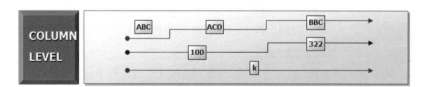

[그림 Ⅳ-2-61] 속성 레벨 이력 관리 예

이러한 방식의 이력 관리 유형의 특징은 다음과 같다.

■ 변경 이벤트가 매우 분명하게 관리된다. 즉 실제 어떤 데이터가 변경되었는지가 분명하다.
■ 하나의 이력 관리 엔터티에서 다른 엔터티와 통합 이력 관리가 가능하다.
■ 변경된 것만 처리하기 때문에 독립적 처리가 가능하다.
■ 변화가 발생할 가능성은 매우 낮으면서 이력 관리 대상 속성은 매우 많은 경우에 사용하는 것이 유리하다.
■ 특정 속성들에 변화가 집중되는 경우에 해당 속성에 대해서만 이력을 관리할 수 있기 때문에 유리하다.
■ 여러 속성에 대한 이력이 필요할 때 많은 Merge가 발생한다.
■ 이력 관리의 다른 유형들에 비해서 향후 사용될 데이터 액세스 쿼리에서 조건 검색이 조금 어렵다.
■ 변화가 너무 많은 경우에는 적용이 곤란하다.

3) 주제 레벨 이력 관리

[그림 Ⅳ-3-62]에서와 같이 내용이 유사하거나 연동될 확률이 높은 것별로 로우(Row) 레벨 이력을 관리하는 방법이다.

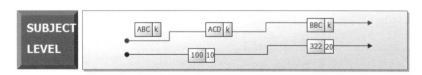

[그림 Ⅳ-2-62] 주제 레벨 이력 관리 예

이러한 방식의 이력 관리 유형의 특징은 다음과 같다.

- 로우(Row) 레벨과 속성 레벨의 장점을 모두 수용하는 형태의 이력 관리 형태이다.
- 목적이 분명한 엔터티를 생성함으로써 확장성을 확보할 수 있는 용도로 사용할 수 있다.
- 변경 부분만 처리가 가능하다(독립적 처리 가능).
- 다른 엔터티와 통합 이력 관리가 가능하다.
- 속성 레벨의 단점을 해소할 수 있다.
- 전체를 참조할 때 로우 레벨에 비해 Merge가 발생하는 문제점이 존재한다.
- 부문에 따라 변경 정도의 차이가 심한 경우 유리하다.

3. 선분 이력 관리용 식별자 확정

가. 선분 이력에서 식별자 결정 시 고려 사항

선분 이력을 관리하는 엔터티의 UID를 확정하는 것은 향후에 테이블로 만들어지고 사용될 때의 성능 측면도 고려되어야 한다.

[그림 Ⅳ-2-63]에서와 같이 부서별로 이력이 관리되는 엔터티를 예를 들어 설명하면, 의미적인 UID는 부서코드+이력시작일+이력종료일을 주 키(PK)로 하는 것이 유리하다. 하지만 이것은 [그림 Ⅳ-2-63]에서 같이 물리적인 측면, 즉 실제 데이터는 유일하지만 의미적으로는 유일하지 않는 일이 발생한다. 이러한 부분의 의미적인 유일성을 검증할 수 있는 조치를 병행해야 한다.

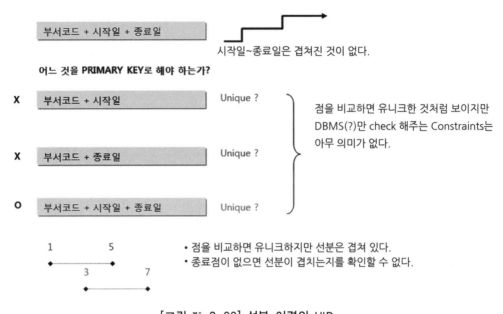

[그림 Ⅳ-2-63] 선분 이력의 UID

나. 선분 이력에서 종료점 처리 시 주의 사항

1) 종료점이 미정이므로 NULL

- 논리적으로는 타당하지만 비교가 불가능
- 인덱스를 사용하지 못하므로 수행 속도 저하

2) 수렴하므로 최대치 부여

- 아직 종료되지 않았으므로 무한히 계속되는 것으로 간주
- 최대치 부여(예, 일자라면 9999/12/31)
- 가능한 테이블(Table) 생성 시 기본 값 제약(Default Constraints) 부여
- 수행 속도에 유리

제9절 논리 데이터 모델 품질 검토

1. 논리 데이터 모델 품질 검토 개요

데이터 모델 설계가 완료되면 모델러를 비롯한 이해관계자는 데이터 모델 리뷰 세션을 통해 작성된 데이터 모델의 품질을 검토한다. 데이터 모델 검토는 개념 데이터 모델링, 논리 데이터 모델링, 물리 데이터 모델링의 각 단계가 수행된 후 각 단계에서 작성된 개념 데이터 모델, 논리 데이터 모델, 물리 데이터 모델에 대해 이루어진다. 일반적으로 논리 데이터 모델과 물리 데이터 모델은 모든 이해 관계자들이 가장 관심을 갖고 검토하는 산출물이다. 데이터 모델의 중요성을 생각하면 이 검토 과정이야말로 향후의 모든 공정에 대해 영향을 미칠 수 있는 매우 의미 있는 작업이라 할 수 있다. 데이터 모델을 검토하기 위해서는 모든 이해관계자가 동의하는 검토 기준이 필요하다. 통상 논리/물리 데이터 모델에 대한 검토 기준은 '과목 I. 전사아키텍처 이해' 부분에서 설명한 데이터아키텍처 정책 수립 시 'DA 원칙·표준'에 포함되어야 할 중요한 사안이다.

데이터 모델의 품질 검토 기준은 주로 논리 데이터 모델과 물리 데이터 모델에 대해 적용하며, 조직에 따라서는 개념 데이터 모델에 대한 검토 기준을 추가하기도 한다. 기본적인 품질 검토 기준은 '과목 VI. 데이터 품질 관리 이해' 부분에서 설명한 데이터 구조의 관리 기준을 준용할 수 있다. 논리 데이터 모델에 대한 품질 기준을 좀 더 세분화해 보면 [표 IV-2-9]과 같이 정의해 볼 수 있다. 논리 데이터 모델 품질검토의 목적은 '완벽한 모델'보다 '(조직에) 적합한 모델'의 관점에서 생각해볼 수 있다. 이에 따라 논리 데이터 모델의 품질 기준도 조직에 따라 혹은 업무 상황이나 여건에 따라 가감하거나 변형하여 사용하기도 한다.

[표 IV-2-9] 논리 데이터 모델의 품질 기준

기준 항목	설명	검토 관점 사례
정확성	데이터 모델이 표기법에 따라 정확하게 표현되었고, 업무 영역 또는 요구 사항이 정확하게 반영되었음을 의미함	• 사용된 표기법에 따라 데이터 모델이 정확하게 표현되었는가? • 대상 업무영역의 업무 개념과 내용이 정확하게 표현되었는가? • 요구 사항의 내용이 정확하게 반영되었는가? • 업무규칙이 정확하게 표현되었는가?
완전성	데이터 모델의 구성요소를 정의하는데 있어서 누락을 최소화하고, 요구 사항 및 업무 영역 반영에 있어서 누락이 없음을 의미함	• 모델 표현의 충실성(완성도) • 필요한 항목(엔터티·속성 설명 등)들의 작성 상태 • 논리 데이터 모델링 단계에서 결정해야할 항목들의 작성 상태 (속성의 선택성(optionality), 식별자, 정규화, 엔터티·속성의 중복배제, 이력관리 등) • 요구 사항 반영 및 업무 영역 반영의 완전성: 목적하는 업무 영역을 기술(설계)하는데 있어서 논리 데이터 모델 구성요소 (엔터티, 속성, 관계 등)들이 누락 없이 정의된 정도
준거성	제반 준수 요건들이 누락 없이 정확하게 준수되었음을 의미함	• 데이터 표준, 표준화 규칙 등을 준수하였는가? • 법적 요건을 준수하였는가?

기준 항목	설명	검토 관점 사례
최신성	데이터 모델이 현행 시스템의 최신 상태를 반영하고 있고, 이슈 사항들이 지체없이 반영되고 있음을 의미	• 업무상의 변경이나 결정사항 등이 시의 적절하게 반영되고 있는가? • 최근의 이슈사항이 반영되었는가? • 현행 데이터 모델은 현행 시스템과 일치하는가?
일관성	여러 영역에서 공통 사용되는 데이터 요소가 전사 수준에서 한 번만 정의되고 이를 여러 다른 영역에서 참조·활용되면서, 모델 표현상의 일관성을 유지하고 있음을 의미	• 여러 주제영역에서 공통적으로 사용되는 엔터티는 일관성 있게 사용되는가(전사 수준에서 한 번만 정의되고 이를 여러 다른 영역에서 참조 활용한다는 의미에서 통합성이라 하기도 함)? • 모델 표현상의 일관성을 유지하고 있는가?
활용성	작성된 모델과 그 설명 내용이 이해관계자에게 의미를 충분하게 전달할 수 있으면서, 업무 변화 시에 설계 변경이 최소화하도록 유연하게 설계되어 있음을 의미	• 작성된 설명 내용이나 모델 표기 등이 사용자나 모델을 보는 사람에게 충분히 이해될 수 있고, 모델의 작성 의도를 명확하게 이해할 수 있는가(의사소통의 충분성)? • 데이터 모델은 유연성을 갖고 있는가(오류가 적고 업무 변화에 유연하게 대응하여 데이터 구조의 변경이 최소화할 수 있는 설계 결과)?

2. 논리 데이터 모델 품질 검토 체크리스트의 활용

논리 데이터 모델의 품질 검토 기준에 따라서 논리 데이터 모델에 정의된 엔터티, 관계, 속성 등 데이터 모델의 주요 구성요소와 논리 데이터 모델 전반에 대한 체크리스트를 구성할 수 있다. 이를 통해 논리 데이터 모델의 품질 검토를 보다 더 용이하게 수행할 수 있다. [표 Ⅳ-3-2]는 논리 데이터 모델의 주요 구성요소별로 품질 검토 기준 항목을 적용하여 작성한 품질 검토 체크리스트의 사례이다.

[표 Ⅳ-2-10] 논리 데이터 모델 품질 검토 체크리스트 사례

검토대상	검토항목	검토내용
엔터티	엔터티명	• 명명 규칙을 준수하였는가? • 제한요건에 따라 약어를 사용한 경우 약어사용 규칙을 준수하였는가? • 의미 전달이 명확한 명칭을 사용하였는가? • 속성 구성에 비추어 적합한 명칭을 사용하고 있는가?
엔터티	엔터티명	• 데이터 집합의 개요나 성격, 관리 목적 등을 설명하였는가? • 데이터 집합 구성상의 특징이 설명되어 있는가? • 데이터 집합의 생명주기나 오너쉽 등을 비롯한 기타 특이사항에 대한 내용을 포함하고 있는가? • 설명된 내용은 모든 이해관계자가 이해하고 의사소통 하는 데에 어려움

검토대상	검토항목	검토내용
		이 없도록 쉽고 상세하게 기술되었는가?
	엔터티 정의	• 도출된 엔터티는 요구 사항을 충족하거나 업무 영역을 설명하기에 충분한가? • 우선순위에 따른 엔터티 분류 관점에서 중요한 키엔터티나 메인엔터티가 누락되지 않았는가? • 엔터티는 서브타입을 사용하여 구체적·입체적으로 정의되었는가? • 서브타입 정의 시 구분자 속성은 명확하게 정의하였는가? • 서브타입 구성은 엔터티의 성격을 설명하기에 충분한가? • 서브타입은 충분하게 도출되었는가(전체집합=Σ서브타입)? • 향후의 업무 변화 가능성에 대비하여 모델 변경을 최소화할 수 있도록 유연성, 확장성이 고려되었는가?
	통합 수준	• 업무 행위의 주체가 될 수 있는 전사관계자와 같은 중요 기준데이터는 통합이 고려되었는가? • 엔터티 간 동질성을 부여할 수 있는 유사 목적·구성의 엔터티에 대해 통합이 고려되었는가(서브타입 사용)? • 코드 엔터티는 통합이 고려되었는가? • 계층구조 엔터티에 대한 통합은 고려되었는가? • 배타관계 엔터티의 통합은 고려되었는가? • 다른 영역에서 동일 목적의 엔터티는 동일 명칭과 구조로 일관되게 사용되었는가? • 엔터티 분리는 명확하고 합리적인 근거와 목적에 의해 적절한 형태로 이루어졌는가?
	권한	• 메타 데이터 권한을 정의 하였는가(엔터티 생성·변경·삭제)? • 데이터 오너쉽을 정의 하였는가(데이터 생성·변경·삭제)?
	발생 건수·빈도	• 현재의 데이터 저장 건수·빈도는 파악하였는가? • 향후 예상되는 데이터 저장 건수·빈도의 변화가능성은 파악하였는가?
	다른 엔터티와의 관계	다른 엔터티와 하나 이상의 관계를 가지고 있는가?
	법규 준수	• 관련 법규에서 요구하는 데이터를 보관하기 위한 엔터티를 정의하였나? • 조직 특성에 비추어 보호가 요구되는 엔터티를 식별하였는가?
	요구 사항 추적 가능성	정의된 엔터티는 요구 사항과 매핑되었는가?
속성	속성명	• 속성명은 명명규칙을 준수하였는가? • 제한요건에 따라 약어를 사용한 경우 약어사용 규칙을 준수하였는가? • 의미 전달이 명확한 명칭을 사용하였는가?

검토대상	검토항목	검토내용
	속성 정의	• 엔터티명이나 엔터티 성격에 맞는 속성이 도출되었는가? • 엔터티의 성격이나 목적에 비추어 속성은 충분하게 도출되었는가? • 속성의 선택성 결정은 적절한가? • 유일값 원칙에 위배되는 속성이 존재하는가? • 속성의 원자단위 구성은 적절한가? • 속성의 관리 목적상 상세화 여부 검토가 수행되었는가? • 인조 속성의 생성 단위나 생성 규칙이 정의되었는가?
	속성 설명	• 속성의 개요나 성격, 관리 목적 등을 설명하였는가? • 속성으로 관리하고자 하는 데이터의 형태적 혹은 구성상의 특징이 포함되어 있는가? • 데이터 집합으로서 속성의 생명주기나 오너십 등을 비롯한 기타 특이사항에 대한 내용을 포함하고 있는가? • 설명된 내용은 모든 이해관계자가 이해하고 의사소통 하는 데에 어려움이 없도록 쉽고 상세하게 기술되었는가?
	속성 유형	• 엔터티 성격에 맞게 식별자가 정의되었는가? • 관계를 통해 상속받은 관계속성은 명확한 역할명을 사용하고 있는가?
	식별자 정의	• 모든 본질식별자가 적절하게 파악되었는가? • 인조식별자 사용 시 대응하는 속성 구성이 파악되었는가? • 실질식별자로서 본질식별자나 인조식별자를 사용하는 기준을 준수하고 있는가?
	법규 준수	• 법규상 암호화 대상인 속성은 식별하였는가? • 법규상 필요한 속성은 정의되었는가? • 법규상수집·보관에 따른 제약이 존재하는 속성은 처리방안을 고려하고 적용하였는가?
	도메인 정의	• 표준 도메인을 정의하여 적용하였는가? • 속성의 도메인은 일관성 있게 정의되었는가?
	추출 속성 정의	• 추출 속성은 명확하고 합리적인 이유를 토대로 정의하였는가? • 추출 속성의 원시 속성은 식별하였는가? • 추출 속성은 추출 방법 또는 산식이 명확하게 정의되었는가? • 추출 속성의 빈도(구성 수준)는 적절한가?
	요구 사항 추적 가능성	속성 수준에서 필요한 요구 사항 매핑은 수행되었는가?
	오너십 정의	속성 수준에서 데이터 오너십 정의가 필요한 경우 데이터 오너십이 정의되었는가?
관계	관계명	• 관계명이 누락된 관계가 존재하는가? • 관계명 부여 규칙 존재 시 이를 준수하였는가?

검토대상	검토항목	검토내용
		• 두 엔터티 간의 업무적 관계를 자식(자식 엔터티)이 바라보는 부모(부모 엔터티)의 역할 관점으로 파악하여 관계명을 표현하였는가?
	관계 정의	• 업무 영역을 설명하거나 요구 사항을 충족하는 데 있어서 필요한 관계들이 충분히 도출·정의되었는가? • 관계 정의는 업무 영역의 내용이나 요구 사항과 일치하는가? • 배타적 관계가 정의된 경우 업무 내용과 일치하는가? • 배타적 관계가 정의된 경우 현재의 업무 개선 관점이 고려되었는가? • 배타 관계 해소를 위한 검토가 수행되었는가?
	관계 설명	• 관계가 왜 존재해야 하는지의 관점에서 기술하고 있는가(업무규칙, 정규화 등)?
	관계 표현	• 표기법에 따라 정확하게 표현하였는가? • 관계에 표현된 기수성·선택성은 업무규칙을 정확하게 설명하는가?
	식별자 상속	• 자식에 상속된 관계 속성은 정확한 역할명으로 표현되었는가? • 모든 관계 속성들의 출처(또는 관계)가 명확하게 파악되었는가?
	요구 사항 추적 가능성	관계에 대해 필요한 요구 사항 매핑은 수행되었는가?
	외래키(외부키)	• 외래키(외부키)가 부모 엔터티의 주식별자(실질식별자)와 일치하는가? • 외부키 항목이 기본키와 기본키가 아닌 속성에 펼쳐져 있는가? • 자식에 상속된 관계 속성의 선택성은 적절한가?
	참조무결성	업무규칙에 근거하여 참조무결성을 정의하였는가?
모델 전반	주제영역 적절성	주제영역의 구성은 적절한가?
	논리모델 상세화	• 데이터 모델상에 정규화가 미흡한 부분이 존재하는가? • 최종적인 논리 데이터 모델에서 다대다 관계는 모두 해소하였는가?
	이력 관리	이력관리 대상 선정과 이력관리 방법은 적절한가?

장 요약

제1절 논리 데이터 모델링 이해

- 데이터 모델링의 핵심은 업무에서 필요로 하는 데이터에 존재하는 사실을 인식, 기록하는 것이다.
- 데이터아키텍처 관점에서 개념 데이터 모델링은 최종적인 논리 데이터 모델이 완성되는 과정에서 존재하는 데이터 모델링이다.
- 논리 데이터 모델의 최종적인 목표는 속성이 갖는 업무 규칙을 빠짐없이 정확하게 파악하는 것이다. 이런 이유로 프로젝트 초기 너무 많은 시간을 개념 데이터 모델링에 할당하지 말고 속성 지향형 모델링을 지향하기를 바란다.
- 데이터 모델링 과정에 반드시 업무에 능통한 전문가를 참여시켜라.

제2절 주제 영역 정의

- 주제영역은 기업이 사용하는 데이터의 최상위 집합이다. 이것은 데이터의 전체 구조를 단계적으로 파악하는 데 많은 도움을 준다.
- 좋은 모델링을 위한 하나의 기준은 분할 후 정복(Divide and Conquer)이라는 개념을 적용하는 것이다. 전체 업무를 점차적으로 세분화 해 나가면서 정해진 규칙을 이용하여 모델링해 나간다.

제3절 엔터티 정의

- 엔터티란 조직에서 업무를 수행하는 데 필요로 하는 사물(Thing), 사건(Event) 또는 개념(Concept)을 나타내는 어떤 것으로, 1)동일한 업무 행위나 2)유사한 속성을 갖는 단일 개념으로 정의한 인스턴스(Instance)들의 집합체를 말한다.
- 정보가 관리되는 어떤 구별 가능한 사람, 장소, 사물, 사건 또는 개념으로 현업의 문서, 보고서, 현행 시스템 등으로부터 이러한 엔터티를 정의할 수 있다.

제4절 관계 정의

- 관계(Relationship)는 엔터티와 엔터티 사이 인스턴스가 연관되는 업무적인 이유를 말한다.
- 관계는 여러 개의 엔터티를 조인(Join)하여 정보를 조회할 수 있고, 중복 데이터를 배제하는 데 도움이 되므로 데이터 정확성 향상에 기여한다.
- 관계가 갖는 기수성, 선택성, 식별성의 매우 중요한 업무 규칙이 표현되는 방식이다.

제5절 속성 정의

- 속성은 엔터티에서 관리되는 구체적인 정보 항목을 말한다.
- 속성은 더 이상 분리될 수 없는 최소의 데이터 보관 단위이다.
- 속성도 엔터티와 같이 업무 내용, 다양한 문서들을 통하여 도출된다.
- 빠짐없이 정확한 속성 업무의 파악은 고품질 데이터베이스의 초석이다.

제6절 식별자 확정

- 식별자 속성의 값은 반드시 있어야 한다(Not Null).
- 엔터티의 하나의 인스턴스(Instance, Row)를 유일하게 해주는 값이어야 한다.
- 식별자의 유일성을 구성하는 속성의 개수는 최소(Minimal Set)한으로 한다.
- 속성의 값의 변화가 없는 것(수정 불가)을 고려한다.
- 업무적으로 활용도가 높은 것을 선택한다.

제7절 정규화

- 정규화는 입력이상, 수정이상, 삭제이상이라는 데이터 이상 현상을 제거하여 논리 데이터 모델을 더 안정적이고 유연하게 만드는 단계이다.
- 정규화를 통해 정확성, 일관성, 단순성, 비중복성, 안정성을 만족시키는 엔터티를 정의할 수 있는 것이다.

제8절 이력 관리

- 이력 데이터의 관리는 모든 데이터를 대상으로 하지는 않는다.
- 실제 이력이 발생하는 데이터 중에서도 꼭 필요한 데이터에 한정해서 이력 관리를 수행한다.
- 이력 관리에서 중요한 사항은 이력 관리의 형태로 시점 이력과 선분 이력 중에 적합한 형태를 결정하는 것이 중요하다.

제9절 논리 데이터 모델 품질 검토

- 논리 데이터 모델 작성 후 설계의 정확성 및 적합성 등을 평가하기 위하여 사전에 데이터 모델 품질검토 기준을 정의하고, 이에 따라 품질 검토 체크리스트를 작성하여 활용할 수 있다.
- 데이터 모델 품질 검토 기준과 품질 검토 체크리스트는 조직의 형편과 여건에 따라 가감하거나 변형하여 사용할 수 있다.
- 데이터 모델 품질 검토는 '완벽한 모델'보다 '(조직에) 적합한 모델'을 얻기 위함이다.

연습문제

문제 1. 다음 중 논리 데이터 모델링의 필수 성공 요소로 부적절한 것은?
　① 업무를 알고 있는 현업사용자의 참여는 필수적이다.
　② 절차(Procedure)보다는 데이터에 초점을 두고 모델링을 진행하여야 한다.
　③ 데이터의 구조(Structure)와 무결성(Integrity)을 함께 고려해야 한다.
　④ 데이터 모델링을 지원하는 CASE 도구의 사용은 필수적이다.

문제 2. 다음 중 주제영역 후보 도출의 방법으로 부적절한 것을 모두 고르시오.
　① 업무에서 사용하는 데이터의 명사형을 도출
　② 업무기능의 이름으로부터 도출
　③ 중요보고서 제목을 참조하여 도출
　④ 시스템 관리자 의견을 참조하여 도출

문제 3. 엔터티에서 실제 인스턴스 탄생의 주체에 해당하는 속성들을 '본질 식별자'라고 한다. 본질 식별자는 여러 가지 목적으로 인해 본질 식별자를 대체할 인조 식별자를 지정하게 된다. 다음 중 인조 식별자 지정에 대한 설명으로 부적절한 것은?
　① 최대한 범용적인 값을 사용한다.
　② 유일한 값을 만들기 위해 인조 식별자를 사용한다.
　③ 편의성, 단순성 확보를 위해 인조 식별자를 사용할 수 있다.
　④ 내부적으로 사용되는 인조식별자는 가급적 피한다.

문제 4. 데이터 모델링에서는 계층적으로 생기는 데이터를 관리하기 위해서 흔히 순환관계 모델을 생성하게 된다. 다음 중 순환관계 데이터 모델에 대한 설명으로 가장 부적절한 것은?
　① 순환관계 모델은 새로운 계층의 추가·수정에 대해서 유연하게 대처할 수 있다. 즉 구조의 변화 필요 없이 변화에 대처할 수 있다.
　② 순환관계 모델에서 최상위는 의미적으로 NULL이지만 물리적인 요소(성능 등)를 고려해서 특정 값을 갖는 것이 바람직하다.
　③ 다대다(M:M) 순환관계를 처리하기 위해서는 별도의 엔터티를 추가하여야 한다.
　④ 순환관계 모델에서 구조가 변경되면 식별자가 변해야 하기 때문에 과거의 데이터에 대해서 수정작업을 해야 한다.

문제 5. 엔터티(Entity)를 일반화 기법으로 모델링하는 데 있어서 적합한 업무를 모두 고르시오.

① 세율이 금액의 규모(예 1억 원 미만, 1억 원 이상 등)에 따라 다르다.

② 고객 유형(개인, 법인, 임의단체)에 따라 필요한 속성이 차이를 보이고 있다.

③ 고객 중 VIP 고객에게는 관리 사원을 배정한다.

④ 고객은 우리의 상품을 구매한다.

문제 6. 다음 중 상호 배타적 관계를 표현한 것 중 잘못된 것은?

(표기법은 Richard Barker의 CASE*Method 방식으로 표현하고 있다.)

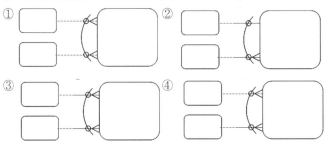

문제 7. 다음 중 정규화(Normalization)의 장점이 아닌 것은?

① 데이터 중복을 최소화한다.

② 정규화는 성능의 향상을 꾀할 수 있다.

③ 정보 손실 또는 뜻하지 않는 결과 도입을 예방한다.

④ 데이터의 저장 공간을 최소화한다.

문제 8~10. 다음에 제시한 지문의 내용에 가장 적합한 논리 데이터 모델을 작성하시오.

문제 8. 각 학과에서는 개설과목을 강의할 강사를 소속 교원 중에서 배정하는데, 하나의 과목을 강의하는 강사는 한 명 이상일 수 있다.

문제 9. 하나의 주문에는 최소 하나 이상의 상품이 포함되고, 하나의 상품은 여러 주문에 포함될 수 있다.

문제 10.각 주문에 대해 청구고객·배송고객·주문고객을 관리하는데, 모회사가 존재하는 고객에 대해서는 모회사에 청구한다.

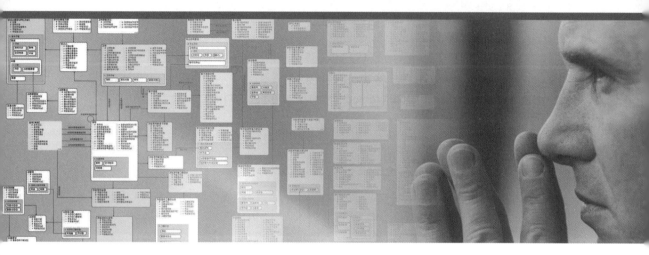

학습목표

제3장에서는 다음과 같은 내용을 학습한다.
- 물리 데이터 모델을 이해한다.
- 물리 데이터 모델링 시에 고려해야 할 물리적 요소를 이해한다.
- 엔터티-테이블 변환을 이해하고 고려사항을 숙지한다.
- 물리 데이터 모델링의 각종 무결성 규칙을 이해한다.
- 반정규화의 의미와 실제 사례를 통해 진정한 반정규화를 이해한다.

물리 데이터 모델링

장 소개

　논리 데이터 모델을 기반으로 물리 데이터 모델을 생성하게 된다. 더 엄밀하게 표현하면 논리 데이터 모델을 일정한 기준과 규칙에 의해 변환하는 작업이 물리 데이터 모델링이다. 이 작업은 물리 데이터 모델링 단계에서 어떤 새로운 것을 만들어 내는 것이 아니라, 데이터와 관련된 대부분의 결정사항들이 논리 데이터 모델에 이미 반영된 상태에서 물리 데이터 모델링 단계를 통해 물리적인 DBMS의 특성을 고려한 일부 사항들이 추가적으로 수행되기 때문에 대체적으로 '전환' 또는 '이행(Translation)' 정도의 수준에서 이뤄진다. 일부 새로운 형태를 결정해야 하는 '변환(Transformation)' 사항이 추가되는 정도이다. 이 장에서는 물리 데이터 모델링에 대한 전반적인 내용을 다루려고 한다. 일부분은 특정 DBMS에 국한된 내용이 포함되어 있을 수 있다. 이것은 특정 DBMS를 설명하기보다는 특정 개념을 설명하기 위해 특정 DBMS를 예로 든 것임을 밝혀둔다.

장 구성

　논리 데이터 모델을 기반으로 각 DBMS가 가지고 있는 물리적인 특성을 고려한 최적의 물리 데이터 모델을 생성한다.

제1절 물리 데이터 모델링 이해
제2절 물리 요소 조사 및 분석
제3절 논리-물리모델 변환
제4절 반정규화
제5절 물리 데이터 모델 품질 검토

제1절 물리 데이터 모델링 이해

1. 물리 데이터 모델 정의

　　물리 데이터 모델이란 논리적 모델을 특정 데이터베이스로 설계함으로써 생성된 데이터를 저장할 수 있는 물리적인 스키마를 말한다. 데이터 모델의 엔터티와 서브타입은 논리적인 집합이며, 만약 관계형 데이터베이스로 설계한다면 이 단계에 와서 물리적인 테이블(Table)로 확정된다. 하나의 논리적 집합(엔터티 혹은 서브타입)은 하나 이상의 테이블이 될 수 있으며, 경우에 따라서는 속성의 일부만으로 생성될 수 있다.

　　물리 데이터 모델링은 논리 데이터 모델을 사용하고자 하는 각 DBMS의 특성을 고려하여 데이터베이스 저장 구조(물리 데이터 모델)로 변환하는 것이다. 여기에서 물리 데이터 모델링과 데이터베이스 디자인과의 개념을 정리하면, 물리 데이터 모델링은 데이터의 구조에 관련된 것들을 물리적인 모습까지 설계하는 것이다. 반면에 데이터베이스 디자인은 이러한 물리적인 모델(설계도면)을 DBMS 관점의 객체로 생성하는, 최적의 설계(디자인)를 하는 것이다. 데이터베이스 디자인의 예로는 객체별 저장 공간의 효율적 사용 계획, 객체 파티셔닝 설계, 최적의 인덱스 설계 등이 여기에 속한다고 할 수 있다. 물론 이러한 기준에 대해서 이론이 있을 수 있을 것이다. 하지만 이 수험서에서는 이러한 기준을 가지고 물리 데이터 모델링과 데이터베이스 디자인을 구분하였다.

2. 물리 데이터 모델 의의

　　물리적 데이터 모델링은 관계 데이터 모델링(RDM, Relation Data Modeling)이라고도 한다. 사전에 작성된 논리적 데이터 모델을 각각의 관계형 데이터베이스 관리 시스템의 특성, 기능, 성능 등을 고려하여 데이터베이스의 물리적인 구조(Schema)를 작성해가는 과정이다. 많은 사람이 물리 데이터 모델링을 단순히 설계된 논리 데이터 모델의 개체 명칭이나 속성 명칭, 데이터 형태, 길이, 영역 값 등을 변환하는 것 정도로 생각하고 있다. 그러나 물리적 데이터 모델링 단계는 논리 데이터 모델에서 도출된 내용 변환을 포함하여 데이터의 저장 공간, 데이터의 분산, 데이터 저장 방법 등을 함께 고려하는 단계이다. 또한 이 과정에서 결정되는 많은 부분이 데이터베이스 운용 성능(Performance)으로 나타나므로 소홀히 다루면 안된다.

3. 논리 데이터 모델-물리 데이터 모델

　　하나의 논리적 데이터 모델을 가지고 서로 다른 형태의 물리적 데이터 모델을 설계하는 경우는 크게 네 가지로 나눌 수가 있다.

가. 분산 데이터베이스 구축 시

　　분산 데이터베이스 구축 시 노드별로 자신이 원하는 형태의 물리적 모델을 생성하고자 할 때 적용하는 경우이다.

나. 물리 데이터 모델 비교

각자 나름대로의 특징을 가지고 있는 여러 개의 물리적 모델을 생성하여 종합적인 비교·검토하기 위하여 적용하는 경우이다.

다. 물리적 환경의 변화

논리적인 모델에는 변화가 발생하지 않지만 물리적인 환경에는 변경이 발생했을 경우 기존의 물리적 모델을 새로운 목표 물리적 모델로 개선하고자 할 때 적용하는 경우이다.

라. 물리적 모델의 형상 관리

물리적 모델이 세월의 흐름에 따라 조금씩 변해갈 경우 그 이력을 관리할 목적으로 여러 개의 버전을 보유하고자 할 때 사용하는 경우이다.

제 2 절 물리 요소 조사 및 분석

1. 시스템 구축 관련 명명 규칙

사내의 시스템 구축과 관련된 명명 규칙을 파악하여 물리 데이터 모델의 각 요소의 내용에 이를 적용해야
한다.

2. 하드웨어 자원 파악

가. CPU

중앙처리 장치의 성능과 집중적인 부하가 발생하는 시간 등을 파악한다.

나. 메모리

전체 메모리의 규모 및 시스템이 사용하는 메모리 영역을 포함하여 사용 가능한 메모리 영역을 파악한다.

다. 디스크

전체 디스크의 크기, 분할된 형태, 현재 디스크 활용률 등을 파악하고 사용 가능한 공간을 확인한다.

라. I/O 컨트롤러

현재 입출력 컨트롤러의 성능 및 적절하게 운용되고 있는가를 파악한다.

마. 네트워크

네트워크와 관련된 모든 내용을 파악한다. 여기에 관련된 내용으로는 다음과 같은 것들이 존재한다.

- 현재 처리 가능한 속도
- 집중적인 부하가 발생하는 시간대
- 동시 접속 최대 가용 사이트 수

3. 운영체제 및 DBMS 버전 파악

데이터베이스 운영 환경과 관련된 운영체제의 관련 요소를 파악하고 적절하게 관리되고 있는가를 파악한다.
특히 인스턴스 관리 기법 등을 파악하고 분석한다.

4. DBMS 파라미터 정보 파악

DBMS 환경 적용 단계에서 가장 중요하게 고려해야 하는 단계이다. 물론 DBMS 파라미터는 데이터베이스 관리 시스템별로 많은 차이가 있으며 관리하는 방법도 서로 다르다. 따라서 자신들의 DBMS가 관리하는 파라미터의 종류와 관리 대상들을 정확하게 파악하고 정의해야 한다. 특히 데이터베이스 관리를 위한 데이터 저장 공간 관리 기법과 메모리 관리 기법 등과 관련된 파라미터들에 대해서는 세심한 주의를 기울여야 한다. 데이터 쿼리에서 활용하는 옵티마이저(Optimizer)의 운영 방법 등도 중요한 고려 사항이 된다.

5. 데이터베이스 운영과 관련된 관리 요소 파악

- 사용자 관리 기법 및 정책
- 백업·복구 기법 및 정책
- 보안 관리 정책

제3절 논리-물리모델 변환

1. 논리 데이터 모델-물리 데이터 모델 변환 용어

논리 영역과 물리 영역을 보는 시각은 여러 가지 관점에서 조금씩은 다르다. 특히 학자, 모델링 툴도 이러한 차이는 존재한다. 하지만 이 책에서는 다음과 같은 기준으로 논리 데이터 모델의 영역과 물리 데이터 모델의 영역을 구분하여 접근하고 있다.

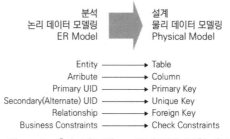

[그림 Ⅳ-3-1] 논리모델 – 물리모델 변환 용어

2. 엔터티-테이블 변환

가. 테이블 설명

테이블은 데이터를 저장하기 위해서 생성된 데이터베이스에서의 가장 기본적인 객체이다. 기본적인 모습은 아래와 같이 만들어진다.

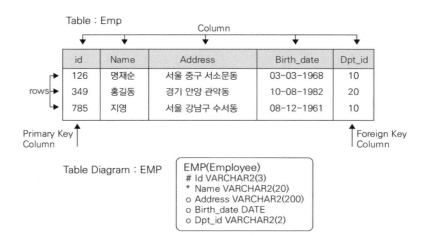

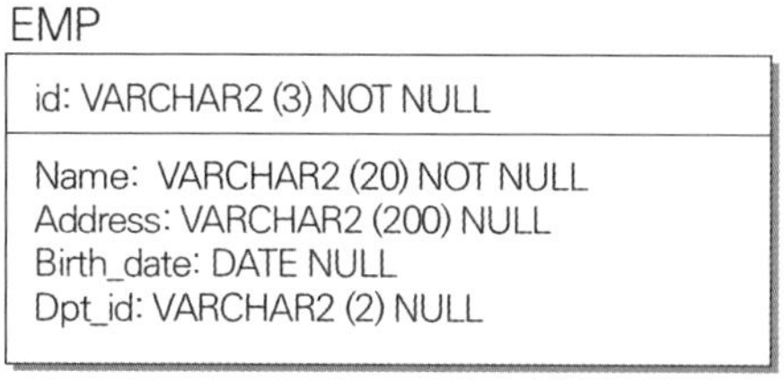

EMP

id: VARCHAR2 (3) NOT NULL
Name: VARCHAR2 (20) NOT NULL Address: VARCHAR2 (200) NULL Birth_date: DATE NULL Dpt_id: VARCHAR2 (2) NULL

[그림 Ⅳ-3-2] 바커 표기법(앞)과 IE 표기법(위)에 따른 테이블 레이아웃

1) 테이블

테이블은 기본적으로 칼럼(Column)과 로우(Row)를 가진다. 각각의 칼럼은 지정된 유형의 데이터 값을 저장하는 데 사용된다. [그림 Ⅳ-3-2]에서 테이블 EMP는 사원 정보를 저장하기 위해서 생성된 구조이다.

2) 로우

테이블의 한 로우에 대응. 튜플, 인스턴스, 어커런스라고도 한다.

3) 칼럼

각 사원 개개인의 관리 항목에 대한 Value를 저장한다.

4) 기본키

하나의 칼럼 혹은 몇 개의 칼럼 조합으로, 어떤 경우라도 테이블 내에 동일한 값을 갖는 튜플이 존재하지 않도록 한다.

5) 외래키

외부 데이터 집합과의 관계를 구현한 구조이다.

나. 서브타입 변환

논리 데이터 모델에서는 비즈니스 또는 업무를 데이터 모델로 표현하기 위해서는 최대한 상세한 표현이 필수적이다. 그러한 목적을 달성하기 위해 가능하면 집합(엔터티)의 구성은 서브타입을 사용하여 구체적으로 표현하는 것이 통상적이다. 또한 각각의 서브타입들이 독립적인 속성(Attribute), 관계(Relationship)를 가지고 있는 경우에는 이러한 서브타입(Sub Type)을 사용한 집합의 표현은 필수적이다. 이렇게 논리모델링에서 표현된 서브타입은 물리 데이터 모델에서는 테이블의 형태로 설계되어야 한다. 하지만 이러한 서브타입 모델은 단순 엔터티-테이블 변환과는 다른 몇 가지 방법을 통해 테이블로 변환 작업을 하게 된다.

- 슈퍼타입 기준 테이블 변환
- 서브타입 기준 테이블 변환
- 개별타입 기준 테이블 변환

[그림 Ⅳ-3-3]과 같은 구체적인 논리 데이터 모델을 통해서 앞 방법들을 살펴본다.

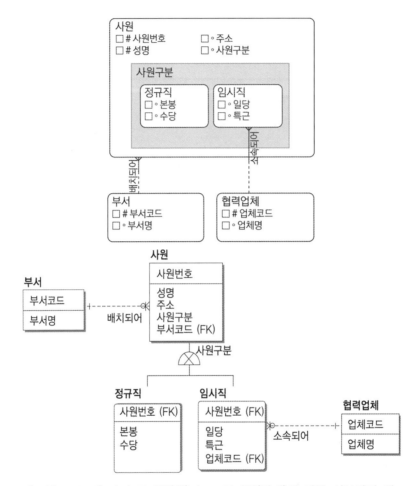

[그림 Ⅳ-3-3] 바커 표기법(위)과 IE 표기법(아래)에 따른 서브타입 예

[그림 Ⅳ-3-4] 바커 표기법(좌)과 IE 표기법(우)에 따른 슈퍼타입 기준 테이블 변환 예

1) 슈퍼타입 기준 테이블 변환

- 서브타입을 슈퍼타입에 통합하여 하나의 테이블로 만든다.
- 이 통합된 테이블에는 모든 서브타입의 데이터를 포함해야 한다.
- 주로 서브타입에 적은 양의 속성이나 관계를 가진 경우에 적용된다.

가) 절차

- 슈퍼타입으로 테이블 명칭 부여
- 서브타입을 구분할 수 있도록 칼럼 추가
- 슈퍼타입의 속성을 칼럼명으로
- 서브타입의 속성을 칼럼명으로
- 슈퍼타입의 관계를 FK로
- 서브타입의 관계를 FK로

나) 테이블 사례

[그림 IV-3-3]의 논리모델에서의 서브타입을 하나의 테이블로 통합하는 경우 테이블의 모습은 [그림 IV-3-5]의 사례 데이터 표와 같다.

테이블명 : EMPLOYEE

칼럼명	EMPNO	ENAME	TYPE	SAL	DEPT	HRATE	OTRATE	UNION
키형태	PK				FK1			FK2
Nulls/ Unique	NN.U	NN	NN		NN			
견본 데이터	7540	홍길동	1	890000	40			
	5579	성삼문	1	950000	35			
	6714	김이박	1	827000	20			
	9451	오재구	2	20000	25	60000	1000	201
	3040	유성원	2	35000	40	80000	1500	180

[그림 IV-3-5] 테이블 사례 예

- TYPE

  서브타입을 구분할 수 있는 칼럼이다. 즉 사원 구분에 해당하는 칼럼이다.

- DEPT

  위의 구분이 정규직일 경우에 부서로부터의 관계로 인해 생성된 칼럼이다.

- UNION

  위의 구분이 임시직일 경우에 협력 업체로부터의 관계로 인해 생성된 칼럼이다.

다) 하나의 테이블로의 통합이 유리한 경우

- 데이터 액세스가 좀 더 간편
- 뷰를 활용하여 각 서브타입만을 액세스하거나 수정 가능
- 수행 속도가 좋아지는 경우가 많음
- 서브타입 구분 없는 임의 집합의 가공 용이
- 다수의 서브타입을 통합한 경우 조인(JOIN) 감소 효과가 큼
- 복잡한 처리를 하나의 SQL로 통합하기가 용이

라) 하나의 테이블로의 통합이 불리한 경우

- 특정 서브타입의 NOT NULL 제한 불가
- 테이블의 칼럼 수가 증가
- 테이블의 블럭 수가 증가
- 처리 시마다 서브타입의 구분(TYPE)이 필요해지는 경우가 많음
- 인덱스(INDEX) 크기가 증가

2) 서브타입 기준 테이블 변환

- 슈퍼타입 속성들을 각 서브타입에 추가하여 각각의 서브타입마다 하나의 테이블로 만든다.
- 분할된 테이블에는 해당 서브타입의 데이터만 포함돼야 한다.
- 주로 서브타입에 많은 양의 속성이나 관계를 가진 경우에 적용된다.

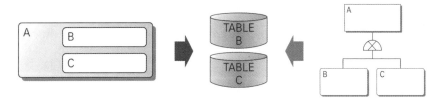

[그림 IV-3-6] 바커 표기법(좌)과 IE 표기법(우)에 따른 서브타입 기준 테이블 변환 예

가) 절차

- 서브타입마다 테이블 명칭 부여
- 서브타입의 속성을 칼럼명으로
- 테이블마다 슈퍼타입의 속성을 칼럼으로
- 서브타입마다 해당되는 관계들을 FK로
- 테이블마다 슈퍼타입의 관계를 FK로

나) 테이블 사례

위의 [그림 IV-3-3] 논리모델에서의 서브타입을 여러 개의 테이블로 분할하는 경우 테이블의 모습은 [그림 IV-3-7]과 [그림 IV-3-8]의 데이터 사례 표와 같다. [그림 IV-3-7]은 정규직 사원에 대한 표본 테이블의 모습과 인스턴스를 나타낸다. [그림 IV-3-8]은 임시직 사원에 대한 표본 테이블의 모습과 인스턴스를 나타낸다.

테이블명 : REG_EMP

칼럼명	EMPNO	ENAME	SAL	DEPT
키형태	PK			FK
Nulls/ Unique	NN.U	NN	NN	NN
견본 데이터	9840	김문기	920000	40
	2543	박종민	850000	35
	6587	정종수	927000	20
	9476	심주현	720000	35
	5476	장국선	935000	25

[그림 IV-3-7] 테이블 예 : 정규직 사원

테이블명 : TEM_EMP

칼럼명	EMPNO	ENAME	HRATE	OTRATE	UNION	DEPT
키형태	PK				FK1	FK2
Nulls/ Unique	NN.U	NN	NN	NN	NN	NN
견본 데이터	7540	홍길동	20000	6500	201	40
	5579	성삼문	50000	8900	180	35
	6714	김이박	27000	6500	201	20
	9451	오재구	20000	6000	201	35
	3040	유성원	35000	8000	180	25

[그림 IV-3-8] 테이블 예 : 임시직 사원

다) 서브타입 기준으로 여러 개의 테이블로 분할한 경우가 유리한 경우

- 각 서브타입 속성들의 선택 사양이 명확한 경우에 유리하다.
- 처리 시마다 서브타입 유형 구분이 불필요하다.
- 전체 테이블 스캔 시 유리하다.
- 단위 테이블의 크기가 감소한다.

라) 서브타입 기준으로 여러 개의 테이블로 분할한 경우가 불리한 경우

- 서브타입 구분 없이 데이터 처리하는 경우 UNION이 발생한다.
- 처리 속도가 감소하는 경우가 많다.
- 트랜잭션 처리 시 여러 테이블을 처리하는 경우가 증가한다.
- 복잡한 처리의 SQL 통합이 어려워진다.
- 부분 범위 처리가 불가능해질 수 있다.
- 여러 테이블을 합친 뷰는 조회만 가능하다.
- UID 유지 관리가 어렵다.

3) 개별타입 기준 테이블 변환

- 슈퍼타입과 서브타입을 각각 테이블로 변환한 경우이다.
- 슈퍼타입과 서브타입 테이블 간에는 1:1 관계가 생성된다(한 쪽을 모두 합치면 전체와 같게 된다는 면에서 개념적으로 아크 관계와 유사).

가) 다음의 여러 가지 경우를 만족할 때 사용

- 전체 데이터 처리가 빈번하게 발생할 경우에 적용한다.
- 서브타입의 처리는 주로 독립적으로 발생할 경우에 적용한다.
- 테이블을 통합했을 때 칼럼의 수가 너무 많아지는 경우에 적용한다.
- 서브타입의 칼럼 수가 많은 경우에 적용한다.
- 트랜잭션이 주로 공통 부분(슈퍼타입)에서 발생한다.
- 슈퍼타입의 처리 범위가 넓고 빈번하여 단일 테이블 클러스터링을 해야 할 때 적용한다.

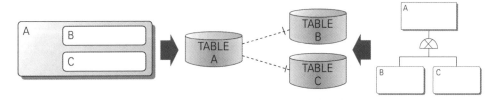

[그림 Ⅳ-3-9] 바커 표기법(좌)과 IE 표기법(우)에 따른 개별타입 기준 테이블 변환 예

다. 서브타입 변환 예

[그림 Ⅳ-3-10]과 같은 논리적 데이터 모델이 있다고 하자.

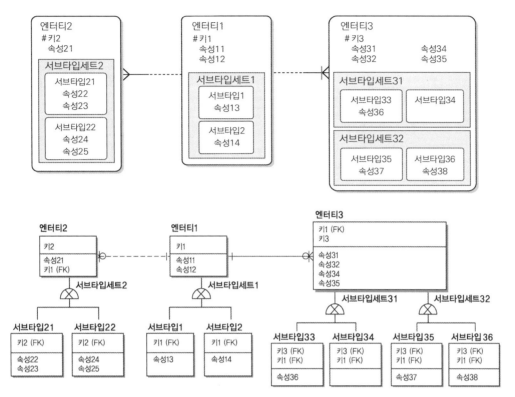

[그림 Ⅳ-3-10] 바커 표기법(위)과 IE 표기법(아래)에 따른 서브타입 변환 대상 예

[그림 Ⅳ-3-10]의 데이터 모델을 물리적 모델로 전환하는 방법은 다양하다. 하나의 데이터 모델을 이용하여 하나 이상의 노드(분산 데이터베이스를 구현하였을 때의 각각의 단위 데이터베이스)에 자신만의 데이터베이스를 설계할 수 있을 것이다. 데이터 모델의 전부를 물리적 모델로 전환할 수도 있지만 필요에 따라 원하는 것만 전환하고자 할 수도 있을 것이다.

뿐만 아니라 엔터티를 하나의 테이블로 할 수도 있겠지만 각각의 서브타입 혹은 몇 개를 묶어서 하나의 테이블로 결정하는 경우도 있을 수 있다. 만약 [그림 Ⅳ-3-10]의 '엔터티3'처럼 서브타입 세트를 이용하여 여러 차원에서 분류한 서브타입을 가지고 있다면, 자신이 원하는 서브타입 세트의 일부 서브타입만 테이블로 전환하는 것도 가능하다. 하나의 엔터티를 여러 개의 테이블로 설계하고 싶다면 최소한 논리적 데이터 모델에는 서브타입으로 반드시 정의되어 있어야 가능하다. 즉 물리적 모델을 결정하는 단계에서 기존에 정의해 둔 서브타입이 아닌 다른 방법으로 테이블을 분할하고 싶다면, 논리적 데이터 모델에 새로운 서브타입 세트를 추가로 정의해야 한다는 것을 의미한다.

속성을 물리적 모델로 전환하는 경우에도 전부나 일부만 선택하는 것은 얼마든지 가능하다. 이러한 개념을 활용하면 하나의 논리적 데이터 모델을 이용하여 여러 개로 수직 분할된 물리모델을 생성할 수 있다.

1) 케이스 1 : 서브타입을 테이블로 분리

속성에 붙어 있는 숫자가 같은 칼럼이 서로 변환된 것으로 간주한다(예: 속성31 → COL31).

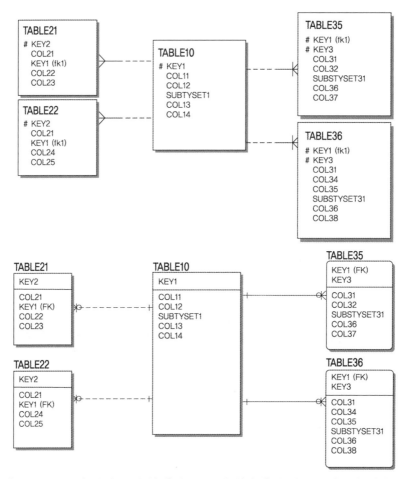

[그림 IV-3-11] 바커 표기법(위)과 IE 표기법(아래)에 따른 물리모델 예제 1

- 엔터티1은 그대로 TABLE10으로 전환되었다. 서브타입 세트란 일종의 구분코드라는 속성이라고 할 수 있으며, 서브타입세트1은 칼럼(SUBTYSET1)으로 전환되었다. 엔터티1에 있던 서브타입1, 2는 서브타입세트1의 속성에 들어가는 값의 내용이므로 칼럼으로 전환할 필요가 없다.
- 엔터티2는 서브타입별로 테이블을 분리한 모습이다. 서브타입21은 TABLE21로, 서브타입22는 TABLE22로 전환되었다. 공통 속성인 키2, 속성21은 양쪽 모두에 전환되었다. 엔터티1에서 오는 공통 관계는 KEY1로 전환되었다.
- 엔터티3은 두 종류의 서브타입 세트를 가지고 있다. 위의 물리모델은 이 중에서 서브타입세트32에 있는

서브타입별로 분리한 모습이다. 자세히 살펴보면 슈퍼타입에 있던 공통 속성 중에서 자신이 필요로 하는 일부분만 전환되었음을 발견할 수 있다. 바커 표기법으로 표현할 모델에서 관계선에 세로선(UID BAR)이 붙어 있다면, 식별자의 일부가 되겠다는 뜻이므로 물리적 모델이 될 때는 당연히 기본키(PK, Primary Key)이면서 외래키(FK, Foreign Key)가 되어야 한다.

2) Case 2 : 서브타입을 통합 테이블로 생성

물리적 모델에서는 [그림 IV-3-12] 같이 동일한 논리적 모델을 기반으로 했지만 앞서 예제와는 다른 모습의 모델을 만들 수도 있다.

[그림 IV-3-12]의 물리모델은 앞서 소개한 물리적 모델과는 테이블의 개수도 다르며, 경우에 따라 테이블 명칭은 동일하지만 내용은 다르게 정의할 수도 있다.

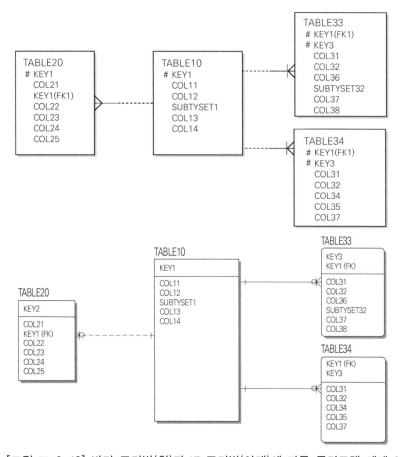

[그림 IV-3-12] 바커 표기법(위)과 IE 표기법(아래)에 따른 물리모델 예제 2

실습 예제

[문] 다음 지문의 내용을 보고 제시된 커뮤니티관리 논리 데이터 모델을 적합한 물리 데이터 모델로 변환하시오.

• 관리하는 커뮤티니에 대해 전체를 대상으로 하는 이벤트나 검색 경우가 빈번하다.
• 커뮤니티 대표자가 누구인지는 등록단체에 대해서만 관리할 것이다.
• 사실상 등록단체에 가입한 회원은 개인 회원뿐이고, 앞으로도 그럴 것이다.
• 법인 회원과 개인 회원은 관리할 항목들이 많이 다르고, 같이 검색할 일은 별로 없다.

칼럼명 약어 사용 규칙 : 단어와 단어는 '_'로 연결

커뮤니티 → cmnt,	번호 → no,	명(이름) → nm,	등록일 → endt,
구분 → gb,	대표자 → ldr,	단체 → org,	등록번호 → regno,
등록기관 → regag,	일련 → ser,	발생일자 → actdt,	지원내역 → supdtl,
회원 → mbr,	등록내역 → regdtl,	가입단체 → jnorg,	가입일 → jndt,
후원기업 → spnco,	법인 → busi,	개인 → prsn,	......

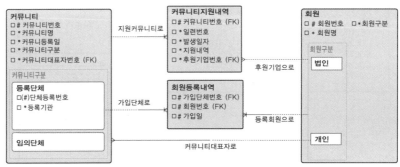

바커 표기법에 따른 커뮤니티관리 논리 데이터 모델

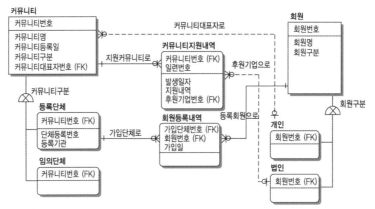

IE 표기법에 따른 커뮤니티관리 논리 데이터 모델

라. 테이블 목록 정의서

갑을 은행 계정계 시스템	갑을 은행 계정계 시스템										
	모델명	인버터 V3						단 계			
	문서번호		버 전					작성일자		2005/10/23	

테이블 목록										
테이블 ID	테이블 명	Type	분류	Table Space	Partition 여부	발생주기	월간발생량	보존기한(월)	총건수	수정일
EMP	Employee	STANDARD								2005/01/19
inv_issuelist	미결사항리스트	STANDARD								2005/01/19
inv_issue	미결사항	STANDARD								2005/01/19
inv_attribute	속성	STANDARD								2005/01/19
usr_menugrp	메뉴구성정보	STANDARD								2005/01/19
usr_menu	단위메뉴	STANDARD	Key							2005/01/19
da_model	주제영역(DA_MODEL)	STANDARD								2005/01/19
usr_alloc	사용자할당	STANDARD	Main							2005/01/19
usr_user	사용자	STANDARD	Key							2005/01/19
USR_ROLE	역할	STANDARD	Key							2005/01/19
inv_index	INDEX	STANDARD								2005/01/19
inv_project	Project	STANDARD	Key							2005/01/19

[그림 IV-3-13] 테이블 목록 정의서 예

엔터티를 테이블로 변환하는 과정이 완료되면 [그림 IV-3-13]과 같은 테이블 목록 정의서를 작성한다. 테이블 목록 정의서는 줄여서 테이블 목록이라 부르기도 하며, 전체 테이블이 목록으로 요약·관리되어야 한다.

3. 속성-칼럼 변환

속성이나 관계를 물리 데이터 모델 객체로 변환하는 데 있어서 사례 데이터 표를 작성해 보는 것은 실제 데이터가 어떤 형태로 저장되는지, 어떠한 예외사항이 존재할 수 있는지 등을 용이하게 파악할 수 있도록 도움을 주기 때문에 여기서는 사례 데이터 표를 활용하여 변환 과정을 설명한다.

가. 일반 속성 변환

- 엔터티에 있는 각 속성들에 대한 칼럼명을 사례 데이터 표의 칼럼명란에 기록한다.
- 칼럼의 명칭은 속성의 명칭과 반드시 일치할 필요는 없으나 개발자와 사용자의 혼동을 피하기 위해 가급적 표준화된 약어를 사용한다.
- 표준화된 약어의 사용은 SQL 해독 시간을 감소시킨다.
- SQL의 예약어(Reserved Word)의 사용을 피한다.
- 가급적 칼럼명칭은 짧은 것이 좋으며, 짧은 명칭은 개발자의 생산성에 긍정적인 영향을 준다.

■ 필수 입력 속성은 Nulls/Unique 란에 NN을 표시한다.

■ 실제 테이블에 대한 설계를 검증하기 위한 목적으로 가능하다면 표본 데이터를 입력한다.

나. Primary UID → 기본키 변환

논리 데이터 모델에서의 Primary UID는 물리 데이터 모델에서는 기본키로 생성된다. 실제 DDL에서는 기본키 제약 조건의 형태로 객체가 생성된다.

1) 변환 절차

■ 사례 데이터 표의 키 형태 란에 엔터티의 Primary UID에 속하는 모든 속성에 PK를 표시

■ PK로 표시된 모든 칼럼은 Nulls/Unique 란에 반드시 NN,U로 표시되어야 함

■ 여러 개의 칼럼으로 UID가 구성되어 있는 경우는 각각의 칼럼에 NN,U1을 표시

■ 또 다른 Unique Key(Secondary UID)가 있다면 U2로 표시

2) 변환 예

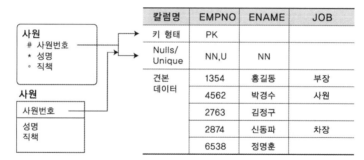

칼럼명	EMPNO	ENAME	JOB
키 형태	PK		
Nulls/Unique	NN,U	NN	
견본 데이터	1354	홍길동	부장
	4562	박경수	사원
	2763	김정구	
	2874	신동파	차장
	6538	정명훈	

[그림 Ⅳ-3-14] 기본키 변환

다. Primary UID(관계의 UID Bar) → 기본키 변환

논리 데이터 모델에서 Primary UID에 속하는 속성 중에는 해당 엔터티 자체에서 생성된 것도 존재하지만, 다른 집합(엔터티)으로부터의 관계에 의해 생성되는 UID 속성(관계 속성)도 존재한다. 이러한 관계 속성 UID의 변환은 기본적인 속성 UID 변환과는 약간 다르다.

1) 변환 절차

■ 테이블에 외래키 칼럼을 포함시킨다.

■ PK의 일부분으로 표시

  • Nulls/Unique란에 각각 NN, U1을 표시

  • 키 형태란에 PK, FK를 표시

  • 여러 UID BAR가 있는 경우는 (PK, FK1), (PK, FK2) …

•여러 칼럼으로 구성된 경우 PK, FK1을 각각 표시
■추가된 FK 칼럼에 표본 데이터를 추가

2) 변환 예

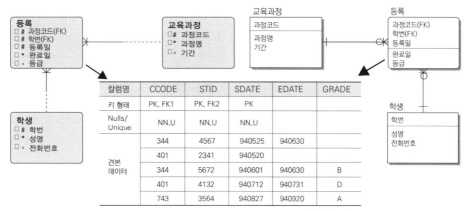

[그림 Ⅳ-3-15] 바커 표기법(좌)과 IE 표기법(우)에 따른 기본키 변환 예 : 외래키에 의한

라. Secondary(Alternate) UID → Unique Key 변환

논리 데이터 모델에서 정의한 Secondary UID 또는 Alternate Key들은 해당 집합과 상태 집합과의 선택적인 관계를 가질 수 있도록 하는 데 중요한 역할을 수행한다. 이러한 Secondary UID들은 물리 데이터 모델에서는 Unique Key로 생성된다. 변환 절차는 기본적으로 Primary UID 변환 절차와 동일하다.

마. 테이블 정의서

<table>
<tr><td colspan="11" align="center">갑을 은행 계정계 시스템</td></tr>
<tr><td>모 델 명</td><td colspan="4">인버터 V3</td><td colspan="2">단 계</td><td></td><td></td><td></td></tr>
<tr><td>문서번호</td><td colspan="2"></td><td>버 전</td><td></td><td colspan="2">작성일자</td><td></td><td colspan="3">2005/10/23</td></tr>
<tr><td colspan="11" align="center">테이블 정의서</td></tr>
<tr><td>테이블 ID</td><td>EMP</td><td>테이블명</td><td>Employee</td><td>Table Space</td><td></td><td>시스템</td><td>인버터V3</td><td>총건수</td><td colspan="2">월간발생량</td></tr>
<tr><td>실체</td><td colspan="10">System</td></tr>
<tr><td>테이블정의</td><td colspan="10"></td></tr>
<tr><td>파티션 정의</td><td colspan="10"></td></tr>
<tr><td>파티션키</td><td colspan="10"></td></tr>
<tr><td>데이터처리형태</td><td colspan="10"></td></tr>
<tr><td>특이사항</td><td colspan="10"></td></tr>
<tr><td>Note</td><td colspan="10"></td></tr>
<tr><td>No</td><td>칼럼명</td><td>한글명</td><td>Type</td><td>Len</td><td>Null</td><td>UK</td><td>PK</td><td>FK</td><td>참조테이블</td><td>참조칼럼</td><td>유형</td><td>Validation Rule</td><td>비고</td></tr>
<tr><td>1</td><td>Id</td><td>시스템 ID</td><td>VARCHAR2</td><td>3</td><td></td><td></td><td>Y</td><td></td><td></td><td></td><td></td><td></td><td></td></tr>
<tr><td>2</td><td>Name</td><td>시스템 Name</td><td>VARCHAR2</td><td>20</td><td></td><td></td><td></td><td></td><td></td><td></td><td></td><td></td><td></td></tr>
<tr><td>3</td><td>Address</td><td>Description</td><td>VARCHAR2</td><td>200</td><td>Y</td><td></td><td></td><td></td><td></td><td></td><td></td><td></td><td></td></tr>
<tr><td>4</td><td>Birth_date</td><td>일자</td><td>DATE</td><td></td><td>Y</td><td></td><td></td><td></td><td></td><td></td><td>System</td><td></td><td></td></tr>
<tr><td>5</td><td>Dot_id</td><td>부서</td><td>VARCHAR2</td><td>2</td><td>Y</td><td></td><td></td><td></td><td></td><td></td><td>System</td><td></td><td></td></tr>
</table>

[그림 Ⅳ-3-16] 테이블 정의서 예

기본적인 테이블 변환, 칼럼 변환 작업이 완성되면 [그림 Ⅳ-3-16]과 같은 테이블 정의서를 생성할 수 있다. 대부분의 시스템 구축 프로세스 상에서 개발자들이 프로그램 개발을 수행하는 단계에서 가장 많이 참조하는 산출물 중 하나이다.

4. 관계 변환

가. 1:M 관계 변환

논리 데이터 모델에서 존재하는 관계 중에서 가장 많은 형태의 관계이다. M쪽 관계의 형태에 따라서 관계 칼럼의 선택 사양이 결정된다.

1) 변환 절차

- 1(One) 쪽에 있는 PK를 M(Many)의 FK로 변환
  - FK의 명칭 결정
  - 키 형태란에 FK 표시
  - Nulls/Unique란에 NN 표시(Must Be 관계 시)
  - 필수 관계가 아닌 경우에는 NN을 체크하지 않는다.
- 표본 데이터 추가
- UID BAR가 있는 경우는 전단계에서 실시

2) 변환 예

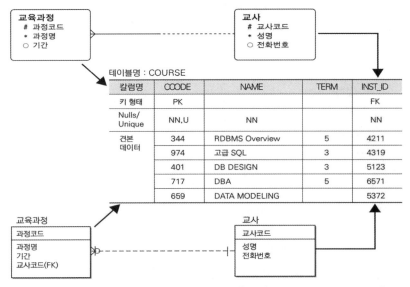

[그림 Ⅳ-3-17] 바커 표기법(위)과 IE 표기법(아래)에 따른 1:M 관계 변환 예

3) 1:M 관계에서 1 쪽이 Mandatory 관계일 때의 변환 시 주의 사항

■ 자식 쪽의 레코드(Row)가 반드시 하나 이상은 되어야만 부모 쪽의 레코드(Row)를 생성할 수 있다.
■ 자식 쪽의 레코드(Row)를 삭제할 경우에는 전체를 다 삭제할 수는 없고, 반드시 하나 이상의 자식 레코드(Row)를 남겨두어야 한다. 또는 자식, 부모 레코드(Row)를 동시에 삭제해야 한다.

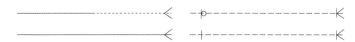

[그림 Ⅳ-3-18] 바커 표기법(좌)과 IE 표기법(우)에 따른 1:M Mandatory 관계

나. 1:1 관계 변환

1:1 관계는 논리모델에서는 자주 발생하지는 않는 관계이다. 이러한 1:1 관계를 물리모델로 변환하는 과정은 관계의 Optionality(기수성)에 따라서 다른 방법으로 적용된다. 양쪽 다 Optional인 경우에는 더 빈번하게 사용되는 테이블이 외래키를 가지는 것이 유리하다.

1) 변환절차

■ Mandatory 반대쪽에 있는 테이블의 기본키를 Mandatory 쪽 테이블의 외래키로 변환한다.
■ NN 표시를 한다.

2) 변환 예

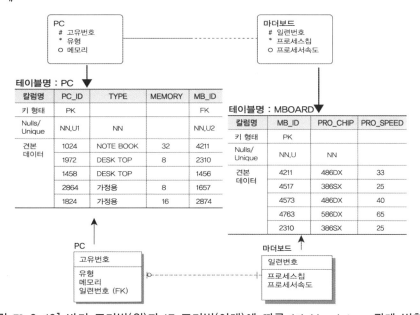

[그림 Ⅳ-3-19] 바커 표기법(위)과 IE 표기법(아래)에 따른 1:1 Mandatory 관계 변환 예

3) 변환 시 주의 사항

- 1:1 관계에 의해서 생긴 모든 외래키 부분은 Unique Key가 필수적이다.
- 한쪽이 Optional이고 다른 한쪽이 Mandatory라면 Mandatory 쪽의 테이블에 외래키가 생성된다.
- 양쪽 다 Mandatory라면 변환 시에 어떤 테이블에 외래키를 생성할 것인지를 선택해야 한다.

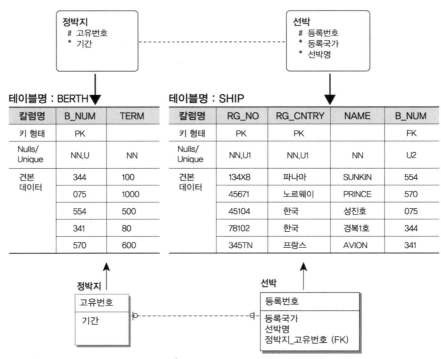

[그림 Ⅳ-3-20] 바커 표기법(위)과 IE 표기법(아래)에 따른 1:1 Optional 관계 변환 예

다. 1:M 순환 관계 변환

대부분의 경우는 데이터의 계층 구조를 표현하기 위해서 이러한 관계를 사용한다. 특성상 최상위 관계 속성은 항상 Optional인 형태의 관계여야 한다. 하지만 경우에 따라서는 최상위의 관계 속성에 특정 값을 지정하는 경우도 존재한다.

1) 변환 절차

- 해당 테이블 내에 외래키 칼럼을 추가한다. 외래키는 같은 테이블 내의 다른 로우의 기본키 칼럼을 참조하게 된다.
- 외래키 칼럼명칭은 가능한 한 관계 명칭을 반영한다. 외래키는 결코 NN(Not Null)이 될 수 없다.

2) 변환 예

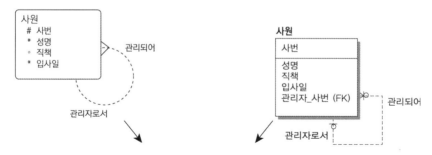

테이블명 : EMPLOYEE

칼럼명	EMPNO	ENAME	JOB	HIREDATE	MRG_ID
키 형태	PK				FK
Nulls/ Unique	NN,U	NN		NN	NN,U
견본 데이터	7540	홍길동	대표이사	720312	
	5579	성삼문	전무이사	740801	7540
	6714	김이박	부장	820101	7863
	9451	오재구	사원	950301	3040
	3040	유성원	대리	910512	6573

[그림 Ⅳ-3-21] 바커 표기법(좌)과 IE 표기법(우)에 따른 1:M 순환 관계 예

라. 배타적 관계 변환

[그림 Ⅳ-3-22]와 같은 논리모델에서의 배타적 관계의 모델은 실제 데이터 환경에서는 자주 등장하게 된다. 하지만 이러한 관계를 물리 데이터 모델로 생성하는 방법은 일반적인 관계를 물리 데이터 모델로 변환하는 것과는 다르다. 여기에는 두 가지 정도의 대표적인 방법을 가지고 설명한다.

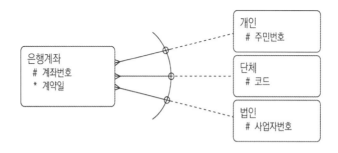

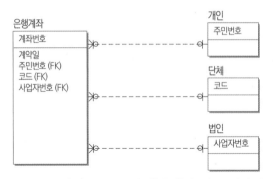

[그림 Ⅳ-3-22] 바커 표기법(위)과 IE 표기법(아래)에 따른 배타적 관계 : 논리모델 예

1) 외래키 분리 방법

각각의 관계를 관계 칼럼으로 생성하는 방법이다. 이 방법을 사용하면 실제 외래키 제약조건(Foreign Key Constraints)을 생성할 수 있다는 장점이 있다. 하지만 각각의 키 칼럼들이 Optional이어야 한다. 또한 다음과 같은 체크 제약조건(Check Constraints)을 추가적으로 생성하여야 한다.

칼럼명	ACCTNO	CDATE	JUMIN_NO	PART_NO	BUSINESS_ID
키 형태	PK		FK	FK	FK
Nulls/ Unique	NN,U	NN			
견본 데이터	7540	94614	581101-101211		
	5579	931201		298-02-11	
	6714	940516	711024-281071		
	9451	930718			
	3040	921009		211-05-29	

[그림 Ⅳ-3-23] 배타적 관계 변환 : 외래키 분리 예

■ 추가적인 체크 제약조건
```
CHECK (      JUMIN_NO IS NOT NULL
      AND    PART_NO IS NULL
      AND    BUSINESS_ID IS NULL )
OR    (      JUMIN_NO IS NULL
      AND    PART_NO IS NOT NULL
      AND    BUSINESS_ID IS NULL )
OR    (      JUMIN_NO IS NULL
      AND    PART_NO IS NULL
      AND    BUSINESS_ID IS NOT NULL )
```

2) 외래키 결합 방법

각각의 관계를 하나의 관계 칼럼으로 생성하는 방법이다. 이 방법을 사용하면 실제 외래키 제약조건을 생성할 수 없다는 단점이 있다. 또한 각각의 관계를 선택적으로 구분할 수 있는 추가적인 칼럼이 필요하게 된다.

칼럼명	ACCTNO	CDATE	JUMIN_NO	TYPE
키형태	PK		FK	
Nulls/ Unique	NN,U	NN	NN	NN
견본 데이터	7540	940614	581101-101211	J
	5579	931201	298-02-11	P
	6714	940516	711024-281071	J
	9451	930718	10-234-1955	B
	3040	921009	211-05-29	P

[그림 IV-3-24] 배타적 관계 변환 : 외래키 결합 예

■ 구분 칼럼 추가

[그림 IV-3-24]에서와 같이 구분 칼럼 TYPE이 추가되어 배타적 관계의 각 테이블들이 구분된다.
• J : 개인
• P : 단체
• B : 법인

5. 관리상 필요한 칼럼 추가

가. 개념

논리 데이터 모델에는 존재하지 않지만 관리상의 이유로 혹은 데이터베이스를 이용하는 프로그래밍이 좀 더 빠르게 수행되도록 하기 위해 테이블이나 칼럼을 추가할 수 있다. 예를 들면 해당 데이터를 등록한 일자나 시스템 번호 등은 관리상의 이유로 필요한 것들이다.

나. 시스템 칼럼 추가 예

[그림 IV-3-25]는 생성일시, 생성 프로세스 ID라는 논리 데이터 모델에서는 존재하지 않는 속성인데도 물리 데이터 모델에서 추가하여 생성하고 있는 예를 보여주고 있다.

6. 데이터 타입 선택

가. 개념

　물리 데이터 모델링 단계에서 일어나는 많은 문제 중 하나가 칼럼의 데이터 형식을 잘못 설정하는 데에서 발생한다. 특정 칼럼의 데이터 형식을 선택하는 것은 논리 데이터 모델에서 정의된 논리적인 데이터 타입(정보 타입, Information Type)을 물리적인 DBMS의 특성과 성능 등을 고려하여 최적의 데이터 타입을 선택하는 작업이다. 여기에서의 DBMS별 특성은 이 책을 통해 설명하는 것은 불가능하다. 따라서 여기에서는 대표적인 데이터 타입의 선택 기준에 대해서만 언급한다. 여기에서는 데이터 타입의 선택에 대한 예제를 들어 설명한다. 단 모든 DBMS를 예로 들 수는 없기 때문에 MS SQL Server를 예를 들어 설명한다.

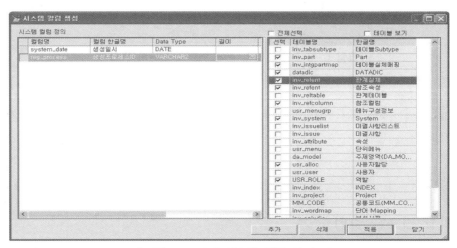

[그림 Ⅳ-3-25] 시스템 칼럼 추가 예

나. 문자 타입

　논리 데이터 모델에서의 형식이 문자였다면 세부적으로 많은 문자 형식 중에서 칼럼의 값이 어떤 범주를 만족하는지를 판단해야 한다. 여기에는 현재 칼럼이 가지는 값의 특성도 고려되어야 하고, 미래에 가질 값의 특성도 고려되어야만 한다.

1) 세부 문자 타입 선택을 위한 기준

가) 영문만 사용되는가?

　유니코드 형식은 모든 문자를 2바이트(Byte) 체계로 설계한 국제 표준 문자 형식이다. 한글을 저장하기 위해 반드시 유니코드 형식을 사용해야 하는 것은 아니다. 하지만 일반 문자 형식들에 값을 지정한다면 영문은 1바이트, 한글은 2바이트라는 부조화를 일으키게 된다. 이러한 이유로 유니코드를 저장하는 데이터 타입에는 일반적으로 NCHAR, NVARCHAR 등과 같이 앞에 N이 들어가는 데이터 타입을 사용한다.

나) 4000자 혹은 8000자 이상의 문자열이 포함되는가?

일반적인 문자들을 저장하는 데이터 타입은 4K 혹은 8K를 상한선으로 하고 있다. 물론 이 기준은 DBMS마다 조금씩 다르다. 이렇게 큰 데이터를 저장하기 위해서는 일반적인 문자열을 저장하저장하는 데이터 타입이 아닌 다른 데이터 타입을 사용해야 한다. 예를 들면 LONG, TEXT 등과 같은 데이터 타입을 사용할 수 있다.

다) 입력되는 값의 길이가 일정한가?

값의 길이가 일정하다는 것은 입력되는 칼럼 값의 길이가 일정하다는 것을 의미한다. 반대로 가변적이라는 것은 입력되는 값의 길이가 일정하지 않다는 것을 의미한다.

2) 문자 형식 데이터 타입 설정 예

[그림 IV-3-26]은 MS SQL Server에서의 데이터 타입을 기준으로 예를 든 것이다.

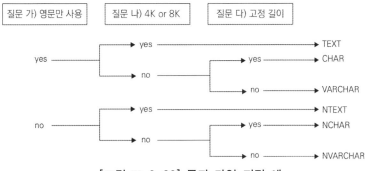

[그림 IV-3-26] 문자 타입 지정 예

다. 숫자 타입

숫자 타입(Numeric Types)의 데이터 타입도 DBMS마다 많은 형식이 존재한다. 많은 숫자 타입 중에서 주어진 상황에 맞는 가장 적절한 데이터 타입을 설정해야 한다.

1) 세부 숫자 타입 선택을 위한 기준

가) 정말 숫자 데이터인지 판단한다.

많은 경우 숫자처럼 보이는 숫자가 아닌 값들을 관리하는 경우가 존재한다. 예를 들면 6810301633318과 같은 주민등록번호는 숫자처럼 보이지만 숫자가 아니다. 즉 우리가 이 주민번호를 가지고 연산을 하거나 할 가능성이 있는지를 보면 이것은 숫자 타입이 아닌 문자 타입의 데이터라는 것을 알 수 있다.

나) 세부 숫자 타입 결정

- 불린(Boolean)

  참(True) 혹은 거짓(False)을 저장하는 경우에 선택한다.

- 정수(Integer)

  소수점 이하를 처리하지 않는 경우에 선택한다.

- 소수(Decimal)

  소수점 이하를 처리하는 경우에 선택한다.

- 화폐(Money)

  금액을 저장하기 위한 경우에 선택한다.

2) 숫자 형식 데이터 타입 지정 예

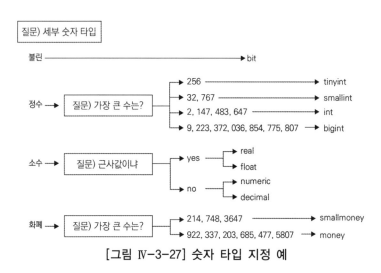

[그림 Ⅳ-3-27] 숫자 타입 지정 예

라. 날짜 타입

특정 데이터 항목에 대해서 날짜 타입(Datetime Types)으로 할 것인지 아니면 문자 타입으로 할 것인지는 이미 논리 데이터 모델에서 결정된다. 그렇기 때문에 물리 데이터 모델링에서는 논리 데이터 모델링에서 날짜 타입으로 결정된 부분을 DBMS 특성에 맞게 여러 개의 날짜 타입 중에서 어떤 날짜 타입을 선택할 것인지를 결정하는 것이다.

1) 세부 날짜 타입 선택을 위한 기준

대부분의 DBMS에서는 날짜 타입에 일자뿐만 아니라 시분초의 정보도 같이 저장한다. 심지어는 0.001초 차이까지 저장하기도 한다. 그래서 그냥 일반적인 시간까지를 저장할 것이냐 아니면 이러한 정밀한 시간을 저장할 것이냐에 따라 날짜 타입을 결정한다.

2) 세부 날짜 타입 지정 예

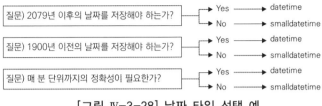

[그림 IV-3-28] 날짜 타입 선택 예

7. 데이터 표준 적용

가. 개념

논리 데이터 모델링 과정에서 정의된 엔터티, 속성, 관계들을 여러 가지 기준으로 물리 데이터 모델로 변환한다. 이 과정에서 필수적으로 엔터티명에 해당하는 테이블명을 생성하고, 속성 또는 관계에 해당하는 칼럼명을 생성한다. 이러한 이름을 변환하는 과정에서 전사적으로 미리 생성된 데이터 표준을 따르게 된다. 이러한 데이터 표준에는 대표적으로 표준 용어, 표준 도메인, 표준 명명 규칙 등이 존재한다.

나. 데이터 표준 적용 대상

물리 데이터 모델에서의 데이터 표준화는 다음과 같은 객체를 대상으로 수행한다.

1) 데이터베이스

테이블의 집합으로 통합 모델링 단계의 주제 영역이나 애플리케이션 모델링 단계의 업무 영역에 대응되는 객체이다.

2) 스토리지 그룹

DASD(Direct Access Storage Device), 즉 물리적인 디스크(Disk)를 묶어서 하나의 그룹으로 정의해 놓은 것이다. 테이블스페이스, 인덱스 스페이스 생성 시 스토리지 그룹명을 지정하여 물리적인 영역을 할당하도록 한다.

3) 테이블스페이스

테이블이 생성되는 물리적인 영역이며, 하나의 테이블 스페이스에 하나 또는 그 이상의 테이블을 저장할 수 있다.

4) 테이블

논리 설계 단계의 엔터티에 대응하는 객체이다.

5) 칼럼

논리 설계 단계의 속성에 대응하는 객체이다.

6) 인덱스

테이블에서 특정 조건의 데이터를 효율적으로 검색하기 위한 색인 데이터다. 대표적인 인덱스 대상으로는 기본키(Primary Key), 외래키(Foreign Key) 등이 있다.

7) 뷰

테이블에 대한 재정의로서 물리적으로 테이블의 특정 칼럼, 특정 로우를 뷰로 정의하여 특정 사용자만 접근이 가능하도록 할 수 있다.

다. 데이터 표준 적용 방법

1) 명명 규칙에 의한 표준화 적용

테이블에 대한 명명 규칙과 적용 기준들의 예를 들면 다음과 같다.

- 논리 데이터 모델을 물리 데이터 모델로 전환 시 테이블명은 엔터티 한글명과 동일한 용어를 사용하면서 해당 용어를 영문명으로 전환한다.
- 영문명은 영문 약어를 사용하며, 표준 용어 사전에 등록된 표준 영문 약어를 참조한다.
- 테이블의 명명 순서는 업무 영역 + 주제어 수식어 + 주제어 + 분류어 수식어 + 분류어 + 접미사 순으로 한다.

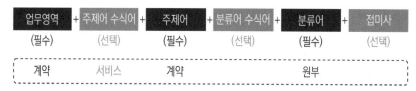

[그림 Ⅳ-3-29] 테이블 명명 규칙 예

테이블 영문명에서는 각 어소별 구분자로 Under Bar(_)를 사용한다.
예, 업무관계자_사원_정보 → IVPT_EMP_INFO

2) 표준 용어집에 의한 표준화 적용

사전에 사용될 모든 객체명과 해당 객체에 대한 데이터 타입, 길이 등의 표준을 정의해 놓고 이 표준들을 적용하는 방식이다. 현재 대부분의 회사는 위 두 가지의 방법을 병행하여 사용하고 있다고 볼 수 있다.

제4절 반정규화

논리 데이터 모델링의 마지막에 진행되었던 정규화 작업이 완료되면, 데이터 모델은 데이터의 중복을 최소화하고 데이터의 일관성과 정확성·안정성을 보장하는 데이터 구조가 완성된다. 이러한 정규화한 데이터 모델은 시스템의 성능 향상, 개발 과정의 편의성, 운영의 단순화를 위해 정규화의 원칙들에 위배되는 행위를 의도적으로 수행하게 된다. 이러한 일련의 과정을 반정규화 과정이라 할 수 있다. 이러한 과정에는 크게 테이블 관점, 칼럼 관점에서의 반정규화 과정이 존재한다. 이러한 작업은 동전의 양면과도 같다. 즉 반정규화된 데이터 구조는 성능과 관리효율을 증대시킬 수 있지만, 데이터의 일관성 및 정합성을 해칠 위험을 내포하고 있다. 또한 이를 유지하는 데도 그만큼 비용이 발생하여 지나치면 오히려 성능에도 악영향을 미칠 수 있기 때문에 데이터 모델의 각 구성요소인 엔티티, 속성, 관계에 대해 데이터의 일관성과 무결성을 우선으로 할지 데이터베이스의 성능과 단순화에 우선순위를 둘 것인지를 적절하게 조정하는 것이 중요하다. 또한 다양한 경험을 필요로 하는 작업이다.

1. 테이블 분할

가. 개념

하나의 테이블을 수직 혹은 수평 분할하는 것을 테이블 분할 또는 파티셔닝이라고 한다. 여기에서의 파티셔닝이라는 용어는 데이터베이스 디자인 단계에서의 데이터를 저장하는 방식의 파티셔닝과는 구분되는 개념이다.

나. 수평 분할

1) 개념

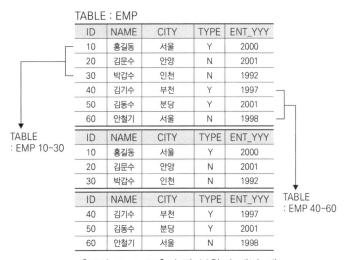

[그림 Ⅳ-3-30] 수평 분할의 개념 예

레코드(Record)를 기준으로 테이블을 분할하는 것을 말한다. [그림 Ⅳ-3-30]의 사례는 EMP 테이블에 대해 기본키인 ID 칼럼의 값이 10에서 30까지를 EMP 10-30이라는 테이블로 분할하고, 나머지 40에서 60까지를 EMP 40-60이라는 테이블로 분리했다.

2) 사용 의의

- 하나의 테이블에 데이터가 너무 많이 있고, 레코드 중에서 특정한 범위만을 주로 액세스하는 경우에 사용한다.
- 분할된 각 테이블은 서로 다른 디스크에 위치시켜 물리적인 디스크의 효용성을 극대화할 수 있다.
- 현재는 이러한 수평 테이블의 분할은 DBMS 차원에서 제공하고 있다. 특히 분할의 방법을 다양하게 제공하고 있는 추세이다. 분할의 대표적인 방법으로는 범위 분할, 해쉬 분할, 목록 분할, 복합 분할 등의 기법이 사용된다. 이러한 DBMS 차원의 분할은 데이터베이스 디자인에서 자세하게 다루어질 것이다.

다. 수직 분할

1) 개념

하나의 테이블이 가지는 레코드의 개수가 많아서 수평 분할(Horizontal Partitioning)을 한다면, 수직 분할(Vertical Partitioning)은 하나의 테이블이 가지는 칼럼의 개수가 많아지기 때문에 일어난다. 이러한 수직 분할이 일어나는 이유는 다양하다.

- 조회 위주의 칼럼과 갱신 위주의 칼럼으로 나뉘는 경우
- 특별히 자주 조회되는 칼럼이 있는 경우
- 특정 칼럼 크기가 아주 큰 경우
- 특정 칼럼에 보안을 적용해야 하는 경우

각각의 내용에 대해서 간단하게 살펴보자.

[그림 Ⅳ-3-31] 바커 표기법(좌)과 IE 표기법(우)에 따른 수직 분할 대상 예 : 회원 정보

2) 갱신 위주의 칼럼 수직 분할

가) 개념

갱신 위주의 칼럼들을 분할하는 이유는 데이터를 갱신하는 작업이 일어날 때 업데이트하려는 레코드(Record), 즉 레코드에 잠금(Locking)을 수행하기 때문이다. 잠금은 데이터의 무결성을 지키기 위한 수단으로 하나의 프로세스가 특정 데이터 값을 변경하려고 할 때, 변경 작업이 끝날 때까지 다른 프로세스가 이 데이터의 값을 변경하지 못하도록 금지하는 것이다.

나) DBMS 버전별 적용 검토

특정 DBMS의 경우에는 이러한 잠금이 레코드 전체에 걸리기 때문에 업데이트가 완료될 때까지 해당 레코드를 사용할 수 없게 하는 요인이 된다. 즉 몇 개의 갱신 위주 칼럼에 대한 작업이 나머지 조회 위주의 칼럼 이용을 방해한다. 이러한 DBMS의 경우에는 이러한 갱신 위주의 칼럼들을 수직 분할하여 사용하는 것이 데이터 사용의 효율성을 증가시킨다.

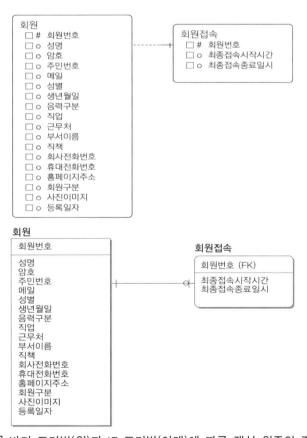

[그림 IV-3-32] 바커 표기법(위)과 IE 표기법(아래)에 따른 갱신 위주의 칼럼 수직 분할 예

3) 자주 조회되는 칼럼 분할

가) 개념

테이블의 특정한 칼럼들이 자주 조회된다면, 이러한 칼럼들을 분리해 별도의 테이블로 관리하면 조회되는 쿼리의 작업 성능을 향상시킬 수 있다. 즉 칼럼 수가 아주 많은 테이블에서 주로 사용되는 칼럼들이 극히 일부라고 가정한다면 이러한 일부 칼럼들로 이루어진 테이블을 생성하여 실제 물리적인 I/O의 양을 줄여서 데이터 액세스 성능을 높일 수 있다.

나) 물리적인 DBMS 메커니즘 고려

DBMS는 액세스하고자 하는 모든 데이터를 초기에 물리적인 데이터 파일에서 메모리로 읽어 들이게 된다. 또한 한 번 읽어 들인 데이터는 읽고 나서 바로 지워지는 것이 아니라 일정 기간 메모리에 저장되게 된다. 이러한 DBMS의 메커니즘 상에서도 보듯이 읽어 들이는 데이터의 양이 적다면, 즉 칼럼 수가 적은 테이블을 자주 읽는 작업을 많이 한다면 초기 데이터를 메모리로 적재하는 비용이 절약된다. 또한 메모리상에 상대적으로 오래 머무를 수 있기 때문에 데이터의 재사용성을 높여주는 효과를 얻을 수 있다.

다) 회원 인증 테이블 사례

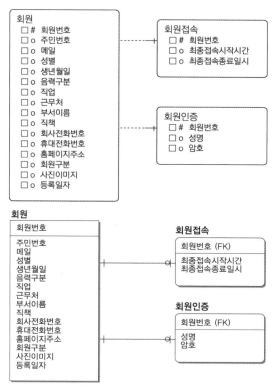

[그림 Ⅳ-3-33] 바커 표기법(위)과 IE 표기법(아래)에 따른 자주 조회되는 칼럼의 분할 예

[그림 Ⅳ-3-33]에서와 같이 회원 테이블에서 성명, 암호 칼럼을 분할하여 회원인증이라는 테이블로 만들었다. 애플리케이션마다 다르기는 하지만 이러한 두 가지 정보들은 회원 인증을 위해서 사이트에 접속할 때마다 반복해서 액세스되는 데이터이다.

4) 특정 칼럼의 크기가 아주 큰 경우 분할

가) 개념

특정 칼럼의 크기가 아주 큰 경우 분할이 일어나는 대개의 경우는 특정 칼럼의 크기가 크다는 것보다는 특정한 데이터 형식에 기인하는 문제인 경우가 대부분이다. 예를 들어 DBMS마다 대형 문자열을 저장하기 위해 지원하는 데이터 타입은 크게는 2GB까지 저장할 수도 있다. 또는 이미지 데이터를 저장할 수도 있다. 이러한 텍스트 및 이미지와 같은 LOB(Large Objects) 데이터 형식을 지원하는 방법은 데이터베이스 시스템마다 약간의 차이는 있다. 하지만 테이블의 칼럼에 이러한 텍스트 및 이미지 데이터가 포함될 때 성능이 저하될 가능성이 있다. 이것은 백업, 복원과 같은 관리나 프로그래밍과 같은 개발 부분에서 여러 가지 성능 저하 요인으로 작용할 수 있다는 것이다. 그래서 이러한 데이터 형식들을 분리할 수 있다.

나) 회원 사진 테이블 사례

[그림 Ⅳ-3-34] 특정 칼럼이 아주 큰 경우 바커 표기법(위)과 IE 표기법(아래)에 따른 분할 예

[그림 IV-3-34]는 회원의 이미지 데이터를 저장하는 사진 이미지 칼럼을 수직 분할하여 별도의 회원사진 테이블을 생성한 사례이다.

5) 특정 칼럼에 보안을 적용해야 하는 경우의 분할

가) 개념

많은 데이터베이스 시스템이 테이블이나 뷰와 같은 객체들에 대해서는 SELECT, UPDATE, DELETE 등과 같은 권한을 제어할 수 있는 기능을 제공하고 있다. 하지만 테이블 내의 칼럼에 대해서는 이러한 권한(Permission) 제어 기능을 제공하지 않는다. 이러한 경우 해당 칼럼에 대해 권한을 제어하기 위해서는 보안을 적용하고자 하는 칼럼을 분리해 이를 별도의 테이블로 만들어 그 테이블에 대한 권한을 제어하기 위한 목적으로 수직 분할을 할 수 있다.

나) 회원 등급 테이블 사례

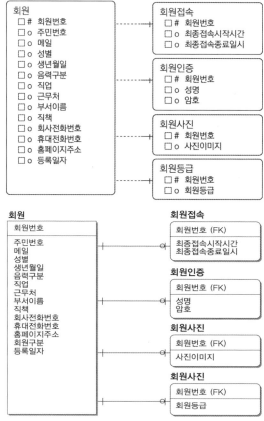

[그림 IV-3-35] 특정 칼럼에 보안을 적용해야 하는 경우 바커 표기법(위)과
IE 표기법(아래)에 따른 분할 예

[그림 IV-3-35]에서 회원 등급 칼럼은 서비스 기업의 특정한 사용자들에게만 부여하는 권한이다. 이 권한은 기업이 제공하는 서비스를 제어하고 설정할 수 있도록 하기 때문에 상당히 주의해서 관리되어야만 한다. 그래서 특정 칼럼에 보안을 적용하기 위해 이를 회원 등급이라는 테이블로 분리하고, 이 테이블에 대해서 데이터베이스가 제공하는 객체 권한(Object Priviledge)을 조정해 특정 사용자에게만 권한을 부여할 수 있도록 한다.

2. 중복 테이블 생성

가. 개념

많은 양의 정보를 자주 Group By, Sum 등과 같은 집계 함수를 이용해서 실시간으로 통계 정보들을 계산해 낼 수 있다. 하지만 대부분 이러한 계산의 유형은 매우 많은 양의 데이터가 대상이 되고, 하나의 테이블이 아닌 여러 개의 테이블에서 필요한 데이터를 추출하는 경우가 대부분이다. 이를 위해 특정 통계 테이블을 두거나 중복 테이블을 추가할 수 있다.

나. 중복 테이블 생성 판단 근거

- 정규화에 충실하면 종속성, 활용성은 향상되지만 수행 속도 증가가 발생하는 경우 고려한다.
- 많은 범위를 자주 처리해야 하는 경우에 고려한다.
- 특정 범위의 데이터만 자주 처리되는 경우에 고려한다.
- 처리 범위를 줄이지 않고는 수행 속도를 개선할 수 없는 경우에 고려한다.
- 요약 자료만 주로 요구되는 경우에 고려한다.
- 추가된 테이블의 처리를 위한 오버헤드를 고려하여 결정한다.
- 인덱스의 조정이나 부분 범위 처리로 유도하거나 클러스터링을 이용하여 해결할 수 있는지를 철저히 검토한 후 결정한다.

이와 같은 상황이 존재한다고 판단된다면 논리 데이터 모델에는 존재하지 않지만 물리 데이터 모델에서 중복 테이블을 추가하여 생성할 수 있다.

다. 중복 테이블 유형

중복 테이블에는 다양한 유형이 존재한다. 집계, 진행 테이블 추가를 검토할 수 있는 상황에 대한 예를 들면 다음과 같다.

1) 집계(통계) 테이블 추가

가) 집계 테이블 유형

- 단일 테이블의 GROUP BY
- 여러 테이블의 조인 GROUP BY

나) 집계 테이블 생성 시 유의 사항

- 로우 수와 활용도를 분석하고 시뮬레이션을 통해 그 효용성에 대한 면밀한 검토가 선행되어야 한다.
- 집계 테이블에 단일 테이블 클러스터링을 한다면 집계 레벨을 좀 더 낮춰 활용도를 높일 수 있는지를 검토해야 한다.
- 클러스터링, 결합 인덱스, 고단위 SQL을 활용하면 굳이 집계 테이블 없이도 양호한 수행 속도를 낼 수 있다. 이러한 부분도 사전 검토되어야 한다.
- 집계 테이블을 다시 집계, 조인하면 추출할 수 있는지를 검토하여 지나친 집계 테이블을 만들지 않는 것이 좋다.
- 추가된 집계 테이블을 기존 응용 프로그램이 이용할 수 있는지를 찾아 보정하는 노력이 필요하다.
- 데이터베이스 트리거의 오버헤드에 주의하고 데이터의 일관성 보장에 유의하여야 한다. 즉 집계 테이블과 원본 데이터는 일관성 유지가 매우 중요하다.

2) 진행 테이블 추가

가) 진행 테이블 추가 상황

- 여러 테이블의 조인이 빈번히 발생하며 처리 범위도 넓은 경우
- M:M 관계가 포함된 처리의 과정을 추적, 관리하는 경우
- 검색 조건이 여러 테이블에 걸쳐 다양하게 사용되며 복잡하고 처리량이 많은 경우

나) 진행 테이블 생성 시 유의 사항

- 데이터량이 적절하고 활용도가 좋아지도록 기본키를 선정
- 필요에 따라 적절한 추출(Derived) 칼럼을 추가하여 집계 테이블의 역할도 하는 다목적 테이블을 구상
- 다중 테이블 클러스터링이나 조인 SQL을 적절히 이용하면 굳이 진행 테이블을 만들지 않아도 양호한 수행 속도를 낼 수 있는 경우가 많음

3. 중복 칼럼 생성

가. 개념

논리 데이터 모델링 과정에서 정규화를 통하여 중복 칼럼을 최대한 제거하는 작업을 수행한다. 이렇게 중복 데이터를 제거하는 이유는 여러 가지가 존재하지만 가장 중요한 이유 중 하나는 데이터의 정합성을 유지하기 위함이다. 그런데 물리 데이터 모델링 과정에서 이러한 정규화를 어기면서 다시 데이터의 중복(중복 칼럼 생성)을 수행하곤 한다.

나. 중복 칼럼 생성 상황

- 빈번하게 조인을 일으키는 칼럼에 대해 고려해 볼 수 있다.

- 조인의 범위가 다량인 경우를 온라인화해야 하는 경우처럼 속도가 중요한 칼럼에 대해서는 중복 칼럼을 고려할 수 있다.
- 액세스의 조건으로 자주 사용되는 칼럼에 대해 고려해 볼 수 있다.
- 자주 사용되는 액세스 조건이 다른 테이블에 분산되어 있어 상세한 조건 부여에도 불구하고 액세스 범위를 줄이지 못하는 경우에 자주 사용되는 조건들을 하나의 테이블로 모아 조건의 변별성을 극대화할 수 있다.
- 복사된 칼럼의 도메인은 원본 칼럼과 동일하게 해야 한다. 이것은 데이터의 일관성을 위해 필수적인 사항이다.
- 접근 경로의 단축을 위해 부모 테이블의 칼럼을 자식 테이블에 중복시킬 수 있다.
- 상위 레벨의 테이블에 집계된 칼럼을 추가(M:1 관계)할 수 있다. 즉 집계 칼럼을 추가한다.
- 하위 레벨의 테이블로 중복 칼럼을 복사(M:1 관계)할 수 있다.
- 연산된 결과를 주로 사용하는 경우에도 미리 연산을 하여 중복 칼럼을 생성할 수 있다.
- 여러 칼럼의 조합 또는 복잡한 연산의 결과를 통해서 판단할 수밖에 없는 값이 검색의 조건으로 사용되는 경우에는 연산의 결과를 중복 칼럼으로 생성할 수 있다.
- 여러 개의 로우로 구성되는 값을 하나의 로우에 나열하는 경우이다. 즉 로우로 관리하던 데이터를 칼럼으로 관리하는 경우이다.
- 기본키의 칼럼이 길거나 여러 개의 칼럼으로 구성되어 있는 경우 인위적인 기본키를 추가할 수 있다.

다. 중복 칼럼 생성 시 유의 사항

- 다중 테이블 클러스터링으로 해결할 수 있는지 검토한다.
- SQL GROUP 함수를 이용하여 처리할 수 있는지 검토한다.
- 저장 공간의 지나친 낭비를 고려하여 적절한 대비책을 마련해야 한다.
- 반복 칼럼은 특별한 경우를 제외하고는 절대 사용할 필요가 없고, 있다면 sum(decode…) 용법과 같은 SQL 기법 등을 활용하여 이러한 부분을 피할 수 있도록 한다.
- 경우에 따라 상대 테이블의 ROWID를 복사하는 경우가 효과적일 때도 있다.
- 데이터의 일관성 보장에 유의해야 한다. 성능을 향상시키기 위해서 데이터의 일관성을 그르치는 일이 일어나서는 안 된다.
- 칼럼의 중복이 지나치게 심하면 데이터 처리의 오버헤드가 발생하게 된다.
- 사용자나 프로그램은 반드시 원본 칼럼만 수정하는 것이 바람직하다.
- 일반적으로 수행 속도를 우려해 지나치게 많은 중복 칼럼을 생성하고 있는 것이 현실이다. 가능하면 중복 칼럼을 적게 가져가는 것이 바람직하다.
- 클러스터링, 결합 인덱스, 적절한 SQL을 이용하면 특별한 경우를 제외하고는 거의 해결 가능하기 때문에 이 부분을 먼저 적극적으로 고려해 보는 것이 바람직하다.
- 중복 칼럼을 이용하면 손쉽게 액세스 효율을 개선할 수 있지만, 지나친 중복화는 반드시 데이터 일관성 오류 발생의 개연성 증가 및 데이터 처리 오버헤드 증가라는 반대급부가 있다는 것을 염두에 두고 수행해야 한다.
- JOIN, SUB-QUERY 액세스 경로의 최적화 방안을 더 철저히 강구해야 한다.

제 5 절 물리 데이터 모델 품질 검토

1. 물리 데이터 모델 품질 검토 개요

물리 데이터 모델 설계가 완료되면 이를 데이터베이스 객체로 생성하고, 개발 단계로 넘어가기 전에 모델러를 비롯한 이해관계자들이 모여 물리 데이터 모델에 대한 리뷰 세션을 통해 작성된 데이터 모델의 품질을 검토하는 것이 바람직하다. 3장에서 언급한 바와 같이 데이터 모델 검토는 개념 데이터 모델링, 논리 데이터 모델링, 물리 데이터 모델링의 각 단계가 수행된 후 각 단계에서 작성된 개념 데이터 모델, 논리 데이터 모델, 물리 데이터 모델에 대해 이루어진다. 특히 물리 데이터 모델은 시스템 성능에 대해 직접적인 영향을 미치기 때문에 향후에 발생할 수 있는 성능 문제를 사전에 검토하여 최소화하는 노력이 절대적으로 필요하다. 논리 데이터 모델의 검토 시와 마찬가지로 물리 데이터 모델을 검토하기 위해서는 모든 이해관계자가 동의하는 검토 기준이 필요하다. 이 또한 '과목 I. 전사아키텍처 이해' 부분에서 설명한 데이터아키텍처 정책 수립 시 DA 원칙·표준에 포함되어야할 중요한 사안이다.

물리 데이터 모델링의 범위에 대해서는 어느 정도의 이견이 있을 수 있기 때문에 여기서는 이 장에서 설명한 내용을 중심으로 물리 데이터 모델의 품질 검토 기준을 예시하였다. 조직에 따라서는 과목 VI에서 설명하는 데이터 베이스 설계 내용까지를 포함하여 품질 검토 범위에 포함하기도 하고, 데이터베이스 설계 내용에 해당하는 부분을 별도의 품질 검토 대상으로 보기도 하므로, 각자의 환경에 맞게 적용하는 것이 중요하다. 기본적인 품질 검토 기준은 '과목 II. 데이터 품질 관리 이해' 부분에서 설명한 데이터 구조의 관리 기준을 준용할 수 있다.

데이터 모델에 대한 품질 기준을 좀 더 세분화해 보면 [표 IV-3-1]과 같이 정의해 볼 수 있다. [표 IV-3-1]은 3장의 논리 데이터 모델 품질 검토에서 제시한 [표 IV-3-1]의 내용을 물리 데이터 모델 관점으로 재작성한 것이다. 물리 데이터 모델 품질 검토의 목적은 '성능'과 '오류 예방'의 관점에서 생각해 볼 수 있다. 이에 따라 물리 데이터 모델의 품질 기준도 조직에 따라 혹은 업무 상황이나 여건에 따라 가감·변형해 사용하기도 한다.

[표 IV-3-1] 물리 데이터 모델 품질 기준

기준 항목	설명	검토 관점 사례
정확성	데이터 모델이 표기법에 따라 정확하게 표현되었고, 업무 영역 또는 요구 사항이 정확하게 반영되었음을 의미함	• 사용된 표기법에 따라 물리 데이터 모델이 정확하게 표현 되었 는가? • 대상 업무영역의 업무 개념과 내용이 정확하게 표현 되었는가? • 요구 사항의 내용이 정확하게 반영되었는가? • 업무규칙이 정확하게 표현·적용되었는가?
완전성	데이터 모델의 구성요소를 정의하는 데 있어서 누락을 최소화하고, 요구 사항 및 업무 영역 반영에 있어서 누락이 없음을 의미	• 물리 데이터 모델 작성 항목의 충실성(완성도) • 필요한 설명 항목(테이블·칼럼 설명 등)들의 작성 상태 • 물리모델링 단계에서 결정해야할 항목들의 작성 상태(칼럼의 데이터 타입 및 길이, Null 허용 여부, 서브타입 변환, 배타관 계 변환, PK, FK, 데이터 무결성 관련 제약사항 등등. 필요에

기준 항목	설명	검토 관점 사례
		따라서는 저장공간 지정, 테이블·인덱스 생성 관련 파라미터 결정 사항 등까지도 포함) • 요구 사항 반영 및 업무 영역 반영의 완전성: 목적하는 업무 영역을 기술(설계)한 논리 데이터 모델의 구성요소(엔터티, 속성, 관계, 식별자 등)들이 누락 없이 물리 데이터 모델로 변환되어 정의된 정도(단 특별한 목적에 의해 일부만 물리 데이터 모델로 변환될 수 있으며, 이 경우 목적이 명확해야 함)
준거성	제반 준수 요건들이 누락 없이 정확하게 준수되었음을 의미	• 데이터 표준, 표준화 규칙 등을 준수하였는가? • 법적 요건을 준수하였는가? • 법적 요건을 준수하기에 충분하도록 도메인이 정의되었는가?
최신성	데이터 모델이 현행 시스템의 최신 상태를 반영하고 있고, 이슈사항들이 지체 없이 반영되고 있음을 의미	• 업무상의 변경이나 결정사항 등이 시의 적절하게 반영되고 있는가? • 최근의 이슈사항이 반영되었는가? • 현행 데이터 모델은 현행 시스템과 일치하는가?
일관성	여러 영역에서 공통 사용되는 데이터 요소가 전사 수준에서 한 번만 정의되고 이를 여러 다른 영역에서 참조·활용되면서, 모델 표현상의 일관성을 유지하고 있음을 의미	• 여러 주제영역에서 공통적으로 사용되는 엔터티는 일관성 있게 변환되었는가(전사 수준에서 한 번만 정의되고 이를 여러 다른 영역에서 참조·활용한다는 의미에서 통합성이라 하기도 함)? • 모델 표현상의 일관성을 유지하고 있는가? • 동일·유사 목적·용도의 칼럼들은 일관성 있게 정의되었는가? • 조인 대상 칼럼들은 일관성 있게 정의되었는가?
활용성	작성된 모델과 그 설명 내용이 이해관계자에게 의미를 충분하게 전달할 수 있으면서, 업무 변화 시에 설계 변경이 최소화되도록 유연하게 설계되어 있음을 의미	• 작성된 설명 내용이나 모델 표기 등이 사용자나 모델을 보는 사람에게 충분히 이해가 될 수 있고, 모델의 작성 의도를 명확하게 이해할 수 있는가(의사소통의 충분성)? • PK, UK 등의 칼럼 구성은 데이터 무결성을 보장하면서 데이터 액세스를 효율화하기에 충분한가? • 논리 데이터 모델의 유연성이 물리 데이터 모델에도 반영되었는가(오류가 적고 업무 변화에 유연하게 대응하여 데이터 구조의 변경이 최소화할 수 있는 설계 결과)? • 코드화 대상 칼럼에 대한 코드 정의는 업무 지원 및 적용에 충분한가?

2. 물리 데이터 모델 품질 검토 체크리스트의 활용

물리 데이터 모델의 품질 검토 기준에 따라서 물리 데이터 모델에 정의된 테이블, 칼럼, Key 구성, 무결성 제약조건 등 물리 데이터 모델의 주요 구성요소와 물리 데이터 모델 전반에 대한 체크리스트를 구성할 수 있다.

이를 통해 물리 데이터 모델의 품질 검토를 보다 용이하게 수행할 수 있다. [표 Ⅳ-3-2]는 물리 데이터 모델의 주요 구성요소별로 품질 검토 기준 항목을 적용하여 작성한 품질 검토 체크리스트의 사례이다.

[표 Ⅳ-3-2] 물리 데이터 모델 품질 검토 체크리스트 사례

검토대상	검토항목	검토내용
테이블	테이블명	•명명 규칙을 준수하였는가? •제한요건에 따라 약어를 사용한 경우 약어사용 규칙을 준수하였는가? •의미 전달이 명확한 명칭을 사용하였는가? •테이블 한글명은 엔터티 명칭과 일치하는가?
	테이블 설명	•데이터 집합의 개요나 성격, 관리 목적 등을 설명하였는가? •데이터 집합 구성상의 특징이 설명되어 있는가? •데이터 집합의 생명주기나 오너쉽 등을 비롯한 기타 특이사항에 대한 내용을 포함하고 있는가? •설명된 내용은 모든 이해관계자가 이해하고 의사소통 하는 데에 어려움이 없도록 쉽고 상세하게 기술되었는가?
	테이블 정의	•특별한 이유가 존재하지 않는 한 논리 데이터 모델의 엔터티가 누락 없이 물리 데이터 모델로 변환되었는가? •테이블 형태는 성능을 고려하여 결정되었는가(일반 힙 테이블, IOT, 클러스터, 클러스터드 테이블, 파티션 등)? •서브타입의 변환 형태는 명확한 판단 기준에 의해 결정되었는가? •테이블 생성 관련 파라미터들은 적절하고 충분하게 정의되었는가? •향후의 업무 변화 가능성에 대비하여 모델 변경을 최소화할 수 있도록 유연성, 확장성이 고려되었는가?
	통합 수준	•다른 영역에서 동일 목적으로 사용되는 테이블은 동일 명칭과 구조로 일관되게 사용되었는가?
	권한	•메타 데이터 권한을 정의 하였는가(테이블 생성·변경·삭제)? •데이터 오너쉽을 정의 하였는가(데이터 생성·변경·삭제)? •테이블에 대한 접근 권한을 정의하였는가? •테이블에 대한 접근 권한은 적절하게 정의되었는가?
	발생 건수·빈도	•현재의 데이터 저장 건수·빈도는 파악하였는가? •향후 예상되는 데이터 저장 건수·빈도의 변화 가능성은 파악하였는가?
	법규 준수	•관련 법규에서 요구하는 데이터를 보관하기 위한 테이블을 정의하였는가? •조직 특성에 비추어 보호가 요구되는 테이블을 식별하였는가?
	요구 사항 추적 가능성	•정의된 테이블은 요구 사항과 매핑되었는가?

검토대상	검토항목	검토내용
칼럼	칼럼명	•칼럼명은 명명규칙을 준수하였는가? •제한요건에 따라 약어를 사용한 경우 약어사용 규칙을 준수하였는가? •의미 전달이 명확한 명칭을 사용하였는가? •칼럼의 한글명은 속성명과 일치하는가?
	칼럼 정의	•시스템 내부적으로만 사용되는 칼럼(입력자, 입력일시, 변경자, 변경일시, 내부적으로만 사용되는 Identity 칼럼 등) 외에 논리모델 상에 정의된 속성과의 얼라인먼트가 유지되고 있는가? •논리모델의 인조식별자와 같이 일련번호를 저장하는 칼럼의 일련번호 생성 규칙과 방법이 정의되었는가(Identity 칼럼, Sequence 객체 등)?
	칼럼 설명	•논리모델에 정의된 속성의 개요나 성격, 관리 목적, 저장 데이터의 형태적 또는 구성상의 특징 등이 물리모델에 적합한 설명으로 작성되었는가? •데이터 집합으로서 속성의 생명주기나 오너십 등을 비롯한 기타 특이사항에 대한 내용을 포함하고 있는가? •설명된 내용은 모든 이해관계자가 이해하고 의사소통 하는 데에 어려움이 없도록 쉽고 상세하게 기술되었는가?
	Primary Key	•PK 칼럼의 구성은 데이터의 유일성을 보장하기에 충분한가? •FK 칼럼에 대한 참조무결성 규칙은 정의되었는가?
	Unique Key	•PK 외에 본질식별자에 해당하는 모든 칼럼에 UK가 정의되었는가? •대체식별자로 정의된 칼럼에 대해 UK가 정의되었는가?
	법규 준수	•법규상 암호화 대상인 칼럼의 데이터타입과 길이는 암호화를 고려하여 정의되었는가?
	도메인 정의	•표준 도메인을 정의하여 적용하였는가? •칼럼의 도메인(데이터 타입, 길이, Not Null 제약, Default 제약, Check 제약 등)은 일관성 있게 정의되었는가?
	추출 칼럼의 정의	•추출 칼럼에 대한 추출 방법 또는 산식이 명확하게 정의되었는가? •추출 칼럼에 대한 추출 방법 또는 산식을 적용한 방법은 적절한가(애플리케이션 로직, 트리거, 기타 등)?
	요구 사항 추적 가능성	•칼럼 수준에서 필요한 요구 사항 매핑은 수행되었는가?
	오너십 정의	•칼럼 수준에서 데이터 오너십 정의가 필요한 경우 데이터 오너십이 정의되었는가?
FK	참조무결성 규칙 정의	•논리모델 상의 관계들은 특별한 이유가 없는 한 누락 없이 참조무결성 규칙이 정의되었는가? •정의된 참조무결성 규칙은 업무 영역의 내용이나 요구 사항과 일치하는가? •배타적 관계의 FK 칼럼에 대한 참조무결성 규칙을 적용하기 위한 방법은 적절한가(DBMS의 FK 제약조건, 애플리케이션 로직, DB 트리거 등)?

검토대상	검토항목	검토내용
모델 전반	요구 사항 추적 가능성	•참조무결성 규칙에 대해 필요한 요구 사항 매핑은 수행되었는가?
	FK 일관성	•FK 칼럼은 참조하는 PK 칼럼과 도메인 정의가 일치하는가?
	반정규화	•반정규화 방법과 형태, 적용 범위는 적절한가? •반정규화된 테이블이나 칼럼은 명확한 목적에 근거하고 있는가?
	인덱스 정의[주1)	•PK 인덱스 외에 추가적인 인덱스가 고려되었는가? •PK 인덱스를 포함하여 인덱스의 구성 칼럼들은 적절하게 선정되었는가? (액세스 경로 분석 수행 여부)? •인덱스 생성에 관련된 파라미터들은 충분하고 적절하게 정의되었는가?
	스토리지 정의[주2)	•스토리지 구성은 I/O 분산과 액세스 성능을 고려하여 정의했는가? •스토리지 정의 파라미터들은 적절하게 정의되었는가? •테이블과 인덱스는 적절한 테이블스페이스에 할당되었는가?

※ 주1)과 주2)는 방법론이나 모델링 도구에 따라 데이터베이스 설계의 검토 항목으로 보기도 함

장 요약

제1절 물리 데이터 모델링 이해

- 물리 데이터 모델링은 논리 데이터 모델을 기반으로 생성한다.
- 논리 데이터 모델을 일정한 기준과 규칙에 의해 변환하는 작업이 물리 데이터 모델링이다.
- 물리 데이터 모델링은 데이터베이스 관리 시스템(DBMS)의 특성, 기능, 성능 등을 고려하여 데이터베이스의 물리적인 구조를 작성하는 과정이다.

제2절 물리 요소 조사 및 분석

- 데이터베이스의 물리적인 구조를 생성하는 데 필요한 요소들을 파악한다.
- 명명 규칙, 하드웨어 자원의 개략적 내용, 운영체제 및 데이터베이스 관리 시스템 버전(Version) 등이 포함된다.

제3절 논리-물리모델 변환

- 논리 데이터 모델의 각 요소들을 실제적인 데이터베이스 관리 시스템의 물리적인 객체(Object)로 변환하는 작업을 논리-물리 변환이라 한다.
- 서브타입의 변환은 몇 가지의 형태가 존재하기 때문에 판단의 근거를 숙지하고 최적의 형태를 결정해야 한다.
- 관계의 변환 시 배타적 관계의 변환에 대해서도 몇 가지 판단의 근거를 고려해야 한다.

제4절 반정규화

- 반정규화는 하나의 테이블을 수직 또는 수평으로 분할하는 과정이다.
- 특정 테이블에 데이터가 너무 많이 있고 레코드 중에서 특정한 범위를 주로 액세스(Access)하는 경우에는 수평 분할을 고려할 수 있다.
- 조회 위주의 칼럼과 갱신 위주의 칼럼이 분명히 나뉘는 경우에는 수직 분할을 고려할 수 있다.
- 반정규화는 성능과 관리 효율을 증대시키지만 데이터의 일관성 및 정합성은 위험을 내포하고 있어 충분한 검토가 필요하다.

제5절 물리 데이터 모델 품질 검토

- 물리 데이터 모델 작성 후 설계의 정확성 및 적합성 등을 평가하기 위하여 사전에 데이터 모델 품질검토 기준을 정의하고, 이에 따라 품질검토 체크리스트를 작성하여 활용할 수 있다.
- 물리 데이터 모델 품질검토 기준과 품질검토 체크리스트는 조직의 형편과 여건에 따라 가감하거나 변형하여 사용할 수 있다.
- 데이터 모델 품질검토는 '성능'과 '오류 예방'이라 할 수 있다.

연습문제

문제 1. 다음 중 논리 데이터 모델을 근간으로 구현될 시스템의 물리적인 요소를 반영하여 실제 시스템에 구축될 오브젝트를 모델링하는 단계인 '물리 데이터 모델'에 대한 정의로 가장 부적절한 것은?

① 논리 데이터 모델의 특정 데이터베이스로 설계함으로써 생성된 데이터를 저장할 수 있는 물리적인 스키마를 말한다.

② 논리 데이터 모델의 엔터티는 하나의 테이블로 확정된다.

③ 하나의 논리 데이터 모델은 여러 개의 물리 데이터 모델로 설계될 수 있다.

④ 논리 데이터 모델의 일부 속성만으로 물리 데이터 모델에서 테이블로 설계하는 경우도 발생할 수 있다.

문제 2. 다음 중 논리 데이터 모델의 관계변환에 대한 설명으로 가장 부적절한 것은?

① 일대다(1:M) 관계는 논리 데이터 모델에서 가장 흔한 관계의 형태이고, 물리 데이터 모델에서는 M쪽 관계의 형태에 따라서 해당 칼럼의 선택사항이 결정된다.

② 일대일(1:1) 관계에 의해서 생긴 모든 외래키는 Unique Constraints를 정의할 수 있다.

③ 선분이력을 관리하는 상위 엔터티와 관계에서는 상위 엔터티의 식별자 전체를 하위 엔터티에서 상속받지 않아도 데이터적인 연결을 수행할 수 있으므로 식별자 상속을 시키지 않을 수도 있다.

④ 일대일(1:1) 관계에서는 양쪽 집합의 선택사양에 따라서 외래키의 생성 위치가 달라질 수 있다. 즉 Optional 관계를 가진 쪽 집합에서 외래키를 생성하는 것이 유리하다.

문제 3. 논리 데이터 모델에서 배타적 관계를 물리 데이터 모델로 변환하는 방법은 크게 외래키 분리 방법과 외래키 결합 방법으로 나눌 수 있다. 다음 중 두 방법에 대한 설명으로 가장 부적절한 것은?

① 외래키 분리 방법에서 가장 큰 단점은 새로운 관계를 추가 할 때 구조가 변경되어야 한다는 것이다.

② 외래키는 분리 방법에서는 논리 데이터 모델의 배타적 관계를 비즈니스 규칙으로 구현하기 위해서 별도의 제약조건을 생성할 필요가 있다.

③ 외래키 결합 방법은 배타적 관계에 참여하는 관계들을 구분하기 위해서 추가적인 칼럼이 필요하다.

④ 외래키 결합 방법에서는 외래키 제약조건을 통하여 참조무결성을 유지할 수 있다.

문제 4. 반정규화의 한 방법으로 테이블이나 칼럼에 대한 중복을 수행하고자 할 때, 다음 중 고려 및 권고사항으로 부적절한 것을 모두 고르시오.

① 넓은 범위를 자주 처리함으로써 수행속도의 저하가 우려되는 경우에는 집계 테이블의 추가를 고려해 볼 수 있다.

② 자주 사용되는 액세스 조건이 다른 테이블에 분산되어 있어 상세한 조건 부여에도 불구하고 액세스 범위를 줄이지 못하는 경우에는 진행 테이블의 추가를 검토하는 것이 바람직하다.

③ 빈번하게 조인을 일으키는 칼럼에 대해서는 중복칼럼의 생성을 고려한다.

④ 계산된 값은 속성 정의에도 위배되고 함수적 종속이 존재하므로 정규형이 아니다. 하지만 계산하는 비용(노력)이 많이 발생하고 빈번하다면 계산 값을 중복시켜서 가져갈 수 있다.

문제 5. 다음 중 반정규화의 한 방법으로 테이블이나 칼럼에 대한 중복을 고려할 때에 대한 설명으로 부적절한 것을 모두 고르시오.

① 다량의 범위를 자주 처리함으로써 수행속도 저하가 우려되는 경우 집계 테이블 추가를 고려한다.

② 자주 사용되는 중복 테이블 유형으로는 집계(통계) 테이블과 진행 테이블이 있다.

③ 클러스터링, 결합인덱스, 고수준 SQL 등을 적절히 활용하면 집계테이블 없이도 양호한 수행속도를 얻을 수 있기 때문에 집계테이블 고려 시에 반드시 먼저 고려되어야 한다.

④ M:M 관계가 포함된 처리의 과정을 추적, 관리하고자 하는 경우에는 다중 테이블 클러스터링이나 조인 SQL의 정확한 구사 등으로 해결이 불가능하므로 반드시 진행 테이블 추가가 고려되어야 한다.

문제 6. 다음 중 논리 데이터 모델을 물리 데이터 모델로 변환하는 과정에서 서브타입을 테이블로 변환하는 방법으로 보기 어려운 것은?

① 슈퍼타입을 기준으로 하나의 테이블로 변환

② 서브타입을 기준으로 여러 개의 테이블로 변환

③ 슈퍼타입과 서브타입 각각을 테이블로 변환

④ 서브타입을 기준으로 하나의 테이블로 변환

문제 7. 다음 중 전체 집합에서 임의의 집합을 추출·가공하는 경우가 빈번하고, 복잡한 처리를 하나의 쿼리로 통합하고자 하는 경우 유리한 서브타입 변환 형태는?

① 슈퍼타입을 기준으로 하나의 테이블로 변환

② 서브타입을 기준으로 여러 개의 테이블로 변환

③ 슈퍼타입과 서브타입 각각을 테이블로 변환

④ 서브타입을 기준으로 하나의 테이블로 변환

문제 8. 다음 중 물리 데이터 모델에서 데이터 표준을 적용하는 대상으로 보기 어려운 것은?

① 테이블   ② 뷰

③ 칼럼   ④ 데이터타입

문제 9. 다음 중 반정규화의 방법으로 테이블을 수직분할 할 때 얻을 수 있는 장점으로 보기 어려운 것은?

① 조회와 갱신 처리 중심의 칼럼들을 분할하여 레코드 잠금 현상 최소화

② 특별히 자주 조회되는 칼럼들을 분할하여 I/O 처리 성능 향상

③ 특정 칼럼 크기가 아주 큰 경우의 수직분할은 조인 처리 감소

④ 특정 칼럼에 보안을 적용하기가 용이

문제 10.다음 중 반정규화의 일환으로 중복 칼럼을 생성하는 상황으로 보기 어려운 것은?

① 여러 개의 로우로 구성되는 값을 하나의 로우에 칼럼으로 나열하여 관리

② 부모 테이블에 집계 칼럼을 추가

③ 접근 경로 단축을 위해 부모 테이블의 칼럼을 자식 테이블에 복사

④ 검색 조건으로 자주 사용되는 칼럼을 모아 인덱스로 생성

과목 소개

데이터베이스 설계, 데이터베이스 이용, 데이터베이스 성능 개선에 필요한 지식과 절차를 설명한다.

상용화된 특정 DBMS 기술에 종속된 내용을 배제하고 범용적인 관계형 데이터베이스 관점에서 설명하고자 한다. 이해를 높이기 위해 일부 상세 내용이 특정 제품에 관련된 내용이 있을 수 있음을 양해바란다.

과목 V

데이터베이스 설계와 이용

과목 구성

   데이터베이스 설계란 데이터 모델을 데이터베이스로 변환하는 작업이다. 데이터 모델이 비즈니스에 필요한 정보와 규칙을 형상화하여 정의한 결과라면, 데이터베이스 설계는 데이터 모델이 가지고 있는 구조와 규칙을 데이터베이스에 적용하는 과정이다. 이는 예외적인 상황에서도 데이터의 일관성, 정합성, 영속성, 가용성, 성능을 보장하기 위해 필요하다.

   구축된 데이터베이스를 효과적으로 사용하려면 데이터베이스 관리 시스템(DBMS, Database Management System)에 대한 지식이 요구된다. DBMS 기본적인 동작 원리를 이해함으로써 제공된 자원을 최대한 활용하여 다양한 서비스를 제공할 수 있다.

   성능 개선 방법과 성능에 영향을 미치는 요소들을 소개한다. 성능상에 문제가 발생했을 때 올바른 접근 방법과 해결 방안을 설명한다.

제1장 데이터베이스 설계	제2장 데이터베이스 이용
제1절 저장 공간 설계	제1절 데이터베이스 관리 시스템(DBMS)
제2절 무결성 설계	제2절 데이터베이스 관리 시스템 활용
제3절 인덱스 설계	제3절 트랜잭션
제4절 분산 설계	제4절 성능 개선 방법론
제5절 보안 설계	제5절 애플리케이션 성능 개선
	제6절 서버 성능 개선

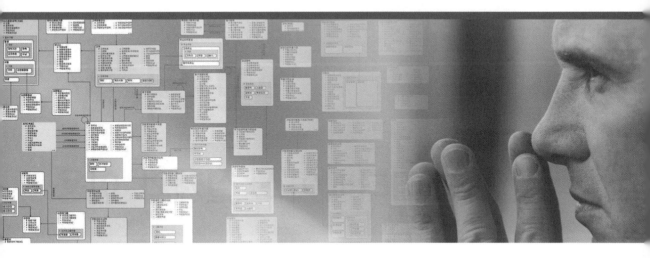

학습목표

제1장에서는 다음과 같은 내용을 학습한다.

- 데이터베이스 설계 시 고려 사항을 숙지한다.
- 데이터 모델에 정의한 내용을 물리적인 데이터베이스로 변환하는 과정을 이해한다.
- 데이터베이스 성능 향상을 위한 인덱스 설계 능력을 배양한다.
- 데이터 무결성, 가용성 향상을 위한 설계 능력을 배양한다.
- 데이터베이스 보안의 이해도를 높인다.

데이터베이스 설계

장 소개

업무 관점에서 도출된 데이터 모델의 구성요소인 엔터티, 속성, 관계 등은 시스템 관점에서 데이터베이스의 테이블, 칼럼, 외래 키(FK) 등으로 변환된다. 이런 객체를 데이터베이스 스키마라고 한다. 스키마를 구성하는 객체는 데이터베이스의 기술적인 요소, 운영 환경, 비즈니스에서 요구되는 성능·무결성·가용성 등이 추가적인 설계 요소로 적용된다. 요구된 조건들은 각각 객체에 적용되는 것이 아니라 요구 조건을 종합하여 하나 혹은 그 이상의 객체 또는 제약조건 등이 설계된다.

장 구성

저장 공간 설계는 테이블, 칼럼, 데이터 타입, 파티션 등의 설계에 관한 내용이다. 테이블의 종류별 특성, 데이터 타입과 길이 결정 시 주의 사항 등에 대해서도 설명한다. 무결성 설계는 데이터 무결성에 대해서 살펴보고 무결성을 강화하기 위한 설계 항목을 설명한다. 인덱스 설계는 인덱스 설계를 위한 절차, 인덱스 원리, 인덱스 종류 등을 소개한다. 분산 설계는 복수의 데이터베이스를 구축할 때 설계 방법과 고려 사항을 설명하며, 일상적인 상황을 포함해서 예외적인 상황에서도 지속적인 서비스를 제공하기 위해 필요한 설계 요소이다. 마지막으로 데이터베이스의 보안 유지 방법에 대하여 설명한다.

제1절 저장 공간 설계
제2절 무결성 설계
제3절 인덱스 설계
제4절 분산 설계
제5절 보안 설계

제1절 저장 공간 설계

1. 테이블

테이블은 행(Row)과 칼럼(Column)으로 구성되는 가장 기본적인 데이터베이스 객체로 데이터베이스 내에서 모든 데이터는 테이블을 통해 저장된다. DBMS들은 부하처리 형태에 따라 데이터를 저장하는 방식이 다른 여러 유형의 테이블을 제공하고 있으므로 테이블 설계 시에 성능, 확장성, 가용성 등을 고려해 테이블 유형을 선택하여야 한다. 테이블, 칼럼 등 데이터베이스에서 사용되는 객체의 명명 규칙은 표준화 관점에서 별도로 정의한다.

DBMS마다 테이블의 유형이나 유형의 명칭, 기능은 다르다. 테이블은 데이터의 저장 형태, 파티션 여부, 데이터의 유지 기간 등에 따라 다양하게 분류할 수 있다.

가. 힙 테이블

대부분의 상용 DBMS에서 표준 테이블로 사용하고 있는 테이블 형태로, 테이블 내에서 행(Row)의 저장 위치는 특정 속성의 값에 기초하지 않고 해당 행이 입력(INSERT)될 때 결정된다. 그러므로 데이터는 입력된 순서대로 출력을 보장하지 않는다. 힙 테이블(Heap-Organized Table)은 범용적으로 활용되는 테이블이며, 오라클과 PostgreSQL에서 기본 테이블로 채택되어 사용되고 있다. 힙 테이블은 인덱스와 데이터 저장 공간이 분리되어 있는 구조로, 클러스터형 인덱스 테이블에 비해 데이터 입력 시 별도의 정렬이 필요치 않아 입력에 대한 부하가 상대적으로 적다. 힙 테이블은 대부분의 경우에 사용될 수 있다. 특히 대량의 트랜잭션이 발생하는 로그성 테이블은 힙 테이블을 사용하는 것이 바람직하다.

나. 클러스터형 인덱스 테이블

Primary Key 값이나 인덱스 키 값의 순서로 데이터가 정렬되어 저장되는 테이블을 클러스터형 인덱스(Clustered Index)라 하며, 데이터 입력(INSERT) 시 정렬에 대한 부하가 수반된다.

MySQL, MariaDB 및 SQL Server 등이 기본 테이블로 채택하여 사용하고 있으며(SQL Server의 경우 Primary Key를 지정하지 않거나 클러스터형 인덱스를 생성하지 않으면 일반 힙 테이블로 생성된다), 데이터는 Primary Key를 기준으로 정렬되어 저장된다(오라클의 IOT와 유사). 클러스터형 인덱스는 힙 테이블과 다르게 인덱스를 저장하는 공간에 데이터도 함께 저장되는 구조로 인덱스 저장 공간이 곧 데이터 저장 공간이다. 여기서 저장 공간이란 데이터 페이지(page) 또는 블록(block)을 지칭한다.

[그림 V-1-1] 힙 테이블과 클러스터형 인덱스 구조는 힙 테이블과 클러스터형 인덱스의 구조적인 차이점을 보여준다.

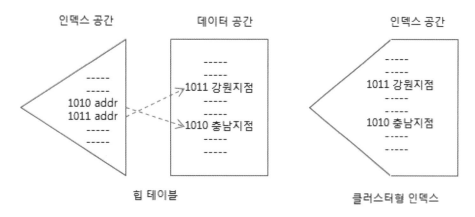

[그림 V-1-1] 힙 테이블과 클러스터형 인덱스 구조

위의 그림, 힙 테이블의 인덱스 공간에서 addr(오라클의 rowid)은 데이터가 저장되어 있는 데이터 공간의 논리적인 식별자이다.

클러스터형 인덱스는 검색하고자 하는 키 값의 순서로 데이터가 정렬되어 있기 때문에 프리패치(prefetch)가 가능하다. 또한 PK가 조회 조건으로 사용되는 경우, 데이터를 탐침하는 경로가 단축되기 때문에 일반적인 인덱스를 이용하는 것보다 데이터를 더 빠르게 액세스할 수 있다. 그러나 데이터가 입력될 때 PK 순서에 따른 정렬과 함께 지정된 위치에 저장되어야 하므로 데이터 페이지를 관리하는데 추가적인 비용이 발생한다.

클러스터형 인덱스는 크기가 작고 자주 액세스되는 코드성 테이블, 칼럼 수가 작고 행(Row)의 수가 많은 테이블(주로 통계성 테이블), 넓은 범위의 데이터를 조회해야 하는 테이블에 활용 시 유용할 수 있다.

다. 파티션 테이블

파티셔닝은 대용량의 테이블을 파티션이라는 더 작은 논리적인 단위로 나눔으로써 성능이 저하되는 것을 방지하고 관리를 수월하게 하고자 하는 기능이다. 파티셔닝을 하는 방식에 따라 범위 파티셔닝(Range Partitioning), 목록 파티셔닝(List Partitioning), 해시 파티셔닝(Hash Partitioning), 복합 파티셔닝(Composite Partitioning) 등으로 구분하게 된다.

파티셔닝은 대용량 데이터를 관리하는 데 효과적이지만 무조건 파티셔닝만 한다고 해서 파티션 테이블이 가지고 있는 이점을 얻을 수 있는 것은 아니다. 잘못된 인덱스가 오히려 처리 속도에 나쁜 영향을 미치듯이 파티션 키를 어떻게 구성하느냐에 따라 많은 비효율을 초래할 수도 있으므로 파티셔닝 키, 파티셔닝 방식 등을 전략적으로 결정하여야 한다.

파티셔닝에 대해서는 파티션 설계 부분에서 좀 더 상세히 다루도록 하겠다.

라. 외부 테이블

외부 파일을 마치 데이터베이스 안에 존재하는 일반 테이블처럼 이용할 수 있는 데이터베이스 객체이다.

데이터웨어하우스(DW, Data Warehouse)에서 ETL(Extraction, Transformation, Loading) 작업 등에 유용한 테이블이다.

마. 임시 테이블

트랜잭션이나 세션별로 데이터를 저장하고 처리할 수 있는 임시 테이블이다. 저장된 데이터는 트랜잭션이 종료되면 휘발되며, 다른 세션에서 처리되는 데이터는 공유할 수 없다. 절차적인 처리를 하기 위해 임시적으로 사용할 수 있는 테이블이다.

2. 파티션 설계

가. 파티셔닝 개요

파티셔닝이란 테이블과 인덱스 데이터를 어떠한 기준의 단위로 분할하여 저장하는 것을 의미한다. 예를 들어 서점에서 책을 분야별로 구분하여 구역에 나누어 전시하고 또, 하나의 책장에는 책의 분류를 더 세분화하여 나누어 넣어 두는 것과 같다. 이와 동일하게 인덱스와 테이블에 데이터가 저장되기 전에 미리 그 데이터를 확인하고 동일한 분류의 데이터끼리 모아 둔다면 쉽고 빠르게 데이터를 찾을 수 있다.

파티셔닝도 클러스터형 인덱스와 유사하게 특정한 기준의 데이터를 한곳에 모아 두는 방법이며, 물리적인 구현방식이 다를 뿐이다. 이러한 파티셔닝을 수행하는 방법으로는 데이터를 시간의 흐름 또는 일련번호에 따라 분할하는 범위 파티셔닝, 서점의 예시와 같이 데이터 속성의 분류에 따라 분할하는 목록 파티셔닝, 데이터의 특정 속성을 몇 개의 해시 값으로 치환하여 분할하는 해시 파티셔닝 그리고 파티셔닝 방법을 결합하여 적용하는 복합 파티셔닝이 있다.

범용적으로 활용되는 범위와 목록 파티셔닝 방법 이외에도 특정 DBMS에서는 시스템 파티셔닝, 가상 칼럼 파티셔닝, 인터벌 파티셔닝, 참조 파티셔닝 등 다양한 파티셔닝 방법이 존재한다.

범위, 목록, 해시 등의 파티셔닝 방법을 적용한 테이블을 파티션 테이블이라고 한다. 파티션 테이블은 관리적인 측면과 성능적인 측면에서 많은 장점을 가지고 있으며, 장점을 잘 이용하기 위해서는 다음과 같은 전략적인 관점에서 파티션 키를 결정하여야 한다.

- 성능적 관점
  액세스 패턴에 따라 파티셔닝이 이루어질 수 있도록 파티션 키를 선정해야 한다.
  데이터의 분포도가 나빠 인덱스를 사용할 수 없을 경우 테이블 전체(Full) 스캔을 해야 하는데, 대상 테이블이 대용량일 경우 절대적인 작업량 때문에 성능적인 문제를 해소하기 어렵게 된다. 이런 경우 검색의 범위가 파티션의 단위와 일치하면 인덱스를 이용하지 않고도 원하는 범위의 데이터를 읽을 수 있게 된다.
- 관리적 관점
  이력 데이터를 파티셔닝할 경우 파티션의 생성주기와 소멸주기를 일치시켜야 한다.
  이력을 관리하는 데이터는 데이터 관리 전략 및 업무 규칙에 따라 그 수명이 다하게 되면 별도의 저장장치에 기록하고 데이터베이스에서 삭제한다. 즉, 이력 데이터는 활용 가치에 따라 생성주기와 소멸주기가 결정되므로 그 주기에 따라 데이터베이스를 정리해야만 한다.

만약 삭제해야 하는 데이터가 여러 파티션에 분산되어 있다면 그 데이터를 추출하여 삭제하는 데 많은 노력과 시간이 필요할 것이다. 하지만 파티션이 데이터의 생성주기 및 소멸주기와 일치하면 파티션 단위로 작업을 수행하므로 관리가 용이하게 된다.

나. 범위 파티션 테이블

범위 파티션 테이블(Range-Partition Table)은 널리 사용되는 형태이며 대부분의 DBMS에서 지원되는 파티션 테이블이다.

범위 파티션은 주로 날짜 칼럼을 기준으로 데이터를 일, 월, 년 등의 기준으로 파티셔닝할 때 많이 사용한다.

예를 들어 온라인과 오프라인에서 상품을 판매하는 업무에는 반드시 주문과 주문상품 테이블이 존재할 것이다. 주문과 주문상품 테이블이 [그림 V-1-2] 주문 ERD와 같다고 했을 때 월별로 주문 데이터를 파티셔닝할 경우 성능 및 관리적인 측면에서 많은 장점을 가질 수 있다.

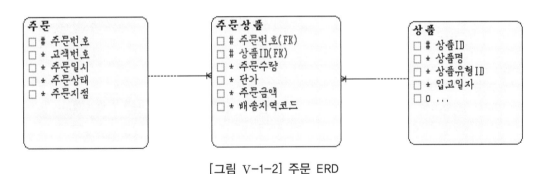

[그림 V-1-2] 주문 ERD

주문 테이블의 주문일시 칼럼을 기준으로 월별 범위 파티셔닝을 적용했을 때 실제 DBMS에 저장된 상태를 그려보면 [그림 V-1-3] 범위 파티셔닝 적용과 같다.

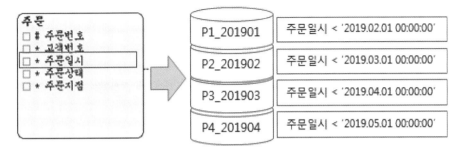

[그림 V-1-3] 범위 파티셔닝 적용

이와 같이 주문일시로 데이터를 파티셔닝하면 데이터를 입력할 때 주문일시에 따라 데이터가 각 파티션에 맞게 저장되고, 조회를 할 때도 해당 조건에 맞는 파티션만을 읽을 수 있으므로 성능 개선에도 도움을 주게 된다. 또한 보관기간이 지난 데이터를 다른 저장소에 백업하거나 삭제할 때도 해당 파티션만 삭제가 가능하므로 관리적인 측면에서도 유용하다. 다만 범위를 너무 세분화하여 파티션의 개수가 지나치게 많아지는 것을 지양하고, 업무 성격에 맞는 적절한 범위 구간 단위를 기준으로 파티셔닝하는 것이 도움이 된다. 일반적으로 테이블이나 인덱스 당 파티션의 최대 개수에 제약이 존재하고, 특정 DBMS에 따라서는 파티션 개수만큼의 파일을 생성하여 관리하기도 한다.

다. 목록 파티션 테이블

목록 파티션 테이블(List-Partition Table)은 대부분의 DBMS가 지원하는 파티션 테이블이다. 목록 파티션은 미리 정해진 코드성 칼럼의 값을 키로 파티셔닝하는 경우가 많다.

예를 들어 [그림 V-1-2] 주문 ERD에서 주문 테이블의 주문지점이 좋은 예제일 것이다. 만일 월별로 주문량이 많지 않고, 주문지점별로 전체 기간의 데이터를 조회하는 경우가 많다면 주문일시 칼럼을 파티션 키로 정의하는 대신 주문지점 칼럼을 파티션 키로 정의할 수 있다.

주문 테이블의 주문지점 칼럼을 기준으로 목록 파티셔닝을 적용했을 때 실제 DBMS에 저장된 상태를 그려보면 [그림 V-1-4] 목록 파티셔닝 적용과 같다.

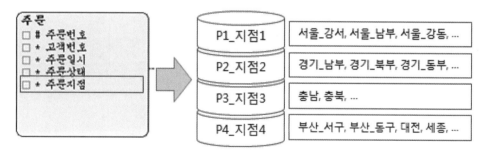

[그림 V-1-4] 목록 파티셔닝 적용

이와 같이 주문지점으로 데이터를 파티셔닝하면 데이터를 입력할 때 주문지점에 따라 데이터가 각 파티션에 맞게 저장되고, 특정 지점을 조회하는 경우 해당 지점의 데이터가 저장되어 있는 파티션만 읽고 처리가 가능하므로 성능 개선에 도움을 줄 수 있다. 목록 파티션을 사용할 때는 특정 목록이 지나치게 많은 데이터를 갖게 되는 경우가 있으므로, 사전에 데이터 분포도를 파악하여 적절히 데이터가 각 파티션에 분산될 수 있도록 파티션 키를 선정해야 특정 파티션으로의 데이터 쏠림현상을 미연에 방지할 수 있다.

라. 해시 파티션 테이블

해시 파티션 테이블(Hash-Partition Table)은 관리적인 이점은 없으며(해시 파티션만을 적용한 경우), 오직 성능상의 관점에서만 접근하는 것이 좋다. 파티션 키로 정의한 칼럼에 해시 함수를 적용하여 결과 값이 동일한 데이터를 같은 파티션에 저장하는 방식이다.

해시 파티셔닝을 위한 칼럼은 파티션별로 데이터의 양이 비슷하게 분포하도록 적용하는 것이 중요하므로 가능한 한 변별력이 좋고 데이터 분포가 고른 칼럼을 선정해야 한다.

해시 파티셔닝 방법은 사용자가 데이터 값으로 파티션을 정의하는 것이 아니라 시스템적으로 결정되게 된다.

[그림 V-1-2] 주문 ERD에서 고객번호 칼럼이 해시 파티셔닝을 적용하기 좋은 칼럼이다. 해시 파티션 키로 선정된 칼럼으로 데이터를 조회할 때는 해시 알고리즘의 특성상 반드시 등치(=) 또는 IN List 조건으로 검색을 하여야 해당하는 파티션만을 읽고 처리할 수 있다.

주문 테이블의 고객번호 칼럼을 기준으로 4개의 해시 파티션을 적용했을 때 실제 DBMS에 적용된 상태를 그려보면 [그림 V-1-5]와 같다.

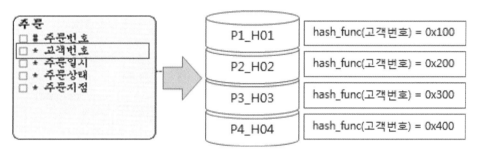

[그림 V-1-5] 해시 파티셔닝 적용

해시 파티셔닝을 적용하면 대용량 데이터 처리(파티션 단위 병렬처리) 및 대량의 조회, 입력, 수정, 삭제 시 데이터 블록(페이지)의 경합을 줄일 수 있어 성능 향상을 기대할 수 있다. 일반적인 테이블에서 수용하지 못하는 부하의 성격, 즉 특정 시점에 대량의 INSERT 부하가 집중적으로 발생하여 경합과 지연이 발생할 때 이를 활용하면 여러 파티션으로 부하가 분산 처리되는 효과를 볼 수 있다.

마. 복합 파티션 테이블

복합 파티션 테이블(Composite-Partition Table)은 범위, 목록, 해시 파티셔닝 방법을 결합하여 적용한 파티션 테이블이다. DBMS마다 다르기는 하지만 범위 파티션과 목록 파티션, 범위 파티션과 해시 파티션, 목록 파티션과 해시 파티션을 결합할 수 있다. 또 범위 파티션과 범위 파티션, 목록 파티션과 목록 파티션을 결합할 수 있다. 복합 파티셔닝은 파티셔닝 방법의 순서가 중요하다(뒤쪽에 분할된 파티션을 서브(Sub) 파티션이라 한다). 예를 들어 범위+목록과 목록+범위는 테이블을 어떻게 액세스하느냐에 따라 효율적일 수도 비효율적일 수도 있다. 앞쪽 파티션 키(Key)칼럼이 조건절에서 누락되는 경우에는 앞쪽 파티션을 모두 스캔하면서 서브 파티션을 찾아 스캔해야 하기 때문이다. 그러므로 파티션 설계도 전략적으로 접근해야 한다.

[그림 V-2-2] 주문 ERD에서 범위 파티션만 적용한 경우에는 특정 주문지점을 조회하는 경우를 만족스럽게

처리할 수 없으며, 목록 파티션만 적용한 경우에는 특정 기간에 주문된 데이터를 조회하는 경우를 만족스럽게 처리할 수 없다. 또한 목록 파티셔닝만 적용한 경우에는 데이터 보관기간이 지난 데이터를 삭제 또는 백업하는 관리적인 측면의 장점이 적어진다.

이런 경우 복합 파티셔닝을 적용하여 먼저 주문일시 칼럼으로 범위 파티션을 적용하고, 서브 파티션으로 주문지점 칼럼에 대해 목록 파티셔닝을 적용하면 성능적인 측면과 관리적인 측면을 모두 만족할 수 있게 된다.

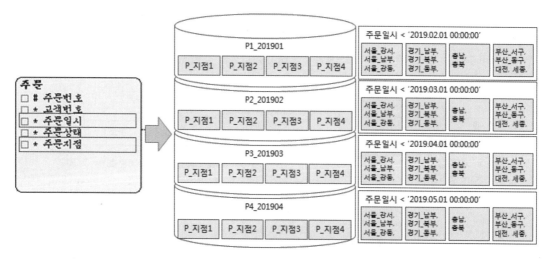

[그림 V-1-6] 범위+목록 파티셔닝 적용

[그림 V-1-6] 범위+목록 파티셔닝은 주문일시 칼럼을 기준으로 범위 파티셔닝을 적용하고, 적용된 범위 파티셔닝의 서브 파티션으로 주문지점 칼럼을 기준으로 목록 파티셔닝을 적용한 예다. 여기서 각 범위 파티셔닝은 모든 지점의 목록 파티셔닝을 포함하는 구조이다.

이렇게 주문 테이블에 복합 파티셔닝(범위+목록)을 적용하면 특정 기간 중에 특정 지점에서 주문된 데이터를 조회하는 경우에 해당 파티션만 읽고 처리가 가능하며, 주문일시 기준으로 보관 기간이 지난 데이터를 삭제하거나 백업할 때 효율적이다. 주문일시 기준 없이 특정 지점의 데이터를 조회하는 경우에는 목록 파티셔닝만을 적용했을 때보다 더 많은 파티션을 읽어야 하므로 비효율이 발생할 수 있다.

복합 파티션은 파티션의 개수가 크게 증가하는 형태를 지니므로 사용하는 DBMS마다 제약사항이나 특성을 고려하여 적절하게 사용하는 것이 좋다.

바. 참조 파티션 테이블(Reference-Partition Table)

참조 파티셔닝을 적용하면 자식 테이블에 부모 테이블과 동일한 칼럼이 없어도 부모 테이블과 동일한 기준으로 자식 테이블을 파티셔닝할 수 있다. 참조 파티셔닝은 특정 DBMS만 지원하는 기능이므로 지원하지 않는 DBMS에서는 사용할 수 없다.

[그림 V-1-2] 주문 ERD에서 지금까지 주문 테이블에 대한 파티셔닝만을 이야기하였지만, 한 번의 주문에

평균 2개의 상품을 주문한다고 하면 실제 레코드 건수는 주문상품 테이블이 주문 테이블보다 2배 많을 것이다.

주문 테이블과 같이 주문일시를 기준으로 파티셔닝을 하려면 주문상품 테이블에도 주문일시 칼럼을 생성하여야 한다. 이는 데이터의 중복이며 저장 공간 및 관리적인 측면에서 효율적이지 않다.

이런 경우 참조 파티셔닝을 활용하면 주문일시 칼럼을 주문상품 테이블에 생성하지 않아도 주문 테이블처럼 주문일시로 범위 파티셔닝을 할 수 있다.

단, 반드시 주문상품 테이블의 주문번호 칼럼에는 Not Null과 FK 제약이 설정되어야 한다.

아. 기타 파티션 테이블

위에서 설명한 여러 파티션 테이블 이외에 범위 파티션을 정의할 때 인터벌(Interval)을 정의하면 범위 파티션을 자동으로 생성해 주는 인터벌 파티션(Interval-Partition), 사용자가 데이터를 입력하는 시점에 데이터가 저장될 파티션을 정의할 수 있는 시스템 파티션(System-Partition), 테이블 생성 시 가상 칼럼을 정의하고 가상 칼럼에 파티셔닝을 적용하는 가상 칼럼 파티션(Virtual Column-Partition)이 있다. 상세한 내용은 해당 DBMS의 매뉴얼을 참고하길 바란다.

자. 파티션 제약사항

각 DBMS마다 지원하는 파티션 종류가 다르고 제약 요소도 다르다. 특정 DBMS에서는 Partition Key로 사용할 칼럼을 테이블의 Primary Key로 지정된 칼럼 중에서만 지정할 수 있다거나, 특정 데이터 타입의 칼럼을 파티션 키로 사용해야 하는 제약 요소가 존재하기에 설계 시 이를 반드시 고려해야 한다.

3. 칼럼

가. 데이터 타입

데이터베이스에서 칼럼(Column)은 데이터를 정의하고 저장하는 최소 단위로 테이블의 구성요소이다. 칼럼은 데이터 타입(Data Type)과 길이(Length)로 정의한다. 데이터 타입은 테이블에 어떤 자료를 입력할 때, 그 자료를 저장할 공간을 자료의 유형별로 나누는 기준이고, 길이는 저장되는 자료의 크기에 제한을 두는 것이다. 칼럼에 정의한 자료의 유형과 호환되지 않는 자료가 입력되는 경우 데이터베이스는 오류를 발생시킨다.

일반적으로 데이터 모델링 단계에서 도메인 표준을 정의하고 그에 따라 각 칼럼의 데이터 타입과 길이를 결정하게 된다. DBMS마다 다르기는 하지만 대부분의 DBMS는 문자, 숫자, 시간(날짜), 바이너리(Binary), 대용량의 텍스트를 저장할 수 있는 데이터 타입을 제공하고 있다. 구조체 형식의 데이터를 저장할 수 있는 데이터 타입을 지원하는 DBMS도 있다. [표 V-1-1] DBMS 데이터 타입은 DBMS에서 자주 사용되는 데이터 타입에 대해서 설명하였다.

[표 V-1-1] DBMS 데이터 타입

데이터 타입	설 명
CHARACTER	• 고정 길이 문자를 저장하는 데이터 타입 • 많은 DBMS에서 CHAR로 표현하며, DBMS마다 상이하지만 최소 1바이트에서 최대 수천 바이트까지 저장할 수 있음 • 고정 길이 문자열 타입이므로 입력되는 데이터가 지정한 최대 길이보다 작은 경우 지정한 최대 길이만큼 공백문자(space)로 채워짐
VARCHAR	• Character Varying의 약자로 가변 길이 문자열 데이터를 저장 • 많은 DBMS에서 VARCHAR로 표현하며, DBMS마다 상이하지만 최소 1바이트에서 최대 수만 바이트까지 저장할 수 있음 • 가변 길이 문자열 타입이므로 입력되는 데이터가 그대로 저장됨 • 오라클의 경우 VARCHAR와 동일한 타입인 VARCHAR2를 많이 사용함
NUMERIC	• 정수, 실수 등 숫자 데이터 저장 • 많은 DBMS에서 숫자의 크기에 따라 데이터 타입을 구분하고 있음(예, tinyint, smallint, int, bigint, float, double 등) • 오라클의 경우 NUMBER(전체자리수, 소수자리수) 표현으로 숫자의 크기 제한
DATE(TIME)	• 날짜, 시간 등의 데이터 저장 • 많은 DBMS에서 날짜와 시간에 대한 데이터 타입을 구분하고 있지만, 특정 DBMS의 경우는 이를 구분하지 않음(예, date, datetime, time, timestamp) • TIMESTAMP 타입은 (DBMS에 따라 차이가 있겠지만) 최대 나노초(nano second)까지 표현 가능하며, 일반적으로 밀리세컨드(millisecond)까지 표현함
Binary Large Object (BLOB)	• 이미지, 음악 파일과 같은 바이너리 형태의 데이터 저장 • DBMS마다 다르지만 대부분 기가 바이트까지 지원함
Character Large Object (CLOB)	• 대용량 텍스트 형태의 데이터 저장 • DBMS마다 다르지만 대부분 기가 바이트까지 지원함

나. 데이터 타입과 길이 결정

칼럼의 데이터 타입과 길이를 결정할 때는 다음과 같은 요소를 고려하여 결정해야 한다.

■ CHARACTER vs. VARCHAR

CHARACTER 데이터 타입을 사용할 것인지, VARCHAR 데이터 타입을 사용할 것인지는 아직도 자주 논의되고 있다. 과거에는 CHARACTER 데이터 타입이 성능상 이점이 많다고 생각하여 많이 사용하였으나, 사실 그 차이는 거의 없다. 최근에는 VARCHAR 데이터 타입을 더 많이 사용하고 있다. CHARACTER 데이터 타입을 사용할 때는 반드시 여부 값(Y/N)을 저장하는 칼럼과 같이 입력되는 모든 데이터의 길이가 반드시 동일하고 Not Null 제약이 있는 경우에만 사용할 것을 권장한다.

CHARACTER 데이터 타입과 VARCHAR 데이터 타입은 비교 방법에도 차이가 있다. CHARACTER 데이터 타입은 문자열을 비교할 때 뒤쪽 공백은 비교 대상이 아니므로 앞쪽의 문자열이 동일하면 두 문자열은 같다고 판단한다. 반면 VARCHAR 데이터 타입은 공백도 하나의 문자로 취급하여 앞쪽의 문자열이 같고 뒤쪽의 공백이 다르다면 다르다고 판단한다. 그러므로 비교 대상 칼럼의 데이터 타입은 반드시 동일한 유형의 데이터 타입으로 정의하여야 한다.

문자열 비교 예시)
- 고정 길이 문자열(CHARACTER) : 'ABC' = 'ABC'
- 가변 길이 문자열(VARCHAR) : 'ABC' ≠ 'ABC'

■ DATE vs CHARACTER(또는 VARCHAR) 타입

날짜/시간은 DBMS에서 제공하는 날짜/시간 데이터 타입의 사용을 권장한다. 기본적으로 날짜 (예:2019-05-12) 또는 시분초까지 데이터를 저장해야 하거나, 요일 정보 및 두 날짜 간의 차이 계산 등이 필요하다면 DATE 데이터 타입을 사용하는 것을 권장한다. 이를 통해 데이터 타입 변환 등의 번거로운 작업을 피할 수 있다. 특히 데이터 품질 확보의 관점에서 DATE 데이터 타입을 사용하게 되면 값의 유효성 검증을 DBMS에서 처리할 수 있으므로 올바르지 않은 형식의 데이터가 입력되는 것을 예방할 수 있으며, 데이터 저장 공간도 절약할 수 있다. millisecond 이상의 단위까지 관리하여야 하는 경우 타임스탬프 (timestamp) 데이터 타입을 기본적으로 사용하고, 필요 시 해당 DBMS에서 제공하는 데이터 타입을 확인하여 적정한 형태를 선택하여 사용하도록 한다.

오랫동안 날짜 형태의 데이터를 저장하는데 문자 데이터 타입이 사용되어 왔다. 특별히 연도(예:2019) 또는 월(예:201905)까지만 저장하고 이를 관리해 온 경우나 기존 시스템과 신규 시스템의 호환성을 맞추기 위한 필요가 있는 경우에는 문자 타입을 선택하는 것도 고려해 볼 수 있을 것이다. 하지만 데이터가 분석되고 활용되는 단계에서 추가적인 작업이 필요하게 된다. 예를 들어 년도가 다른 특정 일자 간 개월 차를 구한다든지 며칠의 차이가 나는지 등을 구하려고 한다면 데이터 타입 변환 등의 번거로운 작업을 피할 수 없게 된다. 실제로도 일자나 시간 칼럼에 전혀 다른 문자 값이나 공백 값, 특히 존재하지 않는 날짜 값 등이 저장되어 데이터 품질 수준을 저해하는 경우가 많다.

■ 정밀도 : 정수 부분+소수점 이하 자릿수

실수형 데이터를 저장하는 경우 관리하고자 하는 소수점의 스케일(Scale)을 명확히 정의하여야 한다. 더 높은 스케일을 요구하였지만 스케일을 낮게 정의하여 데이터 오류가 발생하거나 또는 스케일을 명확히 정의하지 않아 그냥 최대 자리수로 정의하는 것도 좋지 않다. 불필요하게 긴 자릿수는 적더라도 저장 공간을 낭비하게 된다. 일부 DBMS에서는 Float, Real, Double 등과 같은 데이터 타입에 근사치 수치형 데이터 타입을 적용하고 있으므로 높은 정밀도가 요구되는 경우에는 주의가 필요하다. 예를 들어 Double로 정의된 칼럼에 동일한 리터럴 값을 입력하였더라도 시스템에 따라 다르게 해석될 수 있다.

■ 입력 데이터의 최대 길이

데이터 타입의 최대 길이는 항상 예측한 최대 길이보다 동일하거나 크게 정의하여야 한다. 정의한 최대 길이 이상의 데이터가 입력되어 오류가 발생하는 경우도 있으며, 숫자형의 경우 DBMS에 따라 입력 오류가 발생하거나, 데이터가 짤려서 입력되는 경우가 발생할 수도 있다. 문자 데이터 타입의 최대 길이를 지정할

때 DBMS에 따라 길이의 의미가 바이트 수이거나 문자 수인 경우가 있어 반드시 확인이 필요하다. 또한 다국어 지원을 위해 유니코드 문자 타입을 이용하여야 하는 경우, DBMS에 따라 한 문자당 최소 2바이트 또는 3바이트를 사용하게 되므로 이용하는 DBMS의 특성을 확인하고 정의해야 한다. 필요 없는 유니코드 문자 타입의 정의는 저장 공간의 낭비 뿐만 아니라 I/O의 비효율을 초래한다.

■ 기본 값의 정의

칼럼의 기본 값 정의는 매우 중요하다. 최초 데이터가 입력될 때 필수로 입력되어야 하는 칼럼은 데이터가 입력되겠지만, 그렇지 않은 칼럼은 Null 값으로 유지될 것이다. 이때 해당 칼럼으로 조회가 발생하는 경우 성능 저하가 발생할 가능성이 있으며 의미 또한 명확하지 않은 경우가 많다. 이런 경우 업무적으로 기본 값을 정의하여 반드시 데이터가 입력될 수 있도록 정의하는 것이 좋은 방법이다. 예를 들어 여부 칼럼의 경우 기본 값을 'N'으로 정의하고 Not Null 제약을 설정할 수 있다. 또는 물리적으로는 Null을 허용하더라도 기본 값을 정의하여 논리적으로 Not Null로 운영할 수 있다.

다. 이기종 DBMS 간의 데이터 타입 변환

과거에는 기업에서 차세대 또는 시스템의 전면 개편 규모 정도의 프로젝트가 아니라면 데이터베이스 관리 시스템의 업그레이드가 아닌 이기종의 데이터베이스 관리 시스템으로 변경되는 경우는 많지 않았다. 그러나 최근에는 오픈소스 데이터베이스 관리 시스템이 보편화되고 많은 기업에서 도입하면서 응용프로그램의 기능 변경 없이 데이터베이스 관리 시스템만 변경하는 경우도 종종 발생한다. 이기종의 데이터베이스 관리 시스템으로 변경 시에는 데이터 이행이 필수적으로 동반되는데, 이때 서로 다른 데이터 유형으로 인하여 시행착오와 데이터에 오류가 발생하는 경우를 많이 보게 된다. 이기종 데이터베이스 관리 시스템 간의 데이터 이행 시에는 다음과 같은 점을 고려해야 한다.

■ 문자 데이터 타입

모든 DBMS가 지원하는 CHAR와 VARCHAR 타입의 데이터 이행 시에 DBMS마다 지원하는 최대 크기가 상이하므로 반드시 각 DBMS가 지원하는 최대 크기 값을 확인하여야 데이터 유실(오류)를 막을 수 있다. 특히 유니코드 타입인 NCHAR, NVARCHAR 의 경우 길이 지정 시 문자의 개수를 의미하는 경우와 바이트를 의미하는 경우가 있으며, 또한 다국어 지원이 필요한 경우 해당 DBMS에서 2바이트를 사용하는지 3바이트를 사용하는지도 각 DBMS의 매뉴얼을 확인해야 한다.

■ 숫자 데이터 타입

많은 DBMS들이 지원하는 숫자 데이터 타입인 tinyint, smallint, integer, bigint, float와 같이 데이터 타입들의 이름은 같지만 상이한 데이터 길이를 가지고 있는 경우가 많다. 특히 실수 유형의 데이터 이행 시 정밀도와 스케일(Scale)에 대해서 반드시 확인이 필요하다. 이런 경우 별도의 확인 없이 동일한 이름의 타입으로 정의하여 이행하는 경우 의도하지 않은 데이터 유실이 발생할 수 있다. 혹시 호환되는 숫자 데이터 가 없는 경우 문자 데이터 타입으로 이행 후 숫자 유형으로 재이행하는 것도 좋은 방법이다. 이 경우에는 이행 후 데이터 비교를 통해 데이터가 정확히 원하는 값으로 이행되었는지 확인하는 것이 반드시 필요하다.

■ 날짜 데이터 타입

날짜 데이터 타입도 DBMS별로 다른 점이 많다. 많은 DBMS에서 날짜 데이터 타입을 날짜, 시간, 날짜&시간으로 구분하고 있으나, 특정 DBMS에서는 날짜 타입으로 날짜&시간을 표현하고 있다. 데이터 타입의 이름이 동일하다고 같은 데이터 타입으로 판단해서는 안 되며, 반드시 확인이 필요하다. 또한 초 미만의 시간 표현을 DBMS에 따라 나노초(nanosecond) 또는 마이크로세컨드(microsecond), 밀리세컨드(millisecond)로 표현의 정밀도가 다르기 때문에 데이터 이행 시 이에 대한 주의가 필요하다.

4. 용량 설계

용량 설계는 다음과 같은 목적으로 진행된다.

■ 정확한 데이터 용량을 예측하여 저장 공간을 효과적으로 사용하고 저장 공간에 대한 확장성을 보장하여 가용성을 높이기 위함
■ H/W 특성을 고려하여 디스크 채널 병목을 최소화하기 위함
■ 디스크 I/O를 분산하여 접근 성능을 향상하기 위함
■ 테이블이나 인덱스에 맞는 저장 옵션을 지정하기 위함

테이블 저장 옵션에 대한 고려 사항은 다음과 같다.

■ 초기 사이즈, 증가 사이즈
■ 최대 사이즈와 자동 증가 옵션
■ 트랜잭션 관련 옵션

저장 용량 설계 절차는 다음과 같다.

■ 용량 분석 : 데이터 증가 예상 건수, 주기, 행(Row) 하나의 사이즈 등을 고려함
■ 객체별 용량 산정 : 테이블, 인덱스에 대한 크기
■ 테이블스페이스별 용량 산정 : 테이블스페이스별 객체 용량의 합계
■ 디스크 용량 산정 : 테이블스페이스에 따른 디스크 용량과 I/O 분산 설계

제2절 무결성 설계

1. 데이터 무결성

데이터의 정확성, 일관성, 유효성, 신뢰성을 확보하고 이상 갱신으로부터 데이터를 보호하기 위해 무결성 설계가 필요하다. 무결성 설계는 데이터의 논리 설계 단계에서부터 논리적인 모순이 없도록 신중하게 고려하여야 한다. 물리 설계 단계에서는 논리적인 모순이 없는지 다시 점검하고, 물리적인 차원에서 데이터 무결성을 유지하기 위한 방안을 강구해야 한다. 데이터 모델링 과정에서 정의된 일련의 규칙에 따라 데이터가 생성, 수정, 삭제될 수 있도록 프로그램이나 데이터베이스 기능을 이용한다. 그 결과로 권한이 부여된 사용자에 의해 일어날 수 있는 데이터의 오류를 예방하고, 데이터베이스 내의 데이터가 현실 세계의 올바른 데이터를 갖도록 보장하는 것이다.

가. 데이터 무결성 종류

데이터베이스에서의 무결성은 엔터티 무결성, 영역 무결성, 참조무결성, 사용자 정의 무결성 4가지가 있다.

[표 V-1-2] 데이터 무결성 분류

분 류	설 명
엔터티 무결성	엔터티는 각 인스턴스를 유일하게 식별할 수 있는 속성이나 속성 그룹을 가져야 한다.
영역 무결성	칼럼 데이터 타입, 길이, 유효 값이 일관되게 유지되어야 한다.
참조무결성	데이터 모델에서 정의된 엔터티 간의 관계 조건을 유지하는 것이다.
사용자 정의 무결성	다양하게 정의될 수 있는 비즈니스 규칙이 데이터적으로 일관성을 유지하는 것이다.

나. 데이터 무결성 강화 방법

데이터 무결성은 데이터 품질에 직접적인 영향을 준다. 프로그램이 완성되고 데이터가 축적된 후 데이터 클린징(Cleansing)을 하거나 무결성 방법을 강구할 때는 많은 비용이 발생된다. 데이터 품질을 확보하기 위해서는 논리 데이터 설계 단계에서 엔터티 무결성, 영역 무결성, 참조무결성이 고려되어야 한다. 또한 데이터베이스 구축 과정에서는 논리 단계에서 고려된 엔터티/영역/참조무결성뿐만 아니라 사용자 정의 무결성까지 확보하기 위한 물리적인 방안을 모색해야 한다.

　데이터베이스에서 정의할 수 있는 기본적인 무결성 제약은 데이터베이스에서 정의하되, 기본적인 무결성 제약조건으로 데이터베이스에서 정의할 수 없는 복잡한 비즈니스 규칙에 의해 데이터 상호 간에 유지해야 할 정합성은 데이터베이스 트리거나 애플리케이션 내에서 처리해야 한다. 예를 들어 주문 테이블에서 특정 주문 레코드의 결제상태코드 칼럼 값이 'unpaid'일 때, 주문배송 테이블에서 해당하는 레코드의 주문상태코드 칼럼 값은 'completed'일 수 없다는 비즈니스 규칙은 데이터베이스에서 정의할 수 없다.

[표 V-1-3] 무결성 강화 방법

분 류	설 명
애플리케이션	데이터를 조작하는 프로그램 내에 데이터 생성, 수정, 삭제 시 무결성 조건을 검증하는 코드를 추가함
데이터베이스 트리거	트리거 이벤트 시 저장 SQL을 실행하여 무결성 조건을 실행함
제약조건	데이터베이스 제약조건 기능을 선언하여 무결성을 유지함

　세 가지 방법은 무결성 종류에 따라 장단점이 존재하므로 선택적으로 적용한다. 필요 이상 혹은 이하의 부적절한 무결성 강화 방법을 적용했을 때에는 성능 측면이나 운영적인 측면에서 불필요한 노력이 발생한다.

[표 V-1-4] 무결성 강화 방법에 따른 장단점

구 분	장 점	단 점
애플리케이션	• 사용자 정의 같은 복잡한 무결성 조건을 구현함	• 소스 코드에 분산되어 관리의 어려움 있음 • 개별적으로 시행되므로 적정성 검토에 어려움
데이터베이스 트리거	• 통합 관리가 가능함 • 복잡한 요건 구현 가능	• 운영 중 변경이 어려움 • 사용상 주의가 필요함
제약조건	• 통합 관리가 가능함 • 간단한 선언으로 구현 가능 • 변경이 용이하고 유효/무효 상태 변경 가능함 • 원천적으로 잘못된 데이터 발생을 막을 수 있음	• 복잡한 제약조건 구현이 불가능 • 예외적인 처리가 불가능

2. 엔터티 무결성

엔터티 무결성은 엔터티에서 개체의 유일성을 보장하기 위한 무결성이다. 이는 반드시 보장되어야 하므로 프로그램이나 트리거 등을 이용하는 것보다 데이터베이스에서 제공하는 PK(Primary Key) 제약조건과 UNIQUE 제약조건 등을 이용하여 보장하는 것이 좋다.

- ■ PK(Primary Key) 제약조건

  데이터베이스에서 가장 중요한 무결성 조건으로 PK(식별자) 값은 NOT NULL이고 유일(UNIQUE)해야 한다. PK가 없는 테이블 운영은 데이터 조작 시 이상 현상이 발생하거나 조인에 의해 집계된 금액이 잘못 계산될 가능성이 높다.
- ■ UNIQUE 제약조건

  엔터티 무결성은 식별자 외에 엔터티 내에 후보 키 대상인 UNIQUE 칼럼도 대상이다. 상품 테이블에서 상품 코드가 PK이고 업무 요건에 의해서 상품 바코드도 유일한 값을 가져야 한다면 엔터티 무결성을 위해 상품 바코드에 UNIQUE 제약조건을 적용해야 한다. PK 제약조건과 UNIQUE 제약조건의 차이는 상품 코드는 NULL이 존재해서는 안 되고, 상품 바코드는 경우에 따라 바코드 값이 NULL이 될 수 있다.

UNIQUE 제약조건과 NOT NULL 제약조건을 동시에 적용하면 DBMS 내부적인 적용은 다르지만 PK 제약조건과 동일한 결과를 얻을 수 있다. 특정 DBMS는 PK를 선언할 경우 해당 테이블이 클러스터형 인덱스(Clustered Index) 테이블 구조로 만들어지는 경우가 있다(SQL Server). 이런 경우 대용량의 Heap 테이블에 PK를 생성한다면 데이터 저장 구조가 변경되어 많은 시간이 소요될 수 있으므로 사전에 확인이 필요하다.

PK나 UNIQUE 제약조건을 적용하면 Unique Index가 생성된다. 이는 데이터 변경 시 제약조건을 만족하는지 확인하는 수단으로 인덱스가 필요하기 때문이다. 엔터티 무결성은 칼럼을 대상으로 제약조건을 생성하지만 테이블 내의 모든 행(Row)에 대해 칼럼 값을 비교하여 엔터티 무결성을 검증한다.

3. 영역 무결성

영역 무결성은 칼럼에 적용되어 단일 행(Row)의 칼럼 값만으로 만족 여부를 판단할 수 있다. 영역 무결성에 대한 예는 다음과 같은 것이 있다.

예 1) '주문일자' 칼럼 값이 '20190230'이라면 유효한 데이터가 아니다. 2월 30일은 존재할 수 없기 때문이다.
예 2) 근무상태를 '1 : 정상', '2 : 휴직', '3 : 퇴직' 등 3가지 상태만 비즈니스 규칙에 의해 유효한 값으로 정의한 경우 '4 : 복직'이나 NULL 상태는 존재할 수 없다.
예 3) 상품 테이블의 상품명이 필수 입력 사항이면 상품명에 NULL 값은 존재할 수 없다.

영역 무결성은 프로그램 소스와 제약조건을 상호 보완적으로 사용하는 것이 효과적이며, 프로그램 기능에 의해 유효 값에 대한 검증을 선행하고 추가적으로 제약조건을 선언하여 무결성을 강화하는 것이 좋다. 그러나 프로그램을 통하지 않고 데이터베이스에 직접 접속하여 데이터를 변경할 수 있는 가능성이 열려 있다면 제약조건 선언에 의한 무결성 보장을 소홀히 하지 않아야 한다.

- 데이터 타입(Data Type) & 길이(Length)

  예 1)에서 '주문일자' 칼럼을 날짜 데이터 타입으로 정의했다면 2월 30일이라는 데이터는 등록될 수 없었을 것이다.

  사용 중인 DBMS의 데이터 타입이 날짜 시간을 구분하는 경우에는 날짜 타입으로 정의하여 '시분초' 값을 배제하여 정의할 수 있다. 그렇지 않은 경우, DBMS에서의 날짜 타입은 '년월일'의 일자와 '시분초'의 시간을 포함한 값을 가지며 비교 연산 시 추가적인 코드 작성이 필요하다. 단지 날짜와 시간을 구분하여 저장하고 사용한다는 이유로 일자 값을 CHAR 또는 VARCHAR로 정의해 둔 경우가 있다. 이와 같은 경우에도 시분초 값을 '00:00:00'으로 입력하고 날짜 데이터 타입으로 정의하는 것이 데이터의 무결성, 저장 공간, 성능 등의 면에서 유리하다.

- 유효 값(CHECK)

  예 2)와 같은 경우는 칼럼 유효 값에 대한 제약조건으로 CHECK를 이용한다. CHECK 무결성 제한은 참이 되어야 하는 조건을 명시적으로 정의한다.

- NOT NULL

  예 3)에서 상품명이 반드시 존재하기 위해 NOT NULL 제약조건을 사용한다. 숫자 타입의 칼럼은 계산에 이용되는 경우가 많다. 금액 계산 시 NULL 값이 존재하면 사칙 연산 시 잘못된 결과가 도출될 수 있다. 이를 방지하기 위해 숫자 타입의 칼럼은 NOT NULL 제약조건을 부여하고 업무 규칙에 맞게 적절한 기본 (Default) 값을 정의하여야 한다.

4. 참조무결성

참조무결성은 두 엔터티 사이의 관계 규칙을 정의하기 위한 제약조건으로 데이터가 입력, 수정, 삭제될 때 두 엔터티의 행(Row) 사이의 정합성과 일관성을 유지하는 데 사용된다. 참조무결성 제약조건은 어떤 엔터티의 행이 다른 엔터티에 있는 행을 참조하려면 참조되는 행은 그 엔터티 내에 반드시 존재하여야 한다는 것이다.

■ 입력 참조무결성

[표 V-1-5] 입력 참조무결성

구 분	설 명
DEPENDENT	참조되는(부모) 테이블에 PK 값이 존재할 때만 참조하는(자식) 테이블에 입력을 허용
AUTOMATIC	참조되는(부모) 테이블에 PK 값이 없는 경우 참조되는(부모) 테이블에 PK를 생성한 후 참조하는(자식) 테이블에 입력
DEFAULT	참조되는(부모) 테이블에 PK 값이 없는 경우 참조하는(자식) 테이블에 지정된 기본 값으로 입력
CUSTOMIZED	특정한 조건을 만족할 때만 입력을 허용
NULL	참조되는(부모) 테이블에 PK 값이 없는 경우 참조하는(자식) 테이블의 외래 키(FK)를 NULL 값으로 처리
NO EFFECT	조건 없이 입력을 허용

입력 참조무결성은 복잡한 처리 규칙을 위해 애플리케이션에서 구현한다. 반드시 참조무결성을 유지해야 하는 경우에는 추가적으로 FK 제약을 사용한다. 이는 부모 없는 자식 데이터를 생성하지 않는 확실한 방법이다.

■ 수정/삭제 참조무결성

[표 V-1-6] 수정·삭제 참조무결성

구 분	설 명
RESTRICT	참조하는(자식) 테이블에 참조되는(부모) 테이블의 PK 값이 없는 경우에만 참조되는(부모) 테이블에서 해당 PK의 행(Row)의 삭제·수정 허용 (자식 테이블의 행을 먼저 삭제해야 함)
CASCADE	참조되는(부모) 테이블의 행을 삭제하면 해당 레코드의 PK를 외래 키(FK)로 상속받아 참조하는(자식) 테이블의 행까지 연쇄적 삭제·수정
DEFAULT	참조되는(부모) 테이블의 수정을 항상 허용하고 참조하는(자식) 테이블의 외래 키를 지정된 기본 값으로 변경
CUSTOMIZED	특정한 조건이 만족할 때만 수정·삭제 허용
NULL	참조되는(부모) 테이블의 수정을 항상 허용하고 참조하는(자식) 테이블의 외래 키를 NULL 값으로 수정
NO EFFECT	조건 없이 삭제·수정 허용

수정 참조무결성은 부모 식별자가 변경되었을 경우이다. 부모 테이블의 식별자는 많은 자식 테이블에 외래 키(FK)로 상속되어 있을 수 있기 때문에 부모 테이블의 식별자 값이 변경될 경우 관련 테이블에 미치는 영향이 클 수 있다. 그러므로 가능한 식별자 값 변경이 없도록 데이터베이스를 운영하는 것이 바람직하다. 식별자 값의 변경이 불가피한 경우에는 해당 행을 삭제하고 다시 입력하도록 규칙을 적용하여 애플리케이션에서 구현하는 것이 바람직하다.

삭제 참조무결성은 제한(RESTRICT) 기능으로 DBMS의 FK 제약을 이용한다.

- 디폴트 규칙 정의의 필요성

  참조무결성에서 NULL 값을 정의하는 것은 바람직하지 않다. NULL은 알 수 없는 상태이거나 아직 정의되지 않은 상태를 의미한다.
- 모델상에서 슈퍼타입(Super-type) – 서브타입(Sub-type) 관계

  데이터 입력 시에는 DEPENDENT, AUTOMATIC 조건을 적용하고, 삭제나 변경 시에는 CASCADE 조건을 적용하는 것이 바람직하다.

참조무결성은 데이터베이스에서 제공하는 FK만으로 모두 구현하는 것은 불가능하다. 모든 제약 옵션을 데이터베이스가 지원하지 않기 때문이다. 따라서 프로그램, 데이터베이스 트리거, 외래 키(FK) 제약을 상호 보완적으로 사용해야 한다. 예외적으로 특정 DBMS에서 대량의 트랜잭션이 발생 시 외래 키로 인한 성능 저하 요소가 뚜렷하게 존재하는 경우에 한해 외래 키 제약조건 생성을 재검토해 볼 수 있다. 이로 인해 현저한 차이가 있는 경우, 다른 방법으로 데이터 무결성을 지킬 방법이나 대안을 마련하고 외래 키 삭제를 고려하는 것이 좋다. 특수한 경우를 제외하고, 기본적으로 외래 키 제약이 적용되어야 무결성을 확보할 수 있다.

외래 키 제약은 인덱스를 생성한다. 자식 테이블의 데이터 변경은 부모 테이블에 PK 제약으로 만들어진 UNIQUE 인덱스를 이용하고, 부모 테이블의 데이터 변경은 자식 테이블의 인덱스를 이용한다. 인덱스가 없다면 테이블 FULL SCAN이 발생하여 성능에 좋지 않은 영향을 미치게 된다.

제 3 절 인덱스 설계

1. 인덱스 기능

인덱스는 어떤 종류의 검색 연산을 최적화하기 위해 데이터베이스 상에 레코드들의 정보를 구성하는 데이터 구조이다. 인덱스를 이용하면 전체 데이터를 검색하지 않고도 데이터베이스에서 원하는 정보를 빠르게 검색할 수 있다.

예를 들어, 테이블에는 수백 만의 고객 정보가 저장되어 있고 고객명, 고객번호, 주민번호 등을 이용해 데이터를 검색하고자 할 때 인덱스가 없다면 찾고자 하는 대상이 한 명이더라도 수백 만의 고객 데이터 전체를 읽어야 한다. 인덱스는 인덱스를 생성한 칼럼 값으로 정렬되어 있고 테이블 내 데이터 값들을 찾아갈 수 있는 논리적 위치정보를 가지고 있다. 인덱스를 이용하면 고객 테이블의 전체 데이터를 읽지 않고도 찾으려는 고객 데이터를 찾을 수 있다. 테이블에 데이터가 수천 만 이상의 행(Row)으로 증가하여도 인덱스를 이용한 접근 경로와 검색 범위가 동일하다면 일정한 읽기 속도를 보장할 수 있다.

1개 이상의 데이터를 이용하여 비교 연산을 수행하는 효과적인 방법은 정렬 후 값을 비교하는 것이다. 그런데 비교 연산을 수행할 때마다 정렬을 하면 많은 비용이 발생한다. 이때 정렬된 결과를 유지하는 데 효과적인 B tree 형태로 정렬된 결과를 저장해두면 비교 연산을 수행할 때마다 정렬을 수행하지 않고 이용할 수 있다.

인덱스의 중요한 기능은 데이터의 탐색 속도를 향상시키는 것이다. 데이터의 탐색은 데이터베이스에서 가장 중요하고 빈번한 연산이므로 DBMS는 데이터 탐색 시 발생하는 비용을 최소화하는 방법의 하나로 인덱스를 활용할 수 있다.

예를 들어, 무결성 검증을 위해 어떤 집합을 탐색하는 경우에 인덱스를 활용할 수 있다. PK(Primary Key), FK(Foreign Key), UK(Unique Key)에 대한 제약조건을 확인하려면 해당하는 속성으로 데이터가 정렬되어 있어야 한다.

그 외에 조인 시 먼저 액세스하는 드라이빙(Driving) 집합을 탐색하거나 드라이빙 집합의 결과를 가지고 Inner 집합에서 검색 조건과 일치하는 데이터를 추출하고자 할 때 주로 활용한다. 드라이빙 집합을 탐색할 때 검색 조건에 인덱스가 존재하지 않으면 전체 데이터를 읽어야 하고, Inner 집합을 탐침할 때 Inner 집합의 조인 속성에 인덱스가 존재하지 않으면 조인 시 카티션 프로덕트(Cartesian Product)가 발생할 때처럼 모든 조인 대상집합에 대해 매번 조인 연산이 발생한다.

2. 인덱스 구조

인덱스는 인덱스를 구성하는 구조나 특징에 따라 트리 기반 인덱스, 해시 기반 인덱스, 비트맵 인덱스, 함수 기반 인덱스, 파티션 인덱스 등으로 나눌 수 있다.

가. 트리 기반 인덱스

대부분의 DBMS는 트리(tree) 구조를 기반으로 하는 B+tree 인덱스를 주로 사용한다. B+tree는 루트에서 리프 노드까지 모든 경로의 깊이가 같은 밸런스 트리(Balanced Tree) 형태로, 다른 인덱스에 비해 대용량 처리의 데이터 입력과 삭제 등에 좋은 성능을 유지한다.

B tree는 키 값이 tree 상에 한 번만 나타나기 때문에 키 값을 순차적으로 액세스하고자 할 때 tree를 탐색하는 데 많은 비용이 발생한다. 이러한 tree 탐색 비용을 최소화하기 위해 B+tree에서는 모든 키 값을 리프 노드에 내리고 양방향으로 연결(doubly linked list)해 놓았다. 이러한 구조로 인해 B+tree는 범위 검색 시에 좋은 성능을 낸다.

B+tree의 탐색 성능은 전체 행(Row) 수보다 이분화해 가는 깊이에 더 많은 영향을 받는다. 한 번 이분화를 했을 때 얼마나 처리할 범위를 줄여 주었느냐가 처리할 깊이에 영향을 주게 된다. 스캔은 랜덤 액세스보다 비용 측면에서 유리하다. 몇 번의 이분화를 통해 어느 정도 처리 범위가 줄어들었다면 더 이상 이분화하지 않고 스캔을 통해 비교하는 것이 유리하다. 이러한 원리를 바탕으로 DBMS들은 몇 개의 칼럼까지만 이분화를 수행하고 그 이상의 칼럼은 인덱스 행(Row)의 스캔을 통해 비교한다.

B+tree 인덱스는 삽입과 삭제 시의 성능이 노드의 분할과 머지의 횟수에 따라 결정되기 때문에 노드가 분할될 확률을 줄이기 위해 "각 노드는 최소한 반 이상 차 있어야 한다"라는 제약조건을 가지고 있었다. 데이터 양이 대용량화되면서 이러한 제약조건만으로는 분할을 최소화하는 데 한계가 있어 "각 노드는 최소한 2/3 이상 차 있어야 한다"라는 제약조건으로 변경되었다. 이러한 제약조건을 가진 tree를 B*tree라고 한다. 현재 대부분의 DBMS에서 사용하고 있는 B tree 인덱스는 B+tree와 B*tree의 구조 및 특징을 모두 포함하고 있는 인덱스를 지원한다.

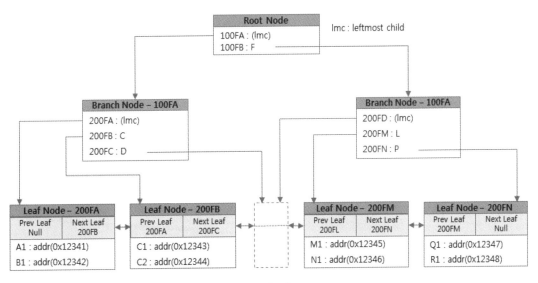

[그림 V-1-7] B*tree 구조

B+tree에서 노드를 가득 채우는 방법은 데이터 삽입 시 발생하는 분할 횟수를 줄여 삽입 시의 성능은 향상되지만 삭제 시에는 병합(Merge)이 발생할 가능성이 높아지기 때문에 삭제가 빈번하게 발생하는 경우에는 치명적인 문제를 발생시킨다. 이를 피하는 방법은 삭제 시에 제약조건을 완화하는 방법이다. 실제로 대부분의 DBMS에서는 삭제 시에 발생할 수 있는 병합에 대한 성능 저하를 막기 위해 삭제 시에 병합(Merge) 자체가 발생하지 않도록 하는 방법을 사용하고 있다.

예를 들어, 오라클의 경우 데이터를 전부 삭제하더라도 병합이 발생하지 않고 삽입 시에 확장된 구조와 스토리지를 계속 유지하도록 설계되어 있다. 이로 인하여 삭제가 빈번하게 발생하는 테이블의 경우 인덱스 사이즈가 지속적으로 증가할 수 있으므로 저장 공간 낭비를 막기 위해서는 인덱스를 주기적으로 재생성해 주어야 한다.

나. 해시 기반 인덱스

해시 인덱스의 기본 개념은 키 값에 해시 함수를 적용하여 해당 키 값에 대응하는 버킷(Bucket)을 식별하고 탐색한다는 것이다. 버킷은 처음에는 하나의 기본 페이지로 구성되지만 해당 버킷에 새로운 데이터 엔트리를 위한 저장 공간이 없을 때는 새로운 오버플로우(Overflow) 페이지를 하나 할당하고 그 페이지에 데이터를 삽입하여 해당 버킷과 연결한다. 오버플로우 체인이 길어지면 버킷을 탐색하는 성능이 저하되므로 초기 생성 시 80% 정도 채우고, 주기적으로 다시 해싱해 오버플로우 페이지를 제거한다.

다. 비트맵 인덱스

인덱스의 목적은 주어진 키 값을 포함하고 있는 행(Row)에 대한 논리적 주소정보를 제공하는 것이다.

B+tree 인덱스의 경우는 상응하는 키 값의 리프 노드에 논리적 주소정보를 저장함으로써 이러한 목적을 달성하고 있지만, 비트맵 인덱스(Bitmap Index)의 경우는 B+tree 인덱스와는 약간 다른 방식으로 행에 대한 논리적 주소정보를 제공한다. 비트맵 인덱스는 '0' 또는 '1'로 이루어진 비트맵만 가지고 있기 때문에 이 정보로부터 실제 행이 저장되어 있는 물리적인 위치를 아는 것은 불가능해 보인다.

비트맵 인덱스는 첫 번째와 마지막 비트의 논리적인 주소를 가지고 있으면서, 특정 행에 대한 액세스가 필요할 때 해당 비트가 첫 번째 비트로부터 떨어져 있는 상대적인 거리를 이용해 해당 비트의 위치를 계산할 수 있다. DBMS는 내부적으로 비트의 위치를 가지고 행의 물리적인 위치를 계산하는 함수를 지원한다.

테이블 데이터

고객번호	고객명	성별
100	김○○	남
200	박○○	여
300	최○○	남
400	이○○	여
500	조○○	<NULL>

Bitmap Index
대상 칼럼

DML Operation
Locking 단위

논리적 저장 구조

성별 \ 고객번호	100	200	300	400	500
남	1	0	1	0	0
여	0	1	0	1	0
NULL	0	0	0	0	1

물리적 저장 구조

Key	Start(Addr)	End(Addr)	Bitmap
남	1.0	5.0	10100
여	1.0	5.0	01010
NULL	1.0	5.0	00001

[그림 V-1-8] 비트맵 인덱스 구조

비트맵 인덱스는 넓은 분포도를 갖고 있는 데이터에 대해 다중 조건을 만족하는 행(Row)의 개수를 계산하는데 적합하다. 비트맵 인덱스는 B+tree 인덱스에 비해 저장 공간이 줄어들고 키 값의 비교를 비트 연산으로 처리하므로 비교 연산이 획기적으로 줄어들기 때문이다. 그 외에 비트맵 인덱스가 가지는 장점으로 압축을 들 수 있다. 비트맵은 키 값 단위로 생성되므로 동일한 값이 반복될 확률이 높아 압축 효율이 좋아진다.

위 예제의 성별과 같이 Distinct Value 개수가 적은 칼럼을 조회할 때 비트맵 인덱스가 B*tree 인덱스보다 크게 성능을 향상시킬 수 있는 것은 아니다. 스캔할 인덱스 블록(페이지)를 줄여주는 이점은 있지만, 데이터를 찾기 위해 테이블로 찾아가는 Random Access 측면에서는 B*tree 인덱스와 동일하기 때문이다. 또한 단일 비트맵 인덱스로는 효과적인 성능 개선을 기대하기 어렵다.

[표 V-1-7] B-tree와 Bitmap 구조 비교

구 분	B-tree	Bitmap
구조 특징	Root block, Branch block, Leaf block으로 구성되며, 인덱스 깊이를 동일하게 유지하는 트리 구조	키 값이 가질 수 있는 각 값에 대해 하나의 비트맵을 구성
사용 환경	OLTP	DW(Data Warehouse), DM(Data Mart) 등
검색 속도	처리 범위가 좁은 데이터 검색 시 유리함	다중 조건을 만족하는 데이터 검색 시에 유리함 (특히, 비정형 쿼리)
분포도	데이터 분포도가 좋은 칼럼에 적합	데이터 분포도가 나쁜 칼럼에 적합
장점	입력, 수정, 삭제가 용이함	비트 연산으로 OR 연산, NULL 값 비교 등이 가능함
단점	처리 범위가 넓을 때 수행 속도 저하	전체 인덱스 조정의 부하로 입력, 수정, 삭제가 어려움

라. 함수 기반 인덱스

사원 테이블에서 이름이 'MIKE'로 시작하는 자료를 찾는 전형적인 방법은 WHERE절에 "name like 'MIKE%'"처럼 사용하는 것이다. NAME이라는 칼럼에 인덱스가 생성되어 있다면 옵티마이저(Optimizer)는 해당 인덱스를 사용해 자료를 찾을 것이다. 그런데 "Upper(name) like 'MIKE%'"처럼 조건절을 기술한다면 인덱스 칼럼에 변형이 일어나므로 옵티마이저는 인덱스를 사용할 수 없어 Full Scan을 하게 된다.

함수 기반 인덱스(Function-based Index)는 함수(Function)나 수식(Expression)으로 계산된 결과에 대해 B+tree 인덱스나 비트맵 인덱스를 생성하여 사용할 수 있는 기능을 제공한다. 함수 기반 인덱스에서 사용되는 함수는 산술식(Arithmetic expression), PL/SQL Function, SQL Function, Package, C Callout이 가능하지만 동일한 입력 값에 대해 시간 흐름에 따라 결과 값이 변경되는 함수에는 적용할 수 없다. 또한 Object type도 해당 칼럼에 정의된 Method에 대해 함수 기반 인덱스의 생성이 가능하지만 LOB, REF type, Nested Table Column 또는 이들을 포함하고 있는 Object type에 대해서는 함수 기반 인덱스의 생성이 불가능하다.

마. 파티션 인덱스

인덱스도 파티션 테이블과 같이 특정 칼럼을 기준으로 파티셔닝을 할 수 있다. 이를 인덱스 파티셔닝이라 한다. 파티션 인덱스(Partition Index)는 각 인덱스 파티션이 담당하는 테이블의 파티션 범위에 따라 글로벌 파티션 인덱스와 로컬 파티션 인덱스로 구분한다. 인덱스 파티션의 지원여부는 DBMS마다 다를 수 있으며, 여기서는 오라클을 기준으로 설명한다.

- 비 파티션 인덱스

비 파티션 인덱스(Non-Partition Index)는 파티션 인덱스가 아니다. 파티션 테이블에 생성된 비 파티션 인덱스는 글로벌 인덱스라 부르며 파티셔닝되지 않은 인덱스가 파티셔닝된 전체 테이블과 대응되는 구조이다. 파티션 테이블에 비 파티션 인덱스의 사용은 처리되어야 하는 SQL이 반드시 여러 파티션을 액세스하여야 하는 경우 파티션의 인덱스를 각각 액세스하는 비효율이 너무 커서 요구하는 성능을 만족할 수 없을 때 고려해 볼 수 있다. 비 파티션 인덱스는 테이블 파티션의 삭제, 분할과 같은 관리 작업이 발생할 때마다 인덱스의 상태가 Unusable되어 인덱스를 리빌드(Rebuild)해 주어야 하는 등 관리적인 불편함이 존재하므로 필요한 경우를 제외하고는 많이 사용하지 않는다.

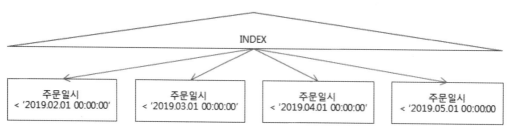

[그림 V-1-9] 비 파티션 인덱스 구조

- 로컬 파티션 인덱스

테이블이 파티셔닝된 기준 그대로 파티셔닝된 파티션 인덱스이다. 즉, 인덱스 파티션과 테이블 파티션이 1:1로 대응되는 구조이다. 로컬 파티셔닝은 테이블 파티션의 삭제, 추가 등의 작업 시에도 DBMS가 자동으로 관리하므로 관리적인 편의성이 매우 좋다. 로컬 파티션 인덱스(Local Partition Index)는 파티션 테이블에 가장 많이 사용하는 인덱스 파티션이다.

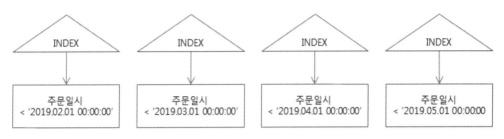

[그림 V-1-10] 로컬 파티션 인덱스 구조

- 글로벌 파티션 인덱스

테이블의 파티션과 독립적으로 인덱스 파티션을 구성하는 것을 글로벌 파티션 인덱스(Global Partition Index)라고 한다. 글로벌 파티션 인덱스는 파티셔닝되지 않은 테이블에도 적용할 수 있다. 글로벌 파티션 인덱스는 비 파티션 인덱스와 동일한 관리상의 불편함이 발생하여 많이 사용하지 않는다.

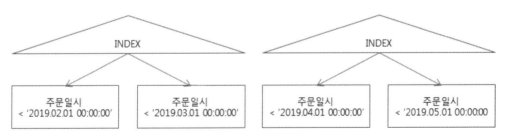

[그림 V-1-11] 글로벌 파티션 인덱스 구조

3. 인덱스 설계 절차

인덱스는 개별 SQL의 성능뿐만 아니라, 최소의 인덱스 구성으로 최대한 SQL 성능을 높이고 DML에 대한 부하를 줄일 수 있어야 한다. 시스템의 전체적인 관점에서 인덱스 전략을 수립하고 최적의 인덱스 구성을 선택할 수 있어야 한다. 인덱스 선정은 테이블에 접근하는 모든 경로를 수집하고 수집된 결과를 분석하여 종합적인 판단에 의해 전략적으로 접근하는 것이 바람직하다.

가. 접근 경로 수집

접근 경로는 테이블에서 데이터를 검색하는 방법으로, 테이블 스캔과 인덱스 스캔 등이 있다. 접근 경로를 수집한다는 의미는 SQL이 최적화되었을 때 인덱스 스캔을 해야 하는 검색 조건들을 수집하는 것이므로 데이터베이스 설계 시 혹은 완성되지 않은 프로그램에서 사용될 모든 접근 경로를 예측하기는 불가능하다. 따라서 프로그램 설계서, 화면 설계 자료, 프로그램 처리 조건 등을 고려하여 예상되는 접근 경로를 수집하여야 한다. 수집은 테이블 단위로 진행하고, 다음과 같은 점을 고려하여 접근 유형을 목록화한다.

- **반복 수행되는 접근 경로**
  대표적인 것이 조인 칼럼이다. 조인 칼럼은 외래 키(FK) 제약 대상이기도 하다. 주문 1건당 평균 50개의 주문 내역을 갖는다면 주문 테이블과 주문 내역 테이블을 이용하여 주문서를 작성하는 SQL은 조인을 위해 평균 50번의 주문 내역 테이블을 반복 액세스한다.
- **분포도가 양호한 칼럼**
  주문번호, 청구번호, 주민번호 등과 같이 단일 칼럼 인덱스로도 충분한 수행 속도를 보장받을 수 있는 후보를 수집한다.

  분포도(%) = 데이터별 평균 행(Row) 수 / 테이블의 총 행(Row) 수 × 100

- **조회 조건에 사용되는 칼럼**
  성명, 상품명, 고객명 등 명칭이나 주문일자, 판매일자, 입고일자 등 일자와 같은 칼럼은 조회 조건으로 많이 이용되는 칼럼이다.
- **자주 결합되어 사용되는 칼럼**
  판매일 + 판매부서, 급여일 + 급여부서와 같이 조합에 의해 사용되는 칼럼 유형을 조사한다.
- **데이터 정렬 순서와 그루핑 칼럼**
  조건뿐만 아니라 순방향, 역방향 등의 정렬 순서를 병행하여 찾는다. 인덱스는 구성 칼럼 값들이 정렬되어 있다. 인덱스를 이용하면, 특정 DBMS에서는 ORDER BY에 의한 정렬 작업을 피할 수 있다. 동일한 원리로 그루핑 단위(GROUP BY)로 사용된 칼럼도 조사한다.
- **일련번호를 부여한 칼럼**
  이력을 관리하기 위해 일련번호를 부여한 칼럼에 대해서도 조사를 실시한다. 마지막 일련번호를 찾는 경우가 빈번히 발생하므로 효과적인 액세스를 위해 필요하다.
- **통계 자료 추출 조건**
  통계 자료는 결과를 추출하기 위해서 넓은 범위의 데이터가 필요하다. 따라서 다양한 추출 조건을 사전에 확보하여 인덱스 생성에 반영하여야 한다.
- **조회 조건이나 조인 조건 연산자**
  위에 제시된 유형의 칼럼과 함께 적용된 =, between, like, >, <, in 등의 비교 연산자를 병행 조사한다. 이는 인덱스 결합 순서를 결정할 때 중요한 정보로 사용되므로 반드시 수집되어야 한다. 테이블 간의 조인인지 상수에 의한 대입인지를 함께 조사하는 것이 좋다.

위에서 제시된 칼럼들은 인덱스 생성이 필요한 칼럼들이다. 운영 중인 시스템을 대상으로 인덱스를 설계할 때는 사용하고 있는 애플리케이션 내의 SQL 문장을 수집하거나 SQL 트레이스(Trace)를 사용해 SQL들을 추출하여 접근 경로를 수집할 수 있다. 사후 작업은 많은 노력이 필요하지만 정확한 접근 경로를 추출할 수 있다. 설계 단계에서 위와 같은 칼럼으로 접근 경로를 추출해 인덱스 설계에 이용하고, 개발이 완료된 후 시스템 운영 초기나 성능에 문제가 발생되었을 때 인덱스 설계를 보완해 가는 것이 일반적인 방법이다. 운영 중인 시스템의 접근경로에 대한 조사는 [그림 V-1-12]과 같이 SQL을 조사하여 액세스 경로에 따라 조사표를 작성하는 것이 효율적이다.

컬럼명	분포도				액세스 경로																						
	NDV	AVG	MAX	MIN	1	2	3	4	5	6	7	8	9	10	11	12	13	14	15	16	17	18	19	20	21	22	23	24	25	26	27
COL PK																	OB				OB										
COL1	9,668	1	7	1	=	LIKE	LIKE	LIKE	LIKE	LIKE	LIKE	=	=	LIKE	=	=	=				LIKE	LIKE				=	=	=
COL2	74	165	1,650	1	:=	:=	:=	:=	:=	:=	:=	:=	:=	:=	:=	=	>	:=	>	:=					=,GB			
COL3	3	4,073	11,927	5	:=	:=	:=	:=	:=	:=	:=	:=	:=	:=	:=	=	=											
COL4	7	1,745	12,190	1	:=																							
COL5	6	2,036	1,293	1	:=																							
COL6	2	6,109	12,218	1	:=	:=	:=	:=	:=	:=	:=			:=	:=	:=								:=				
COL7	5	2,443	11,927	1	:=	:=	:=	:=	:=	:=	:=			:=	:=	:=												
COL8	2	6,109	11,927	292																								
COL9		1,527	12,200	1	BW,OB	BW,OB	BW,OB	BW,OB	BW,OB	BW,OB	BW,OB	BW,OB	BW,OB	BW	BW	BW	BW,OB	BW,OB	BW,OB	BW	BW	BW	BW	BW			OB	BW,OB	BW,OB
COL10	ALL NULL						>	:=								:=	:=	>										
COL11	8	1,527	12,200	1				IN			<>	:=					:=		:=		IN	IN	IN	IN	:=	:=	:=	<>
COL12	4	3,054	11,974	9											:=		:=									=,GB			
COL13	1,018	2,653	143	OB	OB	BW,OB	OB	OB		OB				BW	BW	OB		OB	BW							=	OB	OB	
COL14	2	6,109	12,210	9																								
COL15	1,862	6	8,033	2																								
COL16																											
COL17		1,721	3,053	141																								

[그림 V-1-12] 테이블 접근 경로 조사표

나. 분포도 조사에 의한 후보 칼럼 선정

수집된 접근 경로 칼럼들을 대상으로 분포도를 조사한다. 설계 단계에서는 실제 분포도를 예측할 수 없으므로 AS-IS 시스템 데이터를 참고하거나 업무에서 예상한 상황을 고려하여 분포도를 예측한다.

- 분포도가 10 ~ 15% 정도이면 인덱스 칼럼 후보로 사용한다. B tree 인덱스의 특성상 분포도가 증가하게 되면 인덱스의 효율이 점차적으로 떨어져 어느 시점이 되면 오히려 인덱스를 통해 검색하는 것이 전체 데이터를 읽는 것보다 더 느리게 된다. 이러한 반환점을 인덱스의 손익 분기점이라 한다. 분포도가 15% 정도일 때 인덱스 후보로 추천하는 것은 평균적인 인덱스의 손익 분기점이 그 정도 선에서 결정되기 때문이다. 이는 일반적인 경우이며, 클러스터링 팩터(Clustering Factor)가 좋은 경우에는 인덱스 손익 분기점이 90%를 넘기도 한다.

  인덱스의 손익 분기점이 생기는 것은 인덱스를 통해 액세스하는 방식과 테이블 스캔으로 액세스하는 방식이 다르기 때문이다. 인덱스를 통한 액세스는 싱글 블록으로 입출력(I/O)을 하고, 테이블 스캔은 멀티 블록으로 입출력을 한다. 분포도가 나쁜 경우 인덱스를 경유하여 액세스하면 검색하는 행(Row) 수가 적더라도 입출력 횟수는 테이블 스캔보다 훨씬 많아질 수 있다. 이러한 분포도 개념에 따른 손익 분기점은 DBMS의 테이블 저장형태나 멀티블록 읽기 지원여부 등의 특성에 따라 다른 양상을 보일 수 있으므로 충분한 테스트를 거쳐 비교해 보고 결정하는 것이 좋다.

- 분포도는 1차적으로 단일 칼럼을 대상으로 조사한다.
- 단일 칼럼으로 만족하지 않는 경우 검색 조건을 좁히기 위해 결합 칼럼들에 대한 분포도 조사를 실시한다. 예를 들어, 고객번호 + 주문일자로 분포도를 조사한다.
- 분포도 조사 결과를 만족하는 칼럼은 인덱스 후보로 선정하고 인덱스 후보 목록을 작성한다. 인덱스 후보는 중복이 없게 최소 조합으로 선별해야 한다. 예를 들어, 주문일자 + 고객번호, 고객번호 + 주문일자, 주문일자 + 고객번호 + 주문상품 등이 접근 경로로 도출된 경우는 주문일자 + 고객번호에 대해 분포도를 조사하고, 만족한 결과라면 후보를 단일화한다.
- 기형적으로 분포도가 불규칙한 경우는 별도 표시하여 접근 형태에 따라 대책을 마련해야 한다.
- 빈번하게 값의 변경이 발생하는 칼럼은 업무적으로 중요하지 않다면, 가능한 인덱스 후보에서 제외한다.

다. 접근 경로 결정

인덱스 후보 목록을 이용하여 접근 유형에 따라 어떤 인덱스 후보를 사용할 것인지 결정한다. 누락된 접근 경로가 있다면 분포도 조사를 실시하고 인덱스 후보 목록에 추가 작업을 반복한다.

라. 칼럼 조합 및 순서 결정

단일 칼럼의 분포도가 양호하면 단일 칼럼 인덱스로 확정한다. 하지만 하나 이상의 칼럼 조합이 필요한 경우는 아래와 같은 요소를 고려하여 인덱스 칼럼 순서를 결정한다.

- 항상 사용되는 칼럼을 선두 칼럼으로 한다.
  결합 인덱스는 선행되는 칼럼이 존재하지 않을 경우 인덱스를 이용하지 못하거나 차선책(예:Index skip scan)을 활용하여 인덱스를 이용하게 된다. 따라서 항상 사용되는 칼럼을 인덱스 구성의 선두 칼럼으로 사용해야 한다.
- 등치("=") 조건으로 사용되는 칼럼을 선행 칼럼으로 한다.
  인덱스 특성상 〈, 〉, 〈=, 〉=, BETWEEN, LIKE 등의 비교 연산이 적용된 결합 인덱스는 해당 칼럼 조회 시 Range scan을 수행하고, 그 뒤의 조건에 대해서는 필터링 대상이 된다.
  예를 들어 조회 조건이 COL1 LIKE 'A100%' AND COL2 = '20191010'인 경우
  - 인덱스가 COL1 + COL2로 구성된 경우는 'A100'으로 시작하는 모든 일자에 대한 인덱스를 검색하고 해당 데이터 중 COL2 조건은 인덱스의 데이터로부터 필터링을 수행한다.
  - 인덱스가 COL2 + COL1로 구성된 경우는 '20191010'을 만족하는 데이터 중 'A100'으로 시작된 데이터만 인덱스를 검색할 수 있다.
- 분포도가 좋은 칼럼(Distinct Value가 많은 칼럼)을 선행 칼럼으로 한다.
  분포도가 좋은 칼럼을 선두로 하는 결합 인덱스를 구성하면 후행 칼럼 조건이 없을 경우에도 효과적으로 인덱스 사용이 가능하다. 선행 칼럼의 조건이 누락되는 경우에는 분포도가 좋지 않은 칼럼을 선행 칼럼으로 선정하는 것이 오히려 더 좋은 성능을 보일 수도 있다. 즉, 차선책(예:Index skip scan)의 기회를 이용하는 것이다. 정확한 테이블의 액세스 경로를 파악하여, 최대한 많은 경우의 수를 고려하여 인덱스

적용을 하여야 한다.

■ ORDER BY, GROUP BY 순서를 적용한다.

칼럼 값이 정렬되어 있으므로 ORDER BY나 GROUP BY 절에 사용되는 칼럼 순으로 인덱스를 생성하면 SORT 부하를 줄일 수 있다.

마. 적용 시험

설계된 인덱스를 적용하고 접근 경로별로 인덱스가 사용되는지 시험할 필요가 있다. 여러 개의 접근 경로가 존재하는 테이블은 여러 개의 인덱스가 만들어지므로 의도한 실행 계획으로 동작하는지 확인해야 한다. 특히 운영 중인 시스템에서 새로운 인덱스를 생성할 경우는 적용되는 SQL뿐만 아니라 동일한 테이블을 사용하는 기존 SQL에 영향을 줄 수 있으므로 반드시 확인 작업을 하여야 한다.

제 4 절 분산 설계

1. 분산 데이터베이스 개요

하나의 논리적 데이터베이스가 네트워크상에서 여러 컴퓨터에 물리적으로 분산되어 있지만 사용자가 하나의 데이터베이스처럼 인식할 수 있도록 논리적으로 통합되어 공유되는 데이터베이스를 분산 데이터베이스라 한다.

분산 데이터베이스는 데이터베이스를 하나 이상의 장소에 분산시켰기 때문에 이들을 하나의 논리적인 데이터베이스로 인식하려면 지역 데이터베이스 관리 시스템 이외에 각 장소의 정보를 교환하고 관리해 주는 시스템이 필요한데, 이러한 역할을 수행하는 시스템이 분산 데이터베이스 관리 시스템이다.

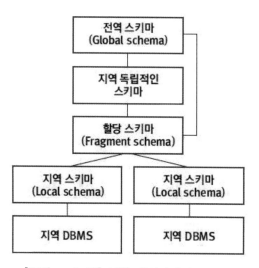

[그림 V-1-13] 분산 데이터베이스 구조

분산 데이터베이스의 장점은 자신의 데이터를 지역적으로 제어하여 원격 데이터에 대한 의존도를 감소시키고 단일 서버에서 불가능한 대용량 처리가 가능하며, 기존 시스템에 서버를 추가하여 점진적 증가가 용이하다. 또한 데이터베이스를 사용하는 중에 한 사이트가 고장 나더라도 고장 난 사이트의 데이터만 사용하지 못하게 됨으로써 신뢰도와 가용성이 향상된다.

분산 데이터베이스는 중앙 집중 방식에 비해 이러한 장점을 가지고 있지만 분산 처리에 의해 복잡도가 증가하여 소프트웨어 개발 비용이 증가하고, 통제 기능이 취약하고, 분산 처리에 따른 오류 발생 가능성이 증가하게 된다. 데이터가 물리적으로 저장된 장소와 해당 지역 시스템의 상황에 따라 응답 속도가 불규칙할 수 있으며, 데이터의 무결성을 완전히 보장하기는 불가능하다.

2. 분산 데이터베이스 관리 시스템

여러 개의 물리적인 데이터베이스를 논리적인 단일 데이터베이스처럼 인식하려면 사용자들이 데이터가 물리적으로 어디에 배치되어 있는지, 또는 특정 지역 사이트에서 위치한 데이터를 어떻게 액세스해야 하는지 알 필요가 없어야 한다. 이러한 특성을 데이터 투명성이라고 하며, 분산 데이터베이스 관리 시스템은 다음과 같은 투명성을 제공할 수 있어야 한다.

- 분할 투명성

  분할(Fragmentation) 투명성은 사용자가 입력한 전역 질의를 여러 개의 단편 질의로 변환해 주기 때문에 사용자는 전역 스키마가 어떻게 분할되어있는지를 알 필요가 없게 된다. 분할 방법은 수직 분할과 수평 분할이 있다. 수직 분할은 한 테이블 속성들의 부분 집합으로 이루어진 테이블들로 나누고, 수평 분할은 행(Row)들의 집합으로 이루어진 테이블들로 나누는 것을 말한다.

- 위치 투명성

  위치 투명성은 사용자나 애플리케이션에서 어떤 작업을 수행하기 위해 분산 데이터베이스에 존재하는 어떠한 데이터의 물리적인 위치도 알 필요가 없어야 한다는 것이다. 즉, 사용자는 데이터의 위치나 입력 시스템의 위치와 무관하게 동일한 명령을 사용하여 데이터에 접근할 수 있어야 한다.

  분산 데이터베이스 관리 시스템은 위치 투명성을 보장하기 위해 분산 데이터베이스에 저장되어 있는 모든 데이터에 대한 메타 데이터와 위치 정보를 참조하여 지역 트랜잭션은 지역 데이터베이스에 처리를 일임하고, 전역 트랜잭션은 다른 지역의 데이터베이스에 처리를 일임하여 결과를 통보받는다.

- 중복 투명성

  중복 투명성은 어떤 데이터가 중복되었는지, 또는 어디에 중복 데이터를 보관하고 있는지 사용자가 알 필요가 없어야 한다는 것이다. 즉, 사용자는 자신이 사용하고 있는 데이터가 논리적으로 유일하다고 생각할 수 있어야 한다.

  중복 투명성과 위치 투명성이 보장될 경우 분산 데이터베이스 관리 시스템은 사용자의 데이터 처리 요청을 가장 적은 시간이 걸리는 지역을 선택하여 처리하므로 수행 속도가 향상되지만 복제된 데이터에 대한 갱신을 처리하려면 복제된 모든 지역의 데이터를 갱신하여야 하므로 데이터 무결성을 보장하기가 더 어려워진다.

- 장애 투명성

  장애 투명성은 데이터베이스가 분산되어 있는 각 컴퓨터 시스템이나 네트워크에 장애가 발생하더라도 데이터의 무결성이 보장되어야 한다는 것이다. 즉, 분산 데이터베이스는 구성요소의 장애에 무관하게 트랜잭션의 원자성이 유지되어야 한다.

- 병행 투명성

  병행 투명성은 다수 트랜잭션이 동시에 수행되어도 결과의 일관성이 유지되어야 하는 성질을 말한다. 분산 데이터베이스 관리 시스템은 분산 트랜잭션의 일관성을 유지하기 위해 잠금(Locking)과 타임스탬프(Timestamp)의 두 가지 방법을 주로 사용한다.

3. 분산 설계 전략

분산 데이터베이스의 주요 목적은 사용자 및 애플리케이션 프로그램이 원격지 데이터와 지역 데이터에 접근할 수 있도록 하는 것이다. 분산 데이터베이스는 위에서 언급한 것처럼 잘못 설계할 경우 복잡성과 비용이 증가하고 불규칙한 응답 속도, 데이터 무결성에 대한 위협이 발생할 수 있다. 분산 데이터베이스 설계 시에는 분산 환경의 형태와 분산 데이터베이스의 구조가 현재 구현된 시스템에 적합한지를 고려해 분산 데이터베이스의 장점은 향상시키고 단점은 최소화될 수 있도록 해야 한다.

기본적인 전략으로는 수직 분할, 수평 분할, 복제의 세 가지 방법을 사용한다. 데이터의 분할 및 복제, 지역 복제본의 갱신 주기, 데이터베이스의 유지 방식에 따라 다음과 같은 여러 가지 전략으로 나눌 수 있다.

- 지역 데이터베이스에 데이터를 복제하고 실시간으로 복제본을 갱신하는 방식
- 지역 데이터베이스에 데이터를 복제하고 주기적으로 복제본을 갱신하는 방식
- 데이터 분할 시 전체 지역 데이터베이스를 하나의 논리적 데이터베이스로 유지하는 방식
- 데이터 분할 시 각각의 지역 데이터베이스들을 독립된 데이터베이스로 유지하는 방식

4. 분산 설계 방식

분산 설계는 먼저 전역 테이블을 논리적으로 중복되지 않는 작은 단위로 나누고, 이를 여러 노드에 할당(Allocation)하는 순서로 진행된다. 이때 할당의 기준을 적용하여 작은 단위로 나누는 것을 분할(Fragmentation)이라고 하고, 분할 과정을 거쳐 나뉜 것을 분할조각(Fragment)이라 한다.

분할조각이 할당될 때에는 하나의 분할조각이 분산 네트워크상에 있는 하나의 노드에만 존재하도록 하여 단일 복사본(Single Copy)을 유지하거나 복제(Replication)하여 유지할 수 있다. 이처럼 분할조각은 분산 데이터베이스에 중복 혹은 비 중복되어 존재하게 되는데, 할당 스키마에 의해 분할조각이 어느 노드에 위치하는지를 정의한다.

예를 들어, 고객 테이블이 고객 관리 서버에 존재하고, 다른 서버에는 고객 테이블이 존재하지 않게 설계하거나 사용하는 모든 서버에 고객 테이블이 복제되도록 설계할 수 있다.

가. 분할

분할(Fragmentation)은 앞에서 기술한 바와 같이 분할 방법을 먼저 결정하고 분할된 분할조각을 할당하는 개념으로, 완전성, 재구성, 상호 중첩 배제의 3가지 분할 규칙이 준수되어야 한다.

- 완전성

완전성(Completeness)은 분할 시에 전역 테이블 내의 모든 데이터가 어떠한 손실도 없이 분할조각으로 사상(Mapping)되어야 한다는 것으로 분할 대상이 전체 데이터를 대상으로 이뤄져야 함을 의미한다.

■ 재구성
분할조각은 관계 연산을 사용하여 원래의 전역 테이블로 재구성(Reconstruction)이 가능하여야 한다.
■ 상호 중첩 배제
상호 중첩 배제(Dis-jointness)는 분할 시에 하나의 분할조각에 속한 데이터 항목이 다른 분할조각의 데이터 항목에 속하지 않아야 한다는 의미이다. 분할 방법은 행(Row) 단위로 분리하여 각 분할조각에 속한 행들이 중첩되지 않게 하는 수평 분할 방법과 테이블을 칼럼(Column) 단위로 분리하여 식별자를 제외한 모든 칼럼이 각 분할조각에 속한 칼럼과 중첩되지 않게 하는 수직 분할이 있다.
■ 수평 분할
수평 분할은 특정 칼럼의 값을 기준으로 각 행을 분할한다. 칼럼 값에 의해 분리된 행들은 서버 간 데이터가 상호 배타적으로 존재하므로 분할조각을 통합하여도 식별자의 중복이 발생하지 않는다.
■ 수직 분할
수직 분할은 칼럼을 기준으로 분할을 수행한다. 행을 기준으로 분리하지 않았기 때문에 각 분할조각에는 동일한 식별자를 가진 행들이 중복되어 존재한다. 동일한 식별자 구조를 가지므로 식별자를 이용하여 분할 전 테이블을 재구성할 수 있다.

나. 할당

할당(Allocation)은 분할조각을 복수 서버에 생성하는 분산 방법으로, 분할조각의 중복이 존재하는 할당 방법과 중복이 존재하지 않는 할당 방법이 있다. 중복되지 않는 할당 방식은 최적의 노드를 선택하여 분할조각이 분산 데이터베이스에서 하나의 노드에서만 존재하도록 하는 것이다. 애플리케이션은 테이블을 상호 배타적인 분할로 분리하기 어려운 요구 사항을 가지는 경우가 대부분이므로 분할조각 간의 의존성을 무시한 이 방법은 비용이 증가하고 성능상 문제가 발생할 수 있다.

분할조각이 중복되지 않아 비용이 증가하고 성능이 저하된다면 각각의 노드에 분할조각을 중복하여 할당하는 방법을 고려하여야 한다. 이때 데이터 복제는 실시간 처리의 필요성이 없는 경우 야간 일괄 복제 방식을 사용하도록 한다.

복제는 분할조각의 일부만 복제하는 부분 복제와 데이터베이스 전체를 복제하는 완전 복제 두 가지 방식으로 구성이 가능하다.

■ 부분 복제
전역 서버 테이블의 일부 분할조각을 지역 서버에 복제하는 방식이다.
■ 광역 복제
전역 서버 테이블의 전체를 지역 서버에 복제하는 방식이다.

5. 데이터 통합

분산 설계는 최적의 비용으로 지역적으로 분산된 데이터베이스에서 데이터 일관성을 유지할 수 있는가에서 출발했다. 현재는 데이터 통합이라는 관점에서 분산 아키텍처의 단점을 보완하고 정보의 적시성과 실시간 데이터 교환이라는 목적으로 통합 아키텍처를 구축한다. 많은 기업은 다양한 시스템을 보유하고 있으며, 이들 시스템에는 많은 데이터가 존재한다.

몇 년 전부터 마이크로 서비스 아키텍처(MSA, Micro Services Architecture)의 도입으로 더 많은 데이터가 각각의 시스템에 흩어져 존재한다. 현재에도 이 데이터들은 ETL(Extract & Transform & Load)을 이용하여 기업에서 보유 중인 DW로의 데이터 통합이 이뤄지고 있다.

시스템의 복잡성 증대, 비정형 데이터 처리 요구, 실시간 처리 요구 등으로 데이터 통합의 트렌드가 변경되고 있다. 이제는 DW뿐만 아니라 빅데이터 시스템을 도입한 Data Lake로의 통합이 요구되고 있다. Data Lake는 정형 데이터뿐만 아니라 다양한 형태의 비정형 데이터들까지 수집하여 모여있는 대용량 데이터의 집합체로, 데이터 엔지니어/분석가/개발자/과학자들이 데이터를 모니터링하고 가공, 분석하여 가치를 찾을 수 있도록 하는 시스템이다.

제 5 절 보안 설계

데이터베이스 보안이란 데이터베이스 정보가 비인가자에 의해 노출, 변조, 파괴되는 것을 막는 것이다. 사용자가 원하는 작업을 하려면 필요한 자원에 대한 허가가 있어야 한다. "누가, 어느 데이터에 대해, 무슨 연산을 수행할 수 있도록 허락받았는가?"를 명시적으로 정의하고, 정의된 내용을 구현하는 과정이 데이터베이스 보안 설계이다.

보안 설계의 주요 목표는 권한이 없는 사용자에게 정보가 노출되는 것을 방지하고, 권한이 있는 사용자는 데이터에 접근하여 수정할 수 있도록 보장하는 것이다. 이러한 목표를 달성하려면 일관성 있는 보안 정책이 수립되어야 하며, 이러한 보안 정책은 보안 모델을 통해 운영체제와 DBMS에 의하여 보장되어야 한다.

데이터베이스 관리 시스템은 데이터 보안을 유지하기 위해 접근 통제 기능, 보안 규칙, 뷰(View), 암호화 등과 같은 다양한 보안 모델의 기능을 제공하고 있다.

다음은 일관성 있는 데이터베이스 보안 정책을 수립하기 위해 요구되는 사항들이다.

- 자원에 접근하는 사용자 식별 및 인증 - 사용자, 비밀번호, 사용자 그룹
  자원에 접근하는 사용자는 인증을 통해 그 신원이 보장되어야 한다. 누군가가 자신의 신원을 인증 받았다면 다른 임의의 사용자가 그 사람의 인증을 사용할 수 없도록 보장되어야 한다.
- 보안 규칙 또는 권한 규칙에 대한 정의
  보안 규칙은 어떤 사용자가 접근할 수 있는 데이터와 그 데이터에 대하여 허용된 행위나 제한 조건을 기록하는 것으로, 보안 모델을 통해 구현된다.
- 사용자의 접근 요청에 대한 보안 규칙 검사 구현 - 보안 관리 시스템 구현
  보안 규칙에 대한 검사 구현은 운영체제와 DBMS를 활용하여 보장되어야 한다.

1. 접근 통제 기능

접근 통제는 보안 시스템의 중요한 기능적 요구 사항 중 하나로, 임의의 사용자가 어떤 데이터에 접근하고자 할 때 접근을 요구하는 사용자를 식별하고, 사용자의 요구가 정상적인 것인지를 확인·기록하고 보안 정책에 근거하여 접근을 승인하거나 거부함으로써 비인가자의 불법적인 자원 접근 및 파괴를 예방하는 보안 관리의 모든 행위를 의미한다.

데이터베이스 보안을 위한 접근 통제는 강제적 접근 통제와 임의적 접근 통제 두 가지로 분류한다.

- 임의적 접근 통제
  임의적 접근 통제(DAC, Discretionary Access Control)는 사용자의 신원에 근거를 두고 권한을 부여하고 취소하는 메커니즘을 기반으로 하고 있다. 여기서 권한은 사용자가 어떤 객체에 대해 특정 행위를 할 수 있도록 허용하는 것으로, 임의적 접근 통제에서 객체를 생성한 사용자는 그 객체에 대해 적용 가능한 모든

권한을 가지게 되고, 이 권한들을 다른 사용자에게 허가할 수 있는 허가 옵션도 가지게 된다. 그 외 사용자는 어떤 객체에 대해 데이터 조작 행위를 하려면 DBMS로부터 권한을 부여받아야 한다.

데이터베이스 관리 시스템은 임의적 접근 통제를 지원하기 위해 SQL의 GRANT와 REVOKE 명령어를 사용한다. GRANT는 사용자에게 객체에 대한 권한을 부여하기 위해 사용하는 명령어이고, REVOKE는 부여한 권한을 취소하기 위해 사용하는 명령어이다.

임의적 접근 통제는 권한 관리에 효과적이지만 통제 기준이 사용자의 신분에 근거를 두고 있으므로 다른 사람의 신분을 사용하여 불법적인 접근이 이루어진다면 접근 통제 본래의 기능에 중대한 결함이 발생한다. 그리고 트로이 목마 공격에 취약하다는 문제점을 가지고 있다. 그래서 보안등급에 따라 데이터와 사용자를 분류하는 부가적인 보안 정책이 고려되어야 한다.

■ 강제적 접근 통제

강제적 접근 통제(MAC, Mandatory Access Control)는 주체와 객체를 보안 등급 중 하나로 분류하고, 주체가 자신보다 보안 등급이 높은 객체를 읽거나 쓰는 것을 방지한다. 각 데이터베이스 객체에는 보안 분류 등급이 부여되고 사용자마다 인가 등급을 부여하여 접근을 통제하는 것이다. 읽기는 사용자의 등급이 접근하는 데이터 객체의 등급과 같거나 높은 경우에만 허용된다. 수정 및 등록은 사용자의 등급이 기록하고자 하는 데이터 객체의 등급과 같은 경우에만 허용한다. 이는 높은 등급 데이터가 사용자에 의해 의도적으로 낮은 등급 데이터로 쓰여지거나 복사되는 것을 방지하기 위한 것이다.

2. 보안 모델

보안 모델이란 보안 정책을 실제로 구현하기 위한 이론적인 모델로 군사적 목적으로 개발된 기밀성 모델, 데이터 일관성 유지에 중점을 둔 무결성 모델, 접근 통제 메커니즘에 기반을 둔 접근 통제 모델 등이 있다.

가. 접근 통제 행렬

접근 통제 행렬(Access Control Matrix)은 임의적 접근 통제를 위한 보안 모델이다. 행은 주체를 나타내고, 열은 객체를 나타내며, 행과 열은 주체와 객체가 가지는 권한의 유형을 나타낸다.

■ 주체

데이터베이스에 접근할 수 있는 조직의 개체로, 객체에 대하여 접근을 시도하는 사용자를 의미한다.

■ 객체

보호되고 접근이 통제되어야 하는 데이터베이스의 객체로는 테이블, 칼럼, 뷰, 프로그램, 논리적인 정보의 단위 등이 있다.

■ 규칙

주체가 객체에 대하여 수행하는 데이터베이스의 조작으로, 입력, 수정, 삭제, 읽기와 객체의 생성과 파괴 등이 존재한다. 객체가 프로그램으로 확장된다면 실행, 출력 등의 작업 유형을 정의할 수 있다.

[표 V-1-8] 접근 통제 행렬

	사 원	급 여	상 여	사원평가
김명민	ALL	C/R/U/D	R	–
김아중	ALL	ALL	ALL	R
하지원	R	R	R	ALL

나. 기밀성 모델

기밀성 모델은 군사용 보안 구조의 요구 사항을 충족시키기 위하여 정보의 불법적인 파괴나 변조보다는 기밀성(Confidentiality) 유지에 초점을 둔 최초의 수학적인 모델이다. 이 모델은 다른 보안 모델과의 비교를 위한 참조모델로서 이용되지만 정보의 무결성이 비밀성보다 중요하게 요구되는 상용 환경에 적용하기에는 부적합하다.

기밀성 모델은 각 주체(사용자, 계정, 프로그램)와 객체(테이블, 행(Row), 속성, 뷰, 연산)를 보안등급인 극비(Top Secret), 비밀(Secret), 일반(Confidential), 미분류(Unclassified) 중의 하나로 분류하며, 데이터 접근에 대해 주체/객체의 등급을 기반으로 다음과 같은 제약조건을 준수하여야 한다.

- 단순 보안 규칙 : 주체는 자신보다 높은 등급의 객체를 읽을 수 없다.
  인가받은 비밀등급이 낮은 주체는 비밀등급이 높은 객체를 읽어서는 안된다는 정책으로 BLP(Bell-La Padula)는 기밀성 보장을 위한 보안 모델이므로 기밀성 보장을 위해 낮은 비밀등급을 가진 주체가 높은 비밀등급의 객체에 접근하는 것은 당연히 통제되어야 한다.
- *(스타)-무결성 규칙 : 주체는 자신보다 낮은 등급의 객체에 정보를 쓸 수 없다.
  높은 비밀등급을 인가받은 주체가 자신이 접근 가능한 비밀 정보를 낮은 등급으로 복사하여 정보를 유출시키는 행위를 금지하여 정보의 기밀성을 보호하고자 하는 정책이다.
- 강한 *(스타) 보안 규칙 : 주체는 자신과 등급이 다른 객체에 대하여 읽거나 쓸 수 없다.

다. 무결성 모델

정보의 일방향 흐름 통제를 이용하여 정보의 비밀성을 제공하는 기밀성 모델에서 발생하는 정보의 부당한 변경 문제를 해결하기 위해 개발된 무결성 기반의 보안 모델이다. 이것은 기밀성 모델처럼 주체와 객체의 보안등급으로 표현되며, 다음과 같은 제약조건을 준수하여야 한다.

- 단순 보안 규칙 : 주체는 자신보다 낮은 등급의 객체를 읽을 수 없다.
- *(스타)-무결성 규칙 : 주체는 자신보다 높은 등급의 객체에 정보를 쓸 수 없다.

3. 접근 통제 정책

접근 통제 정책은 어떤 주체(Who)가 언제(When), 어떤 위치에서(Where), 어떤 객체(What)에 대하여, 어떤 행위(How)를 하도록 허용할 것인지 접근 통제의 원칙을 정의하는 것으로, 신분-기반 정책, 규칙-기반 정책, 역할-기반 정책 등이 있다.

- 신분-기반 정책
  개인 또는 그들이 속해 있는 그룹들의 신분에 근거하여 객체에 대한 접근을 제한하는 방법으로, 한 사용자가 하나의 객체에 대하여 허가를 부여받는 IBP(Individual-Based Policy)와 다수의 사용자가 하나의 객체에 대하여 동일한 허가를 부여받는 GBP(Group-Based Policy)로 표현할 수 있다(예 : 경영진, 관리자, 감사, CEO 등).
- 규칙-기반 정책
  강제적 접근 통제와 동일한 개념으로, 주체가 갖는 권한에 근거하여 객체에 대한 접근을 제한한다. 이 정책은 사용자 및 객체별로 부여된 기밀 분류에 따른 정책(MLP, Multi Level Policy)과 조직 내의 부서별로 구분된 기밀 허가에 따르는 정책(CBP, Compartment-Based Policy)으로 표현될 수 있다.
- 역할-기반 정책
  역할-기반 정책은 GBP의 변형된 형태로 생각할 수 있다. 즉, 정보에 대한 사용자의 접근이 개별적인 신분이 아니라 개인의 직무 또는 직책에 따라서 결정된다(예 : 인사 담당자, 출고 담당자, DBA 등).

4. 접근 통제 메커니즘

사용자 통제를 기술적으로 구현하는 방법은 패스워드, 암호화, 접근 통제 목록 적용, 제한된 사용자 인터페이스, 보안등급 등의 방법이 있다.

- 패스워드
  어떤 통신 주체가 자신이라고 주장하는 것을 증명하려고 사용하는 인증 방법 중 하나로, 시스템을 액세스할 때 패스워드를 제시하면 인증 시스템이 보유 목록과 비교하여 사용자의 신분을 확인하는 기법이다.
- 암호화
  암호화란 인간에 의해 해석될 수 없는 형태로 데이터를 변형시키는 것으로, 통신망을 통해 중요한 데이터를 전송하거나 데이터베이스의 데이터를 저장할 때 데이터의 무단 도용을 방지하기 위해 주로 사용된다. 암호화 시스템은 데이터를 암호화하는 프로그램과 암호화된 데이터를 풀 수 있는 복호화 프로그램으로 구성되며, 데이터에 접근하기 위해서는 복호화 키를 소유하여야 한다. 데이터베이스를 암호화하는 방식은 다양한 방법이 있겠지만 아래와 같이 세 가지 정도를 고려할 수 있다.

1) 운영체제에서의 암호화

데이터베이스에 데이터를 저장하는 것은 운영체제(Operating System) 파일 시스템에 파일로 데이터가 저장되는 것을 의미한다. 이 데이터베이스 파일을 운영체제 레벨에서 암호화하는 방식으로 데이터베이스 파일 자체의 유출시에도 대비가 가능하며, 응용프로그램의 변경이 필요 없다.

2) DBMS 엔진에서의 암호화

DBMS 엔진(Engine)은 파일 시스템의 파일로부터 데이터를 입출력하는 원천 프로그램이다. 데이터를 입출력하는 과정에서 데이터를 암복호화하는 방법이다. TDE(Transparent Data Encryption) 방식이라 부르기도 하며, 이 방식도 응용프로그램의 변경이 필요 없다.

3) 응용프로그램에서의 암호화

응용프로그램(Application) 개발 시 외부(혹은 내부)의 암호화 라이브러리(Library)를 이용하여 보안 대상 테이블/칼럼에 대해서 암호화를 수행하는 방법이다. 응용프로그램에서 개별적으로 암호화를 수행해야 하므로 응용프로그램의 변경이 필요하다.

■ 접근 통제 목록
접근 통제 행렬의 문제점을 해결하기 위해 객체를 기준으로 접근 통제 정보를 저장하는 방식으로, 어떤 사용자들이 객체에 대하여 어떤 행위를 할 수 있는지를 나타낸다.
접근 통제 목록(Access Control List)은 주체의 수가 많아지면 관리가 어려워지므로 대부분의 운영체제에서는 객체에 대한 접근 권한을 동일한 권한을 가진 주체들의 그룹에 부여함으로써 접근 통제 목록의 관리를 용이하게 한다.

■ 능력 리스트
접근 통제 행렬의 문제점을 해결하기 위해 주체가 접근할 수 있는 객체와 접근 권한을 주체에 저장하는 방식이다.
능력 리스트(Capability List)는 비교적 객체가 적을 경우에 적합하다. 그러나 주어진 객체에 접근할 수 있는 사용자들을 파악하는 데 많은 시간이 소요된다.

■ 보안등급
보안등급은 주체나 객체 등에 부여된 보안 속성의 집합으로, 다단계 접근 통제 정책을 지원하기 위해 각 주체와 객체를 보안등급 중 하나로 분류하고, 데이터 접근 요청을 처리할 때 주체/객체의 보안등급을 기반으로 접근 승인 여부를 결정하는 방식이다.

■ 통합 정보 메커니즘
과거에는 접근 통제 목록, 능력 리스트, 보안등급과 같은 메커니즘은 접근 통제 정책을 구현하는 별도의 방법으로 고려되어 왔다. 최근에는 보안 요구의 다양화와 복잡성으로 적어도 두 가지 이상의 복합된 특성으로 구현되는 추세이다.

5. 접근 통제 조건

접근 통제 메커니즘의 취약점을 보완하기 위해 접근 통제 정책에 적용할 수 있는 조건들로, 어떤 임계값, 사용자 간의 동의, 사용자의 특정 위치 및 시간 등을 지정할 수 있다.

- 값 종속 통제(Value-Dependent Control)
  대부분의 통제 정책들은 객체에 저장된 데이터 값에 상관없이 동일한 접근 통제 허가를 부여하지만 객체에 저장된 값에 따라 접근 통제 허가가 다양화되어야 하는 경우도 많이 발생한다. 예를 들어, 계약 금액에 따라 기밀 수준이 다르다면 특정 임계값이나 계약 금액에 따라 보안등급을 설정하고 해당 보안등급을 가진 사용자만 접근을 허용해야 한다.
- 다중 사용자 통제(Multi-User Control)
  지정된 객체에 대해 다수의 사용자가 연합하여 접근을 요청할 경우 접근 통제를 지원하기 위한 수단이 제공되어야 한다. 예를 들어, 명시된 두 개인이 동의할 것을 요구하는 경우나 하나의 그룹에서 다수결에 의하여 접근 통제를 수행할 필요가 있을 수 있다.
- 컨텍스트 기반 통제(Context-Based Control)
  이 통제 방법은 특정 시간, 네트워크 주소 등 확인이 가능한 접근 경로나 위치, 인증 수준 등과 같은 외부적인 요소에 의존하여 객체의 접근을 제어하는 방법으로, 다른 보안 정책들과 결합하여 보안 시스템의 취약점을 보완하기 위해 주로 사용된다. 예를 들어, 업무 시간대인 월요일에서 금요일까지 09:00 - 18:00 시간대에만 데이터 접근을 허용하는 것과 같다.

6. 감사 추적

애플리케이션 및 사용자가 데이터베이스에 접근하여 수행한 모든 활동을 일련의 기록으로 남기는 기능으로, 오류로 데이터베이스가 파괴되었을 때 복구하기 위한 중요한 정보로 사용하거나 데이터베이스에 대한 부당한 조작을 파악하기 위한 수단으로 사용되기도 한다. 즉, 감사 추적을 실시하므로 개인 책임성을 부여하고, 문제가 발생했을 때 사건의 재구성이 가능하게 된다. 사전에 침입 탐지를 확인한다거나 사후 문제를 분석하여 보안을 강화하기 위해 필요하다. 감사 추적 시에는 사용자 실행 프로그램, 사용 클라이언트, 사용자, 날짜 및 시간, 접근하는 데이터의 이전 값 및 이후 값 등을 저장한다.

장 요약

제1절 저장 공간 설계

- 데이터베이스의 테이블은 저장 구조에 따라 특성이 다르므로 목적에 맞는 유형의 테이블을 선택하여야 한다.
- 대용량 테이블에는 성능과 관리 관점의 이익을 고려하여 적합한 유형의 파티션을 구성하여야 한다.
- 칼럼은 사용 목적에 맞는 데이터 타입과 길이를 결정하여야 하며, 데이터 이행 시 데이터베이스의 특성을 사전에 파악하여 정확하게 이행하여야 한다.

제2절 무결성 설계

- 무결성 강화 방법에는 프로그램 코드, 트리거, 제약조건을 사용하며, 각각의 장단점을 고려해 무결성 설계를 해야 한다.
- 엔터티 무결성, 영역 무결성, 참조무결성, 사용자 정의 무결성은 요구되는 조건에 따라 무결성 강화 방법을 고려해야 한다.

제3절 인덱스 설계

- 인덱스는 데이터 액세스 시 일정한 읽기 속도를 보장하기 위한 도구이다.
- 인덱스 설계 시 데이터를 조회/수정하는 모든 접근 경로(그루핑, 정렬 포함)를 고려하여 설계하여야 한다.
- 인덱스의 종류별로 다른 특성을 가지므로 인덱스별 특징을 올바로 이해하고 활용하여야 한다.

제4절 분산 설계

- 분산 설계는 전역 테이블을 논리적으로 중복되지 않는 작은 단위로 나누는 분할 단계와 이를 여러 노드에 할당하는 할당 단계로 구성된다.
- 분할은 완전성, 재구성, 상호 중첩 배제의 3가지 분할 규칙이 준수되어야 한다.

제5절 보안 설계

- 보안 설계의 주요 목표는 권한이 없는 사용자로부터 정보가 노출되는 것을 방지하는 것이다.
- 보안 모델은 보안 정책을 실제로 구현하기 위한 이론적인 모델로, 기밀성 모델, 무결성 모델, 접근 통제 모델 등이 있다.
- 접근 통제 정책에는 신분-기반 정책, 규칙-기반 정책, 역할-기반 정책 등이 있다.
- 접근 통제 메커니즘의 취약점을 보완하기 위해 접근 통제 정책에 어떤 임계 값, 사용자 간의 동의, 사용자의 특정 위치 및 시간 등을 지정할 수 있다.

연습문제

문제 1. 아래에서 설명하는 테이블의 종류로 가장 옳은 것은?

> **아 래**
>
> Primary Key 값이나 인덱스 키 값의 순서로 데이터가 정렬되어 저장되는 테이블로 인덱스를 저장하는 공간에 데이터도 함께 저장되는 구조이다.

① 힙 테이블
② 임시 테이블
③ 클러스터형 인덱스 테이블
④ 외부 테이블

문제 2. 다음 파티션 관련 설명 중 틀린 것은?

① 파티션의 설계는 성능적 관점과 관리적 관점 두 가지를 모두 고려하는 것이 바람직하다.
② 범위 파티션 테이블은 대부분의 DBMS에서 지원하며, 가장 널리 사용되는 파티션 테이블이다.
③ 해시 파티션은 주로 관리적 관점에 기반을 두고 사용되어진다.
④ 파티션 설계 시 성능적 관점과 관리적 관점 두 가지를 모두 고려하기가 쉽지 않은 경우 결합 파티션이 좋은 대안이 될 수 있다.

문제 3. 아래와 같은 상황에 적용하였을 때 성능적 관점에서 가장 큰 효과를 볼 수 있는 파티션 테이블로 옳은 것은?

> **아 래**
>
> 우리 회사는 약 5천만 명의 회원을 보유하고 있다. 회원 테이블은 로그인을 하거나 회원 정보를 조회할 때만 사용한다. 특정 시간대에 회원들이 주로 시스템을 사용하면서 회원 테이블에 부하가 집중되고 있다.

① 해시 파티션
② 범위 파티션
③ 목록 파티션
④ 범위+목록 파티션

문제 4. 다음 중 칼럼의 데이터 타입 선정 시 가장 옳은 것은?

① 정수형 데이터가 입력되는 칼럼을 NUMBER(10, 5)으로 정의하였다.
② 데이터의 길이가 5~10바이트인 코드 칼럼을 CHAR(10)으로 정의하였다.
③ 시간을 제외한 일자 값을 저장하는 칼럼을 DATE로 정의하였다.
④ 소수점 2자리까지 유효한 칼럼을 NUMBER로 정의하였다.

문제 5. 다음 중 무결성에 대한 설명으로 틀린 것은?

① 엔터티 무결성 - 각 행(Row)을 유일하게 식별할 수 있는 속성이나 속성 그룹을 가져야 한다.

② 영역 무결성 - 칼럼 데이터 타입, 길이, 유효값이 일관되게 유지되어야 한다.

③ 참조무결성 - 데이터 모델에 정의된 엔터티 간의 관계 조건을 유지한다.

④ 사용자 정의 무결성 - 비즈니스 규칙이 특정 순간에 일관성을 유지하여야 한다.

문제 6. 다음 중 인덱스에 대한 설명으로 옳은 것은?

① 인덱스는 검색 연산을 최적화하기 위해 생성하는 DBMS의 객체이다.

② 함수 기반 인덱스는 동일 입력에 다른 결과가 출력되는 경우에도 적용할 수 있다.

③ 인덱스는 검색 연산 최적화에 활용되므로 데이터 수정 연산과는 관련이 없다.

④ 파티션 인덱스 중 글로벌 파티션 인덱스가 가장 많이 활용된다.

문제 7. 다음 인덱스 설계에 대한 설명으로 가장 틀린 것은?

① 최적의 인덱스를 설계하기 위해서는 데이터에 대한 접근경로를 수집하고 인덱스 설계에 반영해야 한다.

② 데이터 접근경로 수집 시 데이터 조회에 사용되는 연산자는 큰 의미가 없으므로 필요한 경우에만 조사해도 무방하다.

③ 인덱스의 손익분기점은 데이터 분포도 기준으로 10% 정도이다.

④ 결합 인덱스를 생성할 때 칼럼 순서는 중요하므로 반드시 고려해야 한다.

문제 8. 다음 중 분산 데이터베이스에 대한 설명으로 옳은 것은?

① 분산 데이터베이스 시스템은 하나의 논리적 데이터베이스가 네트워크상에 분산되어 있지만 하나의 데이터베이스처럼 인식될 수 있어야 한다.

② 분할 투명성은 데이터나 시스템의 위치와 무관하게 동일 명령을 사용하여 데이터에 접근할 수 있어야 한다.

③ 병행 투명성은 구성요소의 장애 상황과 무관하게 트랜잭션이 정상적으로 수행되어야 한다.

④ 분산 데이터베이스 설계 시 수평 분할 방법은 테이블의 칼럼을 기준으로 분할을 수행한다.

문제 9. 아래에서 설명하는 접근 통제 정책으로 옳은 것은?

아 래

사용자의 신원에 근거를 두고 권한을 부여/취소하는 메커니즘을 기반으로, 사용자가 어떤 객체에 대해서 특정 행위를 할 수 있도록 허용하는 것이다.

---

① 임의적 접근 통제(DAC)

② 강제적 접근 통제(MAC)

③ 실시간 접근 통제(RAC)

④ 병렬 접근 통제(PAC)

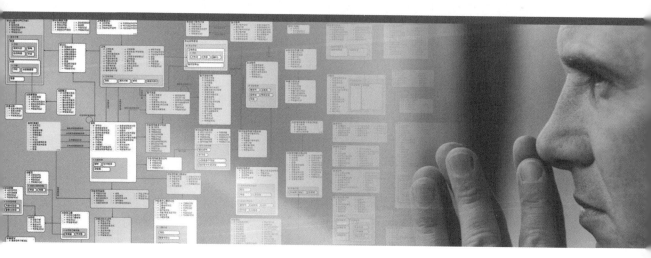

학습목표

제2장에서는 다음과 같은 내용을 학습한다.

- 데이터베이스 관리 시스템 구조를 이해한다.
- 데이터베이스 관리 시스템의 활용법을 습득한다.
- 트랜잭션의 원리를 이해한다.
- 성능 개선 방법론을 이해하고, DBMS별 성능 개선 도구를 습득한다.
- SQL의 실행에 대해 이해하고 애플리케이션 성능 개선 사례를 알아본다.
- 서버 성능 개선에 대해 이해한다.

제2장

데이터베이스 이용

장 소개

데이터베이스를 구축하고 활용하기 위해서는 데이터베이스 관리 시스템(DBMS)를 반드시 사용하여야 한다. DBMS별로 세부적인 기능이나 구현 방법에는 차이가 있으나, 모든 관계형 DBMS는 유사한 구조로 되어 있으며, 표준화된 명령어를 제공하고 있다. DBMS를 올바로 구축하고 활용하기 위해서는 DBMS의 구조와 동작 원리를 이해하여야 한다.

DBMS 사용자에게 중요한 정보를 적시에 전달하기 위해 DBMS의 성능을 개선하는 원리와 방법을 이해하는 것도 중요하다.

장 구성

DBMS에 대한 이론과 구조의 이해, 활용에 대하여 설명한다, DBMS에서 중요한 트랜잭션의 원리에 대해 설명한다. DBMS의 성능을 개선하기 위한 방법론과 애플리케이션 개발 시 발생하는 성능 문제를 살펴보고 해결을 위한 접근 방법을 설명한다. 또한 데이터베이스 서버 측면에서의 성능 개선 요소와 고려 사항을 소개한다.

제1절 데이터베이스 관리 시스템(DBMS)
제2절 데이터베이스 관리 시스템 활용
제3절 트랜잭션
제4절 성능 개선 방법론
제5절 애플리케이션 성능 개선
제6절 서버 성능 개선

제 1 절 데이터베이스 관리 시스템(DBMS)

1. 데이터베이스 관리 시스템 개요

가. 데이터베이스 관리 시스템 추상화

파일 처리 시스템에서는 데이터의 종속, 중복, 무결성 훼손, 다중 사용자의 동시 접근 처리 등의 고전적인 문제를 가지고 있었다. 이러한 파일 처리 시스템의 문제들을 데이터베이스 관리 시스템에서는 메타 데이터 관리, 프로그램과 데이터의 독립성, 추상화, 트랜잭션과 동시성 제어 등을 이용하여 해결하고 있다.

- 메타 데이터 관리
  데이터베이스 관리 시스템은 저장되는 데이터의 값뿐만 아니라 그 데이터의 정의나 설명, 파일의 구조, 데이터 항목의 유형과 저장 형식, 제약조건과 같은 메타 데이터(metadata)를 시스템 카탈로그(System Catalog) 또는 데이터 사전(Data Dictionary)에 저장, 관리하고 있다. 이러한 메타 데이터를 이용하여 데이터의 독립성과 추상화를 제공한다.
- 데이터의 독립성
  데이터의 파일 구조가 프로그램으로부터 분리되어 시스템 카탈로그(System Catalog) 또는 데이터 사전 (Data Dictionary)으로 관리되므로 데이터 종속의 문제가 발생하지 않는다.
- 데이터의 추상화
  데이터베이스 관리 시스템은 사용자에게 데이터에 대한 개념적인 접근만을 제공하므로 사용자 입장에서는 데이터베이스 관리 시스템의 물리적인 저장 구조를 알지 못해도 쉽게 사용할 수 있다.
- 트랜잭션과 동시성 제어
  데이터베이스 관리 시스템은 여러 사용자가 동시에 동일한 데이터베이스에 접근할 수 있는 기능을 제공한다. 이 경우 데이터의 일관성과 무결성에 문제가 발생할 수 있으므로, 트랜잭션(Transaction)과 동시성 제어 (Concurrency Control)라는 기능으로 데이터베이스를 관리한다.

위에서 이야기한 데이터 독립성과 추상화는 데이터베이스 관리 시스템의 중요한 구조이다.
데이터베이스를 사용하는 사용자의 요건은 다양하며 수시로 변경될 수 있다. 만일 사용자의 요건에 따라 데이터베이스의 물리적인 구조까지 변경되어야 한다면 매번 변경에 따른 많은 인적/물적 자원이 필요하게 될 것이다. 그러므로 데이터의 독립성과 추상화는 DBMS에 있어서 반드시 필요하다.

나. 데이터베이스 관리 시스템 사상

데이터베이스 관리 시스템은 데이터의 독립성과 추상화를 확보하기 위해 개념적 단계(Conceptual level) 또는 외부 단계(External level), 논리적 단계(Logical level) 또는 개념 단계(Conceptual level), 물리적 단계 (Physical level) 또는 내부 단계(Internal level)로 구조화되어 있다.

■ 개념적 단계(Conceptual level)
추상화의 최상위 단계로 최종 사용자들이 관심을 갖는 데이터베이스의 부분만을 정의한다. 이로서 최종 사용자는 복잡한 시스템 지식이 없어도 데이터베이스 시스템을 사용할 수 있다.
■ 논리적 단계(Logical level)
데이터베이스의 전체 구조를 추상화하는 단계로 데이터베이스에 저장된 데이터와 데이터 간의 관계, 권한 (보안), 무결성과 같은 부가적인 정보를 정의한다.
■ 물리적 단계(Physical level)
가장 낮은 추상화 단계로 데이터가 실제 어떻게 저장되어 있는지 원시 수준의 데이터 구조를 정의한다. 저장된 데이터의 유형, 인덱스의 종류, 칼럼의 표현/순서, 각 레코드의 물리적 순서 등을 정의한다.

개념적, 논리적, 물리적 단계는 단계 간의 연결을 위해 사상(Mapping)이라는 과정을 거치게 되며, 개념적-논리적 사상, 논리적-물리적 사상이 있다. 이 사상은 각 단계의 스키마 간에 이루어진다. 여기서 스키마란 데이터가 저장되는 형식을 결정하는 전반적인 구조를 의미한다.

■ 개념적-논리적 사상(Conceptual-Logical Mapping)
개념적 스키마와 논리적 스키마 간의 대응 관계를 정의하며, 논리적 스키마에 변화가 생겨도 그 변화를 개념적-논리적 사상에 반영하면 개념적 스키마에 변화가 없으므로 논리적 단계의 데이터 독립성을 유지할 수 있다.
■ 논리적-물리적 사상(Logical-Physical Mapping)
논리적 스키마와 물리적 스키마 간의 대응 관계를 정의하며 데이터 파일의 이동, 구조 등의 물리적 변화가 발생해도 논리적-물리적 사상에 반영하면 논리적 스키마에는 변화가 없으므로 물리적 단계의 데이터 독립성을 유지할 수 있다.

그림 [Ⅴ-2-1]은 각 단계의 사상을 그림으로 표현한 것이다.

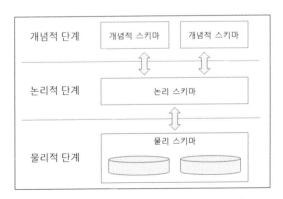

[그림 Ⅴ-2-1] 데이터베이스 단계 사상

다. 데이터베이스 관리 시스템 구성요소

데이터베이스 관리 시스템은 크게 데이터베이스 파일, 데이터 저장 관리자, 질의 처리기, 트랜잭션 관리자로 구성되어 있다.

- 데이터베이스 파일

  데이터베이스 파일(Database File)은 데이터 사전(Data Dictionary)을 저장하는 파일과 사용자의 데이터를 저장하는 파일로 구분할 수 있다. 데이터베이스 파일이 영구적으로 삭제되면 모든 데이터를 잃어버리게 된다. 기업의 데이터는 기가바이트(Giga bytes)부터 테라바이트(Tera bytes)이상의 데이터로 그 크기가 매우 크다.

- 데이터 저장 관리자

  데이터 사전과 사용자 데이터 파일에 접근하여 데이터를 읽고 쓰는 책임을 가진 구성요소이다. 기업의 데이터와 같이 매우 큰 데이터를 모두 메인 메모리(Main Memory)에서 처리하는 것은 불가능하므로 데이터 저장 관리자는 데이터베이스 파일로 데이터를 기록하고, 필요할 때 해당 데이터를 메인 메모리로 올려 처리하게 된다.

- 질의 처리기

  질의 처리기는 데이터베이스 사용자가 물리적인 단계의 지식이 없어도 개념적인 단계에서 SQL을 이용하여 스키마를 정의하고 해당 스키마에 데이터를 저장, 변경, 조회할 수 있도록 해주는 책임을 담당하고 있다. 질의 처리기는 DDL 인터프리터, DML 컴파일러, 질의 실행 엔진 등으로 구성된다.

- 트랜잭션 관리자

  트랜잭션 관리자는 데이터베이스 파일에 여러 명의 사용자가 동시에 접근하여 데이터를 처리하더라도 데이터에 이상 현상이 없도록 데이터의 일관성을 유지하는 책임을 가지고 있다.

지금까지 설명한 데이터베이스 관리 시스템의 구성요소를 좀 더 상세하게 그림 [V-2-2] 데이터베이스 관리 시스템 구성요소로 표현하였다.

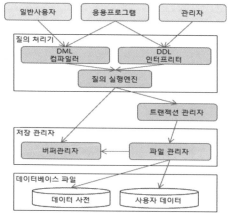

[그림 V-2-2] 데이터베이스 관리 시스템 구성요소

2. 데이터베이스 관리 시스템 종류

오늘날에는 다양한 데이터베이스 관리 시스템이 개발되어 사용되고 있다. 2010년대 초반까지만 해도 많은 기업에서 오픈소스(Open Source) DBMS를 작은 규모에서 제한적으로 사용하였으며, 대부분 Oracle, IBM DB2, 마이크로소프트의 SQL Server와 같은 유상 데이터베이스를 많이 사용하였다. 오픈소스 데이터베이스 관리 시스템의 성능과 안정성이 점점 고도화되면서 최근에는 MariaDB, PostgreSQL과 같은 오픈소스 DBMS를 많이 사용하고 있는 추세이다. 본 지면에서는 최근 많이 사용되고 있는 DBMS에 대해서 간략하게 소개한다.

- **MySQL**

  세계에서 가장 많이 쓰이는 오픈소스 관계형 데이터베이스 관리 시스템 중의 하나이다. MySQL AB의 창업자인 몬티 와이드니어스(Michael Monty Widenius)를 주축으로 하여 개발되다가 2008년 선마이크로 시스템즈에 인수되었고, 2010년에는 오라클이 선마이크로시스템즈를 인수하면서 오라클이 관리하고 있다.

  MySQL의 기본엔진으로 MyISAM이 오랜 동안 사용되다가 InnoDB 엔진이 2004년 즈음에 채택되면서 트랜잭션 데이터 정합성을 보장하게 되었다. 현재는 InnoDB가 기본 엔진으로 사용된다. 기본적으로 Master Slave 구성으로 Master에 있는 데이터를 Binlog Replication을 통해 여러 대의 Slave로 복제 가능하며, Master 노드는 읽기/쓰기 부하 처리, Slave 노드는 읽기 부하 처리 등을 담당하도록 구성하는 방식을 주로 사용한다. 테이블은 PK 순서대로 데이터가 정렬되어 저장되는 클러스터형 인덱스(Clustered Index) 구조이다. 설정을 통해 테이블별로 개별파일로 저장할 수 있다.

- **MariaDB**

  MySQL을 만들었던 몬티가 오라클 소유의 MySQL 상태에 대한 입장 차이로 함께 나온 핵심 개발자들과 개발을 시작하여 MariaDB를 출시하였다. MySQL과 동일한 소스코드를 기반으로 하여 개선 및 확장 개발되어 오고 있으며, 대부분의 명령어나 사용방법은 MySQL과 동일하다.

  MySQL 엔터프라이즈 버전에서 플러그인으로 제공되는 스레드풀 기능이 MariaDB에서는 기본 기능으로 내장되어 있으며, 다양한 스토리지 엔진 기술을 활용하여 테이블별 워크로드 성격에 맞게 선택을 하여 운용할 수 있다. 최근 들어 기존에 사용하는 DBMS와의 Syntax 호환성을 제공하기 위한 여러 SQL 모드를 개발하여 지원해 나가고 있다.

- **Oracle**

  국내에서도 오랫동안 상용 Enterprise 데이터베이스로 많이 사용되어 왔다. 래리 앨리슨과 몇몇 개발자들이 1977년에 소프트웨어 회사를 공동 설립하여 초기 제품이 출시되었으며 현재도 수많은 기업들이 사용하고 있는 대표적인 데이터베이스 제품이다. 오랜 기간 동안 많은 자원을 들여 개발되어 온 제품으로 PL/SQL의 성능이나 다양한 기능들 그리고 내부적으로 개선된 뛰어난 메커니즘 등을 가지고 있다. 기업이 상용으로 도입 시 Enterprise Edition과 Standard Edition으로 크게 나뉘며 Standard Edition에서는 파티션, 병렬 처리와 같은 몇몇 주요 기능들의 사용 제약이 있다.

- SQL Server

  사이베이스(Sybase) DBMS를 기반으로 마이크로소프트(MS)사에서 개발되어 1989년 SQL Server 1.0을 출시하였다. 윈도우 서버 기반으로 운용되어 왔으나, 2016년에 윈도우 서버가 아닌 Linux 서버 지원을 공식화하였다. 과거에는 국내에서 오라클 다음으로 많이 사용되던 DBMS였다. SQL Server 2000 버전까지는 잠금(Locking)을 통해서만 동시성을 제어하는 구조여서 데이터 읽기와 쓰기가 서로 간섭받아 잠금에 의한 성능 문제와 교착 상태가 자주 발생하였다. 2005 버전부터는 행(Row) 버전 관리에 기반을 둔 격리 수준을 조정할 수 있게 됨으로써 문장 수준의 읽기 일관성과 트랜잭션 수준의 읽기 일관성까지 제공한다.

- PostgreSQL

  1997년에 PostgresSQL 오픈소스 버전 6.0으로 출시되었다. 과거 국내에서는 잘 알려지지 않은 것에 비해 북미와 일본 등에서는 널리 사용되고 있었으나, 최근에는 국내에서도 많이 사용하고 있다. 기능적인 면에서 오라클과 유사한 점이 많아 오라클 사용자들이 쉽게 접근할 수 있는 오픈소스 DBMS이다. 기본 테이블은 오라클과 유사한 형태(Heap)로 데이터를 정렬하지 않고 저장한다. 데이터 변경 시 해당 행을 직접 변경하지 않고 새로운 행을 생성하고 기존 행을 Dead Tuple로 마킹하는 형태로 처리하며, 이러한 메커니즘으로 처리됨으로써 발생되는 공간의 최적화를 위해 내부적으로 VACUMM이 수행된다.

- Cubrid

  국내에서 만들어진 오픈소스 DB 제품이다. 2006년 큐브리드로 출시되어 NHN과 공동개발 프로젝트 과정을 거쳐 출시되었다. 2008년에 오픈소스 라이센스 하에 소스코드가 공개된 이후로 큐브리드사의 개발과 함께 오픈 참여개발이 병행되면서 지속적으로 새로운 버전을 공개해 오고 있다. 기본적인 3-tier 구조로 Application과 Server 사이에 Broker를 두어 고가용성(High Availability)과 Slave 서버를 통한 읽기 확장성을 제공한다. 현재 큐브리드는 다수의 공공기관에서 채택되어 사용되고 있다.

3. 데이터베이스 구조

가. 데이터 딕셔너리

데이터 딕셔너리(Dictionary)는 데이터베이스의 주요한 부분 중 하나이다. 연관된 데이터베이스 정보를 제공하는 읽기 전용 테이블 또는 뷰 집합이다. 데이터 딕셔너리는 다음 정보를 포함한다.

- 데이터베이스의 모든 스키마 객체 정보
- 스키마 객체에 대해 할당된 영역의 사이즈와 현재 사용 중인 영역의 사이즈
- 칼럼에 대한 기본 값
- 무결성 제약조건에 대한 정보
- 사용자 이름, 사용자에게 부여된 권한과 역할
- 기타 일반적인 데이터베이스 정보

DBMS마다 제공되는 딕셔너리 정보의 양에는 차이가 있지만 공통적으로 데이터베이스의 형상을 관리하는 데 중요한 정보를 제공한다. 그 외 데이터 처리 시 현재 데이터베이스 작업을 기록하는 동적 성능 테이블이 있다. 동적 성능 테이블은 세션, 잠금(Locking), SQL pool 등 다양한 정보를 제공하므로 데이터베이스 모니터링에 이용된다.

나. 데이터베이스, 테이블스페이스 및 데이터 파일

데이터는 테이블을 통해서 논리적으로는 테이블스페이스(또는 파일그룹)에, 물리적으로는 해당 테이블스페이스(Tablespace)와 연관된 데이터 파일(Data File)에 데이터를 저장한다. 특정 DBMS의 경우에는 테이블스페이스를 파일 시스템의 디렉터리로 구분하며, 각 테이블과 인덱스를 파일 단위로 관리하는 경우도 있다. 이와 같이 논리적인 구조에서는 DBMS의 구조가 비슷하지만 물리적인 구현 방식에서는 차이가 클 수 있으므로, 여기서는 Oracle과 SQL Server를 기준으로 설명한다.

테이블은 테이블스페이스라는 논리적인 단위를 이용하여 관리하고, 테이블스페이스는 물리적인 데이터 파일을 지정하여 저장된다. 테이블, 테이블스페이스, 데이터 파일로 분리하여 관리함으로써 논리적인 구성이 물리적인 구성에 종속되지 않고 투명성을 보장할 수 있다.

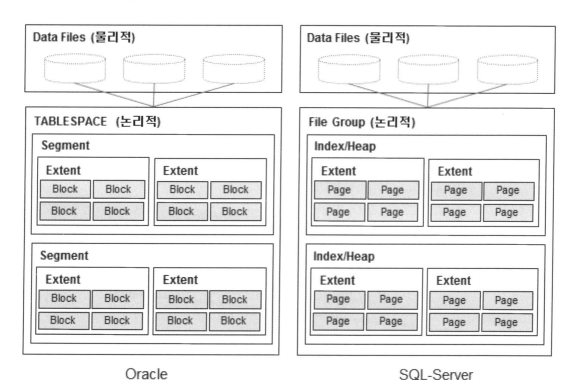

[그림 V-2-3] 물리/논리 저장 구조 계층

테이블스페이스는 저장되는 내용에 따라 데이터용, 인덱스용, 임시(Temporary)용으로 분리되도록 설계한다. 이는 단위나 공간 확장 단위인 물리적인 파일 크기를 적정하게 유지하고 성능을 높이기 위해서다. 테이블스페이스는 데이터 용량을 관리하는 단위로 이용된다.

다음은 데이터용/인덱스용 테이블스페이스 설계 유형들이다.

- 테이블이 저장되는 테이블스페이스는 업무별로 지정한다.
- 대용량 테이블은 독립적인 테이블스페이스를 지정한다.
- 테이블과 인덱스는 분리하여 저장한다.
- LOB 타입 데이터는 독립적인 공간을 지정한다.

다. 데이터 블록, 확장 영역 및 세그먼트 간의 관계

DBMS는 데이터베이스의 모든 데이터에 대한 논리적 데이터베이스 영역을 할당한다. 데이터베이스 영역의 할당 단위는 데이터 블록(Data block), 확장 영역(Extent), 세그먼트(Segment)이다.

- 데이터 블록

DBMS가 데이터를 저장하는 가장 작은 단위는 데이터 블록(또는 페이지)이라 한다. 하나의 데이터 블록은 디스크상의 물리적 데이터베이스 영역의 특정 바이트 수에 해당한다. 일반적으로 2K, 4K, 8K, 16K 등 다양하다. 과거에는 데이터베이스에 단일 블록 사이즈를 이용했으나 현재는 테이블스페이스별로 사이즈를 정의할 수 있다. 데이터베이스 용도(OLTP, DW 등)에 따라 적정한 크기의 데이터 블록 사이즈를 결정할 수 있다. 데이터 블록은 1회 I/O 시의 물리적인 디스크 입출력량을 결정하므로 성능에 직접적인 영향을 미친다. DBMS에 따라 블록의 구조도 차이가 있지만 확장 가능 영역인 Free space에 따라 데이터의 체인을 억제할 수 있는 방법을 확보해야 한다.

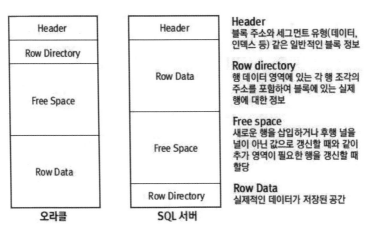

[그림 V-2-4] 블록 구조

■ 데이터 확장 영역

확장(Extent) 영역은 특정 유형의 정보를 저장하기 위해 할당된 몇 개의 연속적인 데이터 블록이다. 테이블을 생성하면 DBMS는 지정된 몇 개 데이터 블록의 초기 확장 영역을 테이블 데이터 세그먼트에 할당한다. 아직 행을 입력하지 않았지만 초기 확장 영역에 해당되는 데이터 블록은 해당 테이블의 행에 대해 예약된 것이다(오라클의 경우 테이블 생성 이후 최초 데이터가 입력될 때 초기 확장 영역을 할당하는 옵션을 제공한다). 예약된 데이터 블록이 모두 차면 새로운 증분 확장 영역을 자동으로 할당한다. 확장 영역의 크기와 한계를 결정함으로써 불필요한 저장 공간 낭비를 줄이고 무한정 확장되는 것을 방지할 수 있다. 확장된 영역은 데이터를 삭제(DELETE)하여도 확장된 영역을 반환하지 않는다. 생성된 객체를 DROP하거나 TRUNCATE해야 사용되었던 확장 영역이 테이블스페이스로 반환된다. 또는 직접 해제 명령 SQL 구문을 사용하여 해제할 수도 있다.

■ 세그먼트

테이블스페이스 내에 어떤 논리적인 구조를 정의하기 위해 할당한 확장 영역의 집합으로, 테이블, 인덱스, 임시용 세그먼트(Segment)가 지원된다. 각 테이블은 하나 이상의 확장 영역을 할당하여 해당 테이블의 데이터 세그먼트를 형성하고, 각 인덱스는 하나 이상의 확장 영역을 할당하여 테이블의 인덱스 세그먼트를 형성한다.

4. 메모리 구조

■ DBMS 정보 저장

DBMS는 다음과 같은 정보를 저장하기 위해 메모리를 사용한다.

• 실행되는 프로그램 코드
• 현재 사용하지 않더라도 접속되어 있는 세션 정보
• 프로그램이 실행되는 동안 필요한 정보
• 프로세스 간에 공유하거나 교환되는 정보(예 : 잠금(Locking) 정보)
• 보조 메모리에 영구적으로 저장된 캐시 데이터

메모리는 사용 용도에 따라 소프트웨어 코드 영역, 시스템 메모리 영역, 프로그램 영역으로 나눌 수 있다. 소프트웨어 코드 영역은 수행되고 있거나 수행될 수 있는 소프트웨어의 코드를 저장하기 위한 메모리 영역이다. 시스템 메모리 영역은 모든 프로세스가 공유하는 메모리 영역으로 데이터베이스 버퍼와 로그 버퍼로 구성되어 있다. 프로그램 영역은 프로세스가 시작될 때 DBMS에 의하여 할당되는 비공유 메모리 영역으로, 프로세스에서 필요로 하는 데이터나 제어 정보 등을 저장한다. [그림 V-2-5]는 오라클과 SQL Server를 기준으로 도식화하였지만, 대부분의 DBMS는 이와 유사한 메모리 구조를 가진다.

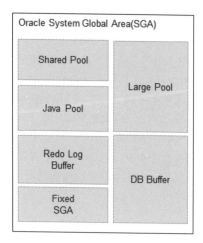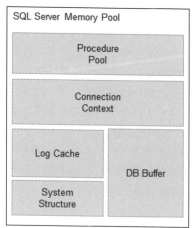

[그림 V-2-5] DBMS 메모리 구조

■ 데이터베이스 버퍼

데이터베이스 버퍼(DB Buffer)는 데이터 파일로부터 읽어들인 데이터 블록의 복사본을 가지고 있다. 데이터베이스에 접속되어 있는 모든 사용자 프로세스는 데이터베이스 버퍼에 대한 액세스를 공유한다. 데이터베이스 버퍼는 더티 목록(Dirty list)과 LRU(Least Recently Used) 목록을 가지고 있다. 더티 목록은 더티 버퍼를 가진다(더티 버퍼는 수정되었지만 아직 디스크에 기록되지 않은 데이터를 가지고 있는 버퍼이다). LRU 목록은 빈 버퍼, 현재 액세스 중인 고정된 버퍼, 더티 목록으로 이동되지 않은 더티 버퍼를 가진다.

데이터 액세스 순서는 다음과 같다.

• 데이터베이스 사용자 프로세스가 데이터를 요구할 때 데이터베이스 버퍼에 있는 데이터를 검색한다.
• 데이터를 찾으면 메모리에서 직접 데이터를 읽는다(데이터베이스 버퍼에 있는 데이터를 찾게 되면 디스크로부터 데이터를 읽을 필요가 없으므로 수행 속도가 빠르다).
• 데이터베이스 버퍼에서 데이터를 찾을 수 없으면 데이터 블록을 디스크의 데이터 파일에서 데이터베이스 버퍼로 복사한다.
• 데이터 블록을 디스크에서 데이터베이스 버퍼로 읽어들이기 전에 프로세스는 먼저 빈 데이터베이스 버퍼를 찾는다. 프로세스는 끝에서부터 LRU(Least Recent Used) 목록을 검색한다. 프로세스는 빈 데이터베이스 버퍼를 찾거나 데이터베이스 버퍼의 임계점에 도달할 때까지 검색한다.
• 데이터를 디스크로부터 데이터베이스 버퍼로 읽기 위해 빈 데이터베이스 버퍼를 찾는 과정에서 더티 데이터베이스 버퍼(변경된 데이터)를 찾은 경우 이 데이터베이스 버퍼를 더티 목록으로 이동시킨다.
• 사용자 프로세스가 빈 데이터베이스 버퍼를 찾으면 데이터 블록을 디스크에서 데이터베이스 버퍼로 읽어들이고 이를 LRU 목록의 MRU(Most Recent Used) 끝으로 이동시킨다.

사용자 프로세스가 전체 테이블을 스캔한 경우에는 테이블 블록을 버퍼로 읽어들여 LRU 목록의 끝에 놓는다. 전체를 스캔하는 테이블은 짧은 시간 동안 사용될 가능성이 높으므로 자주 사용되는 블록이 메모리에 오래 남아 있도록 빨리 제거한다. 버퍼 캐시의 크기는 데이터를 요구했을 때 적중률에 영향을 준다. 버퍼 캐시가 크면 그만큼 요구한 데이터를 포함하고 있을 가능성이 높아진다. 고정된 캐시(Cache) 사이즈에서는 가능한 한 불필요한 데이터를 메모리에 올리지 않으면 적중률이 높아진다. 효과적인 인덱스 디자인이나 SQL 사용으로 적중률을 높일 수 있다.

■ 로그 버퍼

로그 버퍼(Log Buffer)는 데이터베이스의 변경 사항 정보를 유지하는 것으로, 순환형 버퍼를 사용한다. INSERT, DELETE, CREATE, ALTER 또는 DROP 작업으로 변경된 사항을 재구성하거나 재실행하는데 필요한 정보인 REDO 입력 항목을 가진다. REDO 입력 항목은 데이터베이스 복구에 사용된다. 로그 버퍼의 내용은 서버 프로세스에 의해서 로그 파일에 기록된다.

■ 공유 풀

공유 풀(Shared Pool)은 라이브러리 캐시, 딕셔너리 캐시, 제어 구조 등으로 구성되어 있다. 라이브러리 캐시(Library Cache)는 데이터베이스 사용자들이 수행한 SQL을 저장하는 SQL 영역, 사용자 정의 함수/저장 프로시저/트리거를 저장하는 저장 SQL 프로시저 영역, 제어 구조 등을 공유한다. 딕셔너리 캐시는 데이터베이스 운영에 필요한 데이터 딕셔너리 정보를 공유한다. 공유 풀은 LRU 알고리즘에 의해 영역을 할당하고 해제한다. 여러 세션이 함께 사용하는 공유 풀에 저장된 정보는 해당 정보를 생성한 프로세스가 종료되어도 해당 정보가 유효하고 메모리가 부족하지 않다면 계속 메모리에 남아 있게 된다. 이는 동일한 SQL을 실행할 때 발생하는 SQL 파싱 등의 반복적인 작업으로 인한 부하를 최소화하기 위함이다.

■ 그 외 영역

Fixed Area는 부트스트랩(Bootstrap)과 비슷한 영역으로 DBMS의 환경 변수를 저장하는 영역이며, Large Pool 영역은 대량의 데이터가 로딩되었을 때 임시적으로 활용하기 위한 영역이다. Java Pool 영역은 오라클에서 Java Stored Procedure를 실행하기 위한 영역이다. 오라클에서는 SGA 영역 이외에 사용자 세션별로 할당되어 사용되는 Program(또는 Private) Global Area가 존재하며, 이 영역에 데이터 정렬을 위한 Sort Area, Hash Join을 위한 Hash Area와 같은 공간이 할당된다.

5. 프로세스 구조

DBMS에서 프로세스는 사용자 프로세스와 DBMS 프로세스로 분류한다. DBMS 프로세스는 서버 프로세스와 백그라운드 프로세스로 분류한다.

■ 사용자 프로세스

사용자 프로세스는 애플리케이션이나 데이터베이스 도구를 실행할 때 생성된다. 이때 세션이 만들어지고 세션은 사용자 프로세스와 데이터베이스 인스턴스 간 통신 경로가 된다.

- 서버 프로세스

    서버 프로세스는 사용자 프로세스와 통신하는 역할을 한다. 다중 스레드 서버 방식과 단일 서버 프로세스 방식이 있다. 다중 스레드 서버를 사용할 경우는 단일 서버 프로세스를 여러 사용자 세션 간에 공유한다. 단일 서버 프로세스 방식은 각 사용자 세션에 대해 하나의 서버 프로세스를 생성한다.

- 백그라운드 프로세스

    데이터베이스가 동작하기 위한 프로세스들로 구성되며, 대부분의 DBMS에서는 다중 프로세스 방식으로 구동된다.

[표 V-2-1] DBMS 주요 백그라운드 프로세스

Oracle	SQL Server	설 명
PMON process monitor	ODS Open data services	사용자 프로세스에 장애가 발생하면 프로세스 복구를 수행
SMON system monitor	DB cleanup/shrinking	인스턴스 시작 시 필요한 경우 고장 복구를 수행, 임시 세그먼트 정리 수행
DBWn Database Writers	Lazywriter thread	버퍼의 내용을 데이터 파일에 기록
CKPT checkpoint	DB checkpoint thread	체크 포인트가 발생하면 데이터 파일의 헤더 갱신
LGWR Log Writer	Log writer thread	로그 버퍼를 관리하여 로그 버퍼를 디스크의 로그파일에 기록

지금까지 오라클과 SQL Server를 기준으로 DBMS의 파일, 메모리, 프로세스와 같은 구조를 살펴보았으나 대부분의 DBMS는 이와 유사한 아키텍처를 가진다.

제 2 절 데이터베이스 관리 시스템 활용

1. 데이터 명령어

데이터베이스와 사용자 간의 커뮤니케이션을 위해 사용자는 DBMS에서 제공하는 명령어를 사용한다. 이들 명령어는 DBMS마다 문법 차이는 있지만 ANSI SQL-2008 Entry Level을 준수하고 있다. 명령어에 대한 분류 방법도 차이가 있으나 데이터 정의어(DDL), 데이터 조작어(DML), 트랜잭션 제어어(TCL)로 구분한다.

가. 데이터 정의어

테이블, 인덱스 등의 스키마 객체를 생성(CREATE)하고, 구조를 변경(ALTER)하고, 삭제(DROP), 명칭을 변경(RENAME)하는 데 사용한다. 데이터베이스, 사용자, 테이블, 칼럼, 데이터 타입, 참조무결성 제약조건 정의, 영역 무결성 제약 정의, 인덱스 등 모든 데이터베이스 객체는 데이터 정의어(DDL, Data Definition Language)에 의해서 관리된다.

DDL 실행은 현재 진행되는 트랜잭션에 대해 암시적으로 COMMIT을 실행하므로 트랜잭션 명령어에서 제어할 수 없다. 특정 DBMS에서는 DDL 작업에 대해서도 취소(ROLLBACK)가 가능하지만, 대부분의 DBMS에서는 DDL 작업에 대해서 취소가 불가능하므로 사용상 주의가 필요하다. TRUNCATE 명령어는 데이터를 삭제하는 DELETE와 유사하지만, TRUNCATE는 DDL이고 DELETE는 DML이므로 내부적으로 해당 명령을 수행하는 방식에 차이가 있다. 그 외 사용자 특권(Privilege)과 역할(Role)을 허가(GRANT)하고 취소(REVOKE, DENY)하거나 데이터 사전에 코멘트(Comment)를 추가하고 오디팅(Auditing) 옵션을 설정하는 등의 명령어가 있다.

나. 데이터 조작어

데이터 조작어(DML, Data Manipulation Language)는 데이터베이스에 있는 데이터를 조작할 수 있게 해주는 명령어로 DELETE, INSERT, SELECT, UPDATE 등이 대표적이며, 그 외 DBMS별로 사용자 편의성을 위해 다양한 구문들을 제공하고 있다. DBMS에 따라 자동(Auto) Commit 옵션이 기본설정으로 되어 있는 경우가 있으니 SQL을 수행할 때 반드시 확인이 필요하다. 자동 Commit 옵션이 Off 되어있는 경우에는 트랜잭션 제어어를 이용하여 데이터 조작에 대한 취소(Rollback) 또는 영구 반영(Commit)을 명시적으로 수행해야 한다.

DML문 처리 단계는 다음과 같다.

- 1단계 커서 생성
커서는 SQL문에 대해 독립적으로 생성된다. 커서는 모든 SQL문에 사용될 수 있도록 생성된다. 대부분의 애플리케이션에서 커서는 자동으로 생성되지만 선행 컴파일러 프로그램에서는 커서 생성이 암시적으로 발생할 수도 있고 명시적으로 선언될 수도 있다.

■ 2단계 명령문 구문 분석

SQL문을 파싱하여 구문과 의미 검증

- 데이터 딕셔너리를 탐색해 테이블과 칼럼의 정의 검사
- 구문 분석 잠금(Locking)을 획득하여 객체(테이블과 칼럼 등) 정의가 변경되지 않도록 함
- 참조한 스키마 객체에 접근 권한 검사
- 명령문에 대한 최적의 실행 계획 수립
- 공유 SQL 영역(Shared Pool)으로 수행대상 SQL을 로딩
- 분산 명령문의 경우 명령문 모두 또는 일부를 원격 노드로 전송

■ 3단계 질의 결과 설명(SELECT일 때)

데이터 유형, 길이, 이름 등 질의 결과의 특성을 판별한다.

■ 4단계 질의 결과 출력 정의(SELECT일 때)

질의에 대한 정의 단계에서 위치, 크기, 인출한 각 값을 받기 위해 정의된 변수의 데이터 유형을 지정한다.

■ 5단계 변수 바인드

값을 찾을 수 있는 메모리 주소를 지정한다.

■ 6단계 명령문 병렬화(병렬 처리일 때)

병렬화는 다중 서버 프로세스로 동시에 SQL문을 수행하므로 SQL 수행이 더 신속하게 완료될 수 있다.

■ 7단계 명령문 실행

SELECT 또는 INSERT인 경우 데이터의 내용이 변경되지 않으므로 어떠한 행에 대해서도 잠금(Locking)이 필요하지 않지만, UPDATE, DELETE문에 영향을 받는 모든 행은 해당 트랜잭션이 완료될 때까지 데이터베이스의 다른 사용자는 조회할 수 없다(단, 변경 이전의 데이터는 조회할 수 있다).

■ 8단계 질의 행(Row) 인출(SELECT일 때)

SQL의 수행 결과 데이터가 사용자에게 전달된다.

■ 9단계 커서 닫기

다. 트랜잭션 제어어

트랜잭션 제어어(TCL, Transaction Control Language)는 DBMS마다 사용자에게 제공하는 방식에 차이가 있다. 단순한 명령어 형태로 제공되기도 하고 저장 프로시저 형태로 제공되기도 한다. 오라클과 SQL Server을 비교하면 [표 V-2-2]와 같다.

[표 V-2-2] 트랜잭션 제어어

Oracle	SQL Server	설 명
COMMIT [work]	COMMIT [work|transaction]	변경된 데이터를 DB에 반영하고 트랜잭션을 종료한다.
ROLLBACK	ROLLBACK [work|transaction]	변경된 데이터를 무효화하고 트랜잭션을 종료한다.
SAVEPOINT	SAVE TRAN[SACTION]	ROLLBACK을 위한 트랜잭션 지점을 명시한다.

트랜잭션 제어어는 한 개 이상의 SQL문을 논리적으로 하나의 처리 단위로 적용하기 위해 사용하는 명령어이다. 트랜잭션의 처음과 종료는 명시적으로 COMMIT 또는 ROLLBACK되어야 한다. COMMIT 명령은 트랜잭션이 시작되고 현재 시점까지 변경/저장된 모든 데이터를 데이터베이스에 영구적으로 반영하는 명령어이다. 이와 반대로 ROLLBACK 명령은 트랜잭션이 시작되고 현재 시점까지 변경/저장된 모든 데이터를 무효화하고 트랜잭션이 시작되기 전의 상태로 되돌리는 명령어이다. SAVEPOINT는 트랙잭션이 시작되고 데이터의 변경/저장이 진행되는 중간 지점마다 위치를 저장하여 ROLLBACK 명령 수행 시 ROLLBACK 지점을 명시하여 해당 지점까지만 ROLLBACK할 수 있도록 하는 명령어이다.

2. 뷰의 활용

뷰(View)는 하나 이상의 기본 테이블(또는 뷰)에서 원하는 데이터를 선택하여, 미리 SQL로 정의하여 놓은 가상의 테이블이다. 뷰는 민감한 데이터의 접근 통제, SQL 코드의 재사용, 데이터의 가독성 확보 등의 목적으로 많이 사용되고 있으며, 다음과 같은 특징을 가지고 있다.

- 뷰는 기본 테이블로부터 유도된 가상의 테이블이므로 물리적인 저장 공간을 가지지 않는다.
- 뷰는 물리적인 공간을 가지지 않으므로 인덱스를 생성할 수 없다.
- 정의된 뷰가 기본 테이블의 기본 키를 포함하지 않으면 뷰를 통한 데이터의 입력, 수정, 삭제 작업을 할 수 없다.
- 뷰는 ALTER VIEW 명령문을 이용하여 정의를 수정할 수 없다.
- 기본 테이블로부터 논리적 데이터 독립성을 제공할 수 있다.
- 이미 정의된 뷰를 이용한 다른 뷰를 정의할 수 있어, SQL의 재사용성을 높일 수 있다.
- 기본 테이블에 대한 권한은 제거하고 제공 가능한 칼럼만 뷰로 제공함으로써 보안성을 유지할 수 있다.

다음은 뷰를 정의하고 활용하는 예제이다.

```
/* 뷰 정의 */
CREATE VIEW view_A
AS
SELECT a.id, a.name, a.area_cd, b.area_name
FROM table_A a, table_B b
WHERE a.area_cd = b.area_cd;

/*뷰 사용 */
SELECT * FROM view_A;

/* 뷰를 활용한 뷰 정의 */
CREATE VIEW view_B
AS
SELECT id, name, area_cd, area_name, substr(name, 1, 3) as name2
FROM view_A;
```

특정 DBMS는 일반적인 뷰 이외에 특별한 실체화된 뷰(Materialized View)를 제공하고 있다. 실체화된 뷰는 정의된 뷰를 이용하여 실행된 결과를 저장하고 있어 데이터를 저장하는 공간이 존재한다. 실체화된 뷰는 주로 데이터웨어하우스(DW)에서 성능 향상 목적으로 많이 사용하지만, OLTP 시스템에서 데이터의 복제와 같은 목적으로 사용하기도 한다.

3. 사용자 관리

대부분의 데이터베이스 관리 시스템은 데이터 보호와 보안을 위해서 사용자와 데이터베이스에 대한 권한을 관리할 수 있는 기능을 가지고 있다. 권한은 데이터베이스 객체에 대해 생성, 조회, 수정, 삭제, 실행 등의 권한을 부여하고 회수할 수 있다.

사용자를 생성, 삭제하고 권한을 제어할 수 있는 명령어를 DCL(Data Control Language)이라 한다. 이 명령어는 DBMS마다 조금씩 상이하지만, 기본적으로 아래와 같은 명령어를 사용한다.

- 사용자 생성 : CREATE USER
- 사용자 삭제 : DROP USER

데이터베이스 객체에 대한 권한을 제어하는 명령어도 DBMS마다 조금씩 상이하지만, 기본적으로 아래와 같은 명령어를 이용하여 데이터베이스 객체에 대해 사용자에게 권한을 부여하고 회수한다.

- 권한 부여 : GRANT 〈권한 목록〉 TO 〈사용자ID〉
- 권한 회수 : REVOKE 〈권한 목록〉 FROM 〈사용자ID〉

데이터베이스는 테이블, 칼럼, 뷰, 저장 프로시저, 사용자 정의 함수, 데이터 딕셔너리 등 많은 객체를 가지고 있다. 또한 대규모 시스템에서는 수백 개에서 수천 개의 테이블을 가지고 있는 경우가 많다. 이렇게 무수히 많은 데이터베이스 객체에 대해서 일일이 사용자에게 권한을 부여하고 회수하는 것은 쉬운 일이 아니다. 그래서 데이터베이스 관리 시스템에서는 역할(Role)이라는 개념을 도입하여 사용자 권한 관리를 쉽게 할 수 있도록 도와준다. [그림 V-2-6]은 Role의 개념을 표현한 것이다.

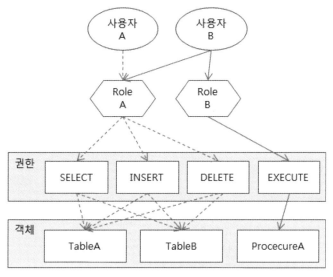

[그림 V-2-6] Role의 개념

　역할(Role)은 사용자 관련 명령어와 유사하게 CREATE ROLE, DROP ROLE 명령어로 생성과 삭제를 할 수 있다. 이렇게 생성된 역할에 다양한 권한을 부여하고, 각각의 사용자에게 GRANT, REVOKE 명령어로 권한을 부여받은 역할을 지정하고 회수하게 된다. 이렇게 하면 사용자별로 개별 객체의 권한을 하나씩 부여하는 것보다 훨씬 쉽게 사용자별 권한 관리를 할 수 있다.

4. 절차적 SQL의 활용

가. 저장 프로시저와 사용자 정의 함수

　데이터 조작 언어는 비절차적 언어이다. 대부분의 DBMS에서는 이를 보완하기 위해 절차적 언어를 제공한다. 이런 절차적 SQL로 작성된 저장 프로시저(Stored Procedure)와 사용자 정의 함수(User Defined Function)는 데이터베이스 내에 저장해 놓은 명령문의 집합이다. 오라클은 PL/SQL로, SQL Server는 Transaction-SQL로 지원하며 다른 DBMS도 별도의 언어를 가지고 절차적 로직 처리를 위한 기능을 지원한다.

　절차적 언어로 저장 프로시저, 사용자 정의 함수, 트리거를 작성할 수 있다. 저장 프로시저는 사용자의 호출에 대한 반환 값을 가지지 않지만 사용자 정의 함수는 반환 값을 가진다. 이를 통해 저장 프로시저의 호출은 자체적으로 하나의 응용프로그램이 될 수 있지만, 사용자 정의 함수는 어떤 식(또는 문장)의 일부분으로 호출되는 것이라 할 수 있다. 저장 프로시저와 사용자 정의 함수에 대한 제약사항은 DBMS에 따라 다르므로 사용 중인 DBMS의 매뉴얼을 참고해야 한다. 우리가 자주 사용하는 SUM, MIN, MAX, LOWER, LENGTH 등과 같은 함수들은 DBMS 내장함수(Built-in Function)라고 한다.

■ 저장 프로시저 설계 지침

높은 응집도와 낮은 결합도를 유지한 설계가 필요하다. 하나의 작업을 중점적으로 완료하도록 프로시저를 정의한다. 여러 프로시저 코드에서 불필요하게 중복될 수 있는 공통적인 하위 작업이 있을 수 있으므로 여러 개의 서로 다른 하위 작업을 갖는 긴 프로시저는 정의하지 않는다.

DBMS에서 제공되는 기능과 중복되는 프로시저는 정의하지 않는다. 선언적 무결성 제약조건을 사용하여 수행할 수 있는 간단한 데이터 무결성 규칙을 프로시저로 정의하지 않는다.

■ 저장 프로시저의 장점

• 보안

데이터 보안을 강제로 수행한다. 사용자는 작성자의 권한으로 실행되는 프로시저와 함수를 통해서만 데이터에 액세스하도록 데이터베이스 작업을 제한할 수 있다. 프로시저를 실행하는 권한만 있는 사용자는 프로시저를 호출할 수는 있지만 테이블 데이터를 조작할 수는 없다.

• 성능

각각의 SQL문장의 실행과 비교할 때 네트워크를 통해 보내야 하는 정보의 양을 현격하게 줄인다. 한번 정보를 보낸 후에는 사용될 때마다 호출되기 때문이다. 데이터베이스에서 프로시저를 컴파일한 상태로 사용되므로 실행 시 별도 컴파일이 필요 없고 공유 풀을 이용하여 재사용이 가능하다.

• 메모리 할당

많은 사용자가 코드를 공유하며 실행하기 위해 프로시저의 단일 복사본만이 메모리에 로드된다. 동일한 코드를 공유하면 애플리케이션에 의한 메모리 요구를 줄인다.

• 생산성

개발 생산성을 증가시킨다. 프로시저 집합으로 애플리케이션을 설계하여 불필요한 코딩을 피하고 생산성을 증가시킨다. 작업 수행에 필요한 SQL문을 재작성하지 않고도 모든 애플리케이션에 의해 호출될 수 있다. 데이터 관리 방법이 변경되면 사용하는 애플리케이션이 아닌 프로시저만 수정하면 된다.

• 무결성

애플리케이션의 무결성과 일관성이 향상될 수 있다. 검증된 프로시저는 다시 테스트하지 않고 많은 애플리케이션에서 재사용할 수 있다. 프로시저가 참조하는 데이터 구조가 변경되었다면 프로시저만 재컴파일하면 되며, 프로시저를 호출하는 애플리케이션은 수정하지 않아도 된다.

나. 트리거

DBMS에서 INSERT, UPDATE, DELETE문을 관련 테이블에 대해 실행하거나 데이터베이스 시스템 작업이 발생하면 암시적으로 실행되는 트리거(Trigger)를 정의할 수 있다. 저장 프로시저와 트리거는 호출하는 방법이 다르다. 프로시저는 사용자, 애플리케이션 또는 트리거에 의해 명시적으로 실행되는 반면 하나 이상의 트리거는 접속된 사용자나 사용되는 애플리케이션에 관계없이 트리거 이벤트가 발생되면 DBMS에 의해 암시적으로 실행된다.

■ 트리거 사용

과다한 트리거 사용은 복잡한 내부 종속성을 초래하여 대규모 애플리케이션에서 유지 관리를 어렵게 하므로 주의가 필요하다. 트리거는 DML 작업이 정규 업무 시간 동안 실행되도록 테이블에 대해 DML 작업을 제한할 수 있다.

트리거는 다음과 같이 사용한다.

• 자동적으로 파생된 칼럼 값 생성(예 : 합계, 잔액, 재고량 등)
• 잘못된 트랜잭션 방지(예 : 무결성 제약 구현)
• 복잡한 보안 권한 강제 수행
• 분산 데이터베이스의 노드상에서 참조무결성 강제 수행
• 복잡한 업무 규칙 강제 수행
• 이벤트 로깅 작업이나 감사 작업
• 동기 테이블 복제 작업
• 테이블 액세스에 대한 통계 수집

■ 트리거 유형

• 행 트리거 및 명령문 트리거

행(Row) 트리거는 테이블이 트리거링 명령문에 의해 영향을 받을 때마다 실행된다. 예를 들어 UPDATE문이 테이블의 여러 행을 갱신하면 갱신된 각 행에 대해 한 번씩 실행된다. 명령문 트리거는 테이블에서 트리거링 명령문에 의해 영향을 받는 행의 수에 관계없이 한 번만 실행한다. 예를 들어, DELETE문이 여러 행을 삭제하면 테이블에서 삭제되는 행의 수에 관계없이 한 번만 실행된다. 보안 감사나 감사 레코드를 만들 때 사용될 수 있다.

• BEFORE 및 AFTER 트리거

BEFORE 트리거는 명령문이 실행되기 전에 트리거 작업을 실행한다.
 – 불필요한 Rollback을 제거하기 위해 트리거 작업이 실행 여부를 결정할 때 사용된다.
 – 트리거링 INSERT 또는 UPDATE 문을 완료하기 전에 특정 칼럼 값을 구하기 위해 사용된다.
AFTER 트리거는 명령문이 실행된 후에 트리거 작업을 실행한다.

■ 트리거링 이벤트와 제한 조건

트리거링 이벤트는 특정 테이블에 대한 INSERT, UPDATE, DELETE 문이 실행될 때이다. 모든 DBMS에서 지원하는 사항은 아니지만, 시스템 차원에서 이벤트를 발생시킬 수 있다. 트리거 제한 사항은 트리거 실행을 위해 참(True)이어야 하는 논리적 표현식을 지정한다.

제 3 절 트랜잭션

트랜잭션은 데이터베이스 시스템에서 하나 또는 여러 개의 단위 작업을 하나의 업무 단위로 구성하여 처리하며, 하나 이상의 SQL문으로 구성된다. 즉, 개별 단위 작업의 성공은 의미가 없으며 모든 작업이 완료되어야 하나의 업무가 완료되고, 그렇지 않을 경우 시스템이나 데이터에 심각한 오류를 초래할 수 있다는 의미이다. 이러한 개념의 기능을 데이터베이스에서 제공하는 것을 트랜잭션이라고 하며, ACID와 같은 기술적인 요건을 충족해야만 한다.

다중 사용자 환경의 데이터베이스에서 트랜잭션의 개념만 충족한다고 데이터의 일관성을 유지할 수 있는 것은 아니다. 다중 사용자 환경의 데이터베이스 관리 시스템들은 여러 사용자의 질의나 프로그램을 동시에 수행하므로 Dirty Read, Non-Repeatable Read, Phantom Read 등의 문제가 발생할 수 있다. 그러므로 트랜잭션들이 동시에 수행될 경우 각 트랜잭션이 고립적으로 수행된 것과 같은 결과를 내려면 트랜잭션들이 서로 간섭을 일으키는 현상을 최소화하고 데이터의 일관성과 무결성을 보장하도록 트랜잭션을 제어해야 한다. 이러한 기능을 트랜잭션의 동시성 제어라 한다.

이 외에 데이터의 일관성을 유지하기 위해서는 트랜잭션 처리 중 오류가 발생했을 경우 데이터를 트랜잭션이 시작되기 이전 상태로 되돌려 놓는 기능이 필요한데, 이러한 기능을 고장 회복(Recovery)이라 한다.

1. 트랜잭션 관리

트랜잭션은 하나의 논리적 작업 단위를 구성하는 하나 이상의 SQL문으로 구성되며, 모든 트랜잭션은 두 가지 상황으로 종료된다. 실행한 논리적 작업 단위 전체가 성공적으로 종료되면 그 트랜잭션은 영구적으로 데이터베이스에 저장된다. 다른 한 가지는 실행한 SQL 중 하나라도 정상 종료되지 않으면 논리적인 작업 단위 전체는 이전 상황으로 복귀된다.

다중 사용자 환경에서 트랜잭션은 동시성 제어(Concurrency control)와 고장 회복(Recovery) 기법에 의하여 관리된다. 동시성 제어는 한 사용자의 작업이 다른 사용자의 작업에 의해 방해받지 않도록 하는 조치들로 구성되고, 고장 회복은 데이터 처리 중 통신, 하드웨어, 소프트웨어 오류 발생 등 예기치 않은 예외 상황에 대한 조치들로 구성된다.

2. 트랜잭션 특성

- 원자성(Atomicity)
  하나의 트랜잭션은 하나의 원자적 수행이다. 트랜잭션은 완전히 수행되거나 전혀 수행되지 않은 상태로 회복되어야 한다(All or Nothing). 계좌 이체의 경우 송신 계좌에서 출금과 수신 계좌로의 입금은 전체가 완전하게 수행되어야 한다.

- 일관성 유지(Consistency)

  트랜잭션을 실행하면 데이터베이스가 하나의 일관된 상태에서 또 다른 일관된 상태로 바뀐다. 일관성은 응용프로그램이나 무결성 제약조건을 시행하는 DBMS에서 처리된다.

- 고립성(Isolation)

  나의 트랜잭션은 완료될 때까지 자신이 갱신한 값들을 다른 트랜잭션들이 보게 해서는 안된다. 고립성이 시행되므로 임시 갱신 문제를 해결하며 트랜잭션들의 연쇄 복귀는 불필요하다. 고립성은 갱신에 따른 손실이 없어야 하며 오손 판독이 없고 반복 읽기 성질을 갖는다. DBMS에서 Isolation Level을 조정함으로써 낮은 고립성 또는 높은 고립성을 설정할 수 있다.

- 영속성(Durability)

  한 트랜잭션이 데이터베이스를 변경시키고 그 변경이 완료되면 변경된 결과는 이후의 어떠한 고장에도 손실되지 않아야 한다. 영속성을 보장하는 것은 고장 회복 기법의 책임이다.

3. 트랜잭션의 일관성

트랜잭션 수준 읽기 일관성(Transaction-Level Read Consistency)은 트랜잭션이 시작된 시점을 기준으로 일관성 있게 데이터를 읽는 것을 말한다. 트랜잭션이 진행되는 동안 다른 트랜잭션에 의해 변경이 발생하더라도 이를 무시하고 트랜잭션 내에서 계속 일관성 있는 데이터를 보고자 하는 업무 요건이 있을 수 있다. 물론 트랜잭션이 진행되는 동안 자신이 발생시킨 변경 사항은 읽을 수 있어야 한다.

대부분 DBMS가 기본적으로 트랜잭션 수준 읽기 일관성을 보장하지 않으며, 트랜잭션 수준으로 읽기 일관성을 강화하려면 고립화 수준을 다음과 같이 높여 주어야 한다.

```
set transaction isolation level serializable;
```

가. 낮은 단계 트랜잭션 고립화 수준에서 발생할 수 있는 현상들

- Dirty Read(= Uncommitted Dependency)

  다른 트랜잭션이 변경 중인 데이터를 읽었는데, 그 트랜잭션이 최종적으로 Rollback을 수행하여 현재 트랜잭션이 비일관성(inconsistency) 상태에 놓이는 것을 말한다.

- Non-Repeatable Read(= Inconsistent Analysis)

  한 트랜잭션 내에서 동일 SQL를 두 번 수행할 때, 다른 트랜잭션이 값을 수정 또는 삭제함으로써 두 SQL의 결과가 상이하게 나타나는 현상을 말한다.

- Phantom Read

  한 트랜잭션 내에서 동일 SQL를 두 번 수행할 때 첫 번째 SQL 수행 시 존재하지 않던 유령(Phantom) 레코드가 두 번째 SQL 수행 시 나타나는 현상을 말한다.

나. 트랜잭션 고립화 수준

ANSI/ISO SQL standard(SQL-2008)에서 정의하고 있는 네 가지 트랜잭션 고립화 수준(Transaction Isolation Level)을 요약하면 다음과 같다.

- 레벨 0 (= Read Uncommitted)
  트랜잭션에서 처리 중인 아직 Commit되지 않은 데이터를 다른 트랜잭션이 읽는 것을 허용한다.
  Dirty Read, Non-Repeatable Read, Phantom Read 현상 발생
- 레벨 1 (= Read Committed)
  대부분의 DBMS가 기본 모드로 채택하고 있는 읽기 일관성 모드로서, 트랜잭션이 Commit되어 확정된 데이터만 읽는 것을 허용한다. 이 트랜잭션 고립화 수준에서는 Non-Repeatable Read, Phantom Read 현상을 막지 못한다.
- 레벨 2 (= Repeatable Read)
  선행 트랜잭션이 읽은 데이터는 트랜잭션이 종료될 때까지 후행 트랜잭션이 갱신하거나 삭제하는 것을 불허함으로써 같은 데이터를 두 번 질의했을 때 일관성 있는 결과를 반환한다. 이 트랜잭션 고립화 수준에서는 Phantom Read 현상을 막지 못한다.
- 레벨 3 (= Serializable Read)
  선행 트랜잭션이 읽은 데이터를 후행 트랜잭션이 갱신하거나 삭제하지 못할 뿐만 아니라 중간에 새로운 레코드를 입력하는 것도 막아줌으로써 완벽한 읽기 일관성을 제공한다. 참고로 오라클은 잠금(Locking)을 사용하지 않고 Undo 데이터를 이용해 Serializable Read를 제공한다.

4. 동시성 제어

동시성 제어(Concurrency Control)란 다수의 사용자가 데이터베이스에 동시에 접근하여 같은 데이터를 조회 또는 갱신할 때 데이터 일관성을 유지하기 위한 일련의 조치를 의미한다. 여기서 데이터 동시성(Data Concurrency)이란 다수의 사용자가 동시에 데이터에 접근할 수 있어야 한다는 의미이고, 데이터 일관성(Data Consistency)이란 각각의 사용자가 자신의 트랜잭션이나 다른 사람의 트랜잭션에 변경된 내용을 포함하여 일관된 값을 본다는 의미이다. 동시성 제어는 낙관적 동시성 제어(Optimistic Concurrency Control)와 비관적 동시성 제어(Pessimistic Concurrency Control)로 나뉜다. 낙관적 동시성 제어 알고리즘은 다수 사용자가 동시에 같은 데이터에 접근할 경우가 적다고 보고 구현한 알고리즘이고, 비관적 동시성 제어는 다수 사용자가 동시에 같은 데이터에 접근할 경우가 많다고 보고 구현한 알고리즘이다.

가. 낙관적 동시성 제어

낙관적 동시성 제어(Optimistic Concurrency Control)는 사용자들이 동일 데이터를 동시에 수정하지 않을 것이라고 가정한다. 따라서 데이터를 읽을 때는 잠금(Locking)을 설정하지 않는다. 낙관적 입장이라도 동시

트랜잭션에 의한 데이터의 잘못된 갱신에 주의를 기울여야 한다. 읽는 시점에는 잠금을 사용하지 않지만 데이터를 수정하고자 하는 시점에 앞서 읽은 데이터가 다른 사용자에 의해 변경되었는지를 반드시 검사해야 한다.

```
SELECT 적립포인트, 방문횟수, 최근방문일시, 구매실적, 변경일시
  INTO :a, :b, :c, :d, :mod_dt
FROM 고객
WHERE 고객번호 = :cust_num;
-- 새로운 적립포인트 계산
UPDATE 고객 set 적립포인트 = :적립포인트, 변경일시 = SYSDATE
WHERE고객번호 = :cust_num
AND 변경일시 = :mod_dt ; → 최종 변경 일시가 앞서 읽은 값과 같은지 비교
IF sql%rowcount = 0 THEN
 dbms_output.put_line('다른 사용자에 의해 변경되었습니다.');
END IF;
```

낙관적 동시성 제어를 사용하면 잠금이 유지되는 시간이 짧아져 동시성을 높이는 데 유리하다.

나. 비관적 동시성 제어

비관적 동시성 제어(Pessimistic Concurrency Control)는 사용자들이 같은 데이터를 동시에 수정할 것이라고 가정한다. 따라서 한 사용자가 데이터를 읽는 시점에 잠금을 걸고 조회 또는 갱신 처리가 완료될 때까지 이를 유지한다. 다음과 같이 FOR UPDATE절을 사용해 SQL 수행 시점에 해당 레코드에 잠금을 걸어두는 식이다.

```
SELECT 적립포인트, 방문횟수, 최근방문일시, 구매실적
FROM 고객
WHERE 고객번호 = :cust_num FOR UPDATE;
-- 새로운 적립포인트 계산
UPDATE 고객 SET 적립포인트 = :적립포인트 WHERE 고객번호 = :cust_num;
```

잠금은 첫 번째 사용자가 트랜잭션을 완료하기 전까지 다른 사용자들이 그 데이터를 수정할 수 없게 만들기 때문에 비관적 동시성 제어는 자칫 시스템 동시성을 심각하게 떨어뜨릴 우려가 있다. 이를 방지하려면 다음과 같이 wait 또는 nowait 옵션을 함께 사용해야 한다.

```
FOR UPDATE NOWAIT → Lock이 걸렸다면 대기 없이 예외를 던짐
FOR UPDATE WAIT 3 → Lock이 걸렸다면 3초간 대기하고 예외를 던짐
```

5. 동시성 제어 기능

다중 사용자 환경에서는 트랜잭션들의 동시성을 제어하기 위해 Locking, 2PC, Timestamp 등의 기법을 주로 사용한다. 잠금(Locking)은 트랜잭션의 동시성을 제어하기 위해 가장 많이 사용되는 기법으로 데이터 처리 과정에 있는 데이터를 읽지 못하게 하는 기법이다. 잠금은 암시적인 잠금(Implicit Locking)과 명시적인 잠금(Explicit Locking)으로 구분된다. 암시적인 잠금은 DDL(Data Definition Language)를 실행할 때와 같이 DBMS에 의해 자동으로 실시된다. 명시적인 잠금은 사용자에 의한 트랜잭션 제어(Transaction Control)에 의해 실시된다.

- 잠금 단위

  잠금 단위(Lock Granularity 또는 Isolation Level)는 잠금 대상의 크기를 뜻하며, 단위가 커지면 관리해야 하는 대상의 수가 작아지므로 DBMS를 관리하기 쉽지만 동일 잠금 대상에 동시 액세스할 확률이 높아져 충돌이 자주 발생하게 된다. 반대로 잠금의 단위가 작아지면 관리해야 하는 대상의 수가 많아져 관리하기는 어려워지지만 동일 잠금 대상에 동시 액세스할 확률이 낮아져 충돌 횟수는 적어지게 된다. DBMS에 따라 다소 차이는 있지만 데이터베이스 레벨, 테이블 레벨, 페이지(블록) 레벨, 행 레벨이 대부분의 DBMS에 의하여 지원되고 있다.

- 잠금 확산

  잠금 확산(Locking Escalation)이란 관리해야 하는 잠금 단위의 개수가 미리 설정한 임계치에 도달하게 되면 잠금 단위를 현재 관리하고 있는 단위보다 하나 높은 수준으로 올리는 기능을 말한다. 이러한 개념은 하위 수준에서 관리해야 하는 대상을 상위 수준에서 관리함으로써 그 아래 수준에서는 개별적으로 잠금들을 관리할 필요가 없어지므로 잠금 대상의 개수가 줄어들며, 그에 따른 자원들도 해제되어 잠금을 관리하기 위한 DBMS의 부담도 최소화된다.

- 잠금의 유형

  읽기 작업에서는 공용 잠금(Shared Lock)을 필요로 하고 쓰기 작업에서는 배타적 잠금(Exclusive Lock)을 필요로 한다. 다중 버전 동시성 제어(MVCC, Multi Version Concurrency Control)를 지원하는 DBMS의 경우(오라클과 같은), 읽기 작업에 공용 잠금을 사용하지 않고 Undo 데이터를 이용하는 방식으로 읽기 일관성을 제공한다.

대부분 DBMS가 하나의 행을 잠글 때 해당 테이블에 대한 잠금도 동시에 일어나는데, 이를 오라클의 경우 '테이블(TM) 잠금', SQL 서버의 경우 'Intent 잠금'이라 부른다. 테이블 잠금을 통해 현재 트랜잭션이 갱신 중인 테이블에 대한 호환되지 않는 DDL 또는 DML 오퍼레이션을 방지한다. 테이블 잠금에는 다음과 같은 여러 가지 잠금 모드가 있으며, 이 중 RX 모드 테이블 잠금은 DML 작업에 사용되고, RS 모드 테이블 잠금은 SELECT FOR UPDATE 문을 위해 사용된다.

- RS : row share(또는 SS : sub share)
- RX : row exclusive(또는 SX : sub exclusive)
- S : share
- SRX : share row exclusive(또는 SSX : share/sub exclusive)
- X : exclusive

잠금 모드 간 호환성(Compatibility)을 정리하면 아래 표와 같다 'O'은 두 모드 간에 호환성이 있음을 의미한다. 잠금 모드 간의 호환성은 DBMS마다 다르므로 사용 중인 DBMS의 매뉴얼을 확인하여야 한다.

	RS	RX	S	SRX	X
RS	O	O	O	O	
RX	O	O			
S	O		O		
SRX	O				
X					

- 2PC

2개 이상의 트랜잭션들이 병행 처리되었을 때의 데이터베이스 결과는 그 트랜잭션들을 임의의 직렬적인 순서로 처리했을 때의 결과와 논리적으로 일치해야 한다. 이처럼 병렬로 수행되는 트랜잭션의 직렬 가능성을 보장하기 위해 주로 사용하는 방법이 2PC(Two-Phased Locking 또는 2 Phased Commit) 기법이다. 2PC에서는 트랜잭션이 필요할 때 잠금을 필요한 만큼 걸 수 있지만 첫 번째 잠금을 해지하면(Unlock이 되면) 더 이상의 잠금을 걸 수 없다. 따라서 트랜잭션은 잠금을 거는 성장 단계(Growing Phase)와 잠금을 푸는 축소 단계(Shrinking Phase)의 2단계로 구성된다. 이것은 분산 트랜잭션에서도 데이터 일관성을 유지하기 위해 동일하게 적용되고 있다.

- 교착 상태

다른 사용자가 잠근 자원이 해제되기를 기다리면서 자신이 잠근 자원을 해제하지 않는 상태로 영원히 처리할 수 없는 무한 대기 상태를 교착 상태(Dead Lock)라 한다.

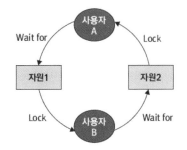

[그림 V-2-7] 교착 상태 - 대기 그래프

교착 상태의 필수 조건은 네 가지가 있다.

- 상호 배제(Mutual Exclusive)
  어느 자원에 대해 한 프로세스가 이미 사용 중이면 다른 프로세스는 기다려야 하는 것
- 점유와 대기(Wait for)
  하나 이상의 자원을 할당받은 채로 나머지 자원을 할당받기 위해 다른 프로세스의 자원이 해제되기를 기다리는 프로세스가 존재하는 경우
- 비중단(No preemption)
  자원을 할당받은 프로세스로부터 자원을 강제로 빼앗지 못하는 것
- 환형 대기(Circular wait)
  자원 할당 그래프 상에서 프로세스의 환형 사슬이 존재하는 것

네 가지 교착 상태 필수 조건을 부정함으로써 교착 상태를 예방할 수 있다. 예를 들어, 점유와 대기의 부정으로 사용자가 필요한 자원을 한 번에 요청하는 것이다. 네 가지 교착 상태를 부정할 수 없는 경우가 발생하므로 트랜잭션을 처리할 때 교착 상태를 회피하는 방법이 적용된다. 예를 들면, 개발자들이 마스터 테이블과 상세(Detail) 테이블을 변경한다면 마스터 테이블 처리 후 상세 테이블 처리 혹은 상세 테이블 처리 후 마스터 테이블 처리로 동일 순서를 사용하는 것이다.

6. 동시성 구현 사례

잠금을 이용해 선분 이력을 추가하고 갱신할 때 발생할 수 있는 동시성 이슈를 해결하는 사례를 살펴보자. 선분 이력 모델은 여러 측면에서 장점이 있지만 잘못하면 데이터 정합성이 쉽게 깨질 수 있다는 단점이 있다.

아래 모델을 예로 들어 선분 이력이 동시성과 관련해 어떤 문제를 일으킬 수 있고 어떻게 해결할 수 있는지 살펴보기로 하자.

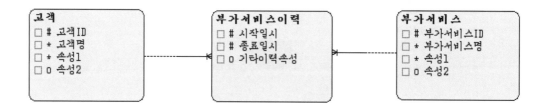

```
DECLAR
 cur_dt VARCHAR2(14);
BEGINE
① cur_dt := TO_CHAR(SYSDATE, 'yyyymmddhh24miss');
② UPDATE 서비스이력
   SET 종료일시 = to_date(:cur_dt, 'yyyymmddhh24miss') - 1/24/60/60
   WHERE고객ID = 1
   AND 부가서비스ID = 'A'
   AND 종료일시 = TO_DATE('99991231235959', 'yyyymmddhh24miss') ;
③ INSERT INTO 부가서비스이력(고객ID, 부가서비스ID, 시작일시, 종료일시)
   VALUES ( 1, 'A' , TO_DATE(:cur_dt, 'yyyymmddhh24miss')
   ,TO_DATE('99991231235959', 'yyyymmddhh24miss') ) ;
④ COMMIT;
   END;
```

위 트랜잭션은 기존 최종 선분 이력을 끊고 새로운 이력 레코드를 추가하는 전형적인 처리 루틴이며, 신규 등록 건이면 ②번 UPDATE문에서 실패(0건 갱신)하고, ③번에서 한 건이 INSERT될 것이다.

첫 번째 트랜잭션이 ①을 수행하고 ②로 진입하기 직전에 어떤 이유에서건 두 번째 트랜잭션이 동일 이력에 대해 ①~④를 먼저 진행한다면 선분 이력이 깨지게 된다. 따라서 트랜잭션이 순차적으로 진행할 수 있도록 직렬화 장치를 마련해야 하는데, ①번 문장을 수행하기 직전에 SELECT FOR UPDATE문을 이용해 해당 레코드에 잠금을 설정하면 된다.

아래처럼 부가서비스 이력에 잠금을 걸어 동시성을 관리하려 한다면 기존에 부가서비스 이력이 전혀 없던 고객일 경우 잠금이 걸리지 않는다. 그러면 동시에 두 개 트랜잭션이 ③번 INSERT 문으로 진입할 수 있고, 결과적으로 시작일시는 다르면서 종료일시가 같은 두 개의 이력 레코드가 생긴다.

```
SELECT 고객ID from 부가서비스이력
WHERE고객ID = 1
AND부가서비스ID = 'A'
AND종료일시 = to_date( '99991231235959', 'yyyymmddhh24miss' )
FOR UPDATE NOWAIT ;
```

따라서 부가서비스 이력의 상위 테이블인 고객 테이블에 잠금을 걸면 완벽하게 동시성 제어를 할 수 있다.

```
SELECT 고객ID
FROM 고객
WHERE 고객ID = 1
FOR UPDATE NOWAIT ;
```

또 다른 상위 테이블인 부가서비스는 여러 사용자가 동시에 접근할 가능성이 있다. 여기에 잠금을 설정하면 동시성이 나빠질 수 있지만, 고객 테이블은 그럴 가능성이 없으므로 동시성에 미치는 영향은 거의 0에 가깝다.

7. 고장 회복

트랜잭션 처리 중 장애가 발생했을 경우 데이터를 트랜잭션이 시작되기 이전 상태로 회복(Recovery)해야 한다. 이를 위해 데이터베이스는 로그를 사용해 이전 이미지(Before Image)로 되돌리기를 실시하여 Rollback 처리한다.

8. 잠금 지속 시간

잠금 지속 시간(Locking duration)을 최소화하는 것이 잠금에 의한 지연 문제를 최소화하는 것이다.

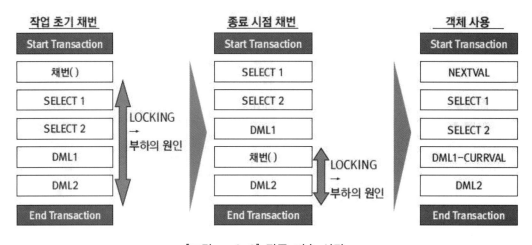

[그림 V-2-8] 잠금 지속 시간

잠금에 의한 경합은 식별자 번호를 얻기 위한 채번 로직에서 많이 발생한다. 따라서 채번은 트랜잭션 종료 시점에 실시하여 잠금 지속 시간을 최소화하거나 시퀀스나 데이터 타입으로 자동 번호 발생 객체를 사용한다.

제4절 성능 개선 방법론

1. 성능 개선 목표

DBMS 성능 개선을 위해 개선 목표를 설정하는 것은 매우 중요하다. 목적에 따라 목표가 다를 수 있으며, 현재 가용한 비용에 대한 효과를 고려하여 목표를 설정하여야 한다.

■ 처리 능력

처리 능력(Throughput)은 해당 작업을 수행하기 위해 소요되는 시간으로, 수행되는 작업량을 나눔으로써 정의된다. 수행 작업이 트랜잭션이라면 시스템의 처리 능력은 다음과 같다.

처리 능력 = 트랜잭션 수 / 시간

처리 능력은 전체적인 시스템 시각에서 측정되고 평가된다.

■ 처리 시간

처리 시간(Throughput Time)은 작업이 완료되는 데 소요되는 시간을 의미한다. 처리 시간은 배치 프로그램의 성능 목표로 설정한다. 대량 배치 작업의 수행 시간을 단축하기 위해서는 다음과 같은 작업을 고려한다.

- 병렬 처리(Parallel Processing)를 실시한다.
- 인덱스 스캔보다는 Full Table(또는 Partition) 스캔을 실시한다.
- Nested-Loop 조인보다는 Hash 조인으로 처리한다.
- 대량 작업을 하기 위한 충분한 메모리(Sort Area, Hash Area 등)를 확보한다.
- 병목을 없애기 위해 작업 계획을 세운다.
- 대형 테이블인 경우는 파티션 테이블을 활용한다.

■ 응답 시간

응답 시간(Response Time)은 입력을 위해 사용자가 키를 누른 때부터 시스템이 응답할 때까지의 시간으로 최종 사용자가 느끼는 시스템 성능의 척도이다. 응답 시간은 OLTP 시스템에서의 성능 지표가 된다. 응답 시간을 향상하기 위해서는 다음 사항을 고려한다.

- 인덱스를 이용하여 액세스 경로를 단축한다.
- 부분 범위 처리를 실시한다.
- Sort-Merge 조인이나 Hash 조인을 사용하지 않고 Nested-Loop 조인으로 처리한다.

- 불필요한 정렬 작업을 없애거나 인덱스를 이용한 정렬을 한다.
- 잠금(Locking) 발생을 억제한다. 예를 들어 Sequence 객체를 이용한다.
- 응용프로그램에서 SQL을 사용할 때 가능한 한 바인드 변수(Bind Variable)를 활용한다(하드 파싱 억제).

■ 로드 시간

다음날의 비즈니스를 위해 매일 밤 데이터를 로드하거나 시스템을 재구축하고, 목표 시간 내에 데이터 마이그레이션을 완료해야 한다. 로드 시간(Load Time)은 이와 같은 정기적이거나 비정기적으로 발생되는 데이터베이스에 데이터를 로드하는 작업 수행 시간을 뜻한다. 로드 시간을 단축하려면 다음과 같은 사항을 고려한다.

- 로그 파일을 생성하지 않는 다이렉트 로드(Direct Load)를 사용한다.
- 병렬 로드 작업을 실시한다.
- 대용량 데이터의 변경사항 발생 시 UPDATE보다는 DELETE/INSERT 방식을 활용한다.
- DISK I/O 경합이 적도록 작업을 분산한다.
- 인덱스가 많은 테이블인 경우는 인덱스를 삭제하고 데이터 로드 후 인덱스를 생성한다.
- 파티션을 이용하여 작업을 단순화한다.

2. 성능 개선 절차

데이터베이스 성능 튜닝 방법론은 튜닝 작업에 필요한 여러 가지 일의 수행 방법과 이러한 일들을 효율적으로 수행하려는 과정에서 필요한 각 단계들을 체계적으로 정리하여 표준화한 것으로, 분석/이행/평가 3단계를 거쳐 성능 최적화의 목적을 달성하기 위한 단계별 접근 전략이다.

가. 분석

튜닝 분석 단계에서는 자료 수집과 목표 설정이라는 2단계로 나뉜다.

■ 자료 수집

데이터베이스 모니터링과 데이터베이스 객체 현황 파악 및 물리 설계 요소에 대해 성능과 관련된 지표들을 분석하기 위한 기초 자료를 수집하는 단계이다.

■ 목표 설정

수집된 기초 자료를 통해 데이터 모델 분석, 테이블 액세스 경로 분석, 시스템 자원 현황 분석, SQL 성능 분석, SQL 효율 분석 등을 종합하여 성능상에 병목이나 지연 등과 같은 문제 요소 등을 파악하고 성능 튜닝의 대상이 되는 목표들을 구체화하여 방향을 설정하는 단계이다.

나. 이행

튜닝 이행 단계는 성능상의 문제 요소로 파악된 대상에 대해 구체적인 최적화 방안을 수립하고 적용하는 단계이다.

- 데이터베이스 파라미터(Parameter) 조정
- 전략적인 저장 기법 적용을 위한 물리 설계 및 디자인 검토
- 비효율적으로 수행되는 SQL문에 대한 최적화
- 네트워크 부하 등을 고려한 데이터베이스 분산 구조에 대한 최적화
- 적절한 인덱스 구성 및 사용을 위한 인덱스 설계 등의 최적화 작업

다. 평가

성능 개선 평가 단계는 분석 단계에서 진단을 통해 분류된 문제 요소들에 대해 설정된 개선 목표와 이행 단계에서 구체적인 개선 작업을 수행한 후의 성과를 비교 측정하는 단계이다. 성능 개선 목표와 개선 성과에 차이가 있다면 그 요소들을 파악한 후 목표와 성과를 합치시키는 과정을 거친다.

3. 성능 개선 접근 방법

시스템 성능 문제는 하드웨어(CPU, 메모리, 네트워크 등) 자원 부족, DBMS 설계, SQL 비효율 등의 문제로 발생되는 경우가 대부분이다. 많은 비용을 들여 고성능의 하드웨어 교체 및 증설을 통해 성능상의 문제를 해결하기 이전에 데이터베이스의 성능상 문제점을 파악한 후 문제점에 대해 개선을 통한 데이터베이스의 최적화를 우선적으로 고려해야 한다.

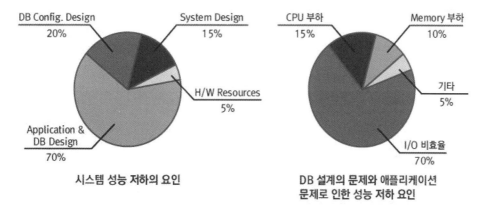

[그림 V-2-9] 성능 저하 요인

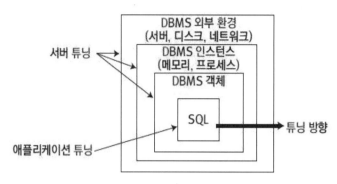

[그림 V-2-10] 성능 개선 접근 방법

4. 성능 개선 도구

DBMS는 성능 개선이나 모니터링을 하기 위한 기능을 제공하고 있다. 각 기능은 DBMS마다 차이가 있으며 기본적으로 서버 리소스 상태, 주요 통계 정보 및 실행 계획 등을 제공하고 있다. 여기에서는 주요 DBMS에서 대표적으로 제공되고 널리 사용되는 것을 간략히 소개한다.

가. MariaDB

- SHOW STATUS
  클라이언트의 연결, 서버에 시도된 접속 횟수, 락 정보, 핸들러 상태, InnoDB 버퍼 및 Slave의 상태 정보 등 서버의 다양한 리소스에 대한 상태 정보를 제공하며 이를 통해 서버 상태를 모니터링할 수 있다.
- SHOW PROFILE
  특정 쿼리ID 별로 프로파일링된 정보를 상세하게 제공하며 이를 통해 특정쿼리의 수행 시 어느 부분에서 부하가 큰지를 확인할 수 있다. 이는 Default로 설정되어 있지 않으며 해당 기능을 켜고서 수행되는 쿼리에 대한 프로파일링 정보를 수집하게 된다.
- Information Schema
  기본적인 통계 정보를 샘플링하여 수집 및 저장하고 옵티마이저가 이를 활용하도록 한다. 대표적으로 테이블 및 칼럼의 통계 정보를 주기적으로 갱신한다.
- Performance Schema
  Performance Schema를 통해 좀 더 심층적인 Connection, Events Wait 그리고 Lock 정보 등을 제공하여 모니터링이 가능하도록 하고 있다. 쿼리문의 실행 계획 정보를 제공하며 Explain Extended를 통해서는 필터링이 얼마만큼 되었는지까지의 정보를 함께 볼 수 있다. 추가적으로는 EXPLAIN FORMAT=JSON 등을 통해 좀 더 자세한 실행 계획 정보를 제공하고 있다. Slow Query Logging을 통해 정해진 임계시간을 초과하여 수행되는 쿼리문을 파일로 저장하여 기록함으로써 서비스에 주요한 성능 이슈를 일으키는 쿼리문에 대한 성능 개선을 할 수 있다.

나. MySQL

MySQL은 MariaDB와 거의 동일한 성능 개선 도구를 제공하고 있다.

다. MS SQL Server

- NT 성능 모니터링

운영체제의 특정 구성요소에서 사용하는 리소스 및 프로그램에서 사용하는 리소스에 대한 자세한 데이터를 제공하며, 성능 모니터링을 통해 CPU, 메모리, 디스크 등에 대한 다양한 정보를 얻을 수 있다. 상태를 실시간으로 모니터링할 수 있으며 그 내역을 파일로 저장하여 엑셀 등에서 다양한 방법으로 분석할 수 있다. 원하는 시간 동안 자료를 수집하도록 스케줄링도 가능하다.

- SQL 프로파일러

SQL 서버 인스턴스의 이벤트에 대한 데이터를 캡처하고 파일 또는 테이블에 저장하여 분석할 수 있는 기능을 제공한다. 수집된 트레이스를 분석하여 주요 액세스 경로를 파악할 수 있으며 인덱스 설계 시에 기초 자료가 된다. SQL 프로파일러를 사용해 SQL 서버 인스턴스의 성능을 모니터링하고, 트랜잭션 SQL문과 저장 프로시저를 디버그하며, 실행 속도가 느린 쿼리를 확인할 수 있으며, 운영 시스템에서 이벤트를 캡처하고 테스트 시스템에서 그 이벤트를 재생하여 SQL 서버의 문제를 해결할 수 있다. 또한 SQL 서버 인스턴스에서 발생하는 동작을 감시하고 검토할 수 있다.

- 데이터베이스 엔진 튜닝관리자(DTA)

현재의 데이터베이스 또는 사용자가 제시한 SQL을 분석하여 데이터베이스에 대한 효율적인 인덱스 구성, 파티셔닝 방법, 데이터베이스 인스턴스 튜닝 등의 인스턴스와 쿼리 성능 최적화를 위한 방법을 추천해 주는 성능관리 도구이다.

라. Oracle

- AWR

AWR(Automatic Workload Repository)은 오라클이 제공하는 표준 성능 관리 도구이다.

이들 도구가 제공하는 기능을 간단히 요약하면 오라클이 내부적으로 누적 관리하는 다양한 동적 성능 뷰를 주기적으로 특정 리파지토리(Repository)에 별도 저장했다가 사용자가 원하는 시점에 특정 기간 동안의 성능 분석 리포트를 출력해 봄으로써 데이터베이스 전반의 건강 상태를 체크할 수 있게 해 주는 것이다. 부하 프로파일, 인스턴스 효율성, 공유 풀 통계, Top 5 대기 이벤트 발생 현황 등을 일목요연하게 보여줄 뿐만 아니라 분석 항목별 상세 분석 자료를 제공함으로써 데이터베이스 성능 병목 현상이 발생하는 주원인을 쉽게 찾을 수 있게 해준다. AWR은 SGA를 DMA(Direct Memory Access) 방식으로 직접 액세스하므로 시스템에 부하가 별로 없어 이전보다 많은 정보를 수집하고 제공할 수 있다.

- SQL 트레이스

SQL 트레이스는 데이터베이스의 인스턴스 또는 세션 단계에서 수행되는 모든 수행 SQL의 통계치 및 대기 이벤트에 대한 정보를 수집해 주는 기능을 제공한다. 주요 수집 정보로는 파스(Parse), 실행(Execute),

패치(Fetch) 시의 CPU 사용시간, 수행(Elapsed) 시간(대기 시간 포함), 메모리 블록 I/O 횟수 및 디스크 블록 I/O 횟수 등이 있다. 선택적으로 대기 이벤트에 대한 정보를 같이 수집하게 할 수 있다. TKPROF를 이용하면 수집된 정보를 가공하여 분석하기 용이한 리포팅 기능을 제공한다. SQL 트레이스를 통해 응답 시간 또는 처리 시간을 줄일 수 있는 대상 SQL을 식별할 수 있고, 수집 기간 동안 수행된 모든 SQL에 대한 정보를 담고 있기 때문에 인덱스 설계 시에 직접적인 자료로 활용된다.

마. PostgreSQL

- 통계 수집기

    PostgreSQL는 서버의 운영 상태, 테이블과 인덱스, 각 테이블에 대한 VACUUM, Analyze 작업 그리고 사용자 정의 함수들의 호출 횟수와 총 수행 시간에 대한 정보 등을 수집하여 성능 개선을 위한 데이터로 활용한다. Statistics Collector라는 백그라운드 프로세스가 정보 수집을 담당한다.

- 다이나믹 트레이싱

    다이나믹 트레이싱(Dynamic Tracing)은 데이터베이스 개발자와 관리자들이 사용하기 위해 개발자들이 소스 코드 특정 지점에 미리 작성해 놓은 로그성 데이터를 출력하는 것이다. 이를 프로브(Probe) 또는 트레이스 포인트(Trace Point)라고 하는데, 다이나믹 트레이싱은 기본 제공 기능이 아니므로 이를 사용하기 위해서는 데이터베이스를 설치하는 시점에 컴파일 옵션을 변경하여야 한다. 이 옵션을 활성화함으로써 트랜잭션 활동, SQL 실행 계획, SQL 변환, SQL 실행, 체크 포인트(Check Point) 활동, DB버퍼, WAL 등의 상세한 정보를 확인할 수 있다.

바. Cubrid

- 큐브리드 매니저

    큐브리드 전용 GUI 모니터링 툴이며 데이터베이스 서버의 운영 상태를 한눈에 볼 수 있도록 브로커 정보, 서버의 메모리, CPU 사용률과 함께 TPS 및 QPS 정보를 제공하여 운영에 필요한 모니터링을 수행할 수 있다. 또한 큐브리드 데이터베이스 서버가 실행한 통계 정보를 수집하여 보여주며 이를 통해 필요한 성능 개선을 수행할 수 있다.

- SHOW TRACE

    쿼리문의 상세한 실행 통계 정보를 항목별로 확인할 수 있다.

제5절 애플리케이션 성능 개선

1. 실행 구조

사용자는 데이터베이스 내에 있는 데이터를 조작하기 위해 데이터베이스에서 제공하는 인터페이스를 사용한다. 대부분의 다중 사용자를 지원하는 데이터베이스는 클라이언트/서버 구조이며, 클라이언트 부분에 사용자 인터페이스를 제공한다.

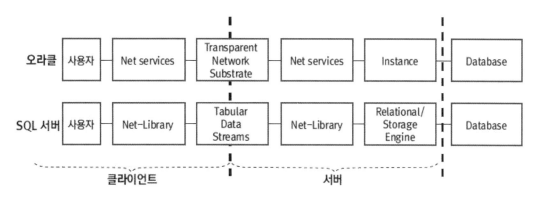

[그림 V-2-11] 사용자와 데이터베이스 인터페이스

사용자는 데이터베이스를 이용할 수 있는 사용자 인터페이스에서 명령어를 입력하고 데이터베이스에 결과를 요청하면 네트워크 서비스를 통하여 데이터베이스 인스턴스(엔진)에 전달된다. 전달된 명령어는 문법적인 오류나 의미적인 오류를 확인하고 옵티마이저(Optimizer)에 의해 SQL로 요구된 결과를 최소 비용으로 처리할 수 있는 최적의 처리 경로를 결정하여 실행 계획(Execution Plan)을 작성한다. 실행 계획에 의해 데이터베이스 엔진은 실행(Execution) 과정을 반복한다. 사용자에게 전달될 데이터 결과가 있으면 네트워크 서비스를 통하여 정해진 버퍼 사이즈만큼씩 전달(Fetch)한다.

가. 옵티마이저

관계형 DBMS에서 사용되는 언어는 SQL이다. SQL 언어의 특징은 사용자가 데이터베이스에서 자신이 원하는 데이터(What)만 정의하고 그 데이터를 어떻게(How) 구하는가는 DBMS가 자동으로 결정해 처리해 준다. 어떻게 처리할 것인가는 옵티마이저가 결정한다.

여러 개의 테이블들을 조인할 때 조인 순서, 조인 방법, 테이블 액세스 방법을 선택하는 것을 실행 계획이라고 한다. 옵티마이저는 가능한 실행 계획들을 검토하고 이 중에서 가장 효과적인 것을 결정한다. 옵티마이저가 최적의 실행 계획을 찾는 과정을 최적화라 한다.

　　최적화 과정은 주어진 SQL 질의를 처리할 수 있는 모든 실행 계획을 고려할 수 없다고 보고 비용을 산정한다. 비용 산정은 데이터베이스 내의 데이터들에 대해 갖고 있는 통계 정보와 비용을 예측하는 모델을 이용한다. 이를 비용 기준 최적화(CBO, Cost-Based Optimization)라 한다. 이때 실행 계획에 대한 것은 예상 비용이며, 실제 수행할 때의 비용과는 차이가 있다. 비용 산정의 과정 없이 일정한 액세스 방법에 따라 우선순위로 실행 계획을 작성하는 것을 규칙 기준 최적화(RBO, Rule-Based Optimization)라 한다.

　　SQL 튜닝은 특정 SQL 질의의 수행 시간을 단축하는 것이다. 옵티마이저와 관련한 방법으로는 SQL 재작성, 힌트 사용, 새로운 인덱스 추가, 통계 데이터의 추가·갱신 등이 있으며 이를 통해 옵티마이저가 더욱 더 효율적인 실행 계획을 생성하도록 하는 것이다.

나. SQL 실행 단계

　　사용자의 SQL 질의는 크게 다음 4단계를 거쳐서 수행된다.

1) 파싱(Parser)
2) 옵티마이저(Query Optimizer)
3) 행 소스 생성(Row Source Generator)
4) SQL 실행(SQL Execution Engine)

- 파싱 단계

  SQL의 구문(syntactic)과 의미(semantic)가 정확한지 검사하고, 참조된 테이블에 대해 사용자가 접근 권한을 가지고 있는지를 검사한다. 그리고 라이브러리 캐시에서 같은 SQL 문장이 존재하는지 찾는다. 같은 SQL 문장 중에 같은 버전이 존재하면 기존 정보를 이용하여 바로 실행 단계로 넘어가고(soft parsing), 존재하지 않으면 옵티마이저 단계를 진행(hard parsing)한다.

- 옵티마이저 단계

  앞에서 넘겨받은 결과 정보(parsed query)를 이용해 최적의 실행 계획을 수립한다.

- 행 소스 생성 단계

  옵티마이저에서 넘겨받은 실행 계획을 내부적으로 처리하는 자세한 방법을 생성하는 단계이다. 'Row Source'란 실행 계획을 실제로 구현하는 각 인터페이스를 지칭하는 말로, 테이블 액세스 방법, 조인 방법, 정렬(sorting) 등을 위한 다양한 Row Source가 제공된다. 이 단계에서는 실행 계획에 해당하는 트리 구조의 Row Source들이 생성된다.

- SQL 실행

  생성된 Row Source를 SQL 수행 엔진에서 수행해 결과를 사용자에게 돌려주는 과정이다. 소프트 파싱(Soft Parsing)과 하드 파싱(Hard Parsing)은 옵티마이저 단계의 포함 여부에 따른 차이이다. 즉, 소프트 파싱은 이미 최적화를 한 번 수행한 SQL 질의에 대해 옵티마이저 단계와 Row Source 생성 단계를 생략하는 것이고, 하드 파싱은 이 두 단계를 새로 수행하는 것이다. 따라서 하드 파싱은 통계 정보 접근과 실행 계획 탐색으로 인해 시간이 많이 걸린다.

2. 조인

조인(Join)은 카티션 프로덕트(Cartesian Product)를 수행 후 셀렉션(Selection)과 프로젝션(Projection)을 수행하는 데이터베이스의 연산이다. 관계형 데이터베이스에서 공통적으로 사용하고 있는 조인 기법(Join Technique)에는 Nested-Loop 조인, Sort-Merge 조인, Hash 조인 등이 있다. 이외에도 일부 데이터베이스에서는 Hybrid 조인, Star 조인과 Semi 조인 등을 지원한다.

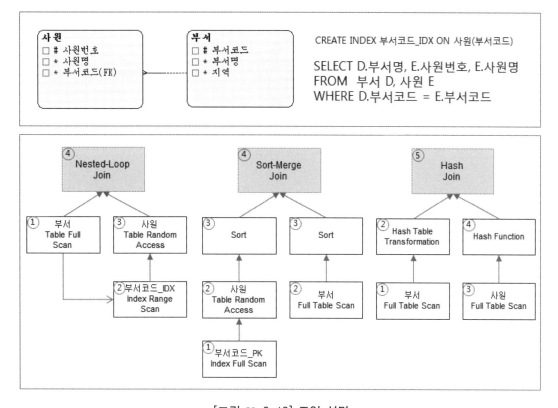

[그림 V-2-12] 조인 설명

위에서 언급한 조인을 수행하는 내부적인 메커니즘으로 조인을 구분할 수도 있지만, 조인을 기술한 조인 조건의 연산자를 기준으로 조인의 종류를 나누기도 한다. 예를 들어, 조인 조건이 '='로 정의되었다면 동등 조인(Equi Join)이라 하며, '>=', '<=', 'BETWEEN' 등의 연산자가 조인 조건에 기술되었다면 비 동등 조인(Non-Equi Join)이라고 한다.

마지막으로 조인을 분류하는 방법은 조인의 결과가 어떤 집합에 의하여 결정되느냐에 따라 나누어진다. 조인의 결과가 Outer 집합에 의하여 결정되는 Outer 조인과 Inner 집합에 의하여 결정되는 Inner 조인으로 구분할 수 있다. 아래 조인의 결과를 나타내기 위한 밴 다이어그램을 보면 Inner 조인의 결과는 B 집합이 되고, 사원 집합을 기준으로 하여 Outer 조인을 수행한 결과는 A + B 집합이 된다. 그런데 Inner 조인의 결과인 집합 B는 사원과 부서의 교집합으로, Inner 집합인 부서를 액세스하여야만 결정될 수 있다. Outer 조인의 결과인 A + B 집합은 Outer 집합인 사원과 동일 집합이므로 Outer 조인의 결과는 Outer 집합을 액세스할 때 이미 결정된다.

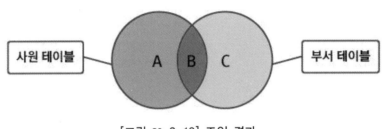

[그림 V-2-13] 조인 결과

위에서 조인을 분류한 내용들을 이해하려면 Nested-Loop 조인의 알고리즘을 이해하여야 한다. 이 알고리즘을 보면 두 개의 Loop가 중첩되어 조인이 수행되고 있는 것을 알 수 있다. 여기에서 사원 테이블을 Outer 집합이라 하고, 부서 테이블을 Inner 집합이라 한다. 그 이유는 사원 테이블은 바깥쪽 루프에서 액세스되고 부서 테이블은 안쪽 루프에서 액세스되는 테이블이기 때문이다. 즉, Outer 집합이란 Nested-Loop 조인의 바깥쪽 루프에서 액세스되는 집합을 의미하고, Inner 집합은 안쪽 루프에서 액세스되는 집합을 의미한다.

Outer 집합이라는 용어가 Nested-Loop 조인에서만 사용되는 것은 아니다. 조인 연산이 가지는 특성상 어떤 조인 기법을 사용하더라도 항상 Outer 집합과 Inner 집합이 나타나게 된다. 다른 조인 기법에서는 Nested-Loop 조인처럼 Outer 집합과 Inner 집합의 구분이 명확하지 않아 이 용어의 사용이 적절하지 않다고 주장하는 사람들이 있지만 이러한 용어가 나타난 배경을 이해하고 사용한다면 굳이 사용하지 못할 이유가 없다고 생각한다.

Outer 집합과 Inner 집합은 조인을 수행하는 각 단계에 그 집합이 참여하는 위치로 구분한 것이므로 조인 단계마다 정의될 수 있다. 드라이빙 집합은 조인 전 과정에서 하나의 집합만이 가질 수 있는 특징으로 조인에 참여하는 집합 중 최초로 액세스되는 집합을 의미한다. 예를 들어, [그림 V-2-14] 알고리즘에서 사원 테이블은 Loop의 바깥쪽에 있고 최초로 액세스되므로 Outer 집합이면서 드라이빙 집합도 된다.

```
Array result = new Array()
while((emp = read(EMPr)) != EOF) /* Outer Loop */
{
  .....
  while((dept = read(DEPTs)) != EOF) /* Inner Loop */
  {
    if(emp.dept_cd== dept.dept_cd) result.add(emp, dept)
  }
}
```

[그림 V-2-14] Nested-Loop 조인 알고리즘

가. Nested-Loop 조인

조인 연산은 두 집합을 카티션 프로덕트 형태로 모든 행(Row)을 열거한 다음, 조인에 만족하지 않는 행을 제거하는 두 가지 기본 알고리즘으로 구성되어 있다. 특히 Simple Nested-Loop 조인은 이러한 기본 개념만 가지고 구성되었기 때문에 인덱스를 필요로 하지 않을 뿐만 아니라 어떠한 조인 조건에서도 사용할 수 있는 조인 알고리즘이다. 그러나 조인을 수행하기 위해 두 집합의 모든 행을 카티션 프로덕트 형태로 검사하므로 비용이 많이 든다. 예를 들어, 사원과 부서 테이블이 Nested-Loop 조인을 수행한다고 가정해 보자. 사원 테이블은 10,000개의 행을 가지고 있고 부서 테이블은 200개의 행을 가지고 있다면 이 조인에서 액세스되어야 하는 행의 개수는 10,000 * 200이다. 즉, 모든 사원이 모든 부서를 스캔해야 한다. 이처럼 처리해야 하는 대상 집합이 커지면 탐침해야 하는 일량도 급속하게 증가해 수행 속도가 저하된다. 그리고 Outer 집합에 추출된 행의 수만큼 Inner 집합을 반복적으로 액세스하므로 Inner 집합을 메모리로 읽어들인 횟수가 증가할수록 수행 속도는 더욱더 저하된다.

위의 두 가지 성능 저하 조건이 모두 충족된다면 최악의 시나리오가 나올 가능성이 높기 때문에 옵티마이저는 Nested-Loop 조인으로 수행하는 것을 포기하게 될 것이다.

Inner 집합에 조인 조건으로 기술된 속성에 인덱스가 존재한다면 옵티마이저는 테이블 스캔을 하지 않고 인덱스를 통해 조인 조건을 만족시키는 행들을 얻어낼 수 있다. 이러한 조인 기법을 Indexed Nested-Loop 조인이라 한다. 이 조인 기법에서는 이미 구축되어 있는 인덱스를 사용할 수도 있고 조인을 수행하기 위해 임시로 인덱스를 만들어 사용할 수도 있다.

[그림 V-2-15]는 Indexed Nested-Loop 조인에 대한 몇 가지 사례를 도식화한 것이다.

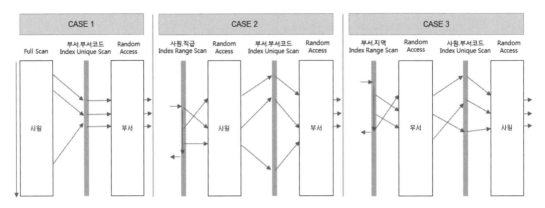

[그림 V-2-15] Indexed Nested-Loop 조인

CASE 1의 경우라면 다음과 같은 절차로 수행하게 될 것이다.

① CASE 1의 경우 사원 테이블을 드라이빙 테이블로 선정하였다. 사원 테이블은 주어진 조건 중에서 사용 가능한 인덱스가 없으므로 Full Table Scan으로 전체 데이터를 검색한다.
② 사원 테이블에서 추출되는 행(Row)의 수만큼 반복해 부서.부서코드 인덱스를 탐침한다. 부서.부서코드는 부서 테이블의 PK이므로 탐침 시에는 인덱스 Unique scan을 한다. 단, 클러스터형 인덱스(Clustered Index) 구조에서는 PK로 정렬되어 인덱스 Leaf 블록(페이지)에 데이터가 함께 저장되므로 부서 테이블로의 Random Access 부하가 없어진다.
③ 부서 테이블의 논리적 주소를 이용해 부서 테이블을 액세스(Random Access)한다.
④ 부서 테이블에서 SELECT-LIST에 포함된 속성을 추출하여 결과 집합을 완성한다.
⑤ 완성된 결과 집합을 일정한 크기로 사용자에게 반환한다.

▪ 조인 조건
  Indexed Nested-Loop 조인으로 수행되려면 Inner 테이블에 조인 조건으로 사용된 칼럼에 반드시 인덱스가 존재해야 한다. Inner 테이블에 인덱스가 존재하지 않는다면 Outer 테이블에서 추출된 행의 수만큼 Inner 테이블을 반복해서 테이블 Full Scan을 하게 된다. 이러한 비효율을 없애기 위해 옵티마이저는 드라이빙 조건의 범위가 넓거나 Inner 테이블의 사이즈가 크면 Sort-Merge 조인이나 Hash 조인으로 실행 계획을 유도하려 한다.
▪ 출력 순서
  Nested-Loop 조인에서 결과 집합이 출력되는 순서는 드라이빙 테이블을 액세스한 순서와 동일하다. 즉, 드라이빙 테이블을 Full Scan했다면 드라이빙 테이블의 데이터 저장 순서로 출력되고, 드라이빙 테이블 액세스 시에 인덱스를 이용했다면 이용한 인덱스의 순서로 결과 집합이 출력된다.

  • CASE 1인 경우 사원 테이블에 데이터가 저장된 순서

• CASE 2인 경우는 사원.직급 인덱스 순서
• CASE 3인 경우는 부서.지역 순서

■ 조인 순서

옵티마이저는 조인 시에 먼저 드라이빙 테이블을 결정하고 나머지 집합의 조인 순서를 결정한다. 드라이빙 테이블은 드라이빙의 범위가 가장 작은 집합, 즉 가장 작은 작업량을 가지고 드라이빙할 수 있는 집합을 선정한다. 조인 순서를 정할 때에는 조인 효율이 좋은 집합을 먼저 조인에 참여시키려고 노력한다. 여기에서 조인 효율이 좋다는 의미는 조인의 결과로 출력하는 행의 수가 작다는 것을 의미한다. 이것은 Nested-Loop 조인의 경우 선행 집합의 결과가 다음 집합을 액세스하는 작업량을 결정하기 때문이다.

CASE 3과 같이 사원.부서 코드에 인덱스가 있다면 옵티마이저는 사원을 드라이빙 테이블로 선정할 수도 있다. SQL문의 조건절에 부서.지역 = '제주' AND 사원.직급 LIKE 'A%'가 추가된 경우는 CASE 2나 CASE 3로 실행 계획이 작성될 수 있다.

• CASE 2인 경우 : 사원.직급이 'A'로 시작되는 사원을 검색하고 검색된 결과 집합으로 부서 테이블을 탐침한다. 직급이 'A'로 시작되는 사원 100명이 검색되었다면 100명을 대상으로 부서를 탐침하게 되고, 이들 중 부서.지역이 '제주'인 대상을 최종 결과 집합으로 출력하게 된다.
• CASE 3인 경우 : 부서.지역이 '제주'인 부서를 검색하고 검색된 결과 집합으로 사원 테이블을 탐침한다. 만약 2개의 부서가 검색되었다면 2개의 부서를 대상으로 모든 사원을 탐침하면서 사원.직급이 'A'로 시작되는 사원을 최종 결과 집합으로 출력하게 된다.

위에서 언급한 것처럼 Nested-Loop 조인은 드라이빙 테이블의 선정과 조인 순서가 작업과 성능에 많은 영향을 미친다. 그리고 응답 시간에 대한 성능은 다음과 같은 규칙을 가지고 있다.
• 드라이빙 조건의 범위가 좁은 경우는 성능이 양호할 가능성이 높다.
• 드라이빙 조건의 범위가 넓은 경우는 체크 조건도 검색 범위가 넓어야 성능이 양호하다.

나. Sort-Merge 조인

Sort-Merge 조인은 조인하려는 두 집합을 조인 속성으로 정렬하여 Sorted List를 만든 후 이들을 병합(Merge)하는 조인 기법이다. 이것은 인덱스가 없을 때 Simple Nested-Loop 조인으로 수행하는 비효율을 개선하기 위한 방안으로 연구되었기 때문에 Inner 집합에 인덱스가 존재하지 않을 경우 수행하는 Simple Nested-Loop 조인보다 훨씬 더 좋은 성능을 나타낸다.

Sort-Merge 조인은 Simple Nested-Loop 조인의 가장 큰 비효율인 카티션 프로덕트 형태의 조인를 해결하기 위해 모든 행들이 조인 속성에 대해 같은 값을 갖도록 파티셔닝함으로써 조인해야 하는 대상 행들의 그룹들을 쉽게 검색이 가능하도록 구성하였다.

Hash 조인이 등장한 이후 대부분의 상황에서 Hash 조인이 더 좋은 성능을 내기에 Sort-Merge 조인을 사용하는 경우가 많이 줄었으나, Hash 조인과 달리 Sort-Merge 조인은 비 동등 조인에서도 동작하기 때문에 이용할 만한 가치가 있다.

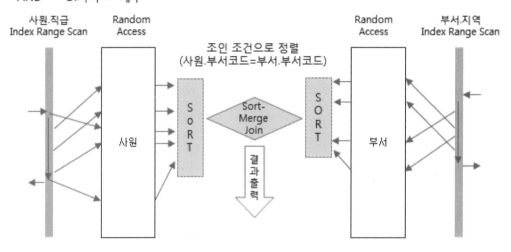

[그림 V-2-16] Sort-Merge 조인

[그림 V-2-16]을 보면 Sort-Merge 조인은 다음과 같은 절차로 수행되고 있는 것을 알 수 있다.

① 정렬(Sort) 단계 : 조인에 참여하는 두 집합을 조인 조건에서 사용되는 속성을 기준으로 정렬한다.

② 병합(Merge) 단계 : 정렬된 두 집합 중에서 하나의 집합을 차례로 검색하면서 다른 나머지 하나의 집합에서 검색 조건에 맞는 행을 찾아 결과 집합에 포함시킨다. 병합 단계의 기본 알고리즘은 Nested-Loop 조인의 기본 알고리즘과 흡사하다.

③ 병합을 수행해 가면서 처음 조건에 맞는 행이 나타나면 Inner 집합을 하나씩 증가하면서 계속해서 병합을 수행한다. Inner 집합에서 조건에 맞지 않는 행이 발견되면 검색을 멈추고 Outer 집합으로 회귀하여 Outer 집합에서 포인트를 증가시키고 다음 데이터를 읽는다.

④ ②와 ③ 단계를 반복 수행한다.

■ 조인 조건

Sort-Merge 조인은 조인 속성인 사원.부서코드와 부서.부서코드 칼럼에 인덱스가 없는 경우에 주로 발생한다. 위의 예제와 같이 조인 테이블 각각에 대입된 상수 조건 칼럼인 사원.직급과 부서.지역 인덱스가 존재하는 경우에는 해당 칼럼의 조건에 의해 인덱스를 이용하여 조인 대상 데이터를 추출할 수 있다. 조인은 위에서 언급한 것처럼 정렬 단계와 병합 단계로 나누어 수행된다.

■ 출력 및 연결 순서

정렬된 결과를 순차적으로 비교하여 병합을 수행하므로 Outer 집합의 정렬 순서와 Inner 집합의 정렬 순서가 병합되어 출력된다. 조인에 참여하는 집합이 3개 이상이라면 조인의 순서가 조인 성능에 영향을 미칠 수 있다. Sort-Merge 조인도 조인의 순서를 결정하는 원리는 다른 조인 기법처럼 조인 효율이 좋은 집합을 조인에 먼저 참여시킨다. 즉, 선행집합의 조인 결과가 다음 조인에 참여하는 집합의 작업량에 영향을 미치므로 조인 효율이 좋은 집합을 조인에 먼저 참여시켜야 전체 일량, 즉 데이터 처리량을 줄일 수 있고 전체적인 조인 성능이 좋아지게 된다.

■ 조건절

[그림 Ⅴ-2-16]의 예제처럼 조건절이 부서.지역='제주' AND 사원.직급 LIKE 'A%' 조건이 추가된 경우는 사원.직급 LIKE 'A%'를 만족하는 데이터를 추출하여 부서코드를 기준으로 정렬하고, 부서.지역='제주'인 부서 데이터를 부서코드를 기준으로 정렬하여 조인을 수행한 후 최종 결과 데이터를 출력한다.

Sort-Merge 조인은 정렬에 참여하는 행의 수에 의해 수행 속도가 결정된다. 정렬할 행의 수가 많은 경우는 정렬하는 데 수행되는 시간이 길어지므로 OLTP 환경에서 잘 사용되지 않는다. 배치 작업인 경우에도 정렬 작업이 메모리 내 정렬 영역(Sort Area)을 초과할 경우는 데이터를 분할하여 정렬하기 위하여 디스크 I/O가 발생하므로 수행 속도가 더욱 느려진다. 필요한 경우 정렬 영역을 추가 할당하는 것을 고려해야 한다.

■ 이용

• 독립적으로 처리 범위를 줄인 후 조인에 참여하므로 테이블 각각의 조건에 의해 대상 집합을 줄일 수 있을 때 유리하다.
• 처리 대상이 전체 테이블일 때 랜덤 I/O 부하가 큰 Nested-Loop 조인보다 유리하다.
• 조인 속성에 인덱스가 없을 때 Simple Nested-Loop 조인보다 성능이 우수하다.
• 효과적인 수행을 위해서는 적정한 정렬 영역 사이즈가 확보되어야 한다.
• 정렬에 대한 부하가 많이 발생하므로 대용량 처리 시 수행 속도가 저하될 수 있다.

다. Hash 조인

Hash 조인은 관계형 데이터베이스에서 비용이 가장 많이 들어가는 조인 방법이지만 대용량의 데이터 조인 시에 Sort-Merge 조인이나 Nested-Loop 조인보다 더 좋은 성능을 낸다. 그 이유는 Sort-Merge 조인의 경우 데이터 량이 증가할수록 양쪽 집합을 정렬해야 하는 비용 부담이 커지고, Nested-Loop 조인은 Inner 집합을 반복 탐침해야 하는 비효율이 더욱더 증가하기 때문이다. 이렇듯 대용량 데이터 처리 시 좋은 성능을 내므로 DW나 DM과 대량의 데이터를 배치 작업으로 처리하는 경우에 많이 사용한다.

Hash 조인의 기본 알고리즘은 조인에 참여한 두 테이블 중에서 작은 테이블(Build Input)의 데이터를 읽어 메인 메모리에 해시테이블을 만들고 큰 테이블(Probe Input)의 데이터를 읽으면서 해시함수를 적용한 결과 값을 이용하여 해시테이블의 해시버킷을 탐색하며 조인을 수행한다.

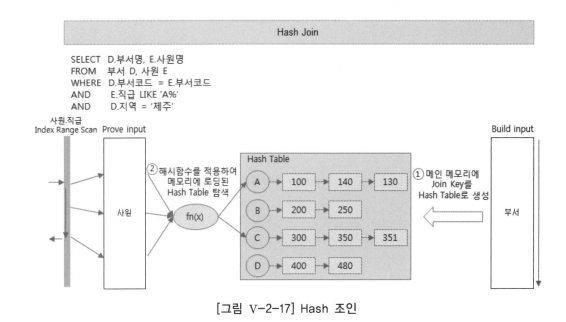

[그림 V-2-17] Hash 조인

Hash 조인은 이용 가능한 Hash Area가 작은 테이블의 데이터를 유지할 만큼 충분히 여유가 있는 경우 만족할 정도로 좋은 성능을 보인다. 반대로 이용 가능한 메모리가 작은 테이블의 데이터를 유지할 정도로 충분하지 않다면 디스크에 쓰고 읽는 작업을 거치므로 성능이 많이 저하된다. 이런 경우 DBMS 벤더마다 구현된 알고리즘은 상이하겠지만, 일반적으로 성능 개선을 위해 Hybrid Hash 조인 알고리즘을 구현하고 있다. Hybrid Hash 조인 알고리즘은 데이터가 매우 큰 경우 많은 디스크의 읽기/쓰기가 발생하여 성능이 좋지 않은 Grace Hash 조인 알고리즘의 단점을 개선한 Hash 조인 알고리즘이다. Hybrid 알고리즘은 DBMS마다 구현방법이 상이하므로 여기서는 Grace Hash 조인 알고리즘의 단계에 대해서 간략히 설명한다.

① 파티션 단계

조인 대상 테이블 데이터들의 조인 칼럼에 해시함수를 적용하고 반환된 해시 값에 따라 동적으로 파티셔닝을 하고 디스크에 기록한다. 이렇게 생성된 파티션들은 각각 독립적으로 처리될 수 있는 작은 단위의 파티션들이다. 이 단계는 파티션 짝(pair)을 생성하는 단계이다.

② 조인 단계

파티션 단계가 완료되면 각 파티션 짝에 대해서 하나씩 조인을 수행하는데, 이때는 원래 테이블의 크기와 상관없이, 둘 중 더 작은 파티션을 Build Input으로 지정하여 메인 메모리에 해시테이블로 로딩하고 다른 파티션을 Probe Input으로 하여 데이터를 읽으면서 Hash 조인을 수행한다. 이런 단계를 나머지 파티션 짝에 모두 적용하여 Hash 조인을 완료하게 된다.

3. 온라인 프로그램 성능 개선

가. 온라인 프로그램 성능 개선 방안

온라인 프로그램의 성능 개선 목표는 응답 시간 단축인 경우가 대부분이다. 애플리케이션 사용자가 업무를 수행하기 위해 필요한 최소 응답 시간을 보장하고 더 나아가 효과적인 진행이 가능한 수준을 유지해야 한다.

온라인 프로그램의 특징은 다음과 같다.
- 화면 조회가 가능할 정도로 1회 조회 데이터가 소량이다.
- 신속한 트랜잭션 처리가 요구된다.
- 조회 조건이 단순하다.
- 업무 형태에 따라 데이터 액세스 패턴이 고정되어 있다.

온라인 프로그램 성능 개선 작업은 다음 사항을 고려한다.
- 사용 빈도가 높은 SQL문을 개선하는 것이 효과적이다.
- 인덱스를 이용하여 데이터 액세스 범위를 줄이는 것이 효과적이다.
- 부분 범위 처리로 응답 시간을 단축한다.
- 부분 범위 처리를 하기 위해서 Nested-Loop 조인과 인덱스를 이용한 정렬을 유도한다.
- 장기 트랜잭션 처리를 억제한다.

나. 온라인 프로그램의 성능 개선 사례

1) 상수 바인딩에 의해 발생되는 파싱 부하

- 문제점

  최근 대중적인 개발 형태인 웹 기반의 애플리케이션은 SQL문 작성 시 조건절에 변수 바인딩을 실행하는 정적인 형태의 작성 기법이 아니라, SQL문을 저장한 문자열에 사용자로부터 입력받은 상수 값을 직접 결합시켜 동적으로 실행시키는 상수 바인딩 형태의 작성 기법을 주로 사용한다. 이런 방법으로 개발된 시스템은 사용자가 적은 경우에는 문제되지 않으나 동시 접속자 수가 증가하면 심각한 성능 저하 현상이 발생한다.

- 원인

  이런 형태의 SQL 작성 기법은 개발이 용이하지만 데이터베이스에 과도한 파싱 부하 및 옵티마이저 최적화 작업을 어렵게 만든다. 대부분의 데이터베이스들은 옵티마이저에 의해 실행 계획을 미리 작성하여 정적으로 보관하고 있거나 동적으로 작성된 정보를 담고 있는 파싱 정보를 데이터베이스의 공유 메모리 영역에 적재한다. 동일한 SQL문이 실행될 때 메모리에 적재된 실행 계획을 재사용한다. 상수가 바인딩되어 실행되는 SQL문은 상수 값의 변화에 따라 SQL문이 동적으로 바뀌어 데이터베이스 메모리 영역에 보관되어 있는 실행 계획 정보를 재사용할 수 없거나 재사용 확률이 상당히 낮아진다. 상수가 바인딩된 부분을 제외하고는 동일한 SQL문임에도 하드 파싱을 해야 하는 일이 발생한다. 파싱에 소요되는 비용은 대부분 CPU 사용 시간이므로 SQL문 실행 시 변수가 바인딩되어 파싱 결과를 재사용할 수 있도록 구현하는 것이 데이터베이스 성능을 안정화시키는 데 유리하다.

2) 웹 게시글 형태의 인터페이스 시 부분 범위 처리

인터넷이 대중화되면서 웹 서비스 아키텍처 구조가 보편화되었다. 웹아키텍처는 N-티어 구조로 실행 프로그램이 데이터베이스와 지속적인 세션을 가질 수 없다. 미들웨어를 사용하는 환경에서도 동일하다. 이런 환경에서는 클라이언트/서버의 2계층 구조에서 GUI 툴을 이용하여 쉽게 구현하던 부분 범위 처리에 의한 스크롤 처리가 불가능하다.

이러한 현실적인 어려움으로 인해 대부분의 게시판 인터페이스에서는 사용자 액션이 들어올 때마다 해당 테이블 전체를 다시 읽거나 조건절에 만족하는 대상을 읽어 필요한 부분을 잘라 질의 결과를 반환하는 형태를 취한다. 이 방식은 대상 건수가 증가하면 할수록 응답 속도가 떨어질 수 밖에 없으며, 조회에서 조인을 하는 대상 테이블들의 조건이 어느 한 테이블에만 특정되는 것이 아니라 각각의 테이블에 조건이 분산되어 있는 경우나 정렬 또는 집계가 필요한 경우 전체 범위 처리를 하지 않고는 실질적으로 필요한 부분만을 읽어 응답 속도를 줄여 줄 수 있는 부분 범위 처리가 어렵다. 2-티어 환경에서는 Scrollable Cursor를 적용하여 이러한 문제를 처리할 수 있지만, 3-티어와 같은 비연결 지향적인 서비스 형태를 가지는 구조에서는 이 기능을 사용할 수 없다.

액세스에 필요한 I/O를 최소화하기 위한 전략적인 테이블 설계와 인덱스의 설계가 성능 향상을 위해 가장 중요하다. Page-Up/Page-Down 스크롤에 사용되는 정렬 기준 값으로 인덱스를 생성하고 스크롤 처리 시 인덱스를 이용한다. 인덱스는 칼럼 값으로 정렬되어 있으므로 현재 위치에서 다음 위치로 옮겨갈 때 스크롤 조건을 SQL문에 제공하여 구현하면 불필요한 I/O를 줄일 수 있다.

3) 과다한 함수 사용으로 부하 발생

저장 함수는 절차적 처리가 불가능한 SQL의 단점을 보완하기 위해 사용되는 언어이다. 목적에 맞게 효과적으로 이용하면 높은 생산성과 관리의 편리성을 제공하지만 잘못 사용하면 성능에 악영향을 미친다. 대표적인 예가 코드명, 고객명, 상품명 등과 같이 이름 찾기 저장 함수 사용이다. 이름 찾기용 저장 함수는 프로그램 구조가 단순해져 편리성 측면에서 사용될 수는 있겠지만 DBMS 측면에서 보면 아주 비효율적인 개발 방법이다.

저장 함수는 WHERE 조건을 만족하는 행(Row)의 수만큼 실행되기 때문에 처리 범위가 넓은 경우 높은 비효율이 발생하게 된다. 1,000개의 결과를 반환하는 SQL에 하나의 저장 함수를 사용하면 SQL을 한 번 수행할 때마다 저장 함수를 1,000번 호출한다.

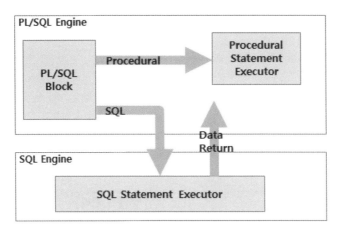

[그림 V-2-18] 저장 SQL 구조

SQL 엔진과 절차적인 처리를 위한 PL/SQL 엔진은 분리되어 있다. SQL 엔진에서 처리한 결과를 절차적으로 처리하려면 결과 값을 PL/SQL 엔진으로 전송해 주어야 한다. 이러한 과정을 문맥 전환(Context Switching)이라 하며, PL/SQL의 성능이 저하되는 주요한 원인이다. 이러한 문맥 전환을 없애기 위해서는 절차적인 부분 대신 조인 연산을 통해 처리해야 한다. 저장 함수는 다음과 같은 경우에 효과적으로 이용될 수 있다.

- 결과 행(Row) 중 일부에서 행에 대해 복잡한 연산이 필요한 경우
- 데이터 집계로 인해 전체 범위 처리로 수행될 SQL을 부분 범위 처리로 변경하고자 하는 경우
- 복잡한 계산 처리가 자주 변경되어 이를 통합 관리할 필요가 있는 경우(단, 과도한 함수 호출이 예상되는 업무에 적용할 경우 부하를 감수해야 한다)

4. 배치 프로그램의 성능 방안

가. 배치 프로그램 성능 개선 방안

데이터베이스에서 배치 프로그램의 성능 개선의 가장 큰 목적은 처리 시간의 최소화이다. IT 기술이 발전하고 정보의 활용 요구가 증가하면서 데이터 량은 기하급수적으로 증가하고 있다. 단순히 업무 수행을 위한 데이터 증가뿐만 아니라 DW, 고객, 상품, 수익 등을 대상으로 분석에 활용하기 위한 정보량도 증가하였다. 처리해야 할 데이터 량이 증가하게 되어 배치 작업, ETL, 마트 생성 등을 빠르게 처리하기 위한 방안이 제시되어야 하며, 최근의 대부분 시스템들은 배치 작업을 위한 전용 서버를 구축한다.

배치 작업에서 이슈가 되는 대표적인 요소는 다음과 같다.
- 절대 수행 시간 부족
- 수행 결과 검증 시간 확보의 어려움

- 오류에 따른 재처리 시간 확보가 불가능
- 미완료 시 대안 제시에 어려움
- 미처리 또는 지연으로 파급되는 문제 해결에 장시간 소요됨

옵티마이저가 최적화를 수행하는 단위는 SQL 단위이므로 절차적인 방식으로 작성된 프로그램의 성능 개선 작업은 개별적인 SQL 단위로 이루어져야 한다. 개별적인 SQL의 최적화를 수행한다고 해서 전체적인 프로그램의 최적화가 이루어지는 것은 아니다. 전체적인 최적화를 위해서는 절차적인 프로그램을 집합적인 형태로 변경하여야 한다.

절차적 처리
```
for c 1 in cursor1 loop
    for c2 in cursor2 loop
        select ... ;
        if ... then
            insert ... ;
        else
            update ... ;
        endif;
    end;
End;
```

집합적 처리
```
insert into tab3
select ... from tab1 x, tab2 y
where x.key = y.key
and     ... ;

update tab x
set = (select ... from tab2 y
            where x.col = y.col
Where ...;
```

[그림 V-2-19] 절차적 처리 vs 집합적 처리

1) 절차적인 처리 방식의 비효율

- SQL이 루프 내에서 반복적으로 수행되는 구조이므로 DBMS Call이 과도하게 발생한다.
- 단위 SQL이 반복적으로 수행되는 구조이므로 Random I/O 발생이 증가한다.
- 동일 데이터를 반복해서 읽는다.
- 업무 규칙을 절차적으로 구성하였기 때문에 업무 규칙이 변경되면 프로그램 구조의 수정이 불가피하다.
- 다수의 단위 SQL로 구성되어 있어 개별적인 단위 SQL의 개선만 가능하다.

2) 절차적인 처리 방식의 보완 요소

- 이중 커서 사용을 하지 않고 조인을 이용하여 단일 커서를 사용한다.
- 동일 모듈 내에서는 같은 데이터를 2회 이상 읽지 않게 프로그램을 구조화한다.
- 최소한 개별적인 SQL 단위 비효율은 제거한다.

3) 집합적인 처리 방식의 고려 사항

집합적 처리란 사용자가 기술한 SQL을 한 번의 DBMS Call로 결과 집합(Result Set)을 생성하는 DBMS 연산을 의미한다. 사용자는 결과 집합(What)을 정의하고 DBMS는 처리 절차(How)를 결정하므로 집합적인 처리 방식을 사용하려면 다음과 같은 사항을 고려해야 한다.

- DBMS는 실행 계획을 수립하기 위한 내부적인 메커니즘을 가지고 있지만 옵티마이저의 지능적 한계나 정보 부족 등 여러 가지 변수에 의하여 최적의 실행 계획을 수립하지 못하는 경우가 많이 발생한다. 따라서 SQL 작성 후 원하는 방식으로 실행 계획이 수립되었는지 확인하여야 한다.
- 대량 배치 처리와 같이 대용량 데이터를 처리해야 하는 경우는 Hash 조인을 사용하는 것이 유리한다.
- 분포도가 나쁘면 Random I/O 비효율이 급속도로 증가하므로 인덱스 스캔보다 Full Table Scan 방식이 유리하다.
- 절대적인 작업량이 정해져 있는 대용량 데이터 처리 시 병행 처리(Parallel Processing)를 사용하여 시간을 단축한다.
- Hash 조인이나 집계를 위한 소트 작업을 고려하여 추가 메모리를 세션에 할당한다.
- 집합 처리에 의한 작업은 병행 처리, Full Table Scan, 메모리 영역 확보 등으로 짧은 시간에 데이터베이스의 자원을 확보하여 처리를 해야 한다. 따라서 작업의 종속성을 고려하여 배치 프로그램 작업 계획을 수립하여 자원의 경합을 낮춰야 한다.

4) 분석 함수를 통한 성능 개선 방안

초기 관계형 DBMS는 집합 처리의 장점이 있었지만 포인터(Pointer)와 오프셋(Offset)에 대한 연산을 할 수 없는 것이 단점이었다. 따라서 표준 SQL로는 이와 관련된 연산을 하지 못했다. 이런 이유로 절차적 언어를 사용하거나 데이터를 복제하여 처리할 수 있는 SQL문을 작성하였다.

Red Brick은 데이터 분석이나 DSS(Decision-Support System)에 적합한 다양하고 강력한 기능을 가진 SQL 문법을 제안하였다. 이 제안에는 집합적 개념인 표준 SQL문에서 처리가 어려워 절차적으로 처리할 수밖에 없었던 업무 분석 요구를 수용하기 위해 포인터와 오프셋의 개념을 추가시킨 분석 함수(Analytic Function)의 다양한 기능을 포함한다.

분석 함수를 지원하는 관계형 데이터베이스를 사용하는 경우 자체 조인(Self-join) 또는 클라이언트 프로그램의 절차적 로직으로 처리하거나 SQL문으로 표현하기 위해 고난도의 여러 기법을 적용하였던 것을 Native SQL문에서 하나의 명령어로 바로 적용할 수 있게 되었다. 그 결과 개발자는 명백하고 간결한 SQL문으로 복잡한 분석 작업을 수행할 수 있으며, 개발 및 유지 보수가 편하므로 생산성이 향상되었다. ANSI 표준 SQL로 채택되어 대부분의 데이터베이스에서 동일한 SQL 문법을 사용할 수 있다. 다음은 상용 데이터베이스인 오라클에서 제공하는 분석 함수들이다.

- Ranking Family
  대상 집합에 대하여 특정 칼럼(들) 기준으로 순위나 등급을 매기는 분석 함수 그룹으로, 다음과 같은 종류가 있다. 예를 들어 RANK, DENSE_RANK, CUME_DIST, PERCENT_RANK, NTILE, ROW_NUMBER 등이 있다.

- Window Aggregate Family

  현재 행(Current Row)을 기준으로 지정된 윈도우(Window) 내의 행들을 대상으로 집단화(Aggregation)를 수행하여 여러 가지 유용한 집계 정보(Running summary, Moving average 등)를 구하는 분석 함수군이다. SUM, AVG, MIN, MAX, STDDEV, VARIANCE, COUNT, FIRST_VALUE, LAST_VALUE 등이 있다.

- Reporting Aggregate Family

  서로 다른 두 가지의 집계 레벨을 비교하고자 하는 목적으로 사용하는 분석 함수군이다. SUM, AVG, MAX, MIN, COUNT, STDDEV, VARIANCE 등이 있다.

- LEAD/LAG Family

  서로 다른 두 행 값을 오프셋으로 비교하기 위한 분석 함수이다. LEAD, LAG가 있다.

5) 파티션 스토리지 전략을 통한 성능 향상 방안

대용량의 데이터를 신속하게 처리하기 위해서는 파티셔닝과 같은 스토리지 전략이 중요하다. 파티셔닝은 대용량의 큰(지속적으로 증가하는) 테이블을 파티션이라는 더 작은 단위로 나눔으로써 성능이 저하되는 것을 방지하고 관리를 수월하게 하고자 하는 개념이다. 파티셔닝은 칼럼 단위의 수직 파티션을 제공하고 있는 사이베이스를 제외한 DB2, 인포믹스, 오라클 등과 같은 대용량의 데이터베이스 상용 DBMS와 MySQL, MariaDB, PostgreSQL 등과 같은 오픈소스 DBMS가 범위 파티션(Range Partition)과 같이 유사한 형태의 파티션을 제공한다. 파티셔닝을 하게 되면 하나의 테이블이 동일한 논리적 속성을 공유하는 여러 개의 단위(파티션)로 나눠지게 된다. 각 파티션은 열(Column)과 제약조건에 대한 정의를 공유하지만 별도의 세그먼트로 저장되어 물리적인 속성인 블록 파라미터나 스토리지 파라미터를 독립적으로 지정할 수 있다. 이러한 특성으로 파티셔닝 테이블은 다음과 같은 장점이 있다.

- 데이터 액세스 시에 파티션 단위로 액세스 범위를 줄여 I/O에 대한 성능 향상을 가져올 수 있다.
- 여러 분할 영역으로 나눔으로써 전체 데이터의 훼손 가능성이 감소하고 데이터의 가용성이 향상된다.
- 각 파티션 영역을 독립적으로 백업하고 복구할 수 있다.
- 디스크 스트라이핑으로 I/O 성능을 향상(디스크 암에 대한 경합의 감소)시킬 수 있다.

나. 배치 프로그램 성능 개선 사례

배치 프로그램은 기본적으로 한 건이 아닌 대상이 되는 건들 모두를 일괄적으로 대량 처리하는 것이다. 이러한 배치는 보통 정해진 특정한 시간에 실행되는 경우가 많다.

배치 프로그램은 OLTP 성격의 요청별 빠른 응답속도 개선의 형태이기보다는, 해당하는 업무 처리를 완수해야 하는데 필요한 전체 처리량을 얼마나 빠른 시간 내에 수행하는 가에 달려 있다. 대개는 월간/주간/일간/시간 단위로 쌓여진 데이터를 주기적으로 처리하는 경우가 많으며, 이는 처리할 데이터 량이 많다는 것을 의미한다. 이를 일반적인 절차형 Loop 방식으로 낱낱이 처리하려고 한다면 기준 시간 내에 배치 프로그램을 통한 목표작업 을 완료하기 어려운 경우가 발생한다.

1) 절차적 처리 방식의 개선

많은 기업은 배치 프로그램 작성을 위해 프로시저를 사용하여 대상 결과 집합을 SELECT하여 Cursor에 담고 필요한 비즈니스 로직을 단계별로 반복문 형태(Loop)로 돌려서 처리하는 경우가 많다.

예를 들어, 천만 회원이 있는 M사에서 주문 테이블을 읽어 특정기준을 만족하는 회원의 월별 등급내역을 변경 반영하려고 한다. 월별 배치인 경우 매월실적의 집계 결과를 만들어 별도의 집계 테이블에 입력하는 경우도 있고, 매월 회원별 주문실적을 기준으로 등급 업그레이드를 적용하거나 해당하는 쿠폰을 발행해 주고 특정 규칙 적용에 따라 추가적으로 포함/제외하는 비즈니스 규칙이 있을 수 있다. 이러한 배치는 특정 기간 동안의 실적을 누계하여 반영하는 이벤트일 때도 있으며, 특정 기간 동안에 발생한 모든 대상 회원들과 이들이 발생시킨 주문내역을 모두 처리해야 하므로 절대적 일량이 많은 업무성격에 속한다.

이러한 업무 규칙을 처리 시에, 천만 회원을 회원별로 반복하면서 주문실적(횟수/금액)을 만들어 내고 (이때 어떤 건은 제외한다든지의 로직이 추가로 들어갈 것이다) 이미 정해진 비즈니스 조건에 부합하면 이에 따라 해당 회원등급테이블의 회원등급내역을 변경 반영하는 프로그램이 있다. 이 작업은 회원테이블을 읽어 Cursor에 담아 반복문(Loop)에서 하나씩 회원번호를 꺼내어 해당 회원번호와 관련된 테이블에서 데이터를 읽어서 처리하려면 회원수만큼의 반복수행이 일어나므로 오랜 시간이 걸리게 될 것이다. 이런 방식은 한 프로시저 내에서 여러 테이블에 대한 접근 UPDATE 및 INSERT가 일어난다면 Random I/O를 포함한 지나치게 많은 부하를 발생시키게 된다. 설상가상으로 전체 로직이 아닌, 반복문(Loop) 내에서 회원별 로직 처리가 끝날 때마다 Commit을 수행한다면 이는 더욱더 많은 시간 소요와 부하를 일으키게 될 것이다. 현실에서는 반복문을 통해 순차적으로 회원을 읽어가면서 어느 회원까지 처리가 되었는지를 알 수 있어서 개발자들이 많이 사용하는 편이다.

배치 프로세싱은 기본적으로 다루고자 하는 데이터를 핸들링할 때, 개별 레코드 단위 처리의 관점보다는 집합적 개념으로 보아야 한다. 이러한 다량의 데이터를 처리해야 할 때는 집합관점으로 쿼리를 작성하는 방식인 One SQL을 사용하는 것이 유리한 경우가 많다. 이를 위해 Cursor를 통한 반복문(Loop)을 반드시 사용해야 하는지를 확인하고 가능하다면 사용하지 않을 수 있는 방법을 강구해야 한다. Cursor와 반복문(Loop)문을 쓸 수밖에 없는 상황이라고 하더라도, 특별히 필수 불가결하여 의도한 것이 아니라면 COMMIT이 개별 레코드 처리 때마다 반복 수행되어 지나친 부하가 발생하지 않도록 한다.

초기에 해당 배치를 One SQL 형태로 시도하였다가, 한 번에 메모리 내에서 효과적으로 처리할 수 있는 데이터 량을 초과하여 수행되면서 오랜 시간이 걸려 작업이 종료되기를 기다릴 수 없는 수준을 확인하고서, 담당 개발자가 어쩔 수 없이 Cursor와 Loop문을 통해 처리하는 경우가 있을 수 있다. 이 경우 One SQL로 한 번에 전체 데이터 량을 처리하는 것보다 제한된 자원, 특히 가용한 메모리 범위 내에서 적정하게 수행될 수 있는 일 량을 확인하여, 가능한 한 여러 차례에 나누어 배치 잡을 수행하면 성능 개선 효과를 볼 수 있다. MariaDB/MySQL에서 볼 수 있는 프로시저를 다음과 같이 Pseudo Code 형태로 살펴보자. 이와 유사하게 최적화할 수 있는 부분이 있음에도, 비효율적인 Cursor와 Loop의 조합 형태가 의외로 많이 사용되고 있다. 다량의 데이터를 다루는 배치 처리에서는 건별로 반복적으로 처리하는 형태의 프로그래밍 방식이 아닌, 반드시 집합 개념으로 바꾸어 One SQL 형태로 처리하는 것이 성능 개선에 도움이 된다.

아래의 프로시저 내 SQL Statement가 Loop 내에서 반복되는 횟수만큼 수행하느라 DBMS에서 배치 프로세싱을 끝내는데 많은 시간이 소요된다. 낱낱의 Row 레벨로 순차적 데이터 처리 개념을 넣었기에 그 실행 횟수가 산술적으로 대략 건수*처리로직 횟수(Loop 내)에 이른다.

이 부분에서 가장 많은 시간이 소요된다.

```
-- 입력값
CREATE PROCEDURE `proc_batch_100`(target_dt char(8), OUT output int(11))
BEGIN
-- 변수 선언
DECLARE p_회원번호 varchar(20);
DECLARE p_주문번호 int(11) DEFAULT 0;
DECLARE p_상품번호 int(11) DEFAULT 0;
DECLARE p_주문수량 int(11) DEFAULT 0;
DECLARE p_주문금액 int(11) DEFAULT 0;
... ... ... ...
... ... ... ...
DECLARE p_completed tinyint DEFAULT 0;
--------------------------------------------------------
-- 테이블 T100에서 대상 내역을 읽어 커서에 담음
--------------------------------------------------------
DEClARE 주문_cursor CURSOR FOR
SELECT 회원번호, 주문번호, 상품번호, 주문수량, 주문금액
FROM T100
WHERE 주문상태 = '배송완료'
AND 최종반영일자 = target_dt
ORDER BY SEQ_NO;
--------------------------------------------------------
-- 커서를 열어 담긴 데이터를 반복문 내에서 레코드 건을 Fetch(꺼냄)함
--------------------------------------------------------
OPEN 주문_cursor;
--------------------------------------------------------
apply_grade: LOOP
FETCH 주문_cursor INTO p_회원번호, p_주문번호, p_상품번호, p_주문수량, p_주문금액;
IF p_completed = 1 THEN
LEAVE apply_grade;
END IF;

-- 대상 테이블 T200의 데이터를 UPDATE함
UPDATE T200 SET ... WHERE T200.주문번호 = p_주문번호 AND T200.상품번호 = p.상품번호 ;

-- 테이블을 읽어 특정 칼럼의 값을 변수에 담는다.
SELECT ... INTO p_변수1, p_변수2, p_변수3
```

```
FROM T200 WHERE T200.주문번호 = p_주문번호 AND T200.상품번호 = p.상품번호 ;

-- T200의 Row 데이터를 조건을 걸어 읽어 와서 테이블 T300에 INSERT함
INSERT INTO T300 AS SELECT ... FROM T200 WHERE ... ;

-- 대상 테이블 T400의 데이터를 UPDATE함
UPDATE T400 SET ... WHERE ... ;

-- 대상 테이블 T500에 데이터를 INSERT함
INSERT INTO T500 AS SELECT ... FROM T200 WHERE ... ;

-- 사용된 변수 값 초기화
END LOOP apply_grade;
-------------------------------------------------------
-- 열었던 커서를 닫음
-------------------------------------------------------
CLOSE 주문_cursor;
-------------------------------------------------------
set output = 1;
COMMIT;
END;
```

위 가상코드 프로시저에서도 반복문을 통해 여러 테이블을 접근하고 처리하는 양상을 보인다. 이러한 로직 처리에 있어서 반드시 집합적 개념의 처리 형태인 One SQL의 형태로 처리할 수 있는 방법을 모색하여, 불필요하고 지나치게 많은 반복 형태를 피하는 것이 좋다. 추가적으로 Cursor를 써야 하는 경우이더라도, 업무 분석을 통해 이를 최소화하여 사용하는 방법을 강구하는 것이 성능에 유리하다.

제 6 절 서버 성능 개선

1. 객체 튜닝

테이블, 인덱스, 세그먼트에 관련한 사항이 대상이다.

- 객체는 성능을 고려하여 설계되어야 한다.
- 저장 장치를 이루는 블록, 확장 영역, 세그먼트에 관련된 사항을 튜닝한다.
- 인덱스는 삭제, 갱신으로 인해 저장 공간 효율성이 떨어져 비효율이 발생하는 경우 인덱스 재구성 작업을 한다.
- I/O 병목이 발생하지 않게 물리적인 배치를 실시한다.

2. 인스턴스 튜닝

DBMS 인스턴스는 메모리 부분과 프로세스가 튜닝 대상이다. 이는 DBMS 종속적인 요소가 많으므로 DBMS별 확인이 필요하다.

- 메모리
  - 메모리는 Buffer 캐시, Library 캐시 등의 히트율(HIT ratio)에 의해서 평가하여 조정한다.
  - Sort Area, Hash Area는 스와핑(Swapping) 발생 여부에 따라 사이즈를 결정한다. 특정한 대형 작업은 작업을 실시하는 세션에서 조정하여 작업을 실시한다.
- 프로세스
  - 대부분의 DBMS가 다중 프로세스 시스템이고 필요에 따라서 추가적인 프로세스 가동이 가능하다.
- Latch 경합
  - 트랜잭션 처리를 위한 경합이 발생한다.
  - 객체 생성이나 변경 등으로 경합이 발생할 수 있다.

3. 환경 튜닝

환경 튜닝은 하드웨어나 운영체제 관점에서의 튜닝이다. CPU, 메모리, 디스크 I/O, 네트워크가 대상이다. 환경 튜닝은 기본 값으로 설정된 경우를 제외하고 많은 성능의 향상을 기대하기 어렵다. 하드웨어 성능이나 구성에 따라 환경 설정된 상태에서 운영하기 때문이다. 예외적으로 고가용성을 위한 시스템 구성, RAID의 구성, 버전에 따른 패치 적용이 정상적이지 않은 경우에 성능에 결정적인 영향을 줄 수 있으므로 확인이 필요하다.

- CPU
  - 튜닝 대상이라기보다 성능을 평가하기 위한 기준으로 CPU 사용율(Utilization)을 평가한다.
  - sar(System activity report)로 모니터링했을 때 CPU 사용이 %usr 〉 %sys 〉 %wio 순으로 되는 것이 바람직하다.
  - idle이 20~30%을 유지하는 것이 바람직하며, 10% 이하인 상태가 지속적으로 유지되면 증설을 고려한다.
  - un – ps, HP – top 또는 glance, IBM – monitor 등의 프로세스별 모니터링이 가능하다.

이와 같은 도구는 문제 프로세스를 운영체제 차원에서 확인할 수 있다.

- 메모리 튜닝
  - aging(page-in, page-out)과 프로세스 단위의 Paging 현상인 Swapping 발생 상태를 확인한다.
  - DBMS를 포함한 사용자 프로세스 메모리 크기가 전체 크기의 40~60%를 유지하는 것이 바람직하다.
- I/O 튜닝
  - 데이터베이스 병목은 I/O에 의해서 발생한다.
  - 물리적인 디스크와 디스크 채널을 분산하므로 성능을 개선할 수 있다.
  - 읽기/쓰기 작업에 따른 분산이 필요하다.
  - Block(File System)보다는 Raw Device가 I/O 성능에 유리하다.
- 네트워크 튜닝
  - 최근 네트워크 전송속도의 경우 1Gbps가 보편화되었으나, 많은 양의 데이터를 빈번하게 전송해야 한다면 전송속도와 대역폭(Bandwidth)을 증가시키는 것을 고려한다.

장 요약

제1절 데이터베이스 관리 시스템

- 데이터베이스 관리 시스템은 독립성, 추상화, 트랜잭션과 동시성 제어를 이용하여 데이터의 종속, 중복, 무결성, 동시 접근 처리를 해결하고 있다.
- 데이터베이스 관리 시스템은 개념적-논리적 사상, 논리적-물리적 사상을 이용하여 추상화를 구현한다.
- 데이터베이스 관리 시스템의 구성요소는 크게 데이터베이스 파일과 인스턴스(데이터 저장 관리자, 질의 처리기, 트랜잭션 관리자 등)로 구성되며, 인스턴스는 메모리 부분와 프로세스 부분으로 구성된다.
- 데이터베이스 관리 시스템은 데이터의 저장 구조를 논리적인 구조와 물리적인 구조로 나누어 관리한다.
- 현재 가장 많이 사용하고 있는 데이터베이스 관리 시스템으로는 오라클, SQL Server, MySQL, MariaDB, PostgreSQL 등이 있다.

제2절 데이터베이스 관리 시스템 활용

- 데이터베이스 명령어는 데이터 정의 언어(DDL), 데이터 조작 언어(DML), 트랜잭션 제어 명령어(TCL)로 나눌 수 있다.
- SQL 질의는 파싱, 옵티마이저, Row Source 생성, SQL 실행 등과 같은 4단계를 거쳐 수행된다.
- 뷰(View)를 활용하여 SQL을 재활용하고 보안을 유지할 수 있다.
- DCL을 이용하여 사용자를 관리할 수 있으며, Role을 활용하여 사용자별 권한 관리를 용이하게 할 수 있다.
- 절차적 SQL을 활용하여 보안, 성능, 생산성을 높일 수 있으며, 절차적 SQL은 높은 응집도와 낮은 결합도를 유지한 설계가 필요하다.

제3절 트랜잭션

- 트랜잭션은 원자성, 일관성, 고립성, 영속성의 특성이 있다.
- 동시성 제어는 낙관적 동시성 제어(Optimistic Concurrency Control)와 비관적 동시성 제어(Pessimistic Concurrency Control)로 나뉜다.
- 동시성을 제어하기 위해 잠금(Locking), 2PC, Timestamp 등의 기법을 주로 사용한다.
- 교착 상태는 교착 상태 필수 조건 4가지를 부정함으로써 교착 상태를 예방할 수 있다.

제4절 성능 개선 방법론

- 성능 개선 작업은 분석, 이행, 평가 순으로 진행한다.
- 성능 개선을 하기 위해서는 트레이스, 실행 계획, 서버 상태를 확인할 지원 도구가 필요하며, 대부분의 상용, 오픈소스 DBMS는 성능을 모니터링하고 개선할 수 있는 도구를 지원하고 있다.
- 성능 개선 목표는 처리 능력, 처리 시간, 응답 시간, 로드 시간 등이 있다.

제5절 애플리케이션 성능 개선

- 대표적인 조인에는 Nested-Loop 조인, Sort-Merge 조인, Hash 조인이 있다.
- Nested-Loop 조인은 드라이빙 조건의 범위가 좁으면 성능이 양호하다.
- Nested-Loop 조인은 드라이빙 조건의 범위가 넓더라도 확인 조건의 검색 범위가 넓으면 성능이 양호하다.
- Sort-Merge 조인은 Inner 집합의 조인 속성에 인덱스가 없을 때 Simple Nested-Loop 조인보다 성능이 우수하다.
- Sort-Merge 조인은 정렬에 대한 부하가 많이 발생하므로 대용량 처리 시 수행 속도가 저하될 수 있다.
- Hash 조인은 대용량의 데이터 조인 시에 Sort-Merge 조인이나 Nested-Loop 조인보다 더 좋은 성능을 나타낸다. 특히 작은 집합과 대용량 데이터의 조인 시에 아주 좋은 성능을 나타낸다.
- 온라인 프로그램은 응답 시간 기준으로, 배치 프로그램은 처리 시간 기준으로 최적화되어야 한다.
- 온라인 프로그램은 실행 계획을 최적화하기 위해 인덱스를 이용한 액세스 경로 개선, SQL 재작성으로 실행 계획 개선, 힌트를 이용한 실행 계획 변경 등의 방법을 사용한다.

제6절 서버 성능 개선

- 서버 성능 개선은 인스턴스, 데이터베이스, 네트워크 부분으로 구성된다.
- 인스턴스는 메모리, 프로세스를 대상으로 최적화한다
- 데이터베이스는 데이터 저장을 위한 블록(Blocks), 익스텐트(Extents), 세그먼트(Segments), 데이터 파일을 대상으로 성능 개선을 실시한다.

연습문제

문제 1. 다음 데이터베이스 관리 시스템의 추상화에 대한 설명으로 틀린 것은?

① 데이터베이스 관리 시스템은 데이터의 정의나 설명, 파일의 구조 등과 같은 데이터를 저장하고 있지만, 제약조건에 대한 정보는 별도로 관리하지 않는다.

② 데이터 파일의 구조가 프로그램으로부터 분리되어 시스템 카탈로그 또는 데이터 사전으로 관리되어진다.

③ 데이터베이스 관리 시스템은 사용자에게 데이터에 대한 개념적인 접근만을 제공하므로 물리적인 저장 구조를 알지 못해도 쉽게 사용할 수 있다.

④ 데이터베이스 관리 시스템에서 데이터의 독립성과 추상화는 매우 중요하다.

문제 2. 데이터베이스 관리 시스템의 추상화 단계에 대한 설명으로 옳은 것은?

① 개념적 단계 - 추상화의 최상위 단계로 최종 사용자들이 관심을 갖는 데이터베이스의 부분만을 정의한다.

② 논리적 단계 - 데이터가 실제 어떻게 저장되어 있는지 원시 수준의 데이터 구조를 정의한다.

③ 물리적 단계 - 데이터베이스의 전체 구조를 추상화하는 단계이다.

④ 개념-물리 사상 - 개념적 스키마와 물리적 스키마 간의 대응 관계를 정의한다.

문제 3. 다음 중 데이터베이스 관리 시스템의 구성요소에 포함되지 않는 것은?

① 데이터베이스 파일　　② 데이터 저장 관리자
③ 질의 처리기　　　　　④ 응용프로그램

문제 4. 아래에서 설명하는 내용으로 옳은 것은?

> **아 래**
>
> 데이터 파일로부터 읽어들인 데이터 블록의 복사본을 가지고 있으며, 데이터베이스에 접속되어 있는 모든 사용자 프로세스에 의해 공유된다.

① 데이터베이스 파일　　② 데이터베이스 버퍼
③ 공유 풀　　　　　　　④ 로그 버퍼

문제 5. 다음 데이터 명령어에 대한 설명으로 옳은 것은?

① 테이블, 인덱스 등의 스키마 객체를 생성, 변경하는 등의 역할을 하는 명령어를 데이터 정의어(DDL)이라 한다.

② 데이터 조작어(DML)로는 SELECT, INSERT, UPDATE, DELETE, TRUNCATE 등이 있다.

③ 데이터 조작어에서 SELECT를 제외한 다른 명령어는 ROLLBACK 명령어를 이용하여 변경된 데이터를 영구적으로 반영시켜야 한다.

④ GRANT, REVOKE는 트랜잭션 제어어(TCL)에 포함된다.

문제 6. 다음 중 트랜잭션의 특성으로 틀린 것은?

① 하나의 트랜잭션은 하나의 원자적 수행으로, 모두 성공하거나 모두 실패해야 한다.

② 트랜잭션을 실행하면 데이터베이스는 하나의 일관된 상태에서 또 다른 일관된 상태로 변경된다.

③ 특정 트랜잭션이 변경하는 데이터는 그 트랜잭션이 완료될 때까지 다른 트랜잭션들은 볼 수 없다.

④ 트랜잭션이 완료되면 데이터는 데이터베이스에 영구보관되지만, 어떠한 고장에 의해 유실될 수 있다.

문제 7. 다음 성능 개선 목표 중 처리 시간(Throughput Time) 개선에 대한 설명으로 가장 옳은 것은?

① 해당 작업을 수행하기 위해 소요되는 시간으로 OLTP 시스템의 성능 척도이다.

② 인덱스 스캔보다는 Full Table Scan을 실시하며, 병렬 처리를 실시한다.

③ Hash 조인의 수행보다는 Nested-Loop 또는 Sort-Merge 조인으로 처리한다.

④ 절차적 SQL을 이용한 처리가 효율적이다.

문제 8. 다음 중 옵티마이저에 대한 설명으로 가장 틀린 것은?

① 옵티마이저는 사용자가 제시한 SQL을 처리하기 위한 최적의 실행 계획을 찾는다.

② 옵티마이저는 최적의 실행 계획을 찾기 위해 모든 경우의 수를 확인한다.

③ 실행 계획을 찾는 과정에서 SQL을 처리하는데 소요되는 비용을 산출한다.

④ 현재 RBO는 사용하지 않으며, CBO로 대체되었다.

문제 9. 다음 조인 기법에 대한 설명으로 옳은 것은?

① Sort-Merge Join은 Join하려는 두 집합을 Join Column으로 정렬하여 Sorted-List를 만들고 병합하는 Join 기법으로, OLTP System에서 활용도가 높다.

② Hash Join은 대용량의 데이터 Join 시에 Sort-Merge Join이나 Nested-Loop Join보다 효율적이다.

③ Nested-Loop Join은 Driving Table(Outer Table)과 Inner Table 양쪽 모두 인덱스가 없을 때 효율적인 Join 기법이다.

④ Nested-Loop Join에서 두 Table 간의 Join 시 Driving Table(Outer Table)과 Inner Table의 결정은 일의 양과 관계가 없다.

문제 10. 다음 서버 성능 개선에 대한 설명으로 가장 틀린 것은?

① 데이터베이스의 객체는 I/O 병목이 발생하지 않게 물리적인 배치를 실시한다.

② 메모리는 데이터베이스 버퍼, 공유 풀 등의 히트율에 의해서 평가하여 조정하여야 한다.

③ 객체 생성이나 변경은 Latch 경합이 발생할 수 있으므로 주의해야 한다.

④ 데이터베이스의 질의 수행 시 병목 현상은 주로 네트워크에서 발생하므로 가능한 한 네트워크 Bandwidth를 크게 해야 한다.

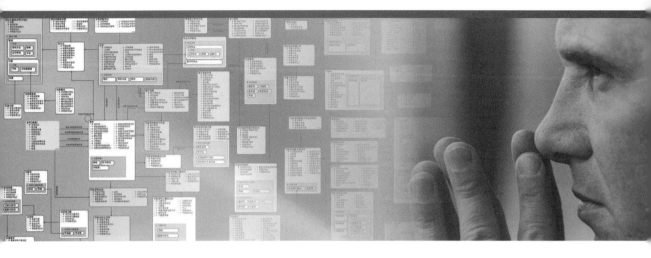

과목 소개

　데이터아키텍처를 효과적으로 정의하고 관리하기 위해서는 데이터아키텍처의 기본 구성요소인 데이터와 데이터의 효과적인 사용을 위한 구조, 마지막으로 고품질의 데이터를 관리하기 위한 방법 등에 대한 이해가 필요하다. 이를 위해서 데이터 품질 관리에 대한 이해의 필요성이 제기되었으며, 본 과목에서는 데이터 품질 관리를 위해 데이터, 데이터 구조, 데이터 관리 프로세스의 관리 목적과 관리 기준, 관리 방법 등을 소개함으로써 데이터아키텍처 도입 시 참조할 수 있는 지침을 이해할 수 있다.

과목 VI

데이터 품질 관리 이해

과목 구성

본 과목에서는 데이터 품질 관리에 대한 개념 및 데이터 품질 관리 활동을 위한 표준, 모델, 데이터 값과 데이터 활용 등 다양한 관점별 세부내용을 제공한다. 본 과목은 다음과 같은 주요 부분들을 포함하고 있다.

제1장 데이터 품질 관리 이해
　제1절 데이터 품질 관리 프레임워크
　제2절 표준 관점 데이터 품질
　제3절 모델 관점 데이터 품질
　제4절 값(Value) 관점 데이터 품질
　제5절 활용 관점 데이터 품질

제2장 데이터 품질 관리 프로세스 이해
　제1절 데이터 품질 관리 정책
　제2절 데이터 표준 품질 관리 프로세스
　제3절 데이터 모델 품질 관리 프로세스
　제4절 데이터 값(Value) 품질 관리 프로세스
　제5절 데이터 활용 관리 프로세스

학습목표

제1장에서는 다음과 같은 내용을 학습한다.
- 데이터 품질 관리 프레임워크에 대한 개요를 이해한다.
- 표준 관점 데이터 품질에 대해 이해한다.
- 모델 관점 데이터 품질에 대해 이해한다.
- 값(Value) 관점 데이터 품질에 대해 이해한다.
- 활용 관점 데이터 품질에 대해 이해한다.

제1장

데이터 품질 관리 이해

장 소개

데이터란 기업의 비전이나 목표를 달성하기 위해서 사용되는 전산화된 데이터 및 전산화에 필요한 데이터로서, 본 장에서는 데이터 품질 관리에 대한 이해를 통해 데이터의 중요성을 알아본다. 특히 데이터는 중요한 지적 자산 자료로 양질의 데이터를 보유한 기업은 데이터의 융·복합을 통하여 다양한 사업 기회의 확장 및 새로운 비즈니스를 창출할 수 있다. 이런 양질의 데이터는 원유와 같은 중요한 자산이므로 데이터 품질에 대해 관심과 활동이 필요하다.

장 구성

본 장은 5개의 절로 구성되어 있다. 1절에서는 데이터 품질 관리 프레임워크를 살펴보고, 2절에서는 표준 관점 데이터 품질을 살펴본다. 3절에서는 모델 관점 데이터 품질을 살펴보고, 4절에서는 값(Value) 관점 데이터 품질을 살펴본다, 마지막 5절에서는 활용 관점 데이터 품질을 살펴본다.

제1절 데이터 품질 관리 프레임워크
제2절 표준 관점 데이터 품질
제3절 모델 관점 데이터 품질
제4절 값(Value) 관점 데이터 품질
제5절 활용 관점 데이터 품질

제1절 데이터 품질 관리 프레임워크

1. 데이터 품질 관리 프레임워크 개념

기업이 데이터를 생성하고 활용하기 위해서는 데이터를 설계하기 위한 데이터 표준 정보, 데이터 모델 정보가 필요하며, 설계되어 있는 데이터베이스 정보를 기반으로 다양한 채널의 애플리케이션을 통해 데이터가 저장된다. 저장된 데이터 값의 품질을 높이기 위해 상시적인 데이터 품질 측정·개선 활동이 필요하며, 축적되어 있는 고품질 데이터를 기반으로 활용하기 위한 활용영역으로 구성되어 있다. 이런 활동들을 지원하기 위해서는 데이터 품질 관리 프로세스, 데이터 품질 관리 전문 조직 및 인력, 관련 지침 및 가이드, 마지막으로 인프라가 필요하다.

2. 데이터 품질 관리 프레임워크 구성

데이터 품질 관리 프레임워크는 여러 참조모델이 있다. 데이터 품질 관리 프레임워크를 좀 더 명확하게 이해하기 위해서 국내에서 일반적으로 적용되고 있는 데이터 품질 관리 프레임워크의 한 사례를 기준으로 데이터 품질 관리 프레임워크의 구성을 살펴본다.

[그림 Ⅵ-1-1]에서 보면 데이터 품질 관리 프레임워크는 데이터 표준, 데이터 모델, 데이터 값, 데이터 활용 등의 4가지 영역으로 구분된다. 데이터 표준은 데이터 모델을 수립하기 위하여 사전에 표준 단어, 표준 용어, 표준 도메인, 표준코드 등으로 구성된다. 데이터 모델은 모델링 도구를 활용하여 개념모델, 논리모델, 물리모델, DB Catalog로 구성된다. 데이터 값(Value)은 데이터 품질 지표(Data Quality Index), 핵심 정보(Critical To Quality), 기술적 분석의 데이터 프로파일링, 비즈니스적 분석의 업무규칙으로 구성된다. 데이터 활용은 원천데이터와 타겟데이터의 데이터 매핑 정보, 데이터의 연관 관계, Map 형태의 데이터 흐름으로 구성된다.

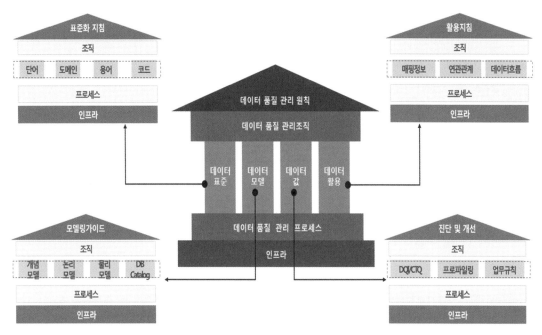

[그림 Ⅵ-1-1] 데이터 품질 관리 프레임워크

제2절 표준 관점 데이터 품질 관리

1. 정의 및 관리 목적

표준 데이터란 정보시스템에서 사용되는 단어, 용어, 도메인, 코드 및 기타 데이터 관련 요소에 대해 정해진 공통의 원칙에 따라 명칭과 형식 등을 규격화하여 정의한 데이터를 의미한다. 표준 데이터는 정보시스템과 정보시스템 데이터의 구조적 품질 확보와 직결되는 요소로, 표준 데이터를 관리함으로써 기관이나 기업 전사 차원에서 단일화하고 표준화된 정보시스템을 구현할 수 있다. 또한 데이터의 불일치나 데이터 오류를 방지하며, 표준화되지 않은 데이터로 인해 야기되는 데이터 보정 작업 등을 최소화함으로써 정보시스템의 생산성 및 가독성을 향상시킬 수 있다. 표준 데이터를 관리함으로써 데이터 구조에 대한 이해도를 높이고 의사소통을 원활하게 하며 데이터 통합을 효율적으로 수행할 수 있도록 한다.

현재 많은 기관 및 기업의 표준화 정도를 보면 단위 DB별 표준화는 많은 부분에서 지켜지고 있지만 전사적인 표준화를 통해 통합 관리하는 경우는 드물다. 그래서 전사 데이터 웨어하우스(EDW, Enterprise Data Warehouse), 차세대시스템과 같은 통합 시스템을 구축할 경우, 표준에 대한 재정비 및 재정비된 표준에 따른 기존 시스템에 대한 변경 작업을 위해 많은 인력 및 비용을 지불해야 한다. 이런 표준 데이터는 메타 데이터 관리 시스템을 통하여 관리할 수 있고 표준 프로세스의 적용을 통해 지속적인 표준 데이터 통제가 가능하다.

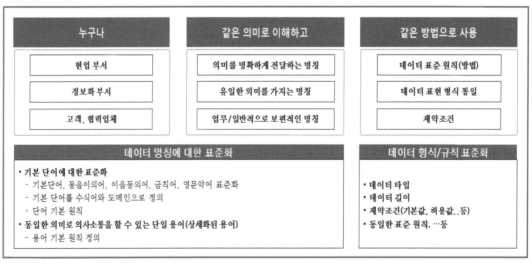

[그림 VI-1-2] 데이터 표준화 개요

2. 세부 관리 대상

가. 표준 단어 사전

단어(Word)란 문법상 일정한 뜻과 구실을 가지는 말의 최소 단위를 의미하며, 정보시스템에서 사용되는 표준 단어 사전이란 기업이나 기관에서 업무상 사용되며 일정한 의미를 갖고 있는 최소 단위의 단어를 정의한 사전을 말한다. 표준 단어를 정의함으로써 업무상 편의나 관습에 따라 동일한 단어를 서로 다른 의미로 사용하는 경우(예, 자산 이관 시 '인수자', '이관자'를 주는 곳과 받는 곳에서 서로 상반되는 의미로 사용하는 경우가 있음), 혹은 하나의 단어에 다양한 의미를 부여(예, 처리자)하여 사용하는 등의 문제를 방지할 수 있다. 표준 단어 사전은 다음과 같은 기준에 따라 관리되어야 한다.

- 표준성
  표준 단어는 정보시스템 구축 대상 업무 범위에서 사용하고 있거나 일반적으로 사용되는 사전적 의미의 단어 가운데에서 추출해야 하며, 지나치게 업무에 의존적이거나 방언을 사용해서는 안되며 약어의 사용도 최소화해야 한다.
- 참조 가능성
  표준 단어는 기업이나 기관에서 새로운 업무를 정의할 때 참조할 수 있어야 한다.
- 일반성
  표준 단어는 일상적으로 사용하고 있는 사전적 의미의 단어와 의미상 크게 다르지 않아 일반인도 해당 단어의 의미를 이해할 수 있어야 한다.
- 대표성
  표준 단어는 동의어를 가질 수 있으나 표준 단어로 선언된 단어는 비슷한 의미의 동의어들을 대표할 수 있어야 한다.

표준 단어는 전사적으로 관리하고 있는 엔터티와 속성을 개별 단위로 추출하며, 추출된 단어는 동음이의어와 이음동의어를 정비한 후 논리명(한글명)을 기준으로 물리명(영문명, 영문 약어명), 유사 용어까지 함께 정리하여 관리한다. 표준 단어 사전에는 개별 단어 외에도 동의어, 유의어, 반의어 등과 같은 단어 간의 구조도 함께 정의해야 한다.

나. 표준 도메인 사전

도메인(Domain)이란 속성에 정의된 조건을 만족시키는 값의 범위를 의미하며, 표준 도메인은 전사적으로 사용되고 있는 데이터 중에서 논리적, 물리적으로 유사한 유형의 데이터를 그룹화하여 해당 그룹에 속하는 데이터의 유형과 길이를 정의한 것을 말한다. 도메인은 여러 개의 하위 도메인(복합 도메인)으로 구성되거나, 하나의 도메인이 여러 개의 도메인에 중복적으로 사용될 수 있다. 표준 도메인 사전은 다음과 같은 기준에 따라 관리되어야 한다.

- 표준성

  표준 도메인은 전사 차원에서 공통적으로 사용되는 속성을 대상으로 정의한다. 예를 들어 은행의 계좌번호는 은행 하위 업무나 상품에 따라 다르지 않으므로 표준 도메인을 정의하여 사용해야 한다.

- 유일성

  동일한 내용의 중복 도메인이 서로 다른 이름으로 선언되지 않도록 관리해야 한다.

- 업무 지향성

  도메인은 지나치게 일반화하여 정의하기보다는 업무의 특성을 충분히 반영할 수 있도록 선언하여 관리한다. 예를 들어 계좌번호의 도메인은 '-'가 없이 정의하는 것보다 적절한 의미를 나타내도록 '-'를 이용하여 표현한다.

전사적으로 관리하고 있는 모든 데이터 속성 혹은 대표 속성 가운데에 DBMS(Database Management System)에 동일한 형태로 구현되는 속성들을 추출하여 그룹화한다. 모든 속성은 임의의 도메인에 할당되어야 하며, 하나 이상의 도메인에 복수로 할당되어서는 안된다. 속성과 도메인은 상호 매핑하여 관리해야 하며 새로운 속성이 추가될 경우 해당 속성의 도메인을 선정, 등록할 것을 권장한다. 또한 도메인의 삭제는 해당 도메인을 사용하고 있는 속성이 없을 경우에만 가능하도록 해야 한다.

다. 표준 용어 사전

용어(Terms)는 업무에서 자주 사용하는 단어의 조합을 의미하며, 표준 용어는 전사적으로 사용하는 엔터티와 속성을 대상으로 표준 단어 사전에 정의된 단어를 조합하여 정의한다. 단어는 개별적이지만 용어는 업무와 조직의 성격에 따라 그 조합이 달라질 수 있다. 표준 용어를 정의함으로써 기업 내부에서 서로 상이한 업무 간에 의사소통이 필요한 경우, 용어에 대한 이해 부족으로 유발되는 문제점을 최소화할 수 있다. 표준 용어 사전은 다음과 같은 기준에 따라 관리되어야 한다.

- 표준성

  같은 기업 내부라도 업무별로 동일한 의미를 서로 다른 용어를 사용하여 표현하는 경우가 많다. 따라서 표준 용어 사전은 용어의 표준화를 통해 용어 사용의 차이에 따라 발생되는 전사 차원의 혼란을 최소화할 수 있어야 한다.

- 일반성

  용어가 지나치게 업무 관점에서 정의되어 이해하기 힘들거나 의미상 혼란을 초래해서는 안된다. 일반적인 의미와 전혀 다르게 사용된 용어는 적절한 다른 용어로 대체하고, 새로운 용어 개발을 자제해야 한다.

- 업무 지향성

  용어는 기업의 업무 범위 내에서 약어를 사용하거나 내부에서 별도로 정의하여 사용할 수 있다. 단, 지나친 약어의 사용은 업무에 대한 이해도를 떨어뜨릴 수 있으므로 주의한다.

표준 용어는 전사적으로 보유하고 있는 엔터티와 속성을 대상으로 추출된 표준 단어를 조합하여 생성되며, 용어 사전은 엔터티 용어 사전과 속성 용어 사전으로 구분하여 정의 관리한다. 정의된 각각의 용어는 논리명(한글명)과 물리명(영문명)을 가지며, 용어 범위 및 자격 형식 등이 설명되어야 한다.

라. 표준 코드

표준 코드(Code)에는 산업별로 법적, 제도적으로 부여하여 공통적으로 사용되는 코드뿐만 아니라 기관이나 기업 내부에서 정의하여 사용하는 코드가 대상이 된다. 표준 코드는 다음과 같은 기준에 따라 관리되어야 한다.

- 재사용성
  표준 코드는 기관이나 기업에서 자체적으로 정의하여 사용하는 것보다 표준화 기구나 정부, 공공 기관에서 정의한 코드를 재사용하는 것이 데이터에 대한 이해력을 높이고 코드 관리를 용이하게 하는데 더 효과적이다.
- 일관성
  코드는 업무 범위 내에서 가능한 한 유일하게 정의해야 한다. 동일한 내용의 코드를 사용 형태나 업무 범위에 따라 중복 정의하여 사용할 경우 전사 차원의 코드 데이터의 중복은 물론 코드 데이터의 불일치(Inconsistency)라는 심각한 문제를 야기할 수 있다.
- 정보 분석성
  가능한 범위의 데이터는 모두 코드화하여 관리한다. 즉, 사용자가 텍스트로 직접 입력하는 값을 최소화하고 정의된 범위 안에서 선택하도록 함으로써 정보 분석 시에 데이터는 있으나 분석가치가 없는 데이터가 양산되지 않도록 한다.

전사적으로 사용하고 있는 코드를 추출하여 법·제도적으로 부여된 코드와 동일한지를 확인하고, 동일한 값을 가지는 코드를 통합하여 단일화 작업을 수행한다. 코드는 표준화 팀에서 엄격한 기준에 따라 관리해야 하며, 사용자 임의대로 코드 체계를 생성하거나 수정해서는 안된다. 코드는 도메인과 밀접하게 연관되어 관리해야 하지만 도메인에 값의 범위가 명확히 정의되어 있는 경우(예를 들어 '여부'는 'Y/N'으로 표기)에는 특별히 코드화하여 관리하지 않아도 된다.

마. 데이터 표준 요소

데이터 표준 요소란 시스템을 설계하고 구축하는 데 필요한 데이터 관련 요소의 표준이다. 데이터 관련 요소 표준 대상은 논리 데이터 모델의 주제 영역, 엔터티, 속성, 관계명을 포함하여 물리적 객체 대상인 Subject Areas, Relationships, Database & Instance, Indexes, Constraints, Sequences, 사용자 정의 Procedures & Functions, Synonyms, Views, Rollback Segments, Tablespaces, File Names, Script Names 등의 명명 규칙을 포함한다.

시스템 운영에는 시스템 운영에만 필요한 본질적 요소와 시스템 운영자가 필요에 의해 생성한 요소들이 존재할 수 있다. 예를 들어 프로그램 수행 결과를 단순 적재하는 요소들은 문제 발생 시 역추적에 필요하지만 시스템 운영의 필수 요소라고는 할 수 없다. 데이터 관련 요소 중 관리 대상의 선별 기준은 시스템 운영에 필수적인 요소가 1차 대상이 될 수 있어야 한다.

데이터 표준 요소는 시스템 운영에 필요한 요소를 정확히 선별하여 관리해야 한다. 설계 및 구축에 필요한 요소를 추출하여 표준이 필요한 요소를 정의하고 그 요소에 대해 업무적 표준을 정의한다.

데이터 표준 요소는 다음과 같은 기준에 따라 관리되어야 한다.

- 통합성
  데이터 표준 요소의 각 요소는 전사적으로 통합하여 관리 및 적용해야 한다.
- 일관성
  정의된 표준 데이터가 데이터 모델 및 데이터베이스 스키마의 전 영역에 걸쳐 일관되게 적용되고 있는지 정기적으로 검토 확인한다.

3. 표준 데이터 상관도

표준 데이터 간의 상관 관계를 도식화하면 [그림 Ⅵ-1-3]과 같다.

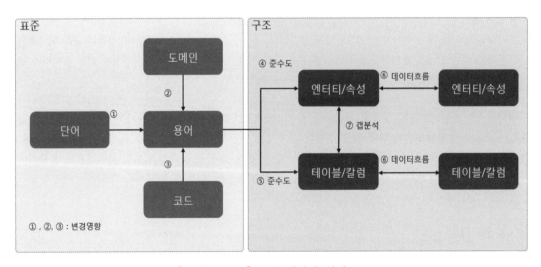

[그림 Ⅵ-1-3] 표준 데이터 상관도

4. 표준 관점 품질 측정 방법

측정기준 : 정의된 데이터 표준 용어가 실제 DB 칼럼에 얼마나 적용되고 있음을 측정

측정산식 :

$$\text{데이터 표준 적용률(\%)} = \frac{\text{(2) 진단대상 DB의 데이터 표준 용어 적용된 칼럼 수}}{\text{(1) 전체 칼럼 수}} \times 100$$

(1) 전체 칼럼 수 : 진단대상 DB의 전체 칼럼 수(중복 제거된 개수)

(2) 진단대상 DB의 칼럼에 데이터 표준 용어 적용된 칼럼 수 : 실제 DB 테이블 칼럼(용어) 기준 중복 제거된 개수

제 3 절 모델 관점 데이터 품질 관리

1. 정의 및 관리 목적

모델 데이터는 데이터 모델을 운용 관리하는 데 필요한 데이터를 의미한다. 여기에는 데이터 참조모델, 개념 데이터 모델, 논리 데이터 모델, 물리 데이터 모델에 대한 메타 데이터 및 DBMS 객체 정보가 포함된다. 데이터 모델에 대한 메타 데이터를 관리함으로써 데이터 구조에 대한 최신 정보를 유지하고, 전사 차원에서 데이터 모델의 공유와 재사용성을 극대화하고, 체계적인 데이터 모델의 변경 관리를 가능하게 한다.

2. 세부 관리 대상

모델 데이터에서 다루는 세부 관리 대상은 데이터 참조모델, 개념 데이터 모델, 논리 데이터 모델, 물리 데이터 모델에 대한 메타 데이터 및 DBMS 객체 정보 등이 있다. 이러한 모델 데이터는 다음과 같은 기준에 따라 관리되어야 한다.

- 완전성
  모델 데이터는 개념 데이터 모델, 논리 데이터 모델, 물리 데이터 모델, 데이터베이스와 같은 데이터 구조의 단계별 데이터 모델에 대한 모든 메타 데이터를 포함해야 한다.
- 일관성
  모델 데이터는 단어, 용어, 도메인 및 데이터 관련 요소 표준을 준수해 정의해야 한다.
- 추적성
  모델 데이터는 데이터 모델의 변경 이력에 대한 추적이 용이하고 과거 데이터 모델에 대한 활용 요구를 충족시켜야 한다.
- 상호 연계성
  모델 데이터는 데이터 구조를 입체적, 체계적으로 관리할 수 있도록 데이터 모델 간의 상호 연관 관계를 표현해야 한다.
- 최신성
  모델 데이터는 데이터 구조의 단계별 데이터 모델과 업무 규칙은 물론, 실제 시스템에 구현된 물리 데이터와도 논리적으로 일치해야 한다.
- 호환성
  모델 데이터는 다른 종류의 관리 데이터와도 상호 호환이 가능해야 한다.

데이터 구조와 구조를 표현하는 모델 데이터는 별개로 관리한다. 데이터 모델에 변경 사항이 발생하면 변경 전과 변경 후의 데이터 모델과 이력은 물론, 데이터 모델 변경에 영향을 받은 응용프로그램과 SQL의 변경 전과 변경 후의 내용도 함께 관리한다.

3. 모델 관점 품질 측정 방법

측정기준 : 정의된 모델이 실제 DB 테이블과 칼럼에 얼마나 적용되고 있음을 측정

측정산식 :

- 현행화율(%) = 100(%) − 불일치율(%)

$$\text{불일치율(\%)} = \frac{\left(\dfrac{\text{물리모델 기준 미현행화 테이블 수}}{\text{실제 DB 기준 전체 테이블 수}} \times 100 + \dfrac{\text{물리모델 기준 미현행화 칼럼 수}}{\text{실제 DB 기준 전체 칼럼 수}} \times 100 \right)}{2}$$

제 4 절 값(Value) 관점 데이터 품질 관리

1. 정의 및 관리 목적

DBMS(Database Management System)에 저장되어 있는 데이터에 대하여 내부의 사용자, 외부의 사용자를 만족시키기 위한 상시적인 데이터 품질 측정/개선 활동을 의미한다. 여기에는 데이터 품질 기준, 프로파일링, 업무규칙, 품질 측정, 품질 개선 등을 포함하며, 일회성 활동이 아니라 지속적이고 반복적인 데이터 품질 관리 활동을 의미한다. 전문적인 데이터 품질 관리 시스템을 활용한다면 오류 데이터를 찾고 개선하는 일련의 품질 관리 활동을 좀 더 체계적으로 가능하게 지원한다.

2. 세부 관리 대상

품질 관리 데이터란 데이터의 정합성을 확보하고 데이터 품질의 유지, 개선을 위한 활동을 수행할 때에 기본적으로 관리되어야 할 데이터를 의미하며, 다음과 같은 기준에 따라 관리되어야 한다.

- ■ 품질 기준
  - 품질 관리 대상 : 품질 측정 대상 시스템 및 테이블 관리
  - 데이터 품질 지표 : 완전성, 유효성, 일관성, 정확성
  - 핵심 정보 항목 : 가장 중요한 데이터 정보 항목(예시 : 고객연락처정보, 매출정보 등)

■ 프로파일링

프로파일링

"데이터 현황 분석을 위한 자료 수집", "데이터의 통계, 패턴 등을 수집하여 잠재적 오류 징후를 발견하는 방법"

데이터 프로파일링 기법은 크게 Column Profiling, Single-Table Profiling, Cross-Table Profiling 기법으로 구분되며 단일 칼럼과 같은 작은 단위로 시작하여 테이블과 테이블의 상관관계 데이터를 검증하는 복잡한 단계로 프로파일링 진단을 확대 적용함

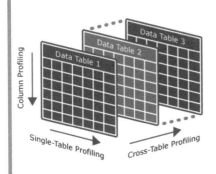

- ○ Column Profiling
  (예시) 고객마스터의 결혼일자는 YYYYMMDD의 유효한 날짜형식의 데이터를 유지해야 함
- ○ Single-Table Profiling
  (예시) 고객마스터의 결혼여부가 'Y'이면 결혼일자는 반드시 YYYYMMDD의 유효한 날짜 형식의 데이터를 유지해야 함
- ○ Cross-Table Profiling
  (예시) 고객마스터의 VIP등급은 고객평가 테이블의 분기별 누적 점수에 의해 매겨짐

[그림 VI-1-4] 프로파일링 설명

분석 기법	설명
칼럼 분석 (Column Analysis)	칼럼 속성에 대한 준수 여부 검증(Min/Max, Null/Space) [측정 가능 도메인 예시] • 여부 – 여부, 유무 칼럼은 'Y', 'N' 값을 가진다. • 금액 – 가입금액은 0보다 크고 1,000,000보다 같거나 작아야 한다. • 수량 – 재가입횟수는 0보다 크고 5보다 같거나 작아야 한다. • 율 　 – 지분율은 0보다 크고 100보다 같거나 작아야 한다.
패턴 분석 (Pattern Analysis)	데이터를 구성하는 값에 대한 패턴을 분석 [측정 가능 도메인 예시] • 번호 – 주민등록번호는 숫자 13자리로 구성되어야 한다. 　　　　우편번호는 숫자 5자리로 구성되어야 한다.
날짜 분석 (Date Analysis)	데이터 타입은 캐릭터(Character)이나 의미상 날짜/시간 유형 데이터에 대한 유효성 분석 [측정 가능 도메인 예시] • 날짜 – 결혼일자는 'YYYYMMDD'의 유효한 날짜이어야 한다.

분석 기법	설명
코드 분석 (Code Analysis)	칼럼 내 코드 값이 정의된 표준에 따라 구성되었는지를 검증 [측정 가능 도메인 예시] 코드 – 고객등급코드는 통합코드 코드ID = 'A001' 코드 데이터와 일치해야 한다.
참조무결성 분석 (Referential Integrity Analysis)	부모–자식 관계 데이터의 참조무결성 분석 [측정 가능 도메인 예시] 번호 – 고객주소정보의 고객번호는 고객원장에 반드시 존재해야 한다.

[표 Ⅵ-1-1] 데이터 프로파일링 분석 기법

■ 업무규칙

"데이터 사용자가 요구하는 수준을 만족시키기 위하여 업무적으로 규정된 기준에 맞도록 데이터 값을 관리하기 위한 조건에 대한 일반적인 표현" – 공공데이터 품질 관리 매뉴얼 용어 정의

업무규칙(BR, Business Rule)을 도출하는 방법은 아래와 같이 3가지가 있다. 한가지 방법만을 고집하기보다는 예산과 기간, 업무규모에 따라 적절한 방법을 선택하여 도출할 수 있다.

• Inside-Out 도출 방법 : 데이터의 통계적인 분석(Data Profiling, Master Data 분석 등)을 통하여 오류데이터 잠재원인을 파악하고 업무규칙을 도출하는 방법으로 업무적인 지식이 없는 경우에도 오류 징후를 발견하고 Low-Level의 필수성, 유효성 등의 업무규칙을 자동으로 생성할 수 있다.
• Outside-In 도출 방법 : 비즈니스 이슈, 외부고객의 소리-VOC(Voice Of Customer), 내부고객의 소리-VOB(Voice Of Business), 설문조사, 인터뷰 등의 분석을 통하여 오류 잠재원인을 파악하고 업무규칙을 도출하는 방법이다.
• 근거규정 도출 방법 : 기관의 법령을 기초로 설계된 데이터 모델을 기준으로 표준 데이터 항목에 대하여 관련 규칙(업무정의, 근거규정 등)을 통합하여 서술적 업무규칙을 작성하고 매핑되는 실제 운영 시스템 칼럼의 데이터 품질 검증을 위한 업무규칙을 생성할 수 있다.

■ 품질 측정

진단 대상으로 선정된 데이터에 대하여 설정되어 있는 프로파일링, 업무규칙 등을 지속적, 정기적으로 수행하기 위해 데이터베이스 성능과 측정가능 시간 등을 고려하여 측정 주기(일일/주간/월간/분기/반기/연간 점검)를 설정한다. 품질 점검 주기는 사용자의 요구 수준을 반영하여 결정한다.

■ 품질 개선

오류추정 데이터에 대해 개선 담당자, 오류 원인, 개선내용 등을 지속적으로 관리할 수 있도록 절차와 방법을 정의한다.

3. 값 관점 품질 측정 방법

측정기준 : 프로파일링, 업무규칙을 통해 값에 대한 품질을 측정

측정산식 :

$$오류율(\%) = \frac{오류\ 데이터\ 건수}{진단대상DB\ 전체\ 데이터\ 건수} \times 100$$

제 5 절 활용 관점 데이터 품질 관리

1. 정의 및 관리 목적

양질의 데이터를 축적하여 정보계 및 빅데이터로 활용을 극대화 하기 위해서는 데이터의 활용 여부를 점검하거나 데이터의 활용도를 높이기 위해 데이터의 원천을 추적할 수 있어야 한다. 앞에서 언급한 데이터의 표준정보, 데이터의 오너쉽 등을 명확히 하였을 때 데이터 활용가치를 극대화할 수 있다. 이를 통제하고 관리하기 위해서는 주기적으로 축적된 데이터에 대하여 데이터 활용 여부, 데이터 흐름(데이터 계보관리)을 관리함으로써 활용관점의 데이터 품질을 체계적으로 관리할 수 있다.

2. 세부 관리 대상

데이터 흐름(데이터 계보관리) 관리란 하나의 정보시스템 데이터를 다른 정보시스템으로 이동할 때 사용하는 소스 데이터와 타깃 데이터 간의 매핑 정보를 관리하는 데이터를 의미하며, 시스템 내부의 흐름, 시스템 외부의 흐름 모두를 포함하고 있으며 다음과 같은 기준에 따라 관리되어야 한다.

- 안전성
  데이터 이동이 필요한 모든 소스와 타깃을 정의하고 소스, 타깃 간의 매핑 규칙을 정의해야 한다.
- 유효성
  정의된 소스와 타깃의 매핑 규칙을 준수하고 이에 위배되는 데이터에 대한 클린징(Cleansing) 규칙이 정의되어 있어야 한다.
- 데이터 정합성
  소스와 타깃의 데이터가 매핑 규칙을 준수하여 데이터의 정합성이 보장되어야 한다.

데이터 흐름 관리 방법은 다음과 같이 요약할 수 있다.

- 소스 데이터와 타깃 데이터 간의 매핑 리스트를 작성하고, 타깃 시스템에서 필요로 하는 소스 데이터가 모두 포함되어 있는지 확인한다.
- 데이터 이동이 필요 없는 소스와 타깃의 매핑 여부를 검사한다.
- 삭제된 소스를 매핑 소스로 사용하고 있는지를 검사한다.
- 소스와 타깃의 데이터 구조가 동일한지 조사한다. 동일하지 않은 경우 변환 규칙을 적용하고 있는지 조사한다.
- 변환 규칙이 데이터 무결성 규칙을 준수하는지 검사한다. 그 결과가 데이터 정합을 보장하는지 검사한다.

장 요약

제1절 데이터 품질 관리 프레임워크

- 데이터 품질 관리 프레임워크는 데이터 표준, 데이터 모델, 데이터 값, 데이터 활용 등의 4가지 영역으로 구분된다.

제2절 표준 관점 데이터 품질

- 표준 데이터는 용어 및 도메인, 코드, 데이터 관련 요소에 대한 표준을 지정하여 사용하는 표준 관련 데이터로 표준 단어 사전, 표준 도메인 사전, 표준 용어 사전, 표준 코드 등으로 구성된다.

제3절 모델 관점 데이터 품질

- 모델 데이터는 데이터 모델을 관리, 운용하기 위해서 필요로 하는 것으로 완전성, 일관성, 추적성, 상호 연계성, 최신성, 호환성을 가져야 한다.

제4절 값(Value) 관점 데이터 품질

- DBMS(Database Management System)에 저장되어 있는 데이터에 대하여 내부의 사용자, 외부의 사용자를 만족시키기 위한 상시적인 데이터 품질 측정/개선 활동을 의미한다.

제5절 활용 관점 데이터 품질

- 양질의 데이터를 축적하여 정보계 및 빅데이터로 활용을 극대화하기 위해서는 데이터의 원천을 추적할 수 있어야 하고, 앞에서 언급한 데이터의 표준정보, 데이터의 오너십 등을 명확히 하였을 때 데이터 활용가치를 극대화 할 수 있다. 이를 통제하고 관리하기 위해서는 데이터 흐름(데이터 계보관리)을 관리함으로써 활용관점의 데이터 품질을 체계적으로 관리할 수 있다.

연습 문제

문제 1. 데이터 품질 관리 프레임워크의 구성에 포함되지 않는 것은?
　　　① 데이터 품질 관리 원칙
　　　② 데이터 품질 관리 조직
　　　③ 데이터 품질 관리 활동
　　　④ 데이터 품질 관리 프로세스

문제 2. 데이터 프로파일링의 분석 기법이 아닌 것은?
　　　① 칼럼 분석
　　　② 날짜 분석
　　　③ 패턴 분석
　　　④ 표준 분석

문제 3. 업무규칙을 도출하는 방법이 아닌 것은?
　　　① 프로그램
　　　② Inside-Out
　　　③ Outside-In
　　　④ 근거규정

문제 4. 프로파일링을 통해 얻을 수 있는 결과가 아닌 것은?
　　　① Min
　　　② Max
　　　③ 패턴
　　　④ 정확성

문제 5. 표준화 컨설팅을 통하여 얻어지는 결과물이 아닌 것은?
　　　① 표준 사전
　　　② 표준 업무규칙
　　　③ 표준 용어
　　　④ 표준 도메인

문제 6. 다음 설명과 가장 관련 있는 프로파일링 분석 방법은?

> 부모 자식 관계의 중요 키 값에 대한 데이터 정합성 점검

① 참조무결성 분석

② 코드 분석

③ 날짜 분석

④ 칼럼 분석

문제 7. 다음 설명과 가장 관련 있는 업무규칙 도출 방법은?

> 비즈니스 이슈, 외부고객의 소리-VOC(Voice Of Customer), 내부고객의 소리-VOB(Voice Of Business), 설문조사, 인터뷰 등의 분석을 통하여 오류 잠재원인을 파악하고 업무규칙을 도출하는 방법

① Inside-Out

② 근거규정

③ Outside-In

④ 모델

문제 8. 다음 설명과 가장 관련 있는 데이터 품질 관리 영역은?

> 데이터의 원천을 추적할 수 있어야 되며 데이터 흐름(데이터 계보관리)를 관리해야 한다.

① 데이터 값

② 데이터 활용

③ 데이터 구조

④ 데이터 모델

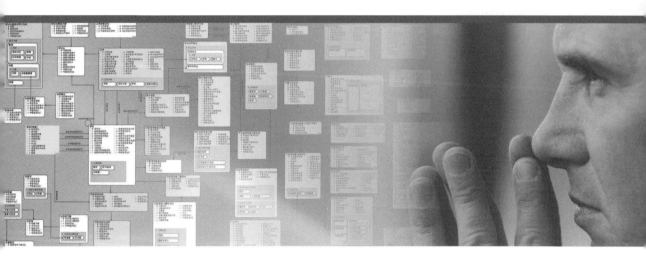

학습목표

제2장에서는 다음과 같은 내용을 학습한다.

- 데이터 품질 관리 정책에 대한 정의와 세부 관리 대상 등을 이해한다.
- 데이터 표준 품질 관리 프로세스 정의와 세부 관리 대상 등을 이해한다.
- 데이터 모델 품질 관리 프로세스 정의와 세부 관리 대상 등을 이해한다.
- 데이터 값(Value) 품질 관리 프로세스 정의와 세부 관리 대상 등을 이해한다.
- 데이터 활용 관리 프로세스 정의와 세부 관리 대상 등을 이해한다.

제2장

데이터 품질 관리 프로세스 이해

장 소개

데이터 품질 관리 프로세스란 데이터 값, 표준, 구조 등 데이터 품질을 지속적으로 관리 및 개선하기 위한 활동으로 관리 절차, 조직, 역할 등을 포함한다. 본 장에서는 데이터 품질 관리에 대한 중요성을 이해하고 데이터 품질 관리 프로세스에 대해서 알아본다.

장 구성

본 장은 5개의 절로 구성되어 있다. 1절에서는 데이터 품질 관리를 위한 원칙 및 지침 등을 설명한 데이터 품질 관리 정책에 대해서 살펴보고, 2절에서는 지속적인 데이터 표준 관리를 위한 데이터 표준 품질 관리 프로세스를 살펴본다. 3절에서는 데이터 구조 관리를 위한 데이터 모델의 품질 관리 프로세스를 살펴보고, 4절에서는 오류데이터 식별 및 유입 방지를 위한 데이터 값(Value)에 대한 품질 관리 프로세스를 살펴본다. 마지막으로 5절에서는 데이터 활용 측정 및 평가에 대한 데이터 활용 관리 프로세스에 대해서 살펴본다.

제1절 데이터 품질 관리 정책
제2절 데이터 표준 품질 관리 프로세스
제3절 데이터 모델 품질 관리 프로세스
제4절 데이터 값(Value) 품질 관리 프로세스
제5절 데이터 활용 관리 프로세스

제1절 데이터 품질 관리 정책

1. 정의 및 관리 목적

데이터 품질 관리 정책은 기업의 비전과 목표 달성에 필요한 데이터의 확보 계획과 확보된 데이터의 효과적인 운영 관리 체계 및 계획을 정의하는 작업을 말한다. 기업은 데이터 품질 관리 정책을 수립함으로써 기업의 비전과 목표에 맞는 데이터를 확보하고, 확보된 데이터를 사용자가 원하는 시간에 원하는 형태로 안정적으로 서비스할 수 있는 기본원칙과 관리 체계를 구축할 수 있다. 또한 데이터에 대한 의사결정의 기초로 활용함으로써 체계적이고 일관성 있는 데이터 관리가 가능해진다. 데이터 관리 정책 자체는 일상적이고 반복적인 활동이 아니므로 프로세스를 관리하는 것보다는 정책에 의해 관리 활동이 적절히 이루어지는지를 점검할 필요가 있다. 즉, 정기적/비정기적인 데이터 품질 평가 활동을 통한 검토 작업이 필요하다.

2. 세부 관리 대상

데이터 품질 관리 정책은 데이터 품질 관리 원칙, 데이터 품질 관리 조직, 데이터 품질 관리 프로세스에 대한 체계 및 계획을 수립하는 것을 의미한다. [그림 Ⅵ-2-1]을 통해 각각의 세부 관리 대상 간의 상관관계를 알 수 있다.

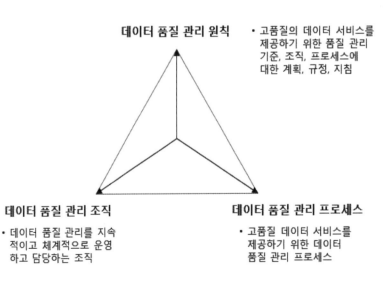

[그림 Ⅵ-2-1] 데이터 품질 관리 원칙 및 관리 조직 프로세스 간 상관관계

가. 데이터 품질 관리 원칙

데이터 품질 관리 원칙은 데이터의 효과적인 확보, 유지 관리를 위해 수립된 규정이나 계획, 지침 등에 포함된 데이터 관리 방향을 의미하며, 다음과 같은 기준에 따라 관리되어야 한다.

- 준수성
  데이터 관리 원칙은 기업의 비전과 목표에 맞는 데이터를 확보하고 데이터 관리 목적을 달성할 수 있도록 정의하여야 한다.
- 불가변성
  수립된 데이터 품질 관리 원칙은 아키텍처 원칙 변화에 의한 불가피한 경우를 제외하고는 쉽게 바뀌지 않도록 정의한다.
- 이해성
  데이터 품질 관리 원칙은 쉽게 이해할 수 있어야 하며, 의미가 불분명하여 발생하는 혼란을 최소화해야 한다.
- 완전성
  데이터 품질 관리 원칙은 정책 수립에 필요한 모든 사항을 정의해야 한다.
- 일관성
  데이터 품질 관리 원칙은 원칙 간의 충돌이 없도록 정의하고, 충돌이 발생한 경우에는 분명한 의사결정을 할 수 있도록 명시해야 한다.

데이터 품질 관리 원칙은 문서화(Statement, Rationale, Implication)하여 관리하며, 변경은 데이터 관리와 관련된 담당자 및 사용자에 의해 이루어지도록 한다.

나. 데이터 품질 관리 프로세스

데이터 품질 관리 프로세스는 고품질의 데이터를 지속적이고 안정적으로 서비스하기 위해 각 기업의 특성에 맞게 정의한 프로세스 간의 연관 관계를 정의한 프로세스를 의미하며, 다음과 같은 기준에 따라 관리되어야 한다.

- 준수성
  정의된 데이터 품질 관리 프로세스는 데이터 관리 원칙에 맞게 정의되어야 한다.
- 완전성
  각 기업의 기존 프로세스에 대한 특성을 고려하여 데이터 품질 관리 프로세스를 정의하고 정의된 데이터 품질 관리 프로세스는 데이터와 관련된 모든 요소가 빠짐없이 관리될 수 있도록 정의되어야 한다.
- 상호 운용성
  데이터 품질 관리 프로세스는 기존의 다른 프로세스(변화 관리, 프로젝트 관리 등)와 상호 연관 관계가 명확하게 정의되어 있어 적용함에 문제가 없어야 한다.

데이터 관리 원칙에 준하여 데이터 관리 프로세스 목록을 도출하고, 도출된 프로세스 간의 상호 운용성을 고려하여 프로세스를 정의한다.

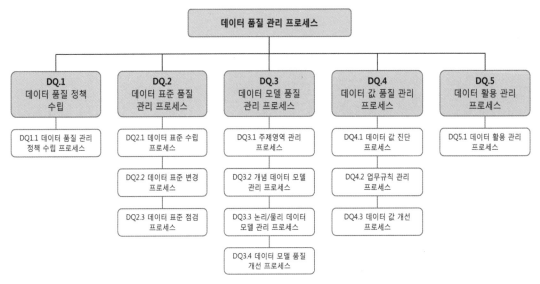

[그림 VI-2-2] 데이터 품질 관리 전체 프로세스

다. 데이터 품질 관리 조직

데이터 품질 관리 조직 관리는 각 기업에서 정의한 데이터 품질 관리 프로세스를 지원하고 담당할 담당자와 조직을 정의하는 것을 말하며, 다음과 같은 기준에 따라 관리되어야 한다.

- 명확성
  데이터 품질 관리를 담당할 담당자가 선정되어 있고 담당자별로 수행해야 할 역할이 명확하게 정의되어야 한다.
- 운영성
  데이터 품질 관리 조직 구성원은 해당 역할 및 업무를 수행하는 데 필요한 능력을 갖추고 있거나 능력에 필요한 교육 프로그램 등의 운영을 통해 관리 프로세스에 맞게 원활한 수행이 가능해야 한다.

각 기업에서는 체계적으로 정의한 데이터 품질 관리 프로세스를 수행하기 위해 필요한 역할을 정의하고 정의된 역할을 수행할 수 있는 담당자를 선정해야 한다.

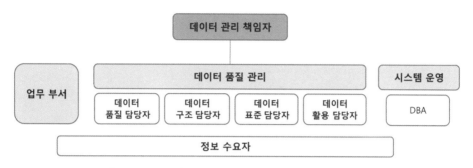

[그림 VI-2-3] 데이터 품질 관리 조직 구성 예시

3. 데이터 품질 관리 정책 수립

가. 데이터 품질 관리 정책 수립 프로세스

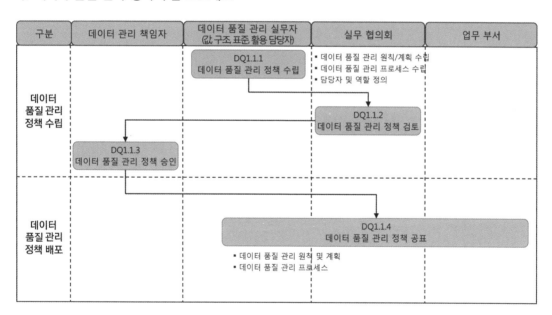

[그림 VI-2-4] 데이터 관리 정책 수립 프로세스

■ DQ1.1.1 데이터 품질 관리 정책 수립

[그림 VI-2-4]의 DQ1.1.1 데이터 품질 관리 정책 수립은 비즈니스나 IT의 환경 변화에 따라 데이터 관리 정책의 수립 및 변경이 필요한 경우, 필요한 관련 자료를 수집하여 정책 자료를 작성한다. 정책 작성 시에는 데이터 품질 관리 원칙에 대한 수립과 데이터 품질 관리 프로세스 정의, 담당자의 역할 정의 등의 내용이 포함되어야 한다.

- DQ1.1.2 데이터 품질 관리 정책 검토

  [그림 VI-2-4]의 DQ1.1.2 데이터 품질 관리 정책 검토는 수립된 정책(안)을 토대로 실무협의회(업무 담당자, 데이터 품질 관리 실무자, 설계자 등)에서 정책에 대한 완전성 및 일관성, 실현 가능성 등을 검토한다.

- DQ1.1.3 데이터 품질 관리 정책 승인

  [그림 VI-2-4]의 DQ1.1.3 데이터 품질 관리 정책 승인은 실무협의회(업무 담당자, 데이터 품질 관리 실무자, 설계자 등)에서 검토된 결과를 데이터 관리 책임자가 최종 확인 후 승인한다.

- DQ1.1.4 데이터 품질 관리 정책 공표

  [그림 VI-2-4]의 DQ1.1.4 데이터 관리 정책 공표는 확정된 데이터 관리 정책을 선포하고, 정책 변경에 따른 데이터 품질 관리 프로세스의 정의 및 수정이 필요한 경우 이를 수행토록 한다. 전문성이 요구되는 활동인 경우 담당자의 교육 훈련이 이루어지도록 한다.

제 2 절 데이터 표준 품질 관리 프로세스

1. 정의 및 관리 목적

데이터 표준 품질 관리 프로세스는 데이터 표준화 원칙에 따라 정의된 표준 단어 사전 및 도메인 사전, 표준 용어 사전, 표준 코드, 데이터 관련 요소 표준 등을 기관에 적합한 형태로 정의하고 관리하는 작업을 말한다. 이것은 데이터베이스 설계와 개발을 지원하고 전사적인 데이터 표준의 사용 및 재사용을 통해 시스템 간 상호 운용성, 데이터 공유, 시스템 통합, 비즈니스 프로세스 개선 등을 지원한다. 데이터 표준 관리는 전사적으로 공통된 표준을 사용하게 함으로써 데이터의 일관성과 정합성을 유지할 수 있다.

데이터 표준 품질 관리는 지속적인 표준화에 대한 교육과 개선/모니터링 활동으로, 표준이 조직과 관련 담당자에게 체질화되도록 한다. 데이터 표준은 현업의 의견이 반영되어야 하겠지만, 관습적으로 잘못 사용되어 온 용어를 모두 수용할 수 없으므로 조정이 필요하다. 또한 표준의 적용은 신규 개발 시점에서 이루어지고, 기존 시스템과의 중복 표준이 허용될 수 있다. 표준 관리 대상 및 적용 대상이 많을 경우 표준화 도구 등을 활용한 자동화를 고려할 수 있다.

2. 세부 관리 대상

세부 관리 대상으로 표준 관점 데이터 품질이 있으며, 해당 데이터 표준 품질 관리와 관련된 내용은 앞서 1장 제2절 표준 관점 데이터 품질에서 다루었으므로 여기서는 생략한다.

3. 조직 구성 및 역할

- 조직 구성
데이터 표준 품질 관리조직은 데이터 관리 책임자, 데이터 표준 담당자, 데이터베이스 관리자(DBA), 데이터 구조 담당자로 구성된다.

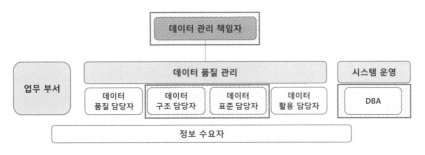

[그림 VI-2-5] 데이터 표준 품질 관리 조직 구성 예시

■ 역할

[표 VI-2-1] 데이터 표준 품질 관리 조직 역할

조직	담당업무
데이터 관리 책임자	데이터 표준관리 정책 수립, 데이터 기능별 담당 관리자 배정, 데이터 관리 향상을 위한 전략 기획 등을 담당한다.
데이터 표준 담당자	데이터 표준 품질 확보를 위해 데이터 표준 정의, 표준 사전 관리, 표준 검토 및 점검 등 데이터 표준관리 활동을 수행한다.
DBA	데이터베이스에 실제 적용 및 확인을 담당한다.
데이터 구조 담당자 (개발자 또는 설계자)	데이터 구조의 신규/변경 시 데이터 표준을 준수하여 모델에 적용한다.
업무 담당자	업무상 필요한 데이터 구조 변경 요건을 데이터 구조 담당자(개발자 또는 설계자)에게 요청한다.

4. 데이터 표준 품질 관리 프로세스

가. 데이터 표준 품질 관리 프로세스 체계도

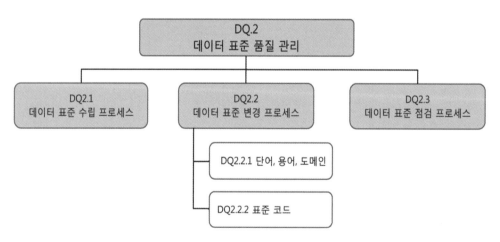

[그림 VI-2-6] 데이터 표준 품질 관리 전체 프로세스

나. 데이터 표준 수립 프로세스

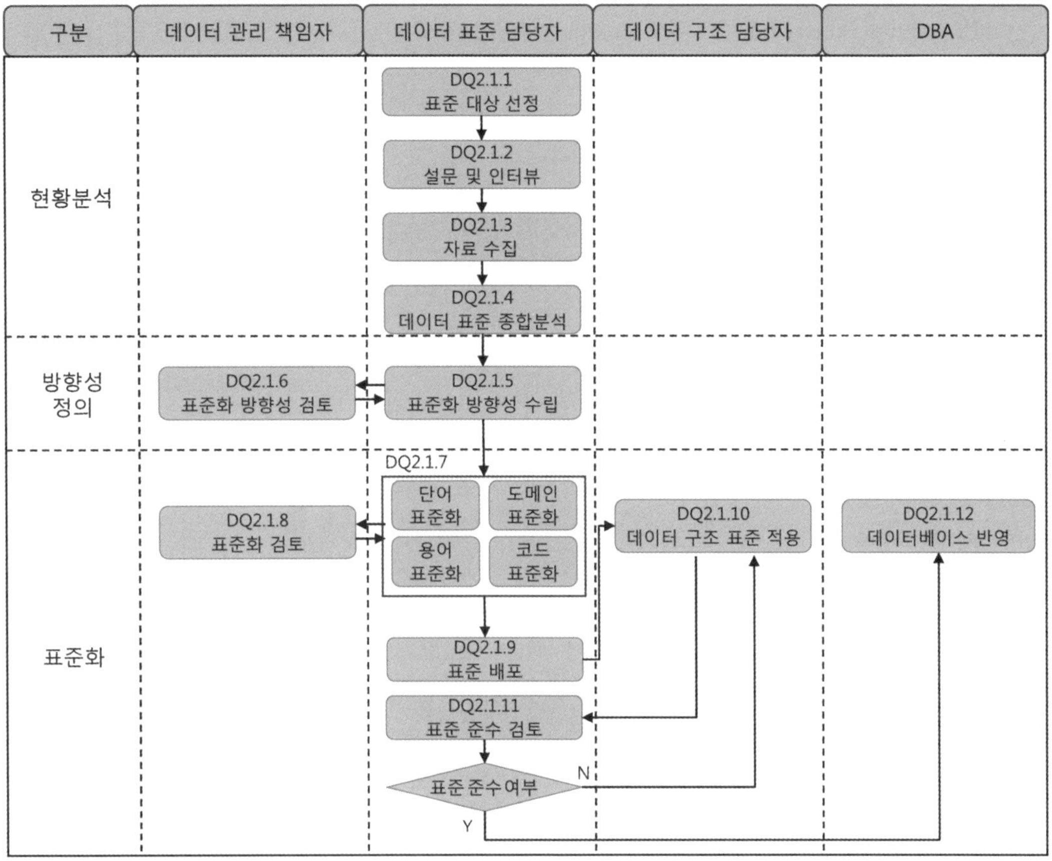

[그림 Ⅵ-2-7] 데이터 표준 수립 프로세스

■ DQ2.1.1 표준 대상 선정

[그림 Ⅵ-2-7]의 DQ2.1.1 표준 대상 선정은 표준화할 정보시스템을 선정하고 표준화 대상 영역을 정의한다. 표준화 대상 시스템은 자체적으로 구축한 시스템을 대상으로 선정되며, 패키지 및 솔루션 형태의 시스템은 대상에서 제외된다.

■ DQ2.1.2 설문 및 인터뷰

[그림 Ⅵ-2-7]의 DQ2.1.2 설문 및 인터뷰는 표준화 대상 관련자를 중심으로 데이터 표준화 현황 및 관리 수준 등을 파악하기 위해 설문 및 인터뷰를 진행한다.

■ DQ2.1.3 자료 수집

[그림 Ⅵ-2-7]의 DQ2.1.3 자료 수집은 데이터 표준 관련 선진사례 및 관련 분야 등의 자료를 수집한다.

- DQ2.1.4 데이터 표준 종합 분석

  [그림 Ⅵ-2-7]의 DQ2.1.4 데이터 표준 종합 분석은 현행 자료의 분석, 설문 진단 및 인터뷰 진단을 통해 기업의 데이터 표준을 추진하기 위해 표준화 수행 측면과 데이터 관리 측면에서 종합적으로 분석한다.

- DQ2.1.5 표준화 방향성 수립

  [그림 Ⅵ-2-7]의 DQ2.1.5 데이터 방향성 수립은 표준화 및 데이터 표준 관리 현황을 통해 문제점 및 이슈를 도출하고 방향성을 정의한다.

- DQ2.1.6 표준화 방향성 검토

  [그림 Ⅵ-2-7]의 DQ2.1.6 표준화 방향성 검토는 표준화 방향성을 검토하고 수정 및 보완 필요 시 의견을 제시하여 데이터 표준 담당자에게 반영을 요청한다.

- DQ2.1.7 데이터 표준화(단어, 도메인, 용어, 코드)

  [그림 Ⅵ-2-7]의 DQ2.1.7 데이터 표준화는 수립된 표준화 방향성을 바탕으로 단어, 도메인, 용어, 코드의 표준화를 진행한다.

- DQ2.1.8 표준화 검토

  [그림 Ⅵ-2-7]의 DQ2.1.8 표준화 검토는 표준화 결과를 확인하고 수정 및 보완 필요 시 의견을 제시하여 데이터 표준 담당자에게 반영을 요청한다.

- DQ2.1.9 표준 배포

  [그림 Ⅵ-2-7]의 DQ2.1.9 표준 배포는 표준화 적용을 위한 실무자 또는 업무부서 등을 대상으로 표준화 결과를 배포한다.

- DQ2.1.10 데이터 구조 표준 적용

  [그림 Ⅵ-2-7]의 DQ2.1.10 데이터 구조 표준 적용은 데이터 구조 담당자가 표준을 구조에 적용하여 데이터 표준 담당자에게 검토를 요청한다.

- DQ2.1.11 표준 준수 검토

  [그림 Ⅵ-2-7]의 DQ2.1.11 표준 준수 검토는 적용된 데이터 구조의 표준 준수 여부를 검토하고 데이터 구조 담당자에게 통보한다.

- DQ2.1.12 데이터베이스 반영

  [그림 Ⅵ-2-7]의 DQ2.1.12 데이터베이스 반영은 표준이 적용된 데이터 구조를 데이터베이스에 반영하고 확인한다.

다. 데이터 표준 변경 프로세스

데이터 표준 변경 관리 프로세스는 데이터 표준 변화 관리를 위한 프로세스로서 크게 단어, 용어, 도메인 표준 변경 프로세스와 코드 표준 변경 프로세스로 정의한다.

1) 단어, 용어, 도메인 변경 프로세스

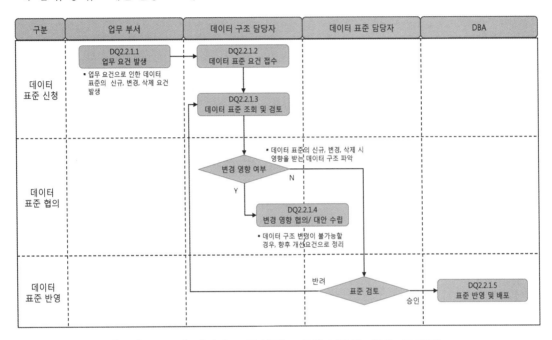

[그림 Ⅵ-2-8] 데이터 표준 변경 프로세스(단어, 용어, 도메인)

- DQ2.2.1.1 업무 요건 발생

  [그림 Ⅵ-2-8]의 DQ2.2.1.1 업무 요건 발생은 업무 요건 변경으로 인하여 데이터 표준의 신규, 변경, 삭제 요건이 발생한 경우 데이터 구조 담당자에게 해당 내용을 요청하는 작업을 말한다.

- DQ2.2.1.2 데이터 표준 요건 접수

  [그림 Ⅵ-2-8]의 DQ2.2.1.2 데이터 표준 요건 접수는 업무 부서에서 요청한 데이터 표준의 신규, 변경, 삭제 요건을 검토한다.

- DQ2.2.1.3 데이터 표준 조회 및 검토

  [그림 Ⅵ-2-8]의 DQ2.2.1.3 데이터 표준 조회 및 검토는 기존 표준 데이터 목록 중 요건에 부합하는 표준 존재를 확인하여 신규, 변경, 삭제를 검토한다.

- DQ2.2.1.4 변경 영향 협의 / 대안 수립

  [그림 Ⅵ-2-8]의 DQ2.2.1.4 변경 영향 협의 / 대안 수립은 데이터 표준의 변경, 삭제가 불가능한 경우 관련 담당자와 협의하여 적절한 조치를 취한다.

▪ DQ2.2.1.5 표준 반영 및 배포

[그림 Ⅵ-2-8]의 DQ2.2.1.5 표준 반영 및 배포는 표준 검토 결과 승인된 결과에 대해서 DBA가 데이터베이스에 적용 및 배포하는 작업을 말한다.

2) 코드 변경 프로세스

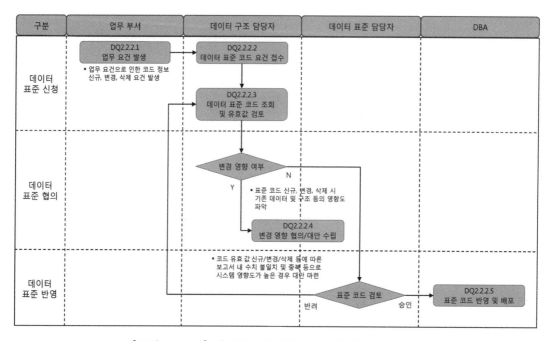

[그림 Ⅵ-2-9] 데이터 표준 변경 프로세스(표준 코드)

▪ DQ2.2.2.1 업무 요건 발생

[그림 Ⅵ-2-9]의 DQ2.2.2.1 업무 요건 발생은 업무 요건 변경으로 인하여 데이터 코드 신규, 변경, 삭제 요건이 발생한 경우 데이터 구조 담당자에게 해당 내용을 요청하는 작업을 말한다.

▪ DQ2.2.2.2 데이터 표준 코드 요건 접수

[그림 Ⅵ-2-9]의 DQ2.2.2.2 데이터 표준 요건 접수는 업무 부서에서 요청한 데이터 코드의 신규, 변경, 삭제 요건을 검토한다.

▪ DQ2.2.2.3 데이터 표준 코드 조회 및 유효값 검토

[그림 Ⅵ-2-8]의 DQ2.2.2.3 데이터 표준 코드 조회 및 유효값 검토는 기존 표준 코드 목록 중 요건에 부합하는 표준 코드 존재 및 통합 가능 여부를 검토한다.

▪ DQ2.2.2.4 변경 영향 협의 / 대안 수립

[그림 Ⅵ-2-9]의 DQ2.2.2.4 변경 영향 협의 / 대안 수립은 표준 코드 변경, 삭제가 불가능한 경우 관련 담당자와 협의하여 적절한 조치를 취한다.

■ DQ2.2.2.5 표준 코드 반영 및 배포

[그림 VI-2-9]의 DQ2.2.2.5 표준 코드 반영 및 배포는 표준 코드 검토 결과 승인된 결과에 대해서 DBA가 데이터베이스에 적용 및 배포하는 작업을 말한다.

라. 데이터 표준 점검 프로세스

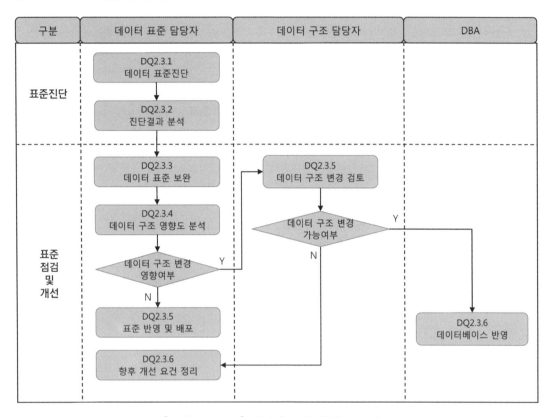

[그림 VI-2-10] 데이터 표준 점검 프로세스

■ DQ2.3.1 데이터 표준 진단

[그림 VI-2-10]의 DQ2.3.1 데이터 표준 진단은 표준 진단 기법에 따라 데이터 표준 담당자가 데이터 단어, 용어, 도메인, 코드에 대한 품질을 확보하기 위하여 사후적 조치로 정기 점검을 실시하는 작업이다.

■ DQ2.3.2 진단 결과 분석

[그림 VI-2-10]의 DQ2.3.2 표준 진단 결과에 대해서 데이터 표준 담당자가 데이터 단어, 용어, 도메인, 코드에 대한 진단결과를 분석하는 작업으로 데이터 표준 정의가 충실한지 점검하여 보완하거나, 데이터 표준의 타입, 도메인 등이 정확하게 매핑되어 관리되는지 점검하고, 데이터 구조와 데이터 표준 간의 차이 분석을 통해 불일치율을 점검한다.

- DQ2.3.3 데이터 표준 보완

  [그림 VI-2-10]의 DQ2.3.3 데이터 표준 보완은 표준 진단 결과에 따라 데이터 표준 담당자가 데이터 구조에 영향을 미치지 않는 범위를 우선적으로 식별하여 보완하고, 데이터 구조에 영향을 미치는 부분은 구조 변경 가능 여부에 따라 조치한다.

- DQ2.3.4 데이터 구조 영향도 분석

  [그림 VI-2-10]의 DQ2.3.4 데이터 구조 영향도 분석은 데이터 표준 변경 작업 수행 시 데이터 구조 변경이 가능하다고 판단되는 경우, 데이터 구조 변경 검토를 요청하는 작업이다.

- DQ2.3.5 데이터 구조 변경 검토

  [그림 VI-2-10]의 DQ2.3.5 데이터 구조 변경 검토는 데이터 구조 변경 영향 여부에 따라 검토가 필요한 경우 데이터 구조 담당자에게 검토 요청을 수행하는 작업이다. 데이터 구조 담당자(설계자)는 구조 변경 가능 여부를 검토한 후 가능할 경우 DBA에게 데이터베이스 반영을 요청하고, 데이터 구조 변경이 불가능한 경우 향후 개선 요건으로 정리한다.

- DQ2.3.6 데이터베이스 반영

  [그림 VI-2-10]의 DQ2.3.6 데이터베이스 반영은 데이터 구조 변경 검토가 완료되고 변경이 가능한 경우 DBA는 데이터 구조 변경 데이터베이스에 반영한다.

제3절 데이터 모델 품질 관리 프로세스

1. 정의 및 관리 목적

데이터 모델 품질 관리 프로세스는 데이터 요구 사항 관리에 의해 변경되는 데이터 구조를 모델에 반영하는 작업 절차와 데이터베이스 시스템 구조와 동일하게 데이터 모델을 유지하도록 하는 작업 절차를 말한다. 데이터 모델은 기업의 비즈니스 목적에 맞는 최적화된 데이터 서비스를 제공하고 데이터베이스를 구성하고 유지하기 위해 체계적으로 관리되어야 한다.

개념 데이터 모델을 관리함으로써 논리/물리 데이터 모델의 연관 관계 분석을 통한 전사 데이터 구조에 대한 파악이 가능하다. 또한 물리 데이터 모델과 데이터베이스 간의 상관관계 분석을 통해 현재 운영 중인 데이터베이스와 동일한 모델 확보를 통해 유지 보수 및 체계적인 전사 데이터베이스 관리가 가능하다. 이외에도 데이터 참조모델을 활용함으로써 일정 수준 이상의 데이터 모델 및 고품질의 데이터 서비스가 가능하다. 개념 데이터 모델, 논리 데이터 모델, 물리 데이터 모델을 관리하기 위해서는 모델링 도구를 활용하는 것이 효과적이다. 또한 업무 영역별 개별 관리 방식보다는 데이터의 중복 및 불필요한 인터페이스를 확인하고 조정이 가능한 전사적 통합 관리 방식을 권장한다.

2. 세부 관리 대상

세부 관리 대상으로 개념 데이터 모델, 데이터 참조모델, 논리 데이터 모델, 물리 데이터 모델이 있으며, 해당 데이터 모델 품질 관리와 관련된 내용은 앞서 1장 제3절 모델 관점 데이터 품질에서 다루었으므로 여기서는 생략한다.

3. 조직 구성 및 역할

■ 조직 구성
데이터 모델 품질 관리 조직은 기업에서 보유하고 있는 데이터에 대한 모델 관리 활동을 수행하기 위한 담당부서 또는 담당자를 의미한다.
데이터 모델 관리 조직은 기업의 데이터 품질의 대상인 값, 표준 등의 관리 조직 또는 담당자와 긴밀한 협조체계를 유지하여야 한다.

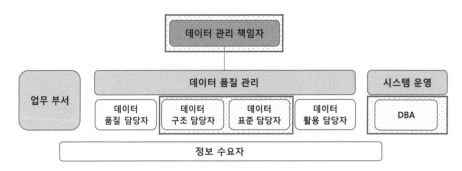

[그림 Ⅵ-2-11] 데이터 모델 품질 관리 조직 구성 예시

■ 역할

[표 Ⅵ-2-2] 데이터 모델 품질 관리 조직 역할

조직	담당업무
데이터 관리 책임자	품질 관리 기능별 상호 연관성을 고려하여 데이터 구조 품질 확보를 위한 전략을 수립하고 세부 수행을 위한 검토 및 승인 처리를 담당한다.
데이터 구조 담당자	기업의 데이터 구조 설계자가 여러 명인 경우 상위 수준의 주제영역 및 개념데이터 모델을 관리하고, 주기적인 데이터 모델 점검을 통해 DBMS와 데이터구조 간의 차이를 분석하여 개선하는 등의 모델 검토 및 점검을 수행한다.
DBA	데이터베이스에 테이블 등 데이터베이스 객체를 생성하고 관리하는 담당자로, 데이터 구조 담당부서 또는 데이터 구조 담당자의 대상 DBMS에 DB 객체를 생성 및 변경하며 DB 계정을 관리하고 접근권한 통제 정책을 수립한다.

4. 데이터 모델 품질 관리 프로세스

가. 데이터 모델 품질 관리 체계도

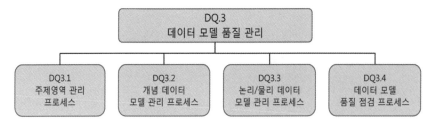

[그림 Ⅵ-2-12] 데이터 모델 관리 전체 프로세스

나. 주제영역 관리 프로세스

데이터 주제 영역을 추가하거나 기존 주제 영역을 삭제 또는 수정하는 업무를 의미한다.

데이터 주제 영역 관리 프로세스는 데이터 주제 영역의 생성/삭제, 데이터 주제 영역 코드, 데이터 주제 영역 설명의 수정 등을 포함한다.

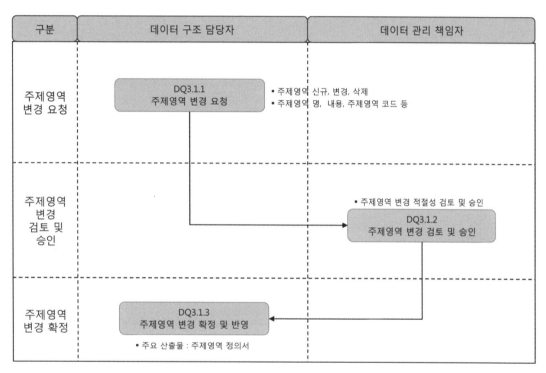

[그림 VI-2-13] 주제영역 관리 프로세스

- DQ3.1.1 주제영역 변경 요청

  [그림 VI-2-13]의 DQ3.1.1 주제영역 변경 요청은 데이터 주제영역을 추가·삭제·수정하는 업무로, 주제영역 분류체계 및 데이터 중심의 분류 원칙에 따라 주제영역을 생성·삭제하며, 주제영역 명, 주제영역 코드 등의 관리 항목에 대해 수정 작업을 수행한다.

- DQ3.1.2 주제영역 변경 검토 및 승인

  [그림 VI-2-13]의 DQ3.1.2 주제영역 변경 검토 및 승인은 변경 요청된 주제영역의 적절성을 검토하여 승인·불가 처리를 수행하는 업무이며, 해당 시스템 및 전사 차원의 주제영역 분류체계의 적절성을 검토하는 작업을 수행한다.

- DQ3.1.3 주제영역 변경 확정 및 반영

  [그림 VI-2-13]의 DQ3.1.3 주제영역 변경 확정 및 반영은 주제영역 변경 검토에 따라 승인된 결과를

주제영역 정의서 또는 보유 중인 표준 관리 시스템에 변경사항을 반영한다. 변경된 주제영역이 테이블
명의 생성·삭제에 영향을 주는 경우는 DBA에게 관련 사항을 통보한다.

다. 개념 데이터 모델 관리 프로세스

데이터 주제 영역 추가/삭제 및 핵심 엔터티의 변경 시 개념 데이터 모델의 변경 관리가 필요하며, 개념
데이터 모델 관리 프로세스는 개념 데이터 모델에 대한 변화 관리를 위한 프로세스이다.

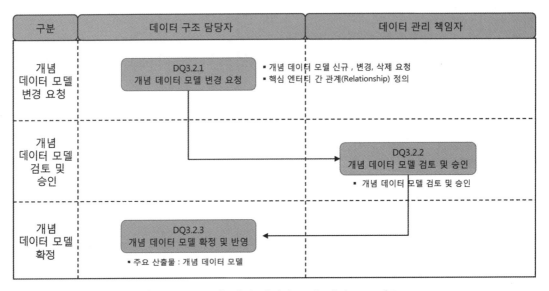

[그림 VI-2-14] 개념 데이터 모델 관리 프로세스

- DQ3.2.1 개념 데이터 모델 변경 요청

  [그림 VI-2-14]의 DQ3.2.1 개념 데이터 모델 변경 요청은 기업의 업무 요건 변화에 따라 개념 데이터
  모델의 신규, 변경, 삭제 요건을 요청한다. 개념 데이터 모델은 핵심 엔터티 간 관계 정의가 중요하며
  요건에 따라 핵심 엔터티 간의 관계(Relationship)을 정의한다.

- DQ3.2.2 개념 데이터 모델 검토 및 승인

  [그림 VI-2-14]의 DQ3.2.2 개념 데이터 모델 검토 및 승인은 작성된 개념 데이터 모델에 대해 데이터
  관리 책임자의 검토 및 승인 처리를 수행한다. 개념 데이터 모델의 원칙 및 타 주제영역 간의 데이터 관계
  적정성을 검토하여 승인한다.

- DQ3.2.3 개념 데이터 모델 확정 및 반영

  [그림 VI-2-14]의 DQ3.2.3 개념 데이터 모델 확정 및 반영은 데이터 관리 책임자의 보완 요청 사항을
  반영하여 기업의 개념 데이터 모델을 확정하고, 개념 데이터 모델 관리를 위한 산출물 또는 보유중인 표준
  관리 시스템에 반영한다.

라. 논리/물리 데이터 모델 관리 프로세스

논리/물리 데이터 모델 관리 프로세스는 요구 사항을 분석하여 논리와 물리 데이터 모델의 생성·변경·삭제가 발생하게 되는 경우 데이터 모델의 변화 관리를 수행하는 프로세스이다.

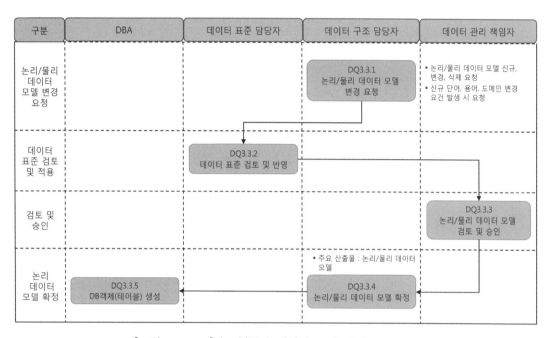

[그림 Ⅵ-2-15] 논리/물리 데이터 모델 관리 프로세스

- DQ3.3.1 논리/물리 데이터 모델 변경 요청

  [그림 Ⅵ-2-15]의 DQ3.3.1 논리/물리 데이터 모델 변경 요청은 업무 요건 변경에 따라 필요 속성(칼럼) 및 관계 등을 정의하여 데이터 표준 담당자에게 데이터 표준 검토 및 반영을 요청한다.

- DQ3.3.2 데이터 표준 검토 및 반영

  [그림 Ⅵ-2-15]의 DQ3.3.2 데이터 표준 검토 및 반영은 데이터 모델 설계에 따라 단어, 용어, 도메인 정의가 데이터 표준에 맞게 적용되었는지 확인하는 과정이다. 해당 작업은 데이터 표준 변경 프로세스 절차에 따라 작업을 수행하며, 기존에 사용 중인 단어, 용어, 도메인, 코드가 변경될 경우는 변경 영향도를 반드시 파악해야 한다.

- DQ3.3.3 논리/물리 데이터 모델 검토 및 승인

  [그림 Ⅵ-2-15]의 DQ3.3.3 논리/물리 데이터 모델 검토 및 승인은 논리와 물리 데이터의 특성에 맞게 검토를 수행한다. 논리 데이터 모델은 논리적인 관점에서 엔터티 간의 관계 적정성, 중복 여부, 정규화 위배 등을 검토하고, 물리 데이터 모델은 물리적인 관점에서 적용 데이터베이스의 특성 및 데이터 성능에 문제점이 없는지에 대해 상세하게 검토 후 승인한다.

■ DQ3.3.4 논리/물리 데이터 모델 확정

[그림 Ⅵ-2-15]의 DQ3.3.4 논리/물리 데이터 모델 확정은 최종 모델이 확정되는 과정이며, 주요 산출물
로는 논리 다이어그램과 물리 다이어그램이 있다.

■ DQ3.3.5 DB 객체(테이블) 생성

[그림 Ⅵ-2-15]의 DQ3.3.5 DB 객체(테이블) 생성은 대상이 되는 데이터베이스에 DB 객체 생성 권한이
있는 DBA가 처리한다.

마. 데이터 모델 품질 점검 프로세스

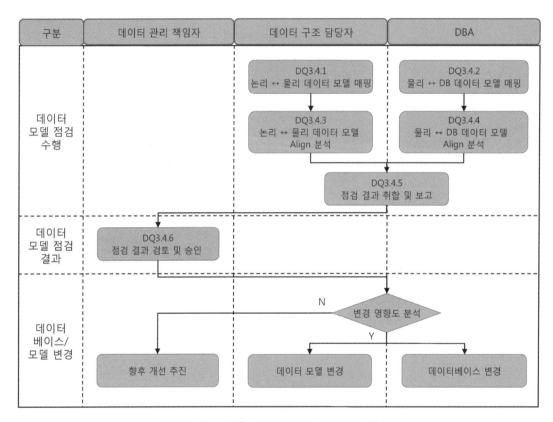

[그림 Ⅵ-2-16] 데이터 모델 점검 프로세스

■ DQ3.4.1 논리-물리 데이터 모델 매핑

[그림 Ⅵ-2-16]의 DQ3.4.1 논리-물리 데이터 모델 매핑은 비즈니스 규칙을 토대로 업무의 모델 데이터
구조와 이를 바탕으로 데이터베이스의 물리적인 특성을 고려하여 정의한 물리 데이터 모델 간의 구조적
연결 정보를 설정한다. 예를 들어 하나의 엔터티가 여러 개의 테이블이 되는 경우도 존재한다.

■ DQ3.4.2 물리-DB 데이터 모델 매핑

[그림 VI-2-16]의 DQ3.4.2 물리-DB 데이터 모델 매핑은 물리 데이터 모델(최종 설계 도면)과 DBMS 카탈로그(건축물) 정보와의 구조적 연결 정보를 설정한다. 대부분의 모델링 툴은 물리 데이터 모델과 DB 간의 연결 정보를 자동으로 생성한다.

■ DQ3.4.3 논리-물리 데이터 모델 얼라인 분석

[그림 VI-2-16]의 DQ3.4.3 논리-물리 데이터 모델 얼라인 분석은 논리 데이터 모델과 물리 데이터 모델 사이의 차이를 분석한다. 데이터 구조 담당자 관점에서 변경 사항을 분석하여 해당 데이터 모델에 대한 변경을 수행하게 된다.

■ DQ3.4.4 물리-DB 데이터 모델 얼라인 분석

[그림 VI-2-16]의 DQ3.4.4 물리-DB 데이터 모델 얼라인 분석은 물리 데이터 모델과 실제 DB와의 차이를 분석한다. 이렇게 함으로써 데이터 모델에 표현되지 않는 DB 객체가 있는지를 분석할 수 있다.

■ DQ3.4.5 점검 결과 취합 및 보고

[그림 VI-2-16]의 DQ3.4.5 점검 결과 취합 및 보고는 데이터 구조 담당자와 DBA가 수행한 데이터 모델 점검 결과를 취합 및 보고한다.

■ DQ3.4.6 점검 결과 검토 및 승인

[그림 VI-2-16]의 DQ3.4.6 점검 결과 검토 및 승인은 데이터 모델 점검 결과에 대해 검토 및 보완 사항을 확인 후 변경 영향도 분석에 따라 데이터 모델 및 데이터베이스 변경을 수행한다.

제4절 데이터 값(Value) 품질 관리 프로세스

1. 정의 및 관리 목적

데이터 값(Value) 품질 관리 프로세스는 데이터 값에 대한 신뢰성, 정확성 확보를 위해 데이터 값 관점의 품질 진단 및 개선을 위한 절차로 오류데이터의 유입을 방지하기 위한 작업 절차를 말한다.

데이터는 비즈니스 목적에 따라 업무를 수행하는 핵심 자원으로 오류 없이 저장되어야 하지만, 정보시스템 간의 연계 오류, 애플리케이션 처리 에러, 사용자 입력 실시, 네트워크 오류 등 다양한 요인에 따라 오류데이터가 유입되고 있는 상태이다.

이러한 경우 데이터를 통한 의사결정 시 잘못된 판단을 할 수 있으므로 기업은 데이터 값에 대한 품질 관리를 위한 측정을 적극적으로 실시해야 하며, 오류데이터 유입에 따른 근본적인 원인을 파악하기 위한 데이터 값 관점의 프로파일링 및 업무 규칙을 통해 지속적인 품질을 관리해야 한다.

데이터 값에 대한 진단 및 개선은 스크립트 형태로 측정이 가능하지만, 효율적이고 체계적인 측정 및 모니터링을 위해 자동화된 도구를 활용하는 방식을 권장한다.

2. 세부 관리 대상

세부 관리 대상으로 값 관점 데이터 품질이 있으며, 해당 값 관점 데이터 품질과 관련된 내용은 1장 제4절 값(Value) 관점 데이터 품질에서 다루었으므로 여기서는 생략한다.

3. 조직 구성 및 역할

- 조직 구성

데이터 값에 대해 품질을 진단/개선하는 조직은 기업에서 보유하고 있는 데이터에 대해 품질을 측정하고 점검 활동을 수행하기 위한 담당 부서 또는 담당자를 의미한다.

해당 조직은 기업의 데이터 품질의 대상인 값, 표준 등의 관리 조직 또는 담당자와 긴밀한 협조체계를 유지하여야 한다.

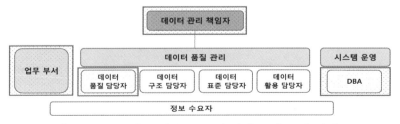

[그림 Ⅵ-2-17] 데이터 값 품질 관리 조직 구성 예시

■ 역할

[표 Ⅵ-2-3] 데이터 값 품질 관리 조직 역할

조직	담당업무
데이터 관리 책임자	데이터 품질 관리 업무를 총괄하며, 데이터 값에 대한 품질 확보를 위해 계획 및 목표를 수립한다.
데이터 품질 담당자	데이터 품질을 진단하고 상시 발생하는 품질 오류를 개선하며, 품질 관련 이슈 발생 시 관련 조직과의 의사소통 채널 역할을 수행한다. 주요 업무로는 데이터 값 진단 및 개선 계획 수립, 프로파일링, 업무규칙 진단 등 데이터 품질 진단, 품질 관리 관련 의사소통, 접수된 데이터 오류 개선방안 수립 및 개선 등의 업무를 수행한다.
DBA	데이터 값 진단을 위한 기술적인 부분을 담당하며, 데이터 품질 담당자와의 협업을 통해 데이터 값 진단 수행, 업무규칙 등록 및 모니터링 등의 업무를 수행한다.

4. 데이터 값 품질 관리 프로세스

가. 데이터 값 품질 관리 체계도

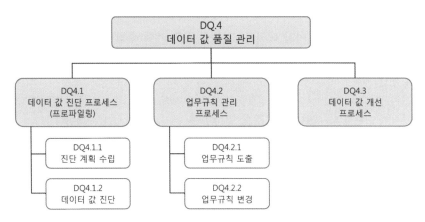

[그림 Ⅵ-2-18] 데이터 값 품질 관리 프로세스

나. 데이터 값 품질 진단 프로세스

데이터 값 품질 진단 프로세스는 오류데이터 유입을 방지하기 위해 데이터의 신뢰성, 정확성 확보를 위해 지속적으로 수행하기 위한 프로세스로서 크게 데이터 값 품질 진단 계획 수립 프로세스와 데이터 값 품질 진단 실시 프로세스로 정의한다.

1) 데이터 값 품질 진단 계획 수립 프로세스

[그림 VI-2-19] 데이터 값 품질 진단 계획 수립 프로세스

■ DQ4.1.1.1 진단 계획 검토

[그림 VI-2-19]의 DQ.4.1.1.1 진단 계획 검토는 데이터 값 진단 계획 관련 자료를 수집하고 검토하는 과정이며, 업무부서의 담당자 및 관련자들과 협의 및 검토를 추진하는 작업을 수행한다.

■ DQ4.1.1.2 진단 수요 분석

[그림 VI-2-19]의 DQ.4.1.1.2 진단 수요 분석은 데이터 값 품질 진단 대상 DB 파악을 위해 품질 오류 신고 내용, DB 개선 수요, 품질 이슈 개선 수요 등을 분석하고 파악한다.

■ DQ4.1.1.3 진단 대상 선정

[그림 VI-2-19]의 DQ.4.1.1.3 진단 대상 선정은 수요조사 결과를 분석하여 식별된 DB 중 데이터 값 진단의 중요성, 시급성 관점에서 1차 진단 대상을 선정하고, 중요 마스터 영역, 중요 트랜잭션 영역, 공통 영역 등으로 데이터를 구분하여 2차 진단 대상을 선정한다. 필요 시 외부 전문가 그룹의 의견 수렴을 통해 진단 대상을 선정한다.

■ DQ4.1.1.4 진단 방향 수립

[그림 VI-2-19]의 DQ.4.1.1.4 진단 방향 수립은 품질 이슈에 대한 다양한 수요 분석 결과를 바탕으로 도메인(날짜, 코드, 비율 등)과 업무규칙 기반의 프로파일링 기법을 적용하여 구체적인 진단 방향을 정의한다.

■ DQ4.1.1.5 진단 일정 및 계획 수립

[그림 VI-2-19]의 DQ4.1.1.5 진단 일정 및 계획 수립은 진단 목적, 수행 방법 및 절차, 일정, 이해당사자 역할 및 책임, 소요 예산 등을 포함하여 진단 추진 계획을 수립한다.

■ DQ4.1.1.6 진단 추진 계획 승인

[그림 VI-2-19]의 DQ4.1.1.6 진단 추진 계획 승인은 데이터 품질 담당자가 수립한 계획에 대해서 항목별 목적 달성 여부를 검토하고 승인한다. 필요 시 진단 계획에 대해 보완 요청을 추진한다.

2) 데이터 값 품질 진단 실시 프로세스

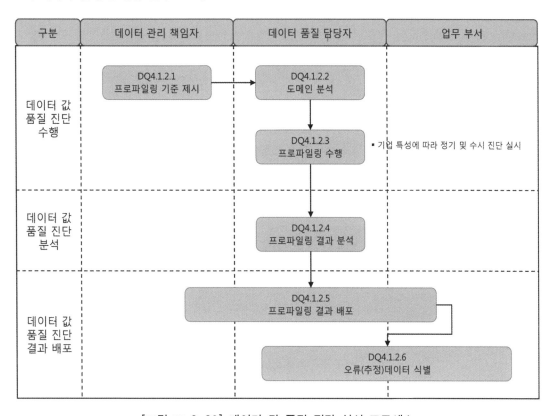

[그림 VI-2-20] 데이터 값 품질 진단 실시 프로세스

■ DQ4.1.2.1 프로파일링 기준 제시

[그림 VI-2-20]의 DQ4.1.2.1 프로파일링 기준 제시는 데이터 값 진단을 위한 지침 및 방식에 대해서 기준을 마련하는 작업으로, 데이터 관리 정책 수립 단계에서 정의된 기준을 통해 데이터 관리 책임자가 기준을 제시한다.

- DQ4.1.2.2 도메인 분석

[그림 Ⅵ-2-20]의 DQ4.1.2.2 도메인 분석은 대상 업무의 주요 엔터티 전체를 분석 대상으로 선정하고 엔터티에 대해 프로파일링 대상별 도메인 분석을 실시한다.

칼럼 분석은 데이터의 타입(Type), 길이(Length), 식별자(PK) 여부, 칼럼 속성 정의 등 기준항목(예 : 상태, 여부, 구분, 결과, 유형, 유무 등)이 분석 대상이다.

비정형패턴 분석은 특정한 데이터 패턴(숫자, 문자, 영문자 등)이 정의된 항목(예 : 주민등록번호, 사업자등 록번호, 카드번호, 계좌번호, 우편번호, 한글성명 등)이 분석 대상이다.

날짜 유형 분석은 칼럼 속성이 날짜 유형을 제외한 날짜 데이터 항목(예: varchar(8) 최종시설퇴소일자)이 분석 대상이다.

코드 분석은 마스터 코드, 개별 코드(업무적으로 자체 정의) 테이블을 참조하는 칼럼들이 분석 대상이다.

참조무결성 분석은 데이터 논리, 물리적 관계를 서로 참조하도록 설계(Foreign Key)되었으나 DBMS 생성 시 관계를 생성하지 않은 항목이 분석 대상이다.

- DQ4.1.2.3 프로파일링 수행

[그림 Ⅵ-2-20]의 DQ4.1.2.3 프로파일링 수행은 등록된 프로파일링 대상에 대해 각각의 분석 기준별로 데이터 프로파일링을 수행한다. 프로파일링은 온라인 상에서 직접 수행하는 방안과 Batch Job으로 수행하 는 방안이 존재한다. 대상 시스템의 업무 처리 특징을 고려하여 방안을 마련한다.

- DQ4.1.2.4 프로파일링 결과 분석

[그림 Ⅵ-2-20]의 DQ4.1.2.4 프로파일링 결과 분석은 프로파일링 결과에 대해 분석 관점별로 데이터의 분포와 오류 여부를 분석한다.

칼럼 분석은 정의되지 않은 Indicator 데이터 확인, Range를 벗어나는 데이터 확인, Garbage 데이터 확인, 테스트 데이터 확인 등이 중점 분석 관점이다.

비정형패턴 분석은 정의된 Format을 벗어난 유효하지 않은 Format 데이터 확인, 날짜 유형 분석, 정의되지 않은 날짜 유형(YYYYMMDD → YYYYMM) 데이터 확인 등이 중점 분석 관점이다.

코드 분석은 통합 코드에 등록되지 않은 코드 데이터 확인이 중점 분석 관점이다.

참조무결성 분석은 RI 관계가 유효하지 않은 데이터 확인이 중점 분석 관점이다.

- DQ4.1.2.5 프로파일링 결과 배포

[그림 Ⅵ-2-20]의 DQ4.1.2.5 프로파일링 결과 배포는 프로파일링 분석된 결과를 보고서 형태로 작성하여, 데이터 오너십이 있는 업무부서 및 데이터 관리 책임자에게 전달한다. 전달된 분석 결과는 회의를 통해 공유하고 향후 추진 계획을 논의한다.

- DQ4.1.2.6 오류(추정)데이터 식별

[그림 Ⅵ-2-20]의 DQ4.1.2.6 오류(추정)데이터 식별은 프로파일링 분석 결과를 토대로 오류 또는 오류로 추정되는 데이터를 식별한다.

나. 업무규칙 관리 프로세스

업무규칙 관리 프로세스는 기업에서 데이터 품질 검증을 위해 관리하는 규칙이다. 이것은 데이터 값이 정확성을 높이기 위해 수행하는 프로세스로 크게 업무규칙 도출 프로세스와 업무규칙 변경 프로세스로 정의한다.

1) 업무규칙 도출 프로세스

[그림 VI-2-21] 업무규칙 도출 프로세스

- DQ4.2.1.1 업무규칙 도출 기준 제시

  [그림 VI-2-21]의 DQ4.2.1.1 업무규칙 도출 기준 제시는 비즈니스 요구 사항에 따라 지속적으로 관리되어야 하는 데이터 값에 대해 업무규칙을 도출하고 작성하기 위한 가이드 및 규칙을 마련하는 작업이다.

- DQ4.2.1.2 업무규칙 작성

  [그림 VI-2-21]의 DQ4.2.1.2 업무규칙 작성은 비즈니스 요구 사항의 변화, 실행 변환 기준, 이행 기준 등에 따라 업무에 대한 데이터 값 진단을 위해 서술식 형태로 업무규칙을 정의하고 해당 업무규칙을 SQL 스크립트로 작성한다.

- DQ4.2.1.3 업무규칙 검토

  [그림 VI-2-21]의 DQ4.2.1.3 업무규칙 검토는 요청된 업무규칙에 대한 검토 실시 후 보완 및 부적합한 경우 재작성을 요청하고, 보완이 필요한 부분은 업무부서와 데이터 품질 담당자에게 검토 의견을 제시한다.

- DQ4.2.1.4 업무 규칙 등록

  [그림 VI-2-21]의 DQ4.2.1.4 업무규칙 등록은 승인이 완료된 업무규칙에 대해 보유중인 품질 관리 시스템 또는 스크립트 방식으로 실행될 수 있도록 등록한다.

▪ DQ4.2.1.5 업무규칙 등록 통보

[그림 VI-2-21]의 DQ4.2.1.5 업무규칙 등록 통보는 등록이 완료된 업무규칙에 대해서 등록 결과를 통보한다.

2) 업무규칙 변경 프로세스

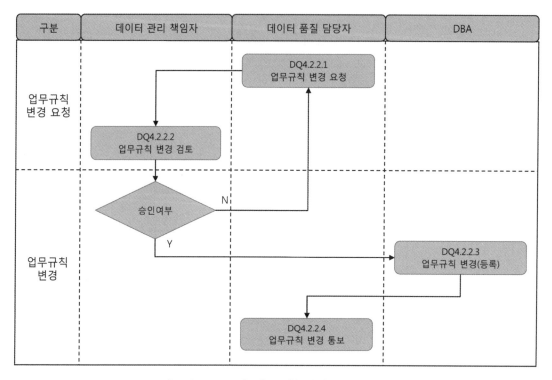

[그림 VI-2-22] 업무규칙 변경 프로세스

▪ DQ4.2.2.1 업무규칙 변경 요청

[그림 VI-2-22]의 DQ4.2.2.1 업무규칙 변경 요청은 업무 프로세스 변경 및 데이터 구조 변경 등에 따라 업무규칙 변경을 요청하는 작업이다.

▪ DQ4.2.2.2 업무규칙 변경 검토

[그림 VI-2-22]의 DQ4.2.2.2 업무규칙 변경 검토는 요청된 업무규칙에 대해서 변경 내용과 규칙 등을 확인 및 검토를 추진한다.

▪ DQ4.2.2.3 업무규칙 변경(등록)

[그림 VI-2-22]의 DQ4.2.2.3 업무규칙 변경(등록)은 승인된 업무규칙에 대해 업무규칙 요청 내용을 보유 중인 품질 관리 시스템 또는 스크립트를 반영한다.

■ DQ4.2.2.4 업무규칙 변경 통보

[그림 VI-2-22]의 DQ4.2.2.4 업무규칙 변경 통보는 등록이 완료된 업무규칙에 대해서 등록 결과를 통보한다.

다. 데이터 값 품질 개선 프로세스

1) 데이터 값 품질 개선 프로세스

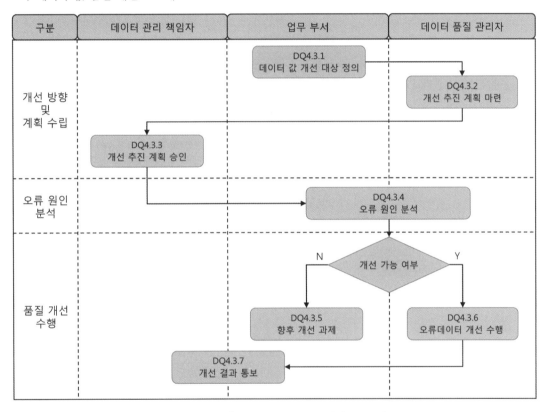

[그림 VI-2-23] 데이터 값 품질 개선 프로세스

■ DQ4.3.1 데이터 값 개선 대상 정의

[그림 VI-2-23]의 DQ4.3.1 데이터 값 개선 대상 정의는 프로파일링 및 업무규칙 진단 결과를 토대로 분석한 결과, 오류로 판정된 데이터에 대해서 개선 대상을 선정하는 과정이다.

■ DQ4.3.2 개선 추진 계획 마련

[그림 VI-2-23]의 DQ4.3.2 개선 추진 계획 마련은 오류데이터에 대해 개선을 위해 구체적인 계획을 수립하는 과정이다. 데이터 품질 담당자는 업무부서와 협의 하에 오류데이터 값에 대한 개선 추진 목적, 일정, 개선 방식 등 구체적인 계획을 수립한다.

- ■ DQ4.3.3 개선 추진 계획 승인

  [그림 Ⅵ-2-23]의 DQ4.3.3 개선 추진 계획 승인은 수립된 계획에 대해서 데이터 관리 책임자가 검토를 통해 승인한다. 수정 및 보완 필요 시 수정 요청을 한다.

- ■ DQ4.3.4 오류 원인 분석

  [그림 Ⅵ-2-23]의 DQ4.3.4 오류 원인 분석은 오류데이터가 유입된 근본적인 원인을 파악하는 과정이다. 애플리케이션 상에서의 처리 문제, 테스트 데이터, 과거 정제되지 않은 데이터 등 여러 요인이 있을 수 있으며, 업무부서와 협의 하에 오류 원인을 분석한다.

- ■ DQ4.3.5 향후 개선 과제

  [그림 Ⅵ-2-23]의 DQ4.3.5 향후 개선 과제는 오류데이터 개선(정제)에 따른 데이터 수치 변화, 통계 불일치 등의 업무에 영향이 큰 경우는 향후 개선 과제로 분류한다. 오류데이터를 반드시 개선(정제)해야 되는 목적도 있지만, 기업에서 오류데이터 존재를 인식하고 있는 것도 중요한다.

- ■ DQ4.3.6 오류데이터 개선 수행

  [그림 Ⅵ-2-23]의 DQ4.3.6 오류데이터 개선 수행은 당장 업무에 영향도가 적고, 우선적으로 개선(정제)이 필요한 데이터 값에 대해서 업무부서와 데이터 품질 담당자가 수행한다.

- ■ DQ4.3.7 개선 결과 통보

  [그림 Ⅵ-2-23]의 DQ4.3.7 개선 결과 통보는 전체 오류데이터 중에서 개선(정제)된 오류데이터, 향후 추진 가능한 오류데이터, 개선이 불가능한 오류데이터로 분류하여 개선 결과를 통보한다.

제 5 절 데이터 활용 관리 프로세스

1. 정의 및 관리 목적

데이터 품질 활용 관리 프로세스는 데이터의 활용 여부를 점검하거나 활용도를 높이기 위해 측정 대상 데이터와 품질 지표를 선정하여 품질을 측정하고 분석하여 품질을 충족시키지 못하는 경우, 원인을 분석하여 담당자로 하여금 조치하도록 하는 작업을 말한다. 애플리케이션에서 활용되지 않는 데이터를 점검하여 데이터베이스의 사용 환경을 개선하고 업무적 중요도가 높은 데이터에 대한 품질 평가와 개선으로 데이터의 활용도를 높인다. 데이터 활용 관리를 통해 데이터의 정확성을 저하시키는 원인을 분석하고 개선함으로써 지속적인 데이터의 품질을 높이고 활용성을 높일 수 있다.

품질 저하를 개선하기 위해서는 조직 간의 원활한 협조 체계와 지속적인 활동이 필요하다. 미활용 테이블/칼럼에 대해 정리를 할 경우, 관련 항목을 사용하는 다른 애플리케이션이 있는지를 철저히 검토해야 한다. 데이터 품질 평가는 한 번의 수행을 통해 이루어지는 것이 아니라 반복적이고 지속적으로 진행되었을 때 고품질의 데이터를 유지할 수 있다.

2. 세부 관리 대상

가. 핵심 데이터

핵심 데이터는 회사의 고객, 프로세스, 시장 환경, 재무 정보 등에 직접적으로 영향을 미치는 중요성이 높은 데이터를 말하며, 다음과 같은 기준에 따라 관리되어야 한다.

- 완전성
  데이터의 모든 값은 의미 있게 채워져 있어야 한다.
- 일관성
  데이터의 값은 동일하게 관리되어야 한다.
- 최신성
  데이터의 값은 실제 세계의 객체들이 가지고 있는 값과 같아야 한다.
- 유효성
  데이터의 값은 업무 규칙을 준수해야 한다.
- 유일성
  데이터의 값은 동일 테이블에서 중복 관리되어서는 안된다.
- 명확성
  • 데이터의 의미가 혼동되지 않도록 분명하게 관리되어야 한다.
  • 핵심 데이터는 업무 프로세스상의 중요성, 재무적 관점에서 관리의 필요성, 최종적인 사용자의 활용성

등을 기준으로 도출해 해당 테이블의 칼럼 수준으로 관리한다.

나. 측정 방법

데이터의 업무적인 규칙 및 물리적 특성(도메인, 유효성 등)을 반영한 데이터 품질 측정 기준을 말한다. 업무적인 규칙과 물리적인 특성이 정확하게 반영되도록 하며, 핵심 데이터별로 측정 방법을 관리한다.

3. 조직 구성 및 역할

■ 조직 구성

데이터 활용 관리 조직은 기업의 데이터 활용도를 측정하고 분석하여 데이터 활용도 개선 및 평가를 수행하기 위한 담당 부서 또는 담당자를 의미한다.

해당 조직은 데이터 활용도 측정을 위해 핵심 또는 관련 데이터를 수집하고 활용 저하 요인 분석 및 개선을 추진한다. 이를 위해 데이터 관리 책임자, DBA 또는 업무부서 담당자와 긴밀한 협조체계를 유지하여야 한다.

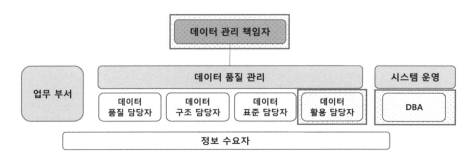

[그림 VI-2-24] 데이터 활용 관리 조직 구성 예시

■ 역할

[표 VI-2-4] 데이터 활용 관리 조직 역할

조직	담당업무
데이터 관리 책임자	데이터 활용 관리 업무를 총괄하며, 데이터 활용도 측정을 위해 활용 관리 계획 및 목표를 수립한다.
데이터 활용 담당자	데이터 활용도 측정 기준에 따라 활용 측정 및 요인을 분석한다. 활용도 측정을 위해 핵심 또는 관련데이터 수집, 활용 측정, 활용 저하 요인 분석 등의 업무를 수행한다.
DBA	데이터 활용도 측정을 위한 기술적인 부분을 담당하며, 데이터 활용 담당자가 데이터 활용자료 요청 시 해당 자료를 제공해주는 역할을 수행한다.

4. 데이터 활용 관리 프로세스

가. 데이터 활용 관리 프로세스

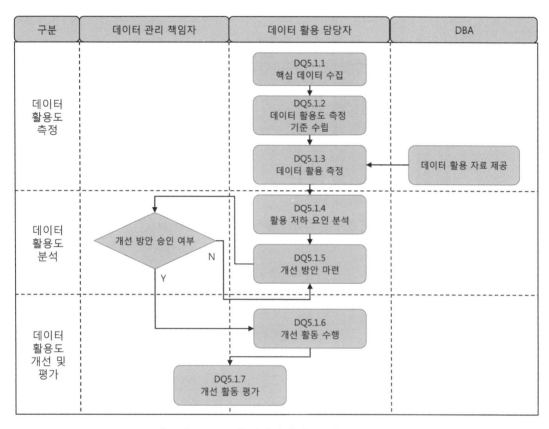

[그림 VI-2-25] 데이터 활용 관리 프로세스

- DQ5.1.1 핵심 데이터 수집

  [그림 VI-2-25]의 DQ5.1.1 핵심 데이터 수집은 개선 대상이 되는 데이터를 기준에 따라 선정하고, 업무 부하 및 시스템 부하를 고려하여 측정 데이터 량을 조정한다.
- DQ5.1.2 데이터 활용도 측정 기준 수립

  [그림 VI-2-25]의 DQ5.1.2 데이터 활용도 측정 기준 수립은 데이터별 활용도 측정 기준을 정량적으로 마련하고 데이터 활용 개선 목표치를 설정하여 향후 개선 작업에 대한 평가 작업 수행 시 활용한다.

데이터 활용도 측정 결과서(시스템별)										
시스템	완전성		유효성		유일성		일관성		명확성	
	현재	목표	현재	목표	현재	목표	현재	목표	현재	목표
고객정보시스템	6.1	9	5.2	8	7.1	8	6.5	8	5.3	7
...										

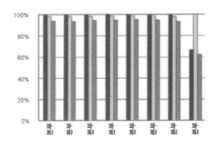 

[그림 Ⅵ-2-26] 데이터 활용도 측정 결과서 예시

- DQ5.1.3 데이터 활용 측정

  [그림 Ⅵ-2-25]의 DQ5.1.3 데이터 활용 측정은 데이터 활용도 측정 기준에 따른 활용도 평가 작업을 수행하고, 데이터 활용도 측정 결과서를 작성한다. [그림 Ⅵ-2-26]과 같은 형식으로 작성할 수 있다.

- DQ5.1.4 활용 저하 요인 분석

  [그림 Ⅵ-2-25]의 DQ5.1.4 활용 저하 요인 분석은 데이터 활용 저하를 유발한 비즈니스적, IT적 원인을 데이터의 생성·갱신·변환·활용 관점에서 도출하고, 데이터 활용 저하 원인 분석서를 작성한다. [그림 Ⅵ-2-26]과 같은 형식으로 작성할 수 있다.

[표 Ⅵ-2-5] 데이터 활용 저하 원인 분석서 예시

데이터 활용 저하 원인 분석서			
구분		원인	내용
비즈니스	생성	미입력	의미를 정확히 알 수 없어 입력하지 않음
	...	...	...
IT	변환	변환 오류	변환 규칙의 오류로 잘못된 데이터 생성
	...	...	...

■ DQ5.1.5 개선 방안 마련

[그림 Ⅵ-2-25]의 DQ5.1.5 개선 방안 마련은 활용 저하 원인별로 개선 방안을 마련한다. 개선 방안은 주로 프로세스 개선, 표준화, 클린징의 범주로 분류될 수 있다.

■ DQ5.1.6 개선 활동 수행

[그림 Ⅵ-2-25]의 DQ5.1.6 개선 활동 수행은 승인된 개선 방안과 원인별로 도출된 개선 방안의 활동 계획에 따라서 개선 활동을 추진한다.

■ DQ5.1.7 개선 활동 평가

[그림 Ⅵ-2-25]의 DQ5.1.7 개선 활동 평가는 개선 활동을 평가하는 과정으로, 측정 목표치를 초과한 데이터에 대해서는 개선 항목에서 제외시키거나 목표치를 조정한다. 종합적인 수행 결과를 정리하여 향후 활동에 활용할 수 있도록 한다.

장 요약

제1절 데이터 품질 관리 정책

• 데이터 품질 관리 정책은 기업의 비전과 목표 달성에 필요한 데이터의 품질 확보 계획과 확보된 데이터에 대한 효과적인 품질 관리 체계 및 계획을 정의하는 작업이다.

제2절 데이터 표준 품질 관리 프로세스

• 데이터 표준 품질 관리 프로세스는 데이터 표준화 원칙에 따라 정의된 표준 단어 사전 및 도메인 사전, 표준 용어 사전, 표준 코드, 데이터 관련 요소 표준 등을 기관에 적합한 형태로 정의하고 지속적으로 관리하기 위한 작업 절차이다.

제3절 데이터 모델 품질 관리 프로세스

• 데이터 모델 품질 관리 프로세스는 데이터 요구 사항 관리에 의해 변경되는 데이터 구조를 모델에 반영하는 작업 절차와 데이터 모델을 유지하도록 하는 작업 절차이다.

제4절 데이터 값(Value) 품질 관리 프로세스

• 데이터 값(Value) 품질 관리 프로세스는 데이터 프로파일링 진단을 통해 오류데이터를 식별하고 식별된 오류데이터를 개선 및 정제하기 위한 작업 절차이다.

제5절 데이터 활용 관리 프로세스

• 데이터 활용 관리 프로세스는 데이터의 활용 여부를 점검하거나 활용도를 높이기 위해 측정 대상 데이터와 품질 지표를 선정하여 품질을 측정·분석하여 품질을 충족시키지 못하는 경우에 원인을 분석하여 담당자로 하여금 조치하도록 하는 작업 절차이다.

연습 문제

문제 1. 다음 설명과 가장 관계가 먼 것은?

> • 데이터를 비롯하여 관련 애플리케이션 및 시스템 전반에 걸친 사용자의 요구를 수집하고 분류하여 반영하는 작업 절차
> • 사용자의 정보 요구 사항을 종합적으로 검토, 확인함으로써 요건에 맞게 시스템을 개선, 반영하여 사용자의 만족도를 높이고 고품질의 서비스를 가능하게 함

① 외부 인터페이스 요건
② 기능 개선 요건
③ 보안 개선 요건
④ 품질 개선 요건

문제 2. 데이터의 정확성을 저하시키는 원인을 분석하고 개선함으로써 지속적으로 데이터의 품질을 높일 수 있게 하기 위해 가장 관련이 있는 것은?

① 요구 사항 관리
② 데이터 구조 관리
③ 데이터 표준 관리
④ 데이터 활용 관리

문제 3. 다음 설명과 가장 관련 있는 것은?

> 기관의 비즈니스 목적에 맞는 최적화된 데이터 서비스를 제공하기 위한 데이터베이스를 구성하고 유지하기 위해 필요한 개념 데이터 모델 및 논리 데이터 모델, 물리 데이터 모델, 데이터 참조모델 등의 설계서를 체계적으로 관리

① 데이터 표준 관리
② 데이터 활용 관리
③ 데이터 모델 관리
④ 데이터베이스 관리

문제 4. 데이터의 효과적인 확보, 유지 관리를 위해 수립된 규정이나 계획, 지침 등에 포함된 데이터 품질 관리 방향이 의미하는 것은?

① 데이터 관리 원칙
② 데이터 활용 원칙
③ 데이터 관리 정책
④ 데이터 표준 관리

문제 5. 다음 설명에서 데이터 품질 관리 조직에 대한 관리 기준에 따라 보완이 필요한 것으로 판단할 수 있는 것은?

> 매년 초에 데이터 품질 관리 상태를 점검하기 위한 정기적인 점검 계획을 수립한다.

① 준수성
② 완전성
③ 명확성
④ 운영성

문제 6. 다음 중 데이터 품질 관리 프로세스를 수립하는 기준으로 고려하기에 적합하지 않은 것은?

① 데이터 품질 관리 프로세스는 데이터 관리 원칙에 맞게 정의되어야 한다.
② 각 조직의 기존 프로세스에 대한 특성을 고려하여 정의해야 한다.
③ 데이터와 관련된 모든 요소가 빠짐없이 관리될 수 있도록 정의되어야 한다.
④ 기존의 다른 프로세스와의 상호 연관관계를 고려하는데 있어서 변화 관리 프로세스는 제외된다.

문제 7. 데이터 표준 품질 관리 프로세스를 정의하는데 있어서 연관관계를 고려해야 할 프로세스로 보기에서 가장 연관성이 적은 것은?

① 데이터 흐름 정의
② 데이터베이스 정의
③ 데이터 모델 정의
④ 데이터 관리 정책 수립

문제 8. 데이터 값(Value) 관점의 품질을 확보하기 위한 관리 활동으로 거리가 먼 것은?

① 데이터 프로파일링
② 업무규칙 도출
③ 데이터 값 개선
④ 데이터 표준 변경

문제 9. 데이터 모델의 품질 관리를 위해 기업은 모델 관리를 위한 지속적인 활동을 수행해야 하며, 이러한 활동을 위해 기능별로 데이터 모델 품질 관리 프로세스와 관련이 없는 것은?

① 개념 데이터 모델 관리
② 데이터 표준 관리
③ 물리 데이터 모델 관리
④ 데이터 모델 품질 점검

문제 10. 데이터의 활용 여부를 점검하고 활용도를 높이기 위해 필요한 데이터 활용 관리 프로세스를 수립하는데
있어서 고려할 사항으로 가장 거리가 먼 것은?

① 회사의 고객, 프로세스, 시장 환경, 재무 정보 등에 직접적으로 영향을 미치는 중요성이 높은 핵심
데이터를 도출하고 해당 테이블의 칼럼 수준으로 관리한다.

② 데이터의 모든 값은 의미 있게 채워져 있어야 한다.

③ 관련된 동일 항목의 데이터는 동일한 값으로 관리되어야 한다.

④ 저장된 데이터의 값은 업무규칙 수립에 중요한 기준이 된다.

부록 A

과목 연습문제 정답 및 해설

과목 Ⅰ 전사아키텍처 이해

제1장 전사아키텍처와 데이터아키텍처

1. ③

해설 : 아키텍처의 핵심 규성 요소는 규칙(Rule), 모델(Model), 계획(Plan)이다.

2. ④

해설 : 아키텍처는 정보시스템이나 정보기술체계의 복잡도를 잘 표현하여 이해를 돕는 것으로 그치지 않고 정보시스템이나 정보기술체계의 최적화를 위한 제반 의사결정과 대안 제시, 복잡도 감소 등에 도움을 주기 때문에 중요하다.

3. ③

해설 : 현행 아키텍처를 구축하는 것은 현행 아키텍처의 유연성 증대를 위한 것이 아니라 현행화된 아키텍처의 관리를 통해 새로운 서비스나 기능 도입에 대해 최적의 대응을 가능하게 하기 때문이다.

4. ③

해설 : 데이터 조회 성능의 개선은 데이터 참조모델의 활용과는 직접적인 관련이 없다.

5. ④

해설 : 데이터아키텍처 프레임워크 구성 정의는 데이터아키텍처 프로젝트를 기획하는 단계 또는 정보화전략 계획 수립 시 등과 같이 데이터아키텍처 수립 공정을 시작하기 전에 수행된다.

제2장 데이터아키텍처 구축

1. ③

해설 : 데이터아키텍처 매트릭스 정의는 데이터아키텍처 정보 구성 단계에서 수행된다.

2. ①

해설 : 아키텍처 매트릭스와 아키텍처 매트릭스에 정의하는 산출물은 가급적 선진 사례를 그대로 도입하는 것보다 선진 사례 혹은 모범 사례를 참조하여 자신이 속한 기업 조직 업무 특성 또는 문화를 고려하여 결정해야 한다. 데이터 모델러 관점에서 다루어지는 아키텍처 정보 유형은 논리 데이터 모델이다.

3. ③

해설 : 데이터 참조모델 정의와 콘텐츠 구성은 기업이나 조직이 속한 산업군이나 가치 사슬 네트워크에 따라 그 범위가 달라질 수 있다. 기업이나 조직의 미션과 비전, 서비스의 특성, 기업이나 조직 간 이해관계 등을 고려해야 한다.

4. ①

해설 : 데이터베이스 관리 시스템(DBMS) 제품 목록은 기술 아키텍처 정보에 속한다.

5. ②

해설 : 데이터아키텍처 수립 목적은 데이터 연계 및 상호운용성 증대, 데이터 품질 제고, 비즈니스 변화에 대한 신속한 대응 체계 구축, 전사적 데이터 표준 체계 정립, 마스터 데이터 기반 데이터 일관 체계 구축 등으로 요약할 수 있다.

제3장 데이터 거버넌스

1. ③

해설 : 데이터 거버넌스는 IT 관리 체계를 포괄하는 더 큰 개념이라고 할 수 없다. IT 관리 체계는 데이터를 포함한 비즈니스, 정보 서비스, 기술 등 전사의 정보 기술 체계에 대한 총괄적인 관리 체계를 말한다.

2. ②

해설 : 데이터아키텍처 정보 구축 시 관련 데이터아키텍처 참조모델을 적극 활용하는 것은 매우 중요하다. 그러나 데이터 참조모델을 적극적으로 활용하고 유지 관리하는 것이 데이터아키텍처 정보의 활용 효과를 높이지는 못한다.

3. ①

해설 : 데이터아키텍처 관리 시스템은 이해 관계자 간의 의사소통을 돕고, 의사결정의 도구로 활용될 수 있다.

4. ①

해설 : 데이터아키텍처 모델링 도구가 데이터를 사용하는 프로세스까지 표현할 필요는 없다. 데이터아키텍처 모델링 도구의 주된 목적은 모든 이해 관계자가 명확하게 인지할 수 있도록 데이터 구조를 표현하고 정의하는 것이다.

5. ④

해설 : 데이터 거버넌스 인력에게 필요한 데이터아키텍처 역량 요소는 1) 리더십 역량, 2) 기술적 역량, 3) 활용 역량으로 요약할 수 있다.

과목 Ⅱ 데이터 요건 분석

제1장 정보 요구 사항 명세

1. ②
해설 : 정보분석서는 대상이 되는 시스템을 분석한 후 결과를 정리한 문서이다. 정보 목록은 취합된 요구 사항을 목록화한 것이나 어떤 프로그램을 목록화한 것이다. 정보 항목 분류표는 정보 요구 사항에 포함된 항목을 분류한 것이다.

2. ③
해설 : 세 가지 문서에 비해 상대적으로 현행 업무처리 매뉴얼은 적당한 문서가 아니다. 세부 분석 단계에 있어서 개별 업무를 정확하게 이해하기 위해서는 꼭 필요한 문서이나 초기에 정보 요구 사항을 수집하기에는 세 가지 문서에 비해 부적절하다.

3. ②
해설 : 보안 개선 요건에 대한 관리 기준은 불가변성(향후에 재변경되지 않도록 근본적인 개선 방안인지 여부), 실현 가능성(현행 기술 수준과 서비스 특징을 고려하여 구현 가능 여부) 등이다. 2번에서 제시한 측정가능성은 성능 개선 요건에 대한 관리기준에 해당한다.

4. ②
해설 : 전체적인 프로그램이나 데이터베이스 관리 요소에 대한 이해를 하고 있고, 표준절차에 따라 수행이 가능한 데이터아키텍처 담당자가 다른 사람들보다 적합하다.

5. ②
해설 : P과장에게 접수한 요건은 사용자 인터페이스 성능을 개선해 달라는 시스템의 성능에 관한 요건으로 분류할 수 있다. 따라서 업무담당자보다는 시스템의 하드웨어를 담당하는 쪽으로 할당하는 것이 바람직하다.

제2장 정보 요구 사항 조사

1. ①
해설 : 이해 당사자 및 부서가 있는 경우 어느 조사 기법보다 워크숍이 정해진 장소에서 같은 주제를 가지고 부서간 심도 있게 토의할 수 있어 효과적이다.

2. ④
해설 : 면담팀은 프로젝트 수행팀이기 때문에 관리자나 후원자의 추천을 받아 선별할 필요가 없다. 후원자나 관리자의 추천이 필요한 것은 면담 대상자 선별시이다.

3. ①

해설 : 업무에 대한 전체적인 이해가 있고 이를 통해 문제점이나 요구 사항을 도출할 수 있는 사용자를 면담 대상자로 선정하는 것이 가장 효율적이다.

4. ③

해설 : 면담 진행 과정에서 주제 범위를 벗어날 경우에는 주의를 환기시켜야 한다. 이 역할은 관찰자의 역할이다.

5. ④

해설 : 기업의 경영환경을 분석하고 정리하기 위해서는 처해 있는 시장환경, 경쟁자, 강점과 약점, 위협과 기회 등을 정확하게 조사하여야 한다. Activity 분석 기법은 기업차원의 데이터 모델을 도출하는 방법 이라고 할 수 있다.

제3장 정보 요구 사항 분석

1. ④

해설 : 문서의 적시성은 검토 기준이 아니며 추가적인 사항은 유효성이다. 최신 버전으로 문서가 현재 시스템 과 일치하는 지에 대한 검토이다.

2. ①

해설 : 응집도(Cohesion)란 하나의 프로세스가 해당 업무 고유의 기능을 효과적으로 처리할 수 있는 지에 대한 정도이고, 결합도(Coupling)란 하나의 프로세스가 다른 계층의 업무 활동과 연관되어 있는 지를 나타내는 정도이다. 따라서 프로세스 계층도는 응집도가 높고 결합도가 낮을수록 분석의 복잡도 및 모호성이 감소된다.

3. ④

해설 : 유스케이스 다이어그램의 구성요소는 액터(Actor), 유스케이스(Usecase), 액터(Actor)와 유스케이스 관계 등의 세 가지가 있다.

4. ①

해설 : 정보 요구 사항과 기본 프로세스의 상호 연관 관계를 C(Create), R(Read), U(Update), D(Delete)로 나타내는 CRUD 매트릭스를 통해 정보 요구 도출의 완전성을 검증한다.

5. ②

해설 : 다른 기법보다는 유스케이스 다이어그램 분석을 통해 쉽게 사용자의 요구 사항을 파악할 수 있다.

제4장 정보 요구 사항 명세화

1. ③
   해설 : 정보 요구 사항 명세는 기능적 요구 사항만이 아닌 비기능적 요구 사항도 명세화하여야 한다.

2. ④
   해설 : 정보 요구 사항 명세는 사용자와 개발자 간의 계약서로써 사용자와 계약자 관점에서 종합 작성되어
   지며, 테스터 입장에서 요구 분석 명세서는 테스트를 수행하기 위한 테스트 케이스를 만드는 데 사용되
   고, 오류에 대한 판단과 동작에 대한 기준이 된다.

3. ④
   해설 : 품질 특성은 다 만족시키지 못하고 서로 상충되는 경우가 있다. 이러한 경우 어떤 품질 특성을 우선순위
   로 할 것인지를 명시해야한다.

4. ③
   해설 : 정보 요구 사항 명세 중 요구 사항 상세설명 항목에서 사업의 목적을 이루기 위해 기능을 어떻게
   구현하거나 요구 사항을 어떻게 수행해야 하는지에 대한 내용을 상세하게 작성한다.

5. ③
   해설 : 데이터 이관과 관리, 초기자료 구축은 데이터 요구 사항이나, 시스템인터페이스 요구 사항은 인터페이스
   요구 사항 유형으로 분류된다.

제5장 정보 요구 검증 및 변경 관리

1. ④
   해설 : 업무 기능/조직 대 정보항목 상관분석에서 정보항목 값의 변경 없이 검색만 하는 경우에는 'U(Use)'로
   표시한다.

2. ②
   해설 : 분석대상 결과 산출물에 대한 리뷰(Review) 기준은 완전성(사용자의 정보 요구 사항이 누락됨 없이
   모두 정의되었는지 확인), 정확성(사용자의 정보 요구 사항이 적확히 표현되었는지의 여부), 일관성(표
   준화 준수 여부 확인), 안정성(추가 정보 요구 사항 변경에 따른 영향도 파악) 등이다.

3. ④
   해설 : 위 문제 2와 같음.

4. ③

해설 : 매트릭스의 각 셀에는 기본 프로세스가 사용하는 정보항목에 대한 액션이 생성(C), 조회(R), 수정(U), 삭제(D)로 표현되는데, 복수의 액션이 발생할 경우에는 C〉D〉U〉R의 우선순위에 따라 하나만을 기록하도록 한다.

5. ④

해설 : 정보항목을 생성하는 기본 프로세스가 없는 경우에는 기본 프로세스의 도출, 정보항목 삭제, 해당 업무영역으로 이동 등의 조치사항이 존재한다.

과목 Ⅲ 데이터 표준화

제1장 데이터 표준화 개요

1. ③
해설 : 전사(Enterprise) 표준화 수립을 통해 일관성 있고 명확히 표준화한 명칭을 재사용함으로써 시스템에 대한 이해(Readability)를 향상시켜 시스템 운용 및 개발 생산성이 증가한다.

2. ③
해설 : ③이 데이터 표준화에 대한 일반적인 정의로 가장 적합하며, 기타 사항은 세부 요소별 정의에 더 적합하다.

3. ②
해설 : 데이터 명칭은 현업에서 활용하는 업무적 용어를 정보시스템 구현에 활용함으로써 상호간의 의사소통을 명확히 할 수 있어야 한다. 따라서 특별한 경우를 제외하고는 기술적인 명칭을 별도로 사용하지 말고 업무적인 용어로 통일한다.

4. ①
해설 : 한글명 복수 개의 영문명을 허용할 경우, 해당 용어를 데이터베이스에 반영할 때 어떠한 물리명을 써야 할지에 대한 판단이 불가능하기 때문에 하나의 한글명에 대해서는 반드시 하나의 영문명만 허용하도록 한다.

5. ①
해설 : 기술적 명칭을 별도로 구별하여 사용하지 말고 가능하다면 의사소통이 원활한 업무적 명칭을 사용하는 것을 권장한다. 기술적 명칭은 전산시스템을 위한 것으로 이해하고 가급적 사용하지 말아야 한다.

제2장 데이터 표준 수립

1. ④
해설 : 특수 데이터 타입(CLOB, Long Raw 등)은 데이터 조회, 백업, 이행 등을 수행하는 데 제약사항이 많이 존재하기 때문에 표준 데이터 타입으로 적절하지 않다

2. ④
해설 : 도메인 유형은 표준 도메인의 상위 개념으로 칼럼에 적용하고자 정의하기보다는 표준 도메인의 유형을 효과적으로 분류하기 위해 정의한다. 따라서 칼럼에 동일한 형식을 부여하기 위해 사용하는 표준화는 도메인이다.

3. ③

해설 : 표준 용어는 기존 업무 용어를 토대로 하여 표준 단어 사전에 등록된 관련 표준 단어의 조합으로 구성하며 속성과 관련된 용어일 경우에는 표준 도메인을 적용하여 데이터 형식을 부여할 수 있다. 표준 코드의 코드 값은 일종의 데이터 값이기 때문에 아무런 상관이 없다.

4. ④

해설 : 기본 값을 사전에 정의함으로써 사용자가 별도의 값을 입력하지 않은 경우에 정의된 기본 값이 적용되어 사용자의 불편함을 덜어주고 데이터 표준화 및 품질 차원에서 효과를 얻을 수 있다.

5. ④

해설 : 표준 단어란 가장 작은 최소단위를 의미한다. 고객 계좌번호는 표준 용어 정도에 해당되며, 이를 표준 단어로 분리 시에는 고객, 계좌번호 등과 같이 분리될 수 있다.

제3장 데이터 표준 관리

1. ①

해설 : 코드 15자리도 도메인으로 정의할 수 있다. 이런 형태로 정의하게 되면 칼럼의 타입과 도메인의 개수가 동일하게 되어 관리 및 적용이 비효율적이다. 가능하면 대표성만 도메인으로 부여한다.

2. ④

해설 : 정의된 코드 명칭은 표준 용어가 변경됨에 따라 새로운 용어로 다시 생성되어야 하기 때문에 변경할 때는 영향도 분석에 포함되어야 한다.

3. ④

해설 : 데이터 표준 정의 프로세스는 데이터 표준화 추진 시에 전사적인 데이터 표준을 정의하는 작업과 관련된 일련의 프로세스이다.

4. ③

해설 : 전사(Enterprise) 관점에서 가이드 자문 및 제시는 부문 데이터 관리자(Part Data Administrator)의 역할이라기보다는 전사 데이터 관리자(Enterprise Data Administrator)가 진행하는 것이 효과적이다.

5. ②

해설 : 데이터 관리자(Data Administrator)로부터 배포된 표준에 대해서 변경 작업을 지시받은 데이터베이스 관리자(Database Administrator)는 물리 데이터 모델의 변경 작업을 수행할 때 DBMS(Database Management System)에서 DDL(Data Definition Language)문을 이용하여 물리DB에 변경 내용을 반영한다.

과목 Ⅳ 데이터 모델링

제1장 데이터 모델링 이해

1. ②
　해설 : 논리 데이터 모델링을 수행하는 목적은 전산 시스템과 독립적으로 업무 데이터가 갖는 구조와 규칙을 추상화 기법과 정규화 기법을 통하여 명확하게 표현하는 것이다. 성능상의 문제는 데이터베이스 설계 시점에 데이터의 사용량 사용자의 데이터에 대한 접근 경로(Access Path)를 파악하여 수행하는 것으로 수행 속도와 독립적으로 수행돼야 하는 것이다.

2. ③
　해설 : 정보의 고립화는 업무 요구 사항에 대해 빠른 대응을 하기가 어렵기 때문에 정보 요구에 탄력적이지 못하고 비탄력적이다.

3. ④
　해설 : 캡슐화는 논리 데이터 모델링을 수행하는 추상화 기법이 아니고, 객체지향 모델링에 대한 내용이다.

4. ④
　해설 : 엔터티-관계 데이터 모델의 구성요소는 엔터티(Entity), 관계(Relationship), 속성(Attribute)이다. 도메인(Domain)은 속성이 취할 수 있는 모든 값의 집합이다.

5. ③
　해설 : 일관성(Consistency)은 데이터 무결성 즉, 데이터 값의 정확성과 일관성을 설명할 때 사용하는 용어로 동일한 업무 사실을 두 가지 값으로 표현해서는 안된다는 것이다. 예를 들어 성별 구분 코드에서 '남자'를 'M(Male)', 또는 '1' 이렇게 두 가지로 표현하는 것을 일관성이 없다고 하는 것이다.

6. ④
　해설 : 관계형 모델 이론이 데이터를 분석하는데 있어 비관계형 이론보다 반드시 우수하지는 않다.

7. ①
　해설 : 관계형 모델 이론에서 무결성은 개체 무결성, 참조무결성, 도메인 무결성, 연쇄 작용 또는 업무 규칙 이라고 하는 무결성이 있는데 '각 열(Column)은 동일한 성격을 갖는다'는 도메인 무결성을 말하는 것이다.

8. ②
　해설 : 참조무결성은 관계에 관한 것이고, 영역과 속성 무결성은 같은 얘기로 속성이 가져야 하는 값에 대한 무결성이다.

9. ③

해설 : 납품 여러 개를 모아 한번에 결제하므로 기수성은 결제가 1이고 납품이 여러 개이며, 선택성은 납품이 생길 때는 결제가 없어도 되므로 선택이고, 결제가 생성되려면 납품이 반드시 있어야 하기 때문에 필수이다.

10. ③

해설 : 연쇄작용은 비즈니스 규칙으로 어느 개체에 데이터 값이 입력, 수정, 삭제될 때 그 개체 내지는 다른 개체의 데이터 값에 영향도를 분석하는 것으로 데이터의 무결성과 관계가 깊다. 정규화를 잘못하면 입력, 수정, 삭제 이상이 발생할 수 있어 이것도 데이터 무결성과 관계가 있다. 인덱스는 데이터를 찾아가는 접근 경로로 수행 성능의 향상을 위한 기법이다.

제2장 데이터 모델링

1. ④

해설 : CASE 도구의 사용은 권장사항이지만 필수사항은 아니다.

2. ③,④

해설 : 중요 보고서 제목은 향후 정의될 엔터티의 후보가 될 수 있다. 또한 시스템 관리자보다는 업무 관리자의 의견을 참조하여 주제영역을 생성한다.

3. ④

해설 : 경우에 따라서는 내부적으로만 사용되는 인조 식별자를 사용할 수도 있다. 특히 시스템에서 사용하는 데이터들에 이러한 유형의 식별자가 많이 존재한다.

4. ④

해설 : 구조가 변경되더라도 식별자는 변경되지 않기 때문에 과거 데이터를 변경할 필요가 없다.

5. ②,③

해설 : 1) 개체가 공통적인 속성 집합(common set of attributes)을 가지고 있을 때. 2) 개체가 공통적인 관계 집합(common set of relationship)을 가질 때 일반화를 한다.

6. ④

해설 : ④번은 모순이다. 배타적 관계는 다 선택이든지, 다 필수이어야 한다. 한 쪽만 선택이든지, 한 쪽만 필수이면 이는 배타적 관계가 형성될 수 없다.

①번은 양쪽 선택적인데 이는 관계를 하나도 맺지 않을 수 있는 업무를 설명하고 있다.

②기수성(cardinality, degree)는 배타적 관계에 아무 영향을 미치지 않는다.

③번은 둘 중에 하나와 관계를 맺는데 반드시 관계가 하나는 있다는 업무규칙이다.

7. ②

해설 : 과도한 정규화는 오히려 성능을 저해할 수 있다.

8.

해설 :

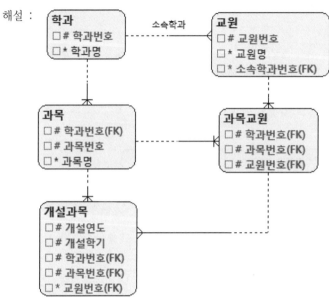

CASE*Method 표기법

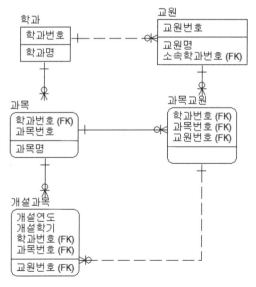

정보공학(IE) 표기법

9.
해설 :

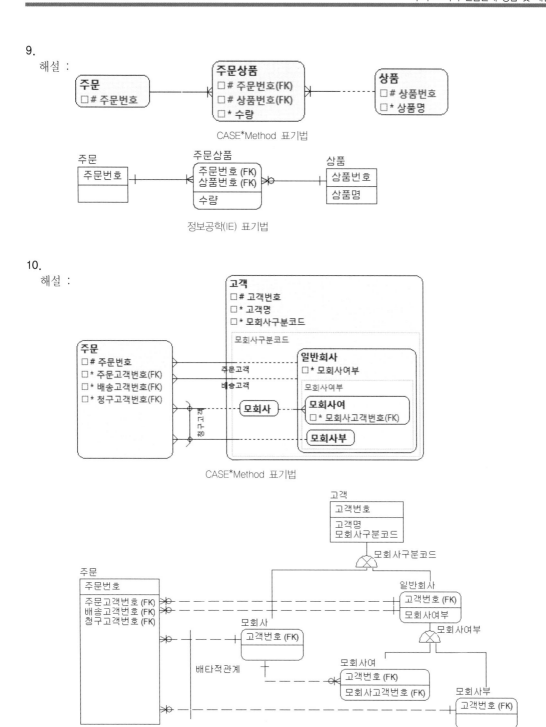

CASE*Method 표기법

정보공학(IE) 표기법

10.
해설 :

CASE*Method 표기법

정보공학(IE) 표기법

제3장 물리 데이터 모델링

1. ②
  해설 : 하나의 엔터티는 물리적 요소들을 감안하여 경우에 따라서는 여러 개의 테이블로 생성될 수 있다.
  특히 성능을 고려하여 여러 테이블로 생성하는 경우가 종종 발생한다.

2. ④
  해설 : 일대일(1:1) 관계에서는 Mandatory 관계를 가진 쪽에서 외래 키를 생성하는 것이 바람직하다.

3. ④
  해설 : 외부 키의 결합에서는 근본적으로 외부 키 제약조건을 생성할 수 없기 때문에 User – Defined Trigger
  등의 방법을 통하여 해결해야 한다.

4. ②
  해설 : 자주 사용되는 액세스 조건이 다른 테이블에 분산되어 있어서 상세한 조건 부여에도 액세스 범위를
  줄이지 못하는 경우에 자주 사용되는 조건들을 하나의 테이블로 모아서(칼럼의 중복 즉, 추출 속성으로
  하나의 테이블에 모으는 경우를 의미함) 조건의 변별성을 극대화할 수 있다.

5. ④
  해설 : M:M 관계가 포함된 처리의 과정을 추적, 관리하고자 하는 경우 진행 테이블 추가를 고려할 수 있으나,
  다중 테이블 클러스터링이나 정확한 조인 SQL 구사 등을 통해 굳이 진행 테이블을 만들지 않아도
  양호한 수행속도를 낼 수 있는 경우가 많이 있다.

6. ④
  해설 : 서브타입을 테이블로 변환하는 방법은 ①~③ 내용과 같음.

7. ①
  해설 : 전체 집합에서 임의의 집합을 추출·가공하는 경우가 빈번하고, 복잡한 처리를 하나의 쿼리로 통합하고
  자 하는 경우 유리한 서브타입 변환 형태는 슈퍼타입을 기준으로 하나의 테이블로 변환하는 방법이다.

8. ④
  해설 : 테이블, 뷰, 칼럼 등은 데이터 표준을 적용하는 대상이다.

9. ③
  해설 : 특정 칼럼 크기가 아주 큰 경우의 수직분할은 I/O 성능 향상에 유리하다.

10. ④
  해설 : 인덱스 생성은 엄밀한 의미에서 반정규화로 보지 않는다.

실습 예제 답안

지문 내용은 물리 데이터 모델 변환에 앞서 논리 데이터 모델에 수정이 필요함을 암시하고 있다.

- 우리가 관리하는 커뮤니티에 대해 전체를 대상으로 하는 이벤트나 검색이 빈번하다.
  - → 슈퍼타입 기준 테이블 변환 방식 적용 필요
- 커뮤니티 대표자가 누구인지는 등록단체에 대해서만 관리할 것이다.
  - → 커뮤니티 대표자번호 관계 속성이 등록단체 서브타입으로 이동되어야 함을 의미
- 사실상 등록단체에 가입한 회원은 개인회원뿐이고, 앞으로도 그럴 것이다.
  - → 회원등록내역 엔티티가 회원 슈퍼타입이 아닌 개인 서브타입과 관계를 가져야 함을 의미
- 법인 회원과 개인 회원은 관리할 항목들이 많이 다르고, 같이 검색할 일은 별로 없다.
  - → 회원 엔티티에 대해 서브타입 기준 테이블 변환 방식 적용 필요

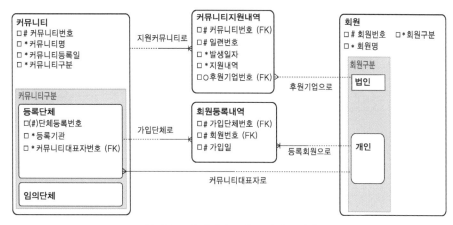

〈수정된 논리 데이터 모델 – 바커 표기법〉

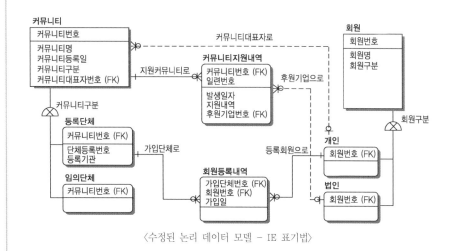

〈수정된 논리 데이터 모델 – IE 표기법〉

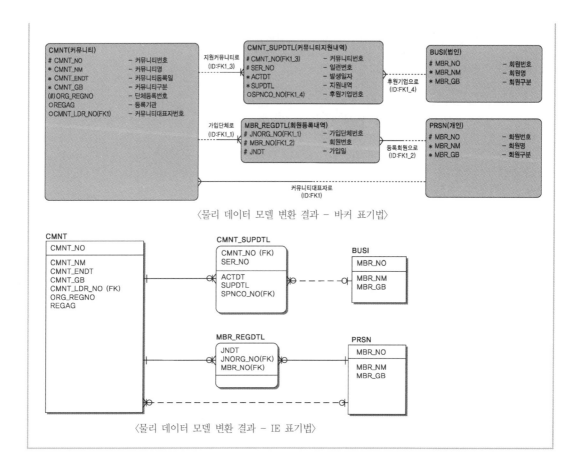

〈물리 데이터 모델 변환 결과 – 바커 표기법〉

〈물리 데이터 모델 변환 결과 – IE 표기법〉

과목 V 데이터베이스 설계와 이용

제1장 데이터 모델링

1. ③

해설 : 클러스터형 인덱스 테이블은 Primary Key 또는 특정 인덱스의 키 값의 순서대로 인덱스 저장 공간에 데이터를 함께 저장한다.

2. ③

해설 : 파티션 설계 시에는 성능과 관리적인 측면을 모두 고려하여 설계해야 하며, 복합 파티션을 고려하여야 하는 경우도 있다. 범위와 목록 파티션은 대부분의 DBMS에서 지원하며 가장 많이 활용된다. 해시 파티션만을 사용하는 경우 파티션별 저장되는 데이터를 사용자가 정의할 수 없어 관리적인 측면은 고려할 수 없으며 성능적인 관점만 고려할 수 있다.

3. ①

해설 : 회원 테이블의 경우 회원번호를 이용하여 해시 파티션을 적용하여 특정 데이터 블록에 액세스가 집중되는 현상(hot block)을 방지할 수 있다. 범위나 목록 파티션을 이용하여 이러한 현상을 방지할 수도 있지만, 회원번호 등으로 관리되는 테이블에 범위나 목록 파티션을 생성하여 파티션별 데이터가 균일 분포될 수 있도록 하는 것은 어려운 일이다.

4. ③

해설 : 년/월을 저장하는 칼럼의 경우는 예외를 적용할 수 있겠으나, 일시 및 일자를 저장하는 칼럼은 데이터의 유효성 및 활용의 효율성을 감안하여 날짜 유형으로 관리하는 것을 추천한다.

5. ④

해설 : 사용자 정의 무결성은 특정 시점의 일관성을 유지하는 것뿐만 아니라 사용자가 정의한 비즈니스 규칙이 영구적으로 일관성을 유지하여야 한다.

6. ①

해설 : 인덱스는 RDBMS에서 데이터 검색 연산을 최적화하기 위해 이용하는 객체이며, 인덱스가 정의된 칼럼에 데이터의 추가/삭제/변경이 발생하는 경우 인덱스에 대한 갱신이 발생하므로 부하가 발생한다. 함수 기반 인덱스는 입력 값이 동일한 경우 출력 값도 동일함이 보장되어야 한다.

7. ②

해설 : 인덱스 설계를 위해 데이터에 대한 접근 경로 수집 시 데이터 조회를 위한 연산자는 매우 중요하다.

'=', 'between', '〈', '〉' 등과 같이 정확히 일치하는 값의 조회인지 범위에 대한 조회인지에 따라 인덱스를 구성하는 칼럼의 순서를 달리해야 할 수 있다.

8. ①
해설 : 분산 데이터베이스 시스템은 하나의 논리적 데이터베이스가 네트워크상에서 여러 컴퓨터에 물리적으로 분산되어 있지만, 하나의 데이터베이스처럼 인식할 수 있도록 통합되어 공유되는 데이터베이스이다. 분할 투명성은 사용자에게 전역 스키마가 어떻게 분할되어 있는지 알 필요가 없게 하는 역할을 하며, 병행 투명성은 다수의 트랜잭션이 동시에 수행되어도 결과의 일관성이 유지되어야 하는 특성이다. 수평 분할 방법은 데이터베이스에 저장된 데이터를 행(Row)을 기준으로 분할을 수행하는 방법이다.

9. ①
해설 : 임의적 접근통제(DAC)는 사용자의 신원에 근거를 두고 권한을 부여하고 취소하는 메커니즘을 기반으로 사용자가 어떤 객체에 대해서 특정행위를 할 수 있도록 허용한다.

제2장 데이터베이스 이용

1. ①
해설 : 데이터베이스 관리 시스템은 사용자 정의 제약조건 또는 Not Null과 같은 시스템적인 제약조건을 시스템 카탈로그 또는 데이터 사전에 관리하고 있다.

2. ①
해설 : 논리적 단계는 데이터베이스 전체 구조를 추상화하는 단계로 데이터베이스에 저장된 데이터와 데이터 간의 관련, 권한, 무결성과 같은 부가적인 정보를 저장한다. 물리적 단계는 실제 데이터가 어떻게 저장되어 있는지 원시 수준의 데이터 구조를 정의한다. 사상 단계는 개념적-논리적, 논리적-물리적 단계가 존재하며 개념적-물리적 사상 단계는 존재하지 않는다.

3. ④
해설 : 데이터베이스 관리 시스템의 구성요소는 데이터베이스 파일, 데이터 저장 관리자, 질의 처리기, 트랜잭션 관리자 등으로 구성된다. 응용프로그램은 데이터베이스 관리 시스템의 구성요소로 볼 수 없다.

4. ②
해설 : 데이터베이스 버퍼(DB buffer)는 빠른 데이터 액세스를 위해 데이터 파일로부터 읽어들인 데이터 블록의 복사본을 메인 메모리에 저장하며, 접속되어 있는 모든 사용자 프로세스에 의해 공유된다.

5. ①

해설 : • DDL : 테이블, 인덱스 등의 스키마 객체를 생성·변경하는 등의 역할을 하는 명령어로 CREATE, DROP, TRUNCATE 등의 명령어가 있다.
• DML : 데이터를 조작하는 명령어로 SELECT, INSERT, UPDATE, DELETE 등이 있다. TRUNCATE 는 데이터를 일괄 삭제하는 명령어로 DDL에 포함된다.
• ROLLBACK : 변경된 데이터를 원래의 데이터로 되돌리는 명령어이다. 변경된 데이터를 영구적으로 반영하는 명령어는 COMMIT이다.
• DCL : 사용자를 생성·삭제하고 권한을 제어하는 명령어로 GRANT, REVOKE 등이 있다.
• TCL : 1개 이상의 SQL문을 논리적인 하나의 처리 단위로 적용하기 위해 사용하는 명령어로 COMMIT, ROLLBACK 등이 있다.

6. ④

해설 : 트랜잭션이 완료되면 데이터는 데이터베이스에 영구 보관되며, 어떠한 고장에도 유실되지 않아야 한다.

7. ②

해설 : 처리 시간(Throughput Time) 개선은 주로 DW/DM과 같은 대용량 배치 처리 시스템의 성능 척도이며 절차적 SQL은 가급적 지양하고 Nested-Loop 조인보다는 대용량 데이터 처리를 위해 Hash 조인을 주로 사용한다. OLTP 시스템의 성능 척도는 응답 시간(Response Time)이다.

8. ②

해설 : 옵티마이저가 최적의 실행 계획을 찾기 위해 모든 경우의 수를 확인할 경우 실제 SQL 수행시간보다 계획을 찾는데 소요되는 시간이 훨씬 더 클 수 있다. 그러므로 옵티마이저는 테이블, 인덱스 등의 통계 정보를 기반으로 최적의 실행 계획일 가능성이 높은 실행 계획을 찾는 알고리즘을 내장하고 있다.

9. ②

해설 : Sort-Merge Join은 OLTP System보다는 대용량 배치 처리 System에서 활용도가 높다. Join되는 양쪽 테이블에 인덱스가 없을 때 더 효율적인 Join 기법은 Hash Join이며, Nested-Loop Join에서 Driving Table의 결정은 전체 수행하는 일의 양에 결정적인 역할을 하게 된다.

10. ④

해설 : 데이터베이스의 질의 수행 시 병목 현상은 주로 디스크 I/O에서 발생한다.

과목 Ⅵ 데이터 품질 관리 이해

제1장 데이터 품질 관리 이해

1. ③

해설 : 데이터 품질 관리 프레임워크의 구성은 데이터 품질 관리 원칙, 데이터 품질 관리 조직, 데이터 품질 관리 프로세스, 인프라로 구성되어 있다.

2. ④

해설 : 데이터 프로파일링 분석 방법에는 컬럼 분석, 날짜 분석, 패턴 분석, 코드 분석, 참조무결성 분석 등이 있다.

3. ①

해설 : 업무규칙 도출 방법은 3가지 방법이 있다. Inside-Out, Outside-In, 근거 규정을 통한 업무규칙 도출 방법이 해당한다.

4. ④

해설 : 프로파일링을 통해 Min, Max, 평균, 패턴, 데이터의 분포 등의 결과를 획득할 수 있다.

5. ②

해설 : 표준화 컨설팅을 통하여 표준 사전, 표준 용어, 표준 도메인, 표준 코드, 표준 지침 등의 결과물을 얻을 수 있다.

6. ①

해설 : 부모 자식 관계의 중요 키 값에 대한 데이터 정합성 점검의 프로파일링 분석 방법은 참조무결성 분석 방법이다.

7. ③

해설 : 비즈니스 이슈, 외부고객의 소리-VOC(Voice Of Customer), 내부고객의 소리-VOB(Voice Of Business), 설문조사, 인터뷰 등의 분석을 통하여 오류 잠재원인을 파악하고 업무규칙을 도출하는 방법은 Outside-In 방법이다. 즉 외부로부터 문제점을 확인하고 관련 데이터 이슈를 통해 업무규칙을 도출하는 방법이다.

8. ②

해설 : 데이터의 원천을 추적할 수 있어야 되며 데이터 흐름(데이터 계보관리)을 관리해야 하는 데이터 품질 관리 영역은 데이터 활용 영역이다.

제2장 데이터 품질 관리 프로세스 이해

1. ④

해설 : 요구사항관리에서는 외부인터페이스 요건, 기능개선 요건, 성능개선 요건, 보안개선 요건을 다룬다.

2. ④

해설 : 데이터 활용 관리는 데이터의 활용 여부를 점검하거나 활용도를 높이기 위해 측정 대상 데이터와 품질 지표를 선정하여 품질을 측정·분석하고 품질을 충족시키지 못하는 경우 원인을 분석하여 담당자로 하여금 조치하도록 하는 작업이다. 또한 애플리케이션에서 활용되지 않는 데이터를 점검하여 데이터베이스의 사용 환경을 개선하고 업무적 중요도가 높은 데이터에 대한 품질의 평가와 개선으로 데이터의 활용도를 높인다.

3. ③

해설 : 데이터 모델 품질 관리란 데이터 요구 사항 관리에 의해 변경되는 데이터 구조를 모델에 반영하는 작업 절차와 데이터베이스 시스템 구조와 동일하게 데이터 모델을 유지하도록 하는 작업 절차를 말한다.

4. ①

해설 : 데이터의 효과적인 확보, 품질 유지 관리를 위해 수립된 규정이나 계획, 지침 등에 포함된 데이터 관리 방향이 의미하는 것은 데이터 품질 관리 원칙이다. 데이터 품질 관리 정책은 데이터 품질 관리 원칙, 데이터 품질 관리 조직, 데이터 품질 관리 프로세스를 포괄하는 개념이다.

5. ③

해설 : 데이터 품질 관리 조직 정의 시 이에 대한 관리 기준 중 명확성은 데이터 품질 관리를 담당할 관리자가 선정되어 있고 담당자별로 수행해야 할 역할이 명확하게 정의되어 있어야 함을 의미한다. 문제에 명시한 설명은 누가 수행해야 하는지에 대해 명확하게 지정하고 있지 않기 때문에 명확성 측면에서 보완이 필요하다.

6. ④

해설 : 데이터 품질 관리 프로세스는 변화 관리, 프로젝트 관리 등 기존의 다른 프로세스와 상호 연관관계가 명확하게 정의되어 적용함에 있어 문제가 없어야 한다.

7. ①
　　해설 : 업무 규칙 정의는 데이터 표준 관리 프로세스와 직접적인 연관성이 가장 적다. 데이터 모델 정의
　　　　　 및 데이터 표준 점검은 명명규칙, 데이터 표준 등에 영향을 받기 때문에 데이터 표준 품질 관리 프로세
　　　　　 스와 직접적인 연관이 있다. 데이터 품질 관리 정책 수립 프로세스는 표준화 요구 사항 수집 시 데이터
　　　　　 품질 관리 정책에 영향을 받기 때문에 직접적인 연관이 있다고 할 수 있다.

8. ④
　　해설 : 데이터 값(Value) 관점에서의 품질 관리는 저장된 데이터에 대한 품질을 확보하기 위한 활동으로
　　　　　 데이터 프로파일링, 업무규칙 등의 품질 진단을 통해 오류데이터를 식별하고 식별된 데이터 값(Value)
　　　　　 개선이 목적이다. 데이터 표준 변경은 데이터 값(Value) 관점의 품질 관리와는 관련이 없다.

9. ②
　　해설 : 데이터 표준 품질 관리는 데이터 표준화 원칙에 따라 정의된 표준 단어 사전 및 도메인 사전, 표준
　　　　　 용어 사전, 표준 코드, 데이터 관련 요소 표준 등을 기관에 적합한 형태로 정의하고 관리하는 작업을
　　　　　 말한다. 데이터 모델의 품질 관리와 관련이 없다.

10. ④
　　해설 : 저장된 데이터의 값이 업무규칙 수립에 중요한 기준이 되는 것이 아니라 업무규칙에 맞게 데이터
　　　　　 값(Value)이 저장되고 관리되어야 한다.

부록 B

실기 연습문제 정답 및 해설

연습문제

아래 내용의 요건을 충족하는 최적의 데이터 표준화 정의서 및 논리 데이터 모델을 제시하시오. (단, 표준화 정의서는 기본 원칙, 표준 용어, 표준 코드, 표준 도메인으로 정의되어야 하고, 논리 데이터 모델에는 엔터티, 속성, 관계(명), 식별자 등이 명시되어야 하며, 표기법은 "논리 데이터 모델 표기법 예시" 중에 택일할 수 있다.)

우리 회사는 정부가 추진하는 산업기술진흥을 위해 다양한 사업을 수행하고 있다. 우리가 수행하는 사업은 장·단기 여부, 사업비 규모, 산학협력 여부 등에 따라서 여러 가지로 나누어지는데, 각 사업별로 참여 희망 기업으로부터 해당 기업이 수행하고자 하는 과제에 대해 과제수행계획과 사업비편성내역 등을 접수받아 과제의 성공 가능성이 보이는 기업을 선정하고 정부로부터 위탁받은 기금을 지원하고 관리하는 일이 주된 업무이다.

이를 위해 다양하고 복잡한 사업에 대해 개별적인 관리 시스템을 만들어 운영해 왔으나 전체 사업에 대해 일관성 있게 체계적인 관리를 하고, 전체 사업을 대상으로 정부기금을 유연하게 운영하여 많은 기업에 혜택이 돌아가도록 하며, 사업에 응모하는 기업들에 대해서도 중복지원이나 부적격업체 지원을 방지할 수 있도록 체계적인 통합시스템으로 개편하고자 한다.

우리가 하는 사업은 3년 이상의 중·장기 사업과 1년 이내의 단기 사업으로 나눌 수 있는데, 중·장기 사업의 경우는 여러 기관이 하나의 총괄과제에 대해 여러 개의 세부과제를 구성하여 수행하는 형태로 구성된다.

우리는 사업별로 예산이 확정되면 사업공고를 통해 과제를 신청받게 되는데, 사업공고는 사업번호, 사업명, 공고일자, 접수기간, 사업예산금액 등의 내용을 포함하여 상세한 사업별 운영지침을 다양한 매체를 통해 공지하게 되며, 이러한 기본적인 공지내용과 공지매체 등에 대한 사항은 시스템에 등록하여 우리 회사의 홈페이지에서 볼 수 있게 하는 한편 신청되는 과제들에 대한 근거로 관리해야 한다.

사업공고가 나가면 공고된 내용에 따라 많은 기관들이 과제신청을 하게 되는데, 우리는 과제신청이 효율적으로 이루어질 수 있도록 온라인으로 과제를 접수한다.

총괄·세부과제와 단기과제에 참여하는 기관은 국공립연구소나 정부출연연구소, 정부투자연구기관, 민간기업 및 민간연구소 등일 수 있으며, 단기과제의 경우는 이들 기관이 대학교와 산학협력의 형태로 하나의 개별과제를 공동 수행할 수도 있다.

중·장기 사업의 경우 총괄과제를 수행하고자 하는 기관은 총괄과제를 세분화한 세부과제를 구성하여 각 세부과제를 수행할 기관을 모집하고, 이렇게 구성된 총괄·세부과제에 대하여 총괄과제 수행기관은 해당 기관들을 대표하여 과제 신청을 하게 된다.

과제 신청 시 신청기관, 신청일자, 수행하고자 하는 공지과제, 과제수행기간, 주관기관, 참여기관, 위탁기관, 총괄책임자, 과제책임자, 참여연구원 등의 내용이 입력되어야 하며, 중·장기 사업에 대한 과제수행기간은 총 수행기간과 총괄·세부과제별 수행기간으로 구분해야 한다. 하나의 총괄과제에 대한 세부과제들은 총괄과제와 수행기간이 같을 수도 있고, 다를 수도 있다. 그러나 총괄과제의 총 수행기간을 벗어나진 않는다.

주관기관은 해당 과제를 주도적으로 수행하고자 신청하는 기관이 되고, 참여기관은 수행기관과 해당 과제를 공동으로 수행할 기관을 의미하고, 위탁기관은 과제 내용 중 일부를 위탁하여 수행하게 되는 경우 그 해당 기관이 된다. 참여기관이나 위탁기관은 과제별로 지정하며, 없을 수도 있고, 복수 기관일 수도 있다.

신청하는 과제에는 과제책임자와 참여연구원이 반드시 지정되어야 하며, 총괄·세부과제의 경우에는 총괄책임자를 추가로 지정한다. 총괄책임자는 총괄과제의 과제책임자가 겸임하거나 총괄과제의 주관기관에 속한 별도의 개인일 수 있다.

과제 등록은 과제에 대한 기본사항 외에 과제수행계획과 사업비편성내역, 과제책임자 및 참여연구원의 인적사항과 과제참여율 등이 추가로 입력되어야 하며, 과제수행계획과 사업비 편성내역은 미리 정해진 항목과 사업비목에 따라 내용을 기입하게 된다. 과제별 사업비 총액에 대해서는 일정 비율을 정부부담금으로 하고, 나머지는 신청기관의 부담으로 한다. 사업비는 현금과 현물로 구분하여 편성하고, 사업비목별로는 현금, 현물 구분만 하고 분담내역에 대한 구분은 하지 않는다. 과제등록이 완료되면 과제번호가 부여된다. 세부과제의 경우는 해당 총괄과제에 대한 과제번호를 입력해야 한다.

과제를 신청하기 위해서는 신청 과제에 관련된 모든 주관기관, 참여기관, 위탁기관이 우리 시스템에 등록되어 있어야 한다. 또한 주관기관의 대표자와 과제책임자의 인적사항을 비롯하여 참여연구원의 인적사항도 등록해야 한다. 과제 신청에 관련된 기관 중 민간기업의 경우 이노비즈, 벤처인증 등을 보유한 중소기업에 대해서는 가점을 부여하기도 한다.

과제에 관련된 모든 기관에 대해서는 사업자번호, 기관명(한글, 영문), 설립일, 연락처 및 소재지, 대표자 등의 기본정보가 등록되어야 한다. 또한 기관 대표자나 과제책임자, 참여연구원 등에 대해서는 주민등록번호, 이름, 거주지 사항(주소, 연락처 등), 근무지 사항(소속기관, 근무지주소, 연락처 등) 등과 같은 기본인적사항 외에도 다른 정부출연과제에 참여한 실적, 최종학력사항, 연구논문 및 저서 등에 대한 추가사항이 필요하다.

등록된 기관들에 대한 관리 목적상 사업장 소재지를 기준으로 우편번호 외에 우리가 임의로 분류한 지역 구분을 지정하는 것도 중요한 사항이다.

우리는 신청된 과제들에 대해 그 내용의 타당성, 성공 가능성, 사업비 편성의 적절성 등을 평가하여 지원대상 과제들을 선정하고 사업비를 지원하게 되는데, 총괄·세부과제의 경우에는 총괄과제에 대한 주관기관에 총 사업비를 지원한다. 선정된 총괄과제의 주관기관은 해당 세부과제 수행기관들에 대해 개별협약 내용에 따라 사업비를 배분하고 전체 세부과제들의 진행을 관리하면서 총괄과제를 수행하게 된다.

선정된 과제에 대해 사업비를 지원하기 위해서는 해당 주관기관과 협약을 맺는다. 중·장기 사업의 경우 하나의 총괄과제를 중심으로 여러 개의 세부과제가 동시에 진행되는 형태이기 때문에 사업비 지원 규모가 크고 관리가 복잡하다. 관리상의 복잡성을 줄이기 위해 우리는 총괄과제의 주관기관과 총괄협약만 관리하고, 총괄과제에 대한 각 세부과제 수행기관과 총괄과제 주관기관 간의 개별협약은 관리하지 않는다. 개별협약의 내용만 관리하지 않을 뿐이고, 과제의 구성과 진행에 대한 이력은 중요하게 관리해야 한다. 총괄과제에 대한 세부과제는 그 수행 기관이 변경될 수 있고, 세부과제 간에 사업비 조정이 가능하다. 그러나 세부과제 구성을 변경할 수는 없다.

■ 논리 데이터 모델 표기법 예시

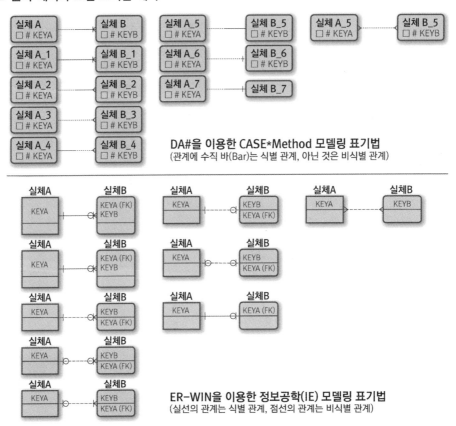

DA#을 이용한 CASE*Method 모델링 표기법
(관계에 수직 바(Bar)는 식별 관계, 아닌 것은 비식별 관계)

ER-WIN을 이용한 정보공학(IE) 모델링 표기법
(실선의 관계는 식별 관계, 점선의 관계는 비식별 관계)

[그림 부록B-1] 논리 데이터 모델 표기법 예시

정답 및 해설

■ 표준화 정의서 정답

데이터 표준화 기본원칙	
구성요소	**표준화 기본원칙 내용**
공통 원칙	관용화된 용어를 우선하여 사용한다.
	영문명(물리명) 전환 시 발음식은 지양한다.
	일반적인 명명규칙 시 띄어쓰기는 하지 않는다.
	한글명에 대해서는 복수의 영문명을 허용하지 않는다(동음이의어 불가).
	영문명에 대해서는 복수의 한글명을 허용한다(이음동의어 허용).
표준 용어	1. '~일자', '~일' 등 날짜를 의미하는 용어는 '~일자'로 통일하여 사용한다.
	2. 적용일자, 유효일자 등의 내용은 유효일자로 통일하여 사용한다.
	3. 용어는 띄어쓰기를 허용하지 않는다.
	4. 용어의 길이는 한글의 경우 12자 예내, 영문의 경우 24자 이내로 제한한다.
	5. 단독 인조식별자로서의 일련번호, ID, SEQ는 ID로 통일한다.
	6. 영문 약어의 경우 5자 이내로 제한한다.
	7. 필요시 단어와 단어의 구분은 _(언더바)로 한다.
표준 코드	1. 코드성 속성은 맨 뒤에 '코드'를 붙인다. 예) 상태코드, 결과코드
	2. 코드는 알파벳과 문자열을 조합하여 일정한 길이로 구성한다.
	3. 코드 속성에는 기본적으로 3자리 문자열인 코드 도메인을 지정한다.
	4. 코드는 전체 모델 내에서 유일하게 정의한다.
표준 도메인	1. 표준 도메인은 기본적으로 Number, String, Datetime으로 정의한다
	2. 원화금액 도메인은 (18,0)로 정의한다.
	3. 외화금액 도메인은 (18,2)로 정의한다.
	4. 상세 도메인의 구별이 필요한 경우는 별도의 원칙으로 정의한다.

표준 용어	
표준 용어	**설명**
과제	정부출연금 및 기관분담금으로 필요한 경비를 마련하여 일정한 기간과 계획에 따라 결과를 만들어 내는 활동
개별과제	단기과제의 경우에 한하여 참여하는 대학이나 산학연이 공동으로 수행할 수 있는 과제 단위를 말함.
개인	과제를 신청하는 단위로 순수 개인을 말함.
과제수행 계획	과제를 수행고자 하는 참여기관 또는 단체에서 작성하는 과제 수행계획서를 말함.
과제참여율	여러 기관이 하나의 과제에 복수 참여할 경우 각 과제별 해당 기관의 과제 참여율을 말함.
과제책임자	참여 및 위탁기관에서 과제를 책임지고 수행하게 될 수행 책임자를 말함.
단기과제	1년 이내의 수행기간을 갖는 과제를 단기과제라고 말함.
부적격업체	사업에 응모하는 기업들의 부적격 지원 방지를 위해 관리하고자 함.
사업	하나의 사업은 여러 개의 과제를 담을 수 있는 관리단위를 말함.
사업공고	산업기술진흥을 위해 추진하는 사업에 대한 홈페이지 등의 공고를 말함.
사업번호	산업기술진흥을 위해 추진하는 사업을 관리하기 위하여 부여하는 관리번호를 말함.
사업비	사업에 필요한 예산을 말함.

사업비편성내역	사업 추진 시 필요한 예산에 대한 항목별 편성내역을 말함.
세부과제 소재지	총괄과제의 경우 이를 구성하는 세부과제를 말하는 것으로 각 세부과제는 별도의 기관별로 수행할 수 있음.
수행기간	사업에 필요한 수행 기간을 말함.
신청기관	사업을 신청한 신청 기관을 말함.
신청일자	사업을 신청한 신청일자를 말함.
우편번호	사업 신청 기관의 행정동 우편번호를 말함.
위탁기관	과제 중 일부를 별도의 기관에게 위탁하여 수행하고자 하는 경의 기관을 말함.
정부분담금	전체 사업비 총액 중에서 정부가 분담하게 되는 일정 비율의 금액을 말함.
주관기관	사업 또는 과제를 주도적으로 수행하게 되는 기관을 말함.
지역구분	행정동 우편번호에 의한 분류가 아닌 본 사업의 발주자가 별도로 관리하고자 하는 지역구분 성격의 분류단위
총괄과제	중·장기 사업의 경우 총괄과제를 구성할 수 있으며 이는 별도의 세부과제를 구성할 수 있는 단위를 말함.

표준 코드		
표준 코드	코드 값	설명
상세경력정보구분	01	정부출연과제수행실적
	02	산업재산권
	03	연구 논문 및 저서
권리구분	01	특허
	02	실용신안
	03	프로그램저작권
	04	의장권
	05	상표권
저술구분	01	저서
	02	논문
계좌구분	01	사업비계좌
	02	평가수당지급계좌
수행주체구분	11	기관-연구소-국공립연구소
	12	기관-연구소-정부출연연구소
	13	기관-연구소-정부투자연구기관
	14	기관-연구소-민간연구소
	15	기관-대학교
	16	기관-기업
	20	개인
	30	직원
참여역할코드	11	총괄책임자
	12	과제책임자
	13	참여연구원
	21	주관기관
	22	참여기관
	23	위탁기관
사업수행결과코드	01	성공
	02	실패

관계구분	01	대표자
	02	소속
연락처구분	11	기관대표전화번호
	12	개인무선전화번호
	13	개인근무지팩스번호
	14	기관대표팩스번호
	15	개인거주지전화번호
	16	개인근무지전화번호
	21	기관 대표 이메일
	22	개인 이메일
	31	기관소재지주소
	32	개인거주지주소
	33	개인근무지주소

표준 도메인		
도메인 유형	도메인	도메인 값
번호	사업번호	VARCHAR(10)
	사업자등록번호	VARCHAR(10)
	법인등록번호	VARCHAR(11)
	주민등록번호	VARCHAR(13)
	접수번호	VARCHAR(5)
	과제번호	VARCHAR(3)
문자	ID	VARCHAR(10)
	명	VARCHAR(100)
	기준	VARCHAR(200)
	설명	VARCHAR(1000)
	적요	VARCHAR(100)
일자	년도	CHAR(4)
	년월	CHAR(6)
	일자	Date
	일시	Timestamp
금액	차수	NUMBER(5)
	비율	NMBER(5,2)
	원화금액	NUMBER(18,0)
	외화금액	NUMBER(18,2)

■ 표준화 정의서 해설

데이터 표준화를 정의한다는 것은 기업 내 서로 다른 사용자들에게 동일한 사실을 왜곡되지 않고 정확하게 전달하고 의사소통하기 위한 표준을 수립하는 것이다. 이는 기업 내 현업 사용자뿐만 아니라 정보시스템을 사용하거나 개발하는 모든 사용자(사내 직원 및 프로젝트 개발을 위한 외주사 포함)를 대상으로 하고 있는 만큼 중요한 작업 중의 하나이다. 데이터 표준화를 진행하기 위해서 우선 실시해야 하는 일은 해당 기업의 비즈니스를 철저하게 분석하고 숙지해야 한다는 것이다. 실제 비즈니스를 이해해야 이음동의어, 동음이의어, 금칙어 등 표준화 시스템에서 작업해야 하는 일에 대한 정확성이 높아진다. 즉 현업 사용자들이 어떤 용어를 어떤 의미로 사용하고 있는지 확인을 해야 하며, 사용하는 그 용어들은 전사적으로 보편 타당하게 사용하고 있는지 아니면 특정 부서나 특정 사용자들만 사용하고 있는지, 또 해당 시스템은 현업들이 사용하는 업무 용어와 일치하게 시스템이 개발되고 표준들이 만들어져 있고 유지보수되는지 등의 사항들을 점검한다.

표준화 정의 작업은 번거롭고 복잡하며 절차 또한 반복작업이 필요한 관계로 전체적으로 충분한 사례로 살펴 보기에는 한계가 있다. 본 예제에서는 원칙 및 표준화 구성요소(용어, 단어, 코드, 도메인)별 간단한 정의를 하는 것으로 대신하고자 한다.

첫번째, 데이터 표준화 기본원칙에 대한 작업이다.

표준화 기본원칙이라는 것은 세부 지침을 구성하는 대 원칙에 준하는 내용으로 구체적이거나 상세적으로 정의하지 않고 반드시 준수해야 할 기본사항에 대한 부분을 정의한다. 이는 각 구성요소별 세부 원칙이 있기 때문이다. 표준화 기본 원칙을 정의하는 경우, 현행 시스템에서 사용하고 있던 표준화 원칙 문서의 분석을 통한 개선사항들을 찾아서 정리하고, 아울러 시스템을 운영해오면서 필요했던 추가적인 보완사항 및 시정할 사항에 대한 내용을 전체적인 관점에서 누락 없이 정리하고 이를 포함하여 작성한다. 지침 수순의 상세한 작성은 표준화 구성요소(용어, 단어, 코드, 도메인)별 별도의 문서를 작성한다.

[표 부록B-1] 데이터 표준화 기본원칙

구성요소	표준화 기본원칙 내용
공통 원칙	관용화된 용어를 우선하여 사용한다.
	영문명(물리명) 전환 시 발음식은 지양한다.
	일반적인 명명규칙 시 띄어쓰기는 하지 않는다.
	한글명에 대해서는 복수의 영문명을 허용하지 않는다(동음이의어 불가).
	영문명에 대해서는 복수의 한글명을 허용한다(이음동의어 허용).
표준 용어	1. '~일자', '~일' 등 날짜를 의미하는 용어는 '~일자'로 통일하여 사용한다.
	2. 적용일자, 유효일자 등의 내용은 유효일자로 통일하여 사용한다.
	3. 용어는 띄어쓰기를 허용하지 않는다.
	4. 용어의 길이는 한글의 경우 12자 어내, 영문의 경우 24자 이내로 제한한다.
	5. 단독 인조식별자로서의 일련번호, ID, SEQ는 ID로 통일한다.
	6. 영문 약어의 경우 5자 이내로 제한한다.
	7. 필요시 단어와 단어의 구분은 _(언더바)로 한다.
표준 코드	1. 코드성 속성은 맨 뒤에 '코드'를 붙인다. 예, 상태코드, 결과코드
	2. 코드는 알파벳과 문자열을 조합하여 일정한 길이로 구성한다.
	3. 코드 속성에는 기본적으로 3자리 문자열인 코드 도메인을 지정한다.
	4. 코드는 전체 모델 내에서 유일하게 정의한다.
표준 도메인	1. 표준 도메인은 기본적으로 Number, String, Datetime으로 정의한다.
	2. 원화금액 도메인은 (18,0)로 정의한다.
	3. 외화금액 도메인은 (18,2)로 정의한다.
	4. 상세 도메인의 구별이 필요한 경우는 별도의 원칙으로 정의한다.

두번째, 표준 용어에 대한 작업이다.

　표준 용어 작업은 서두에서 이야기했듯이 기업의 비즈니스를 이해하는 가장 중요한 작업이다. 따라서 해당 기업에서 사용하는 업무적 용어에 대한 뜻과 의미를 전사적으로 통일하고 정확하게 정리해야 한다. 이는 현업 및 정보시스템 사용자를 비롯한 외부 관련자들까지도 당사의 비즈니스를 정확하게 이해할 수 있는 효율적인 의사소통의 선결 도구이다. 많은 업무적 용어들이 있을 수 있으나 본 예제에서는 중요한 용어의 정의로 마무리한다.

[표 부록B-2] 표준 용어

표준 용어	설명
과제	정부출연금 및 기관분담금으로 필요한 경비를 마련하여 일정한 기간과 계획에 따라 결과를 만들어 내는 활동
개별과제	단기과제의 경우에 한하여 참여하는 대학이나 산학연이 공동으로 수행할 수 있는 과제 단위를 말함.
개인	과제를 신청하는 단위로 순수 개인을 말함.
과제수행 계획	계획 과제를 수행고자 하는 참여기관 또는 단체에서 작성하는 과제 수행계획서를 말함.
과제참여율	여러 기관이 하나의 과제에 복수 참여할 경우 각 과제별 해당 기관의 과제 참여율을 말함.
과제책임자	참여 및 위탁기관에서 과제를 책임지고 수행하게 될 수행 책임자를 말함.
단기과제	1년 이내의 수행기간을 갖는 과제를 단기과제라고 말함.
부적격업체	사업에 응모하는 기업들의 부적격 지원 방지를 위해 관리하고자 함.
사업	하나의 사업은 여러 개의 과제를 담을 수 있는 관리단위를 말함.
사업공고	산업기술진흥을 위해 추진하는 사업에 대한 홈페이지 등의 공고를 말함.
사업번호	산업기술진흥을 위해 추진하는 사업을 관리하기 위하여 부여하는 관리번호를 말함.
사업비	사업에 필요한 예산을 말함.
사업비편성내역	사업 추진 시 필요한 예산에 대한 항목별 편성내역을 말함.
세부과제 소재지	총괄과제의 경우 이를 구성하는 세부과제를 말하는 것으로 각 세부과제는 별도의 기관별로 수행할수 있음.
수행기간	사업에 필요한 수행 기간을 말함.
신청기관	사업을 신청한 신청 기관을 말함.
신청일자	사업을 신청한 신청일자를 말함.
우편번호	사업 신청 기관의 행정동 우편번호를 말함.
위탁기관	과제 중 일부를 별도의 기관에게 위탁하여 수행하고자 하는 경의 기관을 말함.
정부분담금	전체 사업비 총액 중에서 정부가 분담하게 되는 일정 비율의 금액을 말함.
주관기관	사업 또는 과제를 주도적으로 수행하게 되는 기관을 말함.
지역구분	행정동 우편번호에 의한 분류가 아닌 본 사업의 발주자가 별도로 관리하고자 하는 지역구분 성격의 분류 단위
총괄과제	중·장기 사업의 경우 총괄과제를 구성할 수 있으며 이는 별도의 세부과제를 구성할 수 있는 단위를 말함.

　세번째, 표준 코드에 대한 작업이다.

　표준 코드 정의는 수 많은 값에 대한 분류를 한다는 것과 이를 활용한 분석을 하는 것을 함께 염두에 두고 작업을 한다. 데이터 관리의 최종 목적은 다양한 데이터를 이용한 효율적인 분석작업의 결과로써 경영의 의사결정을 지원하는 것으로 이는 표준 코드로부터 시작한다. 본 예제 외에도 데이터를 분류하기 위한 표준 코드들이 있으나 추가적인 작업은 생략한다.

[표 부록B-3] 표준 코드

표준 코드	코드 값	설명
상세경력정보구분	01	정부출연과제수행실적
	02	산업재산권
	03	연구 논문 및 저서
권리구분	01	특허
	02	실용신안
	03	프로그램저작권
	04	의장권
	05	상표권
저술구분	01	저서
	02	논문
계좌구분	01	사업비계좌
	02	평가수당지급계좌
수행주체구분	11	기관-연구소-국공립연구소
	12	기관-연구소-정부출연연구소
	13	기관-연구소-정부투자연구기관
	14	기관-연구소-민간연구소
	15	기관-대학교
	16	기관-기업
	20	개인
	30	직원
참여역할코드	11	총괄책임자
	12	과제책임자
	13	참여연구원
	21	주관기관
	22	참여기관
	23	위탁기관
사업수행결과코드	01	성공
	02	실패
관계구분	01	대표자
	02	소속
연락처구분	11	기관대표전화번호
	12	개인무선전화번호
	13	개인근무지팩스번호
	14	기관대표팩스번호
	15	개인거주지전화번호
	16	개인근무지전화번호
	21	기관 대표 이메일
	22	개인 이메일
	31	기관소재지주소
	32	개인거주지주소
	33	개인근무지주소

네번째, 마지막으로 표준 도메인에 대한 작업이다.

표준 용어, 표준 코드를 정의하였다면 이제는 각 표준 용어가 시스템에서 관리되기 위해 필요한 물리적 자릿수를 결정하기 위한 도메인 표준을 정의하고 모든 표준 용어에 정의된 도메인을 매핑 또는 연결함으로써 표준을 준수하고 유지보수를 용이하게 할 수 있다. 표준 도메인은 표준어의 물리적 성격을 대표하는 것이므로 불필요한 도메인을 많이 만들기보다는 필요한 도메인만을 정의하고 활용하는 것으로 한다.

[표 부록B-4] 표준 도메인

표준 도메인		
도메인 유형	도메인	도메인 값
번호	사업번호	VARCHAR(10)
	사업자등록번호	VARCHAR(10)
	법인등록번호	VARCHAR(11)
	주민등록번호	VARCHAR(13)
	접수번호	VARCHAR(5)
	과제번호	VARCHAR(3)
문자	ID	VARCHAR(10)
	명	VARCHAR(100)
	기준	VARCHAR(200)
	설명	VARCHAR(1000)
	적요	VARCHAR(100)
일자	년도	CHAR(4)
	년월	CHAR(6)
	일자	Date
	일시	Timestamp
금액	차수	NUMBER(5)
	비율	NMBER(5,2)
	원화금액	NUMBER(18,0)
	외화금액	NUMBER(18,2)

표준화 작업은 해당 기업의 정보시스템 구축을 위해서만 필요한 것이기보다는 현업사용자와 현업사용자, 현업사용자와 정보시스템 사용자, 정보시스템 사용자와 정보시스템 사용자 간 의사소통의 중요한 도구로서 인식되어야 한다.

■ 논리 데이터 모델 정답

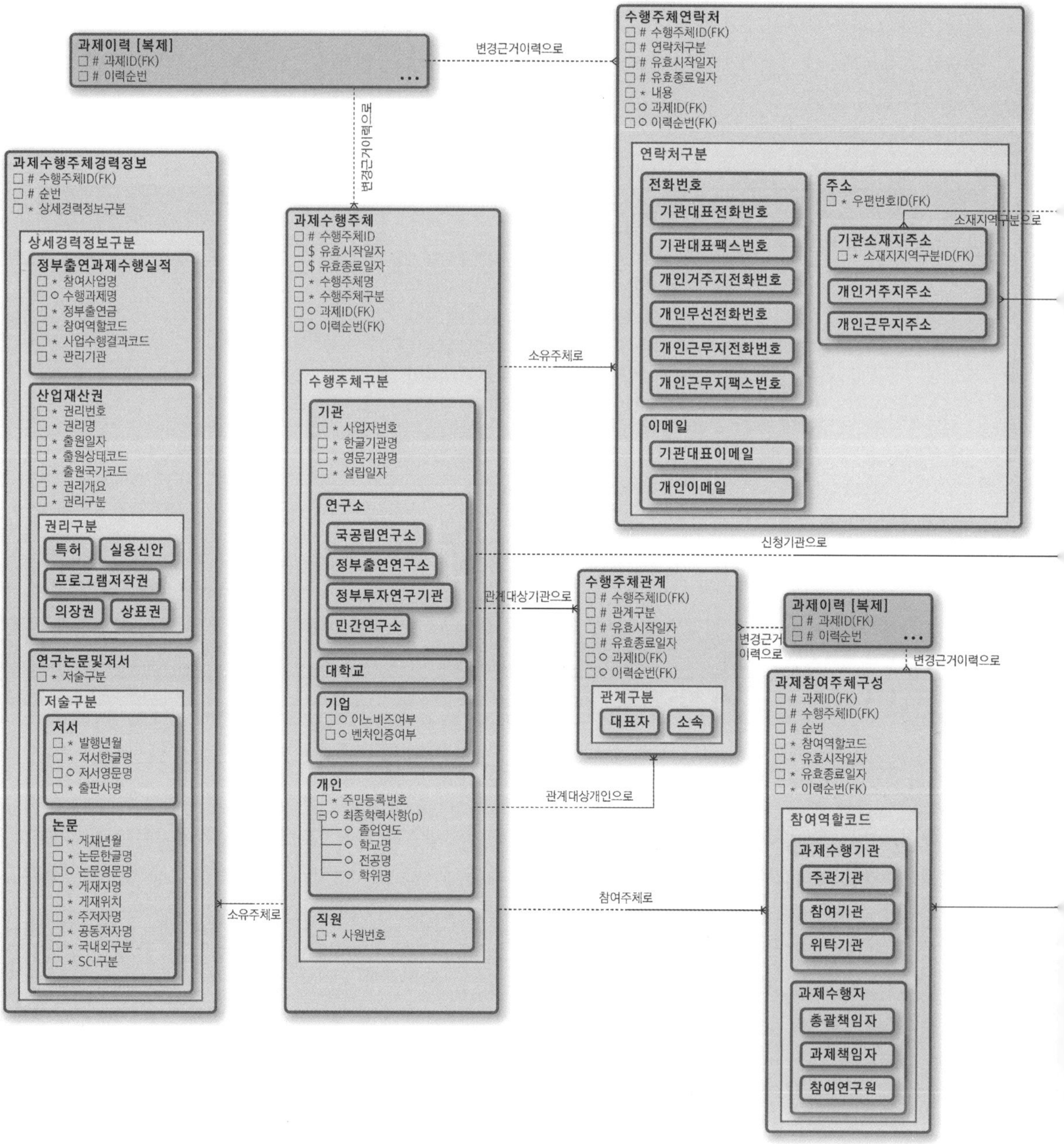
과제이력 [복제]
□ # 과제ID(FK)
□ # 이력순번
변경근거이력으로
수행주체연락처
□ # 수행주체ID(FK)
□ # 연락처구분
□ # 유효시작일자
□ # 유효종료일자
□ * 내용
□ ○ 과제ID(FK)
□ ○ 이력순번(FK)
연락처구분
전화번호
기관대표전화번호
기관대표팩스번호
개인거주지전화번호
개인무선전화번호
개인근무지전화번호
개인근무지팩스번호
이메일
기관대표이메일
개인이메일
주소
□ * 우편번호ID(FK)
소재지역구분으로
기관소재지주소
□ * 소재지지역구분ID(FK)
개인거주지주소
개인근무지주소
변경근거이력으로
과제수행주체경력정보
□ # 수행주체ID(FK)
□ # 순번
□ * 상세경력정보구분
상세경력정보구분
정부출연과제수행실적
□ * 참여사업명
□ ○ 수행과제명
□ * 정부출연금
□ * 참여역할코드
□ * 사업수행결과코드
□ * 관리기관
산업재산권
□ * 권리번호
□ * 권리명
□ * 출원일자
□ * 출원상태코드
□ * 출원국가코드
□ * 권리개요
□ * 권리구분
권리구분
특허
실용신안
프로그램저작권
의장권
상표권
연구논문및저서
□ * 저술구분
저술구분
저서
□ * 발행년월
□ * 저서한글명
□ ○ 저서영문명
□ * 출판사명
논문
□ * 게재년월
□ * 논문한글명
□ ○ 논문영문명
□ * 게재지명
□ * 게재위치
□ * 주저자명
□ * 공동저자명
□ * 국내외구분
□ * SCI구분
소유주체로
과제수행주체
□ # 수행주체ID
□ $ 유효시작일자
□ $ 유효종료일자
□ * 수행주체명
□ * 수행주체구분
□ ○ 과제ID(FK)
□ ○ 이력순번(FK)
소유주체로
수행주체구분
기관
□ * 사업자번호
□ * 한글기관명
□ * 영문기관명
□ * 설립일자
연구소
국공립연구소
정부출연연구소
정부투자연구기관
민간연구소
대학교
기업
□ ○ 이노비즈여부
□ ○ 벤처인증여부
개인
□ * 주민등록번호
□ ○ 최종학력사항(p)
○ 졸업연도
○ 학교명
○ 전공명
○ 학위명
직원
□ * 사원번호
신청기관으로
관계대상기관으로
수행주체관계
□ # 수행주체ID(FK)
□ # 관계구분
□ # 유효시작일자
□ # 유효종료일자
□ ○ 과제ID(FK)
□ ○ 이력순번(FK)
관계구분
대표자
소속
관계대상개인으로
변경근거이력으로
과제이력 [복제]
□ # 과제ID(FK)
□ # 이력순번
변경근거이력으로
과제참여주체구성
□ # 과제ID(FK)
□ # 수행주체ID(FK)
□ # 순번
□ * 참여역할코드
□ * 유효시작일자
□ * 유효종료일자
□ * 이력순번(FK)
참여역할코드
과제수행기관
주관기관
참여기관
위탁기관
과제수행자
총괄책임자
과제책임자
참여연구원
참여주체로

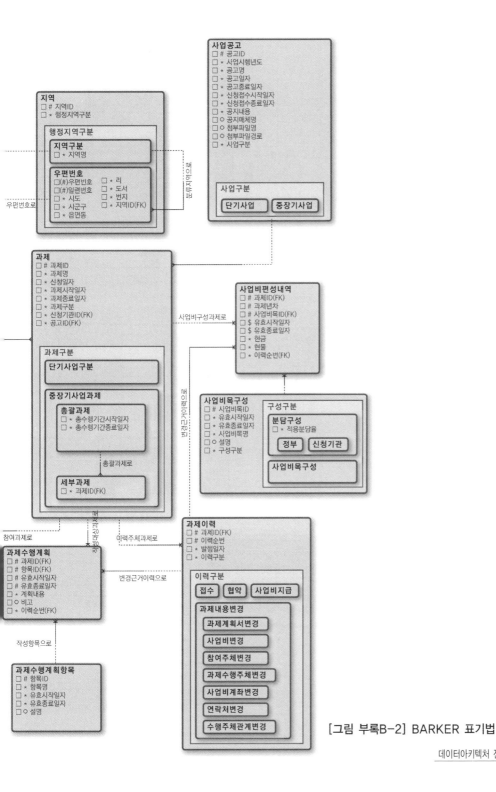

사업공고
- □ # 공고ID
- □ * 사업시행년도
- □ * 공고명
- □ * 공고일자
- □ * 공고종료일자
- □ * 신청접수시작일자
- □ * 신청접수종료일자
- □ * 공지내용
- □ ○ 공지매체명
- □ ○ 첨부파일명
- □ ○ 첨부파일경로
- □ * 사업구분

사업구분
| 단기사업 | 중장기사업 |

지역
- □ # 지역ID
- □ * 행정지역구분

행정지역구분

지역구분
- □ * 지역명

우편번호
- □ (#)우편번호
- □ (#)일련번호
- □ * 시도   □ * 리
- □ * 시군구   □ * 도서
- □ * 읍면동   □ * 번지
                  □ * 지역ID(FK)

우편번호로

과제
- □ # 과제ID
- □ * 과제명
- □ * 신청일자
- □ * 과제시작일자
- □ * 과제종료일자
- □ * 과제구분
- □ * 신청기관ID(FK)
- □ 공고ID(FK)

과제구분

단기사업구분

중장기사업과제

총괄과제
- □ * 총수행기간시작일자
- □ * 총수행기간종료일자

총괄과제로

세부과제
- □ * 과제ID(FK)

사업비편성내역
- □ # 과제ID(FK)
- □ # 과제년차
- □ # 사업비목ID(FK)
- □ $ 유효시작일자
- □ $ 유효종료일자
- □ * 현금
- □ * 현물
- □ * 이력순번(FK)

사업비구성과제로

사업비목구성
- □ # 사업비목ID
- □ * 유효시작일자
- □ * 유효종료일자
- □ * 사업비목명
- □ ○ 설명
- □ * 구성구분

구성구분

분담구성
- □ * 적용분담율

| 정부 | 신청기관 |

사업비목구성

참여과제로

과제수행계획
- □ # 과제ID(FK)
- □ # 항목ID(FK)
- □ # 유효시작일자
- □ # 유효종료일자
- □ * 계획내용
- □ ○ 비고
- □ * 이력순번(FK)

이력주체과제로

변경근거이력으로

과제이력
- □ # 과제ID(FK)
- □ # 이력순번
- □ * 발행일자
- □ * 이력구분

이력구분

| 접수 | 협약 | 사업비지급 |

과제내용변경

| 과제계획서변경 |
| 사업비변경 |
| 참여주체변경 |
| 과제수행주체변경 |
| 사업비계좌변경 |
| 연락처변경 |
| 수행주체관계변경 |

작성항목으로

과제수행계획항목
- □ # 항목ID
- □ * 항목명
- □ * 유효시작일자
- □ * 유효종료일자
- □ ○ 설명

[그림 부록B-2] BARKER 표기법

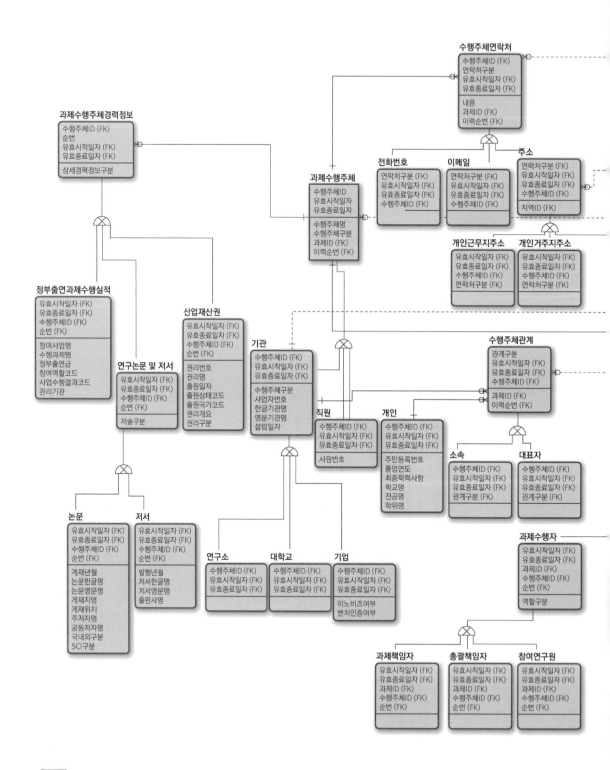

수행주체연락처
- 수행주체ID (FK)
- 연락처구분
- 유효시작일자 (FK)
- 유효종료일자 (FK)

- 내용
- 과제ID (FK)
- 이력순번 (FK)

과제수행주체경력정보
- 수행주체ID (FK)
- 순번
- 유효시작일자 (FK)
- 유효종료일자 (FK)

- 상세경력정보구분

전화번호
- 연락처구분
- 유효시작일자 (FK)
- 유효종료일자 (FK)
- 수행주체ID (FK)

이메일
- 연락처구분 (FK)
- 유효시작일자 (FK)
- 유효종료일자 (FK)
- 수행주체ID (FK)

주소
- 연락처구분 (FK)
- 유효시작일자 (FK)
- 유효종료일자 (FK)
- 수행주체ID (FK)

- 지역ID (FK)

과제수행주체
- 수행주체ID
- 유효시작일자
- 유효종료일자

- 수행주체명
- 수행주체구분
- 과제ID (FK)
- 이력순번 (FK)

개인근무지주소
- 유효시작일자 (FK)
- 유효종료일자 (FK)
- 수행주체ID (FK)
- 연락처구분 (FK)

개인거주지주소
- 유효시작일자 (FK)
- 유효종료일자 (FK)
- 수행주체ID (FK)
- 연락처구분 (FK)

정부출연과제수행실적
- 유효시작일자 (FK)
- 유효종료일자 (FK)
- 수행주체ID (FK)
- 순번 (FK)

- 참여사업명
- 수행과제명
- 정부출연금
- 참여역할코드
- 사업수행결과코드
- 관리기관

산업재산권
- 유효시작일자 (FK)
- 유효종료일자 (FK)
- 수행주체ID (FK)
- 순번 (FK)

- 권리번호
- 권리명
- 출원일자
- 출원상태코드
- 출원국가코드
- 권리개요
- 권리구분

기관
- 수행주체ID (FK)
- 유효시작일자 (FK)
- 유효종료일자 (FK)

- 수행주체구분
- 사업자번호
- 한글기관명
- 영문기관명
- 설립일자

수행주체관계
- 관계구분
- 유효시작일자 (FK)
- 유효종료일자 (FK)
- 수행주체ID (FK)

- 과제ID (FK)
- 이력순번 (FK)

연구논문 및 저서
- 유효시작일자 (FK)
- 유효종료일자 (FK)
- 수행주체ID (FK)
- 순번 (FK)

- 저술구분

직원
- 수행주체ID (FK)
- 유효시작일자 (FK)
- 유효종료일자 (FK)

- 사원번호

개인
- 수행주체ID (FK)
- 유효시작일자 (FK)
- 유효종료일자 (FK)

- 주민등록번호
- 졸업연도
- 최종학력사항
- 학교명
- 전공명
- 학위명

소속
- 수행주체ID (FK)
- 유효시작일자 (FK)
- 유효종료일자 (FK)
- 관계구분 (FK)

대표자
- 수행주체ID (FK)
- 유효시작일자 (FK)
- 유효종료일자 (FK)
- 관계구분 (FK)

논문
- 유효시작일자 (FK)
- 유효종료일자 (FK)
- 수행주체ID (FK)
- 순번 (FK)

- 게재년월
- 논문한글명
- 논문영문명
- 게재지명
- 게재위치
- 주저자명
- 공동저자명
- 국내외구분
- SCI구분

저서
- 유효시작일자 (FK)
- 유효종료일자 (FK)
- 수행주체ID (FK)
- 순번 (FK)

- 발행년월
- 저서한글명
- 저서영문명
- 출판사명

연구소
- 수행주체ID (FK)
- 유효시작일자 (FK)
- 유효종료일자 (FK)

대학교
- 수행주체ID (FK)
- 유효시작일자 (FK)
- 유효종료일자 (FK)

기업
- 수행주체ID (FK)
- 유효시작일자 (FK)
- 유효종료일자 (FK)

- 이노비즈여부
- 벤처인증여부

과제수행자
- 유효시작일자 (FK)
- 유효종료일자 (FK)
- 과제ID (FK)
- 수행주체ID (FK)
- 순번 (FK)

- 역할구분

과제책임자
- 유효시작일자 (FK)
- 유효종료일자 (FK)
- 과제ID (FK)
- 수행주체ID (FK)
- 순번 (FK)

총괄책임자
- 유효시작일자 (FK)
- 유효종료일자 (FK)
- 과제ID (FK)
- 수행주체ID (FK)
- 순번 (FK)

참여연구원
- 유효시작일자 (FK)
- 유효종료일자 (FK)
- 과제ID (FK)
- 수행주체ID (FK)
- 순번 (FK)

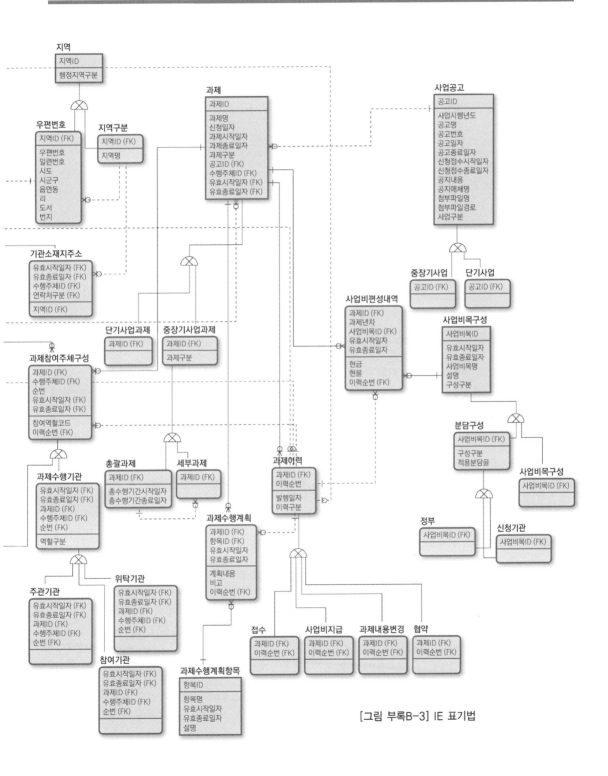

[그림 부록B-3] IE 표기법

■ 논리 데이터 모델 해설

먼저 이 회사에서 구축하고자 하는 통합시스템의 업무 요건을 충분히 숙지하여야 한다. 이를 통해 해당 업무에서 요구하고 있는 데이터 집합(엔터티)의 후보를 도출하고 이를 정련시키는 일련의 작업을 수행해야 한다. 엔터티 후보의 식별을 위해서는 업무 요건 중에서 명사형으로 사용된 단어들에 대해 다음의 세 가지 단계를 간략하게 검증함으로써 객관화가 가능하다.

- 후보 엔터티의 개념 정립을 명확히 한다.
- '우리가 관리하고자 하는' 것인지를 따져 본다.
- '가로와 세로를 가진 면적(집합)'인지를 확인하는 것이다.

이러한 기준으로 엔터티 후보를 도출하여 보면 엔터티 후보로는 과제, 과제수행계획, 기관, 주관기관, 참여기관, 위탁기관, 대학교, 국공립연구소, 정부출연연구소, 정부투자연구기관, 민간기업, 민간연구소, 개인, 사업공고, 사업비편성내역, 지역(아마도 행정지역을 뜻하는 것이다), 총괄책임자, 과제책임자, 참여연구원, 총괄과제, 세부과제 등을 추출할 수 있다.

이들 중에서 핵심(KEY) 즉, 데이터 구조의 골격에 해당하는 데이터 집합을 구분하여 보면 다음과 같다. 이 범주에 해당하는 데이터 집합들이 데이터 모델의 가장 상위에 존재하는 데이터 집합이라고 할 수 있다.

- 사업 공고 : 아마도 사업이라는 상위 엔터티(KEY Entity에 속한다)가 존재할 수도 있겠지만 여기에서는 생략되었다고 보여진다.
- 과제(과제 신청) : 여기에서는 과제신청보다는 과제라는 엔터티 명이 더 바람직하다. 왜냐하면 과제 신청이라는 행위자체를 관리하는 것보다는 신청되어진 과제 자체를 관리하는 목적이기 때문이다. 이 엔터티는 현재의 업무 내용에서는 핵심 엔터티라고 할 수 있다.
- 과제수행계획 : 업무 요구사항을 보면 과제를 생성하기 위해서 과제수행계획을 제출하도록 요구받고 있고 또한 이를 관리하여야 한다. 하지만 이것은 각 과제에 대한 수행계획이므로 핵심 엔터티라고 볼 수는 없다. 행위 엔터티에 속한다.
- 사업비편성내역 : 위의 과제수행계획과 비슷한 성격의 데이터 집합이라고 볼 수 있다. 즉 각 과제당 정해진 항목과 비목 별로 각 사업비에 대한 내역을 제출하게 되어 있다. 이 부분 또한 행위 엔터티라고 볼 수 있다.
- 기관 : 이 부분에 대한 정의는 전체 데이터 구조의 완전성, 확장성을 담보하기 위해서는 신중한 접근이 필요한 부분이라고 할 수 있다. 과제를 수행하는 다양한 형태의 기관들과 해당 기관에 속해있는 사람들에 대한 정의를 어떤 모습으로 할 것인가가 중요하다. 과제 수행 주체로서의 역할을 하는 매우 중요한 개체 집합이라고 할 수 있다. 따라서 이 데이터 집합은 핵심 엔터티이다.
- 주관기관, 참여기관, 위탁기관 : 이러한 형태의 엔터티 후보들은 특징적으로 보면 마치 무슨 기관을 관리하는 개체 집합처럼 보이지만 실제로는 그렇지 않은 것이 보통이다. 즉, 위의 주관기관을 보면 '주관'이라는 행위(과제 참여에 있어서의 참여 형태가 '주관참여'라는 형태임)와 위의 '기관'이라는 물리적인 개체와의 혼합된 형태임을 알 수 있다. 대개 이러한 형태의 후보들은 엔터티가 되기보다는 각 엔터티 사이의 관계(Relationship)일 가능성이 높다. 여기에서는 '기관' 엔터티와 '과제' 엔터티 사이의 관계이다. 마찬가지로 '참여기관', '위탁기관'도 동일한 형태의 엔터티 후보라고 할 수 있다.
- 대학교 : 여기에서의 대학교는 큰 의미에서는 '기관'의 하나의 형태라고 볼 수 있다. 그래서 향후에 '기관' 엔터티의 하나의 서브타입이 될 가능성이 높다.
- 국공립연구소, 정부출연연구소, 정부투자연구기관, 민간기업, 민간연구소 : '기관'과 같이 과제를 수행함에 있어서 여러 가지의 역할로 참여할 수 있는 과제참여 주체의 한 형태라고 볼 수 있다. 과제 참여 형태는 가까운 미래에는 더욱 확대될 가능성도 있다고 보여진다. 그렇기 때문에 이러한 형태의 행위 주체들이 될 가능성이 있는 집합이 유연성을 가지고 있어야 한다. 데이터 모델링 단계에서 데이터 집합 차원의 이러한 판단들이 향후 업무의 유연성, 확장성에도 지대한 영향을 미치게 된다.

● 개인 : 과제에 참여하는 관련자를 지칭하는 단어이다. 참여의 구분을 과제 책임자, 참여 연구원, 총괄책임자 등으로 구별하여 해당 과제에 참여할 수 있다고 보고 있다. 여기에서 중요하게 생각해야 할 부분이 있다. 문제에서 정확하게 표현하고 있는 것처럼 과제에 참여하고 있는 개인의 역할(책임자, 참여 연구자, 총괄책임자 등)을 관리하여야 하고 또한 개인이 특정기관, 기업체에 근무하는 근무이력 사항에 대한 데이터도 관리하고자 하고 있다. 과제에 참여하는 주체는 기관도 될 수 있고 개인도 될 수 있다. 또한 각 기관, 개인은 해당 과제에 특정 역할로 참여할 수 있다. 이러한 것들은 만족할 수 있는 데이터 구조가 필요하다.

● 지역 : 문제에서는 우편번호와 구분되어지는 지역을 관리할 필요가 있다고 명시하고 있다. 공식적으로 관리되고 있는 우편번호는 일반적인 주소를 관리하는 용도로 사용한다. 하지만 기관 소재지에 대해서는 우편번호와는 별개로 임의의 지역구분을 가지고 관리하고자 한다. 여기에서 지역구분은 몇 개의 우편번호를 임의로 그루핑하여 사용하는 것으로 간주할 수 있겠다.

이 정도의 엔터티 후보들에 대해서 단어를 도출하고 개략적인 개념을 정리하였다. 이것들에 대해서 엔터티를 우선순위 기준으로 분류하여 중요한 엔터티(핵심 엔터티)를 먼저 정의하고 이들간의 관계를 구분하여 아래와 같은 형태의 개념적인 데이터 모델을 완성하게 된다.

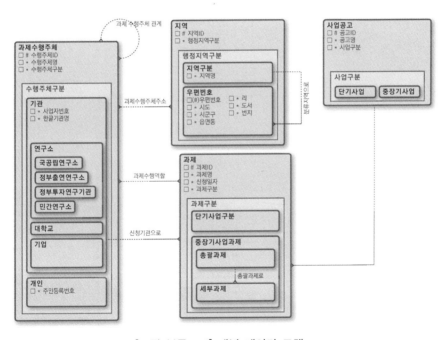

[그림 부록B-4] 개념 데이터 모델

[그림 부록B-4] 개념 모델을 살펴보면 해당 업무에서 사용되는 모든 데이터 집합이 도출되고 정의되어 있지는 않다. 개념 단계에서는 해당 업무에서 사용되는 핵심 데이터 집합을 정의하고 그들간의 관계를 정의할 수 있다. 여기에서는 핵심 데이터 집합에 해당하는 것은 과제를 수행하고 해당 시스템에서 모든 행위의 주체가 되는 집합인 '과제수행주체'가 정의될 수 있다. 또한 모든 행위의 대상이 되는 '과제'도 핵심 데이터 집합의 범주에 속한다. 과제는 크게 단기 사업과제와 중장기 사업과제로 구분할 수 있다. 특히 중장기 사업 과제에 대해서는 여러 기관이 하나의

총괄과제에 대해 여러 개의 세부과제를 구성하여 수행할 수 있기 때문에 과제에 대한 구분을 가지고 구분하고 있다. 정리하자면 결국은 행위의 주체인 '과제수행주체'와 행위의 대상인 '과제'를 정의하고 그들간의 관계(다양한 형태의 행위 및 업무)를 정의해 나아가면서 논리 데이터 모델이 정의되어진다.

또 하나의 다른 형태의 핵심 데이터 집합이라고 할 수 있는 것이 지역이다. '지역'은 '과제수행주체'들의 다양한 형태의 지역(기관소재지 주소, 개인 거주지 주소, 개인 근무지 주소)을 관리하고자 하는 목적으로 우편번호와 임의의 지역구분을 동시에 관리할 수 있는 형태의 핵심 데이터 집합을 정의할 수 있다.

위 개념 모델에서 '과제수행주체' 집합을 살펴보자. 이 집합은 우리 회사에서 구축하고자 하는 과제통합관리 시스템에서 사용될 행위의 주체에 해당하는 모든 데이터 집합을 통합한 형태이다. 크게 '기관'과 '개인'으로 구분하여 통합하였고 기관 내에서는 연구소, 대학교, 기업 등으로 구분하여 통합하였다. 설계에서는 단계적 기법의 데이터 구조를 상위 데이터 집합을 통합하고 이들의 형태를 결정하는 것은 매우 중요한 부분이다. 상위 데이터 집합의 형태에 따라서 해당 정보 시스템의 효율성과 확장성이 좌우되고 더 나아가서는 해당 업무 또는 그 기업의 비즈니스의 확장성과 효율성과 유연성을 결정짓는 중요한 요소이기 때문이다.

만약 대학교, 국공립연구소, 정부출연연구소, 정부투자연구기관, 민간기업, 민간연구소 등의 엔터티 후보를 도출하고 이것들을 별개의 각각의 엔터티로 정의한다고 가정해 보자. 이러한 형태의 데이터 모델이 불가능한 것은 아니다. 하지만 이것들을 각각 별개의 엔터티를 정의한 시스템에서는 가까운 미래에 조금 다른 형태의 연구기관, 정부기관이 추가된다면 그 때에는 또 다른 형태의 엔터티를 추가하여 대응할 수 밖에 없다. 즉, 조그만 업무의 확장에 대응하기 위해서 데이터 구조의 추가, 변경 같은 불가피한 상황이 초래될 것이다. 이렇듯 데이터 구조의 피라미드에서 상위에 속하는 데이터 집합들(대개의 경우 Key Entity가 여기에 속한다)은 최대한 통합을 고려해야 한다.

위에서 작성된 개념 데이터 모델을 조금 더 상세화하면 '과제수행주체' 엔터티와 '지역' 엔터티에는 현재 '과제수행주체주소'라는 M:M 관계가 존재한다. M:M 관계를 해소하게 되면 다음과 같은 교차 엔터티를 추가 생성하게 된다.

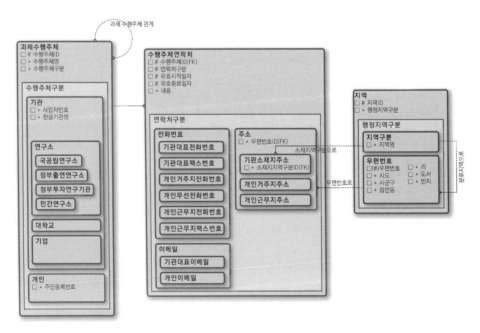

[그림 부록B-5] 과제수행주체와 지역의 M:M 관계 해소

[그림 부록B-5]의 데이터 모델에서와 같이 '개체수행주체'와 '지역' 엔터티의 M:M 관계를 해소하게 되면 '수행주체연락처'와 같은 교차엔터티를 생성할 수 있다. 여기에서는 문제의 지문에서 요구하는 연락처, 주소에 관련된 모든 사항들이 관리될 수 있는 형태로 구성되게 된다. 향후의 각각의 행위의 주체들이 이미 정의된 연락처의 유형 이외의 다른 형태의 연락처가 추가된다고 하더라도 위의 구조에서는 이를 자연스럽게 수용할 수 있는 형태의 데이터 구조가 된다.

다음으로는 '과제수행주체' 엔터티와 '과제' 엔터티 사이의 M:M 관계를 살펴보자. 이들간에는 '과제 수행역할'이라는 관계가 존재한다. 과제수행주체인 각 기관, 연구소, 대학교, 일반기업 등이 과제와 직접적인 과제수행기관으로써의 관계를 가진다. 둘 간에는 '과제' 엔터티와 '과제수행주체' 엔터티의 '개인'과의 관계가 존재하게 된다. 이것은 문제의 지문에 설명하고 있는 것처럼 총괄책임자, 과제책임자, 참여 연구원의 역할을 수행하게 된다. 실제 데이터 모델이 완성된 모습에서는 위의 두 가지 형태의 과제 수행 역할을 통합한다면 아래와 같은 형태의 데이터 구조가 생성되게 된다.

아래와 같이 '과제수행주체'와 '과제' 엔터티의 M:M 관계를 통합하여 '과제참여주체구성'이라는 새로운 형태의 엔터티를 추가할 수 있다. 이러한 형태의 데이터 구조는 앞으로 추가적으로 생겨날 수 있는 다양한 형태의 과제참여주체의 역할에 대해서도 유연하게 대응할 수 있는 데이터 구조라고 할 수 있다.

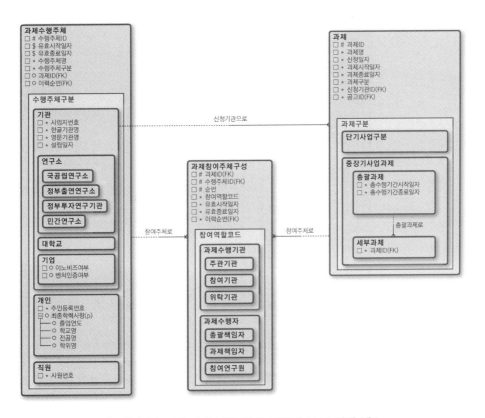

[그림 부록B-6] 과제수행주체와 과제의 M:M 관계 해소

다음은 '과제수행주체' 사이의 자기관계인 M:M 재귀관계의 해소에 대해서 살펴보자. '과제수행주체'에는 [그림 부록B-7]에서 보는 바와 같이 여러 형태의 수행주체 구분이 존재한다. 이들은 자기 자신들과의 관계를 가지고 있다. 즉 수행주체의 각 구분들끼리 관계를 가지고 있고 그 형태가 M:M 관계이다. 특히 기업의 대표자, 기관의 대표, 또는 개인이 각 기관, 기업에 소속된 관계를 관리하고자 한다면 다음과 같은 M:M 재귀관계가 존재한다. 이 M:M 관계를 해소하면 다시 새로운 교차 엔터티가 추가된 데이터 모델이 생성되게 된다. 즉, M:M 관계를 관리하기 위한 새로운 엔터티가 생성되고 이 엔터티는 '과제수행주체' 엔터티와 두개의 관계를 맺게 된다. 이 M:M 관계 엔터티에서도 향후 추가되어진 다양한 형태의 과제수행주체들 간의 관계에 대해서 유연하게 대응할 수 있는 확장성 있는 모델이 될 수 있다.

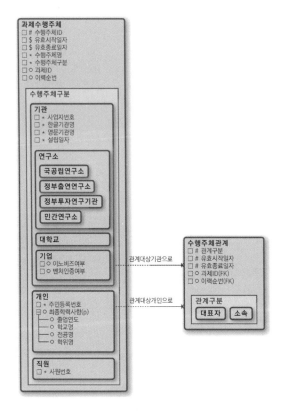

[그림 부록B-7] 과제수행주체 M:M 재귀관계 해소

주요 핵심엔터티를 정의하고 핵심엔터티들 간의 M:M 관계를 해소하게 되면 기본적인 형태의 데이터 모델의 골격이 만들어진다. 아래와 같은 데이터 모델의 골격에 각 엔터티에서 필요로 하게 되는 속성을 정의해 나아간다. 또한 각각의 속성을 검증하는 단계에서 정규화 과정을 통해 새로운 엔터티가 태어나기도 한다. 업무 요구사항에서 기술된 추가적인 내용에 대해서도 새로운 엔터티가 추가될 수 있다. 이러한 일련의 과정들을 각 엔터티에 대해서 반복적으로 수행해 나아가면 전체 논리 데이터 모델이 완성되게 된다.

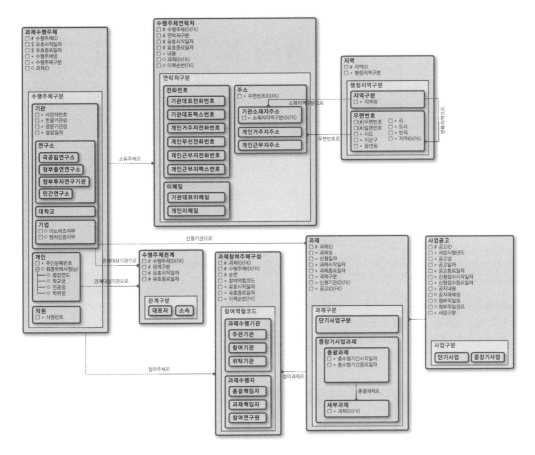

[그림 부록B-8] 중요 M:M 관계가 해소된 후의 데이터 모델

[그림 부록B-8]의 데이터 모델에서 추가적으로 생성되어야 할 부분으로는 과제수행주체의 각종 경력 정보가 있다. 예를 들자면 정부출연과제 수행실적, 연구논문, 저서 등에 대한 관리를 추가할 수 있다. 이 부분에서는 각 과제수행주체(기관, 개인 포함)들이 가지고 있는 모든 경력사항을 통합하여 관리할 수 있는 형태가 바람직하다.

그 다음으로 추가할 수 있는 영역으로는 과제수행계획부분이 존재한다. 문제에서 요구하는 내용을 살펴보면 과제수행계획이 미리 정해진 항목에 따라서 계획의 내용을 등록하고 관리하고자 하고 있다. 이러한 형태의 모델이 되기 위해서는 과제계획 항목과 각 과제 사이에는 M:M 관계가 존재하게 된다. 이 M:M 관계를 해소한 형태가 다음과 같은 '과제수행계획' 엔터티가 될 수 있다.

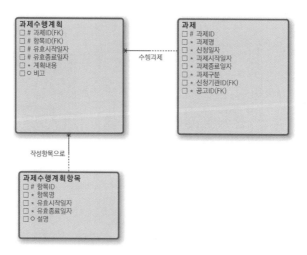

[그림 부록B-9] 과제수행계획

과제를 등록하면서 제출하는 내용 중에 또 한가지가 사업비 편성내역에 대한 내용이다. 문제에서 요구하는 정보 요구사항으로 사업비 편성내역은 미리 정해진 사업비목에 따라서 내용을 기입하게 되어 있다. 또한 사업비는 현금과 현물로 구분하여 편성하게 되어 있다. 사업비 편성에 대해서는 사업비 총액에 대한 것을 정의하여 정부분담금과 신청기관 분담금에 대해서 정의하게 하고 있다. 이러한 규칙을 데이터 구조로 표현하는 것이 중요하다.

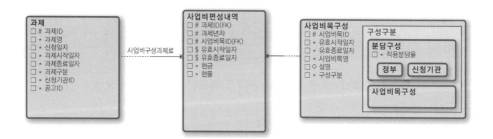

[그림 부록B-10] 사업비 편성내역

[그림 부록B-10]의 모델에서 보듯이 사업비 비목 구성을 분담 구성과 사업비 비목 구성으로 분리하여 구성 별로 사업비에 대한 내용을 정의하게 하고 이를 필요에 따라서 현금과 현물로 구분하여 정의하게 하였다. 이렇게 하면 문제에서 요구하는 사항을 충족할 수 있는 유연한 모델이 생성되게 된다.

여기까지가 완성되면 데이터 구조의 대부분이 완성된다. 마지막으로 남은 부분이라면 과제의 구성과 진행에 대한 이력이다. 이 부분은 반드시 관리되어야 한다고 명시하고 있다. 각 과제가 변경되는 내용도 관리하고 각 과제가 수행되어가는 진행에 대한 것도 관리할 수 있는 형태의 모델을 요구하고 있다.

문제에서 요구하는 형태의 과제 이력은 [그림 부록B-11]과 같이 정의할 수 있고, 여기에 조금 상상력을 추가한다면 과제내용의 모든 변경사항을 관리할 수 있는 엔터티로 확장할 수도 있을 것이다.

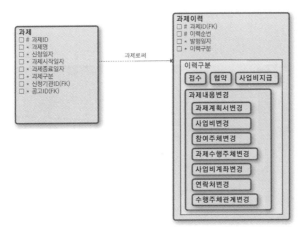

[그림 부록B-11] 과제이력 모델

이상과 같이 주어진 지문이 복잡하고 많은 내용의 데이터들이 얽혀 있는 것처럼 보이지만, 체계적으로 하향식 접근을 통해 데이터 모델링의 각 단계를 진행해 보면, 첫째, 문제에서 요구하는 모든 데이터가 아닌 핵심 데이터에 대해 인식하고 이것들을 먼저 정의한다. 둘째, 핵심 엔터티 간의 관계를 정의하고 그 관계를 기반으로 각각의 부분들을 조금씩 상세화해 나아가면 어느새 전체 데이터 구조의 골격이 만들어지게 된다. 이러한 골격들의 각각들을 세부적인 내용(속성, 상세화, 정규화)으로 정의해 나아가면 전체 데이터 구조가 완성된다.

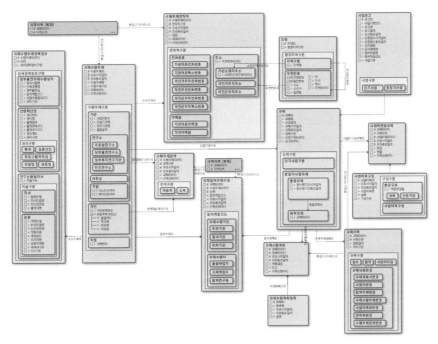

[그림 부록B-12] 완성된 논리 데이터 모델

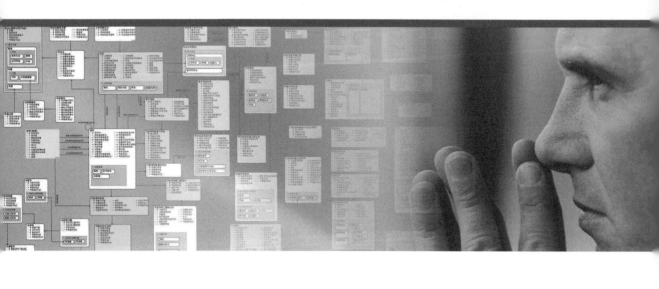

부록 C

용어해설

과목 I 전사아키텍처 이해

- **기술 아키텍처(TA, Technical Architecture)**

  조직의 데이터아키텍처, 애플리케이션 아키텍처를 지원하는데 필요한 정보기술의 구성요소 및 이들 간의 관계를 표현한 아키텍처

- **기술 참조모델(TRM, Technical Reference Model)**

  기업 또는 기관의 업무와 서비스 구성요소의 전달, 교환, 구축을 효과적으로 지원하기 위한 표준, 명세 등의 기술을 위한 참조모델

- **데이터 거버넌스(DG, Data Governance)**

  기업이나 조직에서 사용하는 데이터의 가용성, 유용성, 통합성, 보안성을 관리하기 위한 정책과 프로세스, 책임사항 등을 다루며, 프라이버시, 보안성, 데이터 품질, 관리 규정 준수 등을 강조함

- **데이터아키텍처(DA, Data Architecture)**

  기업의 모든 업무를 데이터 측면에서 처음부터 끝까지 체계화한 아키텍처

- **데이터아키텍처 매트릭스(Data Architecture Matrix)**

  기업이나 조직의 데이터아키텍처 정보를 체계적으로 분류한 틀로서, 기업이나 조직이 관리하려고 하는 데이터아키텍처 정보의 상세화 계층별 구성과 활용 계층을 매트릭스 형태로 표현한 것

- **데이터 참조모델(DRM, Data Reference Model)**

  기업 또는 기관 간의 원활한 정보 공유 및 교환을 지원하기 위한 정보의 구조 및 관리 체계를 기술한 참조모델

- **메타 데이터**

  데이터(Data)에 대한 데이터, 혹은 데이터에 관한 구조화된 데이터라고 하며, 다른 데이터를 설명해 주는 데이터임. 도서관의 서지기술용 데이터와 같이 어떤 목적을 가지고 만들어진 데이터라고 정의하기도 함.

- **목표 아키텍처**

  기업의 업무 목적 달성을 지원하는 가장 최적화된 업무와 정보기술 구조를 정의한 아키텍처

- **목표 데이터아키텍처**

  기업의 업무 목적 달성을 지원하는 가장 최적화된 데이터 구조와 그 흐름에 대해 궁극적인 목표 상태를 아키텍처 정보로 정의한 것

- **변화 관리(Change Management)**

  기업이나 조직이 어떤 목적을 달성하기 위해 취한 변화에 의해 조직의 구성원이 영향을 받아 변화의 내용을 이해하고 따르게 함으로써 기업이나 조직의 성과가 향상되고 목적이 달성되도록 하는 조직 관리 프로그램 또는 관리 업무. 변화 관리는 변화 또는 혁신을 추구하면서 병행적으로 수행함

- **비즈니스 아키텍처**(BA, Business Architecture)
  기업의 업무 목적과 이를 달성하기 위한 조직, 업무 프로세스를 기술한 아키텍처

- **서비스 참조모델**(SRM, Service Component Reference Model)
  기업 또는 기관의 업무 목표 달성을 효율적으로 지원하기 위한 서비스의 구성요소를 분류한 참조모델

- **아키텍처 매트릭스**(Architecture Matrix)
  전사아키텍처의 정보를 체계적으로 분류한 틀로서, 기업이나 조직이 관리하려고 하는 전사아키텍처 정보의 수준과 활용 계층을 매트릭스 형태로 표현한 것

- **아키텍트**(Architect)
  아키텍처를 설계하고 유지·관리하는 사람 또는 그에 준하는 전문가

- **얼라인먼트**(Alignment)
  아키텍처 프레임워크의 구성요소 간에 유지되어야 하는 올바른 상호 관계와 동기화를 의미

- **업무 참조모델**(BRM, Business Reference Model)
  정부 또는 산업 군별로 원활한 업무 연계성 제고하기 위해 업무 구성의 표준을 기술한 참조모델

- **애플리케이션 아키텍처**(AA, Application Architecture)
  조직의 업무 목표를 효율적으로 수행하기 위해서 필요한 애플리케이션의 구성과 그들 간의 관계를 기술한 아키텍처

- **전사**(Enterprise, 엔터프라이즈)
  전사아키텍처 구축의 대상이 되는 기업 또는 독립 사업부의 전체 범위를 지칭하는 것으로, 전사아키텍처 구축 시 목표나 정보의 범위 산정 기준이 됨

- **연방예산관리국**(OMB, Office of Management & Budget)
  미국 대통령 직속 기관으로 행정부의 예산 수립과 행정기관 관리의 감독 기능을 수행하는 부서. ITMRA법 등에 의해 행정기관의 정보 자원 관리의 조정 및 감독 기능을 수행함

- **전사아키텍처**(EA, Enterprise Architecture)
  조직 및 업무 활동과 정보기술 간의 관계를 현재 모습과 향후 추구해 나갈 모습을 정의한 청사진

- **전사아키텍처 관리 시스템**(EAMS, Enterprise Architecture Management System)
  전사아키텍처 정보의 효율적인 관리와 공유, 변경 관리를 위한 도구 또는 시스템

- **자크만 프레임워크**(Zachman Framework)
  이 프레임워크의 개발자인 존 자크만의 이름을 딴 전사아키텍처 프레임워크로, 1999년 제정된 미국 연방정부 아키텍처 계획 가이드라인에 반영되어 미국 연방정부 EA 프레임워크인 FEAF의 기반이 되었으며, 다른 전사아키텍처 프레임워크에도 이론적 토대를 제공함

- **프레임워크(Framework)**

  아키텍처 관련 정보를 체계적으로 정의하고 관리하기 위한 틀로서 아키텍처 정보의 구성요소와 관계, 이를
  유지하기 위한 원칙 등을 포함

- **현행 아키텍처**

  기업의 현재 업무와 정보기술 상태에 의해 정의된 아키텍처 매트릭스에 기반하여 정의한 아키텍처

- **현행 데이터아키텍처**

  기업의 업무 목적 달성을 지원하는 데이터의 현재 모습과 상태를 데이터아키텍처 매트릭스에 정의된 산출물
  구성에 따라 아키텍처 정보로 정의한 것

- **DMBOK(Data Management Body of Knowledge)**

  정보와 데이터 관리의 개념과 실무의 발전을 위해 Global Data Management Community인 DAMA
  International이 정리하여 제공하고 있는 정보와 데이터 관리에 대한 절차와 모범 사례들을 체계적으로
  정리한 지식 체계. DATA-DMBOK 또는 DATA-DMBOK Guide라고도 함

- **DoDAF(Deparment of Defense Architecture Framework)**

  1997년 미국 국방성의 C4ISR 시스템을 위한 아키텍처 구현을 위해 개발된 C4ISR AF를 보완하여 2002년에
  발표한 프레임워크

- **FEAF(Federal Enterprise Architecture Framework)**

  미국 연방정부 차원에 아키텍처 개발 및 구축 지침을 제공하기 위해 1999년 미국 CIO 협의회가 개발한
  아키텍처 프레임워크

- **ISP(Information Strategy Planning)**

  기업이나 조직, 기관의 미래상을 달성하기 위하여 어떻게 효과적으로 정보기술을 연계하고 적용할 것인가에
  대한 전략을 짜고 해결책을 찾아 실행 계획을 수립해 나가는 일련의 과정

- **ITA(Information Technology Architecture)**

  조직의 업무 목표를 효과적으로 지원하기 위한 정보시스템에 대한 요구 사항 충족과 상호 운용성 및 보안성
  보장을 위한 정보기술 구성요소와 이들 간의 관계를 구조적으로 정의한 체계를 말함. ITA는 EA(Enterprise
  Architecture)라는 용어로도 많이 사용되고 있으며, 전자정부법에서는 정보기술 아키텍처라는 용어로 정의
  되어 공공 분야에서 사용되고 있음

- **TEAF(Treasury Enterprise Architecture Framework)**

  미국 재무성에서 해당 부서 및 예하 기업에 적용할 목적으로 만든 프레임워크

- **TOGAF(The Open Group Architecture Framework)**

  오픈 그룹이 미국 국방성(DoD)의 TAFIM(Technical Architecture Framework for Information Management)
  을 기초로 1995년 개발한 아키텍처 프레임워크로, ADM(Architecture Development Method), 기술 참조모
  델, 개방형 표준 등으로 구성됨

과목 Ⅱ 데이터 요건 분석

- **가치사슬 분석**

  마이클 포터에 의해 창안된 전략 분석 방법으로서 기업의 전략적 단위 활동을 구분하여 자사의 강점과 약점을 파악하고 원가 발생의 원천, 경쟁 기업과의 현존, 잠재적 차별화 원천(가치창출 원천)을 분석하기 위해 개발된 분석 방법

- **개체-관계 도표(ERD, Entity Relationship Diagram)**

  시스템의 데이터 설계도, 엔터티, 속성, 관계로 만들어진 도표

- **결합도(Coupling)**

  하나의 프로세스가 다른 계층의 업무 활동과 연관되어 있는지를 나타내는 정도

- **기본 프로세스(Elementary Process)**

  업무 활동의 최하위에 존재하는 프로세스

- **생명주기(Life Cycle)**

  하나의 정보가 생성되어 소멸될 때까지 거치는 전체 단계를 이해하기 쉽게 모형으로 표현한 것

- **업무 기능 계층도**

  회사에서 수행하고 있는 업무를 대·중·소 분류 개념으로 도식화하여 전체 업무의 종류와 업무 간의 계층 구조를 알아보기 쉽게 표현하는 기법

- **응집도(Cohesion)**

  하나의 프로세스가 해당 업무 고유의 기능을 잘 처리할 수 있도록 연관성이 높은 업무로 구성되었는지를 나타내는 정도

- **정보 요구 사항**

  사용자나 현행 시스템으로부터 개선해야 할 정보 사항 또는 신규로 개발해야 할 정보 사항 등을 말한다.

- **클래스(Class)**

  유사한 객체들이 갖는 공통된 데이터와 함수들을 정의한 객체의 기본 규격

- **트리거(Trigger)**

  일이 시작되는 이벤트를 의미하며, 본 장에서는 업무를 수행함에 있어 시간이 되면 수행하는지 아니면, 고객이 찾아왔을 때 일이 시작되는지, 어떤 사건으로 일이 시작되는지를 의미함

- **품질 보증(QA, Quality Assurance)**

  어떤 항목이나 제품이 설정된 기술적인 요구 사항과 일치하는가를 적절하게 확인하는데 필요한 체계적이고 계획적인 유형의 활동

- **프로세스 계층도**

  현업에서 수행하는 업무 프로세스를 계층적으로 분류하여 업무의 종류와 종속관계를 나타내는 그림

과목 Ⅲ 데이터 표준화

- **데이터 관리자(DA, Data Administrator)**
  하나의 기업 또는 조직 내에서 데이터에 대한 정의, 체계화, 감독 및 보안 업무를 담당하는 관리자

- **데이터베이스 관리 시스템(DBMS, Database Management System)**
  데이터베이스를 구성하고 이를 응용하기 위하여 구성된 소프트웨어 시스템

- **데이터베이스 스키마(Database Schema)**
  설계 단계의 산출물인 개체 관계 도표를 이용하여 실제 데이터베이스를 구축하기 위해 생성되는 정보를 말함

- **동음이의어**
  두 개 이상의 의미를 가진 단어 또는 용어

- **레거시 애플리케이션(Legacy Application)**
  현재의 기술보다 이전의 언어와 플랫폼 기법으로 만들어진 애플리케이션과 데이터를 지칭

- **리포지터리(Repository)**
  데이터 집합체가 보관되고 조직적인 방식으로 유지되는 컴퓨터 저장장치 내의 주요 장소

- **메타 데이터(Metadata)**
  데이터에 관한 구조화된 데이터로 다른 데이터를 설명해 주는 데이터

- **메타 DB(Meta DB)**
  각 구성요소에 대한 데이터 표준화를 실시하고 체크 및 변경 관리를 위해 설계된 데이터베이스

- **뷰(View)**
  하나 이상의 테이블 또는 다른 뷰에 포함된 데이터를 원하는 대로 나타낸 것

- **애플리케이션 패키지(Application Package)**
  정보 처리를 하기 위한 조작 방법들과 관련한 프로그램들의 집합. 공통의 작업을 수행하기 위해 미리 작성된 프로그램

- **이음동의어**
  철자는 다르나 의미가 동일한 단어 또는 용어

- **전사 데이터 관리자(EDA, Enterprise Data Administrator)**
  데이터 관리자 업무 전반에 대한 총 책임자. 전사 데이터 모델의 최종 승인자

- **전사 데이터 웨어하우스(EDW, Enterprise Data Warehouse)**

  기존 데이터 웨어하우스를 전사적으로 확장한 모델인 동시에 CRM, BSC 같은 다양한 분석 애플리케이션들을 위한 원천이 됨

- **태스크(Task)**

  어떤 공정을 진행하기 위해 거쳐야 하는 단계가 되면 수행하는지 아니면, 고객이 찾아왔을 때 일이 시작되는지, 어떤 사건으로 일이 시작되는지를 의미함

과목 Ⅳ 데이터 모델링

- **값(Value)**
  속성 인스턴스 또는 속성 유형의 어커런스에 주어진 이름

- **객체모델링 기법(OMT, Object Modeling Technique)**
  분석에서 설계, 구현까지 확장한 객체지향 개발 방법론

- **객체지향 개발(OOD, Object-Oriented Development)**
  시스템 개발에 대한 일련의 객체지향 접근 방식의 일반적 명칭으로 방법론, 분석, 설계, 모델링, 프로그래밍, DBMS를 포함한다. 객체지향 지지자들은 객체지향 모델을 통한 일관된 시스템 구축이 구조화된 설계와 코드 재사용을 촉진시킨다고 주장한다.

- **객체지향 인스턴스(Object-Oriented Instance)**
  객체 클래스의 어커런스

- **관계(Relationship)**
  엔터티들이 어떻게 서로 연결되어 있는지를 서술하는 동사

- **관계 제약(Relationship Constraint)**
  하나 이상의 관계에서 배타성, 포괄성 또는 합동과 같은 제약

- **관계형 모형(Relational Model)**
  데이터를 이차원 배열로 나타내는 데이터 및 데이터 연산자의 이론적 표현 집합

- **관계형 DBMS(Relational DBMS)**
  관계형 모형에 기반한 DBMS

- **식별자(UID, Unique Identifier)**
  엔터티 내의 모든 인스턴스를 유일하게 구별하는 속성들의 집합

- **정규화(Normalization)**
  논리적 데이터 모델을 일관성이 있고 중복을 제거하여 안정성을 갖는 바람직한 자료 구조로 만드는 작업

- **카디날리티(Cardinality)**
  한 엔터티 유형에서 어커런스의 최대 숫자로 대개 1 또는 N(다수)으로 표현

- **캡슐화(Encapsulation)**
  객체지향 개발에서 데이터 또는 함수, 프로시저 등과 같은 서브프로그램에 대한 내부 구조는 알려주지 않고 이러한 정보를 이용하는 인터페이스만을 제공하여 이용하도록 하는 프로그래밍 기법

- **포괄성**(Inclusion)

  엔터티 A는 엔터티 B 또는 엔터티 C 또는 둘 다(즉, 엔터티 B와 C)에도 연결될 수 있는 세 개 엔터티 간의 두 개의 연관 관계

- **CASE**(Computer-Aided Software Engineering)

  대개 상위 CASE와 하위 CASE로 구분되는 소프트웨어 제품으로 다양한 도구들로 구성되며 이 도구들은 시스템 개발 프로세스의 일부분을 자동화시킴

과목 V 데이터베이스 설계와 이용

- **교착 상태**

  하나 또는 그 이상의 프로세스가 수행할 수 없는 어떤 특정 사건(Event)을 기다리고 있는 상태

- **데이터 웨어하우스(DW, Data Warehouse)**

  업무 처리를 위한 데이터베이스에 축적된 데이터를 공통 형식으로 변환하여 기업 데이터를 한 장소에 통합하고 관리하는 데이터베이스. 웨어하우스는 창고라는 의미인데 영구적으로 데이터를 보관하고 분석 방법까지 포함하여 조직 내 의사 결정을 지원하는 정보 관리 시스템으로 이용한다.

- **데이터 레이크(Data Lake)**

  빅데이터 시대로 접어들면서 기존의 DW와 달리 정형화되지 않은 원시 데이터에 대한 분석이 가능해지고, 이러한 원시 데이터를 이용한 분석의 요구가 발생함에 따라 다양한 영역의 원시 데이터를 한 곳에 모아 분석하기 위한 데이터 저장소 또는 데이터베이스

- **병행 제어**

  동시에 다수의 사용자가 같은 데이터를 액세스할 때 데이터의 일관성을 유지하기 위한 일련의 조치

- **응답 시간(Response Time)**

  입력을 위해서 사용자가 키를 누른 때부터 시스템이 응답할 때까지의 시간으로 온라인 프로그램을 평가할 때 사용한다.

- **처리 능력(Throughput)**

  해당 작업을 수행하기 위해서 소요되는 시간으로 수행되는 작업량을 나눔으로써 정의된다.

- **처리 시간(Throughput Time)**

  작업이 완료되는데 소요되는 시간으로 배치 작업을 평가할 때 사용한다.

- **트랜잭션**

  데이터베이스에 대한 조회나 갱신 조작으로 구성되는 처리 기본 단위로서 갱신에 의해 일시적으로 부정합되는 데이터베이스 내의 데이터가 이용자에게 사용되지 않도록 하기 위한 일련의 조작을 한데 묶어서 처리하는 것

- **2PC**

  데이터베이스를 갱신할 때 갱신 처리를 모순 없이 동시에 처리하기 위하여 성장 단계와 축소 단계의 2단계로 나누어 제어하는 것

- **EAI(Enterprise Application Integration)**

  EAI는 비즈니스 프로세스를 중심으로 기업 내 각종 애플리케이션 간에 상호 연동이 가능하도록 통합하는 솔루션

과목 VI 데이터 품질 관리 이해

- **객체**
객체지향 프로그래밍(OOP)이나 설계에서 데이터(실체)와 그 데이터에 관련되는 동작(절차, 방법, 기능)을
모두 포함한 개념

- **데이터 흐름도**(DFD, Data Flow Diagram)
시스템에서의 데이터 흐름을 나타내기 위해 시스템의 분석 과정이나 설계 과정에서 사용되는 그래픽을
이용한 도표

- **도메인**
관계 데이터베이스에서 하나의 속성이 취할 수 있는 값의 집합

- **스키마**
데이터 시스템 언어 회의(CODASYL)에서 데이터베이스를 기술하기 위해 사용하기 시작한 개념으로 데이터
베이스의 조직이나 구조를 의미한다.

- **프로시저**(Procedure)
특정 작업을 수행하도록 이름 붙여진 컴퓨터 프로그램의 일부

부록 D

찾아보기

ㄱ

감사 추적	550
값 관점 품질 측정	631
강제적 접근 통제	546
개괄 데이터 모델	39
개괄적 관점	50
개념 데이터 모델	39, 43
개념 데이터 모델 관리 프로세스	654
개념모델	50
개념적 관점	50
개념적 단계	557
개념적·논리적 사상	557
개발자 관점	39
객체 튜닝	608
객체지향 관점의 정보 요구 사항 상세화	205
거버넌스	114
계층형 데이터베이스	302, 303
계획 관점	24
계획자 관점	39
공유 풀	565
관계 기수성	321
관계	310
관계형 모델	327
관점	44
관찰	181
광의의 데이터아키텍처	33, 116
규칙 관점	24
글로벌 파티션 인덱스	535
기밀성 모델	547
기술 아키텍처	29, 33
기술 아키텍처 모델	43
기술 아키텍트	71
기술 인프라 체계	33
기술 자원 목록	43
기술 참조 모델	33, 43, 54
기술 하부 구조	29

ㄴ

논리 데이터 모델	39, 43
낙관적 동시성 제어	576
날짜 분석	629
널	341
논리 데이터 모델링	39
논리/물리 데이터 모델 관리 프로세스	655
논리모델	50
논리적 관점	50
논리적 단계	557
논리적·물리적 사상	557

ㄷ

데이터	299
데이터 거버넌스	52, 114, 115
데이터 표준 변경 프로세스	647
데이터 값 품질 개선 프로세스	665
데이터 값 품질 관리 체계도	659
데이터 값 품질 진단 프로세스	659
데이터 값 품질 관리 프로세스	658
데이터 거버넌스 구성	123
데이터 거버넌스 구축 방향	119
데이터 거버넌스 기대 효과	122
데이터 거버넌스 기획	127
데이터 거버넌스 운영	140
데이터 거버넌스 위원회	124
데이터 거버넌스 인력	133
데이터 거버넌스 조직	124
데이터 거버넌스 직무 구성	135
데이터 거버넌스 통제자	142
데이터 거버넌스 프로세스	126, 141
데이터 거버넌스 프로세스 구성	128
데이터 거버넌스 프로세스 도출	131
데이터 거버넌스의 필요성	118

데이터 관리 50, 62
데이터 관리 기술 148
데이터 관리 정책 50
데이터 관리 체계 33
데이터 관리자 73, 124
데이터 교환 61
데이터 구성도 39
데이터 구조 33, 50, 61
데이터 딕셔너리 560
데이터 레이크 144
데이터 마트 144
데이터 명령어 567
데이터 명세 및 관계 29
데이터 모델 관리 프로세스 정의 104
데이터 모델 품질 관리 체계도 652
데이터 모델 품질 관리 프로세스 651
데이터 모델 품질 점검 프로세스 656
데이터 모델러 73
데이터 무결성 308, 524
데이터 분류 체계 61, 147, 308
데이터 블록 562
데이터 소유자 121, 124
데이터아키텍처 29, 33, 34
데이터아키텍처 개념 34
데이터아키텍처 거버넌스 52
데이터아키텍처 관리 52
데이터아키텍처 관리 시스템 52, 135
데이터아키텍처 관리 시스템 관리 127
데이터아키텍처 관리 시스템 관리자 124
데이터아키텍처 관리 체계 42, 52
데이터아키텍처 관리 체계 수립 67, 68
데이터아키텍처 구성 38
데이터아키텍처 구축 방향 정의 83
데이터아키텍처 구축 프로세스 97
데이터아키텍처 구축변경 관리 127
데이터아키텍처 담당 임원 124

데이터아키텍처 리포지터리 52
데이터아키텍처 매트릭스 49, 86
데이터아키텍처 매트릭스 구성 87
데이터아키텍처 목적 83
데이터아키텍처 방향 수립 82
데이터아키텍처 범위 33, 35
데이터아키텍처 비전 50, 84
데이터아키텍처 비전 수립 84
데이터아키텍처 성숙 모형 52
데이터아키텍처 실패 요인 36
데이터아키텍처 역량 요소 133
데이터아키텍처 원칙 50, 93
데이터아키텍처 원칙 구성 요소 94
데이터아키텍처 원칙 수립 93, 95
데이터아키텍처 원칙 정의 절차 94
데이터아키텍처 이행 계획 52
데이터아키텍처 전문가 33, 134
데이터아키텍처 정보 50
데이터아키텍처 정보 구성 86
데이터아키텍처 정보 구축 67, 68
데이터아키텍처 정보 구축 방식 97
데이터아키텍처 정보 정의 도구 136
데이터아키텍처 정책 42, 49
데이터아키텍처 정책 수립 67, 68
데이터아키텍처 준수 통제 127
데이터아키텍처 중요성 38
데이터아키텍처 참조 모델 42, 53
데이터아키텍처 평가 52, 128
데이터아키텍처 포털 52
데이터아키텍처 프레임워크 41, 48, 85
데이터아키텍처 프로세스 66, 67
데이터아키텍처 환경 분석 82
데이터아키텍처 활동 52
데이터아키텍처 활용 67, 68
데이터아키텍처 활용 지원 127
데이터 아키텍트 70, 71, 124

데이터 엔지니어	74	데이터 확장 영역	563
데이터 요구 사항 분석	100	데이터 활용 관리 프로세스	669
데이터 요구 사항 관리 프로세스 정의	104	데이터 흐름	50
데이터 요소	121	데이터 흐름 관리 프로세스 정의	104
데이터 원칙	43	데이터 흐름도	50
데이터 웨어하우스	144	데이터모델 관리	50
데이터 자산	35	데이터베이스	50
데이터 전략	35	데이터베이스 객체	43
데이터 정의어	567	데이터베이스 관리	50
데이터 정책 관리 프로세스 정의	104	데이터베이스 관리 시스템	556
데이터 조작어	567	데이터베이스 관리 시스템 개요	556
데이터 참조 모델	54, 55	데이터베이스 관리 시스템 구성요소	558
데이터 참조 모델 구축 방법	59	데이터베이스 관리 시스템 사상	556
데이터 참조 모델 정의	93	데이터베이스 관리 시스템 종류	559
데이터 참조 모델의 활용	65	데이터베이스 관리 시스템 추상화	556
데이터 타입	519	데이터베이스 관리 프로세스 정의	104
데이터 타입 변환	522	데이터베이스 관리자(DBA)	73
데이터 통제자	121, 124	데이터베이스 구조	560
데이터 통합	544	데이터베이스 버퍼	564
데이터 통합 구조도	50	도메인	316
데이터 파일	561	도메인(속성) 무결성	341
데이터 표준	33, 43	동시성 구현 사례	580
데이터 표준 관리	50	동시성 제어	576
데이터 표준 관리 프로세스 정의	104	동시성 제어 기능	578
데이터 표준 수립 프로세스	645	디지털 트랜스포메이션	144
데이터 표준 요소	623		
데이터 표준 점검 프로세스	649		
데이터 표준 품질 관리 프로세스	643	**ㄹ**	
데이터 품질 관리 원칙	639		
데이터 품질 관리 정책	638	릴레이션	328
데이터 품질 관리 조직	640	로그 버퍼	565
데이터 품질 관리 프레임워크	618	로드 시간	584
데이터 품질 관리 프로세스	639	로컬 파티션 인덱스	535
데이터 품질 관리 프로세스 정의	104		
데이터 품질 지표	628		
데이터 플랫폼	148		

ㅁ

마스터 파일	302
망형 데이터베이스	300, 302
메모리 구조	563
메타 데이터	33
메타 데이터 관리 시스템	137
면담 수행 시 고려 사항	177
모델 관점	24
모델 관점 데이터 품질 관리	625
모델 관점 품질 측정	625
목록 파티션 테이블	516
목표 개념 데이터 모델 정의	103
목표 논리 데이터 모델 정의	103
목표 데이터 관리 프로세스 정의	104
목표 데이터아키텍처	51
목표 데이터아키텍처 이행 계획 수립	108
목표 데이터아키텍처 정보 구축	103
목표 데이터아키텍처 정의	103
목표 데이터 주제영역 정의	105
목표 데이터 표준 정의	104
목표 데이터 흐름 정의	107
목표 데이터베이스 개체 정보 구축	107
목표 물리 데이터 모델 정의	106
목표 아키텍처	29, 45
무결성 모델	547
물리 데이터 모델	39, 43
물리 데이터 요소	40, 106, 139
물리모델	50
물리적 관점	50
물리적 단계	557
물리적 데이터 구조	39
미국 국방부 프레임워크	47
미국 연방정부 프레임워크	47
미국 재무부 프레임워크	47

ㅂ

배치 프로그램 성능 개선 방안	601
배치 프로그램 성능 개선 사례	604
범위 파티션 테이블	515
범정부 DRM	60
범정부 EA 참조모델	54
범정부 데이터 모델	61
범정부 데이터 참조모델	60
범정부 아키텍처	27
범정부 전사아키텍처	28
범정부 전사아키텍처 산출물 메타 모델	28
범정부 전사아키텍처 성숙도 모델	28
범정부 전사아키텍처 지원시스템	28
범정부 전사아키텍처 참조 모델	28
범정부 전사아키텍처 프레임워크	42
범정부 참조 모델	28, 54
범정부 프레임워크	47
범정부 EA	27
범정부 EA 포털	27
병행 투명성	541
보안 모델	546
보안 설계	545
복합 파티션 테이블	517
부모 엔터티	399
분산 데이터베이스 개요	540
분산 데이터베이스 관리 시스템	541
분산 설계 방식	542
분산 설계 전략	542
분석 대상 현행 시스템 관련 자료	198
분포도 조사	537
분할	542
분할 투명성	541
뷰	43
뷰의 활용	569
브레인스토밍	181

비 파티션 인덱스   534
비관적 동시성 제어   577
비즈니스   44
비즈니스 목표   35
비즈니스 아키텍처   29, 31
비즈니스 아키텍트   70
비즈니스 우선순위   35
비즈니스 인텔리전스   144
비즈니스 전략   43
비트맵 인덱스   532
빌딩 블록 정의   48

ㅅ

사업   45
사용자 관리   570
사용자 면담   172
사용자 뷰   50
사용자 정의 함수   571
산출물 메타 모델   28
상대 중요도 산정 방법   188
서비스 참조 모델   54
설계자 관점   39
성과 참조 모델(54
성능 개선 도구   586
성능 개선 목표   583
성능 개선 절차   584
성능 개선 접근 방법   585
세그먼트   563
수정·삭제 참조 무결성   528

ㅇ

아키텍처   23
아키텍처 개발 방법   48

아키텍처 구성요소   23
아키텍처 기대효과   25
아키텍처 도메인   30, 44
아키텍처 매트릭스   30, 42, 43
아키텍처 성숙도 모델   27
아키텍처 정보 유형(대상)   87, 88
아키텍처 정보의 영역   30
아키텍처 추진 조직   27
아키텍처 프레임워크   41
아키텍처의 중요성   24
아키텍트(Architect)   70
애플리케이션   29, 45
애플리케이션 모델   43
애플리케이션 아키텍처   29, 32
애플리케이션 아키텍트   70
애플리케이션 원칙   43
애플리케이션 표준   43
얼라인먼트(25, 41, 42
업무   45
업무 규칙   299
업무 기능 모델   43
업무 데이터   33
업무 데이터 관리자   121
업무 매뉴얼   43
업무 참조 모델   54
업무 프로세스   29
업무규칙   630
업무규칙 관리 프로세스   662
엔터티 무결성   526
엔터티(개체, 실체) 무결성   341
연관 엔터티   299
연쇄 작용   350
영역 무결성   526
오픈그룹 프레임워크   47
온라인 거래 처리   299
온라인 분석 처리   299

온라인 프로그램 성능 개선 방안	599
온라인 프로그램 성능 개선 사례	599
옵티마이저	589
용량 설계	523
운영계 데이터	33
운용적 관점	50
워크숍	178
위치 투명성	541
유스케이스 다이어그램	205
유일 식별자	317, 320
응답 시간	583
응용	45
의사결정 유형(관점)	87
의사결정의 정확성	25
이행 계획	42
인덱스 구조	530
인덱스 기능	530
인덱스 설계	530
인덱스 설계 절차	535
인스턴스	312
인스턴스 튜닝	608
일관성	116
일괄 처리(Batch Process)	301
임의적 접근 통제	546
입력 참조 무결성	527

ㅈ

자식 엔터티	399
자크만 프레임워크	47
장애 투명성	541
저장 프로시저	571
적응성	116
전략적 데이터 요구사항	35
전략적 정보 자산	29

전사	30
전사 기술 영역 모델	43
전사 데이터아키텍처	39
전사 데이터 영역	35
전사 데이터 영역 모델	39, 43
전사 사업 모델	43
전사아키텍처	26, 30
전사아키텍처 개념	28
전사아키텍처 거버넌스	46
전사아키텍처 관리	46
전사아키텍처 관리 시스템	42, 46
전사아키텍처 관리 체계	41
전사아키텍처 기본 원칙	95
전사아키텍처 도입의 목적	28
전사아키텍처 리포지터리	46
전사아키텍처 비전	42, 44
전사아키텍처 성숙 모형	46
전사아키텍처 원칙	42, 44
전사아키텍처 의무 도입 기관	27
전사아키텍처 이행 계획	45
전사아키텍처 정보	42, 44
전사아키텍처 정의	28, 29, 30
전사아키텍처 정책	42, 43
전사아키텍처 평가	46
전사아키텍처 평가 모형	42
전사아키텍처 포털	46
전사아키텍처 프레임워크	41
전사아키텍처 프레임워크 참조 모델	47
전사아키텍처 프로세스	66
전사아키텍처 필수 산출물	28
전사아키텍처 활동	46
전사아키텍처의 도입 배경	26
전사아키텍처의 수립	30
전사 아키텍트	70
전사 애플리케이션 영역 모델	43
전사의 유형	30

전자정부법   26

접근 경로 수집   536

접근 통제 기능   545

접근 통제 메커니즘   548

접근 통제 정책   548

접근 통제 조건   550

접근 통제 행렬   546

정규화   432

정보 요구 사항 명세 정의   216

정보 요구 사항 목록 통합/분할   189

정보 요구 사항 변경 관리   234

정보 요구 사항 상관분석 기법   227

정보 요구 사항 생명주기 모형   158

정보 요구 사항 수집   170

정보 요구 사항 유형   158~159,162

정보 요구 사항 정리   184

정보 요구 사항 프로세스   163

정보 요구 사항 확인   208

정보 요구 우선순위 분석   186

정보 요구·애플리케이션 상관분석   228, 231

정보 요구·업무 기능 상관분석   229, 232

정보 요구·조직 기능 상관분석   230, 233

정보 자원   38

정보 흐름 및 관계   29

정보계 데이터   33

정보관리 역량 강화   25

정보기술 아키텍처   26

정보기술 환경 변화   148

정보기술아키텍처에 대한 정의   29

정보기술아키텍처의 도입 및 활용   26

정보시스템 운영성과관리지침   27

정보의 고립화   303

제품 목록   43

조인   591

조직 모델   43

주 키(기본 키)   320,339

주제 영역   38, 50

주제영역 관리 프로세스   653

중복 투명성   541

ㅊ

참조 모델   28, 42, 53

참조 모델 구축 방법   55

참조무결성   341,527

참조 파티션 테이블   518

참조무결성 분석   630

책임감   116

책임자 관점   39

처리 능력   583

처리 시간   583

추상화   310

ㅋ

칼럼   519

칼럼 분석   629

컴포넌트 모델   43

코드 분석   630

클래스 다이어그램 작성   206

클러스터형 인덱스 테이블   512

ㅌ

타입   312

테이블   308,512

테이블스페이스   561

통합EAMS   27

튜플   327

트랜잭션 고립화 수준   576

트랜잭션 특성	574
트랜잭션의 일관성	575
트랜젝션 제어어	568
트리 기반 인덱스	531
트리거	572

ㅍ

파티셔닝	514
파티션 인덱스	534
파티션 제약사항	519
패턴 분석	629
표준 개선 방안 정의서	264
표준 검토	282
표준 공표	283
표준 관리 도구	254
표준 관리 도구 기능	254
표준 관리 조직	251
표준 관리 프로세스	290
표준 관점 품질 측정	624
표준 단어	250, 268, 621
표준 데이터	620
표준 데이터 상관도	624
표준 도메인	250, 272, 621
표준 사용 현황 명세서	263
표준 용어	250, 278, 622
표준 지침	265
표준 코드	250, 274, 623
표준 프로파일	33, 43
표준정보기반	48
표준화 구성요소	249
표준화 기대효과	245
표준화 요구사항 정의서	262
표준화 절차	252
표준화 정의	247

표준화 필요성	244
품질 관리 대상	628
프레임워크	41
프로그램 목록	43
프로세스	66
프로세스 관점의 정보 요구 사항 상세화	200
프로세스 구조	565
프로세스 모델	43
프로젝트 실패 원인 요인별 설명	158
프로토타이핑	182
프로파일링	629

ㅎ

할당	543
함수 기반 인덱스	534
해시 기반 인덱스	532
해시 파티션 테이블	516
핵심 가치	84
핵심 목표	84
핵심 정보 항목	628
현행 개념 데이터 모델 도출	102
현행 논리 데이터 모델 도출	101
현행 데이터 분석	99
현행 데이터아키텍처	51
현행 데이터아키텍처 정보 구축	98
현행 데이터아키텍처 정의	98
현행 데이터 표준 분석	99
현행 물리 데이터 모델 도출	100
현행 시스템 분석 대상 정의	197
현행 아키텍처	29, 42, 45
현행 업무 분석 대상 정의	196
현행 업무 조사서	180
현행 주제영역 모델 도출	102
현행 프로그램·데이터 관련 문서	180

화폐가치 산출 방법	187
활용 관점 데이터 품질 관리	632
후보 칼럼 선정	537
힙 테이블	512

A

Actor	205

B

Bitmap Index	532
BRM	28

C

CDA	50
Clustered Index Table	512
Column	519
Communicates	205
Composite-Partition Table	517
Cubrid	560

D

DA	50
DA Process	65
DAMA(Data Management Association)	35
Data File	561
Data Type	519
DBA	50
DMBOK(Data Management Body of Knowledge)	35
DRM	28

E

EA Process	66
Extend	205

F

Funtion-Based Index	534

G

Global Partition Index	535

H

Hash Join	597
Hash-Based Index	532
Hash-Partition Table	516
Heap Table	512

I

Include	205
Inside-Out 도출 방법	630
ITA/EA법	26

L

List-Partition Table	516
Local Partition INdex	535

M

Modeler	50
MariaDB	559
MySQL	559

N

Nested-Loop Join	593
Non Partition Index	534

O

Oracle	559
Outside-In 도출 방법	630

P

Partition Index	534
Partitioning	514
PostreSQL	560
PRM	28

R

Range-Partition Table	515
Reference-Partition Table	518

S

Sort-Merge Join	595
SQL Server	560
SQL 실행 단계	590
SRM	28

T

Table	512
Tablespace	561
Tree-Based Index	531
Trigger	572
TRM	28

U

User	50
Usecase	205

참고문헌

과목	참고 문헌명	저자
전사아키텍처 이해	거버넌스 신드롬 (성균관대학교출판부, 2017)	이명석
	네이버 지식백과사전	terms.naver.com
	Wikipedia	en.wikipedia.org
	Data Governance – perspectives and practices (Technics Publications, 2019)	Sen, Harkish
	Data Architecture – (Morgan Kaufmann Pub, 2014)	Inmon, W. H.
	Data Stewardship – An Actionable Guide to Effective Data Management and Data Governance (Morgan Kaufmann, 2014)	David Plotkin
	The Chief Data Officer Handbook for Data Governance (MC Press Online, LLC., 2014)	Sunil Soares
	2018 공공부문 EA 추진계획 (행정안전부, 2018)	행정안전부
	정보기술 아키텍처 도입·운영지침 (행정안전부고시 2018-2호)	행정안전부
	Data Governance & Data Architecture : Alignment & Accountability (Global Data Strategy Ltd., 2018)	Nigel Turner
	The DGI Data Governance Framework (Data Governance Institute, 2004)	Gwen Thomas
	4차 산업 대비 정보기술 아키텍처 기본계획 발표 보도자료 (2017.02.22.)	행정안전부
	Data Governance: The Pragmatic Way (emids Technologies, 2015)	Nilesh Patil
	DATA GOVERNANCE OVERVIEW	OMES Information Services
	Data Governance Policy (2017)	UNSW Australia (UNSW)
	실제 프로젝트를 통해 본 DATA LAKE 구축 방안 및 사례	MEGAZONE, 이윤미
	Overview of Enterprise Data Architecture – What's In YOUR Data Architecture?	EWSolutions, Anne Marie Smith, Ph.D.

과목	참고 문헌명	저자
데이터 요건분석	실무에 바로 활용하는 소프트웨어 공학	김희영
	소프트웨어사업 요구 사항 분석·적용 가이드(2012)	구)지식경제부
	디지털시대의 경영정보시스템	강신철,정상철,정철호
	인터넷시대의 핵심 경영정보학 개론, 2000	권영국
	소프트웨어공학	최은만
	프로젝트관리 지식체계 지침서(pmbok guide 제5판)	PMI
	소프트웨어 요구 사항3	칼 위거스, 조이 비티 지음/최상호, 임성국 옮김
	시스템 분석 및 설계	이명섭
	새로 쓴 소프트웨어 공학	최은만
	www.google.com/요구 사항 관리(requirement management) 체계적 접근 방법	박수용,황만수
	쉽게 배우는 소프트웨어 공학	김치수
	위키 백과사전 프로토타입, 브레인스토밍	
데이터 표준화	투이컨설팅 표준화 방법론 자료	투이컨설팅
	투이컨설팅 내/외부 교육자료	투이컨설팅
	투이컨설팅 프로젝트 사례 자료	투이컨설팅
데이터 모델링	Handbook of Relational Database Design	Candace C.Fleming Barbara von Halle
	Database Design for Mere Mortals	Michael J.Hernandez
	Data Modeling Handbook	Michael C.Reingruber William W.gregory
	CASE*METHOD, Entity Relationship Modeling	Richard Barker
	Designing Quality Databases with IDEF1X Information Models	Thomas A.Bruce
	Information Engineering Book II – Planning and Analysis	James Martin
	An Introduction to DATABASE SYSTEMS (2000 – 7th Edition)	C.J.Date
	The Entity–Relationship Model "Toward a Unified View of Data"	Peter Chen
	데이터베이스론	이석호

과목	참고 문헌명	저자
	데이터아키텍처 솔루션 1	이화식
	Database Processing – Tenth edition	David M.kroenke
	A Practical Guide to Logical Data Modeling	George Tillmann
	Data Modeling for Everyone	Sharon Allen
	Data Modeling Essentials	Craeme C.Simsion Graham C.Witt
데이터베이스 설계와 이용	Altibase, PostgreSQL, MySQL, SQL Server 등의 매뉴얼	
	Database	PATRIC O'NEIL
	Database Management Systems	Raghu Ramakrishnan
	Database Systems	DATE
	SQL 전문가 가이드	한국데이터산업 진흥원
	데이터베이스	정재화, 정순영
	데이터베이스 관리	서길수
	데이터베이스 시스템	김형주
	분산 데이터베이스 설계를 위한 지침서	한국정보화진흥원
	오라클 성능고도화 원리와 해법 1, 2	조시형
	위키 백과사전 wikipedia.org	
데이터 품질 관리 이해	공공데이터 품질관리 매뉴얼 v.2.0	한국정보화진흥원
	데이터품질관리지침 ver 2.1	한국데이터베이스 진흥센터